純智歷史名著譯叢 4

英國工人階級的形成上

The Making of the English Working Class

著／E・P・湯普森(Edward Palmer Thompson)
譯／賈士蘅

純智歷史名著譯叢 4

英國工人階級的形成(上)
THE MAKING OF THE ENGLISH WORKING CLASS

- ◉作者‥‥‥‥‥‥‥‥‥‥‥E‧P‧湯普森(E. P. Thompson)
- ◉譯者‥‥‥‥‥‥‥‥‥‥‥賈士蘅
- ◉編輯委員‥‥‥‥‥‥‥‥汪榮祖　蒲慕州　熊秉眞　盧建榮
- ◉特約編輯‥‥‥‥‥‥‥‥吳莉君
- ◉發行人‥‥‥‥‥‥‥‥‥陳雨航
- ◉出版‥‥‥‥‥‥‥‥‥‥麥田出版
  台北市信義路二段 251 號 6 樓
  電話：2351-7776　傳眞：2351-9179
- ◉發行‥‥‥‥‥‥‥‥‥‥城邦文化事業股份有限公司
  台北市信義路二段 213 號 11 樓
  電話：2396-5698　傳眞：2357-0954
  service@cite.com.tw.
- ◉郵撥帳號‥‥‥‥‥‥‥‥18966004 城邦文化事業股份有限公司
- ◉香港發行所‥‥‥‥‥‥‥城邦(香港)出版集團有限公司
  香港北角英皇道 310 號雲華大廈 4/F，504 室
  電話：25086231　傳眞：25789337
- ◉馬新發行所‥‥‥‥‥‥‥城邦(馬新)出版集團 Cite(M) Sdn. Bhd. (458372 U)
  11, Jalan 30D/146, Desa Tasik, Sungai Besi,
  57000 Kuala Lumpur, Malaysia
  電話：603-9056 3833　傳眞：603-9056 2833
  E-mail: citekl@cite.com.tw.
- ◉印刷‥‥‥‥‥‥‥‥‥‥凌晨企業有限公司
- ◉初版一刷‥‥‥‥‥‥‥‥2001 年 8 月 1 日

ISBN: 957-469-529-8　　　　　　售價：600 元
版權代理◉博達著作權代理有限公司　　有著作權‧翻印必究
Printed in Taiwan

出版緣起

在先進國家，歷史文類在書店中多能與文學類書相頡頏，但在台灣，歷史書類不僅不多，而且絕大多數作品均做不到雅俗共賞的地步。這裡面的原因很多，歷史家中少有作家；讀者對歷史書已有定見；歷史學在人文各學門中較不具提供養分的關鍵地位等等。

然而，我們明明知道，歷史是社群的資產，就如同經驗之於個人是何等的珍貴；人一旦喪失記憶，所有豐富的經驗全化為烏有，沒有歷史的社群就等同於失憶的個人，一樣的可悲和可怕。徒有歷史卻不知重視，只會重複勞動著祖先做過的事，使整個社群原地踏步，而毫無文化累積，沒有文化累積的社群是沒有資格奢談變革和進步的。

歷史是資產，不是負債和包袱。

歷史中充滿有趣的人和事，會帶給我們無窮的驚奇。

歷史既可免除我們重複先人所為，又可讓我們尋到外國名師。

歷史是進步的原動力。

是這樣的原因，使麥田出版社投注心力於歷史類書的出版工作。我們希望出版既有人文厚度，又以敘事見長的史著，這類書是目前國內欠缺，卻亟需引進的作品。

幾年來，麥田從「歷史選書」開始，然後是「歷史與文化」、「世界史文庫」等系列，出版了相當多量的歷史書。如今，我們在這麼多陸續進行的歷史書中另立了一個歷史名著譯叢，在這個新譯叢裡，我們將出版重心集中在那些對當代歷史學卓有貢獻之研究著

作，這其中有許多著作其實成書頗早，甚至已躋身當代史學經典之列者，至今卻仍未能有中譯本與國人見面，對身在台灣的歷史愛好者而言，實在是件極大的憾事。麥田出版社決定排除一切困難，將這類在當代歷史研究領域中極具重要性之經典著作（其中不乏可讀性極高者），翻譯出版，期使讀者有更豐富多元的歷史閱讀選擇，從而找到對事理更多的理解與共鳴，並開闊我們的視野。

　　這系列的歷史名著譯叢，得到以推廣東西方文化交流為職志的「純智文教基金會」的贊助出版，因以為名，並誌之。

麥田出版社

|作者簡介|

E·P·湯普森

E. P. Thompson, 1924-1993

英國著名左派史家，有英國戰後時期最偉大的史家之譽。1924 年生於牛津一個循道宗家庭，二次大戰期間就讀於劍橋歷史系，後輟學從軍，服役於義大利，戰爭結束後始返校完成學業。1948 至 1965 年間擔任里茲大學校外部門的資深講師，致力於成人教育的推展；1965 至 1971 年任敎於渥立克大學社會史研究中心，擔任資深講師。除了著述與敎學之外，他更積極投身於和平運動並組織各種國際反戰抗議，是「歐洲反核武運動組織」(END) 及「全球反核武運動組織」(CND) 的領袖人物，曾與英國皇太后、英國女王伊莉沙白二世和柴契爾夫人並列爲最受尊敬和最知名的英國公眾人物。

湯普森的研究領域以十八和十九世紀的英國社會史爲主。1957 年創立《新理性人季刊》(*New Reasoner*)，做爲英國「社會主義式人文主義」的機關報，也是英國新左派的先聲。著有：

《輝格黨與獵人》(*Whigs and Hunters*, 1975)

《威廉・莫瑞士：從浪漫到革命》(*William Morris: Romantic to Revolutionary*, 1977)

《理論的貧困》(*The Poverty of Theory and Other Essays*, 1978)

《燭夜書》(*Writing by Candlelight*, 1980)

《滅絕主義和冷戰論文集》(*Exterminism and Cold War*, 1982)

《零選擇論文集》(*Zero Option*, 1982)

《公眾習俗》(*Customs in Common: Studies in Traditional Popular Culture*, 1991)

《反抗禽獸的證言：布萊克及道德律》(*Witness Against the Beast: William Blake and the Moral Law*, 1993) 等書。

編有：

《家庭與繼承》(*Family and Inheritance: Rural Society in Western Europe, 1200-1800*, 1976)

《抗議與倖存》(*Protest and Survive*, coedited with Dan Smith, 1980) 等書。

|譯者簡介|

賈士蘅

台灣大學歷史系學士，考古人類學碩士，美國哈佛大學人類學博士班肄業，美國威斯康辛大學東亞語文系博士班肄業。曾服務於中央研究院歷史語言研究所，現任美國丹佛美術館研究員，並從事翻譯工作。譯有《英國史》、《英國社會人類學》、《英國社會史》、《歷史的再思考》、《帝國的年代》等書。

獻給桃樂絲和約瑟‧葛林諾

導讀／南方朔

倔強而敏銳

學者、愛詩人、行動家與道德家 E・P・湯普森

　　《英國工人階級的形成》，乃是近代社會史研究的經典著作。能將本書及其作者——已故的 E・P・湯普森(Edward Palmer Thompson, 1924-1993)向國人介紹，乃是我的榮幸。E・P・湯普森長期以來，一直是我的知識分子偶像。多年前，我即在《文星雜誌》的封面人物故事裡，將他做了介紹。

　　E・P・湯普森的傑出，乃是在於他那綿綿不息的改革熱情。他對壓迫者有著來自心靈與道德最深處的關懷，因而他成了左翼的運動家和著名的社會史家，他和同代許多英國著名的學者，開創出了一種被稱為「朝下看的歷史」(History from below)的歷史敘述學派，對英國甚至近代的社會史研究，有著極重要的貢獻。而他自己則完成了包括《英國工人階級的形成》、《輝格黨與獵人》(*Whigs and Hunters, 1975*)、《家庭與繼承：1200 年至 1800 年間西歐的農村社會》(*Family and Inheritance: Rural Society In Western Europe, 1200-1800, 1976*)、《公眾習俗》(*Customs in Common: Studies in Traditional Popular Culture, 1991*)等重要的著作。

　　但除了這種對壓迫者的同情與關懷外，他同時也是二十世紀八

〇年代歐洲和平運動最主要的領袖人物之一，他領導了「全球反核武運動組織」(CND) 與「歐洲反核武運動組織」(END)，並編寫成《抗議與倖存》(*Protest and Survive*, coedited with Dan Smith, 1980)、《滅絕主義和冷戰論文集》(*Exterminism and Cold War*, 1982)、《零選擇論文集》(*Zero Option*, 1982) 等文獻式的著作，「後冷戰」的歐洲反對核武、追求和平，在非美非俄間重新自我定位，從而有助於新的「歐洲意識」之形成，在這方面，E・P・湯普森有著非凡的貢獻。儘管由於他的左翼身分，使得他和諾貝爾和平獎無緣，但在全球和平人士的心目中，他其實早已是一個諾貝爾級的人物。

　　而我對 E・P・湯普森崇敬有加，還有一個更大的理由。他是英國傳統裡那種高貴左派的化身，甚至可說是最後的傳人。他著書立說，開創一家之言；他從事群眾運動，打抱天下之不平；但他同時也雅好文學，他愛詩也寫詩，1955 年他著作《威廉・莫瑞士：從浪漫到革命》(*William Morris: Romantic to Revolution*)。威廉・莫瑞士 (William Morris, 1834-1896)，乃是十九世紀英國重要的畫家、詩人、道德家與社會主義革命家。E・P・湯普森為他立傳，充分顯示出他自比前賢的期許。他一生中最後一本著作，死後才出版的，則是《反抗禽獸的證言：布萊克及道德律》(*Witness Against the Beast: William Blake and the Moral Law*, 1993)，這是替英國大詩人布萊克 (William Blake, 1757-1787) 重新立傳並重新詮釋。布萊克乃是十八世紀英國主要畫家、詩人及革命家，「一砂一世界」即是他的千古名句。E・P・湯普森在總結布萊克的生平時，豈不是也在為自己的一生寫下註腳？

　　E・P・湯普森是二十世紀了不起的思想及行動領袖。他生前曾經說過，在這個同化的力量超級強大的時代，做為一個社會主義者，

必須倔強而敏銳，「敏感的去體會、敏感的去拒絕」。而他的一生，包括這本最重要的《英國工人階級的形成》，即是這種敏銳和倔強的體認。

而他的敏銳和倔強，顯然與他的家庭有著密切的關係。他出身於宗教家庭，父母都是派駐印度的傳教人員，但他們又都本於宗教情操與道德，亟力反對英國帝國主義。在這樣的家庭傳統下，他於1942年，十八歲時即加入了英國共產黨。在第二次大戰時，他和哥哥法蘭克共同參軍。由英國二十世紀最傑出的女性哲學家及小說家艾瑞絲‧梅鐸(Iris Murdoch, 1919-1999)的先生貝禮教授(John Bayley)的近著，我們知道法蘭克在戰前即相當活躍，並曾是艾瑞絲‧梅鐸的情人，不幸的是，法蘭克於1944年突襲巴爾幹時被俘，在保加利亞被處死。而E‧P‧湯普森則在義大利前線服役。戰後他一直是英共內部的主要知識分子領袖，在那個全球左翼皆支持俄共的時代，他當然不能免俗。

然而，儘管戰後支持俄共路線，但在那個教條左翼當道的時代，他們這種起源於歐洲人道人文主義傳統的左翼，卻日益疏離不滿。1956年，俄共內部鬥爭公開化。赫魯雪夫開始鞭史達林，面對這種巨變，當年他遂和英共內部同屬「理論研究小組」成員的思想家沙維勒(John Saville)等，創辦《理性人》(The Reasoner)雜誌，這是一份從事內部批判的思想刊物，但立即招致黨中央的震怒，對他們做了停止黨權的處分。緊接著在當年10月至11月間發生反蘇的「匈牙利革命」。英國共黨內部有一萬人宣布脫黨，他也在其中。脫黨後，他於1957年再辦《新理性人季刊》(The New Reasoner)。這份刊物持續了兩年半，即和另一以校園為主的《大學暨左派評論》(Universties and Left Review)合併，重組成《新左評論》(New Left Review)

──這是一份直到目前仍然是英語世界最重要的左翼知識分子刊物。

不過，由Ｅ・Ｐ・湯普森後來在理論文集《理論的貧困》(*The Poverty of Theory, 1978*)一書的自述，我們已知道在《新左評論》創刊初期，其內部的思想即對立嚴重。當時歐陸左翼退潮，群眾運動式微，相對的則是法國「結構馬克思主義」興起，年輕一輩的理論家如安德森(Perry Anderson)、湯姆・賴恩(Tom Nairn)、赫斯特(Paul Hirst)等，都以法國的阿圖塞(L. Althusser)為認同的對象，這乃是所謂的「阿圖塞當道的時刻」(Althusserian Moment)。這些年輕的新銳們，遂對英國正統左翼展開批評，宣稱「英國有著頑固的歷史傳統，對辯證歷史論的概念極為貧乏」，英國左翼是「經驗主義的饾飣主義」等。《新左評論》的對立，使得湯普森於 1964 年退出。

而只有在這樣的背景下，Ｅ・Ｐ・湯普森於 1963 年出版，爾後不斷再版的這本《英國工人階級的形成》，始可能被理解。Ｅ・Ｐ・湯普森要藉著這本著作，凸顯出一種與「結構馬克思主義」完全不同的社會觀、歷史觀，甚或方法論。

我們都知道，從戰後開始，西方左翼即開始出現所謂普遍的社會主義與分殊的社會主義之爭──是否每個國家都有著共同的社會主義道路？或是各國依其文化與社會條件，而有著不同的軌跡？在俄共當道的時代，毫無疑問的乃是普遍主義獲得較大的優勢。縱使反對官定意識形態的一方，也都從普遍主義這個角度看待問題。而除了左翼本身的分歧外，戰後西方實用經驗主義當道，也從右邊對左翼展開攻擊，宣稱「階級」概念的並不存在，意圖將「階級」用諸如「身分」、「角色」、「階層」、「分工」等概念來加以消滅。

而做為英國正統左翼的Ｅ・Ｐ・湯普森，則對這種來自左右兩端

的攻擊至爲不滿。

　　對來自左邊的「結構馬克思主義」而言，他們認爲階級乃是一種「自在階級」（class-in-itself），這是一種結構決定主義。它使得新左知識分子不再努力於從事各種運動，認爲階級的存在是結構的必然。這樣的知識態度，加速了階級運動的瓦解，也讓階級運動裡至爲必要的人道精神與道德張力蕩然無存。因此，爲了振興左翼運動，E・P・湯普森遂主張階級不是客觀存在的，而是「自爲存在」的，因而他遂主張「自爲階級」（class-for-itself）──階級不是天生就存在的，階級是在歷史中自爲而完成的。它沒有普遍的規律，要靠自己的努力。

　　而對來自右翼的攻擊，湯普森遂必須證明，「階級」並不是不存在的，它也無法被諸如「階層」、「身分」、「角色」等功能論的範疇所取代。只有藉著這樣的證明，始能替沉寂中的社會運動，找到自信與動力。

　　因此，卷帙浩繁的《英國工人階級的形成》，整本書透過繁瑣的資料收集與考證，所要論證的，乃是從十八世紀末以迄十九世紀上半葉的英國工人階級、階級意識和運動的發展過程。它要證明的是：有工人階級的存在、有工人階級意識和運動的存在。而它不是天生就注定的，而是靠著教會、工人本身、知識分子等共同的力量而完成的。因而他遂說：「階級是人們在表達其自身的歷史時定義出來的，而最終，這也是它唯一的定義！」馬克思所謂的「人是歷史的主體」，或許正是此義。E・P・湯普森在《理論的貧困》裡對自己的階級觀的歷史觀有更多發抒，他指出：「我認爲階級乃是一種歷史現象，聯結了一些分離而且似乎不相聯結的事務──成爲經驗事務，或爲意識。它們乃是歷史現象，而非結構，亦非範疇，而是某種發生在人

際關係中的事務。」他的這句話，值得人們在閱讀《英國工人階級的形成》之前與之後，再三的思考反芻。

《英國工人階級的形成》，乃是二十世紀英國社會史裡的經典之作。它是一本有「運動觀」的史學著作。湯普森意圖用此書來重建那已被荒廢掉的，曾是英國社會與政治改革動力的傳統，它由道德、勇敢、正義、自我提升等品質所打造而成。這本書之所以傑出，乃是它有血、有淚、有肉！將他的觀點換成另一種反向思考，那就是如果一個社會缺乏了社會運動，那就意味著該社會的階級已失去了自為的想像與期望！

E·P·湯普森乃是戰後西方重要的思想家。他和近代書空咄咄的進步知識分子完全不同。近代的新左翼與「後馬克思主義」，由於言辭艱澀、行動匱乏，早已無法再扮演推動時代進步的功能。但E·P·湯普森那一代則否，他們不看輕自己，道德與文化高尚，關懷的熱情從不減退，也永遠固執的堅持理想，而且用功不懈。回想E·P·湯普森既是學者、行動家，同時也是詩人與道德家的燦爛一生，做為後生的我們，怎能不興起「有為者亦若是」的自我期許呢？

是為序！

南方朔，文化評論家，《新新聞周報》發行人兼總主筆。

1980 版序

　　當我在 1959 年 8 月和維多・哥蘭茨公司（Victor Gollancz Ltd.）簽約時，原本談定的主題是「工人階級的政治，1790-1921」，「篇幅約莫六萬字」。而目前這本書，我想恐怕只稱得上是原先計畫的第一章，感謝出版公司能以如此寬容而鼓勵的態度，收下我那堆龐大蕪雜的手稿。於今回顧，我很疑惑當初是如何完成這本書的，因為在 1959 到 1962 這段成書期間，我也正熱切投身於第一次新左運動和廢除核武等活動。這本書之所以能問世，完全是因為其中的某些部分早已在我客座於西來丁的那十年便已成形。這些課堂上的討論以及我親身參與過的數種政治活動，無疑深深影響了我對政治意識和政治組織這類課題的觀察角度。

　　許多讀者想必已注意到本書有兩個批評主軸：一是主導當時保守派學院經濟史研究的實證主義正統——它們近來正打著「現代化理論」的名目大做行銷；二是某派「馬克思主義」正統（它在這個國家的影響力正日漸沒落），該派認為工人階級多少是一種新的生產力量和生產關係的自發性產物。某些信仰第一派正統的批評家，認為本書根本是一派毀謗，對於他們的部分批評，我曾在 1968 年鵜鶘版

(Pelican edition)的〈後記〉中做了回應，原因並非我認為本書不容挑戰，而是其中牽涉到至關緊要的一些課題。至於第二類信仰者的抨擊，這幾年來我一直以一種比較理論性的方式持續討論，並集結成《理論的貧困》（The Poverty of Theory, Merlin Press, 1978）一書。

我不打算寫一篇新的後記來回顧過去這十年的新成果。畢竟這本書已被廣泛接受並逐漸成為歷史論述，而依據我自己的判定去審裁其他學者的研究，也未免太過自大。在本書付印期間，我對十八世紀群眾與習俗意識的研究並未中輟，對於前四章的部分內容，我已做了些許補充和修正。與此同時，許多重要的新作品相繼出版，而正在進行或即將出版的研究更是所在多有。關於 1790 年代的研究已重新開啟，這點我們可以從古德溫教授那本重量級的作品《自由之友》（Albert Goodwin, The Friends of Liberty, Hutchinson, 1979）的參考書目中窺見一斑。哈里遜的《第二次降臨》（J. F. C. Harrison, The Second Coming, Routledge & Kegan Paul, 1979），對布勞特斯和邵思寇這兩位先知所扮演的角色做了通盤檢視。而我對於倫敦工匠、倫敦激進政治和卡洛琳王后事件的相關說明，也在普洛瑟羅博士那本研究嘉斯特的鉅著《十九世紀早期倫敦的工匠和政治》（Iorwerth Prothero, Artisans and Politics in Early Nineteenth, Dawsons, 1979）中，得到最重要的修正和補充。我很高興「拒付印花稅抗爭『尚未有歷史學家予以重視』」這條註腳，如今已被兩部可敬的研究推翻，它們是何利斯的《貧民報刊》（Patricia Hollis, The Pauper Press, Oxford University Press, 1970）和魏耶納的《拒付印花稅戰爭》（Joel H. Wiener, The War of the Unstamped, Cornell University Press, 1969）。

然而有些領域依然充滿爭議。我也許應該在此簡短強調：我依然堅持我對循道宗的處理方式；儘管有人批評，我仍舊相信在拿破

崙戰爭期間有一小群「地下」雅各賓存在；托米斯博士(Dr Malcolm Thomis)針對搗毀機器運動的幾篇研究，並無法說服我改變我的詮釋；白瑟爾博士的《手搖織布機織工》(Duncan Bythell, *The Handloom Weavers*, Cambridge University Press, 1969)，有部分篇幅是對於本書第九章的批評，但在我看來，該書不管在整體論述或細部內容上，似乎都有待商榷。想要就這些問題得出進一步的論斷，恐怕還需要對證據進行更仔細和更長時間的檢視。

研究與批評會一直持續下去，如果我略過了某些重要作品，完全是因為我不想把這篇序言寫成參考書目。我只想在此指出：對我而言，這本書的主要論點依然只是假設，也因此，它們永遠不可被僵化成正統信條。

渥塞特，1979 年 10 月

序　言

　　本書的書名笨拙，但卻最能契合其主旨。用「形成」一字，是因為本書所研究的是一個活動的過程，在這個過程中，行動主體和客觀環境是同等重要的。工人階級和太陽不一樣，它不會因為時間到了就自動升起。它的出現是靠它自己創造出來的。

　　之所以用「單數的階級」(class)而不用「複數的階級」(classes)，也和本書所欲檢視的主旨有關。這兩個字當然是有差別的。「複數的工人階級」是一個描述性的辭彙，它一方面說得很清楚，一方面也閃爍其辭。它只是把一堆彼此無關的現象鬆散地綁縛在一起。這兒有幾個裁縫，那兒有幾個織工，他們加起來就成了「複數的工人階級」。

　　我認為單數的階級是一種歷史現象，是一種把若干全然不同的和似乎不具關聯的事物統合在一起的過程，這種統合既表現在經驗的物質層面上，也表現在意識層次上。我要特別強調它是一種**歷史**(historical)現象。我不認為階級是一種「結構」，甚至不是一種「範疇」(category)，而是確確實實在人際關係上發生過的事(而且可以顯示它已發生過)。

更有甚者，階級的觀念永遠與歷史關係（historical relationship）的觀念相伴隨。就像其他任何的關係一樣，如果我們企圖在某個既定的時刻結束它的生命，並設法解剖它的結構，它就會像個無一刻定型的東西般，根本無法分析。即使是最細密的社會學網絡，也無法提供我們一個純粹的階級樣本，就像它無法提供我們「順從」或「愛」的樣本一般。這種關係永遠都必須用真實的人群和真實的社會脈絡來說明。此外，我們也無法把兩個各自具有獨立生命的不同階級，硬扯上關係。就像我們無法在沒有愛人的情況下談愛，在沒有鄉紳和勞工的情況下談順從一樣。當某些（或因繼承或因分享而）具有共同經驗的人們，感受到並能清楚說出他們休戚與共的關係，同時當他們開始反抗那些與他們利益不同（通常是壓迫他們的）的「別人」時，階級於焉產生。階級經驗絕大部分是由生產關係所決定，這種生產關係通常是他們生下來就注定的，或身不由己進入的。階級意識是這種經驗的文化表述：體現在傳統、價值體系、想法和制度形式當中。如果說階級經驗似乎是命定的，階級意識卻不然。我們可以在類似的職業團體對類似經驗所做的反應中，找出某種**邏輯**，但我們無法斷言它們之間存在任何**法則**。階級意識可能在不同的時間和不同的地點以相同的方式產生，但絕不會以**一模一樣**的方式產生。

今天，人們通常都把階級當做一種事物（a thing）。這不是馬克思的意思，也不曾出現在他自己的著作中，但這個錯誤卻出現在許多後來所謂的「馬克思主義者」的著作中。「它」——也就是工人階級——被假設為真實的存在，幾乎可以像數學那樣清楚證明——有這麼多人和生產方式之間具有某種特定關係。一旦這樣的假設成立，就可以推演出「它」應該具有（但鮮少真的擁有）的階級意識，只要

「它」清楚地意識到它自己的處境和它眞正的利益所在。文化上層結構是存在的，透過這種結構，上述認知以沒什麼效率的方式緩緩露出曙光。由於這種文化上的鬆散和扭曲相當麻煩，因此我們很容易略過這個層次，直接以某些理論取代：政黨理論，宗派理論，或採取某些理論家的看法，這些理論家在討論階級意識的時候，在乎的並不是它是什麼，而是它應該是什麼。

但是在意識形態分水嶺的另一端，同樣時時可以看到類似的錯誤發生。這些錯誤有時是以全然負面的形式出現。因爲我們很容易證明馬克思最原初的階級觀念是不正確的，因此便可以進一步假設：任何一種階級觀念都是一種硬套在證據之上的理論建構。這派人士根本不承認階級的存在。另一種錯誤則是用一種奇怪的倒論法，把動態的階級觀念變成靜態的階級觀念。「它」——工人階級——的確存在，而且可以肯定是社會結構的成分之一。然而，階級意識卻是個壞東西，它是落難知識分子發明出來的，因爲任何一種會破壞和諧共存的團體完成其不同「社會角色」（因此也將阻礙經濟發展）的事物，都會被譴責爲「不當的干擾因素」[1]。於是問題就變成：怎樣才能以最好的方式讓它接受其社會角色，並且能使它的委屈得到最好的「處理和疏通」。

然而，如果我們牢記階級是一種關係而非一種事物，我們就不會有上述的想法。「它」並不存在，不論是做爲一種具有典型的利益或意識的階級，或是做爲宛如手術檯上的病人般的階級。我們也不能倒果爲因，如同一位權威學者（他在進行階級研究時，把所有的注

---

[1] 在本書所論時期運用這種錯誤取向的範例之一，可參見帕森斯(Talcott Parsons)教授一位同僚的著作：N. J. Smelser, *Social Change in the Industrial Revolution* (1959)。

意力都放在方法論上，完全不從真實的歷史脈絡這個角度去檢視一個單一階級的真正情況）所云：

> 階級的基礎是每個特定的位置都有其各自的正當權力，也就是說，階級是建立在社會角色的結構之上，而這種角色是來自社會當局對他們的期望……在社會大眾眼中，個人係藉由扮演某個社會角色而成為某個階級的一員……他之所以屬於某個階級，是因為他在那個社會組織中佔有一個位置；也就是說，階級成員的身分係來自於該社會角色的義務。[2]

問題是，個人是如何取得其「社會角色」，而這個特殊的社會組織（以及其財產權利和威權結構）又是如何存在在那兒。這些都屬於歷史問題。如果我們讓歷史在某個特定的點上停下來，那麼我們看到的不會是階級，只會是具有許多經驗的許多個人。然而，如果我們將這些人放在夠長的一段社會變遷時期中加以觀察，我們便會看出他們之間的關係模式、觀念模式和制度模式。階級是人們在走過其自身的歷史時定義出來的，而最終，這也是它唯一的定義。

也許我對某些社會學家那種全神貫注於方法論的做法無法充分理解，但無論如何，我都希望這本書能有助於我們對階級的理解。因為我深信：除非我們能把階級視為一種在其形成過程中所產生的社會和文化形構，而且這個過程只能從他們把自己打造成一個階級的那個歷史階段去研究，否則我們將無法真正了解階級的意義。因

---

[2] R. Dahrendorf, *Class and Class Conflict in Industrial Society* (1959), pp.148-9.

此這本書可視爲是英國工人階級的傳記，描繪這個階級從青春期一直到剛成年的經歷。在 1780 到 1832 這段期間，大多數的英國工人都已逐漸體會到他們是一個利益共同體，並且共同對抗他們的統治者和雇主。不過與他們相對立的統治階級本身則分化得多，事實上，統治者一直要到那些年間才取得某種凝聚性，因爲他們得共同面對一個起而反叛的工人階級，於是使他們之間的某些對立得以消解（或淡化成比較次要）。因此我們可以說，在 1832 年時，工人階級的存在是英國政治生活中最重要的因素。

本書便是循著這個脈絡寫成。在第一部中，我將探討貫串十八世紀的大眾傳統，這些傳統深深影響了 1790 年代最具關鍵性的雅各賓騷動 (Jacobin agitation)。在第二部中，我將從主觀的影響談到客觀的影響——就我看來其中特別重要的，是工人團體在工業革命期間所經驗到的一切。我也企圖描畫出那個新工業時代的工作紀律具有哪些特質，以及循道宗 (Methodist Church) 對這些紀律發揮了怎樣的影響。接著在第三部中，我將重新接續平民激進主義 (plebeian Radicalism) 的故事，從搗毀機器運動 (Luddism) 一直談到拿破崙戰爭結束前的那個英雄時代。最後，我將從幾個面向來探討 1820 到 1830 年代的政治理論和階級意識。

本書與其說是一部連續的故事，倒不如說是一組相關主題的研究。在選擇這些主題的時候，我不時會意識到自己的寫作正拂逆眼前流行的正統說法。這些正統說法包括費邊派 (Fabian) 的看法、經驗主義經濟史家的看法，以及「天路歷程派」(Pilgrim's Progress) 的說法。費邊派認爲除了像普雷斯 (Francis Place) 這類少數有遠見的組織者外，絕大多數的工人都是「自由放任」政策的被動犧牲者。經驗主義派的經濟史家則把工人視爲是單純的勞動力、遷移者和統計學

資料。至於天路歷程派,則認為這個時期是個遍尋先驅的時代——福利國家的先鋒,社會主義國協(Socialist Commonwealth)的前輩,和(較晚近的)合理的工業關係的早期模範等。這類正統學說每一個都有某種程度的正確性,而每一種也都對我的理解有所助益。我對上述第一和第二種主張有意見的地方是:它們都傾向於模糊掉勞動工人發揮的作用,模糊掉他們藉著有意識的努力對歷史形成所產生的貢獻。而我對第三種說法的意見則是:該派太過以成敗論英雄,從而忽略了當時歷史的真正情況。他們只記得那些成功的人(也就是那些其訴求和願景後來真的得以實現的人),至於那些走不通的道路、失敗的活動目標以及失敗者本身,都被忘卻在歷史的洪流中。

我想要從後代那種無比傲慢的態度中拯救出可憐的織襪工人、搗毀機器運動的失敗者、「過時的」手搖織布機織工、「懷抱烏托邦理想」的工匠,乃至那些受騙的邵思蔻(Joanna Southcott)追隨者。他們的手藝和傳統也許已日漸沒落;他們對新工業的敵意也許是逆時代而行;他們的公社理想可能是幻想;他們的暴動反叛可能是輕率鹵莽,但是,是他們走過了那段社會紛擾的巨變歲月,而不是我們。他們的期盼和願景就他們的經驗而言是有根有據的。如果說他們曾經是歷史的受害者,那麼他們至今仍是,因為我們將他們從他們活過的歷史中剝離。

我們要謹守的唯一評判底線,就是不應該用結果是否正當來評判一個人的行為。畢竟,我們也尚未走到社會演化的盡頭。我們仍然可以在工業革命時代那些失敗的活動目標中,找到某些看法和想法,來治療直到今天我們都還無法消除的社會罪惡。再者,有兩個特殊的理由迫使我們今天非得去注意這段時期不可。其一是,在這段時期,平民運動對於平等和民主等價值觀有異常高的評價。今天

我們雖然常常誇耀我們的民主生活方式，但發生在這段民主存亡之秋的事件，卻不是遭我們遺忘就是飽受蔑視。第二個理由是，今天世界上的大部分地方仍在經歷工業化和建立民主制度所帶來的種種問題，而這些問題在許多方面相當類似於工業革命時代的經驗。那些在英國試驗失敗的活動目標，在亞洲和非洲也許有可能贏得成功。

最後，我得向蘇格蘭和威爾斯的讀者致歉。在本書中我的確忽略了他們的歷史，但不是由於盲目的民族沙文主義，而是基於尊重的態度。因為階級不只是一種經濟形構，也是一種文化形構，因此我必須非常謹慎地把推論範圍局限於英格蘭的經驗之內。(書中提到的愛爾蘭人並不是住在愛爾蘭的愛爾蘭人，而是遷居英格蘭的愛爾蘭人。)蘇格蘭的史料顯示：其工人階級的戲劇性發展和苦難程度都不下於我們。蘇格蘭的雅各賓騷動比之英格蘭，甚至更激烈、更富英雄色彩。但是蘇格蘭人的歷史畢竟和我們非常不同。雖然我們很難說十九世紀早期的喀爾文教義和循道宗教義哪一個比較不好，但無論如何它們都不是同樣的東西。在英格蘭也找不到類似於高地移民的農業人口。而兩地的大眾文化更是有著極大的差異。至少在1820年代以前，我們可以說英格蘭工人和蘇格蘭工人的經驗是截然不同的，因為當時的工會和政治關聯都尚未定型也未臻成熟。

本書在約克郡寫成，並得到西來丁行政區(West Riding)資料的增色。我最感謝的人當推里茲大學的雷布德(S. G. Raybould)教授。若干年前在他的影響下，我開始著手相關研究，以致今天有本書的產生。我也要感謝勒伍豪信託(Leverhulme Trustees)，該機構頒給我的資深研究員獎助金，使我可以完成這項工作。我也從我擔任導師的班上獲益良多，這本書所探討的主題很多都曾在課堂上和學生進

行過討論。我也應該向允許我引用手稿和版權資料的相關機構致謝，並謹列於書末的〈謝辭〉中。

　　要感謝的個人還很多。希爾先生(Christopher Hill)、布瑞吉斯教授(Asa Briggs)和沙維勒先生(John Saville)曾看過本書的部分手稿並提出批評意見，當然，他們不需要為我的判斷負責。本書在撰寫之初，原本是要做為一套叢書中的一本，沒想到它卻膨脹到超出原訂的界限甚多，在這個過程中要特別感謝哈里斯先生(R. J. Harris)，他以無比的耐性仔細校訂本書。此外，安德森(Perry Anderson)、布特(Denis Butt)、寇伯(Richard Cobb)、柯林斯(Henry Collins)、克羅斯萊(Derrick Crossley)、雷克斯(John Rex)、希斯渥斯(E. Sigsworth)和史威夫特(H. O. E. Swift)都曾在不同的地方惠予我協助。我也得感謝我的妻子桃樂絲(Mrs. Dorothy Thompson)，她同時也是一位歷史學家。我曾和她討論本書中的每一個章節，並因為我們的特殊關係而借用了她的若干構想，以及她筆記中的若干資料。她所提供給我的協助不只是在這一點或那一點上，而是對這整個問題的看法。

　　　　　　　　　　　　　　哈里法克斯，1963 年 8 月

英國工人階級的形成 上冊

The Making of the English Working Class

第一部

自由樹

你們是在與人類之敵搏鬥，不只是爲了你們自己，

因爲你們或許無法見到完全自由的一日，

而是爲了在吃奶的孩子。

——倫敦通訊協會給其巡迴代表的指令，1796——

野獸與娼妓肆無忌憚地遂行統治。

——布萊克，1798——

無限制會員

Members Unlimitd

第 一 章

幹部會成員

Members Unlimited

「我們會員的人數沒有限制。」這是 1792 年 3 月時，倫敦通訊
協會(London Corresponding Society)幹事與雪菲爾(Sheffield)的友
會進行通訊時所引述的第一條「指導原則」[1]。在這之前兩個月，倫
敦通訊協會在河濱大道(Strand)上的一家酒店(艾塞特街的「鐘」
〔The Bell in Exeter Street〕)召開了第一次會議，出席的是九位「好
心、審慎而勤勞的人士」。該協會的創辦人及第一任幹事哈代
(Thomas Hardy)，日後回憶起那次會議：

> 他們和平常一樣吃了一頓由麵包、乾酪和黑啤酒構成的晚餐，
> 然後照例抽起菸斗，談論著日子越來越難過、日用品越來越昂
> 貴等等……然後，言歸正傳，談到他們這次聚會的主題——**國
> 會改革**。對這個階級的人來說，這個課題顯然很重要，有必要好
> 好思考和處理。

出席的九人當中，有八位成爲當晚的創始會員(第九位在考慮過後，
於隔週宣布加入)，並且繳了他們的第一筆週捐助金——一便士。哈
代(他也是該協會的出納)口袋裡裝了這個組織的全部經費——八便
士——回到位於皮卡第(Piccadilly)街九號的住處。這些錢將用來購
買紙張，以便與國內其他和他們想法一致的團體進行聯繫。

兩週之內，登記加入該協會的成員已有二十五名，出納手中的
經費也增加到四先令一便士(六個月之後，該會宣稱他們已擁有兩千
名會員)。入會的條件很簡單，只要對該會提出的三個問題都回答
「是」，就可以通過。這三個問題中最重要的一個是：

---

[1] *Memoir of Thomas Hardy . . . Written by Himself* (1832), p. 16.

　　你是否徹頭徹尾地相信：基於王國的福祉，每一個有理性的、未因犯罪而遭褫奪資格的成年人，都有權投票選舉國會議員？

該協會成立的第一個月，他們花了五個晚上的時間連續辯論下面這個問題：「像我們這樣的手藝人、小店主和技工，究竟有沒有權利爭取到國會改革？」他們左思右想，反覆思考「所有可能出現在我們腦袋裡的每一種觀點」。最後他們決定他們擁有這項權利。

　　1794 年 5 月 12 日，也就是兩年之後，國王的傳令官協同兩名違警法庭巡官 (Bow Street Runners)、內政大臣鄧達斯 (Dundas) 的私人祕書和其他顯要人物，來到皮卡第街九號，以叛國罪罪名拘捕鞋匠哈代。哈代的家人眼睜睜地看著警察搜劫房間，敲開書桌抽屜，亂翻哈代太太（當時她因懷孕而臥床）的衣物。他們用四條絲質大方巾帶走所有信件，並裝了滿滿一個穀物袋的宣傳小冊、書籍和手稿。同一天，國王下了道特旨給下議院，表示他對倫敦通訊協會妨害治安、煽動叛亂的舉動深表關切。兩天之後，下議院指派了一個祕密委員會負責檢查這個鞋匠的所有文件。

　　樞密院 (Privy Council) 本身也曾數度提訊這位鞋匠，對於這些經過，哈代幾乎沒留下什麼記錄，但和他同時繫獄的塞爾華 (John Thelwall)，卻把他遭全國最高單位審問的過程，以戲劇性的方式追記重建，以饗讀者。塞爾華寫道：「我被傳了進去，看到整齣戲的所有要角全都埋首於講詞和手稿中……一切都處於極度混亂。」皇家大法官 (Lord Chancellor)、內政大臣和首相皮特 (Pitt) 全都在場：

　　檢察總長（語調柔和）：塞爾華先生，你的教名是？

塞爾華(有些慍怒)：約翰。

檢察總長(語調依然柔和)：華麗的華還是喧譁的譁？

塞爾華：華麗的華。但是這根本無關緊要。(有些漫不經心，
但相當慍怒。)你不必費事了，我根本不打算回答你任何問
題。

皮特：他說什麼？(一臉兇相地突然從房間的另一端走過來，
在大法官旁邊坐下。)

大法官(以輕柔到幾乎像是耳語的聲調)：他無意回答任何問
題。

皮特(兇猛地)：你說什麼？你說什麼？什麼？[2]

之後塞爾華就把臉背過這些高官顯貴，「開始專心欣賞一幅水彩」。
首相命他退下，接著提訊了一名和塞爾華一家人住在一起的十四歲
小孩伊頓(Henry Eaton)。但是這個男孩堅守立場，並且「長篇大論
地高談起政治，以最尖刻的言辭指責皮特先生，斥責他向人民徵收
的稅額已高到無以復加的程度……」[3]

　　若以接下來那個世紀的標準來看，這敵對雙方都顯得出奇地業
餘，對他們所扮演的角色也不太有把握，他們可說是以奇特的個人
遭遇為日後大規模不具人性的衝突預做演出[4]。禮貌與怨恨交織並

---

[2] *Tribune*, 4 April 1795. 比較樞密院本身對塞爾華審訊的記錄：「當樞密院的書
記問及他的姓氏如何拼寫時，塞爾華回答道：他可根據他的自由意志拼寫，因
為他不回答任何問題……」T.S. 11.3509 f.83.

[3] *Morning Post*, 16 May 1794.

[4] 日後，當雅各賓黨人賓斯(John Binns)在格洛斯特城堡(Gloucester Castle)未
經審訊即遭囚禁期間，內政大臣、他的妻子和兩個女兒都曾去探望過他。

存，在階級的仇恨當中仍有足夠的空間容納個人的仁慈舉動。塞爾華、哈代和其他十名犯人被關進倫敦塔，後來又轉押新門(Newgate)監獄。在新門監獄，塞爾華一度被關進停屍間。支持「教會和國王」的暴民(Mob)團團圍住哈代的住處，哈代太太在驚嚇之中死於分娩。樞密院決定貫徹叛國的指控，而當時對叛國者所實行的全套刑罰是：先將犯人上絞架，然後在他還活著的時候切斷絞繩，切腹取腸（並在犯人面前焚燒他的內臟），最後砍下他的頭並予以肢解。由體面的倫敦市民所組成的大陪審團(Grand Jury)自然不喜歡這種做法。在審訊了九天之後，陪審團宣告哈代「無罪」（那天是 1794 年的福克斯節〔Guy Fawkes Day〕*1）。陪審團主席在得知哈代被宣判無罪後暈倒，而倫敦群眾則群聚狂歡，擁著哈代凱旋遊街。隨後涂克(Horne Tooke)和塞爾華也宣告無罪，其他案子則不予受理。但是群眾慶祝得太早。因為第二年，對改革者——或「雅各賓派」——的堅決鎮壓重新以加倍的威力登場。到了 1790 年代將盡之際，似乎所有的運動都已土崩瓦解。倫敦通訊協會被判為非法組織。潘恩(Tom Paine)的《人權論》(*Rights of Man*)遭到查禁。集會活動也受到禁止。哈代在科芬園(Covent Garden)附近開了家鞋鋪，希望那些昔日的改革者能因他過去的作為而照顧他的生意。塞爾華退休到南威爾斯一個與世隔絕的農場。當時的情勢看起來，這些手藝人、小店主和技工，終究是沒有權利爭取到國會改革。

---

*1 按：福克斯(1570-1606)為 1605 年「火藥陰謀」事件的爆破任務執行者。該項陰謀是英國天主教徒欲推翻英王詹姆士一世及其國會所發起的叛變。福克斯後來因消息走漏於 11 月 5 日被捕，在嚴刑拷打下招出共謀者的姓名，最後判處絞刑。日後英國人在每年 11 月 5 日的福克斯節當天，都會燃放煙火以示慶祝。

　　倫敦通訊協會往往被認為是英國最早的工人階級政治組織。但這項論斷有必要進一步加以說明，而且這種說明不只是為了賣弄學問而已（雪菲爾、德比〔Derby〕和曼徹斯特的這類協會都比倫敦通訊協會成立得早）。一方面，自美國獨立革命開始，在倫敦便偶爾可以見到由工人組成的辯論協會。另一方面，也許把倫敦通訊協會視為一個「人民激進」（popular Radical）協會，要比「工人階級」協會來得適切。

　　哈代無疑是個工匠。他出生於 1752 年，在斯特林郡（Stirlingshire）接受鞋匠學徒訓練；在卡隆鐵工廠（Carron Iron Works）當砌磚工時（有一天，他在鐵工廠廠長魯伯克〔Roebuck〕家工作時，鷹架倒塌，他差點被壓死），曾耳聞目睹到一點新工業制度的發展；美國獨立戰爭爆發前不久，年輕的哈代來到倫敦。在倫敦，各行各業多不勝數，職工（Journeyman）*2 指望著成為獨立工匠，或有幸可以自己當上雇主。哈代就是這樣由一名職工做起，最後成為雇主。他娶了一個木匠和營造商的女兒。他的一位同事，倫敦通訊協會的主席普雷斯（Francis Place），也正努力想要成為裁縫師傅。職工和小師傅之間的界限並不那麼分明：比方說在 1795 年時，製靴和製鞋的職工就曾經衝撞過剛當上小師傅的哈代；而普雷斯在成為裁縫師傅之前，也曾在 1793 年幫忙馬褲裁縫職工組織過一場罷工。而獨立工匠（他的工作間也就是他的作坊〔shop〕）和小店主或手藝人之間的分野就更不明顯了。只要再往上跨一步，他們就可以進入自由業的世界，那個世界裡的人是像夏普（William Sharp）和布萊克（William Blake）這樣的雕刻師、印刷業者、藥劑師、教師、新聞工作者、外科醫師

---

*2 按：指學徒訓練期滿，具有熟練技術，但尚不具師傅資格的受雇工匠。

和反對國教派(Dissenting)的教士。

因此，倫敦通訊協會可說是處於兩端之間。一端是皮卡第圓環、艦隊街(Fleet Street)*3 和河濱大道上的咖啡館、酒店以及反對國教派教堂。協會裡面那些自學成功的職工可以在這些地方碰到印刷業者、小店主、雕刻師和年輕的律師。在另一端，也就是城東區、河南岸一帶，他們可以接觸到比較古老的工人社群，例如華平區(Wapping)的水邊工人、史匹塔菲區(Spitalfields)的絲織工，以及南華克區(Southwark)那些傳統的反對國教派工人。兩百年來，「激進的倫敦」在社會和職業的界定上，始終比密德蘭或英格蘭北部那些以兩三種工業爲主的激進中心來得混雜，也更富流動性。也因此，倫敦的群眾運動比起那些幾乎是整個社群都屬於同一個行業和具有同樣社會緊張的地方，就經常顯得缺乏連貫性和持續性。另一方面，倫敦的激進團體一般說來都比較容易受到知識或「理念」的激勵。習慣聆聽理念宣傳的人數要比北方來得多。由於他們必須把各種不同的宣傳鼓動匯織成共同的運動，因此倫敦的激進主義很早就具有較複雜世故的性格。新思想和新言論通常都是最早在倫敦與群眾運動合流，然後再由倫敦傳播到各郡中心。

倫敦通訊協會就是屬於這樣的一個匯合點。我們必須牢記，該協會的第一個組織者是住在皮卡第而非華平或南華克。其實單是從對該協會首次會議的簡單描述中，就可以看出一種新形態組織已然出現的若干特徵，這些特徵有助於我們清楚說明「工人階級組織」的性質。首先，它的總幹事是個工人。它的週捐助金額度很低。經濟和政治混雜在一起──「日子越來越難過」與國會改革。集會所

---

*3 按：英國報業界的集中地。

扮演的角色，既是社交場合也是政治活動的核心。它對程序儀節的關注是以可不可行爲考量。尤其重要的是，它有決心宣傳它的觀念，也有決心組織那些改變信仰加入他們的人，這種決心具體展現在它最重要的指導原則中——「我們的會員人數沒有限制」。

今天，我們可能會認爲這樣的原則稀鬆平常而不留意，然而它卻是歷史轉變的樞紐之一。它意味著任何排他觀念的終結，也表示不再接受任何把政治視爲世襲菁英或財產團體專屬禁區的觀念。核准這樣的規條，表示倫敦通訊協會決定棄絕那個已有百年歷史的觀念：即認爲政治與財產是不可或分的；同時也表示它已放棄高呼「韋爾克斯和自由」（Wilkes and Liberty，參見下文頁 73)的那個時代的激進主義，在那個時代，「暴民」並不是爲了追求自身想要的目的而把**自己**組織起來，它們只是應某個黨派的號召而投入偶發的行動當中。這些黨派——即使是激進者的流派——號召民眾的目的，都只是爲了加強自己的力量，以便威嚇當權者。以這種「無限制」的方式敞開宣傳和運動的大門，意味著一種全新的民主觀念，這種民主拋卻了古老的禁制,完全信賴一般人民的自我創制和自我組織。像這樣具有革命性的挑戰，必然會引發叛國的指控。

當然，這種挑戰在過去已有人發出，發出挑戰之聲的是十七世紀的平等主義者(Levellers) *4 。而這場發生在克倫威爾旗下軍官與士兵鼓動者之間的辯論，正有助於我們釐淸 1790 年代衝突的歷史

---

*4 按：指英國清教徒革命後掀起人民民主運動的人士，主要領導人物包括李伯恩等人。該派宣揚平等的自然權利和主權在民等觀念，要求每兩年召開國會並推行激進的法律改革。普特尼辯論即該派士兵與新模範軍指揮官之間的著名辯論(1647)，之後該派士兵曾多次反抗其統帥，並於 1649 年發動叛變。隨著叛變行動遭到鎮壓，該運動亦漸趨瓦解。

淵源。在普特尼(Putney)那場最重要的辯論中[5]，士兵的代表們主
張：既然是因為他們打了勝仗，所以人民的參政權得以大幅放寬，
那麼他們自然應該成為這項好處的受益者，擁有參政權。平等主義
者倫百羅上校(Colonel Rainborough)曾發表一篇眾所周知的聲明：

> 因為我真的認為，即使是英國最窮的人也有權過日子，就像
> 最偉大的人一樣；因此，先生，我真的認為：每一個在政府統
> 治下的人，都應該先經過自己的同意這關。……對這點抱持懷
> 疑的人，我懷疑他是不是有資格稱為英國人。

回應他的人是克倫威爾的女婿艾爾頓將軍(General Ireton)，他代表
高官貴胄(Grandee)發言。他說：「在這個王國裡，沒有恆產的人就
沒有權利過問或分享處理國家事務的權力。」當倫百羅就這個問題不
斷逼問他時，艾爾頓有點惱羞成怒地回答說：

> 我這麼說，主要是因為我注意到財產問題。我希望我們不必
> 非得為這個問題爭勝負，但我還是希望每一個人都能好好考慮
> 一下，別走上剝奪所有財產那條路。因為財產是這個王國憲法
> 最基本的部分，剝奪了它，就等於剝奪了所有。

艾爾頓繼續說道：「如果你讓所有還有呼吸還活著的人都擁有參政
權」，那麼下議院大多數的議員都會是那些沒有「土地與恆產的人」。
「這些人難道不會投票表決反對所有有財產的人？……你告訴我如

---

5 A. S. P. Woodhouse, *Puritanism and Liberty* (1938), pp. 53 et seq.

果發生這種情形你要怎麼阻止，根據這樣的律法你能怎麼保護那些有財產的人?」

這種無條件把政治權與財產權混為一談的說法，引起了塞克斯比(Sexby)的嚴重抗議：

> 我們這幾千個士兵可是冒著生命危險在打仗；我們在這個王國裡的確是沒什麼財產，也沒有土地，但我們擁有與生俱來的權利。可是現在的情況好像是，除非這個人在王國裡擁有固定的財產，否則他就沒有權利……我猜我們都上了大當了。

此時倫百羅以嘲諷的口氣插話說：

> 先生，我看除非剝奪所有的財產，我們是不可能有自由的。如果非得把它寫成法律的話……那就寫吧。否則你告訴我，我們這些士兵打了這麼久的仗圖得是什麼？難道是為了奴役自己而打；為了把權力送給有錢人和有土地的人而打；還是為了讓自己變成一輩子的奴隸而打。

對於這個問題，艾爾頓和克倫威爾的回答，簡直就是為 1688 年的妥協預做辯護。他們說普通士兵是為了下面三件事情而戰：一、限制國王的特權，以免侵犯到他個人的權利和思想自由；二、捍衛代議政治，即使他沒有權利選舉這些代議士；以及三、確保「經商自由，以便藉此賺取金錢、購買土地」，進而藉由金錢土地取得政治權利。根據這種方式，「人們既有可能獲取自由，財產也不致受到摧毀」。

在 1688 年後的百年之間，這項妥協──即建立在土地及商業財

富上的寡頭政治——一直未曾受到挑戰，儘管貪污、賄賂和鑽營的情形越來越嚴重，這類手段的複雜機巧，納米爾爵士(Sir Lewis Namier) *5 和他的門徒曾有生動的記載。與此同時，平等派的挑戰幾乎完全失敗，雖然人們時常施法召喚平等派的幽靈復活。平等派的幽靈就像是希臘神話中的斯庫拉女妖(Scylla)，與由教皇派(Papist)和詹姆士二世黨人(Jacobite)扮演的卡律布狄斯海怪(Charybdis)共同構成一道危險無比的海峽，等著別無他途可走的「憲政」之船駛進來。但是直到十八世紀的最後二十五年爲止，由「十八世紀共和子民」所發起的自由和共和的溫和衝力，似乎仍牢牢地局限在艾爾頓的定義範圍內6。閱讀 1790 年代改革者與當權者之間的爭議，以及不同改革團體之間的衝突，就好像是看到普特尼辯論復活一般。那些英格蘭「最窮的人」和擁有「與生俱來之權利」的人，化身爲《人權論》這本書；而「無限制」會員的這種運動，則被柏克(Burke)視之爲「豬眾」(swinish multitude)的威嚇。當時規模最大、以恐嚇改革者爲宗旨的半官方組織，把自己定名爲「對抗共和與平等派分子以保護自由與財產協會」(Association for Protecting Liberty and Property against Republicans and Levellers)。約克郡的溫和派改革者韋威爾牧師(Reverend Christopher Wyvill)，是一位抱有無可置疑改革熱誠的人，然而他卻深信，如果要以普選爲原則進行改革，「結果必將是一場內戰」：

在這樣一個政治辯論熱度居高不下的時代，向無知凶惡的老

*5 參見第五章註 * 11，頁 221。

6 See Caroline Robbins, *The Eighteenth-Century Commonwealthman* (Harvard, 1959).

百姓宣揚參政權的觀念，必定會招致暴動和混亂……在一連串遭到最可恥的腐化所玷污，或被最猛烈的騷動所干擾的選舉過程結束之後，我們可以預期英國老百姓的狂暴和唯利是圖終將遭到全國人民的厭惡，爲了擺脫這種放蕩的民主政治教人無法容忍的邪惡，他們只能尋求……專制權力的庇護。[7]

「如果潘恩先生眞能奮起下層階級，那麼他們所到之處將會盈斥著野蠻的行徑，我們於今所擁有的一切，不管是私人財產或公有財產，都將任由他們無法無天的狂亂擺布。」[8]

這可說是古老辯論的持續。同樣的渴望、恐懼和緊張狀態依然存在；但這些渴望、恐懼和緊張狀態卻是出現在一種新的環境當中，同時伴隨著新的語言和議論，以及一種洗牌過的權力平衡。我們必須試著同時理解下面這兩件事——延續下來的傳統和已經改變的環境。由於每一則記述都必須有個起點，因此我們常常只注意到那些新的事物。如果我們從 1789 年看起，英國的雅各賓主義就會像是法國大革命的副產品。但如果我們把時間上限設定在 1819 年的彼得盧（Peterloo）事件，英國的激進主義就會像是工業革命的自發性產物。法國大革命對英國激進主義的影響自然是毋庸置疑的，它加速了新的震動，而原先那些以發展中的製造業地區勞動人民爲根基的抗爭活動，自然也會受到新經驗所形塑。但問題還是存在——究竟英國工人激進主義具有哪些特質，可以讓這些事件發揮這麼立即的加速作用。由此著眼，我們立刻可以發現英國都市工匠和小販的悠久傳

---

7 C. Wyvill to John Cartwright, 16 December 1797, in Wyvill's *Political Papers* (York, 1804), V, pp. 381-2.

8 Ibid., V, p. 23.

統，竟與法國的「市井小民」(menu peuple，社會最低階層)傳統異常相似，這些市井小民正是被胡代(Dr. George Rudé)博士稱之為巴黎民眾當中最具爆發性的革命因子[9]。如果我們把下列三個問題獨立出來討論，我們將可看出這些持續傳統中的某些複雜面：一是反對國教派的傳統及循道宗(Methodist)對該傳統的復興及修正；二是與英國人所謂「與生俱來之權利」結合在一起的那些鬆散的民間觀念；三是十八世紀那種定義模糊的「暴民」傳統——那種令韋威爾深深害怕，而哈代致力想把它組織到各委員會、各分部和各個示威活動當中的傳統。

---

[9] See G. Rudé, *The Crowd in the French Revolution* (1959).

第二章

基督徒與魔王

Christian and Apollyon

「反對國教派」(Dissent)一辭很容易引起誤解*¹。因為它涵蓋了這麼多的宗派，這麼多相互衝突的思想和神學趨勢，又在這麼不同的社會環境中以極其多樣的形式出現。早期那些形形色色的反對國教宗派——獨立派(Independents)、長老會(Presbyterian)、公理會(Congregation)、貴格派 (Quaker)和浸信會(Baptist)——在光榮革命之後都表現出某種程度的類似發展。當較大的寬容取代了迫害之後，教友的狂熱日減，但富裕卻日增。1670 年的某個晚上，曾有群製衣商和農夫在史班谷地(Spen Valley)裡一個叫做「靠近福德禮拜堂的穀倉」(Ye Closes)裡舉行一次祕密聚會，一百年後，當初那個農舍或穀倉已發展成一個茁有根基的教會。教會的執事約瑟夫‧普里斯特利(Joseph Priestley)過得相當富裕順遂，他曾在祈禱日誌中做了如下的表白：

> 世界在微笑。因為這個職位的關係，我得以執行一些令人愉悅的義務。當我到里茲的時候，我只需用言語奉獻我主。我決定撥四五擔的小麥給基督的窮人。今天碰到的麻煩事真是多，以致我無法摒除雜念、集中全心與神接觸。在事情如此繁忙的情況下，要做到這點真有點困難……

---

*¹ 按：Dissent 和 Nonconformist 都是指不遵奉英國國教會教義的基督教派別。Dissent 的字面意義是「不同意者」，指的是十七世紀主張脫離英國國教會進行改革的各個分離宗派。這兩個辭彙有時可以通用，但在本書中，Dissent 指的是獨立派、長老會和貴格派這類早期的教派，仍保有對惡魔和正統教會的強烈抵抗，而 Nonconformist 指的則是循道宗以降的不奉國教宗派，其信徒不再有對抗外在世界的堅持，只徒留自我謙遜和愧悔。為強調兩者之間的這種差別，故將 Dissent 譯為反對國教派，Nonconformist 譯為不奉國教派。

隔週，他又寫道：

> 今晨……我和一群軍官共餐，他們似乎對救贖之路一無所知。
> 我在閱讀以賽亞書第四十五章的時候感受到某種喜悅……命奧
> 巴狄亞兄弟(brother Obadiah)散給基督的窮人一擔小麥。[1]

儘管這位普里斯特利有某種罪惡感，但他畢竟還是一名喀爾文信徒。
(無疑那位「奧巴狄亞兄弟」也是。)但是他的堂弟——也叫做約瑟夫
——這個時候卻正在達芬垂學院(Daventry Academy)進修，他在那
裡受到強調理性的啓蒙精神所感召，變成一名神位一體論(Unitar-
ism) *2 的信徒，一名科學家和政治改革者，而此舉深深傷了其親人
和教會的心。而他，正是在 1791 年伯明罕暴動中其書籍和實驗室慘
遭「教會和國王」的暴民搗毀的那個普里斯特利博士。

　　這是對老反對派(Old Dissents)傳統的部分速寫。在當時，反對
國教派信徒的良知自由雖已得到寬容，但受到「宣誓法和都市自治
法」(Test and Corporation Acts)規定出任公職者都必須是英國國教
徒的限制，他們的入仕之途仍充滿阻礙。因此在那一百年間，反對
國教派信徒仍持續爲他們的公民權和宗教自由奮戰。在十八世紀中
葉的時候，許多比較年輕且受過教育的牧師，都以他們寬宏大量的

---

[1] Frank Peel, *Nonconformity in Spen Valley* (Heckmondwike, 1891), p. 136.

*2 按：又稱唯一神論，否認三位一體的教義，不承認基督具有神性。英國的神
　　位一體派強調，人之得救是憑藉基督的個性，而非祂所流的救贖之血。此派
　　和自然神論一樣，傾向以純理性取代超自然信仰，以自然與正確的理由取代
　　新約，做爲宗教權威的主要來源。否認基督神性的派別還包括後文提及的阿
　　里烏派和蘇西尼派。

理性神學自傲。喀爾文教派那種認為自己是道德唯一代言人的受迫害情結，已被拋到腦後；並在阿里烏派 (Arian) 和蘇西尼派 (Socinian)「異端」的影響下，自然而然地被吸引到神位一體論那端。神位一體論和自然神論 (Deism) 其實只有一步之隔，不過在 1790 年代以前，很少有人踏出這一步，而在十八世紀下半葉時，希望或膽敢公開主張懷疑論的人甚至更少—— 1763 年時，七十歲的教師安奈特 (Peter Annet) 因翻譯伏爾泰的著作和以通俗的形式印行討論「自由思想」的宗教小冊而下獄在監；這件事發生後不久，具有懷疑論傾向的羅賓漢辯論會社 (Robin Hood debating society) 也遭到查封。當時對自由原則的討論，是以蘇西尼派或神位一體論的立場為基礎，其中最著名的人物包括普里斯特利博士和普萊斯博士 (Dr. Price)。普萊斯所寫的《論公民自由》(*Observations on Civil Liberty*, 1776) 一書，在美國獨立革命爆發後短短幾個月內就賣掉六萬餘冊；而他那篇歡迎法國大革命的講道，則大大觸怒了柏克。此外還有二十幾個比較不那麼重要的人物，其中有些人，例如博爾頓的庫柏 (Thomas Cooper of Bolton) 和劍橋的弗蘭 (William Frend of Cambridge)，也曾積極參與 1790 年代的國會改革論戰[2]。

講到這裡，老反對派的故事好像是相當清楚了。不過這其實只是假象。自由觀念的確廣泛流行於反對國教派教士、教師和許多有教養的城市社群當中。可是在這方面，許多牧師和他們的會眾之間其實有相當大的落差。與其他反對國教派相比，長老會可能是神位

---

[2] See Anthony Lincoln, *Social and Political Ideas of English Dissent, 1763-1830* (Cambridge, 1938), and R. V. Holt, *The Unitarian Contribution to Social Progress in England* (1938). 比較簡略的研究，參見 Robbins, op. cit., Ch. VII and H. W. Carless Davis, *The Age of Grey and Peel* (Oxford, 1929), pp. 49-58。

一體論色彩最濃的一個，但也是力量衰微得最顯著的一個。十八世紀中葉，長老會和獨立敎派(加起來)勢力最大的地區包括西南各郡(得文郡、多塞特郡、格洛斯特郡、漢普郡、索美塞特郡、維特郡)、北部工業諸郡(特別是蘭開郡、諾森伯蘭郡和約克郡)、倫敦和東盎格利亞諸郡(特別是艾塞克斯郡和蘇福克郡)。浸信會在某些長老會和獨立派的根據地裡也是股不小的競爭勢力，而該派根基最穩固的地區主要是貝德福郡、白金漢郡、肯特郡、來斯特郡和北安普敦郡。因此我們可以說，長老會和獨立派似乎是在商業中心和毛織品製造中心勢力最強，而在浸信會的分布區裡，該派的會眾主要是些手藝人、小農夫和農村勞工[3]。在昔日規模最大的毛紡織業中心地區，也就是英格蘭西部鄉村，那類往往否認基督具有神性和傾向神位一體論的開明「理性宗敎」，一方面推展得最爲迅速，一方面卻也以最大的幅度失去其會眾的忠誠。到了十八世紀末葉，得文郡已經有二十個以上的長老會聚會所關門大吉，有位反對國敎派的歷史學家在1809年寫道：

> 得文郡這個阿里烏敎義的搖籃，如今已成了阿里烏異議者的墳場；在這個人煙稠密的郡裡，剩下的長老會敎徒已不到剛開始時的二十分之一。[4]

不過故事的其他部分卻有不同的發展。在敎會組織一事上，反

---

[3] D. Bogue and J. Bennett, *History of Dissenters* (1809), III, p. 333. 書中指出，1760年時，各種反對國敎派的「主力」主要是手藝人和某些郡的農人，而「大部分的市鎮會眾是由技工構成，大部分的鄉村會眾則是由農業勞工構成」。

[4] Ibid., IV, p. 319.

對國教派通常都非常堅持管理自主和地方自治的原則，甚至到了接近無政府狀態的程度。任何一種中央集權化的威權——即使是教會之間的諮商和聯合——都會被看成是「可能導致嚴重反基督的背教行為」。

> 這種背教的做法對於人們的民權自由和宗教自由都是致命的打擊，特別是對勇敢的舊派清教徒和反對國教派的信眾而言。其嚴重程度已到了單是提及集會、會議和正典之類的字眼，都會令他們覺得非常刺耳。[5]

在富有強烈喀爾文派傳統的地方，如蘭開郡部分地區和約克郡，會眾們極力對抗著神位一體論這股潮流；頑強的執事、理事和諸如奧巴狄亞這樣的虔誠教徒，不斷檢核該派牧師們的生活，調查派中的異端邪說，開除這些異議者或脫離他們另組更具道德性的宗派。(哈代就是從位於羅素街國王巷內的長老會派別鬥爭中，學到他最早的組織經驗。)但是那些受到普萊斯啟蒙或得到普里斯特利執事賑以小麥的所謂「基督的窮人」，又是些什麼樣的人呢？史班谷地是一個人口稠密且正在擴張中的製造業區域中心，我們可能會認為反對國教派很容易在這類地區以他們昔日的迫害為訴求，吸引到許多新信眾。可是「基督的窮人」——不管是國教派也好，反對國教派也罷——似乎沒產生什麼共鳴。衛理(John Wesley)曾於1757年途經哈得茲菲(Huddersfield)，他在那天的《日記》(Journal)中寫道：「我從沒在英格蘭看過比他們更粗野的人，在我們經過的時候，男男女女大人

---

5 J. Ivimey, *History of the English Baptists* (1830), IV, p. 40.

小孩擠滿了整個街道，好像準備隨時吞了我們似的。」

　　神位一體派這種強調理性的基督教派，比較偏好「公正」(can-dour)而不信任「熱情」，這種特質頗符合倫敦那些手藝人和製鞋匠以及大城裡這類小團體的口味。可是對城裡和村裡的窮人來說，神位一體派就顯得太冷靜、太疏遠、太文雅、又太過接近那些正在發達致富者的安樂價值觀，引不起他們的興趣。單是他們的言辭用語就是一大阻礙。尼爾森(John Nelson)就曾和衛理說過：「除了舊式那種仿如雷電般直接劈進良知裡去的傳道方式，別種方法在約克郡都引不起共鳴。在這裡，優雅的傳教用語只是有害無益。」儘管如此，老牌的喀爾文教派還是故步自封，嚴禁任何狂熱的福音傳道。受迫害教派本來就特別容易把自己的排外當成美德，而這又反過來強化了喀爾文教理中最嚴厲的那些教條。薩伏衣信條(Savoy Confession, 1658)*3 中有一條明白寫道：「選民不會來自注定墮落腐敗的大眾。」而「基督的窮人」和「墮落腐敗的大眾」當然是同一類人；從另一個角度來看，窮人的「粗野」正表示他們是生活在神恩的範圍之外。喀爾文派的選民很容易就會局限在諸如親屬群這麼狹小的範圍之內。

　　喀爾文派的這種做法還有其他的理由。有些可回溯到平等派在克倫威爾共和時期(Commonwealth)所遭到的挫敗。當由聖徒統治的千禧年希望徹底破滅之後，接著而來的是窮人清教徒對現世面和精神(spirit)面的期望出現了深刻的裂痕。早在查理二世復辟前的1654 年，一般浸信會總聯會(General Association of the General

---

*3 按：英國國教派遵奉的基本信條。

Baptists)就曾(針對他們當中的第五王國派〔Fifth Monarchy〕*⁴)發表一份聲明,宣稱他們不「知道聖徒們,或諸如此類的人,有任何理由期望在最後審判來臨之前,這個世界的統治權和政府(Rule and Government of the World)會交到他們手上」。在此之前,他們的命運是「耐心地在現世受苦……而不是以任何一種方式參與統治和政府」⁶。在克倫威爾的共和政府結束之後,原先主張道德律廢棄論(Antinomianism)*⁵的反叛傳統,已「從它們所有的聲明中掉轉過來」。那些曾一度充當狂熱乃至殘忍的社會保衛者的宗派分子,如今卻也滿足地說道:「且容稗子(如果有的話)和麥子一齊長吧。」⁷這種由「外在王國」轉移到「內在王國」的情感走向,可以從掘地者(Digger)溫斯坦利(Gerrard Winstanley)*⁶的著作中看出其原由:

> 現世的魂和創世的靈不是同一個,而是分開的,一個指望的
> 是在其自身之外的王國,另一個則將自身從外在王國中脫出,
> 仰望和等待一個在其自身之內的王國,這個王國是蛾和鏽所無

---

*⁴ 按:英國的極端派清教徒,該派相信但以理書第二章所說的,繼承亞述、波斯、希臘與羅馬之後的第五王國,也就是基督的王國,已經近了,並企圖於 1657 至 1661 年以裝暴動迎接此國度的到來。

⁶ A. C. Underwood, *History of the English Baptists* (1947), pp. 84-5.

*⁵ 按:又稱反律主義,主張基督徒個人無須遵守神的道德律(指摩西傳承下來的舊約道德律),因為基督已為我們贖了罪,並順服了神的律法。

⁷ G. Huehns, *Antinomianism in English History* (1951), p. 146. 按:稗子與麥子的寓意,參見馬太福音第十三章第二十五至四十節。

*⁶ 按:溫斯坦利(1609-60),英國共產主義的先驅,平等派的領袖人物之一。他是激進清教派小型宗教經濟團體的創始人,這群人因試圖在公地上定居開墾,而被稱為「掘地者」。

法腐壞的，是賊無法闖入偷竊的。這個王國是永續持久的，外在的王國必定會從你身邊被奪走。[8]

了解這種退卻——**以及不顧這種退卻所保留下來的東西**——可說是了解十八世紀和日後工人階級政治活動的關鍵因素。一方面，我們可以從下面這兩個辭彙令人聯想到的不同意義來了解這種轉變，亦即**清教主義**所代表的積極活力，以及**反對國教派**所代表的自保退卻。但我們同時也必須從另一個角度來思考，亦即促使這些宗派決定「耐心地在現世受苦」並棄絕參與這個世界的「統治和政府」的決心，如何使他們同時結合了政治寂靜主義與一種沉寂的激進主義——保存在講道和宗教小冊的寓意中，也保存在教會組織的民主形式中——這種激進主義一旦碰到比較有希望的環境，隨時可能死灰復燃。我們可能會以為這種情形在貴格派和浸信會身上表現得最明顯。可是在 1790 年代，貴格派——其信眾人數在整個聯合王國還不及兩萬——的表現似乎不太像那個曾經一度吸納了李伯恩(Lilburne)、福克斯(George Fox)和賓威廉(William Penn)的教派[*7]。他們比以前富有太多，在接續移民美國之後，已喪失了某些最昂揚的精神，而他們對政府和威權的敵意，也減低到只在表面上做做樣子而已——拒絕宣誓或不以脫帽表示敬意——他們仍持續下來的傳統，充其量只能激發中產階級的社會良知，而不足以掀起民眾運

---

[8] *Fire in the Bush in Selections . . . from Gerrard Winstanley*, ed. L. Hamilton (1944), pp. 30-1.

[*7] 按：李伯恩，平等派領袖之一。福克斯(1624-91)，貴格派的創始人，曾因多次指責教會、牧師、律師和軍人的不是而身繫囹圄。賓威廉(1614-1718)，貴格派領袖之一，鼓吹宗教自由及個人道德，反對戰爭及蓄奴。

動。在十八世紀中葉，仍然可以看到一些謙遜自抑的會眾，就像那些曾經在塞福(Thetford)監牢巷(Cage Lane)舉行聚會的前輩一樣，這個聚會所與監獄比鄰，年輕的潘恩表示他曾在這裡得到「非常好的道德教育」。可是當 1791 年潘恩將貴格派服務人群的觀念結合上《人權論》那種不妥協的主張時，卻幾乎沒有多少教友挺身支持。1792 年，約克郡的貴格派在其每季聚會中勉勵其會眾，「在我們國家所面臨到的這個不安定的時刻裡，我們應該保持真正的寧靜。」會眾們不應該和任何政治組織合作，也不該助長「對國王和政府的不滿情緒，因為我們生活在這個國王和政府的統治之下，而且享有許多特權和恩賜，我們應該以心懷感激的臣服回報他們」[9]。

他們的前輩從不曾接受**臣服**的地位，也絕不會容許**心懷感激**這樣的字眼。「外在」王國和「內在」王國之間的緊張，意味著對統治權力的**拒斥**，除了在那些非得共存的時候；而許多宗教箴言也一度聚焦於哪些對良知而言是「合法的」，哪些不是。浸信會的教友或許是最首尾一貫、言行一致的一群：在神學上他們最謹守喀爾文教義，而他們的追隨者則是最典型的平民。我們可在班揚(John Bunyan)的著作中看到沉寂激進主義的典型——這種激進主義在十八世紀蓄勢隱忍，並在十九世紀一再復燃。《天路歷程》(*Pilgrim's Progress*)和《人權論》是英國工人階級運動的兩大基本典籍。班揚和潘恩就像柯貝特(William Cobbett)和歐文(Robert Owen)一樣，為後人蓄存了豐富的思想和觀念，而這些思想和觀念正是 1790 到 1850 年間各種運動的建構素材。數以千計的年輕人在《天路歷程》中找到他們最早的冒險故事，他們也會同意憲章分子古柏(Thomas Cooper)的

---

9 Rufus M. Jones, *The Later Periods of Quakerism* (1921), I, p. 315.

說法，認爲這是他們「最重要的一本書」[10]。

「我尋找的是一個不會毀壞、沒有玷污、不至於消失的產業；
它是安安穩穩地存在於天上，在一定的時候會賜給那些勤勤懇懇尋
求它的人。你願意的話，可以看看我這本書裡怎麼說的。」[*8] 書中有
溫斯坦利那個「蛾和鏽所無法腐壞的」王國，有那些必須「耐心地
在現世受苦」者所期盼的由聖徒所統治的千禧至福。有那些在普特
尼遭到失敗的人和那些在 1688 年的妥協辦法中沒得到好處的人所
發出的「悲慘呼叫」──「我該怎麼辦呢?」有憑著自己的權勢殘酷
地處死許多基督徒的「老教皇」[*9]，如今他已衰老不堪，骨節都硬了，
只能坐在洞口──「露出牙齒對過往的天路旅客笑著，一邊啃著自
己的指甲，因爲他已沒有能力傷害他們了」──對天路客說:「要等
到你們更多人給燒死以後，你才會改過。」有反對國教派窮人的內在
心靈景觀──這些窮人是浸信會牧師當中那些出身做裁縫的、賣皮
革的、製肥皂的、釀酒的、紡織的和修補鍋盤的[11]──這個景觀在其
熱情受到外在世界的挫敗之後，似乎越來越陰慘:「魔王城堡」、「嗜
血巨人」、「大槌巨人」、「艱難山」、「懷疑城堡」、「浮華市集」、「著
魔之地」，一條充滿了陷阱和坑洞的道路。有「基督徒」的貴族敵人:
「肉欲爵士」、「奢華爵士」、「愛虛榮爵士」、「好色老爵士」、「貪婪
爵士」，和其他所有的貴族。有班揚讀者居住的「屈辱谷」:「一個除

---

[10] See Q. D. Leavis, *Fiction and the Reading Public* (1932), Ch. II.

[*8] 按: 本章《天路歷程》譯文，皆引自桂冠書局出版的中譯本(西海譯，1994
年初版一刷)。

[*9] 按: 以下特別以引號註記者，皆爲《天路歷程》書中的比喻人物和場景。

[11] R. M. Jones, *Studies in Mystical Religion* (1923), p. 418. See also J. Lindsay, *John
Bunyan* (1937).

了那些愛好天路客生涯的人以外，誰也不會踏進來的山谷。」「慈悲」
說：

> 我喜歡待在這種聽不見馬車的嘎啦嘎啦聲和車輪的轆轆聲的
> 環境中。我認為在這兒一個人可以清清靜靜地想一想，他自己
> 是怎麼樣的人，從哪兒來的，自己曾經做過什麼事，國王召他
> 去做什麼。在這兒，一個人可以靜思默想，傷心感動，軟化下
> 來，直到他的眼目像「希實本門旁的水池」*10。

回答他的，是帶有被迫害者和失敗者那種精神驕傲的「智仁勇」大
人：「的確是這樣，我走過這個山谷許多次了，我覺得自己從來沒有
比在這兒更愉快的時候。」

但是精神世界——擁有美善道德和精神自由的世界——時時受
到另一個世界的威脅。首先，它受到政府力量的威脅：當我們遇到
「魔王」時，我們似乎進入到一個奇幻的世界：

> 他像一條魚似的滿身鱗甲，那是他引以自豪的東西；他有像
> 龍那樣的翅膀，跟熊一樣的腳，像獅子一樣的嘴巴，他肚子裡
> 冒出一股股的煙火……

但是，當這個怪物用輕蔑的眼神準備攻擊「基督徒」時，他彷彿就
像是那些治安法官的化身，企圖用規勸和威逼的方式，讓班揚放棄
他那迷惑人心的講道。「魔王」張開「像獅子一樣」的嘴巴，用恐怖

---

*10 按：出典參看舊約雅歌第七章第四節。

的吼聲叫道:「你也背叛過我,但是只要你肯回頭,我便不究既往。」可是任憑「魔王」怎麼說,「基督徒」還是不爲所動,於是「魔王」又開雙腳「橫跨整個路上」說:「我用陰府的名義賭咒,不准你向前再走一步。」這個「魔王」非常狡詐,他還在「基督徒」的同伴和後來的天路客中找到盟友。這些人──他們的人數最多又最虛僞──是「基督徒」那份不會毀壞的產業的第二大威脅來源。接著,班揚便一個個地指出這些想要用狡詐的甜言蜜語來把反對國教派拉向「魔王」那邊的人。他們包括「私心先生」、「戀世先生」、「愛錢先生」和「吝嗇先生」,他們小時候都是同學,「他們的校長是求利城的支配人先生,那是北方貪財州的一個市鎭」。「私心先生」批評天路客簡直是「過分正直」:

> 私心說:爲什麼? ……他們頑固地斷定,不論什麼天氣他們都得拚命趕路;而我是要看風勢。他們輕而易舉地願意爲上帝冒一切危險;而我要利用一切機會保住我的生命和財產。他們要堅持己見,儘管所有的人都反對他們;而我只在時勢和我的安全跟信仰不發生衝突的時候才贊成它。他們支持宗教,即使他衣衫襤褸、受人蔑視;而我只在他衣冠楚楚、在風和日暖受人喝采的時候才擁護他。
>
> 戀世說:啊,等一等,好私心先生……讓我們像蛇一樣狡猾;乘機行事是上策。
>
> 吝嗇說:我想我們在這一點上是完全同意的,因此沒有多講的必要了。
>
> 愛錢說:的確對這事沒有多談的必要,因爲一個既不相信聖經又不相信理智的人(你知道這兩樣在我們這一邊都兼有

了），就不知道自己有什麼權利，也不替自己的安全著想。

這是很精采的一段話，完全切中十八世紀反對國敎派的發展。班揚知道在某種意義上，「私心先生」和他朋友的說法的確是合乎聖經，也言之有理，所以他讓他們用安全、舒適、開明和自由進行辯論。他們失去的，是他們的道德堅持和他們的同情心。這似乎表示，一旦失去了戰鬥(struggle)這項資產，那麼不會毀壞的精神資產恐怕也就保不住了。

《天路歷程》中所描述的還不止這些。如韋伯所云：這本書的「基本氛圍」是「與現世所有的人生利害相較，來生不僅更重要，在某些方面甚至是更確定的」[12]。這提醒我們：信仰來生不僅可以給窮人以安慰，還可以爲他們現世的痛苦和冤屈提供某種情感上的補償。也就是說，這些卑下的窮人不僅可以想像他們可在來生得到哪些「報償」，還可以藉著想像他們的壓迫者將遭受何等折磨而享受到某種「報復」的快感。更有甚者，他們在強調班揚描述中的正面意義的同時，卻幾乎不怎麼談論那些與正面意義不可或分且明白可見的負面意義──虛僞的熱情，對現世的順從，以及自私地追求個人的救贖。這種矛盾的情形一直到十九世紀，仍可以在不奉國敎派(Nonconformity)的窮人言辭中看到。對班福(Bamford)而言，這個故事似乎是一種「悲哀的撫慰，就像是從被蝕去的太陽中射出的光線一般」。當環境充滿希望，而民眾的抗爭也蠢蠢欲動時，這個傳統的積極一面就會充分顯露：「基督徒」會拿起武器在眞實的世界中與

[12] M. Weber, *The Protestant Ethic and the Spirit of Capitalism* (1930), pp. 109-10, 227. See also A. Kettle, *Introduction to the English Novel* (1951), pp. 44-5.

「魔王」作戰。而在他們遭到挫敗和民眾無動於衷的年歲裡，寂靜主義就會抬頭，從而強化了窮人的宿命論：「基督徒」該遠離車馬喧囂，背向「毀滅城」，耐心在「屈辱谷」裡受苦，設法找到通往精神上的「天國之城」(City of Zion)的道路。

由於害怕這種遺產會遭到妥協的侵蝕，班揚在以比喻的手法描述那條「又直又窄」的道路時，特別加上了清教徒嚴禁歡樂的冷峻，從而強化了喀爾文教派那種猜忌的宗派主義。到了1750年，那些最積極想要對「基督的窮人」表現最高忠貞的宗派，卻成了最不歡迎新的改宗者、也最不具備傳福音熱誠的宗派。於是反對國教派就這樣身陷在兩股相反力量的拉扯下，可是沒有任何一股力量對民眾具有吸引力。其中一股力量是朝向理性的人道主義和美好的宣道，這對窮人來說太書卷氣也太文雅；另一股力量則是朝向嚴苛的選民觀，不可以和教會以外的人結婚，墮落者和異教徒都該被逐出教門，不可以和那些注定將下地獄的「腐敗大眾」為伍。阿列維(Halévy)指出：「前面那種喀爾文主義正在變質，後面那種喀爾文主義則正在僵化。」[13]

即便是班揚的浸信會徒眾，也在這種拉扯下決然分裂。「阿米尼烏斯派」[*11]的一般浸信會(Arminian General Baptists)失勢，取而代之的是狂熱的喀爾文派特殊浸信會(Particular Baptists，根據地位於北安普敦郡、貝德福郡和林肯郡)，可是該派所抱持的那種喀爾文思

---

13 參見阿列維的精彩概述：*A History of the English People in 1815* (Penguin edn.), III, pp. 28-32, 40-8。

*11 按：阿米尼烏斯派又稱抗辯派，反對喀爾文的「預選觀」，強調「神的揀選」是基於「人的行動」。

想，卻阻礙了它的進一步擴延[14]。一直要到 1770 年，特殊浸信會的教徒才打破了其自身教條所設下的障礙，在一份傳單(出自北安普敦)上提出一個使福音主義和選民觀念得以調和的折衷之道：「每一個來到基督面前希望得到救贖的靈魂……都應該得到祝福……前來的人不必害怕自己不是選民，因爲只有選民願意前來。」但是這場信仰復興進行得相當遲緩，而且驅使浸信會回到窮人之間的動因並不是來自其自身內部，而是爲了要與循道宗競爭。丹‧泰勒(Dan Taylor)是一名約克郡的礦工，自五歲起就在礦坑裡工作，也曾皈依循道宗。1760 年代的時候，他曾想要在浸信會中尋找一支具有福音主義特質的派別，可是遍尋不著。於是他到海伯登橋(Hebden Bridge)上方的荒野中挖掘石塊，然後把一塊塊的石頭背負回來，建了一座他自己的聚會所[15]。接著他又從紡織城鎮海普登司托(Heptonstall，英國內戰時期，該地是清教徒的根據地之一)走到林肯郡和北安普敦郡，與那些頑固的浸信會群眾接觸，最後在 1770 年組成了浸信會新宗會(Baptist New Connexion)。新派創建之後，泰勒繼續走了兩萬五千哩的路程，進行了兩萬次的宣道。他和衛理及懷特腓(Whitefield)擁有同樣的歷史地位，不過他既不屬於一般浸信會，也不屬於特殊浸信會。在精神上，他也許承襲了班揚的傳統，但在現實中，他可說是名副其實從地底下冒出來的。

我們應該牢記普萊斯博士和丹‧泰勒二人，而且不應忘記他們**的確**擁有良知上的自由，他們沒有屈服於宗教裁判所或「巴比倫朱

---

[14] Bogue and Bennett, op. cit., III, pp. 332-3; Ivemay, op. cit., III, pp. 160 ff.

[15] 衛理在他的《日記》中寫道：「循道宗的變節者通常先是轉向喀爾文派，然後變成再洗禮派，並造成海普登司托的混亂。」

紅淫婦」的地牢[16]。老反對派那種無政府的傾向和強調自治及分離的傳統，意味著最料想不到和最非正統的觀念可能會突然出現在林肯郡的某個小村落、密德蘭的某個小市鎮或約克郡的某個煤礦坑裡。衛理在 1768 年的《日記》中寫道：「在索美塞特郡的羊毛織品製造市鎮夫倫(Frome)，持不同意見的人們雜處一堂，有再洗禮派、貴格派、長老派、阿里烏派、道德律廢棄論者和基督教聯合兄弟會，種種等等。」蘇格蘭的手藝人和工匠也把一些新教派引進英格蘭，在十八世紀的最後十年間，格拉斯派(Glasites，或稱 Sandemanians)取得了一點進展。該派的紀律狂熱，相信「存在於社會生活當中的區隔已在教會中得到消弭」，身為該派會眾就表示必須接受某種程度的共產；但若是從批判者的角度來看，該派的精神自負未免太過，同時也「忽略了貧窮、無知和痛苦不已的群眾」[17]。到了十八世紀末，倫敦、諾丁漢、利物浦、懷海芬(Whiteheaven)和新堡(Newcastle)，都相繼成立了格拉斯派的會社。

反對國教派的歷史是由衝突、分裂和突變所構成，因此人們經常可以感覺到政治激進主義的種子蟄伏在它們當中，一旦這些種子碰到合適且有希望的社會環境，隨時都有可能生根發芽。史班斯(Thomas Spence)出生於一個信奉格拉斯派的家庭，1775 年他曾在新堡哲學學會(Newcastle Philosophical Society)發表一篇演說，在演

---

16 這是反對國教派用來形容伊拉斯塔斯派(Erastianism，主張宗教應臣屬於國家)的用語。最早是用來指責教皇和羅馬教會，但通常是指英國國教會，或**任何**被指控主張宗教應受國家和世俗權力支配的教會。柯貝特回憶說：「小時候我深信教皇是個大塊頭的女人，穿著一件可怕的袍子，那件紅袍子是用新教徒的鮮血染成的。」 *Political Register*, 13 January 1821.

17 Bogue and Bennett, op. cit., IV, pp.107-24. 雖然格拉斯派謹守儉樸教規，但他們不像反對國教派那樣頑固地反對社會習俗，同時他們也挺支持戲院。

說中他提出了一整套農業社會主義的綱領，不過一直要到 1790 年代，他才開始認真的進行公開宣傳。貴格派出身的潘恩，在他於盧易斯(Lewes)擔任稅務官那段單調無聊的日子裡，絲毫看不出他具有極度非正統的政治觀念，因為那時的環境毫無希望，政治似乎只不過是一種「騙術」(jockeyship)。然而在他抵達美洲(1774 年 11 月)不到一年的時間，就連續出版了《常識》(*Common Sense*)和《危機》(*Crisis*)二書，其中已提出了《人權論》一書的所有假設。潘恩曾說：「我厭惡君主政治，它太貶低人類的尊嚴。」「但是一直到最近我才開始拿我的觀念去麻煩別人，在英國的時候，我從來不曾發表過隻字片語。」改變的不是潘恩而是他寫作的環境。《人權論》的種子來自英國，但只有美國獨立革命和法國大革命所帶來的希望之泉，才能使它開花結果。

如果說為福音主義復興立下方向的是某個老反對派而不是衛理的話，那麼十九世紀的不奉國教主義可能會以比較知性和民主的形式出現。不過歷史的發展卻是由衛理這位在政治上屬於標準的托利黨、在組織上又傾向教階制度的人物，最早走入「基督的窮人」當中。他以簡單的一句話打破了喀爾文派的禁忌：「你們唯一要做的就是拯救靈魂。」

> 我召喚被遺棄的人，
>
> 　娼妓、酒館老闆和竊賊！
>
> 祂張開雙臂擁抱你們全體，
>
> 　只有罪人能得到祂的恩寵。
>
> 正直的人不需要祂；
>
> 祂來尋找和拯救失落的人。

> 來吧，哦，我罪過的兄弟，來吧，
>
> 　在你們的重罪下呻吟！
>
> 祂淌血的心會爲你們留下地方，
>
> 　祂敞開的肋旁會接納你們＊12；
>
> 祂在召喚你們，邀請你們到他家中：
>
> 來吧，哦，我罪過的兄弟，來吧。

當然，福音主義的復興之所以會出自英國國教內部，的確是有一些道理的。清教思想對於「神之使命」的強調（如韋伯和陶尼〔Tawney〕所指出的），與日漸富裕和勤奮的中產階級或小資產團體的經驗特別契合。而做爲英國式基督新教的英國國教，它那種比較路德式的教義傳統，原本就和「選民」觀念的排他主義不太搭調；而做爲國教，它更是對窮人的靈魂有著特別的責任，有責任諄諄教誨他們服從和勤勞的美德。然而十八世紀的國教會實在太過冷漠，也太過唯物主義，以致這場福音主義的復興最後終究是在違反衛理初衷的情況下，以分裂出一個獨立的循道宗收場。不過循道宗還是深受其起源的影響，由班揚、丹・泰勒和日後的原始循道宗（Primitive Methodist）所代表的窮人的反對國教派，是一種**屬於**窮人的宗教，而正統的衛理教派就如同它最初的情形一樣，是個窮人可以**享有**的宗教。

　　以宣道師和福音家而論，懷特腓和其他早期的田野宣道師都比

＊12 按：肋旁（side）引申爲耶穌被釘十字架時肋旁所遭受到的長槍扎傷，約翰福音：「惟有一個兵拿槍扎他的肋旁，隨即有血和水流出來。」基督的死是摩拉維亞兄弟會的思想中心，尤其是肋旁的槍傷，該派從中衍生出各式各樣的幻想和情感，許多皆帶有濃厚的性意象。在十八世紀的英國，肋旁已成爲子宮的委婉說法，同時也意指女性的生殖器。

衞理更能激勵人心。然而衞理卻是一位擁有充沛精力和高度技巧的組織家、行政者和立法者。他能用精確而恰當的比例調和民主與紀律、敎條和情感。他的成就不是建立在信仰復興分子那種歇斯底里的集會上(在那個泰伯恩絞架的世紀〔Tyburn Century〕*13，這類集會並不稀奇)，而是建立在循道宗會社(society)*14那種自給自足的組織上，這些會社分布在貿易和市場中心，也出現於採礦、紡織和勞工社群當中。會社成員可以在一方面得到支持，一方面又嚴格受到監管和規範的情況下，以民主方式參與會社運作。他掃除所有宗派敎義的壁壘，使人們更容易加入這些會社。他寫道：在申請入會的時候，循道宗——

> 不強加……任何意見。不管他們抱持的是特定或普遍的救贖觀，是絕對或有條件的天命觀，也不管他們是英國國敎徒或是反對國敎派，是長老會或獨立派，都沒關係，因爲這些都不成問題。獨立派敎徒或再洗禮派敎徒可以遵循他們自己的禮拜方式，貴格派也一樣，沒有人會和他爭論這些……不過有一個條件，也只有這一個條件是不可或缺的，那就是他們眞心想要拯救自己的靈魂。18

---

*13 按：泰伯恩爲倫敦的河流名稱，也是執行絞刑的地方，克倫威爾等內戰將領的屍骨，曾掛在同名的絞架上公開示眾。「泰伯恩絞架的世紀」意指處決頻仍的世紀。

*14 按：以禱告、讀經和靈命追求爲宗旨的團體，衞理因不願脫離國敎會另創敎派，故以這類會社做爲該派的組織基礎。

18 R. Southey, *Life of Wesley and the Rise of Methodism* (1890 edn.), p. 545.

可是一旦加入循道宗的會社，改宗者所必須服從的教規，可能和那些比較狂熱的喀爾文教派不分軒輊。衛理希望循道宗的教徒是一群「特別的人」；不可以和會社以外的人結婚；要以穿著和文雅的言談及態度，顯示自己與眾不同；不可以和仍住在「撒旦國度」裡的人往來，即使親戚也不例外。輕浮者、瀆神詛咒者和怠惰於宗教課程者，都應該被逐出會社。這些設有懺悔集會、宗教課程、守夜團體和巡迴團體的會社，已構成一種由俗人所組成的教團，在這些團體的內部，如同騷塞(Southey)所指出的，存在著一種「精神警察」，隨時提防著任何可能陷入邪道的舉動[19]。這種「草根」民主，也就是由手藝人和勞工主理會社事務的民主，完全無法向上影響到教義或教會管理這個層次。衛理與反對國教派傳統最明顯不同的地方是，他反對地方自治，他本人和他所提名的牧師都享有權威性的統治地位。

　　然而正是在那些擁有悠久的反對國教派傳統的地區——布里斯托(Bristol)、西來丁、曼徹斯特、新堡——循道宗進展得最為迅速，它很快就攫獲了窮人的心。1760年代，在距離海克蒙維克(Heckmondwike)兩哩的地方，伯斯托(Birstall)的石匠尼爾森吸引了眾多做衣服的工人和礦工前來聆聽他有關個人救贖的新福音，然而與此同時，該地的喀爾文教派還在接受普里斯特利執事和奧巴狄亞的補助。在尼爾森到採石場工作的路上，會經過那位喀爾文教派牧師的家，他經常和他就聖經上的句子交換心得，討論罪惡的意義以及救贖是來自恩寵或早已命定等問題。(後來幾年，由於正統循道宗的神學越來越傾向機會主義、反智論和枝微末節，因此這類辯論也就越

---

19 Ibid., pp. 382, 545.

來越少。)尼爾森是在倫敦聽到衛理在石南場(Moorfields)的宣道而皈依循道宗。他的《日誌》和普里斯特利執事的《日誌》非常不同：

> 有一天晚上……我夢見我在約克郡，穿著工作服往回家的路上走。當我路過保羅・強本家的時候，聽到一聲大喊，好像有很多人在受苦……突然，他們亂成一團的高聲尖叫。我問説：怎麼回事？他們告訴我：撒旦被釋放到我們當中……接著，我想我看到它化身成一頭紅色的公牛，在人群中奔跑，好像一頭野獸在穀田中奔跑一樣。可是它沒有打算用角刺死任何人，而是直衝著我來，像是要把角刺入我的心臟。於是我大叫：「主！救我！」並立刻抓住它的角，扭它的背，在一千個人面前，用腳抵住它的脖子……

醒來之後，他滿身大汗，筋疲力竭。另一天晚上，他記載道：「我的靈魂像是盈滿上帝的愛，在祂面前我不禁哭了起來，

> 我夢見我在約克郡，正從哥美塞山頂(Gomesal-Hill-Top)走向克雷希頓(Cleckheaton)。在巷子中間，我想我看到撒旦直對著我走來，它化做一個高大黝黑的男人，頭上的髮好似蛇一般。但是我勇敢迎上前去，撕開衣服，露出赤裸的胸膛。我説：「看吧！這裡流的是基督的寶血。」然後我想它就從我的面前像隻野兔般急忙逃走。

尼爾森非常認真地信守其信仰。他曾被迫進入陸軍，但因拒絕服役，於是和妻子在工作中不斷遭受暴力和石頭攻擊。不過我們不

禁會想，儘管班揚的「魔王」會吐火還長著鱗片，可是尼爾森的撒
旦卻比班揚的「魔王」更奇幻、更怪誕。這種幻覺潛藏著歇斯底里
和性慾挫敗的成分，這種傾向和往往伴隨著改宗者的亢奮情緒[20]，已
成了循道宗信仰復興的印記之一。班揚所揭露的魔王是住在那些充
斥著政府官員、冷漠教眾和妥協藉口的世界；而循道宗的撒旦則是
駐守在靈魂深處的一種超脫肉體的力量，只有透過內省才能發現它
的存在，或是在信仰復興活動達到最高潮時的集體歇斯底里當中，
以陽物的形象突然湧現，相對於以女性形象出現的基督之愛。

　　一方面，我們可以把這個撒旦看成是十八世紀窮人痛苦和失望
的流露；另一方面，我們又可以看到在社會生活中無法得到宣洩、
同時又受到清教冰冷教條所壓制的精力，如何對人類的精神做出極
其畸形恐怖的反撲。我們可以把循道宗看成是十七世紀「咆哮者」
(Ranters) [*15] 傳統的突變，而這些咆哮者的遠親摩拉維亞兄弟會
(Moravians)，就曾深深影響了衛理[*16]。循道宗一方面是受人正面肯
定的「社會宗教」，另一方面則是受挫的社會衝動和性衝動所導致的
病態錯亂，在這兩者之間，上述那種對「愛」的崇拜帶來了某種平

---

20 See W. E. H. Lecky, *History of the English People in the 18th Century* (1891), III,
　　pp. 582-8. 雖然二十世紀以循道宗為主題的著作甚多，但雷基(Lecky)和騷塞
　　的著作還是基本讀本。

[*15] 按：指十七世紀極端的宗教狂熱分子，這些人相信神即存在於這個世界，
　　基督就在他們身邊，因此他們不需要牧師或聖經的協助。正統派宗教人士
　　將他們詆毀為狂熱的道德律廢棄論者和泛神論者。此辭後來也用來詆毀原
　　始循道宗。

[*16] 按：摩拉維亞兄弟會可追溯自三十年戰爭期間的胡斯派「餘民」。該派特別
　　強調基督之愛、聖經研究和宣道活動。衛理早年曾和該派有所交往，並在
　　該派的影響下悔改歸主。

衡。一方面，真心同情「娼妓、酒館老闆和竊賊」；另一方面，又病態地全神貫注於罪惡與罪人的懺悔。一方面，真心懊悔於真正的錯誤行為；另一方面，又沉溺於淨化內省罪過。一方面，衷心奉持某些早期循道宗會社的典範；另一方面，在公共生活中無法宣洩的社會精力，則在神聖的情緒手淫中得到釋放。一方面，這個宗教為卑微的人們找到位置，讓他們充任地方上的宣道者和宗教課程的班長，使他們學會閱讀，並賦予他們自尊和演說與組織的經驗；另一方面，這個宗教卻敵視智識探索與藝術價值，濫用它的智識信用。這種對「愛」的崇拜，卻懼怕以任何一種強烈的方式展現愛的力量——不論是出以性愛的形式，或任何可能刺激它與當局關係的社會形式。該派標準的祈禱詞，是帶有受虐狂傾向的性昇華：「流血的愛」、受傷的肋旁、羔羊的血：

> 教我免於歡樂的陷阱
> > 保存我內心的信念。
> 做我的愛，我的快樂，我的恐懼！
> > 你是我永恆的一部分。
> 做一個我永遠不會失望的朋友，
> > 而且愛，哦，愛我到最後。

在倫敦，一名雅各賓派的雕刻工進入到「愛的花園」，發現「一座小禮拜堂……建在正中央／我以前嬉戲的草地」：

> 這座小禮拜堂的門扉緊閉，
> 門上寫的是「你不應當」。

在花園中「應該栽種花朵的地方，看到的卻是墓碑」：

> 穿黑袍的修士來回繞圈子，
> 並用荊棘綁住我的歡樂和慾望。

近年來，談論循道宗對工人運動正面貢獻的言論，已多到我們必須提醒自己：布萊克和柯貝特，以及韓特(Leigh Hunt)和黑茲利特(Hazlitt)對這件事都持有不同的看法。從一般的記述中，我們可能會以爲循道宗不過是激進派和工會組織者的養成所，全是依照托帕朵殉道者(Tolpuddle Mayters)勒夫雷斯(George Loveless) *17 的形象以及他那間「小神學藏書室」和他直率的獨立個性所形塑。事實上，這件事複雜得多。在某個層面上，我們一眼就可以確定正統的衛理教義是具有反動乃至可憎的卑屈性格。衛理絕少主動介入政治，包括以發行小册子的方式攻擊普萊斯博士和美洲殖民者。他也絕少放棄任何一個可以灌輸其教眾謙卑屈服教義的機會，而且這種謙卑屈服是屬於迷信層次而非觀念層次的[21]。他在法國大革命初期的狂熱浪潮中去世(1791)，本可說是一件可喜的巧合，沒想到承繼他的循道宗大會(Methodist Conferences)，還是因循了其創始人的傳統，再次肯定他們「對國王誠摯的效忠以及對憲法誠懇的依附」(里茲大會，1793 年)。在衛理故世後一年草擬完成的法規明白寫道：「在我們的

---

*17 按：托帕朵殉道者指的是 1834 年多塞特郡托帕朵鎮六名因領導提高工資騷動而遭定罪流放澳大利亞的工會勞工。該鎮的工會是在衛理派宣道師勒夫雷斯的領導下建立的。

21 有關衛理政治偏見的簡潔敍述，參見 Maldwyn Edwards, *John Wesley and the Eighteenth Century* (1933)。

著作和談話中，不得對政府有絲毫輕蔑或不敬。」[22]

因此我們可以說，循道宗在政治上似乎是扮演一種退步的或「穩定」的影響力。這點我們可以在阿列維的論文中得到證實，阿列維在文中指出，阻止英國於 1790 年代爆發革命的力量，正是循道宗。但是在另一方面，我們也經常聽到一些說法，指出循道宗對於提高工人的自信心與組織能力具有間接的貢獻。早在 1820 年騷塞便曾提出這類議論：

在循道宗所引發的附帶罪惡中，也許可以加上下面這些：教導下層階級如何結社，如何制定自己的管理規則，如何籌集經費，以及如何和國內其他地區的人們進行聯繫……

而晚近，魏茂斯博士(Dr. Wearmouth)也曾在他那幾本有趣的著作中提出類似的看法；不過在閱讀這些作品時，最好要牢記騷塞那句重要的但書：「但是在這一方面，它只是加速了這個由其他動因所啓動的過程。」[23] 雖然有衛理大會存在，但循道宗對工人階級運動所做出的大多數貢獻，都和這個組織無關。

事實上，在各個地區的循道宗早期歷史中，我們都可以看到一種隱隱約約的民主精神在對抗著衛理所規定的教義和組織形式。不

---

22 Cite in Halévy, op. cit., III, p. 49. 阿列維評說：「這種確保……雅各賓原則無法流行的舉動，無害於循道宗的宣傳。」然而由於政治激進主義在 1792 年後普遍流行(本書將在下文中提及)，因此我們可以說循道宗的這類宣傳的確是爲了使激進主義無法流行而設計的，而這種做法是有害於英國人民的自由。參見霍布斯邦對阿列維的評論："Methodoism and the Threat of Revolution", *History Today*, February, 1957。

23 Southey, op. cit., p. 571.

管是在平信徒(在家俗人)宣道師，與英國國教的決裂，或是會社內部的自治形式等問題上，衞理都是在事件發生之後，才決定抵抗、因循或接受。衞理無法逃出它自己所秉持的精神平等主義所帶來的結果。如果基督的窮人逐漸相信他們的靈魂和貴族或資產階級的靈魂一樣好，他們自然會接受《人權論》一書的論調。白金漢公爵夫人很快就看出這點，並對信奉循道宗的韓汀頓(Huntingdon)伯爵夫人表示：

> 夫人，謝謝妳告訴我循道宗宣道師的種種。他們的教義令人厭惡，而且帶有明顯的鹵莽和目無尊長的意味，總是不斷想要打倒階級，取消上下之別。若説妳的心靈和那些爬行在地上的可憐蟲具有同等的罪惡，簡直是荒誕絕倫。[24]

史莫萊特(Smollett)在那齣描述馬車夫柯林克(Humphrey Clinker)向倫敦暴民宣道的上乘喜劇中，講的也是同一件事。然而對那些數以百計追隨尼爾森足跡的平信徒宣道者而言，他們卻是以非常不一樣的方式看待這件事。國教會作家一而再、再而三的表示出對這種現象的恐懼。1800 年，一位反雅各賓派的小册子作者，譴責在礦泉場(Spa Fields)、哈克尼(Hackney)和伊斯林頓綠地(Islington Green，以上三地皆爲大倫敦地區的地名)宣道的那些「嘴上無毛的小伙子、技工或勞動者」。他發現這些宣道者的職業分別是舊衣經銷商、磨刀匠、賣羊頭的、油漆馬車的、製造軋布機的、僕役、拔牙工、做假髮和放血的、做馬褲的和挑煤的。林肯郡的主教從這種現象中看到

---

[24] Cited in J. H. Whiteley, *Wesley's England* (1938), p. 328.

不祥的威脅:「這同樣的方法可以用同樣有效的方式來腐蝕和推翻政府和教會。」[25]

宣道的下一步便是組織。在此碰到兩個問題：一是反對國教派的自治傳統暫時滲入循道宗；二是循道宗特有的組織方式傳播到工人階級的社團中。在第一點上，衛理不僅(如有些人以為的)把他的啟示傳給現存教會以外的「異教徒」，他也為老反對派鬱積的情感提供了一個宣洩的機會。加入循道宗的有反對國教派的牧師，以及整團整團的會眾。有些人曾親身體驗過信仰復興運動，但因為厭惡衛理的威權管理而再度回歸自己的宗派——到了 1790 年代,反對國教的各個宗派也都紛紛發展出自身的福音主義復興運動。但是其他人則維持了比較不明確的教友身分，他們的古老傳統在強調教階主義的循道宗內部掙扎著。在第二點上，循道宗提供給勞工階級的，不只有階級集會的方式，以及經常被激進團體和工會組織借用的有效徵集便士捐和「會票」(society ticket)等方法[*18]，它同時也給了勞工階級一個體驗高效率的中央集權組織的經驗——不管這種組織是區域性或全國性的——而這種經驗正是反對國教派所欠缺的。(衛理派一年一度的大會，以及它們的「講台」，它們的議程決策過程，和它們細心的策劃，似乎也在非它們所願的情況下，成為它們對晚近勞工運動的貢獻。)

---

25 W. H. Reid, *The Rise and Dissolution of the Infidel Societies of the Metropolis* (1800), pp. 45-8.

*18 按：衛理在宣教期間為解決布里斯托禮拜堂的債務，遂將會社的成員每十二人分成一班，每班設班長一名，每週負責向同班會眾收取一便士的捐款，此即便士捐。會票則是由衛理發明的一種會員資格證，每三個月更換一次，用以淘汰那些暫時相信或假冒相信的人。

因此在十八世紀後期，循道宗一方面在內部深受外來民主傾向的困擾，一方面又同時不怎麼情願地變成其他組織形式的模範。在衛理在世的最後十年，循道宗內部要求民主的壓力之所以還能壓制得住，完全是因為大家對這位年高德劭的創始人的尊重——以及相信這位老獨裁者不久便會得到他「偉大的報償」。持反對立場的會社提出許許多多的要求，包括經由選舉產生的大會，較大程度的地方自治，與國教派根本斷絕關係，以及俗人得以出席區域性和每季舉行的集會。在這個激進潮流全面高漲之際，衛理的故世彷彿是起跑的「鳴槍號」。各種敵對的組織方案都以高度的熱誠遊說拉票，這種熱誠的影響力可能不下於他們爭論的各個主題。基拉姆(Alexander Kilham)在一本名為《自由的進程》(*The Progress of Liberty*)的小冊子中宣稱：「我們憎惡暴君的壓迫行為，憎惡邪惡之城裡所有居心不正者的血腥行動，可是我們的措施卻正在重蹈他們的覆轍。」[26] 他提出一套宏大無比的自治提議，藉由小冊子、宗教課程班和地方宣道師的集會等方式，向整個教派進行遊說。而這些討論本身，必定曾經是民主教育過程中的一個重要部分[27]。

1797 年，基拉姆引發了衛理教派的第一次重要分裂，建立了第一個分離教派：「循道宗新宗會」(Methodist New Connexion)。新宗會採納了許多基拉姆的建議，建立一套比較民主的結構。該派在各製造業中心的力量最強大，特別是在帶有一點雅各賓色彩的工匠和

---

[26] *The Progress of Liberty Amongst the People Called Methodists* (Alnwick, 1795).

[27] See *An Appeal to the Members of the Methodist Connexion* (Manchester, 1796); E. R. Taylor, *Methodism and Politics, 1791-1851* (Cambridge, 1935), Ch. 2; W. J. Warner, *The Wesleyan Movement in the Industrial Revolution* (1930), pp. 128-31.

織工當中[28]。基拉姆本人相當同情改革者，雖然他的政治信念始終一直隱於幕後，但正統循道宗內部反對他的人，卻想盡辦法要把它攤到台前。在愛爾蘭召開的循道宗大會上，當談到這次分離行動的時候，大會對其會眾說道：「我們將擺脫我們理想天國中的所有滋事者，所有那些接受潘恩想法的人……」在哈得茲菲，新宗會的教友被稱為「潘恩派的循道宗」。我們可以從對基拉姆派位於里茲的主要禮拜堂的描述中，猜想出其追隨者的成分：這個堂區共有五百名教友，「它位於艾本尼塞街(Ebeneezer Street)街頭，四周住的是愚蠢、貧窮且無法無天的百姓。在這裡絕對看不到任何一個中產階級的陌生人。」不過在某些地方，新宗會與雅各賓組織之間的聯繫，的確不只是憑空猜想。比方說哈里法克斯的布拉蕭禮拜堂(Bradshaw chapel)便設有讀書俱樂部和辯論社。這個織工村落中的居民，在講經班上討論的書籍不只有基拉姆的《自由的進展》，還包括潘恩的《人權論》。哈里法克斯那位信仰循道宗的歷史學家，在四十年後執筆回溯這件事時，仍然難掩憤慨之情地表示：「那群可惡的蝗子」最後攻佔了禮拜堂，趕走了正統的巡迴牧師，買下了這個地點，並且把它當成自己的「雅各賓」禮拜堂[29]。

---

28 基拉姆得到強力支持的地方包括：雪菲爾、諾丁漢、曼徹斯特、里茲、哈得茲菲、普里茅斯碼頭、利物浦、布里斯托、伯明罕、柏斯蘭(Burslem)、馬克茲菲(Macclesfield)、博爾頓、威干(Wigan)、布拉克本(Blackburn)、奧爾丹(Oldham)、達靈頓、新堡、安維克(Alnwick)、桑得蘭(Sunderland)、里朋(Ripon)、奧特雷(Otley)、愛普沃斯(Epworth)、柴斯特(Chester)、班柏利(Banbury)。See E. R. Taylor, op. cit., p. 81; J. Blackwell, *Life of Alexander Kilham* (1838), pp. 290, 343.

29 J. Blackwell, op. cit., p. 339; E. R. Taylor, op. cit., p. 85; J. Wiray, "Facts Illustrative of Methodism in Leeds" [c. 1835], MS. in Leeds Reference Library; J. U.

新宗會的進展不很可觀。基拉姆本人在 1798 年逝世，而他的追隨者則因 1790 年代後期普遍的政治反動而衰弱不振。到了 1811 年，新宗會只稱得上有八千會員。但是它的存在使我們有理由懷疑阿列維的論點。衛理故世的時候，各地循道宗會社的成員估計約有八萬人。即便我們假設其中每一個人都和其創始者一樣秉持保守的政治立場，光憑這些人數也不足以遏止革命的浪潮。事實上，不論一年一度的衛理大會做出哪些決議，我們都有證據顯示：1792-93 年的激進巨浪不但席捲了整個反對國教派，也衝擊到循道宗的各個會社。利物浦市長在其 1792 年致內政大臣的報告中，便曾正確地觀察到：

> 這裡所有的房舍如果不是循道宗的聚會所，就是其他教派的聚會所。因此教導地方青年的，就是這群人，他們不但無知，而且我相信最近我們有充分的理由可以想像他們將不利於我們美滿的憲政。[30]

循道宗是在 1795 年*之後*的反革命年代裡，於工人之間取得最大的進展，也是在這段期間表現得最像是一種穩定或退步的社會力量。基拉姆派的離去汲乾了其中比較民主和智性的成分，使它完全臣服於嚴格的紀律管制，在這段期間，它幾乎可視爲一種新現象——可以視爲是政治反動的**結果**，也可看成是其**動因**[31]。

在整個工業革命期間，循道宗始終未能克服威權傾向與民主傾

Walker, *Wesleyan Methodism in Halifax* (Halifax, 1836), pp. 216-23.

[30] Cited in J. L. and B. Hammond, *The Town Labourer* (2nd edn., 1925), p. 270.

[31] 參見下文第十一章。

向之間的緊張。只有在分離的教派中——新宗會和(1806 年後的)原始循道宗——才能感受到強烈的民主衝力。再者,如霍布斯邦(E. J. Hobsbawm)博士所指出的,在循道宗與國教會的決裂過程中,任何找得到循道宗的地方,它都完成了某些十九世紀法國反教權派的功能[32]。在農業和採礦村落,禮拜堂與國教會的誓不兩立,很可能強化了不同的政治或工業形式的誓不兩立。有幾年,這種緊張狀態似乎得到控制;但是當它眞正爆發的時候——當昔日的清教戰神再度揚起旗幟時——它往往會引發一股世俗領袖很少能與之匹敵的道德熱情。只要「撒旦」保持模糊的面貌,不特屬於某個階級,循道宗便可以讓工人們陷入一種道德內戰——選擇禮拜堂或酒館,選擇成爲邪惡的人或被救贖的人,失落的人或得到拯救的人。班福在他的《早年》(*Early Days*)一書中,談到他和友伴徒步前往鄰近那些「撒旦還沒建立眾多根據地」的村落,去參加當地的祈禱會時所感受到的傳教熱誠。「這類祈禱被認爲是對『撒旦強權』(power of the Prince of the Air)的諸般攻擊。」(在本寧山的另一側,類似的熱誠激發出如下的聖歌:「在布拉福又看到祢倒下/撒旦仍穩據他的寶座。」)然而不過幾年之後,柯貝特便教導蘭開郡的織工不要在敵對村落的酒館裡尋找撒旦,而應在「當權者」(the Thing)和「老腐敗」(Old Corruption)中尋找[*19]。促使織工們走向彼得盧(Peterloo)的,正是他們二話不說便認定利物浦勳爵(Lord Liverpool)和間諜奧利佛(Oliver the Spy)正是魔王的化身(參見第十五章)。

此處應該注意反對國教派的另外兩個特色。雖然這兩個特色在

---

[32] E. J. Hobsbawm, *Primitive Rebels* (1959), p. 146. 按: 中譯本麥田出版。

[*19] 按:「當權者」和「老腐敗」是柯貝特用來指稱當時掌控整個英國的「軍隊、教會、法律、官僚、稅制單位和銀行」之人。

十八世紀影響不大，可是它們在 1790 年以後都有了新的重要性。首先，是一股持續不斷的公社理想和公社實驗所造成的威脅，這種理想與實驗主要和貴格派、卡米撒派(Camisards)，以及特別是摩拉維亞派有關。在博爾頓和曼徹斯特，由於一小群貴格派引起的騷動，導致了 1774 年的「安敎母」(Mother Ann)離去事件，並在美國建立了第一個震敎派(Shaker)公社[*20]，四十年後，歐文從震敎徒的成功經驗中得到鼓舞，並將他們的構想以世俗的形式普及推廣[33]。促使衛理改宗的摩拉維亞敎派，在十八世紀時一直沒有完全歸化爲英國人。雖然有許多英國人加入該派設於富克尼(Fulneck, 普德賽附近)、達金菲(Dukinfield)和費爾菲(Fairfield, 曼徹斯特附近)的公社，並在倫敦成爲該派信徒，但這些會社主要仍仰賴日耳曼裔的傳敎士和行政人員。雖然最早的循道宗會社是受到摩拉維亞兄弟會的影響而建立，但兩者之間還是有許多不一樣的地方，比方說後者強調「寂靜」，抑制「熱情」，並擁有具實踐性的公社價値觀。他們(位於富克尼)的禮拜式是如此的寂靜、溫和、親切和敎人印象深刻，彷彿是在指責循道宗信仰復興集會的狂熱、喧鬧和騷動。摩拉維亞敎派的影響是三重的。首先，是藉由其敎育活動：歐斯特勒(Richard Oastler)和激進派詩人兼雪菲爾《彩虹女神》(Iris)編輯蒙哥馬利(J. Montgomery)，都是在富克尼受的敎育；其次，是藉由其成功的公社運動：十九世

[*20] 按：震敎派的正式名稱爲基督復臨信徒聯合公會，爲十九世紀盛行於美國的一支基督敎派別，該派敎徒因其在禮拜儀式中的旋轉、擺動和震顫而得名。該派的創始人爲出生曼徹斯特的原貴格派信徒李安(Ann Lee)，即信徒口中的「安敎母」。該派除相信基督將於 1900 年以女身之貌重新降臨之外，並主張兩性平等、獨身及財產共有。該派於十九世紀中葉在美國建立了二十幾個震敎村落和公社，成功進行了一次宗敎性的團體生活試驗。

[33] See W. H. G. Armytage, *Heavens Below* (1961), I, Chs. 3 and 5.

紀的歐文主義者常常引述該派與震教派公社的成功經驗；第三，是藉由循道宗會社內部（在衛理斷絕與摩拉維亞教派的關係後很久）對以「兄弟」和「姊妹」這種語言所表達出的公社理想的渴望[34]。

公社的傳統有時也和另一種祕密傳統，也就是千禧年傳統有關。英國內戰中的狂熱宗派分子——例如「咆哮者」和第五王國派——始終沒有完全被消滅，連帶的，他們對啓示錄的解釋和對新耶路撒冷將從天而降的預言也不曾消失。十八世紀末，馬格雷頓派（Muggletonians，或馬格雷頓〔Ludowic Muggleton〕的追隨者[*21]）仍在倫敦郊區和公園裡宣道。震教派的起源地博爾頓會社，則由華德萊修女院長（Jane Wardley）主持，她帶著「無比的憂懼」在聚會室裡走來走去，宣稱說：

> 悔悟吧。因爲上帝的國度即將到來。古代所預言的新天堂和新塵世即將來臨……當基督再度出現，而眞正的教會在圓滿而超越的光榮中興起，那時所有反基督的宗派——僧侶、教會和教宗——都將被一掃而光。[35]

每一項重大事件，如 1755 年的里斯本大地震，都會再次掀起對天啓的熱望。在循道宗教義的核心深處，的確存在著一種渴求千禧年的

[34] See C. W. Towlson, *Moravian and Methodist* (1957); Armytage, op. cit. I, Ch. 6; J. Lawson, *Letters to the Young on Progress in Pudsey* (Stanningley, 1887), Ch. 15; C. Driver, *Tory Radical* (Oxford, 1946), pp. 15-17.

[*21] 按：馬格雷頓派是在英國內戰餘波中興起的一支激進教派，相信神位一體論，主張地獄就存在人們心中，反對所有的宗教儀式，並積極宣揚千禧年思想。該派吸引眾多女性信徒。

[35] E. D. Andrews, *The People Called Shakers* (New York, 1953), p.6.

情緒騷動。衞理在某種程度上太過輕信女巫、魔鬼附身和聖經卦(隨機翻開聖經某頁,以看到的第一句話進行占卜),有時還會預言最後審判的日子即將來臨。衞理兄弟二人便曾在一段早期的讚美詩中,使用了習慣性的千禧年意象(imagery):

> 將祢的禮拜堂建在這兒,
>> 使新耶路撒冷降臨下來,
> 祢本人,出現在聖徒當中,
>> 將我們安置在祢金光閃耀的施恩座上。

> 開始偉大的千禧年日,
>> 現在,救主,在呼喊中降臨,
> 祢的大旗在天際招展,
>> 帶來永無止境的歡樂。

儘管循道宗並不鼓勵字面上的千禧年信仰,但它在信仰復興集會中所表現出來的天啓特色,仍然激發了人們的無限想像,並爲 1790 年代以後迎接千禧年先知的活動預鋪了道路。在倫敦、布里斯托和伯明罕,新耶路撒冷派的斯維登堡教會(Swedenborgian Church)*22 的小型聚會,此刻正在爲某些工匠準備更智性和更奧祕的千禧年信仰36。

---

*22 按:由瑞典哲學家斯維登堡(Emaunel Swedenborg, 1688-1772)創立的教派,斯氏自稱在得到神的啓示後專心致力於聖經和神學研究。反對三位一體、反對因信稱義,相信新耶路撒冷即將降臨。

36 關於衞理主義,參見 Southey, op. cit., p. 367; Joseph Nightingale, *Portraiture of*

　　雖然最近歷史學家和社會學家比較注意千禧年運動和其意象，但由於討論趨勢主要還是從適應失調和「妄想症」著眼，因此其重要性還是被掩去不少。所以柯恩教授(Professor Cohn)才能在他那本有趣的《追尋千禧年》(*The Pursuit of the Millennium*)書中，藉著一些聳人聽聞的證據，繼續如下的泛論：即「選民」觀念是一種妄想自大，而「千禧年運動」則是一種習慣性的虛妄症。當彌賽亞運動得到公眾的支持——

　　　　就好像前此散布在人口當中的那些患有妄想症的人，突然結合成一個新的統一體：一種集體妄想狂。[37]

這裡所謂的「結合」過程頗值懷疑。然而，即使是真有這種結合情事，歷史問題仍然存在：為什麼這種委屈、渴望，乃至精神錯亂，只有在某些時候才會以某種特殊的形式「結合成」具影響力的運動？

　　我們絕不能把純粹的「異想天開」和狂熱的精神錯亂與**帶有比喻性質的意象**——諸如巴比倫和出埃及，以及天國之城與和撒旦的競爭——混為一談，因為少數群體已藉由這類意象來表白其經驗或表達其熱望達數百年之久。再者，某些特定群體所使用的超狂意象，反映的並不一定是他們的客觀動機或真正假設。這是一個困難的問

Methodism (1807), pp. 443 ff.; J. E. Rattenbury, *The Eucharistic Hymns of John and Charles Wesley* (1948), p. 249。關於斯維登堡教會，參見 Bogue and Bennett, op. cit., IV, pp. 126-34; R. Southey, *Letters from England* (1808), III, pp. 113 ff。關於十七世紀末的千禧年運動，參見 Christopher Hill, "John Mason and the End of the World", in *Puritanism and Revolution* (1958)。關於十八世紀傳統的某些指標，參見 W. H. G. Armytage, op. cit, I, Ch. 4。

[37] N. Cohn, *The Pursuit of the Millennium* (1957), p. 312.

題。當我們談到意象這個字的時候，我們所指的遠不止於「掩飾了」外在動機的比喻之詞。意象本身就是企圖進行強力主觀誘導的證據，它和客觀一樣眞實，也一樣有效，這點我們可以在清教的歷史和它所激發出的力量當中，一再得到印證。它是人們如何感覺和希望，如何愛和恨，以及如何在他們的語言結構中保存某些價值觀念的表記。雖然這類瑰麗豐富的意象經常指向那些顯然不可能達成的目標，但這並不表示我們可以輕率地下結論說：它是一種習慣性的虛妄症。冉者，低聲下氣地去「適應」痛苦和需求，除了傳達那種習慣性的虛妄症外，也表達了對千禧年的信仰。因此，在我們每一次碰到這類事象時，我們都必須區別哪些是精神力量的儲藏和釋放，哪些是眞正的精神錯亂。

在整個工業革命期間，我們都可在反對國教派的窮人身上，看到這種「外在王國」與「內在王國」之間的緊張狀態，其中一端是千禧年的信仰，另一端則是寂靜主義。許多世代以來，民間最容易取得的教育是來自講道和主日學，以及舊約和《天路歷程》。在這種意象與社會經驗之間，有持續不斷的交流，亦即在那些「時而豐富、時而貧瘠、時而謙卑到近乎受虐、但卻很少偏執的態度」與「眞實」之間，是存在著持續不斷的對話。循道宗的歷史顯示，在社會反動期間，「昇華」式的病態畸形可說是窮人最常見的越軌。而偏執的狂熱則比較屬於革命熱情已經釋放出來的時期。在法國大革命剛剛結束的餘波時期，長久潛伏於地下的千禧年浪潮，以始料未及的力量乍然湧現：

　　　對於眞正信奉千禧年信仰的人而言，「當下」已變成一道裂隙，透過這道裂隙，以往的鬱積突然爆裂出來，控制了外在世界並

　　促使它轉型。[38]

意象與眞實再度混淆。千禧年信仰以它的氣息打動了布萊克，它開始向外傳播，不僅打進到倫敦那些信仰雅各賓主義和反對國教派的工匠群中，也進入到密德蘭及北方各郡的紡織和採礦村落，以及西南諸郡的村落。

　　但是在大多數人心中，外在經驗與內在國度之間多半維持了某種平衡。世俗的權威無法干擾這種平衡，因爲它儲藏在舊約聖經的召喚言語中。哈代是一個冷靜、甚至單調平凡的人，對於實際的組織細節在意到近乎拘泥的程度。但是當他在回述自己因叛國罪名而受審的時候，似乎把它當成是一件天經地義的事，他引用列王記裡的句子來說明他對這件事的看法，而這些句子是一般英國人都了解的語言：

　　民對王說：「我們與大衛有什麼分兒呢？與耶西的兒子並沒有關涉。以色列人哪，各自回家去吧！」這樣，以色列人背叛大衛家，直到今日。

　　反對國教派的傳統不是三言兩語說得清楚，而這個傳統正是加速英國雅各賓起事的因素之一。它的變化多端，使我們無法概括描述，但變化多端正是它最重要的特色。在各教派各教會彼此競爭、相互脫離的複雜情況中，我們看到十九世紀各種工人文化的溫床。

---

38 Karl Mannheim, *Ideology and Utopia* (1960 edn.), p. 193. 參見下文頁 153-7 和 543-53。

從這個精力充沛的思想傳統中孕育出來的，包括神位一體論或獨立教派，該派有為數甚少但極具影響力的工匠信徒。有格拉斯派，戈德溫（William Godwin）的父親便是這個教派的小牧師；有具有公社傳統的摩拉維亞教派；有英格安派（Inghamites）*23；有馬格雷頓派；以及源自冷浴場（Cold Bath Fields）外的一家理髮店並出版有《天堂地獄雜誌》（Magazine of Heaven and Hell）的斯維登堡派。有兩位年長的反對國教派牧師──黑茲利特看到他們把覆盆子葉放在菸斗中吸食──藉著杯葛所有要抽稅的物件來打倒「老腐敗」。有來自威爾斯的喀爾文派循道宗移民；以及蘇格蘭立約派（Covenanting sects）*24 的移民後代──日後成為著名的反穀物法（anti-Corn Law）政論家的薩默維爾（Alexander Somerville），便是出身於伯維克郡的農場勞工家庭，並被教養成嚴格的反市民者（Anti-Burgher）。有印刷工人寇勒曼（Zachariah Coleman）──《皮匠弄堂裡的革命》（The Revolution in Tanner's Lane）*25 一書所成功塑造出來的英雄──他的牆上掛有自己畫的柏戴特（Burdett）和卡賴特（Cartwright）肖像以及薩德勒（Michael Sadler）畫的班揚肖像*26：「他不是咆哮者或信仰

---

*23 按：由英格安（Benjamin Ingham, 1712-72）創立的教派，英格安是約克郡的一位福音派牧師，曾與衛理兄弟一道前往北美傳教。回返英國後，深受摩拉維亞教派影響，後者位於富尼克的公社總部就是由英格安所提供。後來與摩拉維亞教派漸行漸遠，並一度想加入循道宗，但遭衛理拒絕，於是自行立派傳道，以約克郡為根據地。

*24 按：又稱保守福音派，屬蘇格蘭長老會。

*25 按：《皮匠弄堂裡的革命》其作者為盧瑟佛（Mark Rutherford），由盧瑟佛所塑造出來的主角寇勒曼，是一位同時兼具了熱情與智性的清教徒，溫和理性，主張共和與平等。

*26 按：柏戴特、卡賴特和薩德勒皆為當時重要的激進派政治領袖，詳見下文。

復興論者，而是所謂的溫和喀爾文派，也就是他對喀爾文派的教義深信不疑，但是在身體力行的時候，他卻會酌予修正。」還有一些奇怪的團體，例如哈克斯頓的古自然神論派（Ancient Deists of Hoxton），他們談論夢境，並且和布萊克一樣，談論與亡靈和天使的對話，且「幾乎立刻就屈服於法國大革命所激起的衝力」，並成為「**政客**」[39]。

良知自由是一般人從克倫威爾共和時期保留下來的最重要價值觀。鄉間由鄉紳統治，市鎮由腐敗的法人統治，國家則由最腐敗的法人統治，但是小禮拜堂、酒館和家則是屬於他們自己的。在那些沒有尖塔的崇拜地點，有容納自由思想的空間，也有可以讓他們以「無限制會員」進行民主實驗的空間。相對於具有倫敦反對國教派背景，以及具有該派的自然神論與強烈神祕論的人而言，布萊克似乎不再是個任性的粗野天才，這是那些只懂得當時文雅文化的人對他的評價[40]。相反的，他代表的是原始而純正的民間傳統的聲音。如果某些倫敦的雅各賓派出乎我們意料之外的對路易十六和瑪麗皇后被送上斷頭台一事無動於衷，那是因為他們還記得他們的祖先也曾處決過一位國王的關係。就像沒有一個深信班揚理論的人，會覺得布萊克的諷刺詩有什麼好大驚小怪：

> 古今最劇的毒藥，
> 來自君王的桂冠。

---

[39] W. H. Reid, op. cit., p. 90.

[40] David V. Erdman, *Blake, Prophet against Empire* (Princeton, 1954). 此書有助於我們從這樣的脈絡去了解布萊克，而這樣做也將有助於闡明雅各賓時代倫敦的智識生活。關於布萊克的「咆哮者」和馬格雷頓派祖先，參看 A. L. Morton, *The Everlasting Gospel* (1958)。

許多人和布萊克一樣，發現自己依違於兩者之間，一邊是理性的自然神論，一邊則是「內在王國」花了一世紀之久所培育出來的精神價值。當潘恩的《理性時代》（*Age of Reason*）在鎮壓行動雷厲風行的那個年代裡發表時，許多人必然曾經和布萊克有過同樣的感覺──他在評註蘭達夫主教（Bishop of Llandaff）為回答潘恩而寫的《為聖經辯白》（*Apology for the Bible*）一書時，寫道：

> 現在照我看來，潘恩是比這位主教更好的基督教徒。

當我們由這個角度觀察反對國教派，我們是把它視為一種思想傳統：許多具有原創性的觀念和人物，都出自這個傳統。但是我們不應該假定，做為一個團體的反對國教派，會選擇站在民眾那邊。華克（Thomas Walker）是一名曼徹斯特的改革家，他本人信仰英國國教，並曾努力廢止宣誓法和都市自治法。他看不起反對國教派的怯懦：

> 反對國教派這個團體往往無法堅守自己的原則……由於恐懼或某些其他的動機，他們極力倡導過度伸張的中庸之道，以致他們反而成為那些為人民權利盡最大努力和冒最大危險者的敵人。[41]

在此，我們看到的或許是一種倫敦與各工業中心之間的緊張關係。曼徹斯特的反對國教派，伯明罕的老聚會（Old Meeting）或來斯特的大聚會（Great Meeting）的成員中，都包括了這幾個地區最有錢的幾

[41] T. Walker, *Review of some Political Events in Manchester* (1794), p. 125.

個雇主。他們對公民和宗教自由的情感，與他們對自由貿易的情感緊密相聯。他們大力（尤其是在 1770 年代和 1780 年代）促成各種超議會的辯論和各類壓力團體的政治活動，而這些正是十九世紀中產階級政治運動的先聲。但是他們對公民自由權的熱誠卻隨著《人權論》的發表而冷卻，其中很少有人在經歷過 1790 年代早期的考驗和迫害之後，還能維持同樣的熱誠。在倫敦和各大城市的死胡同裡，許多反對國教派的工匠都在這段期間逐漸從反對國教派轉向自然神論，最後更進而接受了世俗主義。霍布斯邦博士寫道：

> 世俗主義是將整部倫敦勞工史串連起來的一根主線：從倫敦
> 的雅各賓派與普雷斯，通過反宗教的歐文學派暨其合作社成員、
> 反宗教的新聞工作者與書商，追隨侯利歐克(Holyoake)並群聚
> 在布拉德勞夫科學廳(Bradlaugh's Hall of Science)的思想自由
> 開放的激進派分子，到毫不掩飾其對於宮廷詞藻之嫌惡的社會
> 民主聯盟(Social Democratic Federation)與倫敦費邊社分子
> (Fabians)。[42]

幾乎所有工人階級運動的理論家，都屬於倫敦傳統，要不便是像里茲的印刷業者布瑞(Bray)一樣，是來自類似於倫敦技術工人的族群。

但是從上面這個序列中我們發現有一個面向消失了，亦即搗毀機器分子、布蘭雷斯(Brandreth)、年輕的班福、主張最高工時十小時者、北方的憲章運動者和獨立勞工黨(Independent Labour Party)等人所具有的那種道德力量。而這兩個傳統中的某些不同，可以追

---

[42] Hobsbawm, op. cit., p. 128.

溯到十八世紀的宗教組成。當民主復興運動在十八世紀的最後幾年
到來時，老反對派已失去其大半徒眾，而仍舊依附於它的那些工匠，
已充分吸收了開明的利己價值觀，這些觀念使得諸如普雷斯這樣的
人，也接受了某種低限度的功利主義哲學。但是，在那些原本就缺
乏反對國教派傳統而循道宗又大奏凱歌的地區，它卻幾乎完全摧毀
了舊日傳統中的民主和反獨裁因子，並在人民及其革命遺產中，注
入了一種有助於英國國教派的情感主義。循道宗反叛的特色，是道
德上的狂熱與活力。存在於南方和北方之間，智性和狂熱之間，以
及世俗主義的雄辯和愛的修辭之間的緊張狀態，一直持續到十九世
紀。而且其中一方如果得不到另一方的補充，反而會變得更無力。

第三章

「撒旦的根據地」

"Satan's Strongholds"

　　但是，「撒旦的根據地」的居民，那些傳福音者竭力想挽救其靈魂的「娼妓、酒店老闆和竊賊」，又是如何？如果我們關心歷史的變化，我們就必須注意那些能言善道的少數人，但是這些少數人卻是崛起於不大能言善道的多數人當中，因此我們也許可以將這些多數人的意識形容為「次政治的」(sub-political)，是由迷信或消極的反宗教、偏見和愛國主義所組成。

　　望文生義，那些拙於言詞的人，自然沒有為他們的思想留下什麼記錄。我們只能在發生危機的時刻瞥到他們一兩眼，例如戈登暴動(Gordon Riots)＊¹期間，但是危機並非常有的事。於是犯罪檔案便成為極具吸引力的資料，可讓我們從中追尋到他們的蹤跡。但是在這麼做之前，我們必須不斷提醒自己，絕對不可把十八世紀後期的「基督的窮人」一分為二：一邊是誠心懺悔的罪人，另一邊則是不知悔改的謀殺犯、竊賊和醉漢。

　　我們很容易誤將工業革命時代的人們分為兩類：一類是謹守秩序、上禮拜堂的好人；一類是放蕩不檢的壞人。因為現存的資料從至少四個方面迫使我們導出這樣的結論。我們手上現有的記錄，往往具有聳人聽聞的形式，而且是為了醜化的目的而寫的。如果我們相信考古洪(Patrick Colquhoun)這位堪稱最勤勉的研究者，那麼在十八世紀末到十九世紀初，單是倫敦一地便有五萬名娼妓、五千名

＊¹ 按：1780 年 6 月 2 日由戈登勳爵(Lord George Gordon, 1751-1793)發起的一場請願／暴動事件，又稱「反天主教暴動」，詳見下文頁 85-7。戈登勳爵為當時的政治煽動家，1779 年組織新教徒聯合會，致力於廢除 1778 年的天主教寬容法。暴動平息之後，戈登勳爵以叛亂罪遭起訴，但在律師的辯護下無罪釋放。後於 1787 年因誹謗英國司法和法國瑪麗皇后而遭定罪並關入新門監獄，卒於獄中。

酒店老闆，和一萬個竊賊；如果把犯罪階級的範圍擴大點看，也就是把收受贓物的人、偽幣製造者、賭徒、彩票經銷商、作弊的小販、河邊的乞丐，以及像是街頭流浪兒、滋事者、威逼者、摩洛哥人（Morocco Men）、黑社會車夫、服賤役者、從事逗熊遊戲者（Bear Baiter）以及走江湖賣藝的都算進的話，那麼在倫敦不到一百萬的人口當中，就有十一萬五千個罪犯。而根據考氏的估算，全英格蘭地區的總犯罪人口——如將接受濟貧教區賑濟的一百萬人也包括在內——大概有一百三十二萬零七百一十六人。但是這個數字是不分青紅皂白地把吉普賽人、流氓、失業者、小販和梅休（Mayhew）筆下的走街叫賣者都包括進去的結果，而他所謂的娼妓，仔細一看，竟是指「淫蕩和不守婦道的婦人」，加上數目驚人的非婚同居的下層階級——在那個時代，窮人是沒資格離婚的[1]。

因此，這些數字可說是印象派式的估計數字。它們固然指出了無產階級實際的犯罪行為，但也同樣揭示了資產階級的心態。（這些資產階級認定——雖然並非毫無理由——任何沒有穩定職業和沒有財產的人，必定是以法所不許的方式維持生活。）此外，考古洪進行調查的時間背景和他所得出的結論同樣重要，因為舉辦這些調查的時候，英國正籠罩在法國大革命過後的驚恐氣氛中。在考古洪進行調查的前二十年，上流社會突然興起了一股重要的人道關懷，這一點我們可以由霍華（Howard）、韓維（Hanway）、克拉克桑（Clarkson）和伊頓爵士（Sir Frederick Eden）的著作中看出，也可以由小鄉紳和反對國教派的手藝人對公民和宗教自由權日漸增高的關注中看出。

---

[1] Patrick Colquhoun, *Treatise on the Police of the Metropolis* (1797), pp. vii-xi; *Observations and Facts Relative to Public Houses* (1796), Appendix; *Treatise on Indigence* (1806), pp. 38-43.

但是雪萊女爵士法蘭西絲（Frances, Lady Shelley）曾在她的《日記》中提到：「在法國大革命所造成的第一波驚恐結束之後，勞動階級開始醒覺，從而使上流社會備感戰慄。每一個人都覺得有必要好好整頓整頓……」[2]

更正確地說，大多數的資產階級男女認為必須整頓的是窮人。他們所提議的補救方法可能有所不同，比方說考古洪建議採用更有效的警察制度，漢娜‧摩兒（Hannah More）主張透過半便士的宣傳小冊和主日學，循道宗強調恢復信眾的秩序和服從觀念，巴靈頓主教（Bishop Barrington）成立了比較人道的「改善窮人狀況協會」（Society for Bettering the Condition of the Poor），而韋伯福斯（William Wilberforce）和鮑德勒博士（Dr. John Bowdler）則創立了「抑制邪惡和鼓勵宗教協會」（Society for the Suppression of Vice and Encourgement of Religion），但他們的動機都是一樣的。他們要傳達給勞動窮人的訊息都很簡單，可以用柏克在 1795 年那個饑荒年頭所說過的一句話總結：「應當向他們提倡忍耐、勞動、節酒、勤儉和宗教，其餘全是騙人的。」農業宣傳家亞瑟‧楊（Arthur Young）寫道：「據我所知，想要一個國家到處充斥著隨時準備作惡的野蠻人的最好辦法，就是給他們吃不完的糧食，但一個月只做一次禮拜……難道法國的原則進展得還不夠快嗎？所以你們還要去推波助瀾？」[3] 維多利亞時代中產階級的認知，正是受到這些在 1790 年代因為看到礦工、陶匠和刀剪工都在閱讀《人權論》一書而大為驚恐的士紳們所培育出來的，而其養父母則是韋伯福斯和漢娜‧摩兒。正是在這反革命的幾十年

2 *The Diary of Frances Lady Shelley, 1787-1817*, ed. R. Edgcumbe (1912), pp. 8-9.
3 *General View of the Agriculture of the County of Lincoln* (1799), p. 439.

間，人道主義的傳統被歪曲到面目全非的地步。那些被霍華在 1770
和 1780 年代揭發出來的監獄弊端，到了 1790 和 1800 年代又悄悄地
回復原狀。羅米里爵士(Sir Samuel Romilly)在十九世紀的頭十年企
圖改革刑法，沒想到得到的回應竟是敵意和怯懦。他回憶道：「法國
大革命已在上流社會掀起一股恐懼任何改革的浪潮。」考克朋勳爵
(Lord Cockburn)在回憶蘇格蘭的年少歲月時說道：「每一件事都是
法國大革命的回響，每一件事都和法國大革命有關。是每一件事，
而不是這件事或那件事，而是實實在在的每一件事，都埋浸在這個
事件裡面。」正是這片籠罩在英國上方的道德烏雲，激起了布萊克的
狂怒：

> 就是因爲這每一城每一村的英格蘭壓迫者……
> 他們用溫和的伎倆迫使人民吃麵包皮過日子；
> 他們先使一個人陷於貧窮，然後再用華麗和儀式來粉飾；
> 對耶和華的頌讚，是來自飢餓的雙唇。[4]

　　這種有產階級者的偏見(如我們在考古洪身上所見到的)，並不
能提供我們正確的社會觀察，但它卻加強了有司百官原有的偏見，
益發把酒店、市集和任何大型聚會都視爲是妨害治安的麻煩事，是
懶惰、爭吵、叛亂或敗德之源。而在十八世紀末葉，這種「蒙混」
證據的普遍傾向，又從另外三個方向得到加強。首先是新製造業階
級的功利主義態度，這個階級由於必須要在工廠市鎮推行其工作紀

---

[4] 有關窮人的消遣與傳統備受攻擊一事，參見第十二章的進一步討論。另請參考
基爾南的不同分析 V. Kiernan, "Evangelicalism and the French Revolution",
Past and Present, I, February 1952。

律，因而敵視許多傳統上的娛樂和輕率舉動。其次，是循道宗本身
所造成的壓力——它那些無時無刻不在搥胸頓足的罪人，以及它所
出版的諸多懺悔傳記。一名循道宗的悔罪者——一個獲得救贖的水
手——問道：「全能的上帝，爲什麼你要忍受像我這樣的叛徒?」在
他放蕩的少年時代，他——

> 流連於馬場、宴會、舞會和市集，進出於劇院和遊樂場。除
> 此之外，他還背棄了對上帝的敬畏和母親的忠告，一次次沉迷
> 於酒精當中。他是唱低俗歌曲、説黃色笑話和做滑稽評論的能
> 手……

就像其他水手一樣——

> 他的歌、他的酒和他的甜心(可能是個阻街娼妓)，譜成了他
> 的歡樂三重奏。他很少思考，很少閱讀，從不祈禱……和他談
> 論上帝的召喚，他説他已聽夠了水手長的召喚……如果你談的
> 是天堂，他只會希望他能在上面謀到個好差事；如果提到的是
> 地獄，他開玩笑説地獄就在地窖口下面。

「哦，我的孩子們，這樣的一個罪惡受害者竟會成爲傳布救贖的人，
這是多麼偉大的奇蹟啊!」[5]
　　這樣的文獻必須就著撒旦的燭光倒著看，唯有這樣，我們才能

---

5 Joshua Marsden, *Sketches of the Early Life of a Sailor ...* (Hull, n.d. 1812?)；對於
十八世紀水手的不同看法，參見 R. B. Rose, "A Liverpool Sailor's Strike in the
18th Century", *Trans. Lancs. and Chesh. Antiq. Soc., LXVIII,* 1958。

理解這位「愉快的水手」、學徒或是桑蓋特（Sandgate）的女孩，究竟
是如何看待權威或是循道宗的宣道師。如果不這樣的話，歷史學家
可能會苛責那些在十八世紀讓一般人的生活還多少有點樂趣的事
物。此外，當我們在評估早期工人階級的運動時，上述那類證據還
可得到第三點補充。早期工人運動的領袖和記事者有不少是自修成
功的工人，他們必須靠著嚴格的自律來追求自我提升，因此必須棄
絕逍遙自在的酒店世界。普雷斯寫道：「我不能像其他人那樣上酒店
去。我恨酒店和酒店中的人。我不會喝酒，我也一點都不贊成把時
間花在和笨蛋閒扯上。」[6] 自尊自重這項美德往往也會導致相對的褊
狹態度——以普雷斯的情形為例，這種態度導致他接受功利主義和
馬爾薩斯的學說。由於普雷斯是早期工人運動最偉大的檔案保管人，
因此他對窮人不事積蓄、無知和淫佚的嫌惡態度，必定會影響到其
記載的公正性。再者，由於改革者的奮鬥目標之一，就是要追求其
自身階級的啓蒙、秩序和節制，因此在 1802 年時，文德翰（Wind-
ham）才可以用頗為生動的言詞宣稱，循道宗會眾正和政治激進分子
聯合一致，企圖毀滅人民的娛樂：

> 對前者而言，任何歡樂的事物都在禁止之列，好為人們接受
> 他們的宗教狂熱主義做準備。而對政治激進分子而言，其最主
> 要的考慮是想要使中下階級的人能培養出比較嚴肅和莊重的性
> 情，以做為他們接受其激進信條的基礎。[7]

---

6 Graham Wallas, *Life of Francis Place* (1918), p. 195.

7 文德翰是在針對嗾狗逗牛（bull-baiting）這種遊戲的辯論會上發此言論。關於
這個問題，無疑大多數的循道宗教友是和政治激進人士採取一致的看法。See
L. Radzinowicz, *History of the English Criminal Law* (1948-56), III, 205-6.

　　想要強調工人階級運動的嚴肅與健康面的人，往往會忽略了工人們比較粗魯和喧嚷的性格。我們所能做的，就是記住下面這個警告：我們需要更多關於罪犯、關於士兵和水手，以及關於酒店生活的社會研究，當我們在考察證據時，不應帶著道德的眼光（「基督的窮人」並不永遠是美好的），而應透過布萊希特（Brecht）的價值觀──宿命論、對當權者訓誡的反諷態度，以及強韌頑固的自衛能力。我們也必須記住街頭賣唱者的「地下世界」，以及將民間傳統延續到十九世紀（的雜耍戲院，或狄更斯的馬戲班，或哈代的小販與賣藝人）的賽會場所和露天市集。因為透過這些管道，那些「不能言善道的人」即使是受到治安法官（magistrate）*2、工廠主人和循道宗會眾的壓抑，還是能保有若干價值觀念：一種享受歡樂與彼此信賴的天性和活力。

　　我們可以從兩方面來討論這類「次政治」傳統對早期工人階級運動的影響，一是暴動和暴民現象，二是一般英國人對「天賦人權」的若干觀念。關於暴動和暴民現象，我們必須了解民眾對於犯罪一事自來都有他們的一套特殊看法，這些看法經常會形成非成文法規，並與國家的法律差異甚大。某些犯罪是這種民間法規和國家法律都認為罪不容逭的，例如謀殺妻子和兒童的罪犯在押赴倫敦行刑場的路上，必定會飽受民眾的投擲、咒詛。強盜和海賊則是屬於通俗民

---

*2 按：由國王在地方皇家軍事首長的推薦下提名與罷免，接受推薦者必須擁有一定的土地收入。治安法官負責審理某個地區內（例如郡）的刑事以及扶養、監護等案件，在相當龐狹的範圍內，英國的審判乃操在這些兼職的治安法官手上。雖然是無給職，但由於該職務是代表榮譽和進入政界的大好機會，因此從不缺乏自願者。十九世紀治安法官的權力甚大，有權召集正規軍和民兵鎮壓社會騷亂，並有責任將地方的政治活動通報中央。治安法官在審判時非獨任制，通常由三到五位法官組成合議庭。

謠吟詠的對象，一方面把他們當成是英雄神話，一方面也有告誡年
輕人的味道。但是有些犯罪卻可得到全體社群的積極寬恕，例如鑄
幣、偷獵、規避固定稅（如窗稅及什一稅）、消費稅或拉伕等。走私
的社群與官府經常處於交戰狀態，雙方都了解彼此的不成文法規。
官府可以收押一條船或攻擊一個村落，走私的人也可以抗拒拘捕。
「但是走私者的戰術不可超過防禦和偶爾的搭救，否則一定會遭到
報復……」[8] 另一方面，有些犯罪（特別是那類容易犯下同時又會影
響到特殊社群生計的罪行，例如偷羊或偷走露天曬架上的布料）卻會
引起民眾的同聲譴責[9]。

　　不管在哪個時代，國家法律與民間法規之間存有落差都是稀鬆
平常之事，但是這兩種法規之間的對立程度，卻沒有比十八世紀下
半葉更尖銳的了。我們甚至可以認為在這些年間，階級戰爭的一方
是倫敦行刑場、監牢和感化院，另一方則是犯罪、暴動和暴民。拉
津諾維茲教授（Professor Radzinowicz）的《英國刑法史》（*History of
English Criminal Law*），為長久以來由文學家戈德斯密（Goldsmith）所
塑造出來的熟悉景象，添上了更教人沮喪的證據：

　　　　每一個不負責任的法官都在草擬刑法

　　　　法律折磨窮人，富人統治法律……

然而應該對日漸增多的因侵占財產而判處死刑一事負責的，卻不是
法官（這一點很重要），而是立法機關：從復辟時代到喬治三世駕崩

---

8 Serjeant Paul Swanston, *Memoirs of . . . a Soldier's Life* (n.d.)
9 關於流刑犯的不成文傳統，參見 Russel Ward, *The Australian Legend* (Melbour-
　ne, 1958), Ch. II。

的那些年間，死罪的數目增加了大約一百九十件，也就是一年增加
一宗以上，其中在 1760 到 1810 年間增加的，不下於六十三件。不
止是小型的偷竊行為，許多工業叛亂的原始形式——例如破壞織絲
機、在公地遭圈圍後推倒籬笆，以及焚燒麥稈堆——也都判處死刑。
沒錯，警力嚴重不足和執「法」隨便的情形的確是事實。而且到了
十八世紀後期，雖然觸犯死罪者的人數倍增，但陪審團確實越來越
少讓他們以死罪定讞，而就算真的以死罪定讞，真正遭到處決的比
例也確實日漸下降[10]。但是死罪緩刑的代價，往往卻是可怕的牢獄生
活或流放。押解囚犯前往泰伯恩行刑場(後來換到新門監獄外的斷頭
台)的行列，是十八世紀倫敦的重要儀式之一。死囚站在二輪馬車上
面，男的一身俗麗盛裝，女的穿著白色衣裙，將成籃的鮮花和橘子
擲向群眾；如果死囚是街頭賣唱的或沿街叫賣的小販，擲向群眾的
則會是他們的「最後演說」(這些「最後演說」甚至會在行刑官丟下
手巾示意劊子手行刑之前，就銷售一空)。「泰伯恩歡會」(Tyburn
Fair)的這種種象徵，反映的正是倫敦通俗文化的儀式本質。

　　商業擴張、圈地運動(enclosures)，以及工業革命的早年，都

---

[10] See Radzinowicz, op. cit., I, Parts 1 and 2. 拉津諾維茲博士指出，1749 到 1758
年間，倫敦和密得塞克斯共有五百二十七人判處死刑，其中有三百六十五人
遭到處決；但是在 1790 到 1799 年間，七百四十五名遭死刑定讞的罪犯中，
只有二百二十人遭到處決。換句話說，死刑犯的處決比例已從原先的三分之
二強下降到三分之一弱，而且這個比例在 1800 年代仍持續下降。可是在另一
方面，遭到處決的罪犯大多是觸犯財產罪行，例如 1785 年在倫敦和密得塞克
斯遭到處決的犯人當中，只有一名是謀殺犯，另有三十四名強盜犯，其餘犯
的皆是與財產權有關的罪行(偽造文書貨幣、偷馬等等)。他的結論是，這些
數字透露出這個國家的某些傾向，以及「在 1785 年時，死刑幾乎是經濟罪犯
的專利」。

是在絞架的陰影下進行。白奴離開英國前往美洲的種植園，後來又去到澳洲的范迪門之地(Van Diemen's Land)＊3，而布里斯托和利物浦則因黑奴制度的利潤而致富。西印度群島種植園的主人以其財富在巴斯(Bath)的婚姻市場換取了進入世家大族的報酬。這並不是一幅歡樂的景象。在比較低層的世界，警察和獄卒吃著所謂的「犯罪飯」——血腥錢、打點費，以及賣酒給囚犯們的轉手錢。根據捉到的賊犯人數累進獎賞的制度，自然鼓勵了這些執法者動不動就給嫌犯安上罪名。窮人失去了他們在這塊土地上的權利，在貧困和法令不善的交逼下，只得鋌而走險。手藝人或小師傅，因爲害怕欠債被關，只好試圖僞造交易證明或從事不法交易。然而即使在罪證不足的情況下，治安法官們仍有權將流氓無賴、頑強歹徒或未婚媽媽移交感化院。這些地方充斥著罪惡和疾病，並由腐敗的官員負責管理，其惡劣的情況甚至比最糟糕的監獄更敎霍華震驚。一個人可以犯的最大財產罪行，就是沒錢。

法律爲人憎惡，但也遭人蔑視。人們對告密致人於死者的憎恨，只有最十惡不赦的罪犯可堪比擬。這種對資產階級法律的反抗，不只採取個人式的犯罪行爲，當擁有一定人數優勢的時候，也會以零星分散的暴亂形式出現。當章威爾牧師警告卡賴特少校說：「不法者和狂暴者」也會做出「無法想像的恐怖舉動」時，他並不是在無的放矢。英國人在歐洲素以狂暴知名，而倫敦居民的桀驁不馴也常敎外國訪客震驚不已。十八世紀到十九世紀初的英國可說是叛亂蜂起，其原因從麵包價格、收稅道路和通行稅、消費稅、「救助金」、罷工、新機器、圈地、拉伕乃至其他各種苦況不一而足。這些基於某種特

＊3 按：今日澳洲塔斯馬尼亞島的舊名，源自當時統治該島的總督之名。

定委屈而採取的直接行動，有些匯入了大規模的政治性「暴民」起義——韋爾克斯騷亂(1760-1770年代)*4、戈登暴動(1780)、倫敦街頭圍攻國王事件(1795及1820)、布里斯托暴動(1831)，以及伯明罕鬥牛場暴動(1839)；有些則與有組織的持續性不法行爲或類似的叛亂合流——搗毀機器運動(1811-13)、東盎格利亞暴動(1816)、「最後的勞工叛亂」(Last Labourer's Revolt, 1830)、蕾貝嘉暴動(Rebecca Riots, 1839-42)和活塞暴動(Plug Riots, 1842)。

關於第二類的這種擬暴亂形式，我們將在談論搗毀機器運動時進行更仔細的檢視。它是一種起於特殊情況下的直接行動，往往有嚴密的組織，並爲當地社會所保護，在歸納它的一般現象時，必須特別謹愼。至於第一種形式一直要到最近才開始爲歷史學家所注意。胡代博士在他所著的《法國大革命中的群衆》(*The Crowd in the French Revolution*)一書中，認爲「暴民」指的如果是「基於外在利害而受雇的團隊」，那麼在使用時必須非常謹愼，而且只能用在某些特殊的場合。有太多歷史學家在使用這個字眼時太過偷懶，他們要不

---

*4 按：韋爾克斯(1727-1797)，英國政治冒險家，以擅於掌握民氣著稱，是1760到1770年代倫敦的政治明星。1757年當選國會議員，成爲反對派領袖皮特的支持者並大力對抗當時的國王喬治三世和政府。這項對抗活動在1763年達到高潮，韋氏在其發行出版的《北不列顚人》雜誌第四十五期裡大肆攻擊國王喬治三世，並因此以誹謗罪被捕並遭到起訴。韋氏在議員身分的保護下逃往法國，並成爲當地的沙龍名人。1768年韋氏返回英國，再度當選國會議員，但隨即被捕入獄，遭下院開除，又重獲人民選入下院，又因毀謗內政大臣遭到逮捕。在這一連串的對抗過程中，韋爾克斯儼然成爲倫敦暴民的英雄，「韋爾克斯和自由」的呼聲響徹雲霄，他同時獲得倫敦商人的堅定擁護，因爲他在下院中大力支持有利他們的議案。韋爾克斯後來還擔任過倫敦市政參事、密得塞克斯郡長和倫敦市長。

是沒有做進一步的分析，就是把它當做一種帶有偏見的字眼（暗含了某種由掠奪慾激起的犯罪成分）。因此胡代博士建議，在討論十八世紀晚期的英國暴動和法國大革命的時候，改用「革命群眾」（revolutionary crowd）一辭可能更爲恰當。

這樣的區別相當有用。十八世紀英國的暴動行爲有兩種不同的形式：一種是多少屬自發性的民眾直接行動，另一種則是由「高高在上」或群眾以外的人士故意利用群眾做爲施壓的工具。其中的第一種形式至今尚未得到其應得的注意。相較於「暴動」的一般意含，它所得到的公眾認可更爲明確，而賦予其正當性的傳統也更爲複雜。最常見的例子是麵包或糧食騷動，在 1840 年代以前，幾乎每一個市鎮和每一個鄉村，都一再上演著這樣的暴動事件[11]。這類暴動很少只是一種打開穀倉大門和劫掠商店之類的喧鬧。因爲舊式的道德經濟已賦予它合法性，在道德經濟的原則下，任何以不公平的方法哄抬民生必需品的價格並從中牟利的行爲，都是不道德的。

不管是在都市或鄉村社群當中，消費者的意識都超越了其他形式的政治或工業敵對。最能反映民眾不滿的指標不是工資，而是麵包的價格。工匠、自行開業的手藝人，或是諸如康瓦耳錫礦工人（在這個行業當中，反映其「自由」礦工色彩的傳統一直持續到十九世紀）這樣的群體[12]，都認爲他們的工資調整標準若不是根據慣例就是

---

11 關於暴動的波及範圍，參見 R. F. W. Wearmouth, *Methodism and the Common People of the Eighteenth Century* (1946)。

12 康瓦耳地區的「按重量支付工資的礦工」(Tributer)是屬於直接契約工人，它們當中有一小群直到十八世紀末還過著兼營一些捕鯡魚或種植小塊耕地(約克郡的鉛礦工人亦然)的生活。參見 J. Rowe, *Cornwall in the Age of the Industrial Revolution* (Liverpool, 1953), pp. 26-7。

靠他們自己討價還價的能力。他們希望能在自由市場購買自己所需的食物，即使在物資短缺之際，他們也認為物價應該按慣例調整。（由老天規定的供需「鐵則」，也就是短缺必定會造成物價高漲，尚未為民眾所接受，一般人仍抱持面對面討價還價的觀念。）因此任何的物價暴漲都會立即引起騷動。由法令和慣例共同構成的複雜結構，嚴格規範了「麵包的法定價格」(Assiz of Bread)以及每條麵包的大小和品質[13]。甚至連在銷售小麥時想要以標準的溫徹斯特(Winchester)度量單位來取代某些傳統慣用的度量單位，都可能造成騷動。1812年，當北得文郡農業學會(North Devon Agricultual Society)規定拜德福(Bideford)市場必須使用標準的溫徹斯特蒲式耳之後，其一名重要會員隨即接到一封教人毛骨悚然的信函：

> 冬夜尚未過去，因而你也不要想活著回家──就算你僥倖逃過寫這封信的手，一根點燃的火柴同樣可以把你處決。我不認得你的家人，但是他們都將和你一同陷入火海。如果你的屍體還可以找得到，如果它還有任何值得動物貪食的湮氣，它將被拿去餵狗。[14]

食物暴動有時會進行得非常激烈喧鬧，比方說1764年發生於諾丁漢鵝市集的「乾酪大暴動」(Great Cheese Riot)，當時街上丟滿了整塊整塊的乾酪。1788年在同一城市因高昂肉價而引起的暴動中，

---

[13] 關於這種複雜的結構，參見 C. R. Fay, *The Corn Laws and Social England* (Cambridge, 1932), Ch. IV。

[14] Enclosure from "Thomas Certain", in Skurray to H.O., 25 March 1812, H.O. 42.121.

民眾打破了屠宰場的門窗並放火焚燒，連同屠夫的賬簿也一併進了火堆[15]。但即使是這種暴力行為也表現出超乎飢餓的複雜動機：零售商會因其價格不實和肉類的品質不良而受到處罰。不過比較普遍的情形是：「暴民」多半頗能自制，很少超過常規所容許的範圍之外。衛理曾在他的《日記》中對於愛爾蘭詹姆斯城(James' Town)的暴民行動留下記載，而這可能是他這一輩子唯一一次對不法行為表示稱許，衛理寫道：暴民——

> 已經活動了一整天；但是他們的對象只局限於那些將遠近所有穀物搜括一空的市場壟斷者。這些人不顧窮人正在挨餓，把穀物裝上一艘停泊於碼頭的荷蘭船隻上。不過暴民還是把這些穀物都找了出來並拿到市場上，替業主以低廉的價格售出。他們在整個過程中態度都非常平靜而鎮定，也沒有傷害任何人。

1766年，亨尼頓(Honiton)的蕾絲工人從農場主人的住處搬走穀物，自行運到市場上出售，而後將售得的收入，甚至連裝穀物的袋子都一併還給該農場主人[16]。同年在泰晤士河流域，成群結隊的勞工造訪了一個接一個的村落和市鎮(阿賓頓〔Abingdon〕、紐堡〔Newbury〕、梅斯東〔Maidstone〕)，他們自稱為「管制者」，強行規定所有食糧的一般價格。(此一行動是由在收稅道路上工作的一幫人首開其端，他們說：「讓我們同心協力，一塊到紐堡去讓麵包的價格降下來。」[17])

---

15 J. Blackner, *History of Nottingham* (Nottingham, 1815), pp. 383-4.

16 See R. B. Rose, "18th Century Price-Riots, the French Revolution, and the Jacobin Maximum", *International Review of Social History*, IV, 1959, p. 435.

17 T.S. 11.3707.

1783 年發生於哈里法克斯的事例，也同樣表現出這種群眾脅迫與自制的模式。從城外某個紡織村落聚集而來的群眾，以某種秩序（二人併肩的行列）進入市集廣場，爲首的是曾當過士兵的鑄幣工史賓塞（Thomas Spencer）。穀物商人遭到圍攻，被迫以一車燕麥三十先令、一車小麥二十一先令的價格出售其存貨。史賓塞和另一位暴動者隨後被捕，要處決他們的那天，官方預期暴民會有搭救行動，於是部署了大軍嚴陣以待；當載運史賓塞屍體的車子沿著考德河谷（Calder Valley）來到他住的村子時，沿途送喪的人群綿延了數哩之遙[18]。

在民眾眼中，這樣的「暴動」可說是一種義舉，而暴動的領袖則是人們心目中的英雄。在大多數的情況下，這類行動的最高潮是強行將食糧以習慣的價格或所謂的**民定價格**（taxation populaire）[19]出售，然後將所得交給業主。此外，這類行動所需要的準備和組織，也比乍看之下來得複雜。有時「暴民」會控制市場達數天之久，等待價格下降；有時，在採取行動之前，會先散發手寫的（1790 年代改爲印刷的）傳單；有時，當男人成群結隊地在路上、碼頭和河流中途攔截穀物時，婦女們就負責牢牢控制住市集廣場。行動的訊號經常是一個男人或一個女人高舉一條繫了黑孝麻的麵包，麵包上面還寫有某種口號。1812 年 9 月，當諾丁漢的行動開始之際，幾名婦女——

> 把一條價值半便士的麵包插在一根釣魚竿頂上，麵包上塗有赭色的條紋，並繫著一小片黑紗，象徵「披麻帶孝的流血饑饉」。[20]

---

[18] H. Ling Roth, *The Yorkshire Coiners* (Halifax, 1906), p. 108.

[19] See R. B. Rose, op. cit.

[20] J. F. Sutton, *The Date-Book of Nottingham* (Nottingham, 1880 edn.), p. 286.

　　這類「暴動」發生最頻繁的一年是 1795 年。這一年歐洲饑荒肆虐，糧食極度短缺，古老的民間傳統在少數人的雅各賓思想催化下，變得益發熾烈。隨著物價節節高漲，直接行動也延燒到全國各地。在諾丁漢，婦女從一家麵包店走到另一家麵包店，自行為店裡的麵包制訂價格，然後留下錢把麵包拿走。格洛斯特市長憂慮不堪地寫道：

> 我有充分的理由擔心副主教森林 (Forest of Dean) 的煤礦工人會上這兒來，這幾天，他們已經在鄰近的湯恩斯搜括，並將屬於磨坊主人和麵包店主人的麵粉、小麥和麵包以低價賣出。

在新堡，群眾當著市鎮官員的面，強迫店主以每磅八便士的價格出售牛油、每二蒲式耳十二先令的價格出售小麥、每車五先令的價格出售馬鈴薯：過程中沒有出現任何暴力行為。在威斯貝奇 (Wisbech)，「堤防工人」(Bankers，「最暴亂的一群，由於他們人多勢眾，所以更難對付」)——從事挖掘和築籬工作的農村工人幫夥——在市場發起暴動，為首的人手持長柄叉，叉著一條六便士的麵包。在卡來爾 (Carlisle)，暴民將藏在倉庫中的穀物找了出來，並將這些穀物以及整船的船貨運到市政廳，以一擔十八先令的價格出售。在康瓦耳，「錫礦工人」蜂擁到農田裡，強迫執行他們的「最高法律」(Laws of the Maximum)[21]。

---

21 諾丁漢：J. F. Sutton, op. cit., p. 207；格洛斯特、威斯貝奇和卡來爾：H.O. 42.35；新堡：E. Mackenzie, *Descriptive and Historical Account of New-Castle-upon-Tyne* (Newcastle, 1827), p. 72；康瓦耳：Rowe, op. cit. pp. 104-5，後續行動參見 pp. 142, 158-62, 181-4。See also W. P. Hall, *British Radicalism, 1791-97* (New York, 1912), pp. 202-15.

　　諸如這般規模的行動，透露出行動者具有一種根深柢固的行為和信仰模式。更有甚者，它們幾乎是無所不在，以致連(密切關注自1795年5月到12月之穀物供應的)樞密院都無法確保郡與郡之間的糧食運輸能夠平安無事。而在鄉村與市鎮之間，一種帶有戰爭味道的衝突正在醞釀。農村地區的居民認為他們的穀物將會被送到城裡去，而他們只有挨餓的分。農人們拒絕把穀物運往市場，因為害怕民眾強迫他們廉價出售。在港口，一艘艘裝載穀物的船隻遭到攔截，因為大家認定代理商們正打算把它們賣到國外。即使連治安法官也對民眾這種強行將穀物留在自己轄區內的行動表示默許。在惠特尼(Witney)，居民截回了一些正要輸往國外的穀物，然後以低價出售。成車的小麥在劍橋遭到攔截，隨後在市集廣場賣出。在西來丁，考德河和愛爾河(Aire)上的駁船遭到暴民攔截扣留。在巴福(Buford)，民眾擋下了正要運出城的一車穀物，然後以八先令一蒲式耳的價錢賣出；一位治安法官為此深感憂慮，害怕此舉會激怒伯明罕居民傾巢而出，攻擊巴福。在維爾斯(Wells)，「一大群婦女」阻止穀物船駛往倫敦[22]。

　　古老的家長制道德經濟，使民眾的這類行動有了正當合理的依據。雖然舊日針對反壟斷和反囤積的法令到十八世紀末葉時已大致都遭到廢止或取消，但是在民間傳統及某些仍保有家長式作風的托利黨政治家的心目中，它們依然是神聖不可侵犯的。例如最高法院院長肯揚(Kenyon)便在1795年宣布：壟斷市場與囤積居奇乃違反習慣法之舉[23]。在民眾的心目中，這類犯罪還包含任何旨在提高食物

---

[22] P.C. A. 56/8; H.O. 42.35/7.

[23] 古代的法規已於1772和1791年明令廢止，但有關存在於1790年代的複雜情形，參見 Fay, op. cit. Ch. IV and D. G. Barnes, *History of the English Corn*

價格的剝削行動，尤其是代理商、磨坊主人、麵包師傅以及所有中間人的種種活動。1795 年瑞特福（Retford）鎮的一張傳單寫道：「那些殘忍的磨坊主人、麵包師傅以及麵粉商們，聯手隨意哄抬價格，害這個富裕國家裡的工人飽受飢餓之苦。」里茲的一群勞工在一次請願中寫道：「穀物代理商和那些唯利是圖的奸商米蟲們，把所有的穀物搜括一空，囤積居奇，好讓他們可以用自己高興的價格賣給窮人。」[24]民眾相信那些大磨坊主人肯定積藏了大量穀物，想乘機哄抬價格大撈一筆，於是在 1795 年，設於伯明罕雪丘上的大型蒸汽麵粉廠便遭到攻擊；而倫敦的英格蘭大麵粉廠也曾兩度發生火災。第一次謠傳是有人縱火，由於民眾認為麵粉廠有摻假情事，於是逐扮演起「幸災樂禍的旁觀者」，在火場印發並高唱歡樂的歌謠。第二次（1811 年）火災發生時，民眾則是為這場大火鼓掌喝采[25]。

因此，在十八世紀的最後幾年，我們看到民眾如何在市場自由經濟的壓力下，為恢復較古老的道德經濟做出最後一搏。在這場生死搏鬥中，他們從老派作風的保安官那兒得到了一些支持。這些保安官威脅要處分壟斷者、加強對市場的控制，並向囤積穀物者發出戰書[26]。1795 年的斯品漢姆蘭決議（Speenhamland decision），亦即按照麵包價格津貼工資的做法，就是在這樣的背景下產生的；仍保有

Laws (1930), Ch. V。

[24] Fay, op. cit. p. 44; Leeds petition to Duke of Portland, 20 July 1795, H.O. 42.35.

[25] C. Gill, *History of Birmingham* (O.U.P., 1952), I, p. 128; R. Southey, *Letters from England* (2nd edn. 1808), III, pp. 179-81; *Alfred*, 25 October 1811.

[26] 參見由格洛斯特傑出居民所組成之委員會的決議案（1795 年 6 月 26 日，H.O. 42.35），他們威脅要起訴壟斷者和囤積居奇者；另參考 *Blackburn Mail*, July-Sept. 1795, in G. C. Miller, *Blackburn: The Evolution of a Cotton Town* (Blackburn, 1951), pp. 23, 60-3。

家長式作風的政治人物，試圖在傳統市集慣例已告瓦解的地方，以賑濟的方式讓它回魂。傳統的慣例可能已告瓦解，但傳統的觀念卻沒那麼容易根絕。在 1795 到 1800 年間，仍有針對壟斷者的零星起訴。1800 年時，有好幾個私人控告會社成立，它們出錢懸賞，希望將壟斷者定罪。一項打擊壟斷的重要案件在高等法院得到支持，此事教肯揚勳爵大感欣慰[27]。但是，這卻是最後一次企圖推行傳統家長式的消費者保護政策的嘗試。在此之後，隨著傳統的控制物價機制的全面崩潰，益發加深了民眾對國會的痛恨，因爲國會的組成分子清一色是主張保護主義的地主和贊成自由放任政策的大商人。

在單純只考慮這種形式的「暴民」行動時，我們看到了超乎預期的錯綜複雜，因爲在每一次這樣的民眾直接行動後面，都可以找到某種賦予它合法性的權利觀念。可是在另一方面，雇用胡代博士定義下的「暴民」（也就是「爲了外在利益而受雇行動的團隊」），卻也是十八世紀習以爲常的一種手段，而且較不爲人注意的是：長久以來「暴民」的雇主一直是公權力本身。不管怎麼說，1688 年的協定畢竟是一項妥協，對這項妥協的受惠者而言，鞏固其地位的最便利手段，莫過於將民眾的憎恨同時轉向天主教徒（潛在的詹姆斯二世

---

[27] See Fay, op. cit., p. 55; Barnes, op. cit., pp. 81-3; J. Ashton, *The Dawn of the 19th Century in England* (1906), pp. 240-1; W. Smart, *Economic Annals of the 19th Century* (1910), I, pp. 5-6; Miller, op. cit., pp. 94, 103; J. A. Langford, *A Century of Birmingham Life* (Birmingham, 1868), II, pp. 101-2; and especially J. S. Girdler, *Observations on the Pernicious Consequences of Forestalling, Regrating, and Ingrossing* (1800), pp. 209-15. 曾在上議院提議授權治安法官制定穀物價格一案但未獲通過的渥立克伯爵(Earl Warwick)指稱：「在過去幾個月間，因壟斷、囤積及獨占而遭定罪的案例，不下四百件。」(*Hansard*, XXXV, 1800, 839)

黨人)和反對國教派(潛在的平等派分子)。在一個警察幾乎不存在的國家,「暴民」可說是治安法官的一大助手。衛理本人和最初追隨他的露天宣道者,都經常遭遇到這些暴民的攻擊,後者的行動是在治安法官的指使下進行的。其中最暴力的一次衝突,是發生在1743年的文斯百瑞(Wednesbury)和瓦沙(Walsall)。根據衛理的記載,這些暴民極端輕浮,根本搞不清楚這次攻擊的目的。「為首的幾個暴徒」據說都是「城裡的英雄人物」,但只有兩個人是叫得出名字的,一個是「誠實的屠夫」,另一個則是「逗熊場裡的職業拳手」,可是這兩個人都突然改變立場,倒戈到衛理那邊。當我們得知這些暴民乃是由當地的治安法官以及一名當地的教區牧師所指使時,這件事的原委就變得比較清楚。事情的起因是衛理派在當地傳教的兩位宣道師(先是一名泥水匠,後來是一名鉛管玻璃工人)惹惱了這位教區牧師,因為他們「離間了」煤礦工人對英國國教會的情感,還以「笨狗」稱呼這名教區牧師。如同衛理所說的,的確「有些上流社會的人士,威脅不盡職分的礦工不得參加他們的禮拜儀式」[28]。尼爾森的《日誌》也提供我們一個發生在格林斯比(Grimsby)的例子。一位格林斯比的英國國教牧師——

　　找了一個鎮民敲鑼打鼓地走過這個市鎮的大街小巷,然後由他領隊盡可能地聚集所有的暴徒,他用烈酒吸引這些暴徒,要他們跟著他一起遊街,為英國國教會奮鬥。

---

[28] Wesley's *Journal* (Everyman), I, pp. 438-44, 455; *Some Papers giving an Account of the Rise and Progress of Methodism at Wednesbury* (1744), p. 8.

當行經尼爾森進行宣道的房舍時，這位教區牧師對著暴民大喊：「拆掉這棟房子！拆掉這棟房子。」

但是，比起這些只針對特定議題而發的地方性民氣展現，倫敦暴民的影響力可就重要得多，他們的身影在十八世紀的政治舞台上始終不曾缺席，而在韋爾克斯的影響下，他們更於 1760 年代完全脫離了官方的控制。在某種意義上，這是一種過渡時期的暴民，他們正朝向具有自我意識的激進派群眾蛻變。反對國教派的傳統和政治教育的影響力正在發揮作用，促使人民站起身來捍衛他們的自由、挑戰權威的壓迫，並「加入社會抗議運動，在這些運動中，窮人對抗富人的本質已昭然若揭……」[29] 史匹塔菲的絲織工及他們的學徒素以桀驁不馴和反抗公權力著稱。胡代博士在他的《韋爾克斯和自由》(Wilkes and Liberty) 一書中，曾留意到某些工業衝突演變成韋爾克斯式示威的案例，同時也注意到群眾的行動口號也開始帶有共和或革命的色彩：「天殺的國王、天殺的政府，天殺的治安法官！這是自來最光榮的革命機會！」一位批評家說：幾乎有十年之久，倫敦和南方似乎是「一個由乞討、閒蕩和醉酒的暴民所統治的大瘋人院。這些暴民沒有人管得了，只有韋爾克斯這個名字可以讓他們起而行動」[30]。這些支持者——

在聖喬治場、海德公園角 (Hyde Park Corner)、市長官邸、國會廣場和聖詹姆斯宮示威。在倫敦市、西敏區和南華克的街道上大喊或寫下「韋爾克斯和自由」。當警長哈雷 (Harley) 和公家

[29] G. Rudé, op. cit., p. 237.

[30] G. Rudé, *Wilkes and Liberty* (Oxford, 1962), pp. 50, 173.

劊子手準備在皇家交易所前焚燒《北不列顛人》(*The North Briton*)第四十五期時，這群支持者對他們飽以老拳。他們打破布特勳爵(Lord Bute)和艾格瑞蒙勳爵(Lord Egremont)的窗户，並且在奧地利大使的馬車門上亂塗。他們在倫敦市的長靴巷和襯裙巷裡遊行，並且在倫敦塔外面焚燒勒卓上校(Colonel Luttrell)、桑維奇勳爵(Lord Sandwich)和巴靈頓勳爵的畫像。當時與日後的史學家——或是由於怠惰、偏見，或是由於學識不足——把這群人稱之爲「暴民」。[31]

這些人——手藝人、僕役、挑煤工、水手、工匠以及各種賺取工資者——也正是那些在韋爾克斯的政見發表會上造勢，並在他獲勝之後擁著他遊街的那群人。

胡代博士是對的。他讓倫敦的群眾不至於蒙上只不過是歹徒和「罪犯」的污名。他同時也讓我們注意到，那些「受雇爲反韋爾克斯派的候選人普洛克特(Proctor)造勢的惡棍」與「本著滿腔熱情擁戴韋爾克斯的大眾」是不可相提並論。不過他批評歷史學家「心懷偏見」似乎就有點過分了。因爲1760到1770年代的倫敦群眾，幾乎還未曾發展出他們自己的組織，也未曾選出他們自己的領袖；他們的理論與他們的「經理人」(Manager)幾乎如出一轍；而且在某種意義下，他們的確是在韋爾克斯的操縱和召喚下爲某種「外在的利益運作」——亦即爲倫敦市裡那些有錢的手藝人、大商家和製造業者的利益而運作，而這些人，正是韋爾克斯的支持者中最富影響力的一群。韋爾克斯本人刻意對其平民徒眾的歡呼之聲表現出一種嘲

---

[31] G. Rudé, *Wilkes and Liberty*, p. 181.

弄不屑的態度，據說他在政見發表會上看到高聲歡呼的群眾時，曾對他的競選對手勒卓上校說道：「你認為在那個議會裡會有比眼前更多的笨蛋或流氓嗎?」我們也別忘了，在支持韋爾克斯的小商人佔據了倫敦市政府中的各個要職之後，那些攻擊大人物的馬車和打破他們門戶的倫敦市民，自然和瓦沙的礦工一樣，清楚知道他們的行動是得到當局容許的。想到這點，我們就更能確定他們是介於「民眾自由意志的展現」與「經理人的操弄工具」之間的一種變體。支持韋爾克斯的群眾事實上是民眾政治意識冒現過程中的半成品。雖然他們最喜歡喊的口號是「自由」，可是他們的構成分子卻非常浮動，他們同樣可以在一轉身之間就變臉去攻擊「外來」分子，或打破那些不肯在「愛國」場合張燈結綵為他們慶賀的市民的窗戶[32]。

　　這種情形在 1780 年的戈登暴動中表現得最為清楚。這場暴動以極快的速度經歷了三階段的變化。第一階段，在頗孚眾望的新教徒聯合會(Protestant Association)的妥善組織下，「革命群眾」在旗幟的引領下以良好的秩序進行請願遊行，要求國會通過反對寬容天主教

---

32 關於普洛克特，參見 Rudé, *Wilkes and Liberty*, pp. 59-60。由於胡代博士是這個重要領域的先驅拓荒者，因此指出其研究中的缺失似乎是有失厚道。但在此我們還是必須注意：他對倫敦工匠的反對國教傳統興趣缺缺，對於群眾思想與組織的焦點——辯論俱樂部和酒店團體——以及沿街兜售的小販和「行幫人士」的地下政治活動，也幾乎未曾留意。有關倫敦平民政治的進一步見解，參見 G. Rudé, "The London 'Mob' of the Eighteenth Century", *Historical Journal*, II (1959); Lucy S. Sutherland, *The City and the Opposition to Government, 1768-1774* (1959) and "The City in Eighteenth-Century Politics" in *Essays presented to Sir Lewis Namier*, ed. R. Pares and A. J. P. Taylor (1956)。有關酒店生活，參見 M. D. George, *London Life in the Eighteenth Century* (1928), Ch. VI。

的立法。走在示威隊伍最前端的是「端正守法的小商人……一群服裝整齊、舉止合宜的人們……極端安靜、有秩序而且非常有禮貌」。他們是倫敦反對國教派的信徒，其中有些人被吉朋(Gibbon)形容為狂熱的「清教徒」，「就好像他們在克倫威爾的時代一樣……簡直是從墳墓中爬出來的」。由於下院拒絕就這項請願進行辯論——加上戈登勳爵的高談闊論——活動逐進入了怒氣沸騰的第二階段。在這個階段，原本獲得許可的自發性活動，在一股「想要與富人算賬，哪怕只有一天也好」的盲目欲望驅使下，逐漸演變成暴民式的全武行。某些「端正守法的小商人」退出陣營，而職工、學徒和僕役——以及部分罪犯——則擁上街頭[33]。自 1688 年克倫威爾建立共和政體以來，「棄絕羅馬天主教教義和儀式」(No Popery)的呼聲，便不斷在大眾的意識中迴響，這項呼籲在那些激進盲目的反天主教分子之間——狄福(Defoe)在很多年前曾形容「這些激進的傢伙會為了對抗天主教會流盡最後一滴血，可是卻不知道它究竟是一個人還是一匹馬」——自然更是贏得壓倒性的支持。暴動的對象，最初是天主教的禮拜堂和有錢的天主教徒的房子，然後波及到官方的重要人物(包括最高法院院長曼斯菲爾德〔Lord Chief Justice Mansfield〕和約克大主教——眾人咸信他二人傾向寬容天主教徒)，接著擴延到監獄——釋放牢裡的囚犯——最後在攻打英格蘭銀行的行動中達到最高潮。在這整個第二階段當中，我們看到了那種「得到當局特許」的

---

[33] See G. Rudé, "The Gordon Riots", *Trans. Royal Hist. Soc.* (1956), Fifth Series, Vol. 6 and Christopher Hibbert, *King Mob* (1958). 胡代博士不像希伯特先生那般強調罪犯與娼妓在暴亂最後階段的重要性。胡代博士分析的對象是取樣自被帶上法庭的囚犯(大多是賺取工資者)，而希伯特先生則主要仰賴暴亂目擊者的陳述。

暴民傳統延續了下來。韋爾克斯派的市府官員擺明是一副消極放任或視而不見的態度，他們一方面害怕會招致民眾的譴責，另一方面則是想藉由這種混亂失序，來加強他們對付國王及其政府的力量。一直要到第三個階段開始，也就是暴民們一方面攻打銀行，一方面還不分對象地醉酒鬧事、縱火和扒竊，這道「特許令」才告取消。原本消極放任的倫敦市長終於向總司令發出緊急呼籲，要求派遣騎兵和步兵協助市府當局，而身為市政參事的韋爾克斯本人，則親自去到銀行的台階上驅逐暴民。倫敦市政當局在鎮壓暴動時所表現出來的迅速確實，反而更加凸顯他們先前的放任。

　　因而，我們在此看到的，是某種被操縱的暴民和革命群眾的混合體。戈登勳爵試圖與韋爾克斯競爭，但他既沒有韋爾克斯那種獨具慧眼的膽識，也沒有韋氏對於民眾心態的不凡體認。他肇始了一個自發性的暴動過程，然而這個過程卻是在具有免疫力的韋爾克斯派市府前輩們的默許下進行的。暴動團體紛紛推舉出他們自己的臨時領袖，此舉教人聯想起哈里法克斯那位鑄幣工史賓塞。這些臨時領袖當中有鐘錶齒輪匠傑克遜(James Jackson)，他騎了一匹拖貨車的馬，搖著一面紅黑色兩色的旗子；以及馬戲班的大力士福斯特(Enoch Foster)，他掀起一塊地板砸了白禮拜堂(Whitechapel)的窗戶。不過這種混合體再也不曾在這個大都會裡重現。1780年時，倫敦市民儘管行為激進，但卻有自由派的輝格黨人提供保護。輝格黨人把他們視為對抗君權擴張的制衡力量：柏克為鎮壓暴動的過程中動用到軍隊一事感到遺憾；弗克斯(Charles James Fox)則宣稱他寧可「由暴民統治也不願由常備軍統治」。但是，在法國大革命爆發之後，再也沒有任何輝格黨的政客敢冒險操縱這種危險的活力，也沒有任何倫敦市政當局敢寬容這種危險的活力。與此同時，改革者本

身也創造出一種有組織的輿論，再也瞧不起以往那種操弄暴民的技術。被十九世紀的激進派和憲章運動人士選來形容他們那種井然有序的示威行動的字眼，是令他們驕傲萬分的「動員」（Mobility）。

十八世紀暴民的最後一次大動作，發生於 1791 年的伯明罕。這次行動所呈現出來的形式，讓我們更不敢輕率地以「革命群眾」一詞來統稱他們[34]。伯明罕可能是中產階級反對國教派的最大據點，甚至連該城幾個最重要的雇主，都屬於神位一體派的信眾。反對國教派在這個城市的經濟、智識和社團生活中都扮演著舉足輕重的角色，這個事實讓支持「教會和國王」的人士長久以來痛恨不已，他們的痛恨並非由於對手的強大，而是因為自身權力與威望的衰微。表面上，這場暴動的場景是該城的中產階級改革者（其中許多是反對國教派）為慶祝 1791 年 7 月 14 日的巴士底紀念日而舉辦的餐會。這天晚上和接下來的三天，「推擠、赤貧、喧嘩、厚顏、無恥、低俗、擾嚷、愚蠢的伯明罕暴民」，在城內和城郊橫行肆虐，他們劫掠了兩處神位一體派和一處浸信會教派的聚會所，焚燒或搶劫了多處屬於富有的反對國教派（或其同路人）所有的房舍和商店，並從市立監獄中釋放出多名犯人。雖然反對國教派人士是主要的受害人（尤其是與改革這項目標有關的人），可是如同羅斯先生（Mr. Rose）所云，「我們無法肯定那些富有的反對國教派信徒之所以受到攻擊，究竟是因為他們的信仰還是因為他們的財富。」這些攻擊者所呼喊的口號，從「支持教會和國王！」到「打倒羅馬天主教！」都有。

民眾對於某些富有的反對國教派人士的憎恨，其真實性是無庸

---

[34] 以下敍述大致是引自 R. B. Rose, "The Priestley Riots of 1791", *Past and Present*, November 1960, pp. 68-88。

置疑的。(譬如說，受害者之一的赫頓〔William Hutton〕，就因為擔任伯明罕小額債權法院〔Court of Requests，強制償付小額債款的法庭〕的委員而特別不得人緣。)但是有幾個十分教人懷疑的地方，讓我們不禁聯想起將近五十年前衛理遭到瓦沙暴民攻擊一事。首先，無疑有幾位知名的托利黨治安法官和神職人員與暴民串通，他們鼓勵暴民起事，引導他們前往聚會所，對暴民的滋事舉動睜一隻眼閉一隻眼、拒絕檢舉犯罪者，甚至還暗示了某些「合法的」目標讓暴民動武。其次，在幾場重要的行動中，都有一群為數不多但頗具戰鬥力的暴動者。除去那些加入週末搶劫行動的鄰村礦工之外，真正參與掠奪的暴民估計不超過二百五十人，而經過交叉計算發現，其中約有三十名核心分子，以他們所造成的損失最為嚴重。第三，有證據顯示這些核心分子(甚至可能並不是當地人)乃按照既定的計畫行事，而且他們對於伯明罕傑出市民的宗教和政治背景也知之甚詳。如同普里斯特利博士所指控的，這些暴動的起因很可能是「宗教偏執」，巴士底日慶祝活動只是他們的託辭而已。不過由於這是一場具有明確目標的暴動，而且還得到當地部分國教人士的許可，因此應當被視為是「『鄉紳』召集城市暴民，企圖拔除掉積極成功的伯明罕資產階級的反對國教派毒牙，好讓他們無法為害」[35]。就在上述情節上演的同時，舊日的宗教仇恨與新近的社會和政治委屈在無意中匯聚成一氣，激使長久以來積壓在人們心頭的階級仇恨和無法無天的劣根性整個爆發開來，於是這場暴動的後續發展，遂遠遠超過了最初縱容者的預期。

但是，如果認為可以從伯明罕暴動推論出城市貧民對於法國大

---

[35] R. B. Rose, op. cit., p. 84.

革命或「雅各賓」激進派普遍具有敵意，那可就大錯特錯了。我們在下面將會看到：在法國大革命的第一階級，最先對它表示歡迎的，大致是中產階級和反對國教派團體。一直要到 1792 年，主要是在潘恩《人權論》一書的影響下，這些理念才贏得廣大的擁護者。因此，在潘恩的鼓吹開始發揮作用並形成一種新形態的民主意識之前發生的普里斯特利暴動，可以視爲是暴民即將轉型成功前的一股逆流。誠然，暴動在 1792 年以後還持續了好一陣子。它們有些是由特殊問題所引起——班福在《一個激進分子的人生轉折》(*Passages in the Life of a Radical*) 一書中，一開始就羅列了許多在拿破崙戰爭結束前發生過暴動的地點：布瑞德港(Bridport)、拜德福、百瑞(Bury)、新堡、格拉斯哥(Glasgow)、伊里(Ely)、普雷斯頓(Preston)、諾丁漢、梅西爾(Merthyr)、伯明罕和瓦沙——有些(如 1831 年發生於布里斯托、梅西爾、諾丁漢和德比的暴動以及 1839 年發生於伯明罕的暴動)則是在激進派煽動下的叛亂高潮。在布里斯托的暴動中，我們又看到了一些戈登和普里斯特利暴動的特徵，諸如劫掠主教官邸及市長官邸，釋放監獄裡的囚犯，搶劫和焚燒不受歡迎之市民的房子和商店。但是有司百官卻找不出暴動者背後藏有任何陰謀——如果硬要說有什麼陰謀的話，也只有那個帶點自由派傾向的手藝人戴維斯(Charles Davis)勉強算是，因爲他一邊把帽子放在傘頂上搖來搖去，一面興奮地大喊：「拆了教堂，用它們修補道路。」教堂當然沒有被拆，倒是他自己被送上了斷頭台[36]。這場暴動並不是在「教會和國王」

---

36 另一個類似的特徵是，治安法官似乎對群眾有「默許容忍」之嫌，他們「被眼前的恐怖景象嚇得半死」，拒絕陪同軍隊一起鎮壓；而仁慈的指揮官布雷瑞頓中校(Lt.-Col. Brereton)則騎著馬走在群眾當中，高喊「國王和革命」。See A "Citizen" [John Eagles], *The Bristol Riots* (Bristol, 1832).

的口號下進行的，暴民們喊的是「國王和改革」，而國王之所以會名列其中，純粹只是因爲一般人相信他會贊成改革英國國教會。這場暴動的主要目標不再是反對國教派，而是有頭有臉的英國國教徒（其中有許多是西印度群島的奴隸主人）。不過我們不應受到這股鼓舞暴動者的民主情緒誤導，錯將布里斯托暴動看成一場具有政治自覺的革命行動。1831 年的布里斯托暴動，其實代表的是比較舊式、保守的行爲模式的延續，正如 1819 年的曼徹斯特暴動，代表的是新式工人階級運動自律模式的冒現。無知和迷信已經直接從保守派的階段跳接到激進派，不過我們還是可以從一位布里斯托暴動者所說的話中，嗅出一些戈登和普里斯特利暴動的氣息。這名暴動者從大教堂的圖書館裡取走一大堆的手稿和書籍，然後將它們丟入火堆當中，他宣稱：「**不燒了這些書就不會有改革。**」[37]

真正的**暴民**，也就是真正爲外在利益而受雇行動的團夥，是那些在 1792 年以後受雇來威嚇英國雅各賓人士的「教會和國王」的暴民[38]。雖然這些暴民有時是針對有錢和有名的改革者（如曼徹斯特的華克），但是他們基本上是屬於瓦沙礦場主人和格林斯比那位教區牧師的傳統。他們接受「外在利益」的嚴密組織，有時還收取「外在利益」支付的報酬，因此我們很難說他們曾表現出任何真正的民眾情緒。再者，雖然許多地方教士和治安法官幾乎是完全放任反雅各賓派的暴民爲所欲爲，可是他們的成員總是超不出一小群小偷流氓之輩，而且他們也從未觸發諸如 1791 年伯明罕那種規模的民眾暴亂。在幾個重要的都市中心，尤其是雪菲爾和諾威治（Norwich），「教

---

37 目擊者的陳述收錄於 *Bristol Times*, 30 October 1931。

38 參見下文頁 146 以降。

會和國王」的暴民的行動成果都相當有限。在倫敦則是根本不可能
雇用到任何稍具規模的暴民。1794 年宣告雅各賓囚犯無罪一事，象
徵著人民的一大勝利，其重要性不下於當年韋爾克斯派的大獲全勝。
到了 1795 年，(透過倫敦通訊協會)倫敦的群眾開始出現了革命的情
緒，而且還摸索出各種組織和領導的新形式。或許最具關鍵性的一
次遭遇戰，是發生在 1797 年 10 月，也就是反雅各賓鎮壓進行得最
激烈的時候。當時，由於哈代拒絕在他的住處為海軍的勝利明燈慶
祝，於是有一群暴民在當局的指示下想要破壞他的住宅。這次攻擊
行動由倫敦通訊協會一百名會員所組成的衛隊所擊退，「這一百名會
員當中有許多是愛爾蘭人，並佩有精良的棍棒」。這是一次歷史性的
勝利，有一位「衛隊成員」回憶道：「我以前參加過的戰鬥，從不曾
像那夜防守哈代住宅那麼持續、那麼有紀律。」在哈代回顧這次事件
的時候，他的感覺非常明確：「我不喜歡暴民政府。」[39] 發生於四年之
後的一次事件，可說是這起事件的諷刺版續集。1801 年，倫敦再度
規定家家戶戶明燈慶祝，這一次的理由是為了慶祝英法之間終於為
簽訂和平條約取得了初步成果。這回，暴民們洩憤的方式是砸了一
位特愛挑起事端的反雅各賓派新聞記者的所有門窗，理由一樣是他
拒絕明燈慶賀。不過這一次他的住宅可沒有任何民眾負責守衛，甚
至連市府官員都拖了好一會兒才遲遲派人過來保護他的安全。這位
倒楣的新聞記者是──威廉·柯貝特[40]。

---

[39] John Binns, *Recollections* (Philadelphia, 1854); Hardy, op. cit., pp. 85-6.

[40] G. D. H. Cole, *Life of William Cobbett* (1924), p. 76. 在柯貝特的全力支持下，
戰爭於 1803 年 5 月重新開打。

第四章

生而自由的英國人

The Free-born Englishman

　　1797 年時，保衛哈代住宅的人士是在打一場後衛戰。在接下來的幾年當中，隨著法國入侵英國的可能性逐漸升高，受到愛國心驅使的老百姓們，無疑是會用暴民式的恐怖主義來威脅殘餘的雅各賓派。在國會方面，雖然選舉權的限制已經放寬，但是它依然可以憑著豐沛的賄賂資源和老百姓的順服心理（deference），於 1806 年擊敗激進黨人。普雷斯看到諾森伯蘭公爵的僕役「穿著他們的華麗制服，將一大塊一大塊的麵包和乾酪丟給那些愚蠢無知的流民」：

> 　　這些流民不論男女，全都是從聖蓋爾斯（St. Giles）和西敏區的後街陋巷、監獄牢房以及其他窮困悲慘的地方來的卑鄙無恥之徒，他們大聲叫喊、撕扯地搶著這些麵包乾酪，甚至大打出手、髒話罵盡；他們說這些人代表的正是西敏區的選民，這真是最莫此為甚的墮落……

僕役們接著將啤酒分給群眾，酒桶蓋一打開，「挑煤的人就用他們的長尾寬邊帽去舀酒……但是暴民不斷向前推擠，酒桶打翻了，啤酒順著水溝流去，有的人甚至還想從水溝裡搶救它們。」普雷斯注視著這種「可恥的景象」，並為之驚駭不已。可是到了第二年（1807 年），普雷斯和他的朋友們組織了一個激進派的選舉委員會，由於這個委員會對民眾頗具影響力，因此西敏區在該年選出了兩名激進派的國會議員——柏戴特爵士和柯克蘭勳爵（Lord Cochrane）[1]。自此以後，「激進的倫敦」（Radical London）這個傳統幾乎未曾打破。1810 年

---

[1] Add. MSS. 27850 ff., 19-20: 27838 ff., 19-20; G. D. H. Cole and A. W. Filson, *British Working Class Movements* (1951), pp. 79-80. 參見第十三章。

時，柏戴特已有能力師法韋爾克斯的戰術，同時還在他與政府的鬥爭中贏得了民眾的支持。在幾個主要的外郡中心，1812 年的情形也大致如此。一位雪菲爾的日記作者寫道：「除了徹頭徹尾的改革者外，暴民們誰也不喜歡。」[2] 到了 1815 年拿破崙戰爭結束之前，不管是在倫敦或中北部的工業區，都再也不可能雇用「敎會和國王」的暴民去威嚇激進派分子了。

在 1815 到 1850 年間，激進派、歐文派和憲章運動人士屢屢為民眾的冷淡態度抱怨不已。可是一般說來——如果我們不把選舉期間經常可見的激情表現考慮進去——主張改革的候選人通常都能得到工人階級的支持。在選舉期間的大型市鎮裡面，於正式投票前召開的「造勢大會」上，人民總是一面倒向最激進的候選人，為他們高舉雙臂狂呼「當選」。改革派人士再也不害怕「暴民」，反倒是有司百官們得被迫架起拒馬壁壘，以預防「革命群眾」滋事。諸如這樣的歷史「大」事，往往特別容易遭到我們忽視，或被我們視為理所當然而不去在意，然而事實上，它卻是群眾那種不以言傳的「次政治」態度的一次重大且顯著的轉變。

這種顯著的改變，與民眾對「獨立」、愛國心，以及英國人「與生俱來之權利」等觀念有關。1780 年的戈登暴動者和 1791 年伯明罕的「敎會和國王」的暴民，在下面這一點上是相同的：他們都認為自己的行為是——以某種隱晦的方式——在保衛「憲政」，以對抗那些可能會威脅到他們「與生俱來之權利」的異端因素。長久以來，當權者便不斷灌輸民眾如下的觀念：1688 年的革命協定，也就是以國王、上院和下院共同構成的立憲政體，是英國人民獨立和自由的

---

2 T. A. Ward, *Peeps into the Past*, ed. A. B. Bell (1909), p. 192.

保障。在這種教導的影響下，「憲政等於自由」幾乎已成為一種反射觀念，也成為野心家可以煽動操動的工具。因此，那些砸爛了普里斯特利博士珍貴圖書館與實驗室的暴動者，很可能認為自己正是「生而自由的英國人」，並深深以此為傲。於是愛國主義、民族主義，甚至偏見和鎮壓，全都披上了自由的外衣，即使連「老腐敗」也極力吹捧英國人的自由。於是自由（而不是國家的榮耀或權力）遂成為不分貴族、煽動家或激進人士最喜愛的新字眼。柏克以自由之名公開指摘法國大革命，潘恩則以自由之名疾聲擁護法國大革命。隨著抗法戰爭開打（1793 年），愛國心和自由這兩個字眼也緊緊地盤據在每一位打油詩人的心頭：

> 因此，英國人決心護衛他們的古老名譽，
>
> 維護他們的海外帝國，
>
> 並向羨妒他們的世界正式宣布，
>
> 有一個國家依然堅守勇敢和自由的傳統——
>
> 不成功便成仁，
>
> 永遠忠於他們的國王、他們的法律、他們的自由。[3]

恐懼法國入侵的心理，滋生出無數以這個主題為題材的單張作品和歌謠，華滋華斯（Wordsworth）那首浮誇的愛國十四行詩，也是在這樣的背景下產生的：

> 不可思議的

---

3 *Anti-Jacobin*, 1 January 1798.

> 英國自由的洪水，流向
> 世界讚揚的大海——源自黑暗古代的
> 洪水，「波濤洶湧，無敵於天下」……

　　可是當此之時，那所謂「不可思議」的新聞自由、集會自由、組織工會的自由、政治的自由和選舉的自由，若不是受到嚴格限制，就是依然擱置未定。那麼在那個時候，一般英國人「與生俱來的權利」究竟包括些什麼？瑪麗‧華斯頓克拉夫特（Mary Wollstonecraft）回答說：「呀……英國人對自由的定義，就是保障財產安全！」[4] 可是，自由這個詞所代表的意含應該遠多於此吧——而其中最重要的，當然是免於外國統治的自由。然而在這種自吹自擂式的愛國糖衣之下，卻有一些不那麼明確的觀念，是「老腐敗」們覺得必須恭維的，可是最後卻可能會為他們帶來危險。這些觀念包括：免於專制主義的自由（君主立憲政體）；免於隨意拘捕、由陪審團審判以及法律之前人人平等的自由；私人住宅免於隨意闖入和搜索的自由；具有某種限度的思想、言論和良知的自由；得以透過向國會表達抗議、選舉以及選舉造勢活動（雖然有些人民不具投票權，但他們卻擁有遊行、歡呼以及在選舉造勢大會上鬧場的權利）間接參政的自由（或與之相似的自由）；以及旅行、經商和出賣自身勞力的自由。分開看的時候，上述這些自由沒有任何一項是不重要的；而當它們聚成一體的時候，它們則同時具現和反映了某種道德輿論，官方有時或許會同意這種輿論，但不管同意與否，有司百官們永遠都得把這種輿論考慮

---

4 *A Vindication of the Rights of Men* (1790), p. 23.

進去[5]。

　　諸如這樣的「道德輿論」可能不太好界定，但是了解這個時期的英國人願意受「支配」(push around)的**極限**，以及官方無論如何都不敢超越的**極限**，卻是了解這個時期的關鍵所在。一般英國人的立場比較傾向被動的反專制主義，而非積極主動的民主要求。他認為做為一個個體的自己，並不擁有多少明確肯定的權利，除了可以在法律的保護下對抗專橫勢力的侵凌之外。可是在隱約當中，他又覺得光榮革命似乎為英國人立下了一個有權以暴力對抗壓迫的憲政先例。這一點，不管在思想層面或實際層面上，確實是十八世紀最大的弔詭矛盾：立憲政體只是「這個新時代的幻象」(illusion of the epoch)。不管傳統主義者也好，改革主義者也罷，他們的政治理論都牢牢局限在由 1688 年的妥協方案以及由洛克(Locke)和布萊克斯東(Blackstone)所確立下來的輝格主義(Whiggish)的範圍之內。對洛克而言，政府主要的目的是維持國家和平、保障個人及其財產的安全。這樣的理論，在經過自私與偏見的沖刷稀釋之後，可能會認可資產階級以最血腥的法規嚴懲財產犯罪者，但是它絕不會容忍可能侵犯到人身或財產權利，以及不受法律控制的**獨斷**權威。於是在這種觀念的影響下，便出現了教許多國外觀察家驚訝不已的矛盾現象：一邊是殘酷的刑法，一邊卻又對法律的執行和解釋採取**寬大**(liberal)到有時略嫌拘泥的態度。對於憲政理論家、法官和律師來說，十八世紀的確是個偉大的世紀。窮人一旦蹈入法網，往往會覺得自己陷於無所保護的絕境。但是陪審制度**確實**提供了某種程度的保障，如同我們在哈代、涂克、塞爾華和賓斯(Binns)的例子中可以看到的。

---

5 See E. Halévy, op. cit., I, pp. 193-212.

而韋爾克斯也曾經藉著交互使用法庭和暴民這兩種手段，而公然反抗國王、國會和政府，並創下一些重要的先例。當時的英國官員並不具有「行政處分權」(droit administratif)，也沒有隨意拘捕和搜查的權利。即使在 1790 年代，每一次想要引進「歐陸式」偵察制度的企圖、每一次對人身保護令的暫停，以及每一次企圖取消陪審制度的嘗試，都會引發跨黨跨派的大聲反對。如果有任何人因爲震懾於泰伯恩行刑場與鎮壓行動的恐怖程度而對這些**極限**有所質疑的話，他們可以去比較一下哈代和其同志的受審情形，以及 1793 至 1794 年間繆爾(Muir)、吉樂德(Gerrald)、史基爾文(Skirving)和帕默 (Palmer)等人在蘇格蘭法庭上所受到的待遇[6]。

這種憲政至上主義，讓我們對「生而自由的英國人」這個觀念裡比較模糊不清的部分，有了比較鮮明的印象。他除了要求不受干擾之外，很少要求其他權利。在十八世紀，再沒有比拉伕更敎人憎恨的制度了。大家打從心底不信任常備軍，在皮特首相的種種鎮壓措施當中，幾乎沒有比在工業市鎮附近紮設軍營更令人不滿。改革者要求個人有佩備武器自衛的權利。軍人則被看成是一種不光彩的職業。一位宣傳小册的作者寫道：「在專制王朝的統治之下，

　　在位暴君可以大言不慚地跟他可憐的臣民說：「餓了不會吃麥稈」，而他們眞的也只有吃麥稈的份兒，難怪他們可以建立起一支以「屠人」爲目的的軍隊，去殘殺其他生靈。可是在一個像

---

6 參見下文，頁 163 以降。考克朋勳爵在他那本生動的學術著作《蘇格蘭暴動審訊研究》(*Examination of the Trials for Sedition . . . in Scotland*, Edinburgh, 1888) 一書中，對這項證據有過充分的討論。

大不列顛這種至少是以自由自炫的國家，我們就無法不奇怪：為什麼會有成千上萬的男人自願放棄自由人與生俱來的特權和幸福，甘心把自己賣給最屈辱和最可恥的**奴隸制度**，只為了一天六便士的微薄軍餉……[7]

於荷本區（Holborn）、倫敦市、克勒肯維爾（Clerkenwell）和蕭爾迪奇（Shoreditch）充當軍隊徵召站的「兵販子之家」（crimping-houses），在 1794 年 8 月為期三天的暴動中遭到圍攻破壞[8]。1812 年，在框架織襪工（framework-kintter）為了保護性立法而發起的騷亂進行到最高潮之際，部分工人代表打算制訂一項條款，授權他們得以前往那些涉嫌規避由工人所提出之規範的製造商的住宅進行檢查和搜索，曼斯菲德（Mansfield）的支部幹事在得知這項消息時，驚慌地寫下如下的警訊：「一旦『每一個英國人的住宅就是他的堡壘』這道屏障遭到摧毀，那麼由無數老祖宗的鮮血打造出來的強大防禦工事，也將徹底崩盤，老祖宗的血等於是白流了。」[9] 民眾對建立有效警力的抗拒，一直持續到十九世紀。儘管改革者已傾向接受建立一支比較有

---

[7] Anon., *Letters on the Impolicy of a Standing Army in Time of Peace, and on the unconstitutional and illegal Measure of Barracks* (1793). John Trenchard's *History of Standing Armies in England* (1698) was republished in 1731, 1739, 1780 and in the Jacobin *Philanthropist* (1795).

[8] See Rudé, *Wilkes and Liberty*, p. 14; S. Maccoby, *English Radicalism, 1786-1832* (1955), p. 91. 據說人稱「該被絞死的婊子」（gallows bitches）的娼妓，會將男人引誘到兵販子的房裡，然後強行「招募」他們，參見 H. M. Saunders, *The Crimps* (1794)。

[9] *Records of the Borough of Nottingham*, VIII (1952), p. 152.

效率的**防制性**警力是有必要的，也同意應該增加巡警的人數並成立一支比較強大的夜間衛隊以保護民眾的財產，可是任何擁有強大力量的中央集權式武力，依然被視為是：

> 一種暴虐的制度；一種由間諜和線民所組成的組織大軍，其目的是為了毀滅所有的公眾自由和干擾所有的私人快樂。任何形式的警察制度，都是專制政治的咒詛……[10]

1818年的國會委員會，認為由邊沁(Bentham)所提議的「警察部」，是「一項會讓每一家的僕人如同間諜般時時監視其主人的一舉一動，並讓社會各個階級互相告密的計畫」。托利黨人害怕警察會影響到教區的特許權利和地方保安官的力量；輝格黨員則害怕他們會增加國王或政府的勢力；而諸如柏戴特和卡賴特這樣的激進派人士，則比較偏好由公民自組協會或由戶長輪值的觀念；至於激進的老百姓，在憲章運動開始之前，一直將任何形式的警察都看成壓迫的工具。於是我們看到一股勢力驚人的輿論力量，積極排斥成立「一種至高無上和所向無敵的裁判所，就像其他國家所謂的『高公安局』(High Police)一樣──這種工具……根本是專制政府的發明……」[11]

　　輿論敵視任何中央集權勢力的擴張，而我們可以在這種普遍的敵意中，看到一種奇特的混合，亦即保守鄉紳的被動防衛，輝格派的政治理論，以及一般民眾的積極抵抗。地方鄉紳和一般百姓一樣珍視地方的權利和習俗，希望對抗「中央政府」(State)的染指；而

---

[10] J. P. Smith, *An Account of a Successful Experiment* (1812).

[11] *The Times*, 31 January 1823; see Radzinowicz, op. cit., III, pp. 354-64.

對於「當權者」和「傲慢官僚」的敵意，則大大提高了激進派托利黨人的反政府分貝，這種情形由柯貝特身上一直延續到歐斯特勒身上，並在 1834 年反對濟貧法（Poor Law）的抗爭中臻至頂點。（諷刺的是：政府在做為政治與行政權威的時候，其主要的首腦人物多半是中產階級的功利主義者，他們大肆揮動著國家統制主義的旗幟，可是這面旗幟的另一面，寫的卻是經濟自由主義的學說。）即使在 1790 年代鎮壓雅各賓派的活動進行得如火如荼之際，政府還是堅持表示，這些威嚇脅迫都是「民間」公民的「志願」組織（如李佛斯〔Reeves〕的反雅各賓協會〔Anti-Jacobin Society〕或韋伯福斯的「抑制邪惡協會」）所為；而這套說法在戰後迫害卡萊爾（Richard Carlile）的行動中，又再次被搬了出來。政府於拿破崙戰爭期間補助「官方」報紙一事，讓他們備感心虛，只得不斷以閃爍的言詞進行否認。而他們在戰後雇用間諜和臥底教唆者的行為，則引爆了不可收拾的群情激憤，在這些憤怒的群眾當中，有許多人其實是強烈反對成人男子普選權的。

此外，真正可以讓民眾感到慶幸的，除了免於政府侵凌的自由外，還包括不論貧富在法律之前一律平等的信念。諸如《新新門監獄錄：或罪犯的血腥名錄》（*New Newgate Calendar: or Malefactor's Bloody Register*）這類動人心魄的讀物，興高采烈地記錄下貴族與權貴被帶到泰伯恩行刑場的事例。而地方年鑑作家也非常得意地記載了如下的案例：里茲地區那個「作威作福、惡貫滿盈的莊園主人」，因為在發脾氣時殺死他的一名佃農，而於 1748 年遭到處決。不過激進分子的反應，可能就比較像尖酸刻薄的犬儒主義者。涂克表示：如果說法律是同時歡迎富人和窮人的，那麼倫敦的酒店也一樣：「只不過除非你帶來足夠買醉的銀子，否則他們給你的歡迎可就會有點抱

歉。」[12] 話雖如此，即使是最激進的雅各賓黨人，也都肯定法治是「生而自由的英國人」的特有遺產，也是他用以抵禦專制權力的最佳利器。倫敦通訊協會在一篇 1793 年的聲明中，試圖說明英國平民與大革命前的法國平民有何差別：「我們的人身是受到法律的保護，而他們的生活卻是受到每一個擁有爵號者的擺布……我們是人，而他們是**奴隸**。」

這種防禦性的意識形態當然會滋長出對積極權利的更大要求。韋爾克斯就非常擅於挑撥這種情緒——原本只求防衛其個人權利的鬥士，就在不知不覺當中被轉化成挑戰國王與大臣的生而自由的公民，並向他們提出史無前例的權利要求。韋爾克斯甚至在 1776 年親自前往下議院，為「最卑賤的技工、最窮困的農夫和按日計酬的勞工」訴請他們的政治權利，這些人——

> 擁有其個人之人身自由及其妻兒之人身自由的最重要權利，儘管他的財產非常微不足道，但既然他的工資……在許多行業和製造業中，是由國會的權力所決定……而這種制定法令的權力又會深深影響到他的權益，那麼這群卑賤但卻極有用處的人們，就應該有權分享這種權力……

韋爾克斯的論證方式和艾爾頓(或柏克)沒什麼兩樣，只是他對財產權的解釋遠為寬鬆；而他所提出的總結，也是如大家所習見的，係訴諸於傳統和先例：

---

12 T. Walker, *Review of some Political Events in Manchester* (1794), p. 87.

如果下院不具有眞正的代表性，那麼我們的憲政在根本上就是有缺陷的……如此一來，不管採取任何補救辦法，都無法恢復我們的祖先所建立之政府的純淨原貌。

「純淨原貌」(pristine purity)和「我們的祖先」都是極具關鍵性的字句，有長達二十年的時間，改革者的論證完全取決於對這幾個辭彙的適切詮釋。**哪一種**模型是所謂的純淨原貌？而改革者所該指認的祖先又應是**哪些人**？對美國的開國元勳而言，因爲他們已經擺脫了先例的束縛，因此只要找出幾個「不證自明」的眞理就夠了。但是對卡賴特少校(1740-1824)來說，事情就沒那麼簡單。卡氏在美國發表「獨立宣言」的同一年(1776)出版了他的宣傳小册：《做你的選擇》(*Take Your Choice*)，當他在宣揚每年改選國會、同等選區、國會議員有給制和成年男子普選這些理念的時候，他必須援引撒克遜時代的先例做爲支柱。早在 1776 年，這位「頭髮花白的好少校」(good, grey Major，半個世紀以後的人們對他的稱呼)就已經爲(從1776 年起到憲章運動以降的)前進派的政治改革者界定出他們的主要訴求[13]。他從未背離過這些要求。卡賴特少校是一位不肯妥協、與眾不同而且勇氣超絕的人物，他全心全意朝他的目標前進，他不斷從他位於林肯郡波士頓的大宅邸發出書信、呼籲和宣傳小册，也經歷了一連串的審訊、騷動、衝突和鎮壓。他更早在拿破崙戰爭結束之前，便已著手在幾個北方工業地區(他那位擔任牧師的兄弟，已經在這些地區用他發明的動力織布機加速了其他的變革程序)爲這個

---

[13] 卡賴特少校後來也曾倡議祕密投票，但不曾提及憲章主義者的第六點要求：廢除國會議員的財產限制。

新時代創立了最早的幾個改革社團——漢普敦俱樂部(Hampden Clubs)。雖然卡賴特少校所提出的原則和建議在他漫長的一生結束後依然得以延續，可是他的論證方式卻不然。

我們馬上便會知道原因何在。(答案只有兩個字——潘恩。)但是在此之前，我們應該先提一下：在法國大革命爆發前二十年間，有一個新的成分被**實際**納入到公認的憲政程序當中。新聞業已確立了它獨立於國王、上院和下院之外的不確定權利；而圍繞著韋爾克斯《北不列顛人》雜誌的騷動事件，則同時顯示出這些權利的未臻穩固以及民眾對捍衛這些權利的高度敏感。此外，十八世紀下半葉也興起一種所謂的「論壇」(Platform)[14]，這是一種「超國會」的壓力團體，為達到某種特定的目的而奮鬥，主要是藉由印刷品、大型集會和請願活動來動員「戶外」(without doors)意見。各種各樣的團體，諸如韋爾克斯的支持者、韋威爾的郡協會、新教徒聯合會(在戈登暴動期間初露頭角)、「經濟」改革者、反奴隸制度的鼓動者，以及廢除不奉國教派參政限制的鼓動者等等，都曾採用過形形色色的「論壇」和請願活動。雖然韋伯福斯或韋威爾本人很可能是希望能將其鼓動的對象局限於上流社會的紳士或擁有自有財產的人士，可是先例已經創下，而且這個例子是具有感染性。於是這部複雜的憲政機器上面添加了一個新的鈍齒。厄爾斯金(Erskine)和韋威爾藉用類似於制衡(checks and balacnes)的機械比喻[15]，呼籲「群眾運動要具有如鐘擺般的規律性」。卡賴特少校則徹底得多，他認為最好是能在各階級的民眾當中，為最遠大的要求，激起最昂揚的情緒！

[14] 我在此採用的是傑佛生的用法，其所著的《論壇》(Henry Jephson, *The Platform*, 1892)，仍是今日關於此一機制唯一一本首尾一貫的研究。

[15] See Asa Briggs, *The Age of Improvement* (1959), pp. 88 ff.

〔致韋威爾函〕就像那句教導年輕弓箭手射月亮的格言一樣，它的目的是爲了盡可能加強這位弓箭手的射程能力，好讓他能射中任何現實中的目標，而我也始終認爲，對於普選原則的自由討論，是取得任何值得盡全力爭取之改革的最佳手段。

因爲這位少校——雖然他是以援引先例和傳統的方式來論證他的看法——相信，應該在「成員不限」的人群中發起鼓動。在 1797 至 1799 那三個恐怖鎮壓的年頭，這位波士頓的鄉紳竟然還敢撰文斥責那位北約克郡的改革者(指韋威爾)，責備他太過小心謹愼。他在給韋威爾的信中寫道:「我不怎麼擔心你那些小地主們，但是你們那群**士紳**，我可是非常害怕……所幸到目前爲止，所有的士紳中除了一個之外，其他都站在**另一邊**。因此我的努力才不致被他們的會議弄得窒礙難行，而我也才可以像現在這樣隨意發言」:

　　我認爲除了強烈的興奮劑和最有力的刺激物外，沒有其他東西能喚醒人民的活力……除非我們的訴求能説服每個人的理智，而我們的眞理又能徹底打動每個人的心靈，否則我們將一事無成……如果你只是爲了確保成功而提出這種不具訴求強度的權宜之計，我希望上天保佑，在你的集會中能出現幾個有決斷力的人來拯救你。[16]

於是我們發現到，類似的憲政論點卻可能隱藏著語氣和宣傳手法上的巨大差異。不過在潘恩之前，所有改革者都是以「憲法的腐

---

16 C. Wyvill, *Political Papers*, V, pp. 389-90, 399-400.

化」爲其開端。而他們的激進程度，大致可以從他們著作中所徵引
的歷史先例推論出來。對屬於韋爾克斯派(不過大多數是貴族)的「權
利法案支持者」(Supporters of the Bill of Rights)以及繼承它的「革
命會社」(Revolution Societies, 1788)和「人民之友」(The Friends of
the People, 1792)而言，只要能推行 1688 年協定這個先例，他們就
深感滿足。可是於 1780 年成立的「憲政資訊學會」(Society for Con-
stitutional Information)這個先進組織(哈代最早的改革理念，就是得
自於該學會出版的小册子，這些小册子的作者包括傑布博士〔Dr.
Jebb〕、卡賴特和羅福特〔Capel Lofft〕)，其所援引的先例就十分廣
泛(從大憲章以降)，而且還含括盎格魯撒克遜和美國的先例[17]。法國
大革命爆發之後，民眾協會的理論家談論的大多是盎格魯撒克遜傳
統的「十戶制」(tithings)、賢人會(Witenagemot)，以及阿弗列大帝
(Alfred)時代的傳奇[*1]。對於許多雅各賓分子而言，「純淨原貌」和
「我們的祖先」幾乎等於是憲政創新的同義詞，因爲要捏造一個撒
克遜時代的先例一點也不困難。蕭爾迪奇的銀匠巴克斯特(John
Baxter)是倫敦通訊協會的一名領袖，並在叛國罪的審判中與哈代同

---

[17] 憲政學會在 1780 年代晚期曾一度沉寂，但隨著涂克這位傑出會員的加入，到
了 1790 年代之後復躍爲最積極的學會。

[*1] 按：賢人會最早是盎格魯撒克遜部落的自由人集會，後來擴大成不列顛南
部盎格魯撒克遜征服者的全國性會議，最後演變成貴族、大地主和敎會領袖
之間的集會。會期不定，組成成員亦隨國王的喜好而有不同。主要爲諮詢性
質，並充任最高司法法庭，當王位繼承產生問題時，負有選舉國王的重任。
諾曼人征服英國之後，賢人會隨之消失。阿弗列大帝(849-899)爲西撒克遜
國王，曾率軍抵擋丹麥入侵，拯救英國。除軍事成就外，阿弗列大帝還致力
於提升人民的知識水準，不但從國外延聘學者，還親自從事將拉丁書籍翻譯
成英文的工作。歷史學家對阿弗列大帝的人格與成就都給予極高的評價。

時入獄。他於 1796 年出版了一本厚達八百三十頁的《全新且公正的
英國史》(New and Impartial History of England)，在這本書中，撒克
遜時代的先例幾乎和自然狀態、高貴的野蠻人以及最初始的社會契
約無法區別。巴克斯特假設:「在最初始的時代, 憲政一定是自由的。」
而所謂的歷史，就是一部憲政腐化史，「不列顛人先是被羅馬人、接
著又被撒克遜人征服，然後這些人又被丹麥人征服，最後，大家一
起被諾曼人征服……」至於 1688 年革命，「不過是驅除一名暴君,
重新肯定撒克遜人的法律。」然而，還有許多這樣的法律有待恢復。
除了成年男子的投票權外，巴克斯特最關心的就是不准設置常備軍,
以及每一個公民都擁有武裝的權利。他藉著孜孜不倦的憲政論述,
導出人民有權公然違抗憲法的結論。

　　然而如同希爾先生(Christopher Hill)在他有關「諾曼奴役」
(Norman Yoke)理論的研究中所指出的: 這類複雜且往往似是而非
的憲政爭議，卻是有著實質上的重要意義[18]。即使是在宛如博古家般
的論辯形式當中，也暗藏了政治著重點的重大差別。從作者不詳的
《英國憲政史論》(Historical Essay on the English Constitution, 1771)
到 1790 年代早期, 先進派改革者的特色就是喜歡徵引撒克遜時代的
例子。可是在這種特色形成之前很久，潘恩就已經發表了他的《常
識》一書(1776)，而這本書的論證方式幾乎是完全不以先例為訴求:

　　　　那個帶著武裝土匪登陸, 並且違反當地人民意願自立為英王
　　　的法國私生子, 簡單的說, 是一個毫無價值的惡棍。這傢伙根
　　　本沒有什麼神性……真實的情形是, 古舊的英國君主政體, 根

---

[18] In Democracy and the Labour Movement, cd. J. Saville (1954), esp. pp. 42-54.

本禁不起細察。

不過這樣的言論是在美洲的土地上發表的，而如同我們在下面將談到的，這種打破舊制的言論，要等到法國大革命和《人權論》發表之後，才能在英國聽見。「如果國家的繼承者都是征服者威廉的後人，那麼這個國家將會一直處於被征服的命運當中，應該想辦法使它洗刷這種恥辱。」與此同時，「諾曼奴役」的理論也表現出驚人的活力，甚至在 1793 年後的雅各賓圈子裡得到復興，而那個時候，潘恩已被迫流亡，他的《人權論》則以妨害治安爲由被列爲禁書。

這種理論其實有幾分權宜主義的味道。潘恩遭到起訴一事，透露出憲政常規所容許的自由極限。完全否認「我們的祖先」這種訴求，將會招致立時的危險。1795 年，在雪菲爾改革家約刻(Henry Yorke)的審判會上，他就是憑著這點爲自己辯護：「幾乎在我的每一次演講中，我都極力駁斥潘恩的說法。潘恩否認我們的憲政……我則是持相反立場，不斷肯定我們擁有一個良好的憲政架構」，「我們是從我們的撒克遜祖先以及不朽的阿弗列的驚人思想中，孕生出這個寬大爲懷的政府。」甚至連巴克斯特——他心目中的「撒克遜祖先」可全都是雅各賓派和無套褲黨(sansculottes)——也認爲遠離潘恩那種「完全不帶敬意」言論，是比較妥當的做法：

> 雖然我們很尊敬潘恩先生的意見……但是我們無法苟同他認爲我們不曾有過憲政。他的錯誤似乎是因爲他沒注意到諾曼人征服之前的情形。

但是它不止是權宜之計。根據傳奇的說法，撒克遜時代的先例

可以為君主立憲政體、奠基於成年男子普選權之上的自由國會，以及法治提供正當性。卡賴特和巴克斯特這些人之所以要挺身而出以「愛國者」和憲政主義者自居，就是為了要接收這個時代的修辭[19]。如果改革者都像潘恩的《常識》一書那樣，以粗率無禮的言詞否定一切，他們就得完全退出這場憲政辯論，然後把他們的要求建基在理性、良知、利己主義和「不證自明」的真理之上。對絕大多數成長於憲政文化背景中的十八世紀英國人而言，這種想法不但教人驚駭、不安，它所牽扯出來的後果更是危險不已。

可是，這種修辭卻非打破不可，因為——即便是經過巴克斯特那種不太可信的撒克遜辭彙的修飾之後——其中暗含了某些神聖不可侵犯的傳統慣例，諸如對君主政體和世襲原則的尊重，對大地主和英國國教會傳統權利的肯定，以及對財產權而非人權的尊重。一旦陷入憲政主義的論證網羅——即使是支持成人普選權的論證——改革者就會被零星瑣屑的憲政革新緊緊糾纏，不得脫身。對一個剛剛崛起的平民運動來說，最要緊的就是盡可能擺脫這些類疇，自行擬定出更廣大的民主要求。在 1770 到 1790 年間，我們可以看到一種辯證上的自相矛盾，而憲政主義的修辭就在這樣的自相矛盾中加速了自身的毀滅和超越。那些在十八世紀閱讀洛克和布萊克斯東評論的人們，從他們的著作中看到的，是對改革之前的下院裡的派系

---

[19] 這種修辭也出現在一些不倫不類的地方。例如十八世紀晚期一張宣傳海報上寫道：「最古老、忠誠、具民族性，以及合乎憲法和法律的娛樂——犬熊相鬥戲。」在 1792 到 1796 年間，地方性的雅各賓協會經常都形容自己是合憲的或愛國的。塞爾華的孀婦在編纂他的傳記時，曾費盡心力地說明他的丈夫是「出身於一個撒克遜的家庭」；而當吉樂德在提出成立「國民公會」這項危險的權宜之計時，也說這是援引自「我們撒克遜祖先」的「人民會議」。

和利益運作的嚴厲批評[20]。他們的頭一個反應,是根據十八世紀的理論來抨擊十八世紀的運作;而第二個反應——出現得稍晚——則是根本質疑這個理論本身的可信度。就在這個時候,潘恩帶著《人權論》加入了討論的行列。

法國大革命爲世人立下了一個既恢弘又深遠的先例:一部根據理性和基本原則所擬定的新憲法,這部憲法將習慣、法律與規範的那種貧乏、陳腐和強調禁制性的作風,完全丟在腦後。第一個大舉刨除掉憲政論述根基的人,並不是潘恩,而是柏克。在那個時候,傳統的憲政論述可說是處於兩面包夾的窘境,一邊是由法國大革命所創下的新示範,另一邊則是由孜孜不倦的改革者所挖掘出來的前1688或前諾曼時代的先例,在這兩者的夾攻之下,舊日的根基早已搖搖欲墜。柏克在他的《法國大革命的反思》(*Reflections in the French Revolution*)一書中,以智慧和經驗增強了先例的權威感,並以對傳統的尊重來強化對憲政的尊重——一種「建立在生者、死者,以及尚未出生者之間的……合夥關係」。他把原本針對特殊權力運用的制衡理論,轉化成一種比較陰鬱的觀念,亦即對於人性缺點的制衡。

> 建造共和政體的科學……並不是先天就有人教會我們的……
> 人性是錯綜紛亂的,社會的目標更是再複雜也不過,因此沒有
> 任何一種簡單的權力操作可以適用於人性或人事……人們在政
> 府中所擁有的權利,經常是各種不同的善所取得的平衡,有時

---

20 厄爾斯金在潘恩的缺席審判中,援引布萊克斯東的文字爲潘恩辯護;而雪菲爾的改革者約刻,也曾在公開的示威遊行中宣讀洛克著作中的句子。參見 Student in the Temple, *Trial of Thomas Hardy* (1794), p. 108。

　　也會是善與惡之間的妥協，或甚至惡與惡之間的妥協。

　　激進派的改革者「太過於關注於他們有關人權的理論，以致完全忘
卻了人性」。「就是因爲他們的過度激切以及他們對人性發展的蔑視，
才讓他們如此盲目地相信每一個設計家和冒險家，每一個術士和騙
子。」[21]

　　這種議論是從一般人的道德天性推演出來。然而我們反覆看到
的是，最讓柏克感到害怕的並非腐敗貴族的道德天性，而是老百姓
的天性，即他口中那些「豬眾」(the swinish multitude)的天性。柏
克那種偉大的歷史感，促使他相信「人性的發展」是十分複雜和遲
滯的，以致任何的創新都充滿著看不見的危險；他同時也相信這種
發展是一般老百姓無緣參與的。如果說潘恩忽視柏克的警告是錯的
(他的《人權論》就是爲答覆柏克而作)，但他卻正確地揭露出隱藏
在柏克論辯背後的階級利益考量。學術界對這兩個人的評斷有點奇
怪。他們太過誇大柏克的政治哲學家聲譽，尤以近年爲然。反之，
潘恩則被草草歸類爲一般的通俗作家。事實上，這兩位作家都不夠
有系統，稱不上是重要的政治理論家。他們兩個人都是天才宣傳家。
他們講述的內容都比不上他們講話的**語調**來得教人矚目。潘恩書讀
得不多，又不具任何文化安全感，再加上他那種傲慢衝動的壞脾氣，
益發凸顯其作品的平庸，因此一直到現在，學者們還是一想起他就
覺得不耐，根本懶得多提。可是對一般人民來說，他們所記得的柏
克，可不是他的知識見解，而是他那種劃時代的粗魯。「豬眾」一辭
所透露的麻木不仁，是潘恩做不出來的。柏克的這個污點，令十八

---

21 *Reflections on the French Revolution* (Everyman edn.) pp. 58-9, 62, 166.

世紀標榜泰然冷靜的優雅文化爲之蒙羞。此後，所有由憤怒群眾所出版的宣傳小冊，其主題說來說去都不脫那五個字：柏克的二字評語(豬眾)，以及潘恩的三字口號(人權論)。通俗宣傳小冊的作者們，極盡諷刺地在柏克的「豬眾」上大作文章：《豬食》(Hog's Wash，引申有低劣無聊的文章之意)、《豬肉》(Pig's Meat)、《橡果與橡實：老休伯特採集》(Mast and Acorns: Collected by Old Hubert)、《民享政治：給豬吃的大鍋菜》(Politics for the People: A Salmagundy for Swine，引伸有爲鄙賤群眾所寫的雜文集)(撰文者包括：「豬兄弟」〔Brother Grunter, Grunter 有打抱不平的引伸意)、「豪豬拉斯」〔Porculus〕以及其他令人作嘔者)，這些都是當時的宣傳小冊和期刊的名稱。豬欄、養豬人、醃薰豬肉……種種等等。「當你……就著豬槽，狼吞虎嚥地享用最美味的豬食時，我們和我們那些不計其數的**肥豬仔們**(porkers)，卻必須從日出工作到日落，只爲了能……撿拾幾個橡果，好塡飽肚子。」這是《豬眾致柏克大人書》(Address to the Hon. Edmund Burke from the Swinish Multitude, 1793)中的一段話。沒有任何一個辭彙比「豬眾」一辭更教「生而自由的英國人」感到憤怒，也沒有任何一個辭彙曾引起他們如此長篇大論的反彈。

既然《人權論》是英國工人階級運動的最基本文件，我們自然有必要仔細檢視它的論點和語調[22]。潘恩的這本書是在英國完成的，

---

[22] 潘恩在 1787 年返回英國，並全心投注於他的築橋實驗。《人權論》的第一部出版於 1791 年，第二部於 1792 年印行。最新的一本潘恩傳記——阿德利基的《理性人》(Man of Reason, 1960)雖然翔實記載了他的一生，但卻是陳腐單調之作，而且對潘恩對英國的影響及他與英國之間的關聯，也沒任何新見解。這本傳記應配合康威那本生動但帶有朋黨之見的《傳記》(Moncure D. Conway, Life, 1892)，或布瑞斯佛在《雪萊、戈德溫及他們的圈子》(H. N. Brailsford, Shelley, Godwin and their Circle)一書中的簡短描述。

但卻是出以一位舉世知名的美國人這個身分。有將近十五年之久，他是生活在充滿實驗和打破憲政偶像的緊張氣氛當中。他在該書第二部分的序言中寫道：「我衷心希望這樣一部不論其思考方式或陳述手法都大異於英國慣例的著作，能被大眾所接受。」打從一開始，他便拒絕遵循憲政論述的架構：「我是在為**活人**爭取權利，讓他們不要再受到死去的人靠著手抄本所僭取來的權威影響、控制和束縛。」柏克想要「將後代子孫的萬世權利付託在一張腐朽發霉的羊皮紙上」，潘恩則主張每一個世代的人們都有權重新定義他們的權利和政府形式。

事實上，所謂的「英國憲法」根本就不存在。充其量，它只是一座「由先例構成的墳墓」，一種「政治上的教皇制度」，而「一個以先例統治，卻不尊重任何先例原則的制度，是天底下最惡劣的制度之一」。除了法國和美國這兩個政府之外，其他所有政府的權威都是來自征服和迷信，他們都是奠基於「專制權力」之上。潘恩以最猛烈的砲火抨擊對世襲原則──確保專制權力得以延續之手段──的迷信尊重。「一群強盜惡棍佔領了一個國家，並強迫這個國家的人民繳納獻金。一旦他們的勢力穩固以後，這夥人的頭子便設法抹去『強盜』這個稱呼，而自命為『君主』，這便是『君主政體』和『國王』的起源。」至於王位繼承權，他指出：「繼承一個政府等於是繼承它的人民，好像這些人民只是些飛禽走獸。」「這些代代相承的國王，並不是人，而只是動物……想當一名普通的技工都還得需要一些才能，但是要當一名國王，卻只消有一副人的軀體就夠了──一種會呼吸的機器人」：

　　英國很快就會嘲笑她自己，因為她竟以一年一百萬的費用到

荷蘭、漢諾威(Hanover)、澤爾(Zell)或布侖斯維克(Brunswick)去延請這些人，這些人既不懂她的法律、她的語言，也不了解她的利益所在，至於他們的能力，根本連當一名教區牧師都不夠格。

他問道：「養那些人做什麼？」

　　如果是官老爺(Placeman)、吃皇家俸的、寢宮大人(Lords of Bed-chamber)、御廚大人、起居間大人，以及天知道除此之外的什麼大人*2，自然可以根據他們從英國國庫裡賺到的薪水，爲君主政體的存在找出不同的理由。但是如果我問農夫、製造業者、商人、小販和一般勞工，君主政體爲他做了什麼？他根本無法回答我。如果我再問他君主政體是什麼？他確信那只是一個領乾薪的位置。

一般的世襲制度同樣沒有存在的理由：「世襲總督就像世襲作家一樣，根本就不合理。」

　　以上所說的一切在當時可都是大不敬的褻瀆之詞，而且的確有些膽大妄爲的味道。即使神聖如「權利法案」，也被潘恩看成是「邪惡和侮辱的法案」。潘恩並不是第一個這麼想的人，許多十八世紀的英國人私底下必然也這麼認爲。不過他卻是第一個膽敢以這麼大不敬的方式表達其想法的人；他以一本書打破了這個百年的古老禁

---

*2 按：Placeman 是官員的輕蔑稱呼，Lords of Bed-chamber 指的是皇家侍從，此處因有諷刺之意，故依字面翻譯，廚房大人等詞亦然。

忌。但潘恩所做的遠不止於此。首先，他爲人們指出了一種「政府」(State)與「階級力量」的理論，雖然他的方法有點混亂和模稜兩可。在《常識》一書中，潘恩同意洛克的說法，認爲政府是一種「必要之惡」。在 1790 年代，模稜兩可的洛克似乎被分成了兩半，一半歸柏克，一半歸潘恩。柏克從洛克那裡肯定了政府的存在，並主張根據經驗和傳統來檢驗政府的運作；可是潘恩從洛克那裡學來的，卻是替被統治者說話，並且假設政府的權威是取自於征服，以及一個階級分化的社會裡的世襲權利。他爲階級所下的粗略定義是：「這個國家的人民可分成兩個截然不同的階級，一個是付稅的階級，另一個是收稅和靠稅收生活的階級。」至於憲法，

> 對朝臣、官老爺、吃皇俸的、自治城鎮的官員，以及政黨的領袖來說，它是好的；但是對全國至少百分之九十九的人而言，它卻是壞的。

由此便產生了有產階級和無產階級之間的戰爭：「當富人奪去窮人權利的時候，等於是爲窮人立下一個榜樣，教他們去搶劫富人的財產。」[23] 根據這種論點，中央政府好像是一種宮廷寄生蟲：稅收是一種搶劫，爲了領俸祿的人和征服戰爭而搶；而「整個民間政府(Civil Government)則是由每一個市鎮和鄉村的『人民』(the People)透過教區牧師、地方官員、四季法庭、陪審團和巡迴裁判庭所掌理，根本不必麻煩所謂的『中央政府』」。於是，在這一點上，我們看到一

---

23 最後這三段取自潘恩的《答客問》(*Letter Addressed to the Addressers*, 1792, pp. 19, 26, 69)。其他部分摘自《人權論》。

種近乎無政府主義的理論。人們需要的不是改革政府，而是廢棄政府：「一旦形式上的政府遭到廢棄，社會就會開始活動。」

另一方面，藉由代議制度而得以像政府一般行事的「社會」，則爲人們開啓了各種新的可能性。當潘恩在撰寫《人權論》第二部最重要的第五章時，這些可能性突然在他的心中沸騰。在這一章裡，潘恩頌揚了工商企業、猛擊了殖民統治（以及──稍後──提議以國際仲裁取代戰爭）、批判了刑法（「司法野蠻」）、指摘了排他性的特許狀、法人組織和專利權，並對沉重的賦稅表示驚訝和不滿，然後，他花了一些篇幅來陳述貴族地主們的罪惡：

> 爲什麼……柏克先生要把這個上議院說成是地主們的支柱？就算這根柱子陷入泥中，原有的地產還是會延續下去，同樣的耕耘、播種和收穫也會照舊進行。貴族階級並不是眞正在種田的農夫……他們只是地租的消費者……

在這種看法的引導下，潘恩提出了許多教人印象深刻、而且影響深遠的建議，包括削減政府和海陸軍的開銷，減輕稅負和濟貧稅，以累進所得稅（年入二萬三千鎊者每鎊抽二十先令）的辦法增加額外稅收，並將籌到或節省下來的費用用於減輕窮人的困苦。他提議施行家庭津貼；由公家出錢讓所有的兒童都可接受一般教育；老年年金（不是恩惠而是權利，因爲領年金的人不過是在取回他們所付稅收的一部分）；婦女生育補助；新婚夫婦福利；清寒喪葬津貼；在倫敦興建結合宿舍與工廠的混合建築，以協助移民和失業者：

> 如果這個計畫能付諸實現，那麼濟貧法和那些文明的折磨工

具都可以取消了……瀕死的窮人不會再被當成一個教區對另一個教區的報復而被推來拖去，直到嚥下最後一口氣。寡婦也可以養活她的子女……而子女也不會再被視爲是父母的沉重負擔……爲窮困所迫的小型犯罪事件將會減少。如此一來，窮人也會像富人一樣樂意支持政府，而導致騷亂暴動的原因和憂懼亦將終止。你們這些生活安適、豐衣足食的人……你們曾經想過這些嗎？

這是潘恩最強的地方。《人權論》的第一部非常成功，但第二部的成功更是驚人。在第二部裡面──尤其是上引的幾節──他有效地在由輝格派「共和人」所代表的較古老傳統，以及由雪菲爾刀剪匠、諾威治織工和倫敦工匠所體現的激進主義之間，搭起了橋梁。藉由這些提議，國會改革開始和他們於日常生活中所體驗到的經濟困苦產生關聯。不論潘恩的某些財政計算是多麼的似是而非，他的建議卻爲整體的改革議論提供了具建設性的新方案。如果說卡賴特少校針對成年男子普選權所提出的明確陳述，爲此後一百年內的政治運動奠下了基礎(而華斯頓克拉夫特則以其《女權》〔*Rights of Women*〕一書爲女性肇始了一段甚至爲時更長的奮鬥)，那麼潘恩則是在這一章裡面，爲二十世紀的社會立法擘出了方向。

除了「社會」這一章外，潘恩的構想很少有什麼原創之處。「一個像潘恩這樣專心發揮其天才活力的人，絕對不會是檢查者(Examiner)。」這是布萊克給他的評語。他帶給英國人的，是激進的平等主義的新修辭，而這樣的修辭，正好觸發了「生而自由的英國人」最深切的回應，也滲透到都市勞動人們的次政治態度。柯貝特並不是眞正的潘恩派，歐文和早期的社會主義者也在此時造就了一種全

新的思想潮流，然而潘恩的傳統在十九世紀的大眾新聞界還是發揮了極大的影響力，影響所及包括伍勒（Wooler）、卡萊爾、赫瑟林頓（Hetherington）、華森（Watson）、洛維特（Lovett）、侯利歐克、雷諾茲（Reynolds）、布拉德勞夫等人。潘恩的傳統和修辭在 1880 年代遭遇到強烈的挑戰，但是在布拉奇福德（Blatchford）和勞合喬治（Lloyd George）普受歡迎的訴求中，依然可看見它的身影。我們幾乎可以說：潘恩為激進主義確立出一個新的架構，這個架構與它所取代的憲政主義一樣清楚和明確，而且有將近百年的時間，激進主義都是在這個架構之內發展。

那麼這個架構是什麼呢？就是蔑視君主政體和世襲原則。我們看到：

> 我不贊同君主制和貴族制的政府，不論經過多麼大的改良。世襲而來的身分頭銜和各式各樣的特權階級……必定會阻礙人類的進步歷程。因此之故，我並非英國憲政的仰慕者。

這段話出自華滋華斯，時在 1793 年。下面這首回顧性的詩句也是華滋華斯所寫，這幾行詩句比其他任何作品都更能捕捉到那個革命年代的樂觀主義。在華滋華斯與柏普伊（Beaupuy）並肩散步的路上，他遇到一位「受飢餓折磨」的農家女——

> ……看到這個景象，我的朋友
> 激動地說：「這違反我們的目標
> 我們奮鬥的目標，」我和他都相信
> 仁慈的精神無遠弗屆，

無可抵擋，像這樣的

赤貧很快就

不會再有了，我們將看到，大地

想回報她謙和、低下、有耐性之勞動兒女的

希望，不會受到阻礙，

抹除一切使

排斥和威風合法的機制，

廢止淫蕩政府和殘忍權力，

不論是來自一個人或少數人的敕令；

而最後，在一切的總和與高峰之上，

我們將看到人民有大權

制訂他們自己的法律；如此，更好的日子

將爲全人類共享。

華滋華斯很快就失去了這種樂觀主義，可是激進主義對它卻是始終懷抱希望，並將它建立在潘恩不曾停下來細察的前提之上：對於代議制度的無窮信心，對於理性力量的無窮信心，對於(套用潘恩的話)一般人那種「處於冬眠狀態的感知能力」的無窮信心，以及對於「人，只要不受到政府腐化，自然會是人的朋友，以及人性並非邪惡」的無窮信心。以上這些都是以一種毫不妥協的、粗率的、乃至過分自信的語氣講述出來的，帶有自修出身者對於傳統和教育機構的不信任(一位熟識潘恩的人士表示：「他可以背出他的所有作品，可是除此之外一無所知」)，以及用虛張聲勢的經驗主義來逃避複雜的理論問題和訴諸「常識」的傾向。

在十九世紀工人階級的激進主義當中，這種樂觀主義的優點和

缺點一再地重複出現。不過潘恩的作品倒沒有特別強調工人，也沒
有認爲他們不同於農夫、手藝人或專業人士的意思。儘管他的學說
很適合「無限制會員」的運動，不過他並沒有挑戰有錢人的財產權
利或自由放任的經濟學說。他自己最親近的盟友顯然是那些不具代
表權的製造階級和貿易階級，是像華克和荷爾克勞夫(Holcroft) *3
這樣的人，是憲政學會(Constitutional Society)而非倫敦通訊協會。
他所提出的累進所得稅建議比財產再分配的觀念更具前瞻性也更具
影響性，但這些建議只是針對擁有眾多土地的大貴族，因爲這些貴
族所習用的長子繼承制牽扯到他極力攻訐的世襲原則。至於在政治
民主這個主題上，他希望取消所有的階級差異和特權，但是他並不
鼓勵經濟上的齊頭主義。在政治社會中，每個人都應擁有同等的公
民權；至於在經濟社會中，他也必須是自然而然的雇主或受雇者，
同時政府不應干涉雇主的資本或受雇者的工資。《人權論》一書和《國
富論》應該彼此互補相互增益。在這方面，十九世紀工人階級的激
進主義同樣是從潘恩身上汲取到他們的主要想法。在歐文派和憲章
運動勢力最盛的時候，有時其他傳統會取得暫時的主導權。但是在
每一次的故態復萌之後，由潘恩派所確立出來的基礎，依然是非常
完整。貴族階級是主要的目標。他們的財產備受威脅——甚至到了
主張土地國有化以及由亨利‧喬治(Henry George)所提的單一稅的
程度*4 ——而他們所徵收的地租，則被視爲由「一名法國私生子」

---

*3 荷爾克勞夫(1745-1809)，英國劇作家、小說家、記者兼演員。與早期浪漫
　主義作家柯立芝、黑茲利特及戈德溫等人往來甚密。

*4 按：亨利‧喬治(1839-97)爲美國新聞記者、經濟學家、改革家和社會哲學
　家，著有《進步與貧窮》一書，影響甚巨。亨利‧喬治認爲經濟地租是造成
　貧者越貧、富者越富的主因，因爲它將土地增加的收入從生產者手中轉移到

及其「武裝土匪」立下的封建榨取。但是，不論工會得花多大的努力與他們的雇主艱苦奮鬥，工業資本都被認定是企業的成果，是政治不能干預的。一直到 1880 年代，工人階級的激進主義大致都還是牢牢地停留在這樣的架構之內。

潘恩對十九世紀傳統的另一項貢獻是：真正的潘恩派──不論是卡萊爾或華森或侯利歐克──同時也是宗教上的自由思想家。對於宗教問題，潘恩在《人權論》一書當中只留下短短的一句：「我的宗教就是做好事。」不過，既然他是以權利的鬥士自居，致力對抗「這個虛矯和政治迷信，以及充滿權謀和神祕的時代」，那麼他自然會在他的最後一部著作，也就是《理性時代》當中，以強大的火力猛攻國教會和任何一種形式的神職體制。潘恩是以自然神派的立場而非無神論者的立場撰寫《理性時代》一書，該書的第一部是在 1793 年的法國、冒著被送上斷頭台的危險寫下的。在這部書中，他認為創世紀和宇宙本身就是上帝存在的證據，並以訴諸「理性」的方式來對抗神祕、奇蹟或預言。1795 年，義頓(Daniel Issac Eaton)在英國出版該書，並因此遭到不下七次的起訴──到 1812 年時，他總共為此事坐了十五個月的牢和三年的放逐。《理性時代》的無禮用語雖然很容易招人憤怒，可是其中幾乎沒有什麼會讓十八世紀的自然神派或神位一體派感到意外的內容。這本書的新穎之處在於潘恩訴諸的是通俗讀者，以及「潘恩」這兩個字所具有的無比權威性。《理性時代》的第二部出版於 1796 年──還是由那位勇敢的義頓所出版[24]

不事生產的地主手中，因此主張對經濟地租課徵單一稅，亦即百分之百的賦稅，並廢除其他的所有稅捐。

[24] 義頓於 1811 年出版所謂的「第三部」，並於 1812 年以六十歲的高齡被判處再監禁十八個月，並上枷鎖。T. S. Howell, *State Trials* (1823), XXXI, pp. 927 ff.

——主要的攻擊焦點是舊約全書的倫理觀和新約全書的眞實性，可以說是一部倉卒寫就的聖經批判：

> 我像一個肩上扛著斧頭，準備穿越森林砍伐樹木的人一樣……把聖經掃過一遍。它們在這兒倒成一地。牧師們可以重新栽種它們，如果他們有本事的話。他們或許可以把它們重新挿入土中，可是卻永遠無法讓它們長大。

我們在此必須說明，森林還是有其他的用途。布萊克注意到潘恩這種論調所具有的力量和攻擊性，並用他那無與倫比的速寫能力改寫如下：

> 聖經根本就是政府的詭計。儘管人們無時無刻不能看穿它，卻永遠沒有能力拋棄它。另有一種說法認爲，所有聖經的評註者都是不誠實和別有居心的騙子，他們爲了想過好日子而遵奉國敎……這樣的人我隨便就可以舉出一百個。

不過，潘恩是無法把聖經的任何一部分當成(套用布萊克的話)「一首很可能是不可能的詩」(a Poem of probable impossibilities)來讀。對許多身處鎭壓年代的潘恩信徒而言，《理性時代》一書是「一把派來分割的劍」(a sword sent to divide)。有些依然維持早期反對國敎派信仰或循道宗敎友身分的雅各賓人士，不但憎恨潘恩的書，也痛恨這本書給了他們的敵人一個重新攻擊「無神論者」和「共和派」的機會。至於權威人士這邊，則認爲潘恩最近的這次攻擊比起他先前的所有暴行更是有過之而無不及。他把舒適充裕的神位一體派牧

師的優雅詞藻以及吉朋的懷疑論，轉化成平鋪直敘的論戰文字，並把它們丟給低級趣味的讀者。他用煤礦工人或鄉下姑娘都可以一目了然的說法，來取笑聖經的權威性：

> 他們說，那個被稱爲耶穌基督的人，是他們口中的神聖幽靈附於一個女人身上所生的。這個女人曾經訂婚，後來也結了婚，可是這個愚蠢的故事說了七百年以後，他們竟又說她是童貞女……如果說現在有一個懷孕的女人……說她是因一個幽靈而懷孕，而且這是天使告訴她的，你會相信嗎？

如果我們知道那個時代的教會和主日學是多麼諄諄不倦地灌輸教眾野蠻和邪惡迷信[25]，我們自然就可以了解潘恩的著作會對多少人的心靈產生多麼深刻的解放效果。它幫助人們掙脫必須服從宗教的陰暗帷幕(這道帷幕同時也強化了對治安法官和雇主的服從)，並且鼓勵了許多十九世紀的工匠堅定地走向獨立思考和知識探索之路。但是我們也必須牢記潘恩「理性」的極限。它有一點油腔滑調和缺乏想像力，使我們不禁聯想起布萊克對「單一視界」(single vision)的非難。在舊約聖經的傳道書中，潘恩唯一能看到的，就只是「一個筋疲力竭的放蕩者……他在回憶他已不再能享受的情景時，大叫：**一切皆空！**那麼豐富的隱喻和情境，全都隱晦不見……」

《理性時代》並非十九世紀自由思想的唯一來源。1790 年代，許多其他的小册子和翻譯作品(伏爾泰、霍爾巴赫〔D'Holbach〕、盧梭)也都在英國的雅各賓圈子裡廣爲流傳，其中最具影響力的，是沃

---

25 參見第十一章。

爾內(Volney)的《帝國廢墟》(*Ruins of Empire*)。《帝國廢墟》比起潘恩的作品不但更深奧，也更富有想像力，是一本見解新穎的比較宗教著作。此外，沃爾內對神職權謀的諷喻，還可以連接上對專制政治勢力增長的諷喻，而沃爾內所得出的結論，也比潘恩的作品傳達出更普遍的寬容精神與國際主義。戈德溫於 1793 年出版的《政治公義探究》(*Political Justice*)一書，其影響力只限於高級知識界這個小圈子[26]，可是沃爾內的《帝國廢墟》則不然，這本以廉價袖珍本出版的作品，在十九世紀的許多工匠家中都可見到。其中的第十五章，「新世紀」的展望，更經常以抽印本的方式流傳。在這一章中，敘事者看到一個文明的國家執意把自己分成兩半：一半是「藉著他們有用的勞動而對供養和維持社會有所貢獻者」，另一半則是前者的敵人。這個國家裡的絕大多數人民都屬於前者，包括勞工、工匠、手藝人，以及每一種對社會有用的專業。至於後者則只包括「一小群人，一個毫無價值的碎片」，他們不是別人，正是神職人員、朝廷命官、公家主計人員和軍隊指揮官，簡言之，就是政府的軍、公或宗教官吏。這兩個群體曾有如下的對話：

> 人民：你們在社會中幹什麼活？
>
> 特權階級：什麼也不幹，我們不是生來幹活的。
>
> 人民：那麼你們的財富是哪兒來的？
>
> 特權階級：是因辛苦統治你們而來的。

---

[26] 戈德溫的哲學無政府主義一直要到拿破崙戰爭結束後才打入工人階級，而且主要是透過對雪萊《仙后麥布》(*Queen Mab*)一書的註解，該註解收錄於卡萊爾的盜印本中。按：關於戈德溫的生平請參見第十六章註＊25，頁 1103。

人民：統治我們！……我們辛勞，而你們享受；我們生產而你們浪費；財富由我們這兒流出去，而由你們吸收。你們這些享有特權的人，與人民階級不同的人，你們自己去另組一個國家，統治你們自己去吧！

(這個展望繼續下去)有少數幾個特權階級人士加入了人民的陣營，但剩下來的全都企圖用軍隊恐嚇人民。然而，士兵們卻放下他們的武器，他們說：「我們是人民的一分子。」於是特權階級接著想用神職人員來欺騙人民，但是人民斷然拒絕說：「大官和牧師們，你們的收費標準實在太貴，此後我們的事情還是由我們自己管吧。」透過翻譯的奇效，沃爾內的英文版比法文版看起來更激進。原本只限於貴族和教團的寄生觀念，被擴大解釋成包括所有有錢有閒者的「階級」觀念。由此，進一步衍生出(拿破崙戰爭)戰後的激進主義社會學，這種社會學把社會分成兩種人，一種是「有用的」或「生產的階級」，另一種則是包括朝廷命官、坐領乾薪的神職人員、股票債券持有人、投機者和寄生的中間人等[27]。

不過，沃爾內的影響是比較晚期的事。1790年代早期的民眾激進主義是由潘恩所主導。他那種不具想像力的論戰風格，的確給了這個運動一種褊狹的特質，而這種特質(以及戈德溫那種比較世故詭辯的興奮感)在法國的革命「公會」隨著恐怖統治的結束而進入拿破崙時代之後，開始遭到從激情中清醒過來的改革者的痛批厲諷。這類批評諷刺，透過柏克、華滋華斯和柯立芝(Coleridge)這類天才的健

---

27 尤其參見本書第十六章對韋德(Wade)和《蛇髮女怪》(Gorgon)的討論，頁1081-9。

筆，已經主宰了許多當代學者的判斷，畢竟在過去的二十五年間，這些學者也都有過從革命激情中猛然甦醒的類似經驗。

在戈德溫和潘恩的某些門徒當中，的確是具有一種如星球撞擊般強烈爍人的彌賽亞情懷，這種情懷讓他們特別容易接受人類終將臻於完美的觀念(也特別容易產生極端的幻滅感)：

> 哦，潘恩！僅次於**上帝**的偉人，成千上萬的人們是如何爲了他們那一丁點的自由權利而對您無限銘感……那些亞歷山大、凱撒、斐迪南、卡佩、腓特烈、約瑟夫和凱薩琳們，他們不斷發動凶殘的戰爭企圖奴役人類，但是大家都引領企盼著……您在搖搖欲墜的歐洲上方，揮舞著神聖的人權論旗幟，擊碎千千萬萬人民腳上的暴政之鐐，打破千千萬萬未來生靈頸上的高壓之軛。[28]

這樣的激情總是可以在革命的興奮時期看到。但是，如果要把法國雅各賓「極權主義」的神話應用到英國社會，就必須以最簡單的眞理加以反駁。潘恩和他的英國追隨者從不鼓吹消滅他們敵人的言論，但是他們卻高聲反對泰伯恩行刑場以及血腥殘酷的刑法。英國的雅各賓派主張國際主義，以仲裁代替戰爭，寬容反對國敎派信徒、天主敎徒和宗敎自由論者，肯定「異敎徒、土耳其人或猶太人」身上的人類美德。他們希望藉由敎育和政治運動，讓「暴民」(套用潘恩的話)從「陣營的追隨者」轉變成「自由**旗幟**」的追隨者。

這麼說並不表示英國某些雅各賓人士那種空論式的觀念和膚淺

---

[28] Citizen Randol, of Ostend, *A Political Catechism of Man* (1795), p. 8.

的道德經驗主義(其最明確的代表就是華滋華斯的《漫遊》〔Excursion〕第三部)可以丟置一旁，不去討論。這兩點往往都是「左派」最常見的缺點。潘恩沒有什麼歷史感，他對人性的看法太過輕率，而他的樂觀主義(「我不相信君主政體和貴族政治還可以在歐洲任何一個開明國家裡面維持七年以上的壽命」)的確會讓二十世紀的人們覺得迂腐無趣。但是，由於我們這個時代對於輝格黨或馬克思主義歷史詮釋的反彈，已經強烈到讓某些學者開始宣傳一種荒謬的歷史角色錯置：被迫害者被視為迫害鎮壓的開山祖師，而壓迫者卻被看成迫害的受害人。因此，我們非得再重述一遍下列的基本事實。對「開放社會」中的意見自由運作具有信心的，是潘恩：「現在，不會再有人告訴人們，他們不應該想，不應該閱讀。」在十八世紀的憲政辯論中看出「**國家**從不在考慮之列」的，也是潘恩。為了把國家**納入**考慮之列，他必然會觸動那些他既無力控制也無法預見的各種情緒力量。而這，正是民主政治。

第五章

種植自由樹

Planting the Liberty Tree

　　現在我們應該重新回到 1792 年 1 月在艾塞特街「鐘酒店」聚會
的哈代和他的同伴身上。我們之所以繞這麼大一圈，目的是爲了要
打破阻隔在十八世紀與十九世紀，以及工人階級運動史與英國其他
階級文化思想史之間的長城。人們過於習慣把 1790 年的英國歷史看
成只是巴士底風暴的餘暉[1]。事實上，受到法國這個榜樣刺激催化的
各種因子——反對國教派的傳統與宗教思想自由的傳統——都可以
在英國的歷史上找到源流。1790 年代的這場政治騷動雖然爲時不過
五年 (1792-96)，然而其節奏之密集與影響之深遠，都是無與倫比的。
它改變了人們的次政治態度、影響了階級之間的結盟，並肇始了一
直延伸到我們這個世紀的各種傳統。雖然它深受法國情勢的激勵與
迷惑，但它並不是一場關於法國的政治騷動。它是一場規模宏遠且
攸關英國民主政治的英國騷動[2]。

　　憲政主義這道水閘的確是法國這個榜樣打破的，但其潰堤的時
間是 1792 年而非 1789 年，而且氾濫過這道水閘的思潮是由潘恩激
起的。我們可透過對 1792 年下半年北英格蘭的一些觀察，來了解當
時的情形。在該年夏天，陸軍大臣有感於北英格蘭的局勢嚴重，乃

---

1 關於民眾會社，請參看 G. S. Veitch, *The Genesis of Parliamentary Reform*
(1913); W. P. Hall, *British Radicalism, 1791-97* (New York, 1912), and P. A.
Brown, *The French Revolution in English History* (1918)。並請參考 J. Dechamps,
Les Iles Britanniques et La Revolution Française (Brussels, 1949); H. Collins, "The
London Corresponding Society", in *Democracy and the Labour Movement*, ed. J.
Saville (1954); W. A. L. Seaman, "British Democratic Societies in the French
Revolution", (unpublished Ph. D. thesis, London, 1954)。

2 當然，爲了追求愛爾蘭獨立和蘇格蘭民主而引發的騷動，甚至更爲猛烈。See
H. W. Meikle, *Scotland and the French Revolution* (Glasgow, 1912); R. B. Mad-
den, *The United Irishmen* (1842-6).

派遣軍務局副局長前往巡察，以探知軍隊的意向以及在緊急時刻他們是否可靠。在雪菲爾，軍務局副局長「發現潘恩和那些想要破壞國家安寧的叛亂之徒，其煽動言論的流傳程度，完全超出我的想像之外」。他在雪菲爾發現一個「所有叛亂陰謀的策動中心」：由二千五百名「最低階技工」註冊參加的一個改革協會（「憲政學會」）：

> 他們在此閱讀最激進的出版品，並且就其內容發表意見。此外，他們也在此討論他們的往來信件，這些信件不僅包括和鄰近村鎮之附屬協會的聯繫，還包括⋯⋯和王國境內其他同類協會的通訊⋯⋯[3]

1792 年的秋冬兩季，韋伯福斯（約克郡選出的國會議員）由各個不同的通訊者那裡接收到令人吃驚的報告。韋威爾寫信告訴他「德倫郡（Durham）下層人民的意向」：

> 伯納堡（Bernard Castle）有相當數量的人士對憲政表示不滿，他們在市場的十字架上寫著：「打倒國王」、「自由」和「平等」。在最近發生於席爾茲（Shields）和桑得蘭的平底船員騷動事件當中，他們曾對蘭柏頓將軍（General Lambton）說道：「你讀過潘恩這本小書嗎？」「沒有。」「那麼你該讀一讀——我們愛死它了。將軍，你有很大片土地對不對，不久我們就會把它瓜分掉。」[4]

---

3 Cited in A. Aspinall, *The Early English Trade Unions* (1949), pp. 4-5.
4 R. I. and S. Wilberforce, *Life of William Wilberforce* (1838), II, p. 2.

11月間，一位通訊員從北席爾茲直接寫信給首相皮特，以極其驚恐的語氣描述水手們的罷工和暴動情形(「附註：教人震驚的是，此刻暴民們正把一些不情願跟隨他們行動的水手或軍官剝得精光，攆過市街」)：

> 當我看到這個地區竟充斥著數以千計的煤礦工人、平底船員、運貨馬車夫和其他勞工，這些深受「平等」新學說影響的強壯傢伙，此刻正滿腔怒火一觸即發，我真是忍不住要痛批當地治安法官的因循縱容。[5]

一位里茲的地方領袖在給韋伯福斯的信中談到：「潘恩那些害人的作品……被編排在一本六便士的小冊子裡面，大量出售和贈送給人民……你可以在我們的裁布職工家裡看到它們。每個地方的士兵都受到它的蠱惑。」韋伯福斯在日記中寫著：「國家的情勢……似乎十分危急。」他告訴里茲的通訊人說：「我在想是不是該向坎特伯里大主教建議……指定一個齋戒和懺悔的日子。」不過此時從里茲傳來了比較好的消息：一群效忠國王的暴民在街上遊行，

> 他們把潘恩的芻像插在一根竿子上，芻像的頸子栓著一根繩子，繩子由芻像後面的一個人拉住，他不斷用運貨馬車夫的鞭子鞭打芻像。最後，芻像在市集廣場上公開焚毀，市場上的鐘聲慢慢響起……每一個人的面上都露出微笑……「天佑吾王」

---

5 Powditch to Pitt, 3 November 1792, H.O. 42.22.

的呼聲響徹街頭……6

可是雪菲爾街上的情形就大不相同了。11月底，雪菲爾舉行示威，慶祝法國軍隊在法爾梅（Valmy）大敗敵軍，這場示威活動還得到支持改革的週報《雪菲爾記事》（*Sheffield Register*，1792年11月30日）的報導。一支爲數五六千人的遊行隊伍拖著一頭切成四半的烤公牛，穿越過砲聲隆隆的市街。在遊行行列中可以看到：

> 一幅代表大不列顛的諷刺畫——柏克騎在一頭豬上——以及一個人像，人像的上半部像是蘇格蘭大臣7，下半部則是一頭驢……自由之柱被折斷在地上，上面寫著「眞理即誹謗」——太陽由雲朵後頭露出臉來，和平天使一手丟出《人權論》，一手伸過去舉起大不列顛。

一位帶有敵意的觀察者表示：「這是我所見過最堅定頑強的一群惡徒。」

我們在這裡可以看到一種不尋常的現象，那就是挺身而出、爲自己的一般人權發出要求的，不只是倫敦華平區和史匹塔菲區的織工和勞工（他們那種多采多姿、粗暴喧嚷的示威，往往是爲了支持韋爾克斯），還包括來自全國各市鎮鄉村的勞動人民——煤礦工人、平底船員、整布工人和刀剪工等。眞正讓資產階級深感驚惶的是這些

---

6 Wilberforce, op. cit., II, pp. 1-5.

7 即內政大臣鄧達斯。

人，而非法國的恐怖統治。

如果我們能更仔細地觀察與《人權論》出版有關的各種事件，我們就能看出這一點。最早的民眾社團是在攻陷巴士底獄兩年之後才告出現。在那時，中產階級和上層階級對於法國大革命的最初進展，普遍都持歡迎態度，甚至連傳統主義者也辯稱法國人最終還是加入了英國的「混合憲政」(mixed constitution)之列。反對國教派——尤其是普萊斯博士——是最早利用法國大革命做爲榜樣的一群，他們找出英國歷史上可與法國大革命相提並論的先例，並得出光榮革命已賦予我們要求「國家元首」公開說明並爲其行爲負責的權利。在 1789-90 年的那個冬天，要求撤銷加諸在反對國教派身上之種種限制(「宣誓法和都市自治法」)的騷動達到最高潮。就在由這場運動(以及撤銷遭拒)所激起的高昂情緒當中，第一批屬於改革者的地方憲政學會，以及屬於其貴族對手的「教會和國王」俱樂部相繼成立。柏克的《法國大革命的反思》(普萊斯博士在書中備受指責)一書，是全面反動浪潮的最初標誌，而且是在法國宣布成立共和以及對反革命分子展開第一波恐怖屠殺之前。事實上，柏克書中那種激昂慷慨的口氣，曾教許多試圖改革的人士(皮特和柏克本人一度都曾被認爲是其中的一分子)乃至傳統主義者都大感意外。如我們在前面說過的，1791 年夏天於伯明罕上演的「教會和國王」的暴動，簡直不屬於「法國大革命的」時代。雖然暴動的藉口是一頓慶祝巴士底獄攻陷週年的餐會，可是不管是雅各賓派或反雅各賓派的宣傳，幾乎都沒有滲透到老百姓的圈子。始於 1792 年 5 月，並由韋伯福斯在里茲爲我們陳述的那種反雅各賓派示威，開始有了比較高度的組織，也比較是由道德敗壞者和依附者所組成，同時也更直接公開地威嚇不民改革者。

　　不過，伯明罕暴動代表的是一個過渡時刻[8]。權威當局那種不加遮掩的共謀行徑和志得意滿，深深觸怒了改革者，也讓他們變得更爲強韌，得以成功地在許多其他的城鎮，不受干擾地慶祝巴士底獄的陷落。而在《人權論》的第一部日漸深入人心之際，這場暴動也適得其反地變成改革運動的活廣告。蘭開郡的治安法官察覺到伯明罕事件導致了一種「普遍的惡劣情緒」，而且他們把這歸咎於「普遍存在於各個行業的勞工與工匠之間的合作精神，這些人對所有的法律限制都心懷不滿」[9]。到了 8 月份的時候，或許是爲了回應伯明罕事件，韋爾克斯的前副手涂克，在倫敦的「茅頂酒館」（Thatched House Tavern）主持了一項「**世界和平與自由之友的特別會議**」（Select Meeting of the Friends of Universal Peace and Liberty），並在會中發放單張全開的「聲明與宣言」，文中以直率的文字強調法國大革命對英國的啓示。

　　1791-92 年的那個冬天，隨著若干改革團體在外郡和倫敦相繼成立，歷史的步調也跟著快了起來。1792 年 2 月，《人權論》的第二部及其中最重要的「社會」一章，正式出版。3 月，「憲政學會」[10] 進行重組，該會的新領導人是精力充沛、擅於協調不同改革團體的涂克。4 月，若干輝格黨的貴族和國會議員，組成了不對外開放的「人

---

8 這場暴動對於日後的激進主義發展造成了相當深遠的抑制作用。如果不是因爲這場暴動，擁有無數小師傅和工匠的伯明罕，應該會和諾威治及雪菲爾一樣，成爲主要的雅各賓領導中心。

9 Aspinall, op. cit., p. 1.

10 這裡指的是倫敦或全國性的憲政資訊學會，該會在外郡沒有任何支部。外郡（諸如雪菲爾、曼徹斯特和德比）的憲政學會與倫敦之間雖然有通訊往來——而且它們與倫敦通訊協會通訊的頻繁度不下於倫敦憲政資訊學會——但它們的設立和活動都是各自獨立的。

民之友協會」，其目的之一是爲了與潘恩的反憲政極端主義**相抗衡**，而它最重要的正面貢獻，則是發表了一篇委員會報告，這個委員會以費邊式的徹底精神，調查了國會代表權的現狀以及國會的腐化情形和其影響力。1792 年 5 月，政府發布一份「皇家文告」(Royal Proclamation)，禁止出版具煽動叛亂性質的出版品，特別是潘恩的作品。那年夏天，普奧聯軍攻進法國，法國國王與王后雙雙被捕，第一波針對舊體制支持者的恐怖屠殺展開。9 月，「國民公會」開議，共和元年宣告成立。11 月，李佛斯成立反雅各賓協會。12 月，潘恩在缺席審判中被判違法，《人權論》被譴責爲煽動叛亂的誹謗文字。1793 年 1 月，法王路易十六上了斷頭台。2 月，英法之戰開打。

　　以這麼粗率簡單的方式將事件串聯起來，有可能會造成誤解。在這段期間最值得注意的，是 1792 年 2 月到 1793 年 2 月這十二個月當中所發生的戲劇性轉變。在 1792 年剛開年的時候，皮特曾自信滿滿地預期英國將有「十五年」的和平。過了六個多月，他依然希望能在保持英國中立的情況下，從這場法國混亂當中獲利。1792 年 5 月的皇家文告，顯示出政府已開始警覺到潘恩派的宣傳威力，不過在那時，它還只被當成是純粹的內政問題。是後來的三項因素徹底改變了這個局勢。首先是法國大革命在 9 月大屠殺之後的迅速激進化。其次是法國新共和政權的擴張主義熱誠，對英國利益與歐洲外交均勢所構成的直接威脅。第三則是法國的革命激情與英國國內日益高漲的雅各賓運動相合流。1792 年 11 月，法國國民公會向全世界各民族發出其著名的「博愛與援助」宣言；同月稍晚，來自倫敦和蘇格蘭的友愛代表出席了法國的國民公會，會中一名法國議員格黑吉瓦(Grégoire)還向不久即將在泰晤士河岸興起的新共和國致敬。流亡在法國的潘恩，當選爲加萊海峽省(Pas-de-Calais)的代表。到了

12 月，猶疑不決的吉倫特派(Girondins)的擴張政策，終於在薩伏衣
(Savoy)、萊茵蘭(Rhineland)、尼斯(Nice)和比利時得到肯定，他們
喊出了:「向城堡宣戰，與小屋締和」的口號。在這十二個月當中，
皮特從一個主張緊縮經濟、追求和平和零星改革的首相，搖身爲歐
洲反革命外交的締造者[11]。而且這種轉變不僅限於他一人，而是發生
在整個階級身上，這個階級除了貴族之外，還包括商業和製造業**資
產階級**，他們把對經濟合理化和穩健的政治改革的希望，全寄託在
皮特身上。

上面提到的第三項因素，也就是英國民主運動的深度和強度，
往往都受人低估。英國資產階級的驚惶與反革命攻勢，早在法國國
王被捕與 9 月屠殺展開前幾個月就開始了，而在 9 月屠殺發生之後，
英國每一個官方機構更是用盡方法宣傳斷頭台受難者的悲慘與法國
流亡分子的辛酸。其箇中原因不僅是出於震驚和同情，或許更重要
的，是爲了想中和英國雅各賓分子的宣傳。

《人權論》第二部所贏得的成功簡直是空前未有。根據一項普
獲接受的估計指出(出自 1793 年的一本宣傳小冊)，在 1792 年結束
之前，這本書總計已銷售了二十萬册，而當時英國的總人口才不過
一千萬[12]。在憲政學會和地方團體的支持下，《人權論》第二部立刻

---

11 See G. Lefebvre, *The French Revolution* (1962), pp. 274-83.

12 柏克的《反思》一書售價三先令，發行頭兩年共賣出三萬册。《人權論》的第
一部售價一樣是三先令，1791 年一年就賣出了五萬册。到了 1802 年，潘恩
宣稱該書的第一、二兩部已發行了四十到五十萬册，1809 年時，這個數字更
攀升到一百五十萬册，不過這兩個數字是把愛爾蘭和歐陸翻譯本的銷售成績
一併計算的結果。我自己比較傾向於接受下面這個說法，亦即在 1791 到
1793 年間，該書在英格蘭、蘇格蘭和威爾斯的總銷售量爲二十萬册(包括第
一部、第二部，以及由地方性俱樂部所發行的節本)，儘管艾提克 (R. D.

發行了六便士的廉價本。漢娜・摩兒抱怨說:「那些叛亂、無宗敎信仰和邪惡之徒，用盡各種手段，甚至把他們那些有毒的小册子馱在驢背上，運往農舍、公路，甚至礦場和礦坑當中。」[13] 據說雪菲爾的「每一位刀剪匠」都有一本。在新堡，則是人手一册潘恩的著作，尤以熟練陶工爲然:「在這個人煙稠密的地區裡面，有超過**三分之二**的居民隨時可能**反叛**，特別是低下階級的居民。」[14] 潘恩的著作在康瓦耳的錫礦區、曼迪普山區(Mendip)的村落，以及蘇格蘭高地都可見到，稍後更普及於愛爾蘭的大部分地區。一位通訊者抱怨說:「威爾斯北部——

　　備受循道宗巡迴宣道師的騷擾，這些人大肆談論人權，並且攻擊國王的政府。[15]

一位英國通訊者寫道:「這本書如今已成了這個國家的基本敎材，可以和《魯濱遜飄流記》及《天路歷程》相媲美。」[16]

　　在潘恩的缺席審訊會上，檢察總長抱怨說，《人權論》「已經被

Altick)警告我們:「從來沒有任何一種爲特定議題而寫的文獻……能達到這麼高的發行數字。」See *The English Common Reader* (1957), pp. 69-73.

[13] W. Roberts, *Memoirs of . . . Mrs. Hannah More* (1834), II, pp. 424-5.

[14] J. Massey, 22 November 1792, H.O. 42.22; F. Knight, *The Strange Case of Thomas Walker* (1957), p. 117.

[15] "Memorandum on Clubs", October 1792, in H.O. 42.22. 關於威爾斯地區的雅各賓主義，參見 D. Davies, *The Influence of the French Revolution on Welsh Life and Literature* (Carmarthen, 1926) and M. P. Jones, "John Jones of Glan-y-Gors", *Trans Cymmrodorian Society* (1909-10)。

[16] Benjamin Vaughan, 30 November 1792, H.O. 42.22.

塞到各式各樣的臣民手中,甚至連兒童所吃的糖,也是用它包裝的」。
鄧達斯解釋道: 1792 年 5 月的「皇家文告」是一項適切正當之舉,
「因為在各個大型的製造業市鎮, 竟有這麼多人接受和傳布如此惡
毒的學說。」有人更明白指出, 出版廉價的《人權論》刪節本可說是
罪加一等。全國各地都在政府小心謹慎地贊助下舉辦了支持「皇家
文告」的集會。治安法官和國教會教士積極以效忠演說譴責潘恩,
鄉紳們也紛紛成立社團, 以「保衛**古老英國之光榮憲政**不受侵犯」。
在「特務工作局」的資助下, 二萬二千本攻擊潘恩的扯謊小冊出版
發行[17]。潘恩以尖酸刻薄的《答客問》(*Letter Addressed to the Addressers*)回答與日俱增的攻擊, 並在書中與貴族的「人民之友」大唱反調,
嘲笑以請願為訴求的改革方法:

> 我認為透過向國會請願以要求改革國會……是一種過時陳腐
> 的論調, 這個國家已經厭倦了這樣的論調……這項權利與權利
> 的運用只從屬於國家, 而最適切的方法就是召開國民公會, 並
> 由全體人民以此為目的選出公會代表。[18]

這無異是一種煽動革命的言論, 因為海峽對岸才剛有一位國王
因為國民公會被捕。不過在《答客問》出版之前, 潘恩已先行渡海
前往法國, 免去被捕入獄的命運。他臨別前的最後一次砲火, 是寫
給檢察總長的一封信, 寄自「共和元年 11 月 11 日的巴黎」, 並指明

---

[17] 時間在 1792-93 年的那個冬天, 參見 A. Aspinall, *Politics and the Press* (1949),
pp. 152-3。

[18] Paine, loc. cit., p. 56. 出版《答客問》的義頓遭到起訴, 但被好心的陪審團判
處無罪。

在他的審判中宣讀。他說，判他有罪等於是判「月亮中的那個人」有罪，也就是判英國人民的權利有罪：

> 大人，眼前的局勢已越來越嚴重，不能容你再玩弄這種法庭訴訟了……這個國家已發生了許多恐怖的案例，而且是發生在那些不到一年以前還自以爲和任何一位英國訴訟法官、陪審團或檢察長一樣安全的人身上，這些恐怖的案例應該對像你這種處境的人有一些警惕的作用吧。英國政府是自人類有政府以來，將詐騙與腐敗這兩種特質表現得相當完美——如果不是最爲完美——的代表之一，這一點你不會不清楚吧……你眞的有可能或我眞的有可能會相信：一個像圭爾夫先生(Mr. Guelph)或他任何一個不肖子孫這種人所具有的能力，是治理國家所不可或缺的……[19]

事實上，早在潘恩採取這麼強硬的語氣之前，他的著作就已成爲判別不同改革重點的試金石。貴族的「人民之友」苦心證實它對1688年協定的一片忠誠，並極力強調它和國民公會這個觀念以及潘恩那種「模糊的欺騙語言」一點關係也沒有——「這樣的語言很容易激起創新的精神，但是卻沒有任何人可以預見其後果，也沒有任何技巧可以引導其方向」(1792年5月)[20]。約克郡的鄉紳改革家韋威爾，在1791年發表了《爲普萊斯博士辯護》(A Defence of Dr. Price)一書，藉以攻擊柏克。在書中，他順道譴責了潘恩著作的「不

19 Joseph Gurney, *Proceedings on the Trial . . . against Thomas Paine* (1793).
20 Wyvill, *Political Papers*, III, Appendix, pp. 154-5.

良影響」，認爲該書很容易「挑撥起低下階級的人民做出狂暴和不義之舉」[21]。在《人權論》第二部出版之後，韋威爾的語調變得更爲強硬。在他與全國各地的溫和改革者所進行的通信中，他運用自己的可觀影響力，鼓勵他們發起反運動，以期將「潘恩先生不合時宜的……有害意見」所產生的影響，降低到最小的程度。1792 年 4 月，他力勸倫敦憲政學會與「民眾黨」(popular party)撇清關係：

> 因爲潘恩先生……竟爲了吸引民眾支持他的提議，而答應撥放超出帝國財富所能負擔的窮人年金，我認爲我們一定要起而反對他那種無法無天的學說所將導致的極端危險傾向。

無疑，讓韋威爾最感害怕的，是潘恩將政治要求與經濟要求聯爲一氣，因爲此舉將會引發尖銳的階級對立精神。1792 年 5 月，韋威爾在給一位雪菲爾紳士的信中寫道：「對於公眾運動而言不幸的是：潘恩先生採取這麼不合憲政的立場，並在下層階級的人民當中組織了支持共和政體的黨派，允諾他們將來可以搶劫富人的財產。」[22]

韋威爾在倫敦憲政學會(潘恩本人也是會員)內部所得到的支持比不上潘恩。這個學會曾對《人權論》的第一部發表正式歡迎，但是與此同時，該學會又通過一項一般決議，明確支持混合式憲政(1791 年 3 月及 5 月)。在該年接下來的幾個月，溫和派幾乎是全面潰敗，連番輸給毫不妥協的卡賴特少校、投機但富冒險心的涂克、雅各賓派的律師佛洛斯特(John Frost)，以及潘恩的核心圈子。劇作

---

21 Ibid., III, Appendix, pp. 67-8. 這得歸功於韋威爾，他反對對潘恩提出任何起訴。

22 Ibid., V, pp. 1, 23-4, 51.

家荷爾克勞夫欣喜若狂地寫信給戈德溫說:「新耶路撒冷萬歲! 千禧年萬歲! 願潘恩的靈魂和平, 永恆全福。」在 1792 年早春的憲政學會重組過程中, 潘恩的徒眾贏得無可挑戰的控制權。《人權論》第二部得到學會的正式支持——尤其是其中的「社會」提議——同時這個學會也肇始了一種極其強健活潑的運動政策。涂克和佛洛斯特協助哈代推廣「通訊協會」, 通訊的對象廣及外郡團體 (1792 年 5 月) 和巴黎的雅各賓俱樂部, 同時還發行傳單、小冊子以及潘恩著作的廉價版, 並舉行公開連署支持潘恩。1792 年 11 到 12 月間, 佛洛斯特以協會代表的身分前往巴黎, 出席法王路易十六的審判會。倫敦通訊協會以及曼徹斯特、諾威治和雪菲爾等地的外郡協會, 也對潘恩表現出明顯的同情。庫柏是一位年輕的博爾頓商人、神位一體派的信徒, 和非常能幹的宣傳家。《人權論》第二部的出版, 讓他大感興奮:「它激起了我前所未有的政治狂熱。它是一本充滿良知的作品……並因為大量的誹謗文字而名聲大漲。我認為它是最可珍貴的一本書……柏克將因這本書而不得翻身。」[23]

我們可以說, 1792 年是潘恩的奇蹟年 (annus mirabilis)。在十二個月的時間內, 他的姓名已是家喻戶曉。他的著作在英倫三島更是無孔不入。他像是一塊試金石, 把少數的激進派製造業者和專業人士從上流社會的改革者和貴族派的輝格黨中分隔開來, 這些人與勞工和工匠們組成聯盟, 支持潘恩的社會和經濟提議, 並朝著締造共和國的方向走去。皮特在遲疑良久之後, 終於決定起訴潘恩, 而此舉則標示了鎮壓時代的開始。在判處潘恩違法 (以及禁止閱讀《人權論》) 之前, 官方便已致力於在這個領域與改革者對抗。1792 年夏天,

---

23 Cited in Knight, op. cit., pp. 63-4.

潘恩寫信給華克說:「既然我們現在已經開始推動這塊石頭,就必須用廉價的出版品讓這塊石頭不斷滾下去。這個方法比其他任何手段更容易教法院那些紳士們不知所措,因為這是他們不熟悉的方法。」[24] 沒想到「法院那些紳士們」竟發動了他們自己的出版品攻勢,並且在其支持者的運動中,促銷他們那種「如鐘擺般的規律性」。李佛斯的「對抗共和與平等派分子以保護自由與財產協會」,鞏固並強化了由治安法官和士紳們所組成的無數團體,以對付民眾社團。在1792-93 年的那個冬天,這類團體企圖要重新恢復以往的暴民伎倆,煽惑暴民發起暴動,一年前這種伎倆曾在伯明罕造成不錯的效果。1792 年 12 月,一群醉醺醺的暴民故意被指引到華克位於曼徹斯特的住宅前滋事,結果是華克和他的支持者以對空鳴槍的方式成功自衞。華克寫道:「他們運用經常在選戰時所採用的相同計策,從各個酒吧裡召集人手,然而成群結隊地遊行過市街。為首的是一個拉提琴的,他手上拿著一塊板子,板子上寫著**教會和國王**……」[25]

全國各地接連發動反對潘恩的「福克斯」式示威,這些示威的情形就和韋伯福斯從里茲接獲的報導一樣。在本寧山(Pennine)區一個織工小鎮瑞朋登(Ripponden),一名富有的律師在他 1793 年 1 月7 日的日記中寫道,他付給一些人十先令六便士,讓他們舉起潘恩的肖像並向它發射子彈[26]。一名海克蒙維克的磨坊主人,親自扮演潘恩,並故意讓別人「發現」他正在礦坑中閱讀《人權論》,然後原本戴在他臉上的面具被改掛到一個由稻草紮成的芻像頭上,這個芻

---

[24] Blanchard Jerrold, *The Original* (1874) p. 41.

[25] Walker, op. cit. p. 55. 同時參見奈特(Knight)前引書中的精闢陳述, 以及 A. Prentice, *Historical Sketches of Manchester* (1851), pp. 419 ff。

[26] J. H. Priestley, "John Howarth Lawyer", *Trans. Halifax Antiq. Soc.*, 1949.

像在被眾人拖著遊街之後，遭到「處決」。在附近的立托鎮(Little-town)，以木頭刻成的潘恩人像遭人用長柄大鎚砸得粉碎，由於用力過猛，砸者的雙手還不懼掛彩[27]。1792 年 12 月：

> 在極肅穆的氣氛中，潘恩的芻像被放在雪橇上，由林肯城堡拖至行刑場，爾後在眾多旁觀者的注視下執行絞刑。芻像的頭顱在照例懸掛了一段時間之後，被民眾取至城堡山丘，掛在一根為此目的而豎立的絞架柱上示眾。傍晚時分，民眾在芻像下方燃起熊熊大火⋯⋯在好幾百名圍觀者的喝采聲中，芻像慢慢化為灰燼，與此同時，一支大樂隊正在一旁邊演奏著「天佑吾王」。

即使是像布里格(Brigg)和凱斯特(Caistor)這麼小的市集城鎮，也都組織了李佛斯協會的分會。套用凱斯特分會的話，其目的之一便是要致力於以「警戒和活動，將所有企圖藉由出版或散發具煽動性的文件著作，或是透過參與任何非法的協會和陰謀，而意圖擾亂公共治安者，逮捕受審」[28]。

如果說《人權論》的流傳廣度是全國性的，那麼反雅各賓團體的成長也是全國性的。因此在英國，革命的衝力才剛剛開始匯聚力量，就已暴露在由官方支持的反革命攻擊之下。勒費夫爾(George Lefebvre)寫道：「自此以後，

---

27 Frank Peel, *Spen Valley: Past and Present* (Heckmondwike, 1893), pp. 307-8.

28 *Stamford Mercury*, 8 December 1792, 11 January 1793. 感謝羅素先生(Mr. Rex Russell)提供我這項資料。

> 只要人民一出現騷動，全歐各地的領袖便一致同意應該給他
> 們一點教訓，就像傳統所昭示的那樣。法國大革命雖然在法國
> 境內贏得了一連串勝利，但卻在其邊界以外的地區激起了一種
> 完全相反的發展。[29]

然而這些在官方精心鼓勵下的效忠示威，不論暫時性的賄賂和放縱
曾讓它們看起來如何地深受歡迎，卻仍掩不去日趨明顯的斧鑿痕跡。
每一次焚毀潘恩芻像的舉動，都等於是在無意中照亮了上流人士的
憲法與一般人民的權利之間的差別。擁護「教會和國王」的行動，
比較像是一場政治內戰中的小衝突，而不像是對某個外圍集團的深
惡痛絕所引發的盲目**屠殺**。華克認為攻擊他的暴民不過是「一個最
無恥的小黨派的可憐工具」。「如果人民可以照他們自己的意志行動，
那麼一切……都會平安無事；說得更明白一點，在我看來，這些『暴
民』如果是以人民這個身分行動，他們也會站在我們這一邊。」[30]

華克究竟說對了幾分？這是所有問題中最難回答的一個。我們
有必要再一次設法簡短描述一下此後兩年當中所發生的事件。

民眾的情緒在每一次的大變動之後，通常都會發生硬化和收縮
的現象。在 1793 年初，這種硬化和收縮的傾向由於下面三個原因而
表現得更加明顯。這三個原因是法國國王遭到處決、英法戰爭爆發，
以及施加於改革者身上的司法迫害。在遭到司法迫害的改革者當中，
有一位反對國教派的牧師文特波桑(Rev. William Winterbotham)因
爲某次講道而被判處四年監禁，可是在這場有關君王責任的講道中，

---

29 Lefebvre, op. cit., p. 187.

30 Knight, op. cit., pp. 101, 105.

文特波桑的觀點並不會比普萊斯博士廣為人知的看法更激進。律師佛洛斯特也被判處枷刑和監禁十八個月，真正的原因是他以英國代表的身分出席法國的國民公會，不過表面上的藉口則是他曾在瑪麗勒朋(Marylebone)咖啡館公開表示：「我贊成平等……打倒國王！」在紐華克(Newark)，一個名為侯特(Holt)的印刷業者，因為重新印行憲政學會早期的一篇演講詞而下獄四年。在來斯特，書商菲力浦斯(Richard Phillips)因發行親改革派的《來斯特前鋒報》(*Leicester Herald*)而處監禁十八個月，枱面上的理由是他非法販售《人權論》。除了上述事例之外，還有許許多多卑微的人們受到各種各樣的騷擾。政府當局使盡全力地在民眾社團內部安置眼線間諜，而且獲得相當大的成效。在 1792 年秋天，已經有一百八十六名曼徹斯特的酒吧老闆簽署宣言，拒絕提供場地給「任何意圖實行惡徒們所**熱切和衷心希望**的事，也就是**毀滅這個國家**的俱樂部或其他團體」。至於那些不肯簽署的酒吧老闆，則受到官方的造訪和警告，表示他們的執照到期之後將被吊銷。每家酒吧都高懸著「禁止雅各賓派進入」的金漆告示。曼徹斯特改革協會的幹事寫信給倫敦通訊協會說道：「**本城的改革之敵**，正盡其全力企圖壓制**自由**的高貴精神…」[31]

　　在倫敦也可看到這種半合法的威嚇形式，比方說倫敦通訊協會

---

31 T.S. 11.3510 A (3); A. Prentice, *Historical Sketches of Manchester* (1851), pp. 7-8. 類似用來對付來斯特酒館老闆的行動，參見 A. Temple Patterson, *Radical Leicester* (Leicester, 1954), p. 71。有關外郡的起訴情形，參見 R. Phillips, *Original Papers Published in the Leicester Herald & c.* (Leicester Goal, 1793); *Account of the Trial of Alexander Whyte, Baker* (Newcastle, 1793); Daniel Holt, *Vindication of the Conduct and Principles of the Printer of the Newark Herald* (Newark, 1794)。

的分部便在各處的酒館中備受騷擾。「從樸資茅斯(Portsmouth)到新堡，從天鵝海(Swansea)到辰斯福(Chelmsford)，幾乎每一個市鎮的官方都立時展開搜捕異端邪說的行動。」[32] 在易普斯維奇(Ipswich)，治安法官在一家麥酒吧裡驅散了一個「爭吵不休的俱樂部，其成員包括許多下等人士」。在維特郡，一名教師因「叛國言論」遭到革職。在北安普敦郡的各個村落裡，政府進行了挨家挨戶的忠誠調查。每個地區都指派有調查專員負責巡訪書店，一旦發現有出售《人權論》的情事，便予以起訴檢舉。至少有一名不識字的傳單張貼工，因爲張貼的海報內容贊同改革而被關進牢裡。

　　國外的情勢發展也沒有讓英國雅各賓派的工作變得容易些。打從一開始就不受大家歡迎的對法戰爭，無疑使得長久以來蟄伏在民間的反法傳統又重新活躍了起來。每一次新的處決行動——9月屠殺、國王路易十六、瑪麗王后——在長篇累牘的報導下，都再一次強化了這種情感。1793年9月，潘恩的友黨吉倫特派被逐出國民公會，該派的領袖則被送上了斷頭台；而在1793年的最後一個禮拜，潘恩自己也被囚禁於盧森堡宮。那一代的英國知識分子曾經無比天眞熱誠地認定他們的改革信念與法國的革命目標是相一致的，而如今的這種種發展，終於在他們之間引發了第一波的深層醒悟與幻滅，華滋華斯正是其中的代表人物。1792年時曾經出現在知識分子與平民改革者之間的那種團結，如今已不可復得。

　　到了1794年，這種戰爭發燒症變得越來越熾烈。志願工作團紛紛成立，民眾捐款也陸續籌募，連傳統市集都搖身成爲軍力展示的

---

32 P. A. Brown, op. cit., p. 85. 按：樸資茅斯等四個地方，分別位於英格蘭的南北西東四極，意指全英格蘭。

場所。政府不斷提高它對報章雜誌的津貼和影響，受人歡迎的反雅各賓報刊也數量激增。一張流傳於艾塞特的傳單寫道：

> 至於那些不喜歡……當今憲法的人，就讓他們得到他們應得的，也就是絞繩和絞架，然後再一把火燒死他們，這回可不是像燒潘恩那樣只燒掉他的芻像，而是要燒掉他們的屍體。看到這種景象，每一位效忠國家者都會輕呼「阿門」。

在伯明罕，一名粗野無禮的反雅各賓派宣傳小册的作者「約伯‧諾特」（"Job Nott"），對改革派喊話說：

> 放棄吧——只要想一想「新斷頭台」——你可能會成為新門監獄名錄上的一員——流放可能會讓你洗心革面——你實在是值得大大提升一番——你曾經看過「新斷頭台」嗎？

在李佛斯協會最具影響力的那幾個倫敦教區，有人進行逐門逐戶的調查。在聖安娜教堂(St. Anne's)，有一本登記簿詳細記載了「寄宿者和陌生人的膚色、年齡及職業等資料」。在聖詹姆斯區，他們呼籲居民公開指摘那些不督促其僕人、工人和學徒簽署效忠憲政宣言的管家，把他們喚做「不善盡公民義務者」；未經李佛斯的代理人證明其身分清白的手藝人不得雇用；未善盡**報告**「可疑分子」之責的酒吧老闆也拿不到營業執照。李佛斯協會的會員極力推動為軍隊徵集法蘭絨背心的運動，以做為忠誠測試的輔助辦法；這項辦法又進而由徵集背心擴大到徵集「無指長手套、內褲、無邊便帽、襯衫、威爾斯假髮、長襪、鞋、褲子、靴子、被單、外套、長袍、襯裙、毯

子……」[33]。

在戰爭期間，這種大規模搜捕異端行動，並不能**證明**異端邪說的廣泛存在。在這樣的時期，即使只是為了烘托它自己，「勤王思想」也會永遠假設「叛國者」存在。然而大量湧現的短文、講道，以及偏遠地方對特定雅各賓分子的攻擊，都顯示出這類行動不止是因為「戰爭狂熱」，或資產階級的焦慮與罪惡感。1794 年 4 月，一群帶著粗短棍棒、途經密德頓(Middleton)準備前往羅伊頓(Royton)敲破「潘恩黨人」門窗的莽漢，曾教年輕的班福恐懼不已。他們在密德頓砸了改革者進行聚會的「輕騎兵」酒吧，並且毆打參加集會的人。與此同時，治安法官則坐在離酒吧不過數十碼之遙的家中動也不動，而教區牧師則是站在一座小土堆上，為這些兇漢指出逃走的人：「往那兒跑了一個……那是個雅各賓分子；那邊是另外一個！」[34] 這種情形就好像有司百官已覺察到大眾意見的某種根本轉變，某種祕而不宣的情緒轉換──這種轉變並沒有大到足以讓英國成為潘恩派和雅各賓派的國度，不過卻足以讓民眾願意接納和寬容煽動叛亂的人。只要星星之火，就足以燎原。因此改革者必須嚴加看守、威嚇，他們的團體必須予以孤立、猜疑，而無知者的偏見則應當盡可能地加以挑撥、縱容。尤其是那些可以接觸或使用印刷機、書店、教室和演講台，而又和平民改革者有所關聯的專業人士，更是必須進行威逼的對象。

---

[33] 此段所舉的幾個例子，係出自一本匿名小冊 *Peace and Reform; against War and Corruption* (1794)。有關反雅各賓的出版物(包括約伯·諾特)，亦參見 R. K. Webb, *The British Working Class Reader* (1955), pp. 41-51; M. J. Jones, *Hannah More* (Cambridge, 1952) Ch. VI。

[34] Bamford, *Early Days* (1893 edn.), pp. 55-6.

　　我們可以從一個意想不到的地方，看出這些拙於言詞的窮人們確實在他們的態度上──或說是情感結構上──發生了根本性的轉變。在 1793-94 這兩年，突然冒現了一股迎接千禧年的荒幻浪潮，而且其規模是自十七世紀以來最嚴重的一次。荷爾克勞夫的「新耶路撒冷」是一種合理的幻想，布萊克的「耶路撒冷」是一種靈視意象(這種意象受千禧年背景影響的程度，比學者們注意到的還深)，而窮人和容易輕信之人，則是在一名退休並領有半薪的海軍將領布勞特斯(Richard Brothers)身上，找到比較具象的先知。他那本《關於預言和時代的啓示知識》(*Revealed Knowledge of the Prophecies and Times*) 發表於 1794 年初。他的預言結合了對全能上帝之意向的偉大感知，以及從「啓示錄」中學來的一切要件，並且採用了一種包含有「窮人的不滿」與「一個革命的時代」這兩種「易燃物」的語言：

　　　列國都被巴比倫那邪淫大怒的酒傾倒了，地上的君王與她行淫，地上客商因她奢華太過就發了財……*1

在他所看到的異象中，有「一條染滿人類之血的大河流過倫敦城」。他預言倫敦將在一個同時出現前所未有的閃電、雷擊與暴雨的日子裡遭到毀滅。賓斯在他往赴倫敦通訊協會某次聚會的路上，躲在一家麥酒館裡避雨，他非常驚訝地發現，竟然有這麼多人在那兒等待那個日子的來臨35。不久之後，布勞特斯宣稱倫敦因他本人在最後一分鐘的干預而逃過此劫，既然他對全能的上帝擁有這麼大的影響

---

*1 按：參見啓示錄第十八章。

35 Binns, op. cit., pp. 47-8.

力，他的徒眾人數也隨之急速竄升。

當時，不知是否有經過他的授權，坊間出版了一本八頁的散裝印刷品，標題是：《布勞特斯對所有行將發生之不平常和奇異事件的預言……預言教皇的下台；西班牙、葡萄牙和日耳曼的革命；英國和其他國家某些偉大人物的死亡；以及一場可怕的饑饉、瘟疫和地震》。書中表示英國將在「悲傷和苦惱中，摻雜著說不出的喜悅」；「驕傲和高貴的人將受到貶抑，甚至屈辱；但是正直和貧窮的人將在邪惡的廢墟上興起；華廈將——而簡陋小屋將——」至於饑饉、瘟疫和地震，這些都可說是一種隱喻：

> 這場饑饉只會毀滅西班牙和——的毛毛蟲。瘟疫將掃蕩啃食工業收穫的蝗蟲；而地震將吞噬恐怖的巨靈以及它所有的尾巴。窮困的人，誠實的人，有美德的人，以及愛國的人，將為這些而喜悅。

「**法國**必須再度流血，但只會流出污穢的血。」「義大利將把那位反基督的人由他的寶位上推倒……」土耳其和俄國將投入戰火，最後鄂圖曼土耳其政府、回教信仰、俄羅斯帝國以及希臘正教都將以崩壞告終。在這些仁慈的象徵終止的時候，四海之內皆兄弟的時代就將來臨。「我們所有的人都將屬於同一個民族，而且一心一德……**基督徒、土耳其人**和**異教徒**，將不再有區別。」

> 這個時刻已經到來，眼下巴比倫的淫婦就將滅亡，永不再興起。所以，前進吧，你們這些神光之子，去教誨那些無知和黑暗之子。

　　居時，世界上將不再有戰爭，不再有匱乏，不再有邪惡，只有和平、豐足和美德。

　　布勞特斯的影響，可能比歷來人們所認爲的都來得大[36]。他的某些模糊不淸的預言，看起來似乎馬上就要實現了，只要每一次法軍奏凱的時候，大家便會再一次想起這些預言。倫敦通訊協會的會員經常造訪他，他們甚至有可能激勵過他。有一位國會議員（歷來總是會有這種人）隨時願意爲他的預言能力作證；著名的版畫師和政治改革者夏普，也成爲他的信徒。樞密院認爲他極度危險而於 1795 年 3 月加以逮捕，並在此後的幾年間把他囚禁在一家瘋人院裡。他的追隨者如里茲的特納（George Turner）等人，一直到十八世紀即將結束之際都還在爲他奔走，希望能將他從瘋人院裡救出（他們威脅說，如果不釋放這位先知，他們不惜毀滅英國這個邪惡的大都市），而這些舉動等於是在替甚至更偉大的邵思蔻崇拜鋪路[37]。與他競爭的先知學派紛紛興起，大家都搶著翻閱「啓示錄」，而與此同時，循道宗和浸信會的牧師則忙著設法驅除這種新的異端邪說。1798 年，一位「眞正的浸信會」傳教士，在諾威治、威斯貝奇和利物浦等地與他的貧窮教友們爭論，他以啓示錄爲本發出一波波的攻擊，召喚教友們不要去接近魔鬼，重新回返到精神上的天路之旅：

[36] See Cecil Roth, *The Nephew of the Almighty* (1933); G. R. Balleine, *Past Finding Out* (1956), Ch. IV; R. Southey, *Letters from England by Don Manual Alvarez* (1808, 2nd edn.), III, pp. 223 f.

[37] G. Turner, *A Call to All the World* (Leeds, 1800). 有關邵思蔻，參見本書頁 544-52。

基督的福音並無意讓人類在世俗與政治的交往上臻於親愛兄弟的狀態。祂一個個將他們從世上召回，把他們視爲這個世上的陌生人與天路客。就像……一個趕著回遠方妻子家人那兒的旅人一樣，那兒是他幸福的中心。在他趕路的時候，如果他干涉他路過的每一個市鎮和村落的内部規範，就像是基督徒干涉憲法一樣……

至於千禧年，他堅決地認爲那是下一個世界的事，到那時——

上流與下層之人，壓迫者與被壓迫者，都將還原到一個完美的層次。放縱的暴君和他貧窮的奴僕，富有的貴族和被忽略的窮人，都將得到公平和公正的判決。[38]

降臨在威斯貝奇和利物浦的千禧年精神，暗示出一種無可羈束的激昂情感，官方公開指斥它是一種「創新的精神」，一種老實人對社會發展的懵懂樂觀，與比較世故者的革命渴望可說是同門近親。柏恩斯(Burns)曾經寫道：「它即將來臨，爲了這一切。那時全世界的人，爲了這一切，將都是兄弟，四海一家。」布萊克應和說：「人類除了親愛精誠，如手如足之外，便不能生存」，而這種精神，正是建構其「預言書」和耶路撒冷美景的憑藉所在：

在我交換的每一塊土地上

---

[38] S. Fisher, *Unity and Equality in the Kingdom of God* (Norwich, 1798); *The Christian's Monitor* (Wisbech, 1798)

> 行走。而每一塊土地上的我，
>
> 將共同建築耶路撒冷，
>
> 手拉手，心連心。

這種精神，不論是出自靈視的形式或迷信的形式，都是這個剛降臨的「理性時代」的一種弔詭矛盾。可是它在改變民眾的心態以及培育民眾的新渴望這兩點上，都與潘恩的議論具有同樣久遠的影響力。

　　或許它就是 1792 年那種極度快樂、興奮之情緒的見證，正是在這種情緒的支撐下，民眾團體才能在歷經過 1793 年前幾個月的震驚和迫害之後，依然存活下來。在 1792 年這類團體已扎下穩固基礎的地方，他們不但維持了下來，甚至還改善了原有的組織：在倫敦、雪菲爾和諾威治是如此，在德比和諾丁漢也差不多。不過大多數的團體都流失了一部分會員，而許多具有影響力的中產階級支持者也都打了退堂鼓。(在華克因於自宅前面鳴槍抵禦暴民一事而面臨叛國罪審判之後，)曼徹斯特憲政學會的力量嚴重削弱；來斯特憲政學會則是在菲力浦斯身陷囹圄之後，宣告解散。可是在這兩個重鎮地區，當上述的可敬前輩失敗之後，卻有更多的平民社團起而踵繼它們的步伐。(在曼徹斯特，這個領域主要是由華克的憲政學會和改革與愛國協會〔Reformation and Patriotic Societies〕分食，後者據說是由「最低階的技工」所組成[39]。)

---

[39] Memorandum in T.S. 11.3035. 華克的共同擁護者還包括來自這些學會的工匠──染紙匠保羅（William Paul）、製帽匠齊善（James Cheetham）和織工皮爾沙（Oliver Pearsall），參見 J. Gurney, *The Whole Proceedings on the Trial . . . of T. Walker and Others* (1794), Appendix, pp. 122-6。

　　力量最強盛的雪菲爾協會——1792年時會員已將近兩千名——似乎沒有受到什麼影響。4月的時候，該會通過一連串直言無諱的決議案，公開譴責戰爭。5月份，該會報導它們已針對「發動全國性請願以爭取成年男子普選權」這個議題，完成了將近一萬人的連署。諾威治這個反對國教派的古老根據地，擁有許多具有強烈獨立派傳統的小師傅和工匠，它可能是比雪菲爾更具資格的雅各賓主義外郡領導中心，雖然關於當地運動的記錄並不完整。1792年8月，諾威治革命協會 (Norwich Revolution Society) 在資助《人權論》廉價本的出版會上，自稱擁有四十八個關係俱樂部。到了10月，它更表示其「同道志士」不少於二千人[40]。及至1793年3月，它依然是一大群小俱樂部的核心，包括城裡的「三十到四十個獨立社團」，「以及位於鄉村的許多會社」[41]。不過從他們於6月寄給倫敦通訊協會的一封信裡的語氣看來，他們好像已遭遇到一些困難：

　　當我們想到是多少人的汗水、勞苦和挨餓才得以支持它，我們怎能不相信：地主與商人之間已密謀聯手要奴役人民？在他們吃麵包的時候，等於是在吃我們這些人民。貴族政治和階級制度的影響力越來越教人吃驚，他們已吞食了人民。可是從南邊傳來了一則謠言，一則會教暴君恐懼的謠言……[42]

　　倫敦的情況比較不容易確定。憲政學會在戰爭開始之後似乎曾嚴重衰微，在1793年秋天以前，它的所有活動只是通過一些正式動

[40] T.S. 11.3510 A (3).

[41] *Report of the Committee of Secrecy* (1794), p. 140.

[42] Ibid., p. 150. 這裡的「南邊」指的是「法國」。

議而已。倫敦通訊協會也遭遇到極大的麻煩。在 1792 年的最後幾個月，它曾宣稱擁有幾千名會員。到了 1793 年 1 月，（根據哈代審判會上一名間諜的說法）該會已開始得想辦法資助史匹塔菲和石南場這兩個分部的聚會所租金，這兩個分部雖然窮困，可是其會員人數卻是其餘分部的總和。不過到了 9 月，該會已不得不重組石南場分部，把它與另一個「位於外八樹林道(Grovein Bandy-legged-walk)⋯⋯的狂暴分部」合併。儘管倫敦通訊協會擁有活動能力超強的委員會——吉樂德曾由王座法庭(King's Bench)（負債人）監獄的受刑人那裡，收集到二百個簽名和不識字者的十字畫押——卻也只能為全國請願完成六千人的連署[43]。1793 年 5 月 30 日，（據這位間諜的說法）「哈代先生曾向協會提出休會三個月的建議。這個提議遭到否決。」不過到了 7 月，哈代以比較自信的口氣寫信給里茲的新憲政學會：「我們會繼續留下來為對抗高官食祿者的俱樂部而戰，

> 我們在上議院遭到虐待，在公開場合遭到毀謗，在私底下遭到迫害，在酒吧裡遭到驅趕，可是我們還是繼續召開了無數次集會⋯⋯而我們的學說也吸引了無數的改信者⋯⋯[44]

這種自信並無過分之處，因為那年夏天外郡的通訊的確有顯著的復興氣象，舊的協會紛紛甦醒，新的協會又陸續組成，而這次扮演核心角色的，不是憲政學會而是倫敦通訊協會。一個於 1792 年最

---

[43] 有一份線民的報告(T.S. 11.3510 A (3))指出，1793 年 4 月該會共有二十九個分部，其中至少有十六個積極從事於徵集連署的運動。

[44] *Report from the Committee of Secrecy* (1794) pp. 152, 154; A Student in the Temple, *Trial of Thomas Hardy* (1794), pp. 142, 144; F. Knight, op. cit., p. 134.

後幾個月組成的伯明罕協會,在 1793 初夏謹慎小心地擴大其活動範圍, 並受到特別的歡迎:「隨著你們的會員人數不斷增加, 相信很快就可消除教會和國王的暴民以不正當手段施加在你們城鎮身上的羞辱。」由里茲的「一郡貧窮技工」所組成的新協會, 請求與倫敦的憲政學會「親善」:

> 貴族的暴虐和民主的無知, 似乎瀰漫、威壓著里茲城到了教人吃驚的程度, 以致在一般人眼中, 我們都被視爲是人民的猛獸而非朋友。我認爲在過去六個月中, 許多無知的人民(在貴族和僧侶的暗示下)已經在等待我們去攻擊和毀滅他們。我們的人數已接近兩百人, 而且還在不斷增加中⋯⋯

7 月間, 幾個新成立的協會從赫德福郡(Hertfordshire)和提克斯伯里(Tewksbury)寫信給倫敦通訊協會。提克斯伯里協會的幹事以「你們的同胞, 爲自由榮耀奮鬥的合作者」這樣的署名, 描述——

> 焚燒潘恩芻像之舉以及當前這場戰爭的**咀咒效果**, 已經爲我們的目標營造出極有利的條件, 其效果甚至超過內容最扎實的言論。自由之友的增加速度以及探究精神的廣布程度, 簡直教人驚訝不已。幾乎沒有一個老嫗不談政治。

到了 8 月, 倫敦通訊協會已恢復了它與德比、斯塔克港(Stockport)、曼徹斯特、諾丁漢以及科芬垂(Coventry)各協會的通訊。它請求這些協會「指出一種比郵寄更安全的書信往來方式」, 並且計畫(暫時擱置)請求它們採用它的名稱, 以便組成一個「聯合協會」。倫敦通訊

協會的會議記錄也顯示出它的聚會出席者眾多，也進行得井井有條，新的分部陸續組成，舊分部的新成員也源源不斷[45]。

這些民眾協會已平安度過它們的第一次風暴。不過從風暴中走出來的它們，在改革的重點和語調上都有了顯著的轉變。潘恩這個名字已經成為過去，而他那種直言無諱的共和語氣，也被強調重新恢復憲法的「純粹性」所取代。（1793 年 6 月，倫敦通訊協會甚至以1688 年協定來定義這種純粹性。）由於官方擺明要起訴任何一種超過上述限度的言論修辭，迫使這種修正成為必須之舉，可是在另一方面，迫害卻也導致了各協會的激進化。然而首先，這次負責設定改革步調的中心，並不是在倫敦，而是在蘇格蘭、雪菲爾和諾威治。其次，儘管這次運動的領導人除了諸如倫敦的哈代與巴克斯特這類工匠之外，還有少數熱誠的專業人士——如吉樂德、馬格若（Maurice Margarot）和塞爾華——不過在 1793 年加入這些組織的改革者，卻大多是工匠、賺取工資者、小師傅和手藝人。他們對下面這兩項新主題特別堅持：一是經濟委屈和社會救助，二是在組織形式與演說態度上取法法國。

如果我們可以根據該會的紀錄簿進行判斷，那麼哈代可說是一個能幹且正直的組織家，是數十個志願追隨他的幹事們的好榜樣。賓斯說：「他的穿著普通，言語坦誠，在任何時候都不會裝腔作勢。」倫敦通訊協會的主席馬格若是一名酒商之子。他的童年大半是在葡萄牙和瑞士度過（曾在日內瓦大學受教育），偶爾還會被人稱做「法國人」。他精力充沛、大膽無畏，但是有很嚴重的英國雅各賓派的典

---

[45] *Report from the Committee of Secrecy* (1794) pp. 148-57; Minutes of L.C.S., Add. MSS. 27812.

型毛病——自吹自擂[46]。吉樂德和塞爾華比任何人更具有成為全國
性領袖和理論家的智慧。

　　吉樂德是有「輝格黨約翰生」（Whig Johnson）之稱的西英格蘭
學術泰斗帕爾博士（Dr. Samuel Parr）的傑出弟子，他竭盡所能地擁
護潘恩那種危險的建議——召開由英國改革者所組成的國民公
會[47]。讓政府當局備感威脅並決定採取行動的導火線，正是這種改革
者的全面團結，以及——一種甚至更嚴重而且可能性越來越高的威
脅——英格蘭和蘇格蘭的改革者與聯合愛爾蘭人（United Irish-
men）*2 之間的結盟。

　　官方的困境主要是由憲政主義的矛盾所引起。一方面，英國擁
有足夠的法律可以讓治安法官進行簡易判決（summary conviction），
可是另一方面，刑事檢察官卻極不願意提出重大起訴。由於煽動叛
亂的法律相當模稜兩可，因此檢察官必須在下面兩種起訴之間做出
選擇，一是非常嚴重的叛國罪，二是比較輕微的煽動誹謗罪。然而

---

46 Entries in *D.N.B.*; Binns, op. cit., p. 42; M. Roe, "Maurice Margarot: A Radical
in Two Hemispheres", *Bulletin of the Institute of Historical Research*, XXXI
(1958), p. 68.

47 See Joseph Gerrald, *A Convention the only Means of Saving Us from Ruin*
(1793), pp. 111 ff., and Henry Collins "The London Corresponding Society" in
Democracy and the Labour Movement, ed. Saville (1954), pp. 117-18. 有關塞爾
華，參見本章頁 157-60。

*2 按：又譯「愛爾蘭人聯合會」，法國大革命之後由律師托恩（Theobald Wolfe
Tone）發起的一項群眾運動，以掃除有礙於愛爾蘭真正統一的政治和宗教障
礙為目標，支持者主要為愛爾蘭長老會和天主教徒。該運動的發展日漸傾向
革命，並在 1798 年 5 月於法國的支持下發動叛變，結果以兵敗收場，托恩
被判處死刑，在獄中自殺身亡。這場叛變給了首相皮特一個強化愛爾蘭統治
的大好藉口。

由於弗克斯誹謗法案(Fox's Libel Act)已經在 1792 年那個溫暖的早春被納入法令全書,因此陪審團已成為這類案件的實際裁判者。這個法案可能是弗克斯留給一般老百姓的最大貢獻,它在局勢轉向鎮壓之前的最後一刻獲得通過[48]。於是英格蘭的政府必須面對一連串的障礙:不成文的法律系統,陪審制度(這個制度曾因兩度開釋義頓並在 1794 年開釋華克而教政府難堪不已),一群人數不多但極端聰明的弗克斯反對派(其中包括大律師厄爾斯金,他曾在若干審判中帶頭辯護),以及一個泛憲政化的公共輿論,它隨時願意為任何一個人的自由權利遭到侵犯而起身奮戰。

不過,蘇格蘭的法律就不太一樣了。蘇格蘭的法官多半相當溫順或支持某一黨派,而陪審團也可以毫無顧忌地加以挑釁。1792 年 12 月的時候,蘇格蘭同樣有一個「人民之友」召開了一次國民公會。可是在 1793-94 年進行的蘇格蘭審判,其對象可不只是精力極端旺盛的蘇格蘭雅各賓會社,還包括英格蘭的同類社團。蘇格蘭司法攻勢的第一拳是在 1793 年 8 月揮出:最具天分的蘇格蘭領袖繆爾,在一次可恥的假審判後,被判處十四年流刑。蘇格蘭高等法院副院長布拉克斯飛(Braxfield),其行為甚至比檢方更為惡毒,他對一位行經法官席後方的陪審員耳語道:「去吧!侯那(Maaster Horner),去吧!去幫我們吊死那個該死的惡徒!」他還對著陪審團指控說,繆爾的能力以及他在「無知村民和低下階級人民之間所進行的」宣傳,「已經讓他們拋下他們的工作」,他認為這是一種教人憤慨的惡行:

---

[48] 該法案是在 1792 年 5 月 21 日於上議院三讀通過,正好與發布禁止煽動叛亂著作的文告在同一天。皇家大法官瑟洛預言:「英格蘭的法律將自此陷入混亂和毀滅的狀態。」

　　繆爾先生應該早就知道，根本不該浪費任何心力在這些賤民身上。他們有什麼代表權？……一個政府……就應該和一個法人組織一樣；而且，在這個國家，它是由地主階級所構成，只有這個階級可以有代表權。

他告訴陪審團，有一件事是「不需證明的」，那就是「英國的憲法是自創世紀以來最最完美的作品，它已經好得不能再好」。他那些有學問的法官同僚完全同意這種說法，其中有一個人——史文頓勳爵（Lord Swinton）——認為叛亂罪包括「各種犯罪、謀殺、搶劫、掠奪、縱火……如果想要找到對這種罪行的適當處罰，絕不可能在我們的法律中找到，因為如今這些酷刑已經都稱了那些罪犯的意被廢除掉了」[49]。司法攻擊接著在9月揮出第二拳：正在丹地（Dundee）傳教的英格蘭神位一體派牧師兼劍橋王后學院院士帕默，在伯斯（Perth）遭到審判。他的「罪名」是鼓勵閱讀潘恩的著作，以及身為丹地自由之友協會的會員——這個協會被形容為由「下等織工及技工」所組成。一群貓哭耗子假慈悲的人，在判處他「最輕刑罰」——流放到植物學灣（Botany Bay）七年——之後，還假惺惺地大哭一場。

　　這種迫害接著又施加在兩位天資聰穎的專業人士身上，他二人曾以毫不保留的態度與平民改革者攜手合作。這兩人在審訊中都表現得非常堅定且不失尊嚴。而備受司法威脅的蘇格蘭改革者，也拒絕就此屈服。他們認為如果能和英格蘭的協會組成勢力更大的團體，或許可以帶給他們一些保護，因此力勸早日召開國民公會。哈代、

---

49 Lord Cockburn, op. cit., I, pp. 175 ff. See also Meikle, op. cit., ch. VI; *The Life and Trial of Thomas Muir* (Rutherglen, 1919).

馬格若和吉樂德都表示同意，在通知發出去不到三個星期，公會便在愛丁堡正式召開。倫敦通訊協會指派馬格若和吉樂德爲代表，並在 1793 年 10 月 24 日於哈克尼區舉行的第一次露天示威中通過這項任命。有幾千名支持者出席這場示威，此外還有一些被謠言吸引過來的好奇者，他們有的是聽說法國雅各賓黨已經登陸了，有的則是以爲「潘恩將會親臨現場，種下自由樹」。該會的備忘錄翔實地記載了眾人表決給與代表們的開支費（來回車費十鎊，路上花費四鎊，在愛丁堡期間每日花費九先令），而協會得趕緊在接下來的一兩個星期籌集到這些「補給」（supplies）。這是一筆足夠把他們的代表送到另一個相反世界的費用。

由於邀請函發得太遲，外郡各協會都來不及籌錢派代表們出席。不過雪菲爾是個例外。11 月 1 日，它給倫敦憲政學會寄了一封諷刺信，批評該會的消極作風：

> 近來在我們姊妹王國當中所推行的那些與……自由憲法簡直水火不容的措施……竟然到現在爲止，還備受我們王國中這個偉大團體的冷眼漠視，我們這群英國小民對這類自稱愛國的團體可是馬首是瞻，諸如「倫敦憲政資訊學會」、「人民之友」等等……我們幾乎已經開始在想，是不是該趕快把自由樹上的花蕾摘下來……再慢的話，它們可就會因爲暴露在寒霜之下而提早凋零……

該會指派布朗（M. C. Browne）出任愛丁堡代表。布朗是一位「演員」（player）出身的律師，他同時也被委任爲里茲的代表。諾威治的各個協會則授權馬格若代表他們，以響應這次「補給」。當時空氣中瀰漫

著一種前所未見的絕望調子。蘇格蘭的判決、法國人在瓦倫辛(Valenciennes)的勝利、高漲的物價和失業人口，以及在召開國民公會時所碰到的困難，在在都加強了這種氣氛。伯明罕協會爲他們無力派遣代表深感抱歉……

> 由於皮特先生的人道之戰已幾乎完全消滅了本城的貿易，而且把許多我們最好的會員和技工都送往大西洋彼岸……然而，整體而言……這場戰爭還是非常有助於消除驕傲、平緩怨恨，破壞敵人加諸於改革者身上的諸多奸計……而且爲爭取自由這個目標贏得了許多新的參與者。

雪菲爾也感受到戰爭的影響：

> 我們有幾千名會員，但他們大多數是工人，戰爭害他們許多人失業，而且幾乎每個人的收入都**減半**。我們比英國其他地方所蒙受到的損失都來得大。[50]

馬格若和吉樂德深知他們所冒的危險。他們正在加緊把精誠團結「補給」給他們的蘇格蘭同志，如果這些「補給」無法及時送到，將會使蘇格蘭和英格蘭兩地的運動士氣大傷。他們同時也是在挑戰布拉克斯飛的法庭，看它敢不敢把對待繆爾和帕默的手段用在英格蘭人身上。他們的「補給」在最後一分鐘及時趕上。愛丁堡的公會曾在 10 月底短暫召開過，後來因爲英格蘭代表不克出席而散會。在

---

[50] *Report of the Committee of Secrecy* (1794), pp. 160-4.

他們趕到之後，大會匆匆復會，力量也比先前來的強大，整個會議的議程完全由馬格若、吉樂德和蘇格蘭幹事史基爾文主導。大會在1793 年 11 月的最後兩個星期召開，並一直進行到 12 月的第一個星期，也就是會議的領袖被捕，它也被迫解散爲止。(在這之前，馬格若和吉樂德曾緊急向哈代申請更多經費，以便他們可以造訪幾個主要的蘇格蘭協會：「沒有任何理由可以駁回這項要求，除非是爲了**害怕**。我們必須提醒你，害怕是我們要擔心的，不是你。」)公會的整個過程進行得相當溫和，雖然有那麼一點戲劇性，不過還是有幾個地方讓它看起來頗有革命色彩，比方說召開公會這件事**本身**，「聯合愛爾蘭人」組織派遣觀察員出席，以及法國式的程序和演說(這套程序和演說是在瀰漫著親法氣氛的愛丁堡發展出來的，雖然「公民」一字在雪菲爾已經使用多時)。會議記錄的日期標明爲「英國公會元年」，並且通過決議案(決議案中的措辭將在接下來的審判中引發爭議)，授權大會在人身保護令遭到中止或政府通過迫害改革者的立法時，可以在一個祕密地點召開緊急會議[51]。

接下來的審判一樣套用了審訊繆爾和帕默的模式。史基爾文和馬格若表現得非常勇敢：兩人各處流刑十四年。史基爾文在走下被告席的時候說道：「法官，我知道過去這兩天發生的事情將來一定會得到新的評價，這就是我的安慰與我所有的希望。」陪伴馬格若出庭受審的有一行人，他們拿著一個「M」形的「自由樹」，舉在馬格若的頭上。馬氏過分高估他的影響力，也過度渴望得到烈士的榮名。他大膽地向布拉克斯飛提出挑釁，表示布氏在審訊前的一次餐會上

---

[51] 根據起訴書的說法，這項決議案授權召開祕密緊急會議的其他時機，還包括法國軍隊登陸英國的時候。See also "A Member", *Account . . . of the British Convention* (1794), pp. 24, 34, 45; Meikle, op. cit., Ch. VII.

曾誇口說，他會在改革者正式流放之前先鞭打他們，又說「讓暴民
們流一點血只會對他們比較好」。曾在馬格若童年時見過他的考克朋
勳爵回憶說：他「個子矮小、膚色黝黑，穿著黑色的衣服和絲襪，
衣服上裝飾著白色的金屬釦子，就像我們印象中的渺小法國人一般，
一個最厚顏無恥和最容易惹人生氣的人」[52]。

　　吉樂德在取得保釋令後，回到倫敦去向倫敦通訊協會提出報告
並結束他的職務，然後在 1794 年 3 月回到蘇格蘭受審。他本來不必
如此——他的同事和朋友們苦苦哀求他棄保潛逃。1780 年代他曾在
西印度群島大病一場，此後身體的狀況一直很虛弱，流刑對他而言
很可能就是死刑，後來證明果真如此。但是他指出，他以其個人「名
譽擔保」的對象，並非蘇格蘭法庭，而是那些「受到我個人言論影
響而陷入類似危難」的卑微者。他只做了一件會引人議論之事：拒
絕像「效忠王室者」那樣擦抹髮粉，在他走上被告席的時候，「未擦
髮粉的頭髮披散在腦後。他的頸子幾乎整個露了出來，他的襯衫有
個很大領子，領子翻折下來。這是當時法國人的裝扮。」至於其他部
分，考克朋勳爵認為，「沒有任何一個囚犯的態度和口氣，像他那

---

52 Cockburn, op. cit., II, p. 25. 馬格若性格中的這種戲劇化特質，似乎可以從他
　日後的歷史得到印證。當他在史必黑海港的囚船上等待流放的時候，他寄了
　一封極欠考慮的信件到諾威治，信中寫道：「謠傳……海上有七十艘法國的船
　隻，如果這是真的……很可能會有突擊事件發生。看在上帝的分上，我可敬
　的朋友們，你們可千萬別鬆懈……」（10 March 1794, *Committee of Secrecy*, p.
　81.）在出航時他與其他囚犯發生口角，大家都對他充滿猜疑。他是這次被起
　訴的受害人中，唯一活著回到英國的—— 1810 年。返國後他立即加入激進派
　的政治活動，直到他於 1815 年過世為止。See M. Roe, "Maurice Margarot",
　op. cit.

樣和法官形成強烈對比。」[53] 當吉樂德力言耶穌基督本人就是一位改革者的時候，布拉克斯飛立刻對著他的同僚法官們咯咯笑道：「光憑他強調這一點，**他**就該被吊死。」吉樂德曾經受過法律的訓練，他和其他改革者一樣在法庭上為自己辯護。他並沒有對改革者的要求做出絲毫退讓，並引用了許多虎克（Hooker）、洛克和布萊克斯東的論點來證明人們有權倡導改革。這是一個擁護憲政者的案例，充分表現出擁護憲政的修辭：

> 憲政啊憲政！這個字正以無休無止的堅持不斷傳入我們的耳朵。這是改革者的敵人在那些老實易騙者和單純無知者頭上揮舞的**符咒**，而且，就像那些邪惡的老術士一樣，他們先以符咒鎮住他們，然後再用法術催眠他們，並加以利用。可是這些官老爺和領恩俸的人，終其一生都在不斷違背憲政原則，聽他們侈言憲政，就好像是聽猴子向人們傳教一樣。[54]

布拉克斯飛在向陪審團提出「指控」的時候說道：「當你們看到吉樂德先生……看到他發表像你們剛才聽到的那種演說的時候，我認為他是一個非常危險的人物，因為我敢說，他的口才好到足以說服民眾拿起武器」。此時犯人突然插嘴說：「天呀，我的大人！這樣對陪審團說話是不適當的……」

吉樂德被判處十四年流刑。他和史基爾文在抵達新南威爾斯

---

53 Cockburn, op. cit., II, pp. 41-3.

54 *Trial of Joseph Gerrald* (Edinburgh, 1794), pp. 197-8, 241. 吉樂德可能曾經在 1780 年代於美國賓州法庭執業，參見 *Trial of Gerrald* (Glasgow, 1835), p. 4。

(New South Wales)之後不到一年，便相繼去世[55]。在英格蘭歷史學家手中，布拉克斯飛和「蘇格蘭法律」的奧祕由於這些裁決而贏得過多的讚譽。可是它們除了是蘇格蘭司法官的裁決之外，同樣也是英國政府的裁決。在接下來的國會辯論當中，皮特、鄧達斯、羅夫伯羅(Loughborough)和瑟洛(Thurlow)等人，都費盡苦心地爲這個訴訟程序的每一個細節進行辯護。鄧達斯認爲法官們在這個刑罰的判處上，運用了「健全的判斷力」。皮特──企圖閃避弗克斯最具致命性的攻擊──認爲，如果法官們**沒有**使用他們的自由裁決權去處罰「這些大膽的犯法者」和壓制「對於英國而言如此危險的學說」，他們才應該受到「嚴厲的懲罰」。(改革者們痛心地指出：這些學說顯然和皮特本人在 1780 年代所提倡的學說沒什麼差別。)而韋伯福斯「雖然沒有讀過帕默先生的審判內容，卻認爲對帕默這種人講人道，簡直是荒謬可笑」。「他本著他的良知宣稱，他不認爲應當中止這項判決。」[56]

我們知道，迫害其實是一道雙刃武器。在接下來的十年，人們回頭看到的，並不是布拉克斯飛的時代，而是──和德昆西(De Quincey)一樣*[3]──「吉樂德的時代」。海峽彼岸的潘恩形象，由於他和國王的敵人(指法國)同謀，可能會激起恐懼和仇恨。但是，一個志願回來面對這種「審判」的病人形象，卻不會。此外，民族偏

---

55 吉樂德曾經在倫敦的新門監獄和其他監獄囚禁超過一年的時間，而且我們有理由相信，如果他肯放棄他的原則，官方會願意赦免他。

56 再一次，有關這場論辯的精采摘要，參見 Cockburn, II, pp. 133-49。

*3 按：德昆西(1785-1859)，英國散文作家兼評論家，是英國文壇中深具風格的大師，與浪漫派詩人圈過從甚密。著有《一位英國鴉片服用者的告白》及《僧院之家》等書。

見也以一種奇怪的方式幫助了改革者的目標。溫和派的「生而自由的英國人」爲這種可恥的審判感到罪惡，所幸這種事情只會發生在蘇格蘭而不可能發生在「這兒」，這種想法讓他們的愧疚稍稍減輕了些。發生在這些「正派、可敬」的英格蘭人身上的民意丕變，可以從義頓在 1794 年 2 月第三次獲得無罪開釋以及華克在 4 月間獲判無罪看出。這種情感強大到足以遏制由羅伯斯比恐怖統治所引起的驚恐。吉樂德和他的同伴以自身樹立的風範，實際拯救了哈代、涂克和塞爾華的性命。藉著犧牲他們自己，使英國免於白色恐怖的夢魘。

這些蘇格蘭受難者的榜樣，不但沒有威嚇到英格蘭的各個協會，反而讓他們變得更堅強。1793 年 12 月 19 日，於前一年遭到囚禁的佛洛斯特，因爲病倒而獲准離開新門監獄，甫從監獄出來的他，立刻在群眾的簇擁下遊行過倫敦的大街小巷，群眾還刻意停在威爾斯親王的宅邸門前大聲嘲弄。塞爾華如今取代了吉樂德成爲倫敦通訊協會的理論家，他發表一連串的演講，以爲入獄同志募集辯護經費。1794 年 1 月 17 日，吉樂德以保釋之身出席了憲政學會的一次會議（他同時是倫敦通訊協會和憲政學會的會員），憲政學會在他的激勵之下重新恢復了原有活力，當場以鼓掌表決的方式選舉他出任主席，並通過一項「以暴制暴」的決議案。吉樂德已經提醒英格蘭的改革者：「反叛暴君便是服從上帝。」三天之後，地球酒館（Globe Tavern）擠滿出席倫敦通訊協會年度大會的民眾。大會提議在英格蘭境內召開一次新的英國公會。公民馬丁（John Martin）即席發表了一篇大膽的反抗演說：

　　我們現在正處於關鍵的十字路口。我們必須在此刻爲我們自

己和我們的後代做出自由或是奴役的選擇。你們難道要等到每

一個村落都搭起了兵營，等到政府雇用的德國傭兵拿槍對著我

們的時候嗎？

四天後，憲政學會通過「倫敦通訊協會功在國家」的決議文，並且

下令將倫敦通訊協會的上述演講詞印行四萬份並廣爲散發。布里斯

托的幹事在收條上寫道：「當天傍晚我立刻就約集了所有的朋友，我

們讀它，我們慚愧，我們重新鼓足勇氣……你們的第二封來函復甦

了我們的勇氣，喚醒了我們的愛國心……等等，我們的會員人數如

今已有相當程度的增加。」[57]

其他向來不甚積極的協會也有信傳來。長期沉寂的新堡事實上

有好幾個「協會」，它們「每週聚會，只收自己認識的人當會員，它

們甚至沒有固定的名稱，只用報上對它的稱呼」。顯然還有許多不曾

與倫敦進行正式通訊的其他協會存在或已經復興，諸如羅伊斯頓協

會(Royston Society)或哈里法克斯的協會。1794 年 4 月，哈里法克

斯協會首次往前跨出一步，並且爲他們「先前在行動上的太過謹慎

小心」致歉：

我們希望一般大眾知道：在這個市鎮和教區有一些人非常狂

---

[57] *Report of Committee of Secrecy* (1794), pp. 185 ff.; Joseph Gerrald, *A Convention
the Only Means of Saving Us from Ruin*, P. 59; *The Address published by the L.C.
S. . . . 20 January 1794*. 公民馬丁於 1794 年 1 月 22 日從愛丁堡監獄(Tol-
booth)寫信給馬格若表示：「協會不管是在精神上或會員人數上都有快速的
進展，而**有錢人**如今也開始加入我們，欣然地和那些繫著皮圍裙的老實人坐
在一起。」T.S. 11.2510 (b).

> 暴地反對……所有的自由討論。看到那些提倡自由的人被罰錢、
> 屈辱或監禁，他們真有説不出的滿足……

同一個月份，哈里法克斯舉行了一次露天示威，參加的有「來自里茲、韋克菲耳（Wakefield）、哈得茲菲、布拉福以及鄰近地區的許多友人」，眾人在示威中通過將於布里斯托舉行一次代表大會並計畫召開一次國民公會。在來斯特，好幾個俱樂部和「民主講座」刻在酒吧裡熱烈活動。在倫敦，倫敦通訊協會和憲政學會已組成聯合委員會，準備召開一次國民公會——不過憲政學會想以其他的名稱取代。4 月間在白堊農場（Chalk Farm）曾經有過一次成功的露天示威，塞爾華等人在會中致辭，並通過決議表示：「任何進一步褻瀆現行法律的行為……等於是將英國國民與其統治者之間所訂定的社會契約一筆勾銷。」[58]

這些反應不僅是迫害的結果，也是物價高漲和經濟艱困的結果。有證據顯示，這場騷動正在往比較貧苦的倫敦東區滲透。10 月份的哈克尼（位於東區周邊）集會是一次新鮮的經驗，而在普雷斯的回憶中，參加白堊農場集會的「群眾十分踴躍……形形色色，有男有女……雖然他們飽受違警法庭巡官、各色警察以及政府間諜與眼線的無禮對待，但他們的秩序之良好，可說是我生平所僅見……他們是有**思想**和有**理性**的人」[59]。在雪菲爾，4 月份也舉行了一場六、七千

---

58 *Report of Committee of Secrecy* (1794), pp. 185-9: *An Account of a Meeting of the Constitutional Society of Halifax* (Halifax, 1794); P. A. Brown, op. cit., pp. 111-17: A. Temple Patterson, op. cit., p. 74.

59 Add. MSS. 27814. 這類集會有助於往後立下重要的先例，因為在未經官方同意——且不具向國會請願的特定訴求——的情況下由平民自行召集公開

人的集會(改革者號稱有一萬二千人)，抗議蘇格蘭的審判不公。集會主席是一位非常年輕、能言善道、但有點搖擺的德比紳士——約刻。他指望有一天，「由全體人民所發出的凜凜之聲，能夠號召起聖史蒂芬禮拜堂裡的五百五十八位紳士，共同加入他們的志業」。「許多醉漢在夜晚藉酒」攻擊雪菲爾改革者的住處，因此協會的幹事戴維生(Richard Davidson)主張擬定一個計畫，提供「愛國者們大量的槍矛，好讓他們能夠自衛」。這項計畫在接下來以哈代和約刻為被告的審判中，成為檢辯雙方的攻防焦點。檢方說這正是意圖造反的明證；而辯方的證人要不是極力否認這項事實，就是辯稱他們純粹只是為了自衛，以免遭受「教會和國王」刺客的傷害。事實上，在各個協會內部，可能都同時存在著這兩種意圖。在愛丁堡，一個於國民公會遭到解散之後依然殘存下來的小委員會，持續不斷地進行祕密集會，並且改由前政府間諜瓦特(Robert Watt)負責主導。該委員會製造了一些槍矛和戰斧，而瓦特在臨終時坦承：他已投誠到改革者陣營，並計畫在愛丁堡、都柏林(Dublin)和倫敦同時起義。不論瓦特本人的動機為何，確實有數十名蘇格蘭的織工和工匠深深捲入了這項陰謀行動[60]。

以上就是 1794 年 5 月，皮特突然攻擊這些協會前的情形。倫敦憲政學會和倫敦通訊協會的領袖遭到逮捕，文件也被扣押。國會任命了一個祕密委員會審查他們[61]。人身保護令暫時中止。在諾威治，

集會，其合法性恐怕有點問題。See Jephson, op. cit., I, p. 277.

60 *Trial of Hardy, passim; Trial of Henry Yorke* (1795), pp. 26, 80-1; *Trial of Robert Watt* (Edinburgh, 1795), p. 353; Meikle, op. cit., pp. 150-3, *The Life and Character of Robert Watt* (Edinburgh, 1795), p. 76.

61 有關倫敦改革者遭到逮捕的情形，參見本書頁 6-8。

聖特(Isaac Saint)和其他委員被捕。在雪菲爾(代表該會出席愛丁堡公會的布朗已在等候審訊),約刻和委員會的成員也都被抓。協會的幹事戴維生在逃,《雪菲爾記錄》的編輯蓋爾斯(Joseph Gales)則因在6月被控謀叛而逃往美洲。緊接在這些拘捕行動之後,由於國會「揭露了」驚人的陰謀,加上當時又謠傳協會意圖謀反並在暗中與法國人勾結,輿論便在驚恐的氣氛下起而攻擊這些協會。兜售打油詩和號外的販子跑遍大街小巷,印刷品的標題淨是:「叛國!叛國!叛國!」全市各處都貼滿傳單。在慶祝海軍勝利的「六一光榮節」(Glorious First of June)的活動中,一群暴民攻擊了哈代夫人的住處,一份倫敦的報紙還嘲弄說:「這名婦人是擔心死的,因為她不斷想到她親愛的湯米馬上就要被吊死,被挖肝掏肺然後大卸八塊。」有些協會在驚慌中解散,而那些在困境中堅持下來的協會,則將全副心力都放在如何籌措資金,好為獄中的同志辯護。(倫敦通訊協會的會員在為下獄同志籌措辯護經費的時候,還因此遭到起訴。)《泰晤士報》刊登了一篇對於「英國大革命」的模擬記載,文中所描繪的囚犯,正在享受著血淋淋的權利[62]。在林肯郡,有人出錢要街頭賣唱者站在街尾大聲歌頌雅各賓分子的下台。在上流社會的集會中,只要對審訊這個話題不表意見的人,都會被視為是有嫌疑的人[63]。在諾丁漢,「教會和國王」的打手們,更是以異常殘酷的手段對付雅各賓派。該地的情況就像前一年一樣,改革者的房子「被砸,人被拖出,頸上套著韁繩,丟進城旁邊滿是泥濘的小河裡面」。一個效忠英王的委員會雇用了一群「濬河工人」(navigator),要他們挖掘一條新的運河以便

---

62 [James Parkinson], *A Vindication of the L.C.S.* (1795), pp. 1-6: *The Times*, 5 September 1794.

63 W. Gardiner, *Music and Friends* (1838), I, p. 222.

攻打雅各賓派，而該市的市長也拒絕提供後者保護[64]。大約與此同時，在費爾斯渥(Failsworth)，一位雅各賓派的領袖被「綁在一匹龍騎兵坐騎的馬鞍上，讓瘋狂偏執的老百姓們將針刺進他的腿中」[65]。

然而，倫敦通訊協會一點也沒有瓦解的徵象。它成立了一個祕密的九人執行委員會，其中最積極的委員包括帽商哈吉森(Richard Hodgson)、書商朋恩(John Bone)，以及「公民葛洛福斯」(Citizen Groves)。根據一份官方備忘錄指出，倫敦通訊協會整個春天都在大肆招兵買馬，皮特可能就是因爲這份備忘錄才斷然決定採取行動。1794年5月，該會不僅已經擁有四十八個分部，而且其會員除了手藝人和工匠之外，「最近又出現了一些新成員，包括河畔挑夫、倫敦城大零售商店的夥計，以及上流權貴的僕役」。有五十個愛爾蘭人一齊加入了同一個分組，伍爾維奇區(Woolwich，倫敦東南郊)和戴普特福區(Deptford，泰晤士河南岸，今聖約翰火車站附近)也都成立了分部[66]。在哈代、塞爾華和其他領袖被捕以後，哈吉森、朋恩和「公民葛洛福斯」還是繼續維持住大多數新成員的士氣。7月的時候，據報導「有十八個分部因爲害怕而不敢聚會」，最後是勞動了總會派出代表才讓它們恢復集會，不過其餘的三十個分部，倒是一直保持正常運作。事實上，迫害的結果反倒是強化了協會內部的激進化路線。到了8月份，如果說有些分部眞的「睡著了」，或有些會員眞的

---

64 F. D. Cartwright, *Life and Correspondence of Major Cartwright* (1826), I, p. 312; Blackner, op. cit. pp. 396-401; Sutton, op. cit. pp. 193-9.

65 B. Brierley, *Failsworth, My Native Village* (Oldham, 1895), p. 14.

66 Memorandum *re* Corresponding Societies, especially in the "Eastern end of the Town and in the City", 6 May 1794, in T.S. 11.3510 A (3). 根據這項資料，雪菲爾、布里斯托和諾威治在同一時期也有類似的成長。

打了退堂鼓，它的結果也只是(根據一位線民的報告)讓「目前的協會成員更清一色是些勇敢和不怕死的傢伙」。以往，聚會的討論主題通常只限於國會改革，可是「**如今**，大家已公開表現出推翻英國政府的意向」。到了秋天，當大規模的拘捕行動所帶來的震驚逐漸消退之後，民眾的心情又起了一次新的變化。獄中受刑囚犯的待遇有了改善，而哈代也注意到：在新門監獄裡，一般罪犯也開始禮遇改革者。普雷斯回憶道：「政府的狂暴行動嚇跑了很多人，

> 然而現在，包括我在內的許多人們，卻認爲成爲倫敦通訊協會的會員是一件值得驕傲的事情，也是一種盡責的表現……這個情形提升了協會的品質，因爲大多數的加入者都是性格果決和思想冷靜之人，要他們放棄目標可沒那麼容易。[67]

與此同時，該協會的祕密執行機構正面臨一些困難。它很難找到**安全適當的方法**將信件傳遞到外郡的俱樂部。8月間，如果不是違警巡官「抓錯了人」──當執行委員會的殘存委員們得知這項消息時，真是「歡欣至極」──倫敦通訊協會最能幹的會員哈吉森就已經因叛國罪被關進牢裡了。自此以後，他只能以**漂流者**(On the

---

[67] G. Wallas, *Life of Place*, p. 21. 我們對於普雷斯的手稿〈歷史〉(History)必須持一點保留態度。這份文件乃寫於事件過後多年，當時他已是一位不甚熱心的邊沁派改革分子，因此這份文件帶有部分爲個人**辯護**的性質。在這篇文獻中，「思考穩健的人士」(也就是普雷斯本人)得到讚揚，比較不節制自己脾氣的人則受到污衊。塞爾華的演講被形容成「放肆的巧辯」，「充斥著那個時代的粗鄙偏見」，然而只要稍微瀏覽一下塞爾華的《論壇報》，就可看出上述評斷的不公之處。

Tramp)這個署名和執行委員會進行通訊。9月3日,違警巡官粗魯
地闖進這個執行委員會並拘捕了代理幹事。「公民葛洛福斯」當場與
巡官們發生衝突,接著他又將其他成員帶往一家酒館,為被捕者的
家人進行募款。沒想到第三天又發生了一件更不尋常的事。哈代的
陪審長指控葛洛福斯是政府的間諜,協會特別為此舉行了一場正式
審判,葛洛福斯在一般委員會全體委員的面前為自己辯護。他的辯
詞十分動人,雖然多少有點做作。他提出了許多證據證明他對協會
的無私奉獻,並邀請了許多證人為他的雅各賓信念背書。最後他在
一片鼓掌聲中獲判無罪。

不過事實上,「公民葛洛福斯」**的確是**一名間諜,而且是從間諜
奧利佛到憲章運動時期乃至後來的許許多多間諜當中最能幹的一
個。每一次祕密執行委員會開完會議之後,他就會立刻送上整本報
告書,以供皮特、鄧達斯或財政部法律顧問(Treasury Solicitor)[*4] 檢
閱。我們之所以能對發生於這幾個月的事件做出這般描述,完全得
感謝他的過人絕技[68]。

1794年10月25日,哈代開始在倫敦的中央刑事法庭(Old
Bailey)受審,罪名是叛國。彷彿是為了要加強這項罪名的恐怖程

[*4] 按: 財政部法律顧問除了掌理財政部的法律事務之外,同時也是政府其他
部門的法律顧問,因為英國首相同時兼第一財政大臣的身分。通常由一位
辯護律師出任,他同時也是女王陛下的總代訴人(Her Majesty's Procurator-
General)。

[68] 「祕密執行委員會」的會議記錄和葛洛福斯的報告,都保存在 T. S. 11.3510 A
(3)。葛洛福斯的報告從1794年5月一直進行到10月中旬,我尚未能查出這
些報告為何就此停止——或許是因為,雖然「審判」正式洗刷了他的嫌疑,
可是大家卻不敢再信任他。從他的報告中可知他非常擅於觀察,例子可見頁
208的引文。有關間諜這個問題的更一般性介紹,請參看下文,頁695以降。

度，貨眞價實的謀叛者——或許還是個「雙面諜」(double agent)——瓦特，十天前才剛在愛丁堡上了斷頭台。民眾和陪審團都知道這是一場攸關生死的審判。(涂克是法庭上唯一一個拒絕以莊重嚴肅的態度看待這些訴訟程序的人。他一方面裝出厭煩不耐的樣子，一方面又處處展現出玩世不恭的機智，完全一副韋爾克斯的派頭。當法官問他是不是「以上帝和他的神國之名」〔By God and his Country〕接受審訊時，他以幾乎沒有人裝得出來的意味深長的表情，定定地看了法官幾秒鐘，然後搖搖他的頭，斷然地回答說，「我**將會**接受上帝和我的國家的審訊，**但是——！**」)這場審訊在進行了八天之後，原本所謂的危險「謀叛」證據，似乎越來越不具可信度。厄爾斯金對檢方證人採取專橫乃至野蠻的詰問，企圖推翻其證詞，讓他們看起來比實際上的更不可信。公眾在哈代身上重新看到「生而自由的英國人」所喜歡的那種自由形象：一位堅定而有威嚴的平民，公然反抗政府的公權力。哈代夫人死亡一事，更加深了人們的同情心。眾人的關注日益升高：外郡的居民經常會在路上攔下旅人和驛馬車，向他們打聽這個案件的最新消息。在陪審團的判決出爐的前一天，謠傳哈代已獲無罪開釋，興奮的群眾解開了厄爾斯金馬車的韁繩，然後擁著他在街上凱旋遊行。審判的最後一天——在陪審團退席三小時的空檔——中央刑事法庭周圍的街道上擠滿了激昂的群眾，如果此時哈代獲判「有罪」，肯定會引發一場暴動。諾威治愛國協會(Norwich Patriotic Society)的一名代表達維(Davey)，特定前來倫敦觀察這場審訊。當無罪開釋的消息傳來後，他隨即連夜趕回諾威治，並於星期天早上教堂彌撒開始時抵達。他直接轉往聖保羅教堂的浸信會聚會所，該教堂的牧師是一位熱情的改革者——維爾克斯(Mark Wilks)。維爾克斯是老派的浸信會牧師，一邊務農，一邊當

不支薪的牧師。當達維走進聚會所的時候，維爾克斯正在講道，他停下來問道：「有什麼消息，兄弟?」「無罪!」「那麼，讓我們來唱『讚美上帝——眾福之源』吧。」

政府堅持不肯撤銷對涂克的起訴。然而這場訴訟卻為政府帶來甚至更丟臉的屈辱。首相皮特竟接獲傳票，命他出席為辯方做證，在證人席上，皮特被迫承認自己曾經出席韋威爾的改革聚會。涂克獲判無罪之後，政府在 12 月展開最後一搏，企圖要讓塞爾華定罪。結果當然是在眾人的意料之中。不過也許沒那麼**完全**。塞爾華的個性有那麼點戲劇性的味道，在他被囚禁於新門監獄期間，他曾以漢普敦(Hampden)、席德尼(Sidney)和暴政為主題*5，做了一首詩：

> 在地牢有毒的幽暗中
>> 愛國者以大無畏的胸懷，
> 仍舊可以裝出歡欣的一面——
>> 和微笑——藉良心道德之佑![69]

---

*5 按：漢普敦(1594-1643)，英國下院議員。1635 年英王查理一世在未經國會的同意下廣收「造船費」，漢普敦因拒絕繳納而遭到起訴，並因之成為爭取自由與財產的鬥士。1642 年查理控告漢普敦等人叛國，內戰爆發之後，漢普敦於陸軍服役，戰死於牛津附近的戰場。席德尼(1622-1683)，英國政治領袖，法制自由的提倡人。內戰期間支持國會派，但戰後公開反對護國主克倫威爾，英王復辟之後，曾試圖聯絡法王路易十四協助他在英國建立共和。1683 年因參與由蘇格蘭人發起的「麥酒店密謀」遭到逮捕，並在證據不足的情況下以叛國罪名處死。

69 J. Thelwall, *Poems Written in Close Confinement in the Tower and Newgate* . . . (1795), p. 9.

審判即將結束之際，他非常渴望能親自對陪審團發表一段慷慨激昂的演說。他告訴厄爾斯金說：「如果我不發表這段演說我就會被吊死。」厄爾斯金的答覆是：「你說了你才會被吊死。」在塞爾華無罪開釋之後，政府對其他囚犯的指控也一併撤銷了。

我們可能會以為，如此一來這些協會的會員人數一定會有顯著增加。可是接下來這一年的事件發展，卻有點難以釐清。首先，大多數的外郡協會都在 1794 年夏天宣布解散，要不就是以不著痕跡的「地下」形式繼續存在。（祕密委員會的例子已經讓大家清楚了解到通訊的危險性，而每一次的審判也都告訴大家政府的間諜是多麼無孔不入。）在雪菲爾，協會按兵不動，因為約刻仍在獄中。他一直到 1795 年 7 月才獲提審，最後以謀叛罪判處兩年監禁。再說，哈代等人的審判其實只是特別的展示樣品。在外郡，治安法官有足夠的權力可以進行簡易裁判，而卑微的改革者們也不敢期望會有厄爾斯金這樣的律師出面為他們辯護[70]。

更何況，辯護的經費還得四處張羅。（在具有影響力的公民仍舊支持愛國協會的諾威治，維爾克斯於 1795 年 4 月在聖保羅教堂發表了兩場劇力萬鈞的「為雅各賓籌募經費講道」，以便支付審判的花費。）曾經有人告訴哈代，根據可信的說法，已經擬好準備要逮捕改革者的拘票，不下於八百張（其中三百張甚至已經簽好字了），一旦哈代被判有罪，便會立刻發出。所幸哈代等人宣判無罪，阻止了這

---

[70] 比方說，里茲的辛德雷（James Hindley）在 1794 年因為販賣具煽動性著作而判處兩年監禁。在來斯特，鮑恩（George Bown）於 1794 年被捕，但幾個月後，在未經審訊的情況下獲釋。在雪菲爾，企圖藉由發行較謹慎的《彩虹女神》以延續蓋爾斯志業的蒙哥馬利，於 1795 年兩度入獄（分別被關了三個月和六個月）。關於這類外郡的起訴情形，目前尚缺乏有系統的研究。

場恐怖大屠殺，雖然如此，這已足以顯示出政府準備不惜代價地將改革者一網打盡。同時，這些無罪的宣判也讓政府和國教會的宣傳家們氣到語無倫次的地步。曾經參與撰寫「祕密委員會報告」並且躋身年俸四千鎊之列的柏克，在 1794 年後，開始化身爲知識界的李佛斯。他把五分之一的選民和大多數不具投票權的人，都看成是「徹頭徹尾的雅各賓派，完全沒有轉圜的可能，是永遠都必須加以戒備的對象」。他暗示那些獲得釋放的人都是「政治刺客」，並力陳這種政治體制上的弊病，必須要「大刀闊斧地予以整治」[71]。

其次，有些改革派的領袖已經受夠了。憲政學會再沒有振興起來，而在 1796 年的選舉來臨之前，涂克也不曾再參與公共事務。哈代在他的妻子故世之後爲私事所忙，不再是倫敦通訊協會的積極分子。而這個協會的會員又彼此意見不合。他們花了好幾個星期爭辯協會是否該擬定一部新的章程，其中一派主張**任何一種**章程都有害於直接民主，另一派人則辯稱應該以更嚴格的內部紀律來對抗迫害。（甚至連某封信中不經意地用了我們的「領袖」一辭，也都在協會內部引起了高分貝的撻伐。）在人事的紛擾當中，有兩個分部脫離了通訊協會另組新會。朋恩成爲倫敦改革協會（London Reforming Society）的幹事，這個協會與母會一直保持友好關係。巴克斯特促成了另一個分部的脫離，他所新組成的「自由之友協會」，特別擅長賣弄浮誇虛矯的自由意志論。有一個間諜形容巴克斯特「長相平庸……面孔瘦削，黑黑的頭髮紮成一束，穿著深棕色的外衣，大約四十

---

71 Hardy, *Memoir*, pp. 42-3; Mark Wilks, *Athaliah: or the Tocsin Sounded* (Norwich, 1795); Thelwall, *The Rights of Nature* (1796), Letter I, pp. 40, 56-7; Sarah Wilks, *Memoirs of the Reverend Mark Wilks* (1821), pp. 78-9; E. Burke, *Two Letters addressed to a Member of the Present Parliament, & c.* (1796).

歲」。巴克斯特似乎一直是比較強勢手段的擁護者，他曾發表過一場名爲「抵禦壓迫」的演說：「當政府的所有權力都交付給擁有地產的人士時，我們可以說：他們手上正穩操著我們的生死**大權**。」史班斯原本是一位新堡的教師，如今則因「另一部比潘恩更激進的《人權論》」而得到不少的徒眾。他主張必須沒收貴族階級的土地，以他的新合作社取而代之：「如果還讓地主留下來，你想人類可能藉著國會改革而享有相當程度的自由和幸福嗎？一個由人民所組成的公會或國會，將與貴族階級奮戰到底。」[72]

這種緊張狀態不過是意料中事。早在 1793 年 10 月，倫敦通訊協會的會議記錄便曾記載，有一個分部提出動議，要求開除所有宣揚平等原則的人。隨著生活費用的上漲，加上協會在倫敦的東區和南區頗有進展，因此「社會」問題越來越成爲最引人注意的焦點[*6]。一本典型的 1794 年宣傳小冊指出，「改革」將有助於降低直接稅與間接稅，改善濟貧法和狩獵法（Game Laws），終止對工會的各種限制，提供工作給失業者，廢除拉伕以及駐軍酒吧的惡例[73]。類似這樣的要求是社會大眾普遍能接受的，不過諸如史班斯和巴克斯特那種比較極端的看法則不然。除了這種戰略上的緊張之外，倫敦通

---

72 *The Correspondence of the L.C.S.* (1795), pp. 4, 20-1, 26, 42-3; Hardy, *Memoir*, passim; P. A. Brown, op. cit., pp. 142, 151; J. Baxter, *Resistance to Oppression*, (1795); Anon. [T. Spence], *The End of Oppression* (1795). 關於史班斯，參見本書，頁 214-6。

*6 按：倫敦的東區和南區是比較貧窮的區域，故「社會」問題特別容易引起重視。

73 Anon. [James Parkinson], *Revolutions without Bloodshed* (1794). 這個以強有力的方式陳述出溫和雅各賓派要求的例子，出自 Cole and Filson, *British Working Class Movements*, pp. 48-52。

訊協會在戰術上顯然也是步調不一。我們可以從兩位倫敦領袖界的新人身上，看出這些不同趨勢的具體表現。普雷斯本人是哈代傳統的繼承者——他的態度冷靜，組織力強，喜歡思考，而且具有組織工會的經驗。1795 年夏天，他經常出任每週召開一次的「一般委員會」主席。根據他自己的說法，他認為這個協會最主要的功能，在於提供工人政治教育：

> 我相信政府官員們會一直佔著他們的位子不放，直到他們癱瘓了整個政府為止——也就是到他們再也拖不動為止。依我看來，不管在以往或未來，能夠讓人民擁有物美價廉之政府的唯一辦法，就是教導他們選舉代表的好處……如此一來，每當政府官員的行為可能導致某種危機的時候，他們就有能力去支持那些最可能建立廉簡政府的人士。因此，我建議我們的協會應當盡可能以安靜不公開的方式進行這項工作。

這段話裡面有太多**不可告人的想法**(arrières penseés)：「廉簡政府」(cheap and simple government)一辭，是普雷斯後期慣用的邊沁式術語，不過在 1795 年時，這個協會所希望的，無非是終止鎮壓和爭取到以自由平等為依據的成年男子普選權。因此普雷斯這句話的真正含意，可能是表示——早在 1795 年——他認為工人階級改革者所扮演的角色，只是用來**陪襯**國會中的中產階級或貴族改革者。工人階級不能希望靠**他們自己**的力量為**他們自己**贏得改革成果，而應該支持那些「最可能」贏得讓步的人。從某方面看來，這是一種有遠見的戰術妥協，但是伴隨這種戰術而來的，卻是消極地聽任危機的差遣——等待財政困難、食物暴動或民眾騷亂的情形出現——而非積

極地以民眾騷動的力量來**加速**危機到來。這是那些自尊自重的手藝人或工匠的政策，他們比較願意去搭建介於自己與中產階級之間的橋梁，而不想費力去跨越存在於自己與烏合貧民之間的鴻溝。因此，它代表的是放棄「成員不限」的騷動，並且具體表現出自我教育和審慎組織的力量[74]。

另一種趨勢的代表是賓斯，一個出身都柏林手藝人家庭的年輕人，當時是倫敦的一名鉛工。他在 1794 年加入倫敦通訊協會，並且迅速竄升為幾個委員會和示威行動的主席。他和大多數的會員一樣，認為在哈代等人獲得開釋之後，協會應當更廣泛地宣傳它的理念，並且應該組織大規模的群眾示威運動，好讓政府在他們的壓力之下，「被迫同意改革」。事實上，他所積極從事的改革，是一種藉由革命手段而達成的改革。他在他的《回憶錄》(*Recollection*)中寫道：雖然改革是他們公認的目標，但是「〔協會中〕許多有影響力的會員在他們的意願和希望的驅使下，已傾向推翻君主政體，建立共和政府」[75]。

到了 1795 年 3 月，由於許多派系陸續脫離，這個協會只剩下十七個分部[76]。更嚴重的是，外郡的通訊已大幅下降，以致這個運動根本缺乏任何全國性的中心。塞爾華也辭職了，表面上是因為他表示當一名獨立的演講人和宣傳家比較適合他的個性，但更可能是因為

[74] G. Wallas, op. cit., pp. 24-5.

[75] Binns, op. cit., p. 45.

[76] 在 1794-95 年的那個冬天，曾有另一波「叛國」恐慌，協會的三名成員——史密斯、希金斯(Higgins)和雷馬特(Lemaitre)——遭到收押，罪名是圖謀以空氣槍射出毒箭來暗殺國王。這項指控是來自一位惡意的告密者，被控的這三人未經審訊便告開釋。參見 J. Smith, *The Conspirators Exposed* (1795); P. T. Lemaitre, *Narrative of Arrest* (1795); P C. A. 35/6。

他已厭倦了這種內部紛爭。然而在經歷過這一連串的分離運動之後，這個協會似乎比以前更團結，也重新恢復了原有的活力。瓊斯(Gale Jones)和賓斯所主張的那種發動最大規模騷動的政策，雖然和普雷斯的論點相左——普雷斯認爲群眾集會將重新招致迫害，政府也將因此暫停人身保護令——可是卻在倫敦所有分部的複決中獲得勝利。於是6月底的時候，協會在聖喬治場舉行了一場大型集會，支持成年男子普選權和每年改選國會。就算我們把倫敦通訊協會宣稱的十萬名參與者打點折扣，它依然是倫敦有史以來規模最大的改革示威。公民瓊斯是這次示威活動的主席，並發表了一場演說，他那如火焰般熾烈炫目的用語，與普雷斯那種邊沁式的回憶簡直有天壤之別：

> 我們不是英國人嗎？自由不是我們與生俱來的權利嗎？⋯⋯拿出你們的鞭子和拷問台啊，你們這些復仇使者。用力建造你們的斷頭台嘛⋯⋯有本事就在每條街上豎起壁壘，在每個角落修建監獄啊！你們可以盡情迫害和流放每一個無辜的人，但是你們不會成功⋯⋯從斷頭斧上流下來的愛國聖血，將澆灌出自由的種子⋯⋯

不過，那些被各種血淋淋的比喻搞得頭昏腦脹的示威者們，卻始終相當和平而且秩序井然，最後還安靜地散去[77]。

自此以後一直到該年年底，倫敦通訊協會以三級跳的速度飛快

---

[77] *Correspondence of L.C.S.* (1795), pp. 4-5 et passim; *Tribune*, 20 June 1795; Add. MSS. 27808; Anon., *History of Two Acts*, pp. 91 ff.

成長。它不再自限於往日以工匠、小店主和手藝人爲主的圈子，而進一步從靠勞力賺取工資的民眾那裡獲得越來越多的支持。該會宣稱它在6月增加了四百名新會員，7月間則增加了七到八百名。3月時的十七個分部，到了7月底已經擴張成四十個，到了10月更激增到八十個。與此同時，那兩個分離的協會也顯得欣欣向榮。輔助性的討論小組和讀書會，如雨後春筍般冒現。自然神論和宗教自由思想日漸得勢，以致瓊斯敢在隔年以理所當然的態度寫道：「雖然我不聲稱自己是一名基督徒……」協會還鑄造了紀念幣和紀念獎牌，以慶祝1794年的開釋和其他活動。塞爾華每週兩次的演講吸引成百的聽眾，他在給妻子的信中忍不住興奮地寫道：

> 有兩個晚上我幾乎有六百名聽眾……其中有兩場演講更是……徹底動搖了那些腐敗的支柱，整棟腐朽大廈裡的每一塊石頭都被震得嘎嘎作響。每一句話都像是觸電般從一個胸膛跳到另一個胸膛，那些成群結隊前來聽我演講的貴族，往往也不得不……跟著喝采。

此外，在許多協會周遭，也興起了其他的群體和酒館俱樂部，高唱共和曲調。有一位「公民李」(Citizen Lee，有時被稱爲「循道宗李」)，從「蘇活區柏維克街九十八號英國自由樹」(British Tree of Liberty, No. 98 Berwick Street, Soho)這個地址發行了一系列煽動性和刺激性的小冊子，其中包括《殺人的國王》(*King Killing*)、《英國的羅伯斯比王朝》(*The Reign of the English Robespierre*)，以及《最後一位喬治的快樂王朝》(*The Happy Reign of George the Last*)。像史班斯一樣，他把重點放在「**敎區和村落團體**」。他也是英國雅各賓派當中

少數贊同使用斷頭台的人物。可能就是受到他所推出的這些廉價小冊子、雅各賓故事以及全開的單張印刷品的刺激，才讓漢娜‧摩兒決定出版她的「廉價談心小冊」（Cheap Repository Tracts）來加以反擊。此外義頓和若干外郡協會也致力於從事廉價小冊子的貿易[78]。

1795 年 6 月以後，外郡的通訊也跟著恢復了。雪菲爾在 8 月份舉辦了一場露天集會，倫敦總部還特別為此派來一位主席。據說參與者高達一萬人[79]。不過在其他方面，諾威治絕對是最教人印象深刻的外郡中心。9 月的時候，在諾威治活動的愛國協會總計有十九個分部，而且除了組成這個協會的織工、皮匠、工匠和小店主以外，它還得到幾個貴族商人家族的審慎支持——格爾尼家族（Gurneys）和泰勒家族（Taylors）。此外，諾威治還擁有一群極富天分的專業人士，他們在 1795 年這一整年裡，持續發行了名為《內閣》（The Cabinet）的期刊，這份期刊可能是這個時期最精采的半雅各賓知識性刊物。期刊收錄的文章範圍甚廣，從對歐洲事物和戰爭指導的詳細分析，到情感豐沛的詩歌，乃至對馬基維利、盧梭、女權和戈德溫派社會主義的專題討論。儘管在各自強調的重點上有許多差別，諾威治卻表露出最顯著的反政府輿論，從浸信會禮拜堂到《內閣》那些胸懷大志的**哲學家**，從「織工徽章酒吧」（Weavers Arms，愛國協會的總部）到格爾尼之家，從弗克斯派的柯克（Foxite Coke of Holkham）到鄰近村落的勞工[80]。愛國協會的組織，從諾威治延伸到雅茅斯（Yar-

---

78 *Correspondence of L.C.S.* (1795), pp. 4-5, 29, 35; J. G. Jones, *Sketch of a Political Tour . . .* (1796), p. 33; Mrs. Thelwall, *Life of John Thelwall* (1837), p. 367.

79 *Proceedings of the Public Meeting on Crooke's Moor at Sheffield* (Sheffield, 1795).

80 *Correspondence*, op. cit., pp. 27-8, 63-4; *Cabinet* (Norwich, 1795), 3 volumes; Sarah Wilks, *Memoirs of the Reverend Mark Wilks* (1821).

mouth)、林恩(Lynn)、威斯貝奇和洛斯托福(Lowestoft)。與此同時，類似的一些運動也在邁德威(Medway)的市鎮、查山(Chatham)、羅徹斯特(Rochester)和梅斯東興起，其成員從外科醫生和專業人士一直到碼頭上的熟練工人都有。諾丁漢也出現了復興氣象，製造業者與長襪織工再度締結聯盟。而倫敦通訊協會所出版的《通訊》(Correspondence)期刊，也曾談到里茲、布拉福、伯明罕、里奧明斯特(Leominster)、懷丘奇(Whitchurch, 斯洛普郡)、梅爾朋(Melbourne, 德比附近)、桑伯里(Sunbury, 密得塞克斯〔Middlesex〕)、海維康(High Wycombe)、楚羅(Truro)和樸資茅斯等地的活動。

曼徹斯特的歷史家普林提斯(Prentice)指出：「民眾當中出現了一位忙碌奔走的新導師——**匱乏**。」對法國和英國來說，1795 年都是充滿危機的一年。1794-95 那個特別嚴寒的冬天、戰爭的紛擾，以及農作物的歉收，在在助長了糧食的價格飛漲。著名的斯品漢姆蘭決定就是在 1795 年 5 月做出的，規定依照麵包價格來調整工資。小麥的價格簡直高得不像樣：在倫敦是一百零八先令一夸特(一夸特等於八個蒲式耳)，在來斯特是一百六十先令一夸特，在許多地方則根本買不到。於夏秋兩季橫掃全國的史無前例的糧食騷動，有好幾次連民兵都加入騷動民眾的行列[81]。軍隊已出現不滿的跡象；愛爾蘭正在醞釀叛變；諾威治、曼徹斯特和西來丁(指約克鎮西區)的製造業者則發起和平請願。塞爾華好幾次在他那些激動人心的演說當中

---

[81] 關於 1795 年的暴動，參看本書頁 78-80。同時可參考 1795 年 5 月 20 日的《晨郵報》(*Morning Post*)對於(得文郡)奧克漢普頓(Oakhampton)「暴動」的報導，當時，斯塔福郡的民兵「全都……成為人民的一分子」。並參看 T.S. 11.3431; Hammonds, *Town Labourer* (1920 edn.), pp. 85-6; Maccoby, op. cit. p. 90; J. H. Rose, *William Pitt and the Great War* (1911), pp. 282-8。

談論匱乏這個主題。他在演說中指出，支持雅各賓的諾威治有超過
二萬五千名工人在申請救濟，濟貧稅也已高達每鎊十二到十三先令。
他還表示，偉大的史匹塔菲絲織工業已經整個被遺棄了：

> 即使在我爲期不長的記憶中，也極少在這個城區看到光著腳
> 板和衣衫襤褸的兒童⋯⋯我還記得那個時候⋯⋯這個地區一個
> 情況還過得去的工人，通常除了可供他工作的公寓之外，在城
> 郊都還有一個小小的涼亭和一片狹長的圃圃，他在這裡度過他
> 的星期一，有時放放他的鴿子，有時則種種他的鬱金香。但是
> 那些圃圃如今都已荒蕪，小涼亭和星期一的娛樂也都不復可見。
> 我們看到的是貧困的織工和他們的家人在一個簡陋、骯髒和有
> 害健康的小房間裡擠做一團，他們不但沒有最根本的舒適，甚
> 至連一般的生活必需品都很缺乏。

這幅舊日英國逐漸消逝的畫面，深深觸動了雅各賓派的職工和工匠
記憶中最深沉的情感，其效果甚至比塞爾華經常採用的「荒村」
(Deserted Village)主題更好[82]。

1795 年 10 月 26 日，倫敦通訊協會發起一場更大規模的示威活
動，地點定在伊斯林頓區的哥本哈根場(Copenhagen Fields, Isling-
ton)，由時年二十二歲的賓斯擔任主席。普雷斯拒絕在這次集會中擔
任任何正式的職務，他認爲這場示威有欠考慮。倫敦當時正陷於貨
眞價實的饑荒，大家的脾氣都很暴躁。塞爾華是活動的主要演說者
之一。他運用他那偉大的演說能力，讓群眾的心情整個平靜下來。

---

[82] *Tribune*, XXIX, 23 September 1795.

他帶領大家沉醉在如下的美景當中:「整個國家……結合成一個宏大的政治協會或通訊協會,從奧克尼群島(Orkneys)到泰晤士河,從多佛峭壁(Cliffs of Dover)到蘇格蘭的地角(Land's End)。」這次集會也通過決議案,派遣代表前往王國境內的主要城鎮。(塞爾華本人於11月再度加入這個協會。)參加者高達十到十五萬人的說法並不能視為無稽之談[83]。儘管現場已用了三個演講台,但是「聽眾群中能夠聽到一個字的尚不到一半」。這次他們向國王提出的「抗議」是:「為什麼,國家明明這麼富裕,我們卻必須挨餓?為什麼,在我們辛勤不懈地勞動打拚的同時,卻必須在悲苦匱乏中憔悴?……**國會的腐敗**……就像不斷冒出泡沫的漩渦一樣,吞噬了我們所有的勞苦成果。」一位不具名的雙法案(Two Acts)歷史學家宣稱:「這一天**對自由而言是神聖的。**」[84]

這場活動結束後的第四天,如果對自由而言還稱不上神聖,卻絕對足夠教權威當局嚇壞肝脾。威風凜凜地前往主持國會開幕典禮的國王,竟遭到人民的噓聲叫罵,還有人以石塊投擲他的馬車。他們大聲叫著:「皮特下台!」「打倒戰爭!」「打倒國王!」「打倒皮特!」「和平!」。大約有二十萬名倫敦人蜂擁到大街上。有的揮舞著插在棍子上的小麵包,麵包上綁著黑色的孝麻。警方扣留了一名在人群中叫賣「《人權論》只要一便士」的小販,但他隨即被搭救出來,並

---

[83] 普雷斯通常都極樂意糾正誇張的說法,而且他的作品(在1814年時)是根據他多年從事政治騷動的經驗寫成,儘管如此,他也只含蓄地表示,十五萬人「可能是個誇大的說法」。

[84] L.C.S., *Account of the Proceedings of a Meeting . . . 26 October 1795*; Add. MSS. 27808; J. Thelwall, *An Appeal to Popular Opinion against Kidnapping and Murder* (1796), p. 8; Thelwall, *Life*, pp. 379 ff.; *The History of Two Acts*, pp. 97 ff.

被群眾以椅子高高地抬起，凱旋遊街。國王馬車的窗戶可能是被一粒圓形的小石頭給砸破，不過據說當國王抵達上院時，卻上氣不接下氣地喊著：「我的天啊，我被人射了一槍！」[85] 隔天，在國王要前往戲院之前，他堅持要廓清街道，並由一百名步兵、二百名騎兵和五百名警官隨行護駕。

倫敦通訊協會把所有的責任推得一乾二淨。不過它當然是心知肚明，諸如這般的示威活動，無論如何也別想能控制住群眾們的憤怒。(在這場暴動結束後的那天傍晚，協會的一名會員在一家酒館裡向賓斯誇口說，他曾爬到馬車上面，想要攻擊國王。)不管怎樣，官方火速做出了回應。它發表了一紙文告，禁止任何的叛亂集會，皮特也立刻提出了所謂的「雙法案」。其中第一條規定，任何以言詞或寫作鼓動人民懷恨或輕視國王、憲法或政府者，即等於觸犯叛亂罪；第二條法案則規定，未通知治安法官之前，不得舉行超過五十人的集會，同時治安法官有權得以中斷演講、拘捕演說者和解散集會。此外，法令全書上還增加了一條死罪：違抗治安法官命令者得以處死。一項特別針對塞爾華的條款是，治安法官有權將改革者的演講室視為「騷亂場所」而加以關閉。

從這項法案提出(1795 年 11 月 10 日)到獲得國王批准(12 月18 日)這段期間，是民眾騷亂的最後階段，也是最激烈的階段。由弗克斯所領導的小反對派，在這項法案審查的每個階段都用盡全力加以阻撓，而這也是他們第一次和最後一次與民間社團並肩作戰。倫敦通訊協會在 11 月 12 日於哥本哈根場舉行了一次緊急示威(這次

---

[85] Anon., *Truth and Treason! or a Narrative of the Royal Procession* (1795).

據說有二十萬人參加)[86]。普雷斯回憶道:「就像這類活動常見的情形一樣，參加者包括男男女女、大人小孩。」然而事實上，不管是這次集會的場所或是攜帶兒童參加的習慣，都是不「常見的」，後面這點可說是具有和平意味的指標，並在日後成爲工人運動的傳統。協會在 12 月份於瑪麗勒朋場(Marylebone Fields)舉行了最後一次大型示威，以下就是法靈頓(Joseph Farington)在其日記中有關這次示威的記載。站在幾個「講壇」上的演講者包括弗蘭、塞爾華和瓊斯。瓊斯那個「窮擺架子」的外科醫生，患了某種「麻痺的疾病」，他的「腦袋、肩膀和手臂幾乎不停地抽搐著」，不過，他卻有一口「絕佳的聲音：銳利、清楚、分明⋯⋯」。他在演說中威脅皮特終將接受「人民的公決」：

　　沒有發生任何暴動。沒有舉手贊成或高聲喝采的人，也未遭受攻擊。[87]

　　英國的其餘地區也舉辦了大規模的示威，目的幾乎全是爲了反對這兩項法案。皮特說:「如果我辭職的話，六個月內便會首級不保。」約克郡是這股風潮中的主要逆流。約克郡選出的國會議員韋伯福斯，曾私下與皮特一起研擬「煽動叛變法(Sedition Bill)──藉著擴大法案的適用範圍而讓它更具效果」。(韋伯福斯爲了保護他的「獨立」聲譽，還特意在國會中反對其中的一項條款。)就在這個時候，約克郡的韋威爾以他一貫秉持的溫和派原則，要求召開一次郡集會表示

---

[86] 事實上，一份由倫敦通訊協會發表的《記實》(Account)中宣稱，有「超過三十萬」名英國人參加。

[87] *The Farington Diary* (ed. J. Greig, 1922), I, pp. 118-9.

抗議，並且在星期五對西來丁所有的自有持產人（freeholder）*7 發出通知，邀請他們四天之後，也就是下一個星期二前來約克城開會：「放下你們的織布機前來吧，你們這些誠實和勤勞的織布商們；放下你們田間的工作一天吧，你們這些強壯和獨立的自耕農們；帶著你們祖先的精神前來吧……」當時人在倫敦的韋伯福斯在他前往教堂的路上（幾天前，他在日記上寫道：「且讓我謹記住一名基督徒所應具有的特質：在國會裡保持言行莊重，心情開朗、仁慈寬容，並要掩飾住自己的警戒和嚴肅。」），接獲了來自約克郡的快信。他沒經過太多掙扎就克服了不在安息日旅行的顧忌，立刻驅車去見皮特。皮特說他務必要出席這次郡集會。但是韋伯福斯的馬車尚未準備好。皮特說，「我的馬車準備好了，坐我的馬車出發吧。」（旁邊有人說道：「如果他們發現你乘的是誰的馬車，你將會有被謀殺的危險。」）於是韋伯福斯只好坐進皮特的馬車，展開這趟「迫不得已」的北行。整個約克郡的人民似乎全都在朝約克城湧去，織布商騎著他們的駄馬趕路。集會一開始，就瀰漫著強烈的反政府氣氛，而韋伯福斯的馬車也在此時駛進約克城。他以「無可匹敵」的流利口才請求「出席這場約克郡有史以來最大規模集會的上流紳士和自由持產人」，「將活力與生氣灌輸給那些怯弱沮喪的忠貞勤王者」。由於韋伯福斯擁有獨立派和基督徒慈善家的偉大名聲，使得反對國教派的自耕農和織布商都歸心於他。集會陷入分裂，爲數四千名的自由持產人，絕大多數都支持韋伯福斯擁護國王和憲法的言論，可是「索頓上校（Colonel Thornton）那個瘋子卻穿著他的軍服站在那兒」，向「約克的下層百姓們」發表「擁護雅各賓派」的演說。「他告訴他們，不論他們打

---

*7 按：指擁有某實質地產之永久且完整所有權者。

算何時起義，已經有許多士兵隨時準備加入他們。」最後，索頓「把他的軍服拋給那些身分低下的百姓」，他們則用椅子將他高舉起來，一路遊行到行會廳(Guildhall)[88]。

這是一個具有歷史分水嶺意義的危機時刻。除了選舉活動之外，西來丁下一次在約克城所舉行的大型集會，將是歐斯特勒的工廠奴隸「朝聖之旅」(1832 年)。正如約克的這場集會最後分裂爲效忠政府的「自由持產人」以及煽動叛變的「無選舉權者」，在 1850 年以前，十九世紀的英國社會基本上也是分裂成兩個陣營：擁有選舉權的人，和出席選舉造勢會的工人。它也象徵著另一種劃分。弗克斯曾說：「約克郡和密得塞克斯[*8] 合起來便構成整個英格蘭。」約克郡的不奉國教派意識已經充分顯露出它的弱點：在英國國教會和國王力有不逮的地方，韋伯福斯和循道宗都可補足。然而在密得塞克斯，早期反對國教派的工匠、手藝人和小店主，如今都已明顯地傾向宗教自由思想。而這樣的轉變，同樣該歸功於「雙法案」以及國教會和(不屬於任何教會的)禮拜堂的領袖們宣誓「效忠」的結果。

曾經有人指出「雙法案」是雷聲大雨點小，因爲從來沒有人因這兩個法案被囚處死刑。雖然人身保護法中止了八年之久，然而不經審訊就逕行扣押的案例，大概也只有幾十件[89]。事實上，皮特想要

---

88 Wilberforce, op. cit. II, pp. 112-33; Wyvill, *Political Papers*, V, passim.

*8 按：英格蘭古郡名，字面意義爲「中撒克遜王國的領地」，位於泰晤士河流域，最初的範圍包括整個大倫敦地區，1965 年成爲倫敦大都會區的一部分。

89 在普雷斯的手稿中，有一則「奧克斯雷的敘述」(Narrative of John Oxlade)，奧克斯雷是倫敦通訊協會的會員，於 1798 年 5 月被捕，在這個敘述中，普雷斯估計在雙法案的巔峰時期(1798-1800)，約有四十名倫敦通訊協會的會員在未經審訊的情況下遭到監禁，聯合英格蘭人則有大約三十五名成員有同樣遭遇。See also "Lists of Suspects" in P. C. A. 158.

的正是這種**雷聲**：恐懼、間諜、虎視眈眈但權力不明確的治安法官，以及偶爾的幾個實例。畢竟在「雙法案」的雷聲與雨點之間，仍存在著英國陪審制度這個大障礙。由此看來，普雷斯（於 1842 年）所謂的「小店主與工人大眾不了解它們〔雙法案〕卻贊同它們」的說法[90]，是非常有問題的。

　　不過無論如何，雙法案還是成功的。倫敦通訊協會最初還曾冒險採取違抗政策：派遣代表前往外郡，希望重建全國性組織。賓斯奉派前往海軍的主要根據地樸資茅斯，但是當倫敦的委員會聽說有人祕密尾隨他並可能拘捕他時，賓斯立刻就被召了回來。瓊斯負責巡行肯特郡的市鎮——羅徹斯特、查山、梅斯東、吉林漢（Gilling-ham）、格瑞夫森（Gravesend）。在羅徹斯特，他發現了一個擁有九到十個分部實力的協會；在查山，當聽眾中有某人詢問這次集會有沒有超過「雙法案」所允許的五十人時，「另一個人立刻憤怒地要他出去，好讓**他的**缺席能有助於減少人數。」瓊斯聽說查山的碼頭工人曾經拒絕簽署一份支持雙法案的致國王書，反倒是簽署了一份抗議雙法案的陳情書。普雷斯在若干年後曾極力否認倫敦通訊協會有任何會員曾贊同「藉助法國之力以促成共和國的建立」，但是從協會對於這些軍港的關注看來，我們不禁要質疑普氏的說法。這些造訪碼頭的動作，可能是證明雅各賓分子與 1797 年的史必黑（Spithead）和諾爾河（Nore）海軍兵變有關的線索之一[91]。

---

90 Wallas, op. cit., p. 25.

91 John Binns, op. cit., pp. 63-4; J. G. Jones, *Sketch of a Political Tour through Rochester, Chatham, Maidstone, Gravesend . . .* (1796), pp. 27, 81; Wallas, op. cit., pp. 27-8. 按：史必黑和諾爾河位於英格蘭南部沿岸，數百年來一直是皇家海軍的基地，有關兵變始末，詳見下文頁 223-6。

　　瓊斯和賓斯接著又以代表的身分前往伯明罕，並於 1796 年 3 月
11 日，在伯明罕的一場集會致詞時被捕。他們分別接受審判，瓊斯
在 1797 年下獄，但賓斯無罪開釋。(吉樂德的老師帕爾博士對這項
裁決發揮了具體作用，在整個審訊過程中，他都端坐在陪審團正前
方，當有人提出有利於檢方的證據時，他就很氣憤地皺起眉頭並露
出不可置信的神色，可是對於辯方所提出的每一點，他都以親切的
點頭表示贊同。)與此同時，塞爾華以「羅馬史」爲幌子繼續進行他
的例行演講，然而不但講堂遭到查封，連他的《論壇報》(*The Tribune*)
也被迫停刊。於是他開始周遊東盎格利亞，並在諾威治發表了一系
列的二十二場演講，不過在雅茅斯，他和他的聽眾受到九十名佩有
短劍短棒水手的粗暴攻擊，這些水手是由一艘停泊在港口的海軍快
速戰艦派來的。至於倫敦通訊協會本部，由於其領袖不是不在就是
被捕，加上與外郡之間又只有零星的通訊，於是很快就陷入內鬨瓦
解的階段[92]。

　　不過這次內鬨可不是全無創意。它有一部分是起於宗敎(或反宗
敎)課題。這些人先前曾經致力於對抗政府，如今他們之中有許多人
渴望能進一步與國敎會抗衡。普雷斯插手《理性時代》廉價版的發
行一事，獲得倫敦通訊協會委員會大多數委員的支持，可是委員會
的這項決定卻導致許多秉持宗敎信仰者的退出[93]。瑞德(William

---

[92] Binns, op. cit., passim; Thelwall, *Narrative of the late Atrocious Proceedings at Yarmouth* (1796); C. Cestre, *John Thelwall* (1906), pp. 127-9.

[93] 在 1795 到 1796 年成爲一般委員會(偶爾還包括執行委員會)成員的鮑爾
(James Powell)，是另一名政府間諜，根據他的報告，1795 年 9 月 24 日「曾
經宣讀一封由循道宗成員發出的信函，該派成員在協會內部人多勢眾，他們
要求將無神論者和自然神論者逐出協會」。當他們的要求遭到拒絕時，他們宣

Hamilton Reid)是雅各賓派的「叛徒」，曾發表一份有關這個協會在這些年間的記述，內容頗具權威性。倫敦通訊協會各分部在挑選代表出席一般委員會的時候，挑選「一個優秀的民主派和自然神論者」，或「一位非基督徒」幾乎已成慣例。俱樂部和閱讀小組好像始終處於逃亡狀態，不斷從一個酒館被追趕到另一個酒館。一個於 1795 年在跛子門(Cripple gate)「綠龍酒館」正式成立的辯論協會，曾經被迫陸續遷往芬斯百利廣場(Finsbury Square)、腳鐐巷(Fetter Lane)，以及小不列顛(Litte Britain)區的「蘇格蘭盾徽」(Scots Arms)酒館，然後又搬到石南場的兩家酒吧，最後於 1798 年遷到「市府官員鞭長莫及」的哈克斯頓(倫敦南郊)，然而一直到該協會結束之前，它的每場聚會都是人滿爲患。另一項更野心勃勃的冒險是 1796 年春天開設的「理性殿堂」(Temple of Reason)，堂址在白十字街(White Cross Street)的尼柯爾拍賣場(Nichol's Sale Room)。殿堂的內部陳設是由會員一手包辦，並且修建了一間圖書室。這座殿堂並沒有發展得非常繁榮，不過卻爲一個世代以後的歐文主義鋪好了成長的土壤[94]。

在我們對以上的敍述做出總結之前，值得先停下來爲這些協會做番仔細的體檢，看看它們究竟是一些什麼樣的團體。我們可以拿雪菲爾和倫敦的協會爲例，因爲它們的力量最強，我們對它們的所知也最多。

布脫離協會另組「宗教和公民自由之友社」(The Friends of Religious & Civil Liberty)。鮑爾估計，將會有六個分部和數百名個別成員追隨他們離去。(P. C. A. 38)

[94] W. H. Reid, *The Rise and Dissolution of the Infidel Societies of this Metropolis* (1800), pp. 5, 9-12, 22-3.

　　和倫敦通訊協會一樣，雪菲爾協會最初也是從一次「五、六名技工……聚在一起談論高昂的糧食價格」開始的。該協會的成長極為迅速，到了 1793 年 1 月，已包含了八個協會，這八個協會「於同一個晚上在不同的地點進行聚會」。「沒有入場券的人不得與會……會議的過程秩序井然。」這些協會每兩個星期聚會一次，「大約有數百人出席」的大會，則每月召開一次。該會有一千四百人認購了《人權論》第一部的廉價版(六便士)，並且「在雪菲爾的許多討論會中由大家狼吞虎嚥地傳讀著」。1792 年 3 月，也就是在成立了四個月之後，該會已擁有將近二千名會員。5 月，該會通過了新的組織方法：

　　　　也就是，將會員分成十人一組的小團體或小聚會，並由這十
　　　　個人指定一名代表；然後每十名這樣的代表再組成另一個集
　　　　會，以此類推……直到最後的數目適合組成一個委員會或大會
　　　　為止。

這些分部按照撒克遜人的傳統稱之為 tythyngs(十人小組)。打從一開始，地方上的士紳便對這樣一個「由最低階層所組成的協會」深感害怕，但是在最初幾個月裡，根據一些能夠接受溫和改革的局外人的報導，該協會會員的謹慎和守法行為, 確實教人印象深刻。1792 年 5 月，一位通訊員向韋威爾保證該協會是由「品格端正……富理解力的人」所組成，「他們能夠接納各種資訊」。會員中有少數幾個貴格派教徒(雖然該會並不承認)以及幾位循道宗教徒：

　　　　在某次聚會當中(有位意外人士在場)，會議以井然有序的規
　　　　則進行，一開始先由主席朗讀會議記錄……然後由幾名會員接

續地向與會的同志朗讀幾篇挑選好的文章，其內容都是贊同自由與和平改革……[95]

在 1792 至 1794 年間，雪菲爾協會是所有協會當中在通訊上最費苦心也最積極的。（由於在技術上組成一個全國性的協會是違法的，因此通訊——加上彼此正式接納彼此的會員爲名譽會員——便成爲維持一個實質上的全國性協會的唯一手段。）雖然如前所示，協會的會員們都挺偏愛能在講壇上發揮戲劇性演出的天才——如布朗和約刻——不過協會的職員卻清一色是雪菲爾工業中的職工或手藝人。雪菲爾是一個屬於小師傅和技巧超絕的手藝人（相對收入也較好）的城鎮，而且（軍務局副局長抱怨說）「沒有什麼政府的力量」。1792 年時，有兩名治安法官住在城外，其中一名住在十四哩外的地方，另一名則是自從「在上一年有關圈田的暴動中因爲採取了一些行動而被憤怒的老百姓放火燒了他的部分產業之後，就很少住在這一帶了」[96]。因此，雪菲爾可說是雅各賓運動的理想中心——沒有什麼貴族勢力，卻有許多技巧精熟且具讀寫能力的工人，以及民主獨立的傳統。在爲數不多的專業人士當中，有幾位的態度相當同情友善；最初的創始會員裡有一位「貴格派的醫生」；在約刻的審判過程

---

95 Fitzwilliam Papers (Sheffield Reference Library), F.44 (a); Wyvill, *Political Papers*, V, pp. 43-50; H. McLachlan, *Letters of Theophilus Lindsay* (1920), p. 132; *A Complete Refutation of the Malevolent Charges Exhibited against the Friends of Reform in and about Sheffield* (Sheffield, 1793); *Report of the Committee of Secrecy* (1794) pp. 85, 116, 119; W. A. L. Seaman, "Reform Politics at Sheffield", *Trans. Hunter Arch. Soc.* VII, pp. 215 ff.

96 Aspinall, op. cit., pp. 4-5.

中，有兩位反對國教派的牧師出庭爲他辯護；此外還有一些頗具實力的刀剪師傅也是改革者。雪菲爾的刀剪商以一流的組織能力聞名，不過他們當中倒是沒出過什麼演說家。可是在哈代和約刻的審判中，由他們的委員會選派出來的證人，不管是在團結合作這點上，或是在交叉詢問時不受巧言屬詞欺騙威逼這點上，都給人非常深刻的印象。一位在哈代的審判中出席作證的會員指出，這個協會的宗旨是：

> 啟發人民，並且告訴人民，他們所有的苦難究竟是因何而來。我所知道的苦難是，有的人每天工作十三到十四小時，而且日復一日週復一週，可是卻還養不活他的家人。協會的宗旨就是要告訴人民爲什麼會這樣，爲什麼他們養不活他們的家人。

在約刻的審判中，另一名證人則在交叉訊問時抗議說：「我來此的目的不是爲了聽教訓，我是來說實話的。」在 1793 到 1794 年的不景氣（和鎮壓）時期，他們當中可能有些人曾考慮過武裝反叛。不過我們可以確定的是：他們堅決反對戰爭，而且最早對帕默和繆爾伸出援手。

雪菲爾有一項非常優越的條件，那就是它擁有一位能幹的出版人兼編輯人蓋爾斯，以他每週出刊一次的《雪菲爾記事》來支持這個協會。（比較偏知識性的期刊《愛國者》〔*The Patriot*〕，在雪菲爾也發行過一段時間。）《雪菲爾記事》創辦於 1787 年，1794 年的銷售量已高達（以當時的標準而言）每週二千份。在那個時代，「民主」精神對於禮儀風俗的影響力可不下於對政治的影響力：「民主分子」同時也會是衣著的改革者；他們會選擇在鄉間漫步而不會乘騎租用的馬匹或馬車出遊；他們放棄所有正式的稱號，包括「先生」("Mr" or

"Esquire")這個稱呼；如果他們是雅各賓派的話，還會把頭髮剪得短短的。同樣的，這些外郡的民主報章——《雪菲爾記事》、《曼徹斯特前鋒報》(*Manchester Herald*)、《劍橋情報員》(*Cambridge Intelligencer*，由一名神位一體派的改革者福勞爾〔Benjamin Flower〕擔任編輯)和《來斯特前鋒報》(*Leicester Herald*)——也爲外郡的新聞出版奠立了新的標準，不再只是拿倫敦的報紙來剪剪貼貼，並且開始發表具原創性的社論。《曼徹斯特前鋒報》也在其創刊號(1792 年 3 月 31 日)上，表達了由蓋爾斯這位前輩所立下的原則：

> 我們不登只有遊手好閒之輩才會感興趣的時髦文章——那些記述宮廷服飾或風流艷事的文章，描寫狩獵會、飲酒會或招邀聚會的文章。

蓋爾斯的週報、書店以及小冊子出版社，都是雪菲爾運動中不可或缺的一部分[97]。

自一開始，雪菲爾協會便是以刀剪業「那些卑下的製造業者和工人」爲基礎[98]。(雖然有人提到它曾在周圍村落做過宣傳，但是沒有任何煤礦工人或農村勞工在任何委員會上扮演過重要角色。)不過倫敦通訊協會的會員身分當然是複雜和歧異得多。它的會員來自數十個協會，而其傳統則是承襲自馬車製造者會館(Coach-maker's Hall)、自由辯論協會(Society for Free Debate，塞爾華曾在這個協會

---

[97] See Donald Read, *Press and People* (1961), pp. 69-73; also F. Knight, op. cit., p. 72 and J. Taylor, "The Sheffield Constitutional Society", *Trans. Hunter Arch. Soc.*, V., 1939.

[98] Fitzwilliam papers, F.44 (a).

受訓)或日後被瑞德形容成「無神論者」的諸多協會。倫敦通訊協會無疑是這些協會中最強大的一個，但是在它周邊總是有許多其他的團體同時存在。

這個協會是以「分部」做爲組織單位，每個分部至少三十人，當人數達到四十五人或六十人時，便另組新的分部。每個分部派遣一位代表(以及一位副代表，不過他沒有投票權)出席每週舉行一次的一般委員會；各分部都有權召回其代表，也有權就原則問題提出意見。從安善保存的會議記錄簿中，可以看出委員會和分部之間交流頻繁，會員們不斷提出決議案，並小心防範委員會濫權。不過在1794年後，由於害怕遭間諜滲透，遂成立了一個約由五人組成的執行委員會，並賦予它相當大的權力，這個執行委員會可說是一般委員會的通訊委員會[99]。

倫敦通訊協會會員的數目很難正確估計。它的巔峰時期是1792年的秋天、1794年的春天，以及(或許人數最多的)1795年最後幾個月。協會本身的說法過於膨脹，有時甚至多達幾萬人，不過歷史學家的估計顯然又太少。(經常有人指出，這類協會的會員的人數從不曾超過二千，可是我們有理由相信，在雪菲爾和諾威治絕不止這個數目。)由於協會委員會的兩名領導成員對於1795至1796年間會員數目的記憶完全不同，遂使得正確的數字變得更爲撲朔。偶爾擔任過一般委員會主席的普雷斯曾說，在1795年夏天，這個協會共有七十個分部，而每週實際參加**集會**的約有二千人。賓斯的說法就比較詳盡。他說協會的收入有時會超過每週五十鎊，如果根據每週出席

---

99 比較完整的記載，參見 H. Collins, op. cit., p. 110。關於這些程序的通盤研究，參見席曼(Seaman)未出版的論文。這些規則曾經變動過數次，上文的說法大致是根據從最初三年的會議記錄簿中所得到的印象。

費一便士計算，那麼每週固定的會員出席人數就高達一萬二千人。由於有許多會員從不付出席費，或只是偶爾出席，因此他認爲整體而言，**平均**的出席人數應該是一萬八千到兩萬人，「其中大多數是……小店主、工匠、技工和賣勞力的。在他於 1795 至 1796 年出任一般委員會的主席期間，出席一般委員會——會址在波福樓（Beaufort's Buildings）的塞爾華演講廳——的分部代表和副代表，平均是一百六十到一百八十人。

這兩種說法都是寫於好幾十年之後。普雷斯的數字比較可信，不過還是帶有偏見，因爲他極力想要沖淡「鼓動者」在協會中所扮演的角色。至於賓斯的偏見，則是想替他的雅各賓年輕時代染上一點浪漫色彩。這裡面的問題之一，是有關分部人數的估計。在協會剛成立那幾年，並沒有嚴格遵守超過四十五人便須另行成立分部的規定。根據 1792 至 1794 年間所留下的分部記錄顯示，每個分部的會員人數從十七到一百七十人不等；而根據哈代於 1794 年在樞密院接受審判時所做的保守回答，則表示他自己所屬的分部總共有六百名會員。不過這些會員當中實際上每個禮拜都會**出席聚會**的，大概只有五十到六十人——這種比例對民眾運動來說並不反常。馬格若在 1793 年的英國公會上，聲稱該協會有一萬二千到一萬三千名會員——這幾乎可以肯定是誇大之辭。1794 年 5 月，一位消息靈通的間諜（很可能是「公民葛洛福斯」）報告說：「他們自己宣稱他們的人數超過一萬八千人……但這顯然完全不可置信。」他在報告中指出，當時該協會的每季收入爲二百八十鎊，以每個會員每季會費十三便士計算，繳交會費的會員約爲五千五百人。到了 1795 年秋天，有另一名間諜（鮑爾〔Powell〕）固定對每個禮拜每個分部的新會員情況和各分部的會員聚會提出報告。根據這些報告，普雷斯所說的「固定

出席人數少於二千」的估計應該是正確的，不過在協會的會員名冊上必定有好幾倍於這個數字的會員人數。鮑爾報告說，「從分部的會員名冊不難推想出協會的一般情形，出現在名冊上的人數事實上不止一萬人。」但是他認為這是「錯誤的資料」，因為這些資料包括許多自 1794 年起便失聯的會員，以及那些在登記完姓名並繳了十三便士之後，就不曾來過協會的人。綜上所述，我們可以把普雷斯和賓斯的數字差距拉近一點。皮特可以是任何一種人，但絕對不會是傻瓜，他不可能會因為害怕一個從未曾超過兩千人的團體，而去批准那麼不受歡迎的叛國審判和「雙法案」。以 1794 年早期和 1795 年晚期而言，說這個協會至少有二千名常任會員、五千名繳納會費的會員，以及一萬名以上的名義會員，應該是可信的[100]。

協會的業務和財務都處理得十分仔細，而且嚴守民主原則。在提名馬格若和吉樂德出席英國公會（1793 年）的那次攸關生死的 10 月集會中，有一名會員志願**無酬**參加（也就是花他自己的錢），但是遭到集會人士反對，因為「這違反我們協會的原則」。當時協會的經費正處於困窘之際，可是卻仍然堅持服務者領錢的原則，目的是為了防止協會事務落入有錢有閒者之手。另一方面，賓斯回憶道：「當我是他們的代表，為他們的事務出差時，他們會很大方地支付我的用度。」[101]

---

100 Divisional records and Powell's reports in P.C. A.38; "Examinations before the Privy Council", T.S. 11.3509; Grove in T.S. 11.3510 (A); Place's account, Add. MSS 27808; Binns, *Recollections*, pp. 45-6; A Member, *Account of the British Convention*, p. 40; *Correspondence of the L.C.S.* (1795), pp. 29, 35. 在 1795 年 6 到 11 月間，一共增加了二千六百名新會員。

101 Minutes of L.C.S., Add. MSS. 27812; Binns op. cit., p. 36.

　　關於各分部工作的記述可說包羅萬象。最喜歡追溯嚴肅的體制系譜的普雷斯，最著墨於教育性的活動：他的倫敦通訊協會根本與皮特無關，而是一個未成熟的「工人教育協會」。由他負責的分部是在一個私人住宅裡舉行集會：「我遇到許多喜好發問、聰慧和正直的人……我們訂閱書籍……星期天晚上開派對……閱讀，談話和討論。」

　　　　這些每週一次的集會，其一般的進行情形如下：

　　　　主席（大家輪流）先朗讀某本書中的一段文字……然後邀請大家就其內容發表意見，只要願意就可發言，但不必起立。然後主席朗讀另一段，並再度邀請大家發表意見。接著主席又繼續朗讀剩下的部分，並第三次邀請大家發表意見，並希望先前沒發言過的人能說上幾句。然後是綜合討論。

「協會所發揮的精神影響實在很大。它引導人們把時間花在閱讀上而不是浪擲在酒吧裡。它教導他們思考，教導他們尊重自己，並激起他們讓子女受教育的渴望。它讓他們根據自己的看法來提升自己。」[102]

　　以上這些片段都相當精采，成功地描繪出一個階級在追求政治自我教育過程中的最初階段；這些片段也呈現出當時生活實況中的一個重要面向，它的確有部分是真的。但是我們很難忘記，普雷斯當時也正端坐在那兒讓老穆勒（James Mill）替他畫像，就像「白種人

---

[102] Add. MSS. 27808; G. Wallas, op. cit., p. 22; R. Birley, *The English Jacobins* (1924), Appendix II, p. 5.

的可靠黑奴」那般。那個時代的間諜報告有著普雷斯所缺乏的生動特質。一位倫敦的挑夫說：「大家七嘴八舌地講個不停，在代表站起來之前，整個會場都鬧哄哄的。大家都變得非常蠻橫而且不肯等待，然後代表們站起身來試圖安撫他們。」此外，我們也知道這些分部並非總可以在星期天的私人住宅裡開會：許多位於較貧苦地區的分部，經常得從一家酒館被趕到另一家酒館。而瑞德對於 1790 年代晚期俱樂部集會的描述——「總少不了要把神職人員嘲弄一番的歌曲」、「菸斗與菸草」、「撒滿一便士、二便士和三便士出版品的桌面」——似乎和普雷斯的記載同樣可信（而且也不衝突）[103]。

　　至於這個協會的社會組成成分，幾乎沒有任何疑問。它主要是個**工匠**的協會。從留存至今的分部會員名冊看來，其中包括絲織工、鐘錶匠、皮匠、細木工、木匠、裁縫。有一個擁有九十八名會員的分部，其會員名冊上登錄有九名鐘錶匠，八名織工，八名裁縫，六名細木工，五名鞋匠，四名皮匠，木匠、染工和理髮師各三名，商人、綬帶設計師、屠夫、襪商、雕刻工、泥水匠、裁框工人、馬褲裁縫、床架製造工和燒窯工各兩名，以及文具商、帽商、麵包師、椅套商、鎖匠、鐵絲工、樂師、外科醫師、鑄造師、裝玻璃工人、馬口鐵工人、漆器工人、書商、雕版師、布商、批發商和賣勞力的各一名，其餘則無法歸類[104]。雖然協會幾個最活躍的宣傳家，如瓊斯和塞爾華，是出身醫界或新聞界，不過大多數的委員會成員都是工匠或手藝人：艾希禮（Ashley）是鞋匠，巴克斯特是熟練銀匠，賓斯是鉛工，朋恩是荷本區的書商，蓋樂威（Alexander Galloway）是算學

103 P. A. Brown, op. cit., p. 73; Reid, op. cit., p. 8. 普雷斯的敘述可用來形容倫敦中心地區的工匠和手藝人，其他的記載則是描述倫敦南區和東區的分部。
104 P.C. A.38.

機器製造商(後來成爲倫敦屬一屬二的工程雇主)，伊文斯(Thomas Evans)是印花布染色工，後來成爲專利吊帶製造商，哈吉森是製帽師傅，洛維特是理髮匠，盧夫曼(Luffman)是金匠，奧克斯雷(Oxlade)是裝禎師傅，此外還有一些鞋匠、麵包師、車床工、書商和裁縫。1794 年 6 月，「公民葛洛福斯」向他的老闆提出了一份揭示該協會社會成分的報告：

> 其中有些人看起來像是止派手藝人，這些人擁有強大但未加善用的才能，他們雖然勇敢，卻極謹愼。這樣的代表有，可是不多。還有一些人顯然地位較低，無疑是些熟練職工，這些人雖然看起來没什麼能力也很少發言，可是卻非常果決……固定會投票支持那類帶點冒險性的動議。最後一種人……也是人數最多的一群，則包含最低下的那些社會層級——没幾個看起來外貌端正，有的一身骯髒破爛，有的則一臉卑鄙、十足像個無賴，要任何一個受過良好教育的人和他們並肩而坐，非得先壓抑住自己與生俱來的驕傲不可。我曾經在中央刑事法院的聽訟審判庭上看過比他們像樣多的人，因爲没有人提出檢舉而在審判終結時獲得開釋。這些人看上去就很粗暴，而且似乎隨時準備採取一切手段，來製造混亂和無政府狀態。[105]

這些英格蘭的雅各賓分子比我們以前認爲的人數更多，也更像引發法國大革命的那些「市井小民」。他們的確比較不像法國的雅各賓人士而比較像巴黎「幫」的無套褲漢，這些人所秉持的狂熱平等主義，

---

[105] T.S. 11.3510 A (3).

可說是 1793 到 1794 年間羅伯斯比革命獨裁政權的堅定基石[106]。他們還沒在新興的製造業市鎮打下基礎，不過在擁有悠久知識傳統的都市匠人當中，他們可是勢力強大，比方說：古老的工業城市諾威治，當時該城還沒輸給西來丁，依然保有毛紗精紡業的龍頭地位；史匹塔菲，該區的絲織業以及那些聲名狼藉、特愛滋事的學徒，此刻正備受蘭開郡棉紡業的競爭之苦；以及雪菲爾，當地有許多刀剪業的職工正在往成為小師傅的目標邁進。就像共和二年的巴黎一樣，鞋匠在英國的表現一直都非常搶眼。這些工匠將潘恩的學說發揮到極致——絕對的政治民主，徹底反對君主政體和貴族政治、反對政府與稅收。在情勢臻於狂熱的時刻，他們就是激進運動的中堅分子，這項運動一方面獲得數以千計的小店主、印刷業者、書商、醫事人員、教師、雕版師、小師傅和反對國教派教士的支持，另一方面也獲得挑夫、挑煤工、苦力、士兵和水手們的擁護。

這場運動只產生兩位具分量的理論家，他們的理論充分顯露出這項運動本質上的緊張狀態。塞爾華是其中最重要的一位。他是一個絲綢商人的兒子，跨處於兩個世界之間，一邊是華滋華斯與柯立芝的世界，一邊是史匹塔菲絲織工的世界。在這場運動式微之後，蔑視和詆毀「可憐的塞爾華」幾乎已成為一種習慣。十九世紀早期的他，可說是個悲愴的人物——成天把過去的豐功偉績掛在嘴上，可是卻只能靠教授演講術維生，深陷於被迫害的妄想中。不幸的是，他也是個才能平庸的詩人——雖然這種罪行在我們周遭隨處可見，不過在歷史學家和批評家眼中，卻是罪大惡極、不容饒恕。德昆西

---

[106] Cf. A. Soboul, *Les sans-culottes parisiens en l'an II* (Paris, 1958), Book II, and R. Cobb, "The People in the French Revolution", *Past and Present*, XV, April 1959. 後者對於地域派系的社會基礎有極具價值的討論。

是成長於一個「瘋狂懼怕雅各賓主義⋯⋯和極端崇拜皮特」的大環境中，他那句「像塞爾華這種可憐的吹牛王」，代表的其實是下一代知識激進派對他的定評。這種看法至今還緊緊跟著塞爾華。

然而，在吉樂德和馮格若的審判依然餘波盪漾的情況下，做為一個必須面對叛國罪審判的雅各賓傑出領袖，而且能一直堅持到雙法案時代（這點是涂克和哈代不曾做到的）乃至雙法案結束之後，需要的恐怕不止是空談誇大的能力，可能還得在性格中具備一點演員特質。英國雅各賓分子（除了哈代以外）的缺點，就是少了這種與生俱來的表演特質，因此當他們擺出比較戲劇性的姿勢時，往往就會顯得有點可笑。可是那是一個修辭的時代，而一個**突然從下層社會搖身爲政治人物者**的修辭，注定是不會有柏克之流的那種穩健自若。如果捍衛自由的護民官（Tribunes of Liberty，他們確實是**眞**自由的保護人）眞能因此而賦予人民勇氣，那麼這種誇大應該是可以原諒的。再者，在1793到1795那段緊張的政治作戰期間，塞爾華可說表現得勇氣十足而且深思熟慮。他在1793年與倫敦當局進行了一整年的公開對抗，以確保公開演講和辯論的權利。在不斷被人從一個講堂趕到另一個講堂之後，他終於在一個贊助委員的協助下，取得波福樓這個地點做爲他發表演講的場地，以及1794和1795年協會舉行一般活動的中心[107]。哈代被捕之後，塞爾華立刻重整這個協會。當有間諜出席他的演講會時，他立即轉守爲攻地改以間諜制度做爲演講主題；當有人企圖想要引發暴動時，他則帶領聽眾靜靜地離開講堂。他修改過於激烈的決議，並且嚴防挑撥煽動的情事。他深諳駕馭群眾之道，據說在最後一次抗議雙法案的示威中，當「士兵！士

---

[107] See C. Cestre, op. cit., pp. 74 ff.

兵!」的喊叫聲傳來時，他隨即宣揚協會與軍隊親善的主張，並將一陣驚恐之情轉化成團結一致的決心。

他在 1795 到 1796 年間所發表的演講和著作，不管是在深刻度與連貫性上，都遠遠超過其他的雅各賓積極人士。他清楚地說明了英國人對於法國事件的評價：

> 我覺得法國大革命最值得讚揚的一點是：它把以下的信念視爲革命原則般加以擁護和宣揚，亦即古代的惡習不能因爲它們古老就變成美德⋯⋯人類擁有法規或習俗所不能剝奪的權利⋯⋯思想理應自由⋯⋯理性的人類有權運用他們的智力⋯⋯不論某個社會階級犯了多少年的掠奪之罪，它都沒有權利搶奪和壓迫其他團體⋯⋯這些都是我所仰慕的原則，正是因爲這些原則，才讓我儘管了解法國大革命有許多殘暴或過分之處，我仍然禁不住爲它歡欣鼓舞。

在羅伯斯比厲行恐怖統治期間，塞爾華曾挺身表示：「法國此時的暴行和過激之處，並不是這場革命的新原則所造成的，而是報復、腐敗和猜疑這類陳年弊病的復萌結果，而滋養這類陳年弊病的溫床，正是昔日專制暴政的殘忍習性。」他既不支持無效率的吉倫特派，也不支持山岳派，並且對這種「哲學上的低能和活躍政黨的狂暴」提出批評。不過在羅伯斯比死掉之後，他立刻在演講中指出，「皮特的性格與羅伯斯比的性格有許多對應之處：

> 羅伯斯比以不公正的手段壓迫富人，以便維持他在窮人中的人緣。皮特忽略窮人，並以由他所掀起的戰爭和因戰爭而導致

的稅收來壓迫窮人，以便維繫他在富人中的人緣。羅伯斯比制定了一部自由憲法，可是卻背道而馳地施行暴政。皮特讚美另一部自由憲法，但是卻把它的所有條款踐踏於腳下。[108]

而這，同樣是需要勇氣的。

他每週兩次的演講也發表在《論壇報》上，內容結合了政治教育和時事評論，教人聯想起日後的柯貝特。他以波蘭在柯斯丘斯科(Kosciuszco)領導下爭取國家獨立、反抗鎮壓為題的文章，傳達出一種國際主義的宏大精神，深深喚醒了他的聽眾。他的激進主義大抵不出潘恩的範圍，不過他比潘恩更著重經濟和社會問題。他說出了工匠們想藉由合理勞動以賺取獨立生計的心聲；並公開指摘「一方面懲罰結社的貧苦職工，一方面卻又允許富有的製造業者、包商和壟斷者……隨意結社」的立法[109]。他揚棄「平等派」的觀念，批評土地國有化或理想大同世界(Pantisocracy)只是「純理論」和遠水救不了近火的計畫。他支持獨立的製造商，這些人可以藉由「額上滲出的汗水」來提升自己的地位。然而，「如果沒有公平的分配加以輔助，生產只不過是徒然……如果財產能夠得到適當分配，那麼只需要付出少量的氣力便足以供應生活的基本需求與舒適。」合理分配的敵人是「土地壟斷」、圈田，以及資本的累積。他將《人權論》一書擴大為《自然權利論》(The Rights of Nature)。

　　我斷言，在一般勞力成果的分配下，**每一個男人、每一個女人，**

108　*Tribune,* 25 April, 23 May 1795; C. Cestre, op. cit., p. 173.

109　雖然「結社法案」一直要到 1799 年才通過，不過這項法案只是用來加強**既存的**反工會立法。

和**每一個**兒童，都應該可以在不需要從六歲工作到六十歲，每
天工作十二到十四小時的情形下，就可以享有比粗糙的食物、
襤褸的衣服，和蓋了一張破毯子的帆布吊床更好的生活。他們
有權要求……某種程度的舒適和享受……某種程度的空間以進
行這類討論，以及某些可讓他們了解到自身**權利**的途徑和資訊
……這是他們神聖不可侵犯的權利要求……

這些「權利」包括「按照雇主的獲利比例……分享產品的權利」，以
及受教育的權利，藉由這種權利，勞動者的子女可望進升到「社會
的最高階層」。除了另外幾十種將在十九世紀成為工人階級政策主流
的構想和提議之外(在十九世紀激進分子的藏書中，仍可見到《論壇
報》和《自然權利論》)，塞爾華還曾嘗試追溯一天工作八小時的最
早起源，以便證明這是傳統上勞工的「正常」工作時數。

我們可以說，塞爾華提供給**工匠**一種一以貫之的意識形態。他
對「自然權利」的進一步探討，還包括對「財產的起源和分配」以
及「封建制度」的分析。他雖然和潘恩一樣都略而不談私有資本的
累積這個問題，不過他仍試圖對「壟斷」和「商業」壓榨提出限制，
並想為小農夫、手藝人、工匠和勞工描繪出一幅理想的社會，在這
個理想社會當中，勞工的生活情況和工作時數，以及他們的健康和
老年，都將受到保護[110]。

塞爾華將雅各賓主義帶到了社會主義的邊緣，也帶到了革命主
義的邊緣。他在這裡所碰到的進退兩難，不是思想上的而是處境上

---

110 *Tribune*, 3 Volumes, passim; Cestre, op. cit., pp. 175 f.; J. Thelwall, *The Rights
of Nature* (1706), Letters I to IV.

的，這種處境上的困境，是憲章運動之前乃至憲章運動之後的所有激進改革者都必須面對的兩難情況。那些沒有權利選舉自己的代表、而他們的組織又面臨迫害和鎮壓的老百姓，如何才能實現他們的目標？是要靠憲章運動者所謂的「精神」或「肢體」的力量嗎？塞爾華拒斥普雷斯的教育漸進政策，認為那是中產階級的幫手。他接受掀起最大規模騷動的做法，但是反對採取地下革命組織這種極端手段。就是這種處境迫使他（以及隨後的改革者）必須在膽大包天的雄辯與有條件的投降之間做出選擇。在 1792 到 1848 年間，這種困境一再出現。那些經常暗示自己擁有勢不可當的支持人數、但又對實際的革命準備裹足不前的雅各賓人士和憲章主義人士，永遠都可能在某些緊要的時刻，讓自己陷於既失去其支持者的信心，又遭到其敵人恥笑的窘境。

顯然有一些倫敦通訊協會的會員準備更進一步。不用說，這類從事不法活動團體的大多數事蹟將永遠是個謎，因為他們會小心謹慎地不留下任何書面證據。不過倫敦通訊協會內部的革命分子，始終與史班斯這個名字有某種關聯。史班斯是新堡的一個窮教師，早在 1775 年，他便在新堡發展出他的土地國有化理論。1792 年，史班斯來到倫敦。他幾乎立刻就因為出售《人權論》而被捕入獄，但旋即獲釋。他用來出版和出售小冊子的地點，從最早位於大法官法庭巷（Chancery Lane）的一家商店，陸續遷到小轉門區（Little Turnstile）八號，牛津街九號，乃至兼賣沙露普湯（saloop，以黃樟皮加味的熱飲料）的雙輪手推車。普雷斯回憶道：「史班斯不超過五呎高，非常誠實、單純、專一，他熱愛世人，堅信人類終將臻於道德、智慧和快樂的境界。他對世事運作的不切實際，已到了無法想像的程度。」在整個 1790 年代，他都是傳單、粉筆告示、大幅海報和《豬肉》雜

誌(1793-96)的發行來源。1794 年 5 月到 12 月，他在人身保護令中止的情況下被囚。1795 到 1797 年間，他以經銷雅各賓紀念幣來補助他的小冊子販售。1801 年他再度下獄。可是等他出獄之後，規模不大的史班斯協會依然是各種騷動的中心，這種情形甚至延續到他於 1814 年故世之後。

我們很容易把史班斯以及他那些無關緊要的萬靈妙方和速寫字母(他用這種字母發表了一篇關於他在 1801 年受審情況的記述)，看成不過是怪人怪事罷了。但是在 1794 年的反叛審訊中，有一些不算明確的證據顯示，他的商店似乎有牽扯到武裝和操練情事；而且在倫敦通訊協會後期，若干主要的會員，包括伊文斯和蓋樂威在內，無疑都是史班斯派。史班斯把潘恩反對世襲貴族階級的議論加以延伸，並得出如下的結論:「我們不但應該摧毀個人和世襲的地主身分，更應該徹底毀掉它的成因，也就是土地私有制度。

> 既然民眾已經因為讀過我的小冊子而做好了充分的心理準備……因此只要一些具代表性的教區逕行宣布土地是他們的，並組織一個教區代表大會即可。其他的鄰近教區必定會……起而仿效它們，並派它們的代表前來出席。如此一來，一個美麗和強大的新共和國就將立刻以蓬勃的活力出現在我們眼前。戰爭的力量和資源將在瞬時之間以同樣的方式轉移到人民手中……他們的暴君將變得衰弱不堪而無足為患。由於他們的收入和滋生這些收入的土地已經被奪走了，他們的力量將永遠不可能成長，不可能有能力推翻我們的自由殿堂。

我們不清楚史班斯本人是否直接涉入叛亂陰謀(有別於一般煽

動），不過他的確是相信地下手段——祕密新聞、不具名的傳單、酒館俱樂部，或許還包括糧食暴動。在審判庭上，他形容自己是「遺產遭到剝奪的亞當子孫的無畏擁護者」。他的宣傳幾乎不可能在都市中心地帶贏得大批追隨者，更是從不曾擴及到任何農村地區。不過，他的追隨者伊文斯，卻開始將他的土地社會主義賦予更廣泛的運用。伊文斯在拿破崙戰爭結束前夕出版的《以基督徒政策拯救帝國》(*Christian Policy the Salvation of the Empire*)一書中，要求：

> 所有的土地、水源、礦場、房屋，以及所有的封建產業，都必須還給人民⋯⋯並且以互助合作的方式管理，如同教會的財產一樣。

伊文斯所強調的重點仍在於「封建」財富，而非商業或工業財富。但是伊文斯為階級所下的定義，卻比潘思曾提出的任何定義都來得清楚：

> 首先，要把屬於人民的財產和全國土地安置在一個公平公正的基礎上，這種安排必須要涵蓋一切⋯⋯並且能讓每一件事物都產生真正而徹底的改革；任何一種不具備上述條件的改革企圖，只會導致實際上的毀滅⋯⋯而不會影響到社會各階級之間的關係。

伊文斯的作品事實上是屬於戰後的年代。不過由於他是倫敦通訊協會的最後幾任幹事之一，這一點提醒我們不可忽視史班斯派的重要性——它是英國唯一一個從戰前到戰後始終能維持其傳承於不

墜的雅各賓團體。此外，另有一項傳統也跟這個團體特別有關。**女權**以及性解放運動，原本只局限於一小群知識分子的圈子——華斯頓克拉夫特、戈德溫、布萊克(以及稍後的雪萊)。史班斯是唯一一個把勞動婦女當做自己寫作對象的雅各賓宣傳家。他所著的《嬰兒的權利；或母親得有足夠的資源去完成其哺乳和養育幼兒這種天職的神聖權利》，是對潘恩《土地正義》(*Agrarian Justice*)一書的批判，該書採取了一位婦女和一名貴族對話的形式。他藉這位婦女之口說出：由於婦女們發現自己的丈夫「不幸怠慢了或沒有能力去完成他們自己的權利，我們這些女人才不得不毅然承擔起我們自己的事」。在稍後的一本小冊子中，史班斯主張一般老百姓應該有權自由離婚：

> 下面這種想法在這個國家是非常容易理解的，那就是人們總是假設，如果真的發生革命，那麼婚姻這道鎖鏈將會是第一個被打破的，從此以後家庭問題就會歸邱比特掌管，邱比特雖然有一點難以預料，卻不會像獄卒似的上帝那般嚴厲。

「如果人們連解決其家庭內部的苦況都做不到，那麼改革政府和改善大眾的貧困又有什麼意義呢?」[111]

---

111 有關史班斯生平的史料，參見普雷斯文集 Add. MSS. 27808; O. D. Rudkin, *Thomas Spence and his Connections* (1927); A. W. Waters, *Trial of Spence on 1801, & c.* (Leamington Spa, 1917); A. Davenport, *The Life, Writings and Principles of Thomas Spence* (1836); T. Spence, *Pig's Meat: The Rights of Infants* (1797); *The Restorer of Society to its Natural State* (1801); Cole and Filson, op. cit., pp. 124-8; T. Evans, *Christian Polity the Salvation of the Empire* (1816), pp. 14, 33, and *Life of Spence* (Manchester, 1821).

　　普雷斯寫道，在雙法案實行之後，「有人認爲再集會是危險的，有人則認爲再集會是徒勞無益的。」「整個情況就這樣急轉直下……隨著會員人數的銳減，協會的事務也跟著增加。」一般委員會的代表團不得不去造訪那些不甚積極或呈停滯狀態的分部。「我記得有一天晚上我們就這樣拜訪了三個分部，並向他們每一個曉以大義，勉勵他們別再這麼疏懶……與鄉下的通訊也頗爲可觀。」[112]

　　協會認爲它的四周都充斥著間諜。賓斯曾說：如果塞爾華去到一家生蠔館子，或是一家當時正時興的牛肉餐廳，「他會認爲店裡有一半的客人都是政府的間諜。」布萊克的友人和同業，版畫家康伯蘭（George Cumberland）寫道：「除了**大不列顛**正在吊死愛爾蘭人，獵捕黑奴遺族，供養旺代（Vandée）*[9] 和建立人肉貿易之外，沒有什麼其他消息。」只要他走進咖啡館然後點了一份早餐，就立刻會有「某個衣著整齊的陌生人坐在我的正對面」[113]。雖然塞爾華在雅茅斯遭到當地水手攻擊，他依然繼續他的巡迴演講。在林恩、威斯貝奇、德比、斯塔克港和艾希比（Ashby-de-la-Zouch）等地的集會上，塞爾華

---

[112] Add MSS. 27808. 普雷斯於 1796 年夏天退出執行委員會，1797 年 3 月退出一般委員會，1797 年 6 月退出協會。鮑爾的報告（P. C. A. 38）顯示，在雙法案通過之後，協會幾乎不再接納新會員；1796 年 1 月，有十六個分部不曾開會；2 月的時候，各分部總計還有一千零九十四名會員仍固定舉行集會；3 月降至八百二十六人；5 月，六百二十六人；6 月，四百五十九人；到了 11 月，只剩下二百零九人。普雷斯在 1796 年 12 月的時候，依然名列助理幹事。

*[9] 按：旺代爲法國西部的一個舊省區，是法國大革命期間反革命勢力的大本營，由於當時英國正與法國革命政府進行戰爭，因此遂大力援助這個反革命的所在地。

[113] Binns, op. cit., p. 44; D. V. Erdman, op. cit., p. 272.

再次受到「水手、武裝幫夥以及英尼斯吉林團(Inniskilling)*10 的龍騎兵」的攻擊，而且地方官還拒絕保護他。他曾經受邀擔任《德比信使報》(*Derby Courier*)的編輯，不過兩個禮拜後就被迫去職。

最後，他終於到達崩潰邊緣。那些在他周遊東盎格利亞和北方時曾經招待他的「工匠、小店主、反對國教派牧師和教師們」，飽受來自四面八方的威嚇。到了 1797 年，眾人擔心法國入侵的恐懼日漸強烈，許多效忠王室的組織和志願工作團紛紛成立，這些團體的目標除了反對法國人之外，對抗國內的陰謀叛亂也是它們的重點之一[114]。塞爾華於 1796 年開始與年輕的柯立芝通訊，柯氏那時正在布里斯托宣揚大同世界的理想，他非常喜歡塞爾華的《自然權利論》。1797 年，柯立芝寫信給一位朋友說：「他是一位剛勇、擅辯和誠實的人。如果黑暗與狂風暴雨的日子就在眼前，那麼塞爾華對低下階級的影響一定會非常驚人。」但是到了 1797 年夏天，塞爾華的心境已有些抑鬱。他在 7 月前往史托威(Stowey)造訪柯立芝,並與柯氏和華滋華斯在鄉間漫遊，他非常羨慕他倆的平靜：

那該有多好

親切地互相協助

一面掘我們的小園圃，一面

---

*10 按：Inniskilling 又做 Enniskillen，爲北愛爾蘭的一個城鎮，英國軍隊中的英尼斯吉林團，其名稱就是源自這個城鎮。該團成立於 1689 年，目的是爲了保衛代表新教的威廉三世，以對抗代表天主教的詹姆士二世。

[114] 1797 年 2 月，法軍確實曾在威爾斯的朋布洛克郡(Pembrokeshire)海岸的漁警港(Fishguard)附近做過小型登陸，參見 E. H. S. Jones, *The Last Invasion of Britain* (Cardiff, 1950)。

> 愉悦地交談，往往臂還懸著
>
> 鋤才半落之際，就熱切地，一個提問
>
> 一個傾聽，細細掂著每一個意味深長的字眼，
>
> 沉思著恰當的答案……

那一年正值**抒情歌謠**萌芽，而這兩位詩人本身，也是某個政府間諜的注意目標，這名間諜報告了他們與這位雅各賓分子——「一個短小粗壯的人，一頭深色的頭髮，戴了頂白帽子」——的興奮對話。塞爾華終於決定放棄公眾生涯：

> 喔！那麼讓我，遠離喧攘的
>
> 公眾生活(那兒「理性」的警告
>
> 不復聽聞，眞理的號角
>
> 在吹，但喚醒的是握有權力的無賴
>
> 以致引起最癲狂的混亂和流血)。
>
> 喔！讓我遠避於這與世獨立的幽谷
>
> 蓋我低矮的小屋；最好是，
>
> 我的薩繆！與你的小屋毗鄰，以便我可以常常
>
> 和你歡快交談，我最親愛的朋友！

但是柯立芝此刻也正厭倦於眞理的號角，並準備砸碎他自己那隻「高鳴叛亂的小喇叭」。他給塞爾華的回答友善卻也堅決：「我認爲目前你到這兒定居是弊多利少。」[115]

---

115 J. Thelwall, *Poems Chiefly written in Retirement* (Hereford, 1801), pp. xxx, 129;

　　與此同時，雖然賓斯和瓊斯正在等候審訊，可是倫敦通訊協會卻拒絕放棄。在 1796 年的全國大選中，西敏區出現了一種非正式的輝格黨—激進派聯盟。弗克斯在該區的選舉造勢大會上公開表示：「英國歷史上再沒有比這更可惡的〔政府〕……這個政府在其對外戰爭中所毀滅的人命，比路易十四還多；而其在國內所奪取的人命，則比亨利八世更甚。」在接下來的十年當中，由弗克斯領導的反對勢力(這是納米爾學派〔Namier School〕*11 的歷史學家完全無法理解的)和陪審制度，可說是英國自由權的最後防線。弗克斯本人不廢吹灰之力就拿下西敏區的席次；而柏克筆下的「暗殺者」之一的涂克，也獲得近三千張選票[116]。在諾威治，出身高貴的貴格派信徒格爾尼(Bartlett Gurney)，在愛國協會的支持下與陸軍部長文德翰對壘。和西敏區的情形一樣，諾威治選民的成分相當龐雜，格爾尼獲得當地自由居民的大半選票，但最後還是敗在那些來自倫敦的外地選民。照塞爾華看來，如果格爾尼不是一個無用的缺席候選人——他甚至不曾出現在造勢大會上——那麼「靠勞力維生的自由人」應該可以

Cestre, op. cit., pp. 142 ff.: H.O. 42.41; E. Blunden (ed.), *Coleridge Studies* (1934).

*11 按：納米爾爵士(Sir Lewis Bernstein Namier, 1888-1960)為英國歷史學家，以《喬治三世時代的政治結構》(*Structure of Politics at the Accession of George III*)一書聞名，該書透過對數任國會議員之生平的詳細研究，指出十八世紀中葉的英國政治，乃操縱在一連串分合快速的小團體手上，這些團體在進行政治結盟之際，私人利益的考量與政治議題具有同等的重要性。這種研究法(即所謂的納米爾主義)受到其他歷史學家的採納並帶動對英國歷史的再評價。反對該派的學者認為，該派的研究法並不適用於英國歷史上的大多數時期。

116 弗克斯，五千一百六十票；賈德納(Sir A. Gardner)，四千八百一十四票(當選)。涂克，二千八百一十九票(落選)。

勝選。在諾丁漢，克朗普敦博士(Dr. Crompton)在雅各賓派的支持下，贏得了相當夠面子的選票[117]。

1796年年底，崩解的時刻終於到來。在這年秋天，協會還強大到有能力出版一本夠分量的《道德與政治雜誌》(*Moral and Political Magazine*)，雖然普雷斯曾精確地警告說，這份雜誌將過度消耗協會的財力，而且它似乎是完全依賴塞爾華一個人的聰明才智。1797年1月，協會尚有十八個分部在繳交會費，不過就在同一個月，新任總幹事朋恩發給所有會員一份通知單，譴責他們不出席集會。該年夏天，協會以反對國教派和循道宗的田野宣教師為榜樣，首開露天政治宣傳這項悠久傳統：每個星期天，他們在市府路(City Road)附近，以及伊斯林頓、哈克斯頓、哈克尼、荷恩塞(Hornsey)、伯斯納綠地(Bethnal Green)舉行演講，演講內容混合了雅各賓宣傳以及自然神論和無神論。根據瑞德的說法，他們也開始有系統地打進互助會——在工會制度尚屬不合法的年代，互助會是一項極具重要性的發展。1797年7月，他們試圖公開挑戰雙法案，決定在聖潘克拉斯(St. Pancras)舉行一場示威運動。參加的群眾為數眾多，他們遭到市政官員驅散，演講台上的六名成員(包括賓斯在內)則悉數被捕。與外郡間的通訊依然持續了下來。諾威治的愛國協會寫道：「我們會一直堅守崗位……寧願死在眾人面前也不放棄。」不過信件的傳遞越來越困難。協會給了外郡的友社五個新地址，都是一些不像會受到懷

---

[117] Thelwall, *The Rights of Nature*, Letter I, pp. 25-9. 諾威治：侯巴爾(Hon. H. Hobart)，一千六百二十二票(當選)；文德翰，一千一百五十九票(當選)；格爾尼，一千零七十六票(落選)。諾丁漢：卡靈頓勳爵(Lord Carrington)，一千二百一十一票(當選)；寇克(D. P. Coke)，一千零七十票(當選)；克朗普敦博士，五百六十票(落選)。

疑的小店主的家，而且「我們想將來還是會根據這種方式來變動地址」。在 7 月的逮捕事件之後，史必斯派的伊文斯接任幹事。在 11 月的一次一般委員會的集會上，協會發表宣言公開譴責那些散播群眾協會無用論的「怕事者」，並誓言倫敦通訊協會將奮戰到最後一刻，可是簽署這份誓言的，只有寥寥七人[118]。

根據現有的證據，當時倫敦通訊協會至少有兩個派別：一派企圖取得半合法的地位（而且仍繼續出版其會刊），另一派則堅持採取非法組織的形式。有些人——例如賓斯和他的兄弟班傑明，以及朋恩——可能同時兼屬兩派。歷史學家向來都認為地下活動的證據是荒誕可笑的，然而在 1796 到 1801 年的那種背景之下，如果不曾發生過朝地下活動發展的事實，才真會教人意外。畢竟，工人對這類形式的活動一點也不陌生，比方說祕密信差們便經常為了仍屬非法的工會業務，穿梭於英國全境。而且儘管官員們曾任意竄改文件，並且以選擇性和聳人聽聞的方式予以提出，可是卻沒有證據顯示，諸如 1799 年的「祕密委員會報告」這樣的文件，其內容是偽造的。

雅各賓派的「地下組織」，將帶領我們進入流亡巴黎的英國移民聚落，進入蘇格蘭織工的叛亂（崔南特〔Tranent〕，1797）*[12]，以及最重要的英國雅各賓分子和聯合愛爾蘭人之間的關聯——聯合愛爾蘭人悶燒已久的反叛活動，於 1798 年 5 月爆發為公開戰爭。但是對英格蘭而言，最重大的革命前兆卻是 1797 年 4 月和 5 月在史必黑和

---

118 *Moral and Political Magazine of the L.C.S.*, November 1796; P. C. A. 38; H.O. 65.1; L.C.S. Letter-book, Add. MSS. 27815; Reid, op. cit., pp. 17-20.

*[12] 按：崔南特位於愛丁堡附近，1797 年 8 月，該地織工為反對政府在蘇格蘭推行強制徵召民兵的政策而發起暴動，結果在英格蘭義勇騎兵隊的鎮壓下，造成十二人死亡及多人受傷的慘劇，史稱「崔南特大屠殺」。

諾爾河上的海軍兵變。食物、薪給以及紀律的駭人情況，無疑是引起兵變的主因，可是其中也有一些雅各賓派直接煽動的證據。叛變士兵當中有通訊協會的成員；而派克（Richard Parker）本人，也就是那位心不甘情不願的諾爾河「浮動共和國」（Floating Republic）「艦隊司令」，則示範了受過教育的「種子人員」（quota-men）能發揮什麼樣的作用，他們把《人權論》的論調和委員會組織的經驗帶進了這個艦隊。此外，一萬一千五百名愛爾蘭水手和四千名愛爾蘭海軍的出現，則加入了另一種革命的成分。一位叛變者致函給「海軍本部諸委員大人」，表示：「瞎了眼我才看得懂你們那些鬼術語和長篇文告：

> 簡單一句，立刻把我們**該得的**給我們，而且別再廢話，我們現在就要去搜捕我們國家的壞蛋和敵人。

這可能是大多數人的說法。但是在最具關鍵性的那個禮拜，當泰晤士河遭到封鎖之後，叛變水手之間開始出現了把艦隊開往法國的論調（事實上，有幾艘船最後的確孤注一擲地開去了）。水手們的這項舉動，其值得注意之處既不是他們的「根本效忠」，也不是他們的雅各賓主義，而是他們在情緒轉換時所表現出來的「狂野和放肆」。派克在臨終前警告他朋友要留心的，正是這種反覆無常：

> 記住，千萬不要管較低階級的閒事，因為他們懦怯、自私、不知好歹，一點雞毛小事就可以嚇倒他們。他們可以在前一分鐘才把這個人譽為民眾領袖，可是後一分鐘就毫不遲疑地把他送上絞架。告訴你們這種情形對我而言是很痛苦的，但是……

　　經驗已經證明了這點，而且很快我就會成爲這個事實的例證。

然而他接下來又表示，他是爲了「追求人類的目標而殉難」[119]。

　　這些大規模的兵變以及次年的愛爾蘭叛亂，確實都具有世界級
的影響力，因爲它們顯示出英國這個「舊體制」是如何的不穩固。
英國艦隊可說是歐洲擴張的最主要工具，也是革命法國與它最大對
手之間的屏障，因此，當英國的艦隊宣稱「理性的時代終於復現」，
等於是威脅要顚覆整個世界權力的殿堂。持下面這種看法的人可說
愚蠢至極，亦即認爲旣然大多數水手都缺乏淸楚的政治觀念，因此
他們的叛變只是因爲口糧不足和延遲發餉所造成的單純事件，而非
革命運動。這種想法根本誤解了民眾革命危機的本質，這種危機之
所以會產生，是因爲由少數具有政治意識者所傳達出來的渴望，能
與大多數民眾的委屈產生共鳴並相互結合。不過倫敦通訊協會對這
類兵變所採取的態度依然相當啓人疑竇。有證據顯示：叛變水手曾
在查山和樸資茅斯參加過雅各賓派的集會，而且倫敦通訊協會的個
別會員也曾經與船隻代表接觸，甚至還曾大聲疾呼地向成群的叛變
者演講。據說有一位身分可疑的「黑衣紳士」曾與派克等人接觸，
這個人可能是華生醫生(Dr. R. Watson)，他當時確實是在爲法國的
入侵做準備，但是根據稍晚的記錄指出，倫敦通訊協會那時已除去
他的會籍[120]。

---

[119] G. E. Manwaring and B. Dobrée, *The Floating Republic* (Penguin edn.), esp. pp. 200, 246, 265-8. 這份記載刻意忽視了雅各賓派對艦隊影響的證據，不過這類證據在下面這本書中得到相當充分的檢視，參見 C. Gill, *The Naval Mutinies of 1797* (1913)。

[120] C. Gill, op. cit., pp.301, 319, 327, 339 et. Seq., and Appendix A. 關於華生，參

　　我們必須了解：這場兵變可能引發了倫敦通訊協會會員在同情共和與效忠國家之間的最尖銳衝突。大約就在這個時候，協會內部可以區分成兩個明顯不同的派別，一個是親法國和親革命的黨派(其中包括許多愛爾蘭移民)，另一個則是比較傾向支持憲政的改革者，許多這派的改革者(如普雷斯)如今已逐漸淡出。1797 年 6 月，也就是兵變過後不久，一個名叫費洛斯(Henry Fellowes)的人在梅斯東散發傳單給軍隊時被捕。他是倫敦協會的密使，並在一封致朋恩的信函中報告說，梅斯東協會有兩個分部十分活躍(有六十個人出席集會)，它們訂購了更多的傳單(特別為愛爾蘭軍人準備的)，以及「拿破崙演講辭」和潘恩的《土地正義》。在這些事件過後，政府又通過了兩條法案，規定非法發立盟誓和企圖引誘軍隊不忠的人，可判處死刑[121]。法案才剛通過不久，立即有一個名為傅勒(Richard Fuller)的人，因為對冷溪近衛軍(Coldstream Guards)的一名士兵發表煽動性談話而遭處死。

　　倫敦通訊協會本身已經採取了新的組織法，這種新方法更適合地下組織運用，也更能有效防禦間諜滲透。為了配合這項新方法，協會遴選了一個祕密委員會，於荷本區的福尼華酒窖(Furnival's Inn Cellar)進行集會。這很可能是「聯合英格蘭人」(United Englishmen)

見樞密院文件中的哈斯汀口供(Henry Hastings, P.C. A. 152)以及 *D.N.B.* 中的登錄。至於流傳全歐的那類由光照派(illuminism)和雅各賓共濟會所發起的祕密陰謀等聳人聽聞的故事，似乎確實與英格蘭沒什麼關聯，雖然在有關愛爾蘭的事件上會稍有牽扯，參見 Abbe Barruel, *Memoirs Illustrating the History of Jacobinism*, translated and annotated by Hon. R. Clifford (1798), IV., pp. 529f.

121 這條反對非法盟誓的法令，也曾用來對抗搗毀機器運動人士和所謂的「托帕朵殉道者」。

的中心之一，這個組織主要是聯合愛爾蘭人的附屬單位——事實上
這兩者在英格蘭幾乎看不出什麼差別。這個組織的通訊完全藉由口
傳或密碼，密使們也是以切口（暗語）和手訣來確認彼此身分：

> 你伸出你的左手握他的左手，接著用你的拇指按他食指的第
> 一個關節，然後他也會以同樣的方式按你的手指以爲回應——
> 一個說「團結」，另一個則回答「眞理」，一個說「自由」，另一
> 個則說「死亡」……

在倫敦，知道上述切口和手訣的包括賓斯兄弟和德斯巴德上校
（Colonel Despard）。一位線民報告說：在水井巷廣場（Well Close
Square）「雄鴨與海神」酒館集會的那個分部，出席的主要是些挑煤
夫。這個組織在倫敦主要是得力於泰晤士河上的愛爾蘭勞工，據說
它在利物浦和曼徹斯特也有不下五十個分部，此外在蘭開郡東南部
的紡織村落當中，還有更多的分部[122]。在曼徹斯特，該組織在向軍
隊滲透這方面取得了一些進展，有幾位輕騎兵的成員立下了入會盟
誓：

> 在全知全能的上帝面前，我××發誓不服從國王，而服從……
> 人民，不服從軍官，而服從聯合英格蘭人委員會……並以我勢
> 所能及的武力，協助在本國和其他國家創建共和政府，並協助

---

[122] 一名在 1798 年 5 月接受審判的囚犯供稱，曼徹斯特協會在 1796 年「大幅衰
落」，「因爲協會的紳士們與技工們發生了一場爭執」。這些技工似乎開始著
手成立聯合英格蘭人的支部，在內政部的另一份口供中，列有二十九個分部
的名稱（H.O. 42.45）。

法國人登陸，以解放這個國家。

（甚至在拼字法上都背棄了愛爾蘭傳統的輕快模式。）雖然祕密組織無疑已延伸到愛爾蘭人的圈子之外，可是在 1798 年春天，謀叛者當中似乎存在著不同的看法。一方面，本土的雅各賓派似乎在各式各樣的掩飾之下繼續進行其工作。羅奇德爾(Rochdale)和羅伊頓(1797 年夏天)的「自由之友社」(Friends of Freedom)，似乎與曼徹斯特的一個中心有關，這個中心自稱為「向曼徹斯特及其附近工人傳播知識協會」(Institute for the Promulgation of Knowledge amongst the Working People of Manchester and its Vicinity)。1798 年 2 月在博爾頓，有一名間諜藉由立下盟誓混進了聯合英格蘭人，當地的領袖「提議成立一個讀書會以便勸人投誠」。同樣是 1798 年 2 月在松來(Thornley)，一名共濟會(「聖堂武士」)的鄉下同胞向一位愛爾蘭的神父誇耀說：曼徹斯特共有二萬名聯合英格蘭人。這位神父寫信給政府官員表示：「由於我是一位神父，因此這個人覺得告訴我一些祕密應該沒什麼關係。」同一個月，一位博爾頓教士致函波特蘭公爵(Duke of Portland)：「看起來他們對是否要法國人介入的看法並不一致——有些人表示他們自己可以處理好自己的事……」[123]

1797-98 年的那個冬天，愛爾蘭的奧柯格雷神父(Father O' Coigly)以「瓊斯船長」的化名來往於蘭開郡、愛爾蘭和法國之間。1798 年初他來到倫敦。當賓斯想在肯特郡的某個港口找一名走私者將奧柯格雷和奧康納(Arthur O'Connor)載往法國時，他們三個人

---

[123] *Report of Committee of Secrecy* (1799), passim; various sources in T.S. 11.333 and 4406; P.C. A.152, A.158, A.161; H.O. 42.43/6.

同時被捕。官方在奧柯格雷身上搜出一份文件，內容是有關如果法國入侵時他們該如何在英國接應法國人。儘管英國人有滿腹委屈，可是他們也擔心法國人會把英國貶爲一個省份。因而，他們勸法國人在登陸時應該發表如下的公開聲明：㈠英倫三島將組成「不同的共和國」；㈡每個共和國可選擇其自己的政府形式；㈢所有加入入侵者一方的都將給與武器；㈣不得徵收超過入侵花費所需的捐稅；㈤法國人將只取回聯軍從她那兒搶走的船隻和海外領地。奧柯格雷以無比的英雄氣概拒絕招出他的同夥，最後遭處決身亡。賓斯彷彿練就了刀槍不入之身，他以叛國罪遭到起訴但無罪開釋，然後——在政府還來不及以另一個較輕的罪名把他收押之前——隱姓埋名地躲到「德比郡和諾丁漢郡鄉下；我在那兒有許多朋友」[124]。

同情愛爾蘭反叛的，的確不只限於像賓斯這樣的愛爾蘭人。1798年1月30日，倫敦通訊協會發表了「致愛爾蘭民族書」，簽署人爲主席克羅斯飛(R. T. Crossfield)和幹事伊文斯：

寬大、英勇的民族

願這份文件能讓你們感受到我們是多麼誠摯地同情你們所遭受的所有苦難……願世界各民族……都能知道：不管在任何時代和任何國家，「現狀」都只是專制政府的口號。一個民族一旦允許政府違反眞正的自由原則，那麼每一次的侵佔將會招致更多的侵佔，每一次的邪惡只會滋生更多的邪惡，暴行將繼之以暴行，權威將助長以權威，一直到全人類的自由都受到專制政

---

[124] *Committee of Secrecy* (1799), passim; T.S. 11.333; P.C. A. 152; Binns, op. cit., Ch. IV to VI.

　　府控制爲止⋯⋯

這是一份動人的文件，讓英國人不致被指控爲上下一氣地壓迫愛爾蘭人，協會同時在這封公開信中，訴請駐守愛爾蘭的英軍拒絕成爲「奴役愛爾蘭人的工具」。1798 年 4 月，當協會正就一旦法國入侵該採取何種政策進行激辯之際，伊文斯和其他未被收押的委員會成員全部遭到逮捕。在辯論中，伊文斯認爲法國政府已經背棄了革命的目標，它似乎「更熱中於建立廣大的軍事專制，而非宣揚共和的原則」。因此他提議協會成員應該加入志願軍。克羅斯飛同意伊文斯的嚴厲批判，但他認爲倫敦通訊協會不應助「小惡」以制「大惡」。最後是由違警巡官結束了這場辯論[125]。

　　在這前一天，德斯巴德和三名聯合英格蘭人的成員就已先行被捕。國會祕密委員會於 1799 年針對這個組織的力量所提出的報告，基本上是危言聳聽，大可不必置信：

　　　　大多數前此曾與倫敦通訊協會進行通訊的英國各地協會，已經⋯⋯採取同樣的計畫組成聯合英格蘭人協會⋯⋯他們所遵循的摧毀性原則的破壞力，更因他們在社會最低階級當中廣設俱樂部而更形爆烈⋯⋯在這些俱樂部中，人們唱著最挑釁的歌曲，說著最煽動的話語，並爲最叛亂的計畫乾杯。

　　不過另一方面，歷史學家也沒有理由毫不懷疑地接受普雷斯的

---

125 See H. Collins, op. cit., p. 132; R. Hodgson, *Proceedings of General Committee of L.C.S.* (Newgate, 1798); *Committee of Secrecy* (1799), Appendix, pp. 70-3; H. C. Davis, op. cit., pp. 92-3.

記載，根據普雷斯的說法，聯合英格蘭人根本是個死胎，而且其會員從來不曾超過一打[126]。普雷斯長久以來不但反對非法組織，也反對任何形式的公開騷動，他只贊成寧靜的教育政策。他在 1797 年就已從協會隱退，因此一定不曾與謀叛者推心置腹。今日所有的證據都強烈顯示，聯合英格蘭人在蘭開郡確實是存在的，而財政部法律顧問與樞密院的線民報告中，也有關於幾個倫敦分部的活動報導。有**兩名**間諜自稱是一般委員會的成員，委員會的代表們分別來自蕭爾迪奇、哈克斯頓和伯斯納綠地，並在艾平森林(Epping Forest)接受軍事訓練(1798 年 9 月)，有一個名為「自由之子」(Sons of Liberty)的團體是他們的競爭對手[127]。官方在奧柯格雷身上找到一份「英格蘭祕密委員會致法國執行董事會函」，函中宣稱：「幸運的是我們沒有領袖，

　　少數一些有錢人確實口口聲聲宣稱自己是民主之友，但是他們表現出來的行為卻不是這麼回事，他們認為自己和人民截然不同，而人民則認為他們的好意居心不良、無所裨益。

　　我們如今只能焦急地盼望著那位義大利英雄以及那個偉大國家的英勇老兵的到來。無數的人們將以無比的歡呼歡迎他們到來……[128]

---

[126] Add. MSS. 35142ff. 62-6. 普雷斯的說法之所以得到接受，可能是因為地下組織基於其本質的關係，幾乎沒有留下任何書面文件，因此對歷史學家而言，它們並不具有實質性的存在。

[127] Reports of John Tunbridge and Gent, P.C. A.144.

[128] *Report of Committee of Secrecy* (1799), p. 74.

事情的眞相可能十分複雜。一方面，那群「無數的人們」根本不是抱持「英格蘭祕密委員會」所宣稱的態度，相反的，他們已經被 1798 年那波因爲法國可能入侵所掀起的愛國浪潮緊緊地攫獲。事實上，志願軍在這些年間也許不曾令法國人感到驚惶，然而它確實是在敎會和政府之外，另一個壓制本土雅各賓運動的強大力量[129]。普雷斯的說法也許是對的。他說在倫敦的極端派圈子裡，如今已出現了一些天生的謀叛者，這些人完全生活在酒館世界的偏執狂想當中，很少和眞實世界接觸，這些人所發出的信函(如果人們相信他們身在法國的話)勢必會遭到全面誤解。華生醫生可能就是他們當中的一個，他曾經是倫敦通訊協會的會員，我們在前面也說明過他和海軍兵變有著某種關聯。1797 年，他因爲透過漢堡(Hamburg)將消息走私到法國而遭拘捕。1799 年獲釋後，「公民華生」寫了一封請願書給法國的督政政府(Directory)，說他自己是「倫敦通訊協會執行委員會主席，英國工會會員，巴斯、布里斯托等地的協會代表」。逃亡到法國後，他又開始用同樣誇大的語氣發函給英國政府[130]。

不過其他謀叛者的表現就嚴肅多了，比如德斯巴德在 1803 年的絞刑台上所展現的風範[131]。在 1797 年的時候，已經可以明顯看出某些極端的雅各賓人士對於憲政騷動感到失望。自此以後約有二十多年的時間，有一小群倫敦民主黨人(史班斯派或共和派)認爲除了進

---

129 See J. R. Western, "The Volunteer Movement as an Anti-Revolutionary Force, 1793-1801", *English Hist. Rev.*, 1956, p. 603.有關志願軍人力不足的問題，參見 *The Town Labourer*, pp. 87-9。

130 Various papers in P.C. A.152; Meikle, op. cit., pp. 171, 191-2; *Clef du Cabinet des Souverains*, 2 Frimaire, an VII; *D.N.B.*

131 關於德斯巴德，參見下文，頁 683-91。

行**政變**之外別無成功希望，他們或許能得到法國的軍事協助，而政變中的某些暴力行為將可激起倫敦的「暴民」起而支持他們。西斯托伍德(Arthur Thistlewood)和另一位華笙醫生(Dr. James Watson)於 1816 年所繼承的，正是這種傳統。這個集團中的某些人，包括哈吉森和艾希禮(鞋匠和倫敦通訊協會前幹事)，已於 1790 年代晚期逃往法國避難，並在那兒一直待到 1817 年。事實上，光是這個集團有兩名成員於該年返回倫敦一事，就已足以讓某些人向內政大臣西德茂斯勳爵(Lord Sidmouth)提出聳人聽聞的報告[132]。

由此可知雅各賓派的謀叛者確實是存在的。而且他們的認真程度足以讓他們甘冒生命危險並忍受囚禁和流亡之苦。然而他們那種帶有一定程度的刺耳和抽象的共和熱誠，並不合那個時代的胃口。再者，隨著奧柯格雷遭到處決、愛爾蘭反叛失敗，以及倫敦和曼徹斯特等地的領袖相繼被捕，這種陰謀已不再是一種**全國性**的現象。在地下組織依然存在的外郡，它們若不是在孤立無援的情況下逐漸衰退，就是在它們自己的工業環境中重新扎根。1799 年，政府通過一項特別立法「嚴格鎮壓和禁止」倫敦通訊協會和聯合英格蘭人的一切活動。即使連最不屈不撓的謀叛者賓斯，也認為想要重建一個全國性組織是無望的，因此打算與樞密院談判互不侵犯協定，不過此舉的唯一結果只是讓樞密院有機會把他關進格洛斯特監獄。在他被捕的時候，他的私人物品裡有一張入場券，這或許是舊倫敦通訊協會的最後一批「掩護證」之一：「憑票可於本季進入演辯學校」[133]。

到了 1799 年，幾乎所有的老領導人不是在監就是在逃：在監的

---

132 G. Sangster to Sidmouth, 13 April 1817, H.O. 42.163.

133 P.C. A.152; Binns, op. cit., pp. 140–1.

包括伊文斯、哈吉森、朋恩、賓斯、蓋樂威、德斯巴德和巴克斯特。
相較於韋爾克斯三十年前在獄中所受到的待遇，他們的運氣顯然壞
多了。根據伊文斯自己的記載，他——

> 被遞解到獄中，在一個小牢房裡關了好幾個月，牢房裡只有
> 一片濕漉漉的稻草、一張毯子和被單，禁絕任何紙、墨、筆、
> 書、蠟燭，大半時間連個火也沒有。

違警巡官查封了他的住處，拘禁了他的妻子和幼嬰。他一共被關了
兩年又十一個月。艾瑞斯司令官(Governor Aris)在冷浴場(Coldbath
Fields)對待囚犯的惡劣行徑，在柏戴特爵士的帶頭揭露下，釀成喧騰
一時的醜聞。這次事件展現了倫敦群眾的自由意志傾向，柏戴特因
為致力為囚犯爭取較好的待遇，使他在倫敦受到歡迎的程度，只有
早先的韋爾克斯可堪比擬。在此後好幾年間，倫敦人最喜歡的一句
口號就是：「支持柏戴特，打倒巴士底！」

　　德斯巴德也是在他的協助之下獲得釋放的囚犯之一。而十九世
紀的激進主義故事，就將從這兩個人身上開始[134]。

> 經驗的代價是什麼？人們可以唱首歌來交換它嗎？
> 或是可以在街上跳支舞來交換智慧？不，
> 它得要以一個人的全部所有做為交換代價，
> 他的房子、他的妻子、他的子女。

---

134 T. Evans, *Christian Polity*, p. iv; *Reasoner*, 26 March 1808; "Narrative of John
　　Oxlade", Add. MSS. 27809; P.C. A.161.

> 智慧是在没有人前來購買的荒蕪市場出售，

> 在凋萎的田地裡出售，那裡的農夫爲了麵包耕種卻一無所獲。

於是布萊克於 1796 到 1797 年寫下《四個活物》(Four Zoas) *13。隨
著雅各賓的潮流轉向更隱匿的地下渠道，他的預言也變得更神祕、
更隱晦。這些年來不斷有人繫獄：高斯港(Gosport)的裝幀工匠威克
(Kyd Wake)在 1796 年底被判處五年的苦役和枷刑，只因爲他說了
一句：「打倒喬治，打倒戰爭」(布萊克本人在 1806 年僥倖躲過了這
項指控)；戈德溫的友人書商強生(Johnson)被打入牢中，因爲有人
檢舉他在蘭開郡及林肯郡煽動叛亂；一名索美塞特的製籃工人因爲
說了「我希望法國人成功」而被捕下獄135。內政大臣波特蘭公爵親
自下令關閉各酒館協會，還把售賣史班斯半便士報紙的幼童關入感
化院136。在哈克尼，古怪的古典學者魏克飛(Gilbert Wakefield)從書
本中探出頭來表示，勞動階級根本沒有什麼可損失的，就算法國眞
的入侵：「因爲距離我寫下這段文字的房子方圓三哩以內的地方，其
挨餓的人數和痛苦的人數，已經遠超過地球上任何一塊面積同樣大
小的地方。」137 不管是弗克斯這位強有力的朋友或他自己的學者身

---

*13 按：《四個活物》爲布萊克的長篇史詩，「活物」典出以西結書第一章第五
節，在此用來代表人類心靈的四個象徵人物：尤利仁(Urizen，理智)，洛斯
(Los，想像力)，奧克(Orc，反叛精神)及薩馬斯(Tharmas，智慧)。該詩共
分九「夜」(Nights)，分別處理創世、人的墮落、巨人族的原始戰爭、神化
身耶穌，及最後的審判。上段引文出自該詩的第二夜，是生命之母愛尼恩
(Enion)的一段講話。

135 T.S. 11.5390.

136 H.O. 119.1; H.O. 65.1.

137 G. Wakefield, *Reply to the Bishop of Llandaff* (1798), p. 36.

分，都無法救他免於牢獄之災。布萊克在蘭達夫主教所著《爲聖經辯白》的書名頁上題了如下的文字：「在 1798 年這年想爲聖經辯護，就得賠上性命。」威克確實死於獄中，魏克飛則是在臨終前獲得釋放。

這些迫害將僅存的雅各賓知識分子與工匠和勞工們拆離開來。華滋華斯認爲，在法國——

> ……萬物皆因鐵鐐噤聲
>
> 軍隊勢力的鐵鐐。平民行動的
>
> 變換目標、多樣功能和高度象徵，皆屈服於
>
> 正式、可憎和卑劣的權勢
>
> ——在英國，改變的惶恐主宰一切；
>
> 軟弱的人得到讚美、報償和提升；
>
> 在公正遭到玷辱的衝擊下
>
> 再一次，我隱退入我自己。

對一個標榜智性的世代而言，革命幻滅的模式開始了，它也預示了我們這個時代的仿冒模式。由於他們自己的大同世界幻想受阻，這些悔悟前非的人把一切都歸罪於雅各賓派的無知愚蠢。1797 年夏天，詩人們與塞爾華在匡塔克（Quantocks）並肩散步，他們來到一個僻靜的幽谷。柯立芝說：「約翰公民（指塞爾華），這是一個談論反叛的好地方。」塞爾華回答說：「不，薩繆公民（指柯立芝），它應該是一個會讓人忘卻需要任何反叛的地方。」這則軼事預告了第一代浪漫主義者將傾退成政治的「叛徒」——這種背叛在騷塞身上最不幸，在柯立芝身上最複雜，在華滋華斯身上則最痛苦和自疑。1799 年，柯立芝寫信給華滋華斯：「我希望你能寫一首無韻詩，寫給那些由於

法國大革命的徹底失敗，而放棄所有改善人類希望的人，這些人正沉淪於享樂主義式的自私自利，自欺欺人地將馴良依附與空想**哲學家**的侮蔑劃上等號……」這個時候，塞爾華已隱退到南威爾斯一個與世隔絕的農場。(在抵達農場之際，他驚訝地發現竟然有一個間諜在跟蹤他。或者，這是他的迫害妄想症?)華滋華斯就是在這個農場上見了他最後一面；也就是在這個孤絕的環境中，他寫出了《漫遊》中的遺世獨立者，冥想出那些千禧年的幻妄[138]。

在另一個極端，我們看到組織瓦解和備受迫害的勞動人民，他們在不具全國性領導中心的情況下，掙扎著想要維持某種非法組織。他們的困境在一封由某個里茲協會寫給倫敦通訊協會的信中表露無疑。這封為了大約一百名會員而在 1797 年 10 月寫成的信中說道：

> 我們主要是些勞動技工。這兒那些同情我們奮鬥目標的手藝人們，很少敢挺身而出，因為貴族的影響力大到可以控制所有的貿易，他們有能力折磨任何一個揭發腐敗制度罪惡的手藝人。這兒有一個成立了大約三年的良好協會，但是我們的法官以專斷的訴訟程序和極其可怕的手段對付我們的所有朋友，以致他們的精神已沉淪到中等標準之下，而在他們胸膛燃燒的神聖火焰也幾乎要熄滅了……

---

[138] 不像那位遺世獨立者，塞爾華依然留在激進政治的圈子裡。他在戰爭期間以教授演辯術維生，1818 年 11 月，他還曾在西敏區重新登上激進派的講台。根據《蛇髮女怪》(Gorgon)的記載，「他的出現帶給全場人士不小的震驚，好像他是死而復生一般。」(1818 年 11 月 21 日)自此以後，他開始編輯《鬥士》(Champion)，並不時受到檢舉團體的騷擾，1831 至 1832 年間，他還參與了改革法案(Reform Bill)的騷動。不過他的想法已經和新的運動格格不入，而他的作品也不再具有早期的原創性和挑戰性。

沒有酒吧老闆敢接納他們，他們也「極度缺乏」會員證，因爲沒有任何一個里茲的印刷業者敢替他們做事[139]。

把這視爲終結是不對的，因爲它也是一個開始。發生於1790年代的這場類似「英國革命」的事件，對戰後工人階級意識的塑造具有深遠的影響。沒錯，革命的衝力才剛發動就遭到扼殺，而它最初的結果也確實是痛苦和失望。統治階級的反革命驚惶表現在社會生活的每一個面向上，也表現在對待工會制度，以及對待民眾的教育、運動、習俗、出版、結社以及政治權利的態度上。而一般老百姓的失望，則反映在戰爭期間邵思蔻徒眾那種倒錯的千禧年思想，以及循道宗的新一波信仰復興之上。1795年後的數十年間，英國的各個階級呈現極度疏離的狀態，工人階級被推入到有如**種族隔離**的慘境，他們在社會上和教育上都飽受歧視，而這種歧視政策所導致的效應，一直到今天仍然可以感受得到。在這方面，英國與其他歐洲國家有一點不同，那就是反革命情感與手段的滿潮時刻，正好與工業革命的滿潮時刻若合符節，也就是說，隨著新技術和工業組織形式不斷向前推進，政治和社會權利卻節節往後敗退。富有急切激進脾性的工業資產階級與正在形成中的普羅大眾，原本是可以「自然而然地」結成聯盟，沒想到這聯盟才剛成形就立刻陷入崩解。伯明罕與北方工業市鎮的實業家和反對國教派的富有手藝人，其最沸騰的時刻大致上是1791和1792年；而倫敦、諾威治和雪菲爾的工匠和以工資維生者，其「不滿」的巔峰則是1795年。只有在1792年的某幾個月，這兩者曾經攜手合作過，可惜在法國的9月屠殺之後，絕大多數的製造業者都嚇壞了，再也不敢插手改革活動。英國之所以沒有

---

[139] L.C.S. Letter-book, Add. MSS. 27815.

在 1790 年代發生革命，並不是因爲循道宗，而是因爲唯一強大足以促成革命的聯盟已告解體，1792 年後，再也沒有任何吉倫特派會打開大門讓雅各賓分子走進來。如果像韋奇伍德（Wedgewood）、鮑爾頓（Boulton）和韋爾金森（Wilkinson）這樣的人 *[14] 曾與哈代、普雷斯和賓斯這樣的人合作，又如果韋威爾的小鄉紳曾與**他們**採取一致行動，那麼皮特（或弗克斯）便會被迫做出更大幅度的改革。但是法國大革命讓英國的地主和製造業者在共同的恐懼之下攜手結合，從而**鞏固了**老腐敗；而民眾社團此時還太過虛弱和太過缺乏經驗，無法靠自己的力量完成革命或改革[140]。

即使是塞爾華，當他在 1796 年造訪雪菲爾的時候，也可以感受到其中一二。他爲雪菲爾「無套褲漢」所具有的才智和政治意識欣喜不已。「可是它是一個沒有領袖的團體。真可惜他們沒有領袖。」儘管有某些「擁有相當財富和影響力的人……和他們**想法**一致」，可是其中沒有任何一個人有勇氣加入他們的行動：

> 只要能有三或四個有分量和有財產的人能夠堅定而公開地及時協助這些誠實而聰穎的製造者（如同這些人……在諾威治所做的那樣），那麼在雪菲爾就會像在諾威治一樣，那些迫害地方的小暴政，很快就會終止。[141]

---

*[14] 按：此三人皆爲當時重要的中產階級實業家。

[140] 有關 1790 年代的早期改革者與製造業者之間的關聯，參見 E. Robinson, "An English Jacobin: James Watt", *Camb. Hist. Journal*, XI (1953-5), p. 351; W. H. Chaloner, "Dr. Joseph Priestley, John Wilkinson, and the French Revolution", *Trans. Royal Hist. Soc.* 5th Series, VIII (1958), p. 25。

[141] Thelwall, *The Rights of Nature*, Letter I, p. 20.

這並不是塞爾華準備叛離雅各賓的徵兆之一。他在 1796 年所面對的，是一種眞眞實實的兩難困境。一方面，他不喜歡他在實際過程中所碰到的改革式父權主義——比方說他在諾威治的格爾尼案例中所看到的；可是如果不這樣做，貧民改革者就得面臨巨大的犧牲，這種犧牲的規模之大，足以摧毀這項運動或迫使它轉入地下。

再者，這個運動迫切需要受過教育的中產階級人士以他們的知識加以灌注，可是這些人卻也是最容易受到革命幻滅折磨的一群。這個運動很早就失去了它最能幹的兩個宣傳家和組織者——吉樂德和庫柏(他們一個是被迫移民，一個則是志願移民)[142]。它不能永遠倚靠《人權論》和模仿法國模式而生存，也不能一直穿著羅馬人的白袍或撒克遜人的罩衫。可是它最巓峰的時刻—— 1795 年——距離它的出生才不過四年, 也就是說它的思考能力是在組織的壓迫之下，在謀叛的驚恐與指控聲中，在支持者無法履行責任，以及羅伯斯比不時以更沉默的斷頭台打斷其演說的惡劣環境下，發育出來的。塞爾華的演說總是在講台上臨時想出來的，而且他的聽眾中總是有國王的線民。他最好的作品一直要到 1796 年那個稍稍平靜的時期才告出現，然而在那個時候，這場運動已經開始冰消瓦解。無怪乎英國的雅各賓分子總是脫不了不成熟的毛病，總是得飽受經驗不足之苦，而他們的許多演講人也總是會因爲虛張聲勢而讓自己看起來愚蠢不已。

---

[142] 吉樂德和庫柏最振振有詞的兩本小冊子分別是：Gerrald's, *A Convention the Only Means of Saving Us from Ruin* (1793) and T. Cooper, *Reply to Mr. Burke's Invective against Mr. Cooper and Mr. Watt* (Manchester, 1792)。關於庫柏移民美國一事，參見 D. Malone, *The Public Life of Thomas Cooper* (New Haven, 1926)。

到目前爲止，這似乎是一個挫折與失敗的故事。不過這次經驗卻有另一個遠爲積極的面向。有好幾個傳統，而不只一個，都是起源於這些年間。其中有戈德溫和華斯頓克拉夫特的知識傳統——這個傳統後來得到雪萊的再度強化。有自然神論和宗教思想自由的傳統——英法戰爭還沒完全落幕，卡萊爾就已開始重新出版潘恩的所有著作。有前進的神位一體派和「宗敎思想自由的基督徒」傳統——這項傳統是在福勞爾和弗蘭這類人士的帶動下，傳承到福克斯的《每月寶庫》(Monthly Depository)[143]。有普雷斯和穩健、具憲政思想的小店主、手藝人和工匠(其中有些人如哈代、蓋樂威和普雷斯等，日後還更上層樓躋身於大小雇主之列)的傳統，這些人在 1807 年的國會選舉中重出江湖，支持涂克的門徒柏戴特，自此以後，他們之間一直保有積極的聯繫。

這些傳統不但具體表現在理念上，也表現在個人身上。儘管有些雅各賓分子退休了，還有一些——如蓋爾斯、庫柏、「公民李」、約翰・賓斯、義頓等人——移民美洲[144]，可是其他人依然無時不注視著每一個新機會，企圖重開宣傳列車。瓊斯和佛洛斯特在戰爭期間是倫敦辯論俱樂部的會員，他們透過這些俱樂部影響了年輕一代的激進派，一直到 1820 年代，瓊斯依然是倫敦激進圈子裡的名

---

[143] See F. E. Mineka, *The Dissidence of Dissent* (1944).

[144] 這些人當中只有義頓一人最後回到英國。參見下文，頁 855。此外也有一小群英國雅各賓分子移居巴黎，包括佩里(Sampson Perry)、艾希禮、戈德斯密、馬克士威博士(Dr. Maxwell)和史東斯(John Stones)，他們出版了反反皮特的《百眼巨怪》(*Argus*)，而且其中絕大多數都對拿破崙主義不再存有幻想。See S. Perry, *Argus* (1796). p. 257; J. G. Alger, *Englishmen in the French Revolution* (1889).

人[145]。在許多外郡中心，也可看到同樣的傳承。很少有人能打破鮑恩(George Bown)的悠久紀錄，他是 1792 年來斯特憲政協會的幹事，1794 年被捕，可是一直到 1848 年，他依然寫作不輟，爲憲章運動奉獻一己之「腕力」[146]。在許多市鎮，想法類似、一致反對戰爭的手藝人和工匠們，仍然持續他們的聚會。偉大的雕版師畢維克(Thomas Bewick)回憶道：「一群堅決擁護人類自由的人士」，在新堡的「藍鐘」、「獨角獸」和「新聞室」酒吧舉行集會。他們是些「通情達理的有力人物」、「文雅的手藝人」、「銀行家、辦事員、工匠和代理人」。畢維克的這群特殊夥伴還包括：一位鞋匠、一位營造商、一位鑄造工、一位錫匠、一位編輯、一位劍術教練、一位激進派紳士，以及好幾名演員。他們結合的目的是爲了譴責戰爭及其社會後果：

> 航運業沉迷於鑽營財富，紳士們擺著貴族之姿傲慢地走來走去，他們已經忘了他們過去對較低階層的良好舉止和仁慈行爲，如今這些人在他們眼中似乎鄙如塵土。農場主人的性格也改變了。他們極其拙劣地模仿紳士，如今除了酒之外，他們什麼也不喝……當這些暴發戶離開市場之後，他們隨時預備騎在他們遇到的每一個人頭上；不過這種欺壓惡行，和塞滿他們那個空

---

145 受到瓊斯和佛洛斯特影響的人士當中，有一位與佛洛斯特同名的新港 (Newport) 前市長，他曾在 1839 年於威爾斯領導由憲章運動發起的叛亂。 See D. Williams, *John Frost* (Cardiff, 1939), pp. 13-14.

146 A. T. Patterson, op. cit., pp. 70, 74; J. F. C. Harrison, "Chartism in Leicester", *Chartist Studies*, ed. A. Briggs (1959), p. 132; G. Bown, *Physical Force* (Leicester, 1848).

洞憤怒腦袋的驕傲或愚蠢比起來，根本不算什麼，他們穿起鮮
紅外套……號稱是「義勇騎兵」。可是辛勤的勞動者則不然。他
非常辛苦……[147]

　　儘管許多小師傅、辦事員和手藝人對士紳、資本家和大富農懷
有敵意，並同情那些「辛勤的勞動者」（在 1795 年後的五十年間，
這是激進派意識的一項極端重要特色），然而他們終究是和里茲的手
藝人一樣，受到「貴族勢力」的威嚇。即使是滿腔清教熱誠的畢維
克，在戰爭期間也小心留意地只結交那些可以爲「有心智狂暴傾向
之人立下正當行爲榜樣」的人，而他對「當時政治殘暴」的義憤，
也始終保持在「適可的範圍之內」。因此，雅各賓平民只能在備受孤
立的情形下退回他們自己的圈子，並迫於時勢地嘗試各種半合法或
地下的組織。（在畢維克所住的新堡，戰爭期間成立了數十個酒館互
助會，其中有許多無疑是爲了掩護工會的活動。在這些互助會當中，
先前的雅各賓分子爲俱樂部的聚會貢獻了「熱切的辯論和粗暴的言
語」[148]。）既然已經被孤立於其他階級之外，激進的技工、工匠和勞工
們就必須設法塑造出他們自己的傳統和組織形式。因此，雖然 1791
到 1795 這段期間曾激發出勞工階級的民主衝力，但一直要到那段雷
屬鎮壓的年代，我們才能說有一種明確的「工人階級意識」正在成
熟當中。

　　即使在最黑暗的戰爭年代，我們依然可以感受到民主的衝力在
表面底下作用著。它促成了對**權利**的肯定，並讓我們得以瞥見從不

---

[147] T. Bewick. *A Memoir*, ed. M. Weekley (Cresset, 1961), pp. 146-8, 153.
[148] 參見下文，頁 596-603.

曾熄滅的平民千禧年運動。結社法案（Combination Acts, 1799-1800）充其量只是把非法的雅各賓與工會這兩股潮流拉得更近一些罷了[149]。甚至在「入侵」之說最甚囂塵上的那幾年，新的組織構想和新的組織形式依然持續在湧動著。數萬名不情願士兵的經驗，加速了人民次政治態度的徹底轉變。到了 1811 年，一種新的民眾激進主義和一種新的好戰工會主義，已同時出現在我們面前。這其中有部分是新經驗的產物，有部分則是對那段反動年代的必然回應。「穀物法詩人」艾利奧特（Ebeneezer Elliot）寫道：「**我不曾忘記英國的恐怖統治**，你可以在那兒找到我政治傾向的源頭。」艾利奧特的父親是雪菲爾附近一家鐵工廠的辦事員，也是一名雅各賓分子，「那些義勇騎兵經常拿他尋開心，每隔一陣子就會騎著他們的馬匹倒衝破他的窗子」[150]。

整體而言，1792 到 1796 年的改革騷動史，可說是一部兩線並陳的故事，其中一線是中產階級改革者的未善盡責任，另外一線則是平民激進分子的迅速「向左」移轉。這種經驗是此後五十年群眾意識的一大特色，在這五十年當中，激進主義的活力從來都不是來自中產階級，而是源於工匠和勞動者。以雅各賓派稱呼這些民眾協會的成員可說再適當也不過。他們的幾位領袖，包括塞爾華在內，都相當欣然地接受這個名稱：

　　我毫不遲疑就採用了**雅各賓主義**這個辭彙，因爲第一，這是我

---

149 參見下文，頁 713-7。

150 Cited in *Poor Man's Guardian*, 17 November 1832. 在談到對「恐怖統治」的回憶時，該報補充說：「除了艾利奧特先生之外，還可找到成千上萬個同樣的例子。」

們的敵人安在我們頭上的污名……第二，雖然我對法國雅各賓派後期的血腥殘暴深惡痛絕，可是他們的原則……是我所知道的所有原則當中最符合我的理念和人類的天性……我用雅各賓主義一辭，只是用來指稱**一個龐大且包羅萬象的改革體系，這個體系不主張把自己建築在中世紀的威權和慣例之上。**[151]

他們的雅各賓主義特質，可以從他們對 égalite（法文，平等之意）這個字的強調感覺出來。「平等」(equality)這個英文字（依照一般的英文意含），對他們誓言抹除一切差別狀態（這是鼓舞他們不斷前進的原動力）的尖銳主張而言，顯得太過負面、太過消極。日後的工人階級運動會繼續發揚博愛和自由這兩個傳統。然而其組織存在的本身，以及對其經費的運用，在在要求他們必須培養出一小群有經驗的核心幹部，以及對其領袖的某種服從和高度效忠，可是這些必要手段又會反過來變成官僚形式和官僚控制的溫床。可是 1790 年代的英國雅各賓派卻開創出相當不一樣的傳統。在對十八世紀那種不平等形式的憤恨背景下，**平等**一辭自然有其辛辣尖刻的一面，這一點可以從雅各賓派的戴爾勳爵(Lord Daer)身上看出，他是以普通的「公民戴爾」的身分與工匠和織工們平起平坐。但是這種「一個人就是一個人，如此而已」的信念，也有其他的表達方式，而這些方式仍然可用來批判我們今日的某些做法。一個委員會裡的**每一個**公民都應該扮演某部分的角色，大家輪流擔任委員會的主席，領導人的職權必須接受監督，一切行動的基礎信念是每一個人具有理性並有能力增進他的才智，因此層級服從和層級差別都是冒犯人類尊嚴的舉動。

---

151 J. Thelwall, *Rights of Nature* (1796), II, p. 32.

這些雅各賓信念曾經對憲章運動助益良多，可是當十九世紀晚期，新興的社會主義將重點從政治權利轉移到經濟權利之後，這些信念便開始走向式微。階級與身分差別在二十世紀的英國之所以還擁有如此強大的力量，部分便是因爲二十世紀的勞工運動已不再具備這種雅各賓美德。

我們不須再去強調雅各賓傳統的其他幾個重要面向，比如說它的自我教育傳統，以及對政治、宗教制度抱持理性批評的傳統；它的共和意識傳統；以及最重要的國際主義傳統。令我們感到驚訝的是，這麼短促的一場騷動，居然能將它的理念傳播到英國的這麼多個角落[152]。或許英國雅各賓主義最深遠的影響(雖然也是最不容易說明的影響)，就是打破了不可在「成員不限」的條件下進行運動的這項禁忌。舉凡是堅持雅各賓理念的地方，以及仍珍藏有《人權論》的地方，人們再也不期盼在他們動手追求民主運動之前，能先出現一個韋爾克斯或一個韋威爾。在英法交戰的那些年間，英國的每一個市鎮和許多村落都有他們自己的哈代，這些哈代們擁有滿櫃滿架的激進書刊，他們把握每個適當的機會在酒館、在禮拜堂、在鐵匠店和鞋匠店裡發表言論，並耐心等待著運動的復興。他們所等待的那個運動，並不屬於紳士、製造業者或納稅人，而是屬於**他們自己**。

一位犀利的約克郡諷刺詩文作家，在 1849 年發表了一篇針對這類「鄉村政治家」的速寫，其內容非常生動逼眞。一般說來，他是一個粗笨的工匠、一名長者和他那個工業村落裡的賢人：

---

[152] W. A. L. Seaman, op. cit., p. 20. 這本書中例舉了英格蘭和蘇格蘭超過一百個以上的地方結社實例。

他有一個引以自豪的圖書室。裡面都是些奇怪的藏書……其
中有《最珍貴的珍珠》和柯貝特的《二便士小冊》。有《天路歷
程》……《向前衝雜誌》。有《勞動的不公》和《人權論》。有
《法國大革命史》和班揚的《聖戰》……有《理性時代》和一
本老舊不堪的聖經。

他「當然非常崇拜拿破崙」。「當他聽到一場成功的革命——王冠掉
了、國王逃了、王公亡命他鄉——那感覺就好像喝了一夸脫的溫麥
酒一般,深深溫暖了他衰老的心房。他認為他年輕時代的夢想即將
成真。」他熱中使用那類極度誇大的隱喻,諸如「自由的太陽」從「地
平線的氛圍」中升起,並聲稱他了解俄國事物。

他還記得那段他幾乎不敢在街上走動的日子。他會告訴你他
是如何像過街老鼠一般遭人叫罵、投擲和驅趕……人們告訴他
說,如果他沒在哪天半夜和潘恩的芻像給一塊兒燒了,就該感
謝上帝保佑……當他跟年輕一輩敘說那段沒有人身保護令……
而且檢查總長簡直就像是一頭狂暴獅子在全國各地到處亂咬的
故事時,這些年輕人個個聽得目瞪口呆……他還說有一個人只
因為說了一句……國王出生的時候沒有穿衣服,就被認為是觸
犯煽動叛亂罪而遭到流放……[153]

他所夢想的革命始終沒有發生,不過當時確實發生了某種革命。小
瓦特(James Watt the younger)在 1793 年時抱怨說:是那些效忠王

---

[153] E. Sloane, *Essays, Tales and Sketches* (1849), pp. 61 ff.

室的人——藉著挑撥暴民去對付改革者——「玩弄」了「較低階級的人民」：

> 他們根本沒有想到，讓人民得知自己的力量是件多麼危險的事，總有一天，他們會因爲一手導演這場「教會和國王」的無意義喊叫而受到報應，他們會發現他們自己的武器正反過來對準他們。[154]

在瀕於饑荒的 1795 年結束之後，許多地方都可以察覺到這種轉變。以諾丁漢爲例，1794 年時，這兒的雅各賓黨人曾因爲處境危險而紛紛躲了起來，然而到了 1796 年，他們的力量卻已強大到足以和對手在這場選舉公開戰裡正面遭遇並擊潰對方[155]。1798 年時，一名驚駭不已的效忠王室派寫道：「在本城大多數的入口，都豎有一根竿子，竿上釘了一塊板子，板子上寫著：『所有的流氓都將按照法律予以拘捕和懲罰。』」如今，「流氓」這兩個字已經被人塗改成「暴君」，可是卻沒有任何人打算把這些板子取下來[156]。1797 年的艦隊兵變者宣稱：「長久以來我們一直想證明我們自己是人。如今我們證明了。我們應當得到人的待遇。」[157]

1812 年，史考特(Scott)失望沮喪地看著他四周的蘇格蘭工會活動以及英格蘭搗毀機器運動的勢力，他寫信給騷塞說：「他們正在我的腳下掏空這個國家。」將這些「掏挖者」驅趕到地下去的，正是皮

---

[154] See E. Robinson, op. cit. p. 355.

[155] J. F. Sutton, *Date-Book of Nottingham* (1880), p. 212.

[156] J. W. Cartwright to Duke of Portland, 19 June 1798, H.O. 42.43.

[157] C. Gill, *The Naval Mutinies of 1797*, p. 300.

特。像上述那類「村落政治家」，在 1789 年的村落裡面幾乎看不到。
雅各賓人士被皮特等人驅趕到紡織村落裡面，驅趕到諾丁漢的框架
織襪工和約克郡修絨工的工坊裡面，驅趕到蘭開郡的棉紗工廠裡面，
只要遇到物價上漲和艱辛的年頭，他們就會冒出頭來廣爲宣傳。看
出這項致命發展的，不是皮特而是塞爾華。「每當有一大群人聚在一
起，必然會產生一種蘇格拉底的精神」：

　　……壟斷，以及將龐大資本集中在少數人手中……這種窮凶
　極惡的罪行本身，卻帶有治療的種子……任何使人們聚集在一
　起的事物，雖然也可能滋生一些邪惡，但對於知識的傳播卻是
　有利的，最後也終將對自由有所促進。因此，每一個大工場和
　製造廠都是一種政治協會，國會的法案不能讓它們噤聲，治安
　法官也無法驅散它們。[158]

---

158 Thelwall, *Rights of Nature*, I. pp. 21, 24.

第二部

亞當的詛咒

ENTER.
No GENERAL BUT LUDD
MEANS the POOR ANY GOOD

你必須汗流滿面才得糊口，

直到你歸了土，

因爲你是從土而出的。

你本是塵土，仍要歸於塵土。

——創世紀第三章第十九節——

第六章

剝 削

Exploitation

　　塞爾華並不是唯一一個認為每家「製造廠」都可能是政治叛變中心的人。1792 年時，有一位貴族旅行者造訪約克郡溪谷，他很驚訝居然會在艾斯嘉(Aysgarth)那「如田園般的山谷」中，發現一家新的棉紡織廠：「老天，這裡居然出現這麼光鮮的一家大工廠，工廠後面的溪流還把橋上瀑布的水量整整汲去了一半。

> 　　隨著鐘聲響起和工廠的喧鬧，整個山谷陷於一片擾攘；大家七嘴八舌地談論著叛逆和促進平等的制度；叛亂似乎一觸即發。

這家工廠彷彿已成為社會精力的象徵，正在毀滅「自然規律」的運行。它代表著對既有秩序的雙重威脅。第一重威脅是來自工業財富的擁有者，這些暴發戶比起收入全得仰賴地租的地主們，可說佔盡便宜。

> 　　如果說人們真的可以這樣一夕致富，或經商真的這麼輕易就可以家財萬貫，那麼我們這些領取中等和固定收入的人就要倒楣了，所有納帕堡(Nappa Hall)*1 的後人和紳士農們也都要倒楣了。

第二重威脅是來自從事工業生產的工人，這位貴族訪客對工人的敵意之深，有一點類似今日種族主義者對有色人種的態度：

---

*1 按：納帕堡為艾斯嘉這個北約克郡古老敎區的地標建築，為該區的古老世家麥特卡夫家族(the family of Metcalfe)的世襲產業，是一棟十五世紀的城堡大宅。

這些人的確是有職業，但他們全都是些墮落鬼……只要他們不在工廠工作，就會成群結夥地出去偷獵、揮霍和搶劫……[1]

在 1790 到 1850 年間，觀察家普遍都認為紡織工廠和新工業社會指的是同一件事，而新的生產形式也將密切呼應著新的社會關係形式。因此，當馬克思宣稱：「手工作坊帶給你封建貴族的社會，蒸汽工廠帶給你工業資本家的社會」，他不過是以更強有力的方式在表達上述意見罷了。對當時人而言，不僅是工廠主人，就連工廠內部和工廠周遭的勞動人口，都是一種「新事物」。1808 年，有一位鄉村的治安法官寫道：「只要我們接近蘭開郡的製造區，便可看到一群全新的人種，他們的舉止、職業和屬性……都是前所未有的。」歐文也在 1815 年宣稱：「隨著製造業在某個國家境內日漸普及，其居民也將形成一種新的個性……全體民眾的共同特質將發生根本性的變化。」

1830 和 1840 年代的觀察家，依然在為「工廠制度」的新穎之處驚奇不已。嘉斯凱爾(Peter Gaskell)在 1833 年指出：製造業人口原先「只不過是搖籃裡的大力士」，「一直要到利用蒸汽做為動力之後，他們才具有這種至高無上的重要性。」蒸汽機已經「把人群搏聚成極其緊密的聚合體」，而嘉斯凱爾也已經在工人階級的組織中看到一種「最名副其實的『國中之國』」[2]。十年後的庫克・泰勒(Cooke Taylor)也提出了類似的說法：

[1] *The Torrington Diaries*, ed, C. B. Andrews (1936), III, pp. 81-2.
[2] P. Gaskell, *The Manufacturing Population of England* (1833), p. 6; Asa Briggs, "The Language of 'Class' in Early Nineteenth-century England", in *Essays in Labour History*, ed. Briggs and Saville (1960), p. 63.

　　蒸汽機是史無前例的，珍妮紡紗機是沒有先祖的，走錠紡織機和動力織布機則是不具任何傳承的，它們就好像是雅典娜從宙斯的腦袋裡跳出來一樣，突然迸現在我們眼前。

但是，令這位觀察家最感不安的，是這些「新玩意」對人類造成的影響：

　　當一個異鄉人行經群集在製造廠和印染工廠的人堆時……他不可能不為這些「擁擠的蜜蜂群」感到幾近沮喪的焦慮和擔憂。這些人群就像他們所屬的制度一樣，是一種**全新的現象**，只不過它時時刻刻都在擴大和增強當中。它是一種民眾的聚合體，我們用來指稱他們的字眼，處處流露出不祥和恐懼……彷彿一個緩慢上升和逐漸擴張的海洋一般，在不久的將來，它必然會把社會上的所有成分都攬入它的雙臂之中，然後漂向天知道的哪兒。在這個聚合體內潛伏著無比的能量……這種工業人口不僅其構成方式是全新的，其思想和行動的習慣也是全新的。這些習慣完全是由它的環境所形塑，很少受到外界的教導和指引……[3]

根據恩格斯在《1844年英國工人階級的境況》（*Condition of the Working Class in England in 1844*）一書中的描述，「最早的無產階級與製造業息息相關，他們是由製造業創造出來的……那些工廠勞工，

---

[3] W. Cooke Taylor, *Notes of a Tour in the Manufacturing Districts of Lancashire* (1842), pp. 4-6.

亦即工業革命的長子長女們，自始至今一直是勞工運動的核心。」

不管保守派、激進派和社會主義觀察家各自的價值判斷有多麼不同，他們都提出了同一道公式：蒸汽動力＋棉紡織廠＝新勞工階級。他們都認爲物質生產工具，將會直接且強制性地引發新的社會關係、社會機制和文化模式。1811 到 1850 這段期間的民眾騷亂歷史，似乎也證實了這種看法。當時的情形就好像英國是在 1790 年代走進了某個鍋爐，當她於戰後從鍋爐走出來時，已經是一副全然不同的面貌。1811-13 年有搗毀機器危機；1817 年有潘垂吉起義（Pentridge Rising）；1819 年有彼得盧事件；下一個十年當中則有工會活動的繁生、歐文派的宣傳、激進派的新聞戰、十小時運動，以及 1831-32 年的革命危機；緊接在這之後的，便是最終匯聚爲憲章主義的眾多運動。對那個時代的觀察家和歷史學家來說，再沒有比這些形形色色的民眾騷動所表現出來的規模和強度，更能夠令他們感受到自己正處於一個**翻天覆地的巨變**時代。

幾乎 1790 年代的每一種激進現象，都在 1815 年後以十倍的力道重新登場。戰前的少數幾份雅各賓單張報紙，滋生出戰後的數十種極端激進派和歐文派的期刊。戰前的義頓曾因出版潘恩的著作入獄，戰後的卡萊爾和他的零售商也爲了類似的罪名總共被關了二百多年。戰前的通訊協會曾在二十幾個市鎮斷斷續續地活動著，而戰後的漢普敦俱樂部和政治聯合會（Political Union）則在無數的小型工業村落裡扎下根基。如果我們把這種群眾騷動和棉紡織工業的戲劇性改變步調放在一起觀察，自然會假定這兩者之間有著某種直接的因果關聯。棉紡織工廠不但被視爲工業革命的動因，也被視爲是社會革命的動因；它不但生產出更多的物品，也生產出「勞工運動」本身。原本做爲一種敍述（description）的工業革命，如今已轉變成一

種解釋（explanation）。

　　從阿克賴特（Arkwright）*² 的時代開始到活塞暴動結束之後，每當我們試圖在視覺上重新建構工業革命，第一個浮現的必然是「漆黑、如地獄般的工廠」形象。這或許有部分是因爲這個形象的確充滿戲劇效果——兵營般的建築物、大型的煙囪、在工廠中做工的兒童、木鞋和披肩、彷彿從工廠四周叢生出來的房舍。（這個形象總是會讓我們首先想到這個工業，然後才會想到與它有關或爲它服務的人們。）另外則有部分是由於棉紡織工廠和新工廠市鎮——由於其成長的快速、其技術的巧妙，以及其紀律的新鮮或殘酷——對那個時代的人們而言，似乎是悲劇和不祥的化身：在討論「英格蘭境況」這個問題時，這些工廠比起經常出現在內政部「騷亂登記簿」中那些名稱不詳或界域不定的**地區**（district），顯然更適合拿來當做象徵。於是這個形象便同時衍生出文學和歷史這兩個傳統。幾乎那個時代所有有關工業革命的經典論述，都是以棉紡織工業，特別是蘭開郡的棉紡織工業，做爲描摹的基礎：歐文、嘉斯凱爾、烏爾（Ure）、費爾登（Fielden）、庫克·泰勒、恩格斯等等。而諸如《工廠男孩阿姆斯壯》（Michael Armstrong）、《瑪麗·巴頓》（Mary Barton）或《苦難時代》（Hard Times）*³ 這樣的小說，更使這個傳統延續了下來。在日後的經濟和社會歷史的著作中，強調這種形象的情形也歷歷可見。

---

*² 按：阿克賴特（1732-92），英國發明家，爲棉紡紗機的重大改革者。發明水利紡紗機、梳棉機等，對當時的棉紡織業造成莫大衝擊。1771 年，其克蘭福（Cromford）棉紡紗廠已成爲動力紡紗廠的模範。

*³ 按：《工廠男孩阿姆斯壯》是卓洛普夫人（Frances Trollope）的小說，參見下文頁 489。《瑪麗·巴頓》是嘉斯凱爾夫人（Elizabeth Cleghorn Gaskell, 1810-1865）的小說，內容是描述曼徹斯特工人在「飢餓的四〇年代」的困境。《苦難時代》是狄更斯的小說，以蘭開郡的織工罷工做爲故事背景。

　　然而，還是有許多問題沒有解決。棉紡織工業確實是工業革命的前導工業[4]，也的確是工廠制度的卓越模範。但是我們不可輕率認定，在經濟成長的原動力與社會文化生活的原動力之間，有任何自動或過分直接的對應。在棉紡織工廠獲得「突破」（1780 年前後）之後的半個世紀，工廠工人在棉紡織業的成年勞工中，一直是個少數群體。1830 年代早期，單是手搖織布機的棉織工人數目，便超過棉、毛、絲這三個領域的紡紗和織布工廠的男女工人總數[5]。此外，1830 年的成年男性棉紡紗工人，並不會比 1960 年代的科芬垂汽車工人，更接近所謂的「一般工人」（average working man）的標準典型。

　　這一點非常重要，因為過分強調棉紡織工廠的新意，可能會讓我們低估了在工人階級群體的形成過程中，政治和文化傳統所具有的延續性。工廠工人絕非「工業革命的長子長女」，他們其實晚生了很多年。他們的許多想法和組織形式，早在一些家庭工業工人——諸如諾威治和西英格蘭的毛織工人，或曼徹斯特織工——身上便可看到。再者，除了在棉紡織工業地區，工廠工人在 1840 年代晚期之前，是否曾「扮演勞工運動的核心角色」都還大有疑問（在北英格蘭和密德蘭的某些市鎮，他們是否曾在 1832 到 1834 年的封鎖工場行動中扮演帶頭領導的角色，也頗值得懷疑）。如前所示，雅各賓主義在工匠當中扎根最深。搗毀機器運動是由小型作坊裡的熟練工人發起的。從 1817 年開始一直到憲章運動期間，北英格蘭和密德蘭的家庭工人，在每一次的激進運動中，都和工廠工人有著同樣突出的表

---

[4] 關於棉紡織業之所以在工業革命當中佔居首要地位的原因，霍布斯邦在《革命的年代》（*The Age of Revolution*）第二章中，有極為精闢的陳述。

[5] 聯合王國統計數字，1833 年。所有紡織工廠的成年勞工總數為十九萬一千六百七十一人。手搖織布機的棉織工人共二十一萬三千人。見下文，頁 438。

現。事實上在許多市鎮中，勞工運動的眞正核心，亦即其理念、組織和領導的實際源頭，是由鞋匠、織工、馬鞍匠和馬具工、書商、印刷匠、營建工和手藝人所構成。在 1815 到 1850 年間，激進的倫敦這個無比巨大的地區，憑藉的並不是主要的重工業（造船業正在式微，而工程師要到十九世紀末才開始具有影響力），而是數目龐大的小型行業和職業[6]。

如此變化多端的事實經驗，曾經讓某些作家不禁對「工業革命」和「工人階級」這兩個觀念產生質疑。我們不須在此討論「工業革命」這個觀念[7]，因爲這個辭彙的一般意含已足夠我們使用。至於第二個觀念，許多作者喜歡使用**複數的**工人階級這個辭彙（working classes），以便強調在這個複合辭彙的內涵中，其實包含了身分、才藝、技能和條件等方面的懸殊差異。在這方面，他們應和了普雷斯的抱怨：

> 如果我們根據評論、雜誌、宣傳小冊、報紙，以及上下兩院和工廠委員會的報告來判斷工人的品格和行爲，我們將會發現他們都被籠統混雜地稱之爲「下等階級」，不管他們是最熟練和最謹愼的工人，還是最無知和最輕率的勞動貧民，也不管他們之間的實際差別究竟有多大，在很多時候，他們之間的差別根本大到無法比較的程度。[8]

---

[6] Cf. Hobsbawm, op. cit., Ch. 11.

[7] 有關這項爭論的簡要說明，參見 E. E. Lampard, *Industrial Revolution*(American Historical Association, 1957)。See also Hobsbawm, op. cit., Ch. 2.

[8] Cit. M. D. George, *London Life in the 18th Century* (1930), p. 210.

普雷斯當然是對的。桑得蘭的水手、愛爾蘭的粗工、猶太裔的蔬果小販、東盎格利亞村落收容所的貧民，以及《泰晤士報》的排字工人，儘管他們之間可能連彼此的方言都不太聽得懂，可是在那些「比他們高尚」的人們眼中，他們全都被歸為「下等階級」。

　　然而，就算我們以最謹慎的態度仔細考慮過每個應該注意的細節，我們還是可以在 1790 到 1830 這段期間看到一個明顯的事實，那就是一個「單數的工人階級」（the working class）已告形成。這點首先顯露在階級意識的成長上面：這些形形色色的工人群體意識到他們之間有著休戚與共的利害關係，而且這種利害關係是和其他階級相對立的。其次，則是表露在與之相對應的政治和工業組織的成長上面。1832 年時，英格蘭已經建立了根基穩固且具有自我意識的工人階級機制──工會、互助會、教育和宗教運動、政治組織、期刊──工人階級思想傳統、工人階級社群模式，以及工人階級的情感結構。

　　工人階級的形成是一種經濟和歷史的事實，但同樣也是政治與文化的事實。工人階級並不是從工廠制度自然演化而來。當然，我們也不該認為它是由一股外在力量──「工業革命」──作用在某種莫可名狀、無法判別的人類原料之上所轉化而成的「新人類」。由工業革命所導致的生產關係和工作境況的改變，影響到的並不是物質原料，而是生而自由的英國人──亦即受過潘恩著作洗禮或循道宗思想模鑄的英國人。這些工廠工人或織襪工人，同時也是班揚的繼承人，是村落權利的繼承人，是法律之前人人平等觀念的繼承人，以及工藝傳統的繼承人。他是強有力的宗教教誨的對象，但同時也是新政治傳統的開創者。工人階級既是外力的產物，也是它自身的發明。

　　以這個角度看待工人階級，等於是在護衛那個時期的「古典」
看法，以對抗當今經濟史和社會學各門派的通行意見。因爲最初由
馬克思、湯恩比(Arnold Toynbee)、韋布夫婦(Sidney and Beatrice
Webb)和哈蒙德夫婦(J. L. and B. Hammond)標示出來並進行考察
的工業革命領域，如今已宛如一片學術戰場。那個時期耳熟能詳的
「浩劫」(catastrophic)觀，如今已被批駁得體無完膚。過去，大家都
習慣把那個時期看成一個經濟失衡、剝削無度、政治鎮壓和民眾英
勇奮起的時代；可是如今大家所注意的，卻是經濟成長率(以及「躍
升」到科技自動再生的困難性)。今天大家在討論圈地運動的時候，
關注的重點已不再是它導致村中貧民流離失所的殘酷事實，而是它
養活了快速增長之人口的成功經驗。那個時代的苦難如今被歸咎於
戰爭所引起的紛亂、錯誤的溝通、不成熟的銀行和兌換機制，以及
不確定的市場和商業周期，而不再是由剝削或激烈的競爭所造成。
至於民眾的騷動不安，則被視爲是高昂的糧食價格和經濟不景氣同
時出現的必然結果，並可藉由根據這些資料繪製而成的「社會緊張」
圖表來加以解釋[9]。一般說來，今日的學者們認爲工業勞工在 1840
年時的處境，在大多數方面都比 1790 年的家庭工人來得好。工業革
命並不是一個浩劫時代，或階級衝突與階級壓迫肆虐的時代，而是
一個改進的時代[10]。

---

[9] See W. W. Rostow, *British Economy in the Nineteenth Century*(1948), esp. pp. 122-5.

[10] 此處所概述的一些看法，可在 T. S. Ashton, *Industrial Revolution* (1948)和 A. Radford, *The Economic History of England* (2nd edn. 1960)書中找到或明確或暗喻的說明。社會學的不同看法參見 N. J. Smelser, *Social Change in the Industrial Revolution* (1959)。號稱已普及化的看法，見 John Vaizey, *Success Story* (W. E. A., n. d.)。

　　古典的浩劫正統說，如今已被新的反浩劫正統說所取代，後者最鮮明的特色，就是它那種經驗主義式的謹慎，以及其最著名的代表人物（克拉凡爵士〔Sir John Clapham〕、喬治博士〔Dr. Dorothy George〕和艾希頓教授〔Professor Ashton〕）對於某些舊派作家的鬆散論證所提出的嚴酷批評。新正統學說的研究，不但使歷史專業的領域更為豐富，並且在許多重要方面提升並修正了古典學派的成果。然而風水輪流轉，原本的新正統如今也日漸陳舊並包攬了大部分的學術中心，因此它也開始得面對各方的挑戰。那些偉大的經驗主義傳人，往往表現出無比的道德自滿，可是他們對資料的收集卻過於狹隘，對那個時代的工人運動實況也不夠熟悉。他們比較在意的毋寧是正統經驗主義的姿態，而非工業革命所導致的社會關係與文化風尚的轉變。因此他們抓不住對整個過程的感覺，對那個時期的整體政治和社會脈絡的感覺。這個新正統在提出之際只是做為一種有價值的修正，可是卻在不知不覺中變成一種新的（證據支撐力薄弱的）通論，並進一步從通論躍升為宰制一切的龍頭。

　　經驗主義的正統地位往往是透過對哈蒙德夫婦作品的連番抨擊而確立的。哈蒙德夫婦的確太過喜歡以道德評斷來說明歷史，也太常聽任「憤怒的情緒」去安排他們的史料[11]。在享有後見之明的研究者看來，他們的作品有許多地方錯誤或不夠周延，我們在下文中還會提出更多這類缺失。然而哈蒙德夫婦的作品還是值得我們參考，不只是因為他們對勞工的研究卷帙浩繁、旁徵博引，永遠都會是有關那個時期的最重要資料來源；同時也是因為，他們的所有敘述都扣緊了引發工業革命的那個政治脈絡。對一個研究某家棉紡織工廠

---

11 See E. E. Lampard, op. cit., p. 7.

帳目的學者而言，拿破崙戰爭可能只是一個會影響到外國市場和物價波動的非常態因素。不過對哈蒙德夫婦而言，他們卻一刻也不敢忘記拿破崙戰爭同時也是一場反雅各賓運動的戰爭。哈蒙德夫婦在《技術勞工》（*The Skilled Labourer*）的導論中開宗明義地寫道：「本書所討論的英國這段時期的歷史，讀起來簡直就像是一場內戰的歷史。」而他們在《市鎮勞工》（*The Town Labourer*）的結論中，除了陳述一些無關緊要的體悟之外，也以他們過人的洞察力將整個時代呈現在我們眼前：

> 在「公民」這個充滿魔力的新字眼讓半個歐洲陷入興奮、半個歐洲陷入恐慌的時代裡，掌握英國的統治者，將公民權這個觀念視為對其宗教與文明的挑戰；他們極力想要讓國家奠基在不公平的生活基礎上，並且竭盡全力地強調和堅持工人的從屬地位。因此我們看到，法國大革命在法國人民之間所造成的分化效果，遠不及工業革命在英國人民之間所達成的分化程度……

「因此我們看到……」這種判斷或許是有問題的。不過我們卻可以從這種見解——亦即，這場革命雖然**沒有**降臨在英國頭上，可是依然對英國造成了全面破壞，而且它在某些方面所導致的分裂情形，甚至比它在法國造成的情況更嚴重——當中找到一些蛛絲馬跡，並進而挖掘出這個時期的浩劫本質。在這整個時期，有三項而非兩項重要的影響同時在發揮作用。其一是人口的巨幅增加（大不列顛的總人口從 1801 年的一千零五十萬人，增加到 1841 年的一千八百一十萬人，其中又以 1811 到 1821 年的成長速度最快）；其二是工業革

命的技術層面；其三則是 1792 到 1832 年間的政治**反**革命運動。

最後我們發現，政治環境對工人階級意識與工人階級機制所發揮的塑造力量，和蒸汽動力可說不分軒輊。十八世紀晚期要求進行政治改革的幾個力量——韋爾克斯、城市商人、密得塞克斯的小鄉紳、「暴民」；或韋威爾、小鄉紳、自耕農、布商、刀剪匠和手藝人——在 1790 年代眼看就要取得一些零星的勝利。皮特原本預定要扮演的角色就是一位改革首相，如果事情能夠順其「自然」地發展，我們相信不必等到 1832 年，就可以看到土地和商業寡頭與製造業者和小鄉紳之間的某種攤牌，而勞動人民也將尾隨在中產階級後面發起騷動。甚至在 1792 年，當製造業者和專業人士在改革運動中嶄露頭角之際，各種改革力量之間尚能維持某種平衡。可是在《人權論》大獲全勝、法國大革命走向激進化與恐怖統治，以及皮特展開強力鎮壓之後，卻只剩下一個由平民組成的通訊協會在這場反革命戰爭中孤軍奮戰。儘管這些平民團體在 1796 年時已經是勢小力微，可是它們終究有辦法巧扮成另一種「地下」傳統，並將這個傳統延續到戰爭結束。法國恐怖統治所造成的驚嚇不安，以及戰爭所激起的愛國熱情，促使原本應該攤牌的貴族和製造業者轉而攜手合作。於是英國的**舊體制**重新撿回了一條命，不但國家事務重新回歸舊制，連根本無法有效治理不斷成長中的工業城鎮的古老法人組織，也都延續了下來。爲了回報製造業者的支持，政府做出了幾項重要讓步，特別是廢除或撤回了一些具有「家長制精神」的立法，包括學徒制度、工資管制或工業限制等等。貴族階級在意的是如何能鎮壓人民的雅各賓「陰謀」，製造業者關心的則是怎樣能擊敗人民想要增加工資的「陰謀」，而結社法案正好可同時達到兩者的目的。

於是勞動人民就這樣在戰爭期間被逼退到政治與社會的**隔離狀**

態(附帶一提，他們還得爲這場隔離他們的戰爭而戰)。這種情形當然並不全是史無前例。史無前例的是它正巧碰上法國大革命，碰上日漸強烈的自覺與日漸遠大的渴望(因爲「自由樹」已經從泰晤士河畔種植到泰因河畔*⁴了)，碰上人口的增加(在倫敦和其他工業地區，單就數目來看，增加的幅度可說一年比一年可觀，隨著人數的日漸成長，對雇主、治安法官或教區牧師的順從程度也就隨之下降)，碰上更徹底與更赤裸的經濟剝削。經濟剝削的徹底面表現在農業和古老的家庭工業之上，赤裸面則顯露在新工廠和採礦業上。對農業而言，1760 到 1820 年間是一段大規模圈地的時期，在這段圈地時期，村落一個接一個地失去它們的公地使用權，以致無地勞工和南方的貧窮勞工，只能依靠分成佃農、地主和教會的什一稅來維持生計。在家庭工業方面，自 1800 年起，大雇主取代小師傅的趨勢已越來越普遍(不論前者是製造商還是中間人)，對大多數的織工、長襪工或製釘工來說，變成賺取工資的家庭代工，意味的是工作的穩定性多少失去了保障。至於在工廠和採礦業方面，雇用童工(和祕密雇用女工)就是從這些年開始的；而大規模的企業、強調新紀律的工廠系統，和新興的工廠社區——製造業者不但在這裡靠著雇工的雙「手」致富，而且這些雇工還**親眼目睹了**他們暴發致富的過程——都加速了剝削過程的赤裸化，以及被剝削者在社會和文化上的凝聚力。

有了這些認識，我們就不難看出工業革命的確具有一些貨眞價值的浩劫本質，同時也能窺察出英國工人階級之所以會在這些年間形成的部分原因。這段期間的人們同時承受了兩種無法忍受的關係

---

*⁴ 按：泰因河(Tyne)位於北英格蘭，是英國工業革命的發源地之一。

形式的強力壓迫，一是經濟剝削，二是政治迫害。雇主與勞工之間的關係變得越來越冷酷也越來越沒人情味，雖然這種趨勢確實提升了工人的潛在自由，因爲(套用湯恩比的話)受雇的農場僕人或家庭工業的職工們如今正「徘徊在從農奴升格爲公民的半途當中」，這種「自由」意味著他對自身**不**自由的感受已越來越強烈。然而只要他試圖抗拒剝削，他就會立刻遭到雇主或政府的威逼，有時甚至是兩者的攜手壓迫。

對大多數的工人來說，工業革命之所以讓他們備覺嚴酷，主要是由於剝削的本質與強度都發生了明顯的轉變。這種說法一點也沒有將時代錯置的觀念硬套在證據之上的味道。我們可以用一位傑出的棉紡紗作業員在 1818 年——馬克思出生的那年——所經驗到的剝削過程來加以說明。這是「一位棉紡紗職工」寫給因罷工而陷入停頓的曼徹斯特大眾的公開信。在信的一開始，他就把雇主與工人形容成「兩個不同階級的人」：

「那麼，首先來談談雇主。除了極少數的例外，他們這些人都是發跡於棉紡紗作坊，除了透過和曼徹斯特交易所那一小群商人的往來而學到一點東西之外，他們幾乎沒受過什麼教育，也不具什麼專長。爲了掩飾這項缺點，他們可說做足了表面功夫，華麗的大宅、全套的馬車配備、穿制服的僕役、公園、獵人、獵犬等等，他們以最賣弄的態度刻意在陌生商人面前炫耀這些財富。他們的住宅的確是金碧輝煌的宮殿，其規模遠超過倫敦周圍那些精巧迷人的渡假別墅……但是看在強調結合自然與藝術之美的純觀察家眼中，這些華麗的宮殿可是一點品味也沒有。他們把家人送往最昂貴的學校接受教導，決心把自己沒有的東西加倍放在子女身上。他們一點也不懷疑在屬於他們的那個特殊世界裡面，他們就是名副其實的小君王，

可以專制強橫地統治一切。爲了維持這所有的一切，他們把全部的時間都花在如何可以用最少的花費取得最大的產量……簡言之，我敢打包票的說，這裡的雇主與紡紗工人之間的差距，要比倫敦最有錢的商人和他最卑微的僕人或最低下的工匠之間的差距還要大。事實上，這兩者根本是無法比較的。我清楚得很，絕大多數的紡紗雇主無不想盡辦法要把工資壓低，他們的目的一方面想要讓紡紗工人永遠貧困和萎靡不振……一方面則是想把所有的贏利都放進他們自己的口袋。

「這些紡紗雇主和王國境內所有其他行業的雇主一點也不相像。他們無知、驕傲，而且暴虐。那麼這些雇主的工具又是些什麼樣的男人？或者更正確的說，是些什麼樣的生物？他們啊，他們就是那些得連續好幾年讓自己和自己的妻子家人像個奴夫奴婦般忍受他們那位殘酷惡老闆的可憐蟲。那些觀察家說這樣的人是自由人，說法律會像保護富人般保護窮人，說如果紡紗工人嫌工資過少大可離開他的老闆，這些說法簡直就是把我們當成一點常識都沒有的笨蛋。沒錯，他是可以走，可是他能走到哪去？他當然只能去找另一個雇主。好啦，他真的去了，然後新的雇主就會問他：你上個工作在哪兒？『是他把你解雇的？』不是，是因爲我們談不攏工資。是這樣啊，那我可不會雇用你或任何一個爲了這種事情而離開他雇主的人。爲什麼會這樣？因爲在**雇主之間有一種可惡的結盟存在**，這種結盟是從 1802 年的斯塔克港開始，然後日漸普及到曼徹斯特方圓好幾哩內的所有大雇主都包括在內，不過小雇主不是他們的合作對象，他們被排除在外。我們不難想像，對大雇主來說，小雇主是最教他們討厭的一群……在結盟剛形成的時候，它的最初條款之一便是：在弄清楚這名工人是不是遭到前一任雇主解雇之前，任何雇主都不得雇

用這名工人。好了，這名工人這下該何去何從？如果他求助於教區救濟，等於是失去他所有的獨立地位，因為濟貧單位會告訴他說：我們無法救濟你；如果你是因為和你的雇主發生爭執而養不活你的家人，我們會把你關進監獄。在這種種條件的束縛下，他只能乖乖地服從他的雇主。他不能像鞋匠、細木工或裁縫那樣，可以隨意前往任何市鎮並在那裡找到工作。他被這個地區牢牢地綁住了。

「工人一般說來是一群不討人厭、不愛出鋒頭、而且消息靈通的人，雖然我怎麼也猜不透他們是打哪兒取得這些消息。只要不過分驅迫他們，他們大體都很溫馴而且挺好駕馭。不過這也沒什麼好大驚小怪，因為他打從六歲起就開始接受學徒訓練，而且每天得從早上五點工作到晚上八、九點。我們可以請哪一位大聲疾呼應該服從其雇主的人士，在早上快五點的時候站在通往工廠的主要馬路上，看看那些無論颱風下雨都得這麼早就從床上被拖下來的小孩和他們的父母，看看他們的一身是多麼地骯髒破爛。請這位先生檢查一下他們那點微薄的食物，主要就是泡有麥片餅塊的稀粥、一點鹽，偶爾添上一點牛奶，加上由幾個洋芋和一小片培根或肥肉構成的正餐。試問，一個倫敦的技工會吃這種東西嗎？他們來到工廠（只要遲到個幾分鐘，今天的工資就會少掉四分之一），被關進比最炎熱的酷夏還要熱的房間，一直工作到晚上，除了四十五分鐘的吃飯時間之外，沒有任何空閒，如果他們要在其他時間吃東西，就只能一邊做一邊吃。西印度群島的黑奴，如果是在炎熱的太陽底下工作，偶爾也還可以有點涼風拂面；他還可以有一塊空地，也可以勻出一點時間去耕種它。可是英國的紡紗奴卻享受不到露天的空氣和天上的微風。他被關在八層樓的工廠裡面，一直要到笨重的機器停下來才得以喘息，然後他回到家恢復一整天的疲勞，以便第二天能再度上工。他

們根本沒有時間和父母兄弟話個家常，因為大家全都筋疲力竭。我並沒有言過其實，事實就是如此。我再問一次：英國南部的技工肯忍受這樣的生活嗎？

「從棉紡紗業剛起步的時候，到那些被稱之為蒸汽機的可怕機器取代了人力之前，這個地方有為數眾多的所謂**小師傅**（little masters），這些人靠著一點小資本，買下幾台機器，雇幾個（至多二、三十個吧）男工和童工。他們把生產的成品都送到曼徹斯特的中央市場，交給捎客處理……捎客們把這些產品賣給商人，藉由這種方式，這些紡紗師傅可以留在家中工作，並照管他的工人。棉花總是在生棉的階段就一大包一大包地交給在家工作的紡紗工妻子，這些妻子負責將生棉加熱清洗，以備紡紗工在工廠中使用。這樣的工作可以讓他們每星期賺個八到十二先令，同時還可一邊做飯和照顧家人。但是現在這些婦女全都失業了，因為所有的棉花都改用一種叫做切碎機的機器進行處理，機器則由蒸汽機推動。於是紡紗工的妻子失業了，她們唯一的工作機會，就是整天待在工廠做些兒童可以做的工作，一個禮拜賺個四五先令。從前如果一個男人和他的雇主處得不好而離開他的雇主，他可以在別的地方找到工作。然而不過短短幾年，情形就已經完全改觀。由於現在使用的是蒸汽機，想要購買蒸汽機和蓋一棟足以容納六、七百個工人的廠房，需要一筆龐大的資金。蒸汽機製造出來的產品雖不比小師傅以同樣成本製造出來的產品精良，可是銷路卻好得多。結果是小師傅在極短的時間之內全面敗亡，而過度成長的資本家則因他們的敗亡而大獲全勝，因為他們是唯一會妨礙資本家完全掌控工人的絆腳石。

「接著在工人與雇主之間，就開始為了成品是否精良引發許多爭議。工人的工資是根據他從定量的棉花當中所生產出來的棉紗捲

數或碼數來計價，這些產品必須先經由監工查驗，監工基於自身的
利害關係，必然會偏袒雇主，挑剔產品的品質太過粗糙。如果工人
不服，**他必須到一位治安法官面前要求傳喚他的雇主**。可是除了兩
個值得尊敬的教士之外，這個地區的所有治安法官都和棉紡紗雇主
有著**同樣**的出身。雇主通常只會派他的監工前往應訊，因為他認為
和他的僕人一道出席會失了他的身分。治安法官的判決通常都有利
於雇主，因為他們只聽監工的片面之辭。由於訴訟費用過於昂貴，
工人根本不敢在巡迴法庭開庭的時候提起上訴。

「這些人的邪惡行徑，是由存在於那些地區的全面壟斷所引起。
因為那些地區的財富和權勢全都掌握在少數幾個人手中，這些人才
敢打從心底認為自己就是宇宙的主宰。」[12]

以上這段對事實的解讀，儘管極具說服力，但是和布魯厄姆勳
爵(Lord Brougham)*[5] 的「政治經濟學」(political economy)一樣是
片面之辭。不過這位「棉紡紗職工」所描繪的，是另一個不同層次
的事實。我們不須費心研究他的各項判斷是不是都證據確鑿。因為
他這封公開信的主要目的，是想要逐一列舉出勞動人民在資本主義
剝削性質的改變過程中所感受到的種種委屈：一個不具傳統權威或
義務的雇主階級興起；雇主和工人之間懸隔日深；對於他們的新興
財富與權力來源的赤裸剝削；工人失去了原有的地位和最重要的獨
立能力，完全降格為依附於雇主的生產工具；法律的偏差待遇；傳

---

[12] *Black Dwarf*, 30 September 1818.

*[5] 按：布魯厄姆勳爵(1778-1868)，英國政治領袖，人道主義擁護者。1810 年
代表輝格黨進入國會，1830 年加入葛雷的輝格黨政府，極力支持國會改革法
案，並發起廢除奴隸運動，改革公共教育與法律等多項改革。擅於組織辯論，
但其自由主義論調卻不受時人苟同。

統家庭經濟的瓦解；工作的紀律、單調、時數和情況；休閒與娛樂的喪失；以及工人被貶低成「工具」的處境。

　　勞動人民感受到這些委屈——以及他們的感受如此強烈——這一事實，其本身就非常值得我們關注。它明白地提醒我們：這些年間許多最嚴重的衝突議題，根本與生活費用無關。最容易激動人民情感的議題，往往都與傳統習俗、「正義」、「獨立」、安全，或家庭經濟這類價值有關，而非直截了當的「麵包和奶油」。在騷動之火燄烈薰天的 1830 年代早期，工資在各項議題當中只佔了次要地位：陶工反對的是實物工資制度（Truck System），紡織工人爭取的是十小時工時法案，營建工人的目標是合作社的直接行動（co-operation direct action），而所有工人團體一致要求的，則是加入工會的權利。1831 年發生於東北煤場的大罷工，主要是爲了抗議職業安全、「採行實物工資制的工場」（tommy shops），以及童工問題。

　　剝削關係並不只有委屈和敵對這兩種。這種關係會隨著不同的歷史背景而出現完全不同的形式，而這些形式又與所有權和政府權力的對應模式息息相關。工業革命的標準剝削關係是一種去人性化（depersonalize）的關係，也就是不承認任何一種拖泥帶水的相對義務關係——例如仁慈和服從，或所謂的「行業」利益等等。這裡不存在所謂的「公平」價格，或必須得到社會或道德認可的合理工資，因爲這些都違背市場力量的自由運作。敵對是可以接受的，因爲它是生產關係的本質。經理人或監督者的作用無他，只求能從勞工身上榨取到最大的剩餘價值。這便是馬克思在《資本論》中所分析的政治經濟學。工人變成了「工具」，或所有成本中的一個項目。

　　事實上，沒有任何一個複雜的工業企業可以根據這樣的哲學來經營。到了 1830 年代，迫於對工業和平、勞力穩定以及大量熟練和

有經驗工人的需求，棉紡織工廠不得不改變原本的管理技術，並確實帶動了新形態家長制的興起。不過在人浮於事的廠外工業方面，由於總是有數量充足的無組織「傭工」(hands)搶著被雇用，因此上述考慮全都是多餘的。對這些工業而言，由於舊日的習慣已遭到腐蝕，舊日的家長主義也被棄置一旁，剝削關係乃成為至高無上的宰制力量。

這麼說並不表示我們可以把工業革命的所有苦難都「怪罪」到「雇主」或**自由放任政策**的頭上。不管在任何一種可以想像到的社會脈絡底下，工業革命的過程都必然會導致痛苦，也必然會毀滅掉一些古老且為人珍視的生活方式。許多近來的研究已經指出了英國工業革命所經驗到的特殊困難：高風險的市場；戰爭帶來的各種商業和財政後果；戰後的通貨緊縮；以工會為訴求的運動；以及人口「爆炸」所導致的異常壓力。此外，二十世紀的先入觀念也促使我們特別注意到經濟成長的曲線困難(overarching problems)。我們可以說工業革命時代的英國正在遭遇所謂的「起飛」問題，沉重的長期投資──運河、工廠、鐵路、鑄造廠、礦場、公用事業──必須以克制眼前的消費為代價，因此從 1790 到 1840 年間的那幾代工人，可說是為了後人，而犧牲了他們希望提高消費的部分甚或全部的夢想[13]。

這些論點全都值得仔細注意。譬如說，有關南美市場需求波動的研究，或對於鄉間銀行業危機的研究，可以告訴我們許多個別工業之所以成長或停滯的原因。我們對當前學術正統的反對，並不是

---

[13] See S. Pollard, "Investment, Consumption, and the Industrial Revolution", *Econ. Hist. Review*, 2nd Series, XI(1958), pp. 215-26.

反對它所主張的經驗研究，而是反對把我們對整個歷史過程的理解弄得零碎化。經驗主義者在第一個階級，會先從這個過程中分離出某些事件，然後針對它們進行單獨研究。既然引發這些事件的條件是他們假設的，那麼這些條件對他們而言不僅是可以解釋的，而且還是**必然的**。戰爭必須由重稅支付，它們在某些方面會加速成長，在另一些方面則會導致遲滯。因為這種情形是可以證明的，於是也就意味著這種情形是**必然的**。可是在這個時期，有成千上萬的英國人是贊同畢維克的譴責，認為「這是場極端邪惡的戰爭」[14]。不平等的賦稅、因國債而獲利的公債持有人，以及紙幣等等，這些在那個時代的大多數人眼中，並不是假設性的資料，而是引發激進派騷動的主要原因。

但是還有第二個階段。在這個階段，經驗主義者可以把這些片段的研究拼湊回去，建造出一個由眾多環環相扣的必然性所構成的歷史模型，一個按部就班的序列。在針對信貸便利性或貿易條件的細密研究中，由於其間的每一個事件都是可以解釋的，因此每個事件似乎都成為其他事件的自足條件，我們就這樣得出一個**事後的**決定論。「人」這個行為主體不見了，而階級關係這個脈絡也被拋諸腦後。

經驗主義者所指出的各種現象確實都曾經發生過。1811年由樞密院發布的緊急敕令（Orders in Council），讓幾個特定行業幾乎陷於停擺狀態；木材價格在戰後的逐日飆漲，立即影響到營建業的成本；時尚流行（蕾絲緞帶）的瞬息萬變，可能會讓科芬垂的織布機不再作響；還有動力織布機與手搖織布機的彼此競逐。然而，即使是對這

---

14 T. Bewick, *Memoir* (1961 edn.), p. 151.

類證據確鑿的事實，我們也該提出如下的質疑。誰的樞密院？爲什麼下這些命令？誰最能趁木材短缺的時候囤積獲利？當成千上萬的鄉下姑娘爲緞帶癡狂可是卻買不到的時候，爲什麼織布機還可以閒著？爲什麼爲了節省勞力而創造出來的如同社會煉金術般的發明，最後竟成爲製造貧困的機器？事實的原料——一次歉收——或許不是人們可以選擇的。但是事實的發展，卻必然得透過由人際關係交錯而成的特殊聚合體：法律、所有權、權力。當我們看到諸如「貿易周期大幅震盪」這類響亮浮誇的用語時，一定要提高警覺。因爲在這類貿易周期背後，都有某種社會關係的結構存在，這種關係結構一方面獎勵某些剝削(租金、利息和利潤)，一方面卻視其他剝削(偷竊、封建稅)爲非法；一方面認爲某些衝突形式(競爭、武裝戰爭)是正當的，一方面又禁止其他的衝突形式(工會運動、糧食暴動、民眾政治組織)——一種在後人眼中似乎是既野蠻又無常的結構。

也許我們不必提出這些大問題，畢竟歷史學家不能老是不停質疑他所研究的那個社會的各項資格。可是事實上，這所有的問題都是由那個時代的人們提出的，提問的不只限於上流社會人士(雪萊、柯貝特、歐文、皮考克〔Peacock〕、威廉·湯普森〔William Thompson〕、哈吉斯金〔Hodgskin〕、卡萊爾)，還包括數以千計能言善道的工人。這些代言人不僅質疑政治制度，也質疑工業資本主義的社會與經濟結構。對於正統政治經濟學眼中的事實，他們反駁以他們自己的事實和他們自己的算數。早在 1817 年，來斯特的框架織襪工就曾在一連串的決議當中，提出一種會造成資本主義危機的低消費理論：

> 工資降低導致大多數人民陷入貧窮困苦的境地，而我們的製造品消耗量也必然會出現同比例的下降。

　　如果全國各地的技工都能享有優厚的工資，那麼我們製造品
的國內消費量將立刻增加一倍以上，而且每一個工人都可充分
就業。

　　將本國技工的工資降低到他無法靠自己勞力維生的程度，主
要是爲了想在外國市場與外國製造業者削價競爭，可是多了一
個外國顧客的代價，卻是失去兩個國內顧客……[15]

如果受雇工人的工作時數縮短，並能禁止雇用童工，那麼就會有比
較多的工作交給手工工人，而失業者也可以自行開業，直接把他們
的勞力成品拿到市場上交換，規避掉資本主義市場的變化不定，如
此一來，貨物將更加便宜，而勞工的待遇也可相對提高。他們以「新
道德秩序」的說法，來反駁自由市場的說法。正是因爲這兩種非此
即彼、互不相容的人類秩序觀──一個以互相依存爲根據，另一個
以競爭爲根據──在 1815 到 1850 年間進行了正面遭遇，以致一直
到今天，歷史學家仍必須決定自己要站在哪一邊。

　　除非我們能夠設法了解──至少也要設法想像──一個像「棉
紡紗職工」這樣的人是如何解讀這些證據，否則我們就不太可能寫
得出這些年間的民眾騷動史。他筆下的「雇主們」，指的並不是由若
干個人構成的集合，而是一個階級。是「他們」否定他的政治權利。
碰上貿易蕭條，「他們」會削減他的工資。如果貿易好轉，他也得和
「他們」以及他們的政府進行奮戰，才能分享到一點好處。糧食充
裕的時候，「他們」從中獲利。食物短缺的時候，「他們」當中的某

---

[15] H. O. 42.160. 同時參見 Hammonds, *The Town Labourer*, p. 303，以及歐斯特
　　勒有關手搖織布機織工的證詞(見下文，頁 417-18)。

些人甚至獲利更多。「他們」並不是在這件事或那件事上結黨營私，他們圖謀的是整個剝削關係的根本所在，因爲如此一來，所有的事情都會在他們的掌控之中。市場波動、農作歉收等等，原本就是不時會有的災難，可是剝削日形嚴重的經驗卻從不曾間斷，不管造成這些苦難的其他原因有多麼不同。後面這類災害並不是直接作用在工人身上，而是透過一種以極端不公平的方式分配得失的所有權和權力制度，折射到工人身上。

有好些年，這類大視野的思考備受所謂「生活水準論辯」(standard-of-living controversy)的學院訓練(所有學生都必須反覆進行這類訓練)所壓制。在 1780 到 1830 年間，或 1800 到 1850 年間，大多數人的生活水準是提高了還是降低了[16]？爲了要了解這項論辯的重要性，我們有必要簡短地回顧一下它的發展。

有關價值觀的論辯歷史可說和工業革命一樣古老，以生活水準爲焦點的論戰出現得稍晚，至於那場意識形態**混戰**(muddle)，則是最晚近的事。我們可以從這場論戰的某一個較爲清晰的論點開始切入。克拉凡爵士在他的《近代英國經濟史》(*Economic History of Modern Britain*, 1926)第一版中寫道：

> 有關工人的各項待遇每下愈況，一直要到介於人民憲章起草
> 和萬國博覽會召開(1837-51)之間的某個不確定日子才有所轉
> 變的説法，始終不曾斷絕。然而在 1820 到 1821 年的物價下跌

---

[16] 這項討論有時會顯得白費力氣，因爲只要採用不同的基準點，就會得到不同的答案。1780 到 1830 年間偏向「悲觀」，1800 至 1850 年間則傾向「樂觀」。

之後，平均的工資購買能力——當然不是每一個人的工資購買能力——確實已高於法國大革命和拿破崙戰爭之前，但由於這個事實與傳統的說法不符，因此很少被人提及，有關工資和價格的統計工作，長久以來一直遭到社會歷史學家的忽視。

對此，哈蒙德在《經濟史評論》(*Economic History Review*, 1930)當中提出兩項回應。首先，他批評克拉凡有關農業收入的統計數字。因為他的全國平均收入的算法，是先把全國各郡的平均收入加總起來，然後除以郡的數目。可是由於工資收入較低的南方諸郡，其人口高於工資收入較多的其他各郡(這些郡的農業收入是因為緊鄰工業區而得以膨脹)，因此哈蒙德指出，這種「全國平均數」隱藏了一個事實，那就是有百分之六十的人口係生活在工資低於「平均」數字的那幾個郡裡面。至於他的第二項回應，則是以最含混和最不令人滿意的方式，把話題轉移到價值(快樂)討論上頭。克拉凡在他的再版(1930)序言中，對哈蒙德的第一項批評表示接受，至於他的第二項回應，儘管克拉凡的態度冷淡謹慎(「文字上的扭曲」)，不過他終究承認:「我深深同意……物質福利的統計數字永遠無法度量出一個民族的快樂程度。」此外，他還極力強調，雖然他曾經批評「各項待遇每下愈況」這種看法，但「這並不表示我認為各項待遇都在好轉之中。我的意思只是，近來歷史學家太常……強調每下愈況的部分，而忽略了好轉的部分」。至於哈蒙德夫婦這邊，也在《淒涼年代》(*The Bleak Age*, 1947)稍晚的修訂版中，表現出和解的意思:「統計學家告訴我們……他們認為收入有所增加，而且在人民為這項不滿高聲吶喊的時候，大多數男女其實都比十八世紀開始像秋天般無聲老去的時候，來得富有一些。當然，他們的證據十分薄弱，他們的解釋也

太過簡單，不過這種籠統的看法可能多少有些正確性。」想要解釋這種不滿，「唯有跳脫嚴格的經濟條件領域，才有可能找到答案。」

到目前為止，一切都沒問題。當時最多產——卻不謹嚴——的社會歷史學家遭到一位著名經驗主義者的強烈抨擊，結果是以雙方各讓一步收場。儘管此後類似的交鋒不斷，但是各主要人物所提出的經濟結論其實都大同小異。但願如今不再有任何嚴肅的學者會極力辯稱凡事皆每下愈況，也不再有任何嚴肅的學者會主張凡事皆在好轉當中。不管是「悲觀的」霍布斯邦博士或「樂觀的」艾希頓教授，都同意在拿破崙戰爭期間以及緊接其後的黯淡歲月裡，實質工資的確是下降了。不過霍布斯邦博士不願斷言在 1840 年代中期以前，生活水準有任何顯著的普遍提高；但是艾希頓教授卻指出，在1821 年後出現了一種「比較宜人的」經濟氣候——這種「明顯的上升趨勢，只有在 1825-26 年以及 1831 年的蕭條時期出現過短暫的下滑」，而且從茶葉、咖啡和蔗糖這類物品的進口量與日俱增看來，「很難相信工人沒有從中分享到絲毫好處」。可是在另一方面，根據他所做的奧爾丹和曼徹斯特地區的物價表顯示，「1831 年的貧民標準飲食，其價格幾乎和 1791 年時不相上下」，但是他並沒有提出可供對照的工資表。艾希頓教授的結論是，工人階級可大別為兩類：一類是「生活水準已遠高於糊口程度的多數」，另一類則是「完全沒有技術或技術很差的工人大眾，特別是季節性的農業勞工和手搖織布機的織工——他們的收入幾乎完全用於支付生活基本所需」。「我的**猜測**是，得以分享經濟進步好處的人，其數目大於無法分享這些好處的人，而且這部分的比例尚在逐步擴大當中。」[17]

---

[17] T. S. Ashton, "The Standard of Life of the Workers in England, 1790-1830", in

　　事實上，在 1790 到 1830 年間，情況幾乎沒什麼進展。1790 年時多數人的境況很差，到了 1830 年時依然很差（而四十年是一段漫長的時間），有異議的只是工人階級內部相對群體的大小比例。在接下來的十年，事情就稍微清楚些。在 1832 到 1834 年工會活動蓬勃發展的那段期間，有組織工人的實質工資無疑是有所增加；可是在 1833 到 1837 那段貿易興盛時期，伴隨而來的卻是工會遭到中央政府、治安法官和雇主們的攜手瓦解；接下來的 1837 到 1842 年，則是一段蕭條的年代。由此看來，潮流的轉捩點的確是發生在「介於人民憲章起草和萬國博覽會召開之間的某個不確定日子」；讓我們這麼說吧，它應該是出現在火車開始隆隆作響的 1843 年。然而即使在 1840 年代中期，絕大多數的工人依然處於絕望的處境，而鐵路投資的失敗，更使得 1847-48 年的經濟陷入蕭條。看起來這並不像個「成功的故事」，因為在歷經了半個世紀的工業全速發展之後，卻還是有很大一群人——雖然無法確定有多大群——的生活水準依然停留在勉敷溫飽的階段。

　　然而，我們從當代多數作品中所得到的印象卻非如此。正如許多前代的歷史學家他們同時也是社會改革家（如羅傑斯〔Thorold Rogers〕、湯恩比、哈蒙德夫婦），因此他們有時會基於對貧民的同情而把歷史和意識形態混為一談，同樣，我們也可以發現今日有些經濟歷史學家，會因為對資本主義企業家的同情，而分不清哪些是歷史，哪些是辯解[18]。1954 年出版的《資本主義與歷史學家》(*Capitalism*

Capitalism and the Historians (ed. F. A. Hayek), pp. 127 ff.; E. J. Hobsbawm, "The British Standard of Living, 1790-1850", *Economic History Review*, X, August 1957. 引文中的黑體部分是我加上去的。

18 為了避免讀者過分苛評這類歷史學家，我們可以引一段克拉凡的解釋，說明

and the Historians)論文集，正好標示出這個轉折點。這本論文集的編者是海耶克(F. A. Hayek)，撰文者是一群專家，「好幾年來，他們定期舉行集會，討論如何保護自由社會免於極權主義的威脅」。由於這群國際專家理所當然地將「自由社會」定義爲資本主義社會，因此這本結合了經濟理論與間接答辯(special pleading)的著作，其影響自然是可悲的，尤其是那篇由艾希頓教授撰寫的作品。艾希頓教授於1949 年提出的謹愼發現，如今已──在沒有進一步證據的支持下──變成一句不容置疑的聲明，亦即「如今眾人已普遍同意，對大多數人而言，實質工資的增加是相當可觀的」[19]。正是在這個階段，原本的論戰淪爲混戰。儘管最近有人基於學術精神試圖拯救這種情形[20]，可是在許多方面，這場論戰依然是一場由獨斷主張與間接答辯構成的混戰。

於是論戰分成兩個部分。首先，想要從豐富但蕪雜的證據當中重建出工資序列(series)、物價序列，以及統計指數，確實有非常大

這種選擇性的原則何以會影響到證據的安排。「很容易在不知不覺中犯下這種錯誤。三十年前我在閱讀亞瑟‧楊的《法國紀行》(Arthur Young, *Travels in France*)的時候，我邊讀邊畫重點，並根據這些畫出的重點來教導學生。五年前我又把這本書重看了一遍，這才發現，只要是亞瑟‧楊談到貧苦法國人的地方，我都畫了記號，但是很多有關快樂或富足的法國人的敍述，都沒有畫上記號。」我們不難想像，有十到十五年之久的時間，大多數的經濟史家都在忙於標出《法國紀行》中有關快樂和富足的證據。

[19] T. S. Ashton, "The Treatment of Capitalism by Historians", *Capitalism and the Historians*, p. 41. 該書也收錄了艾希頓的 "The Standard of Life of the Workers in England"，該文最早發表於 *Journal of Economic History*, 1949。

[20] 對於這場論戰最具建設性的評價，參見 A. J. Taylor, "Progress and Poverty in Britain, 1780-1850", *History*, February 1960。

的困難。我們將在討論工匠的時候，一併檢視這類證據在解釋上會碰到的難題。不過此刻，一連串更進一步的困難已經開始，因為「水準」一辭將把我們從可用統計學進行衡量的數據資料(工資或消費品)，帶往經常被統計學家形容為「無法計算」的各項滿意程度。我們將從糧食轉到家庭，從住宅轉到健康，從健康轉到家庭生活，並從家庭生活轉到休閒、工作紀律、教育和遊戲，以及勞力密度等等。我們等於是從生活水準轉移到生活方式。但是這兩者是不同的。前者是量的測度，後者是質的描寫(有時則是評價)。統計證據適用於前者，至於後者，我們就得大力仰賴「文學證據」。經常造成混淆的一個重大禍首，就是我們拿只適用於某一種內容的證據去為另一種內容下結論。比方說統計學家表示：「各項指數顯示，茶葉、蔗糖、肉類和肥皂的平均每人消費量都有增加，**因此**工人階級確實比以前快樂。」或社會歷史家回答說：「文學資料顯示人們並不快樂，**因此**他們的生活水準必然是下降了。」

下面的說法或許過於簡化，但我們仍必須做出簡單的結論。統計學上的平均數字很可能是和人類的經驗背道而馳。在人們的各項平均所得**量**增加的同時，人們很可能正在生活方式、傳統關係和道德約束力上，面臨嚴重的**質**的混亂。人們有可能在消費更多貨品的同時，變得更不快樂、更不自由。在整個工業革命期間，除了農業勞工之外，僕役是所有工人當中最大的一群。他們絕大多數是在家庭裡面幫傭，和雇用他的家庭住在一起，睡在僅能容身的房間裡面，工作時間超長，只為了幾先令的酬勞。不過無論如何，我們可以毫不猶豫地把他們歸為比較優渥的一群，他們的生活水準(或者他們所消費的食物和衣著)在工業革命期間一般而言是略有進步的。然而總是瀕於飢餓邊緣的手搖織布機織工和他的妻子，卻依然認為自己的

地位要高於「卑顏屈膝的僕役」。或者我們可以舉一些行業的例子，比方說煤礦工人吧，他們的實質工資在 1790 到 1840 年間的確提升了，不過付出的代價是較長的工作時間和較重的工作量，結果是這位負擔家計的男人不到四十歲就「過勞死」。就統計數字而言，這是一個上揚的曲線。可是對相關家庭來說，它卻有如世界末日。

因此我們可以說，這兩種在因果關係上看似完全矛盾的命題，絕對有可能同時成立。在 1790 到 1840 年這段期間，平均的物資水準有輕微的改善。但是在這同一段期間，我們也看到剝削加重、不安加深、人類的苦難也愈形擴大。到了 1840 年，大多數人都比他們五十年前的祖先「過得好些」，可是他們卻備受這種輕微改善的折磨，而且這種簡直就像是浩劫般的折磨，還將繼續折磨他們。為了探查這場浩劫的經驗，這場激發出工人階級政治和文化意識的經驗，我們將進行以下的研究。首先，我們將檢視農場勞工、都市工匠和手搖織布機織工這三種工人在生活上所經歷的種種變遷[21]。其次，我們將討論一些在人們的生活水準當中比較無法「量化」的因素。第三，我們將討論工業生活方式的內在強制力量，以及循道宗對於這些強制力量的影響。最後，我們將檢視新工人階級社群的某些要素。

---

[21] 之所以選擇這三種工人，是因為他們的經驗似乎最能彰顯十九世紀上半葉工人階級的社會意識。礦工和金屬工人的影響力要到十九世紀稍晚才達到巔峰。另一個關鍵要角——棉紡紗工人——是哈蒙德夫婦《技術勞工》一書中的精采主題之一。

第七章

農場勞工

The Field Labourers

　　「水準」評量這項工作的困難性，可以從我們對 1790 到 1830 年間最大工人群體——農業勞工——的研究當中看出[1]。這裡的困難並不全因為（如哈蒙德夫婦所暗示的）證據「貧乏」，而主要是難在證據的詮釋。十九世紀早期的工資和物價記錄相當豐富，可是這些記錄很少能提供我們有關同一項工作或同一個地區的長期可靠數據。只要仔細檢視過克拉凡爵士在《現代英國經濟史》中所引用之證據的繁密程度，以及這些證據在地域性和職業性上所呈現的分歧多樣，很難不被它的豐富性折倒？事實上，克拉凡爵士有關「農業組織」和「工業組織」的那幾章，本身就是一種教育，但主要是教我們如何鑑定證據，而非如何詮釋證據。

　　在這本辛苦做出的研究中，這位偉大的經驗主義者可說戒絕了所有的泛論化，只除了一樣，那就是對「一般平均」（average）的執迷。在他有關農業的討論中，我們看到「一般農場」、「一般小農地」（small-holding，約五十英畝）和勞工與雇主間的「平均」比例，這些觀念通常只會讓事實更混亂而非更清楚，因為這些數字是把從威爾斯山地和諾福克（Norfolk）穀田得來的證據湊在一起的結果——這兩個地區的數據是克拉凡費盡九牛二虎之力才區分出來的。接著我們還會看到「遭受圈地*1 波及地區的一般農場雇工」、工業副業對農

---

[1] 1831 年的人口普查顯示，共有九十六萬一千戶家庭受雇於農業，佔全大不列顛家庭總數的百分之二十八。

*1 按：指透過市場壓力，將公有農地和牧地透過細分和合併等手段轉變成個人所有的歷史過程。此舉等於是剝奪自中世紀以來土地耕作者所享有的習俗權利：在公地上居住、開墾、撿拾柴薪果實、放牧等等。英國的圈地運動早在十二世紀就已開始，但主要完成於兩個時期：十五至十六世紀，以及本書所討論的十八至十九世紀。第二波圈地時期的一般程序是：先讓村莊的

村收益造成的「平均」損失，以及「那個十分模糊的形象，一般英格蘭(包括威爾斯在內)勞工」的總數入，種種等等。我們已經指出過，這種「平均算法」會產生非常奇怪的結果：1830 年時，有百分之六十的勞工居住在**低於**「平均」值的低工資諸郡[2]。克拉凡承認：「在每個平均數字背後，約有百分之五十用來平均的數據，會低於平均值。」但是，如果用來平均的數字本身就是某位長期勞工的習慣工資——好比，某位大地主在看過他的賬簿之後，告訴農業局一個耕田工或運貨馬車夫的尋常工資是十二先令——那麼我們自然可以預期，所有或大多數的臨時勞工，其工資是低於平均值。

然而，當他討論到補充收入和圈地影響的時候——也就是當克拉凡帶我們在經驗主義式的繁瑣(格拉摩根〔Glamorgan〕的「愛的報酬」和勒德婁〔Ludlow〕的半英畝菜圃)和「平均」估計值之間來回穿梭的時候——我們覺得自己似乎脫離了社會現實：

> 如果豬隻和菜圃在 1824 年時帶給一般英格蘭勞工的收益少於 1794 年……很可能，平均而言，旱地上的馬鈴薯收入可以彌補這項損失。誠然，在那三十年間，因為無法使用公地所造成的損失，使許多地方的許多人們陷入慘境，不過我們無法確定，就英國的平均情形而言，因公地遭到圈圍而導致的舒適損失是

地主加入國會的某個有關特定個人的法案，然後由指派的圈地委員詳細審查他們的賠償要求，隨即重劃土地，給予補償。1700 至 1800 年間，共通過一千多件這類的法案，其中有許多因為花費過大而引起爭議。1800 至 1815 年間，又通過了八百多個法案。關於圈地的後果與影響，參見本章下文。

[2] 參看上文，頁 279。全國「平均數」所根據的郡「平均數」本身，也遭致同樣的批評。更有甚者，這些數字是由雇主所提供的證據算出來的，而非勞工。

不是很大。一般人在回顧的時候總是會誇大其辭，因爲在英格蘭的許多地方，這種影響非常微小，在威爾斯甚至更小，至於對蘇格蘭的純勞工來說，則根本毫無影響。[3]

那麼，這次用來平均的是些什麼？如果可以證明在同一村落中的菜圃損失可以由馬鈴薯彌補，那麼上述說法的第一部分可能是有些價值的(雖然我們還應該把相對租金考慮進去)。但是第二部分，也就是已經進入到舒適傳統的那個部分，他提供給我們的已不是平均情形，而是一種統計**稀釋**(statistical dilution)。我們看到他用英國**不會**發生過圈地那些地區的數字，去稀釋**會經**發生過圈地那些地區的數字，然後再用這個比較弱的總數，去除以郡的數目，最後得出一個「因圈地」所導致的「平均」舒適損失。但這簡直是胡鬧。我們不可能求出不同數量的平均值，也不可能靠著用總量除以郡數而得出價值的平均數。可是這正是克拉凡所做的。

當然，他眞正想做的，是試圖爲圈地運動最嚴重期間的「舒適感」——一種難以估量的性質——提出一種試驗性(tentative)的價值判斷。但是想要做到這點，他應該根據多上很多倍的物質和文化因素來進行判斷。然而由於他的判斷簡直就像是從一大片細節草叢中拔地而起的一株橡樹，再加上它本身又佯裝成「平均值」的樣子，因此很容易被誤解成一項事實陳述。

再者，這些事實本身也不像克拉凡所說的那麼清楚。在十九世紀的大半期間，農業收益幾乎是不可能轉化成統計學的形式[4]。原因

---

3 Loc cit., p. 126.

4 重要的是，當克拉凡自己在進行工資和生活費用百分比變化的估算時，他並不

不僅是我們在勞力需求上碰到顯著的季節性波動，還包括我們有至少四種不同的主僕關係。㈠農場僕傭：按年或按季雇用。㈡長期勞工：在大農場上，幾乎是一年到頭都能充分就業。㈢臨時勞工：按日計酬或按件計酬。㈣技術專家：可能是擔任約聘工作。

第一類在這個時期正逐漸衰微，他們是最有安全感和最不獨立的一群：工資極低，工時甚長，但吃住都在農場主人家中。第二類包括了境況最好的和境況最差的工人：境況最好的是耕田工和牧羊人，謹慎的農場主人保護他的安全，給他的妻子和孩子優先打零工的機會，還以低價供應他牛乳和穀物；境況最差的是十幾歲的農場幫工(farmhands)，吃的穿的和早期工廠裡面的窮學徒一樣惡劣，睡在馬廏或穀倉的乾草堆上，隨時都可能被開除；在這兩極之間，是「一群不快樂的人，生活的需求迫使他們成爲某個人的奴隸」，住在向農場主人租來的茅屋裡，「一年到頭爲幾文錢的低廉工資賣命」[5]。第三類的情形可就五花八門：貧民勞工，領取貧民工資的婦女和小孩；愛爾蘭流動工人(甚至包括紡織工人或其他的都市手藝人，他們爲了賺取較高的收割工資而離開本來的工作)；以及等級分得很細的按件計酬工人，比方說在不同等級的牧草場刈草的工人。至於第

是根據他自己的資料進行排比，而是採用其他學者的研究，特別是席柏林(Silberling)的研究，然而席氏有關生活花費的系列研究，近來飽受嚴厲批評，參見 T. S. Aston, *Capitalism and the Historians*。關於概化困難的進一步警告，參見 J. Saville, *Rural Depopulation in England and Wales* (1957), pp. 15-17。

[5] Board of Agriculture, *Agricultural State of the Kingdom* (1816), p. 162. 林肯郡在回覆該郡的農業狀況時，曾對居住在某一領地上的租屋雇工(tied cottager)和居住在另一領地上的勞工進行比較，在後者的例子中，地主會租給每個勞工一畝地種植馬鈴薯，以及四畝地豢養乳牛一頭。按：租屋雇工指受雇期間居住在向農場主人租來的茅舍中的雇工，有別於居住在公地內的茅舍、而不必繳交房

四類，我們可以看到數不盡的工作形態，以及隱藏在檯面下的轉包或家庭收入，這些收入對任何一種統計圖表都具有莫大的殺傷力：

3 月 21 日	山姆森挖畦灌溉 29 英畝	8.9
	羅勃修剪樹頭一天	1.9
5 月 20 日	外來客鋤 5 英畝的小麥，一英畝3先令6便士	17.6
7 月 29 日	萊特割 7 英畝的苜蓿	14.0
	理查遜和裴夫雷，清理農場水塘	2.12.6

——以上是一名艾塞克斯農場主人 1797 年的賑目[6]。卡特（Joseph Carter）曾經告訴薩默維爾：「我以前是一個修籬工和葺屋匠，而且兩種工作一起接。」他指的應該是 1823 到 1830 年間的事：

> 地主告訴我說，如果我這樣替他工作七年，每年可賺六十四鎊。但是他沒有告訴我，大半時間我得要有個人幫我，有時還得多兩個女人。他沒有告訴我這點。有好幾年，我付給這些助手的費用高達二十鎊。[7]

如果這些數字「沒有告訴我們這點」，那表示這些數字同樣無法告訴我們許多其他的影響：實物支付或廉價支付（payment at cheap rate）；菜圃和馬鈴薯田；圈地效應；稅收、什一稅、狩獵法和濟貧

租的茅舍雇工（cottager）。

6 A. F. J. Brown, *English History from Essex Sources* (Chelmsford, 1952), p. 39. 按：表中的 8.9 意指 8 先令 9 便士，以下類推。2.12.6 意指 2 鎊 12 先令 6 便士。

7 A. Somerville, *The Whistler at the Plough* (Manchester, 1852), p. 262.

稅的效應；農村工業就業的波動；以及最重要的，新濟貧法*² 在
1834 年前後的施行。人們所感受到的委屈會隨著不同的時間和不同
的地區而有所不同。在某些地區的某些農場，實物支付可能是工資
之外的額外收入，因此代表的是生活水準的改善；但是更常見的情
形是(如同一位歷史學家曾經警告我們的)：我們應該將這些津貼視
為「農業界對實物工資的委婉說法」──一種壓低工資、甚至在極
端情況下完全省卻金錢工資的辦法⁸。此外，當證據指向相反方向的

---

*2 按：濟貧法(Poor Laws)是一系列與賑濟貧民有關的法案，從十七世紀開始
　　歷經數次轉變，一直到第二次世界大戰之後與社會福利法案相合流。最早的
　　濟貧法是 1601 年的 Poor Relief Act，該法案規定在每個行政教區(parish，通
　　常是一個村落大小)指派數名救濟委員(overseers)，負責向轄區內的領主徵
　　收濟貧稅來救濟貧民。於是各教區乃成立所謂的濟貧院(workshop)，雇用身
　　體健壯的貧民為他們工作，並提供老弱傷殘和貧窮兒童糧食救助。十八世紀
　　的斯品漢姆蘭制度也是濟貧方式的一種，給與工資低於維生水平的工人以
　　津貼。但是到了十八世紀，由於制度不善加上工業革命帶來的社會巨變，濟
　　貧院開始成為各色窮人的雜處之地，許多犯罪或好逸惡勞的年輕人也寄居
　　其中。濟貧委員更是經常將院內的貧民一批批轉讓給包商，為後者工作，或
　　刻意讓他們閒置以免加重勞力市場的競爭。到了十九世紀，由於濟貧稅的負
　　擔太過沉重，於是在 1834 年通過新的濟貧法，該法案是建立在一種嚴酷的
　　哲學思想之上，亦即身強體健的勞動工人之所以貧窮，是其個人的道德失敗
　　所造成，不應給予救助。根據新法，原先的小行政教區被合併成規模較大的
　　聯合濟貧教區(Union)，共同負責濟貧院的工作；濟貧院不得救助身體健壯
　　並居住在自家之中的窮人，如要享有救助，就必須住進濟貧院，但同時又將
　　濟貧院內的生活紀律刻意扭曲到不合人性的程度，以嚇阻窮人進入。關於濟
　　貧法的相關批評，參見以下各章。
8 關於這點和其他相關各點，參見麥葛雷哥(O. R. McGregor)為《英格蘭農業，
　　過去和現在》所作的精采導讀(Lord Ernle, *English Farming, Past and Present*,
　　1961 edn., esp. pp. cxviii-cxxi)。

時候，克拉凡不時會以這種方法提出一些間接證據，以便強化情勢乃趨向「樂觀」的看法。譬如，在討論圈地所造成的衝擊時，他所引用的例子會讓人覺得，那些用來證明公地喪失導致養牛業式微的證據，似乎有點矛盾而且可以有不同的詮釋[9]。但是在這件事上，1790 到 1820 年間所留下的證據，看不出有任何模稜兩可的地方。文契西勳爵(Lord Winchilsea)在 1796 年寫道：「任何一個旅經密德蘭諸郡而且肯不煩探詢一下的人，普遍都會得到這樣的答案：以往有許多茅舍雇工養牛，可是如今這些土地已落入農場主人手中。」後者之所以要這麼做，不僅是因為他們想要利用這些土地，也是因為「他們希望這些雇工能更依賴他們」[10]。

既然所有有衝突的證據都這麼難以釐清——一邊是濟貧法效應，一邊是新興馬鈴薯田；這邊是喪失公地使用權，那廂是喪失茅舍菜圃——那麼所謂的「一般平均」勞工就更難以清楚證明[11]。然而，儘管我們無法詳細繪出「一般平均」的面貌，我們還是可以簡單勾勒出某些普遍的發展過程，這些過程在這個國家的許多地區都可看到。首先，我們必須記住，推動十八世紀農業改良精神的主要驅力，並非想藉此開墾醜惡的荒地以「養活日增的人口」，而是為了獲得更多的地租和更大的利潤。既然如此，它對勞工所展露的自然是吝嗇的一面：

---

[9] Clapham, op. cit., pp. 116-7.

[10] See also Board of Agriculture, *General Report on Enclosures* (1808), p.18 and *Agricultural State of the Kingdom* (1816), pp. 8-17.

[11] 對於這個問題的最佳概論，仍請參見 J. L. and B. Hammond, *The Village Labourer* and Lord Ernle, *English Farming, Past and Present*。關於住宅、衣著和食物方面，參考 G. E. Fussell, *The English Rural Labourer* (1947)。

> 現在通行的做法是……上下午各有一次休息時間讓他們喝點
> 酒，不管他們當時在做什麼；這個習慣很可笑，應該立時加以
> 廢止。還有比這更荒謬的事嗎？讓一個耕田工在一個寒冷的冬
> 天把他的馬停下來半小時，好讓他可以喝點麥酒。[12]

圈地宣傳家的論點，一般都是訴諸更高的地租價值和更高的每畝平
均產量。圈地運動在一個接一個的村落裡面，摧毀了貧民賴以勉強
糊口的經濟來源——牛或鵝、公地上的燃料、收破爛，以及其他種
種。無法取得合法權利證明的茅舍雇工(cottager)，幾乎得不到任何
補償。至於有辦法要求圈地的茅舍雇工，得到的只是一小塊養不活
自己的土地，可是卻得負擔不成比例的高昂圈地費用。

圈地(當我們考慮過所有的詭辯之後)是一種不折不扣的階級搶
劫，它所賴以施行的地產暨法律公平條例，是由一個以地主和律師
所組成的國會負責制定。近來的學術研究指出，這場遊戲規則的公
平性，比哈蒙德夫婦在他們那部偉大的《村落勞工》(*Village
Labourer*)中所說的要來得高：即使是只擁有一小塊地產的人，都可
得到合理的對待；大多數圈地委員的作為都很謹慎,如此等等[13]。但

---

12 Rennie, Broun and Shirreff, *General View of the Agriculture of the West Riding*
(1794), p. 25.

13 比較讓人信服的近作，參見 J. D. Chambers and G. E. Mingay, *The Agricultural
Revolution, 1750-1880* (1966), ch.4, 也請參見 W. E. Tate, *The English Village
Community and the Enclosure Movements* (1967), chs. 8-10, 16。並請參考我對
上述第一本書的書評(收錄於 *Times Literary Supplement* 16 February 1967)，在
該篇書評中，我針對圈地所造成的社會後果提出幾點質疑，這些權威學者對
這類結果的研究似乎太過粗略。在越來越多以特定圈地做為研究主題的作品
中，我發現最有幫助的是由羅素先生(R. C. Russell)出版的一系列作品，包

是，在提出這些有用的但書的同時，很可能會因此而忽略掉更大的
事實，那就是我們討論的重點，是土地財產性質的重新定義。錢伯
斯和閔貴 (Mingay) 曾經指出：在圈地的過程中，

> 公有茅舍的**居住者**……他們因爲**租用**這棟茅舍而享有其公地
> 權利，無法得到任何補償，因爲他們顯然不是這項權利的所有
> 人。這完完全全是爲了區分所有人和租用人，與委員們的造假
> 或漠視茅舍雇工無關。[14]

然而，傳統的村落習俗與村民權利這層包覆膜之所以破裂，卻
與資本主義式的財產關係「完完全全」有關；而圈地運動所意味的
社會暴力，正是完全導因於它以極其嚴酷和全面的方式，將資本主
義的財產定義硬加在村落身上。當然，這類定義早在圈地推行之前
數百年就已在村落內部不斷侵蝕，但是在前資本主義村落社會的架
構之下，它們必須與村落的自治和慣例等因素共同存在，而這類村
落社會──儘管在日漸增加的人口壓力之下備受威脅──依然在許
多地方生氣勃勃地持續著。副本持有權 (copyhold) *3 和甚至更模糊

括：*The Enclosures of Barton-on-Humber and Hibaldstow* (Barton, n.d.); *The
Enclosures of Scartho and Grimsby* (Grimsby, 1964); *The Enclosures of Bottersford
and Yaddlethorpe, Messingham and Ashby* (Scunthorpe, n.d.)。羅素先生的每部
作品，自始至終皆切實遵循著應有的繁複步驟。

14 Chambers and Mingay, op. cit., p. 97.

*3 按：一種做爲永久租地的土地持有權形式，最初是由領主同意，以做爲農業
服務的報償。這個名稱的由來，是因爲這類土地的所有權證據，是一份該永
久租地的法庭名冊副本，其中登錄了該土地的所有資料。副本持有權在 1922
年的財產法案中遭到廢止。

的依據慣例的家族租佃權，雖然得到該社會集體記憶的認可，在法律上卻可能是無效的。諸如採集果實和撿拾柴薪，以及在巷弄內或殘枝上栓養牲畜這類微不足道的村民權利，對研究經濟成長的歷史學家而言可能無關緊要，但是對窮人來說卻是攸關生死的大事。

事實上，圈地是一個長達數世紀的過程的頂峰，在這個過程中，人們與農業生產手段之間的傳統關係，一步步遭到剝蝕。它是一種嚴重的社會後果，因爲它說明了，英格蘭鄉民社會中的傳統因子，不管是落後的或有益的，都已遭到毀滅。如果你參考的是亞瑟‧楊在《農業年鑑》(*Annals of Agriculture*)中所描繪的十八世紀英國農業情形，或是各個郡份(在世紀之交)提供給農業局的調查報告，你可能會認爲，這種習俗慣例的認可效用早已不具約束力。然而如果你站在村民的角度重新觀察，你就會看到有一大堆緊密交纏的聲明和慣例，其範圍從公地到市場無所不包，並將鄉村窮人的經濟和文化緊緊地結合在一起。

錢伯斯教授說得好：

公有荒地的合法所有人將該地的所有實際使用權撥歸他們獨自享有一事，意味著原本橫隔在日漸成長的勞動大軍和一窮二白的普羅大眾之間的屏幕，已被扯裂。那無疑是一道骯髒卑劣的屏幕……但卻是眞實存在的。如果可以在沒有提供任何替代物的情況下剝奪這道屬於他們的屏幕，等於是承認可以把勞工排除在他們辛苦打拚所得到的成果之外。[15]

---

15 J. D. Chambers, "Enclosure and Labour Supply in the Industrial Revolution", *Econ. Hist. Rev.* 2nd series, V (1952-3), p. 336.

喪失公地一事在窮人之間導致嚴重的情感斷裂。我們可以在某些抗議圈地政策的信件中，嗅到一股極不尋常的憤怒情緒，這類抗議信件在內政部文件中可說層出不窮：例如一封在 1799 年寫給柴香特公園老爺克隆威爾（Oliver Cromwell, Esquire of Cheshunt Park）的匿名信件：

> 我們寫這封信給你我們是柴香特教區聯盟為捍衛我們的教區權利那是你想非法從我們手中剝奪的……
>
> 上述聯盟已做出決議如果你打算圈圍我們的公有地拉馬斯草地沼澤等等我們決定在……你完成那項殘忍非法的行動之前先讓你的心臟流血如果你繼續上述的殘忍行動我們會像馬兒抓狂那樣直到我們吸乾每一個想要搶劫無辜下一代的人的血。你將不可能有機會說我可以安全逃過我的敵人的毒手因為我們像猛禽將在暗中祕密等待好痛飲上述傢伙的血他們的名字和住處就像我們鼻孔裡的膿瘡。我們發誓當你上床時絕不會說我很安全你最好在一片漆黑中睜大你的眼睛……[16]

柴香特「聯盟」的能說善道和決心之強皆屬罕見：他們成功地向國會發起一場反請願，而且在他們的施壓之下，公地權利被納入圈地裁決的考量因素之一。但是，這封信件的措詞也提醒我們，在觀察圈地運動時，必須將它局限在鄉村地區整體的權力與順服形勢這個架構之內。以這類信件之作者的社會和文化地位，只有在最不尋常的情況下——並得到某些受過教育的有力人士的指導——才有

---

[16] 27 February 1799, in H.O. 42.46. 按：原文即無標點，中文從之。

可能求助於外來的文化和外來的勢力，因爲那個過程不但花費驚人
而且曠日廢時。在面對這種無所不在的權力，以及由圈地帶來的種
種變化萬端、零碎發生的影響(鄰近村落的圈地行動，可能會在長達
數十年的時間內分別進行)，茅舍雇工的宿命主義，或許可以部分解
釋受害者表面上的被動順服。

儘管如此，這種被動順服還是有可能被誇大了。一直以來幾乎
沒什麼人研究過窮人對圈地的眞實反應，而這類研究也有其特別的
困難之處，因爲在上百個不同村落承受這項經驗達數十年之久的，
都是些不識之無和口拙詞笨的人民[17]。圈地暴動、破壞籬柵、寫信恐
嚇和縱火事件的發生頻率，要高於某些農業史家的想像。但是這些
貧民反抗之所以這麼破碎零散，其原因之一可從貧民本身的分裂窺
見一斑。我們可以在柴香特「聯盟」那封信件的後半段找到一些蛛
絲馬跡：

　　我們只能説有許多可變動的空間因爲我們無法理解爲何羅斯
　金斯和他們當中的一些人應該輾過我們的公地可是卻没有地方
　可以讓其他人放置任何東西〔如果〕當初你能以執行者的權利
　進行更動今天你的名字就不會像臭藥膏般朝我們倒下來我們的
　聲音和教區的主要部分也可以受到公地權的管制……

有證據可以證明，在十八世紀末，公地的壓力越來越大，而且
負載過多的情形也越來越嚴重，壓力的來源不只是新移入的墾居者

---

17 有關農業騷動的重要研究，參見 A. J. Peacock, *Bread or Bolld. The Agrarian
Riots in East Anglia: 1816* (1965)。

和茅舍雇工，還包括諸如「羅斯金斯」之類的畜牧者。在這種背景下，介於擁有些微土地的小地主和貧窮的茅舍雇工之間的利益分隔線，就變得異常重要。小地主關心的，是盡可能地緊縮和管制公地權；而茅舍雇工或新移入的墾居者在乎的，則是應該推廣定義更為鬆散的習俗慣例。短視近利的小地主可能會（如同任何時代任何國家的任何小農）因為眼前能分配到的所有權——哪怕是圈地所可能帶來的四或五畝土地也好——而雙眼發亮，但是沒辦法因圈地而得到任何所有權的茅舍雇工，卻會因此而失去一切。長期看來，小地主所得到的種種很可能是幻夢一場，但是這場幻夢卻因為拿破崙戰爭期間的物價高漲，而顯得非常真實。

的確，這項政策的兩大目標（更多的食物和更高的租金）在整個戰爭期間皆成效顯著。在剛剛實施圈地的地區，地租的成長幅度十分驚人[18]，地租之所以能夠維持，不僅是由於每英畝的產量提高，也受到高物價的影響。在 1815-16 年間以及 1821 年這兩個物價下跌時期，由於租金依然居高不下——或如同慣例，下降得極為遲緩——許多只能靠著從圈地得來的幾英畝農田維持生計的小農，就這樣被害得家破人亡[19]。高昂的租金讓地主階級有恃無恐地繼續過著奢華無度和招搖浪費的生活，而高昂的物價則在農場主人和他們的妻子身上，滋養出教柯貝特惋惜不已的炫耀社交。這正是拜倫（Byron）在

---

[18] 根據錢伯斯和閔貴的估算，在圈地運動進行得最如火如荼那段期間，實施圈地後的平均地租約是圈地之前的兩倍，參見 Chambers and Mingay, op. cit., pp. 84-5 and F. M. L. Thompson, *English Landed Society in the Nineteenth Century* (1963), pp. 222-6。

[19] 有關小農沒落的事例，參見 W. G. Hoskins, *The Midland Peasant* (1957), pp. 265-8。

他的《青銅時代》（*Age of Bronze*）裡嚴厲批評的那些「鄉下愛國者」的鼎盛時期。

然而單僅貪婪，並不足以解釋這些年間勞工被驅迫到的悲慘境地。當地主和農場主人的財富逐日增加之際，他們怎麼有可能一直把勞工束縛在仿如畜生般的維生層次？這個答案必須從普遍瀰漫於這整個時期的反革命論調當中去尋找。或許在 1790 年之前的幾十年間，勞工的實質工資確實呈現上升的走勢，特別是在鄰近製造業或採礦業的地區。有些北方的鄉紳曾在 1790 年代高聲疾呼：「我們需要一場戰爭來減低工資。」[20] 法國大革命在英國貴族之間所激起的驚惶和階級敵對效應，已大到足以讓貴族階級打破禁忌，強力加重主僕之間的剝削關係。拿破崙戰爭不僅使壓迫都市改革者的行動獲得容許，也讓以韋威爾為代表的那類人道鄉紳黯然退下了舞台。於是我們看到除了貪婪這項解釋之外，圈地運動又多了一項新論點，那就是社會紀律。公地「幾個世紀以來，一直是窮人與生俱來的遺產」，畢維克還記得，有些獨立勞工依然住在公地上面，用他們自己的雙手搭建屬於他們自己的茅舍小屋[21]，可是如今，公地已被視為是違法犯紀的危險中心。亞瑟・楊把公地看成是「野蠻人」的養殖場，「養出一群有害的人種」；而林肯郡沼澤地區的公地，則是「一塊極其粗野的地方，養出了一群和沼澤一般粗野的人們」[22]。

自私自利加上了意識形態。對上流仕紳而言，將茅舍雇工逐出

---

20 R. Brown, *General View of the Agriculture of the West Riding* (1799), Appendix, p. 13.

21 Bewick, op. cit., pp. 27 ff.

22 A. Young, *General View of the Agriculture of Lincolnshire* (1799), pp. 223, 225, 437.

公地，讓他的工人淪入依附地位，削減他們的補貼收入，將小佃農趕走等等，如今都成爲具有公德心的作爲。當華滋華斯撰文頌揚老邁可和他的妻子爲了維持祖傳土地而掙扎奮鬥的同時，影響力大得多的《商業和農業雜誌》(Commercial and Agricultural Magazine)，卻對所謂的「小自耕農」(yeoman)抱持不同看法：

> 一個邪惡、倔強的小農，就像他院子裡的母豬一樣，他幾乎是個與外界隔絕的人，他和這個世界的輿論根本沒有接觸，自然也就談不上接受了。

至於茅舍雇工的圈地權利，「他的要求基本上是無須在意」，

> 不過假使考慮到其他請求者的最終利益，倒是可以允許這些勞動者取得一部分土地……因爲這點恩惠可以讓濟貧稅迅速減少，四分之一英畝的菜園地，將大幅提高不須靠賑濟過活的鄉民人數。
>
> 不過要特別留意，這種善心必須適可而止，否則我們可能會不小心把勞工轉變成小農，把最有效益的產業努力轉變成最無用的。當一個勞工所擁有的土地超出他和他的家人可以在傍晚時分耕種完成的程度，農場主人就不再能指望他會持續不斷地替自己工作，曬製乾草和收割穀物……勢必蒙受相當程度的損失……這將爲全國帶來不便。

至於村落中的窮人，可說是一群「狡猾的歹徒，他們用盡一切藉口想要欺騙行政教區」，「他們把所有的才能都花在如何從濟貧官員那

裡騙取津貼，好讓他們可以遊手好閒地放蕩玩樂」[23]。

　　例外的情形當然是有。不過這大體是 1790 到 1810 年間的情勢發展。當時的政策是增加廉價勞工的依賴性，讓他們爲了農場主人的方便，而貢獻自己在曬製乾草、收割、修路，以及築籬抽水等方面的「產業努力」。對於柯貝特所謂的「蘇格蘭哲學」(Scotch feelosofy)*4和哈蒙德夫婦所謂的「時代精神」，不只製造業者，連地主也是衷心支持。這種思想與工業革命的環境完全契合，然而在農業上，雖然它一方面(最壞的一面)拜貴族階級對下層勞工的封建傲慢而得以增強，但是另一方面(最好的一面)，它卻必和舊日的父權家長制傳統(鄉紳必須對其勞工負責)以及依據需要制定工資的傳統(因年齡、婚姻狀況和子女等條件而異的古老習俗，這種習俗在斯品漢姆蘭的濟貧制度下得以延續)相競爭。認爲勞力應當根據供需法則來決定其「自然」價格的學說，長久以來一直試圖取代「合理」(just)工資的觀念。在拿破崙戰爭期間，這項學說透過一切管道大力宣傳。某位鄉間治安法官在 1800 年寫道：「勞力需求必然會影響到工資調整。」他接著指出，藉由維持過剩人口和鼓勵婚姻——如此將可確保勞力供過於求——濟貧稅可以降低整體的工資開支。他說話的樣子，簡直就像是一個不折不扣的「平均值」科學的先驅：

　　　　如果我們試著把每年的濟貧稅和英格蘭各地的工資加總起

---

23 *Commercial and Agricultural Magazine*, July, September, October, 1800.

*4 按：蘇格蘭哲學是柯貝特對自由放任政治經濟學說的鄙稱，因爲這門學說的開山祖師亞當·斯密以及後續的幾位倡議者——老穆勒、小穆勒、麥卡洛克等——都是蘇格蘭學者。柯貝特以諧音的「feelosofy」取代「philosophy」以表鄙視之意，譯文中以引號標記。

　　來，我想這個總數將少於不存在濟貧稅情況下的**純**工資總數。[24]

　　促使人們成立各種濟貧制度——透過這類制度，賑濟將可與麵包價格和子女人數產生關聯——的動機，無疑十分多樣。1795 年的斯品漢姆蘭決議，既是出於人道動機，也是基於需求考量。然而不管斯品漢姆蘭制度和「巡迴工」(roundsman)制度的差異有多大，確保它們得以長久持續的主因，都是由於大農場主人必須為這個特別需要臨時工或短工的產業，儲備一群永遠可以廉價雇用的勞動人口。

　　戰爭結束之後，又出現了一種新的訴求重點：農場主人對於馬爾薩斯(Malthus)所提的反對「獎勵人口」的警告，表現出無比的歡迎態度。濟貧稅從 1780 年代每年不到三百萬鎊，增加到 1803 年的超過四百萬鎊，以及 1812 年以後的六百萬鎊以上。濟貧法委員會在 1834 年時形容說：人口獎助金如今已變成「怠惰和邪惡獎助金」。地主和農場主人開始為失去公地感到懊悔，因為以往貧民可以靠著公地上的牛隻、鴨鵝和草地來養活自己，而不必求助於敎區的濟貧委員。於是有些牛回來了；馬鈴薯田也從這兒那兒一點一點的冒出來；農業局更是費盡全力地宣傳市民菜圃(allotment)政策，支持自治政府出租小片土地給人民耕地。可惜這些做法來得太遲，已無法扭轉局勢：沒有任何公地回復(但卻有許多遭到圈圍)，也很少有地主肯冒險將土地(四英畝加上一條牛的年租金至少六鎊)租給勞工。在戰爭肆虐期間奉行極度吝嗇原則的農場主人，並沒有隨著小麥價格的下跌而減緩他們的吝嗇程度。此外，由於還鄉的士兵提高了村落人口；破產的小佃農加入勞工行列；與圈地相關的工作趨於沒落；而

---

24 Ibid, October, 1800.

紡織業的集中於北英格蘭和密德蘭，更是進一步削弱了勞工在東盎格利亞、西英格蘭和南方的地位。新興或擴展中的鄉村工業（如編草帽或蕾絲），可能讓某些郡裡的情形暫獲舒緩，但是整體的式微趨勢（尤其是在紡紗業）卻是無庸置疑的。還有，隨著家僕這行日漸衰退，由婦女所提供的廉價勞力也開始轉向農場勞工[25]。

高昂的租金或下跌的物價；戰債和通貨危機；麥芽稅、窗戶稅和馬匹稅；狩獵法和相關的獵場看守人、彈簧槍與捕人陷阱；以及1816年以後的流放罪，在在都直接或間接地讓勞工的處境更加艱困。為此，柯貝特曾厲聲抨擊：「這些事都不是雅各賓派做的，

> 難不成政府要假裝是「上帝」做的嗎？……哼！這些都是為了粉碎出現在法國的自由所付出的代價，免得**法國的榜樣會在英國引發改革**。這所有的一切，都是那項工作的代價……[26]

勞工甚至不能指望在「一般平均的」教區牧師當中找到保護者。照柯貝特看來，這樣的教區牧師是一個不在地的兼職者，和他的家人在巴斯過著舒適快樂的日子，而把做禮拜的聖職交給薪俸微薄的助理牧師：

> 如果你和他們〔教區牧師〕交談，他們絕不會承認這個國家有什麼悲慘和不幸，因為他們心裡明白，這些悲慘不幸有很大一部分是他們造成的。他們向來就很驕傲侮慢，只是反雅各賓

---

25 I. Pinchbeck, *Women Workers and the Industrial Revolution* (1930), pp. 57 ff.
26 *Rural Rides* (Everyman edn.), I. p. 174.

時代讓他們比以往驕橫萬倍……這是他們的光榮時代。他們鼓勵戰爭，是所有鼓吹者當中最聲嘶力竭的一群，因為他們看到自己的什一稅正面臨危險……[27]

有將近四十年之久，大家感受到傳統的道德影響力已備受腐蝕，同時也感受到鄉村已深陷於反革命勢力的掌握之下。1816 年，一位貝德福郡的「哲學家」(feelosofer) 麥昆博士 (Dr. Macqueen) 寫信給農業局說：「我始終認為濟貧稅和工人階級的怠惰腐敗是一體的兩面，

社會較低階級的品行和舉止，自法國大革命最初階段以來，便一直處於退化當中。平等和人權學說尚未遭人遺忘，大家依然將之視為珍寶，不忍放棄。他們把各自的濟貧教區視為他們的權利和遺產，理所當然的靠它過活……[28]

這些人可能得很用力才能想得起來，英格蘭同樣也是屬於勞工的。

在南部和東部的行政教區裡面，以貧民賑濟權為核心展開了一場漫長的消耗戰。在失去公地之後，這是勞工最後的也是僅剩的一項權利。年輕人和單身漢，或是村裡的手藝人，或許可以冒險到城裡闖蕩，可以跟著運河 (和日後的鐵路) 走，或乾脆移民國外。但是有家累的成年勞工，會害怕失去他「安身立命」的保障，基於這一點，再加上他對自身社群以及農村習慣的依附，讓他不敢貿然進入工業勞工市場和愛爾蘭貧民較勁 (這些人甚至比他更不幸，因為他們

---

27 Ibid., II, p. 96.

28 *Agricultural State of the Kingdom* (1816), p. 25.

根本沒有可以安身立命的地方）。即使是在製造業地區面臨勞力「短缺」的情況下，依然激不起他的離鄉之心。1834年後，或許是為了要對工會施以反擊，濟貧委員試圖鼓勵這種形態的遷徙，主要是遷往蘭開郡和約克郡的工廠。不過他們比較屬意的移民人選，是「有一大群孩子的寡婦，或有一大家子要養的手藝人。他們認為成年男子學不來工廠那套先進流程所需要的技巧」。曼徹斯特和里茲相繼成立了勞力市場，工廠主人可以在那裡像檢查其出貨般仔細盤驗這些家庭的細節：孩童的年齡、做為一名工人的條件、道德操守、評價（「極端健康」、「年齡適當」、「願意做為三名孤兒的父母」）。一位滿懷希望的蘇福克濟貧委員補充說：「我們有好幾個小家庭，都只有一對夫婦，要是你願意同時雇他們兩個人，男的八先令，女的四先令。」[29]

因此，濟貧稅可說是勞工的最後「遺產」。從1815到1834年間，爭鬥一直持續。在鄉紳和濟貧委員這方，我們看到的是經濟節約、清算訴訟（settlement litigation）、沉重的懲罰性工作、廉價的勞工幫夥、可恥的拍賣勞工、甚至把人當成手推車般役使。在貧民那邊，則是對濟貧委員的威脅、零星的破壞行動、「卑屈狡猾」或「慍怒不滿」的精神，以及濟貧法委員會報告書中一頁又一頁有關道德敗壞的例證。「在這種制度下工作，還不如乾脆去當奴隸算了……當一個人連靈魂都被折磨殆盡，他還能做什麼？」在施行斯品漢姆蘭制度的南部諸郡，勞工也有他們自己的痛苦玩笑話：農場主人「把我們放

---

[29] *First Annual Report of Poor Law Commissioners* (1836), pp. 313-14; W. Dodd, *The Factory System Illustrated* (1842), pp. 246-7. See also A. Redford, *Labour Migration in England, 1800-1850* (1926), Ch. VI.

在這裡(濟貧院)，就像把馬鈴薯放在坑裡一樣，只有當他們非我們不可的時候才會把我們拿出來」[30]。

這個形容十分傳神。當柯貝特對大量批發農村人口提出強烈抨擊的時候，他所描述的原因是對的，但做出結論卻是錯的。圈地——尤其是在拿破崙戰爭期間遭到圈圍的南部和東部的可耕地——似乎並沒有導致人口的**普遍**減少。雖然勞工不停外移——一波波從村落遷往市鎮，從一個郡移往另一個郡——但是一般的人口成長足以彌補這種流失。當戰後由於物價下跌致使農場主人不再能夠「為我們陸海軍中的年輕人提供宣洩管道」(這是鄉間地方官員手上的一個有用的管制力量)時，他們怒吼的是「人口過剩」。但是在 1834 年新濟貧法實施之後，這種「過剩」之說在許多村落都證明是捏造的。在這些村落中，大半的勞工賬單都是由「濟貧稅」支付，勞工們多半只有零工或半日工可做，然後靠教區養活他們。一位濟貧委員表示：「一旦開始下霜，農場主人就解雇他們。當農耕季節開始，他們就來找我。農場主人把我家當成我們這行所謂的會館。」潮濕的季節製造「過剩」，收割的季節則製造「短缺」。雇主羨慕其鄰人可以用濟貧稅津貼勞工，於是也解雇了自己的勞工，並到濟貧委員那兒去申請勞工：「某某人開革了他的兩個工人。如果我付工資給他們，他就會付工資給你們，你們非去不可。」這個制度招致了無盡的混亂、浪費和勒索，當然也包括了勞工方面的一些狡詐。但是——除了玩弄詭計和如同騾子般倔強之外——它只有一個單一目的，那就是徹底

---

30 *First Annual Report of the Poor Law Commissioners* (1836), p. 212. 同樣的笑話對 1845 年維特郡的勞工而言，同樣「深能體會」——只不過是把昔日的「坑」改成當時的「濟貧院」(workhouse)。

摧毀勞工對他自己的工資或工作生活的最後一點控制權[31]。

關於斯品漢姆蘭制度，當時政治經濟學的時髦說法是：「這個制度打破了雇主與其僕人之間相互依存的枷鎖。」可是事實上，南部的勞工已經是一個全面依賴雇主的階級。然而奴工是「不經濟的」，特別是當被迫成爲奴工的人，不但對自身的權利喪失充滿委屈，甚且還進一步培養出「生而自由之英國人」最初的抵抗精神。監管勞工幫夥也是「不經濟的」（雖然在東部諸郡已行之多年），幾乎是一年到頭，勞工都必須以兩三人一組的方式工作，看管家畜、耕田、修樹籬等。在這些年間，剝削關係已嚴重到根本停止「支付報酬」的程度——這類貧民勞工只好轉而成爲偷葡萄的人、在麥酒館裡乞討的人、偷獵者和遊蕩者。移民比反抗容易一點，因爲剝削關係的強化是拜政治鎮壓之賜。於是有抱負的、夠聰慧的和年輕的勞工相繼離開村落，留下些不識字和筋疲力竭的人們，鄉紳和教區牧師的身影時時監視著他們，政府則對圈地暴民、糧食暴民和偷獵者祭出野蠻的懲處——凡此種種都強化了宿命論的傾向並抑制了委屈的表達。勞工最偉大的護民官柯貝特，在農人之間和小型的市集城鎮裡面，都擁有相當多的支持者。不過在 1830 年以前，是不是有很多勞工知道他的名字或了解他在做些什麼，可就不無疑問。在柯貝特騎馬行經老薩倫（Old Sarum）[*5] 的「詛咒山」時，他遇到一名放工回家的勞工：

---

[31] See A. Redford, op. cit., pp. 58-83. 有關這種過剩假象，參見 *First Annual Report of the Poor Law Commissioners* (1836), pp. 229-38; W. T. Thornton, *Over-Population* (1846), pp. 231-2。

[*5] 按：老薩倫爲當時的衰敗市鎮，位於今維特郡沙斯伯里（Salisbury）市區，曾是沙斯伯里主教的駐蹕地。

　　我問他**過得怎樣**。他說：很差。我問他原因何在。他說因爲**年頭很壞**。我說：「有過什麼好夏天、好收穫的年頭嗎？」他說：「唉！不論年頭好不好，**他們**都不會讓貧民有好日子過。」我說：「**他們**？誰是**他們**？」他没作聲。我說：「喔！不，不！我的朋友，搶奪你的不是**他們**，而是那座詛咒山……」[32]

　　在整個拿破崙戰爭期間，「宏偉的社會建築」全是靠這個「悲慘……粗野的基礎」所支撐。戴威斯(David Davies)寫道：「是這些男人的妻子養育了一窩窩強壯的子女，他們除了供應這個國家所需的人力之外，也填補了死亡不斷在軍營和都市裡騰出的空位。」[33] 戰爭結束之後，隨著物價飛漲和士兵還鄉，反叛不時沸騰。一封來自尤維爾(Yoevil)地區的信件寫道：「我們決定從現在開始不再背負強加在我們身上的負擔了。」信件下方署名的是一顆淌血的心：「流血、流血、流血，一場全面革命必定會……」[34] 但是這種暴力威脅凸顯的只是無力感罷了。因爲眞的曾經爆發嚴重騷亂的地方，只有 1816 年的東盎格利亞，這裡的勞工經常以大幫夥的集體形式受雇。他們要求制定最低工資(一天二先令)和最高物價；發起糧食暴動，強行向鄉紳募捐，並破壞打穀機。不過這類脫序行爲很快就遭到殘酷鎮壓，勞工們被迫回復到偷獵戰爭、匿名信件以及焚燒禾堆之類的地下活動[35]。

---

32 *Rural Rides* (Everyman edn.), II, pp. 56-7.

33 W. Belsham, *Remarks on the Bill for Better Support. . .of the Poor* (1795), p. 5; D. Davies, *The Case of Labourers in Husbandry* (1795), p. 2.

34 Enclosure in Moody to Sidmouth, 13 May 1816, H.O. 42.150.

35 H.O. 42.149/51. 關於東盎格利亞的勞工幫夥，參見 W. Hasbach, *History of the English Agricultural Labourer* (1908), pp. 192-204。

當叛變終於在 1830 年爆發的時候，起事的「暴民」出奇地優柔寡斷和不嗜殺戮（「無鬥志自由人的騷動」），可是他們所遭受到的暴虐對待，卻和「黑人」起義無異。滑鐵盧的戰勝者（即威靈頓公爵）寫道：「我說服治安法官騎上馬背，

> 各自率領他自己的僕人、侍從、門客、馬夫、管獵犬的和守獵場的，帶著他們的馬鞭、手槍、鳥槍和任何能到手的武器，一起攻擊……這些暴民，驅散他們，毀滅他們，逮捕和拘禁那些逃不掉的人。[36]

然而，派遣特別委員會去威嚇叛徒的，並非這位公爵，而是新任的輝格黨內閣（這個內閣在日後通過了國會改革法案）。而提出殺一儆百這項呼籲的，則是中產階級激進主義的傳聲筒──《泰晤士報》。官方接受了這項呼籲：

> 〔1831 年〕1 月 9 日，在白金漢郡有二十名犯人因爲毀壞一具造紙機而處死刑；11 日在多塞特郡，三人因勒索金錢、二人因搶劫而處死刑；在諾威治，五十五名犯人因搗毀機器和暴動而獲有罪宣判；在易普斯維奇，三人因勒索金錢定罪；在派特渥斯（Petworth），二十六人因搗毀機器和暴動定罪；格勞斯特，三十餘人；牛津，二十九人；溫徹斯特，四十多人定罪，六人

---

[36] *Wellington Despatches*, second series, viii, p. 388, cit. H. W. C. Davis, op. cit., p. 224.

處決⋯⋯在沙斯伯里(Salisbury)，四十四名囚犯定罪⋯⋯[37]

三年之後,同樣是輝格黨內閣批准判處多塞特郡的托帕朵勞工流刑,因爲他們膽敢組織工會。

　這種農場勞工叛變,在東盎格利亞、密德蘭以及南方諸郡的擴展程度,比哈蒙德夫婦所記載的還要深遠,而且持續的時間也更久。來自勞工方面的一手資料,流傳至今的非常有限。薩默維爾在 1845 年寫下了卡特的故事。卡特是漢普郡索頓史考特尼村(Sutton Scotney)的一名勞工(該村是叛變肇始的村落之一),因爲參與叛變而被處以流刑,在樸資茅斯的囚船上關了兩年。卡特說,「每個人都非去不可,這事根本沒得商量。

　我是在對街街角的那間房子裡開會,那天晚上梅森(Joe Mason)向我們大家宣讀一封來自奧維頓(Overton)的信函。信函沒有署名。但是梅森說他知道是誰寫的。梅森是一位好學者。我知道,這封信是老 D 寫的,他就要死了,而且信是從紐頓(Newton)寄來的,而不是奧維頓。信中說我們全都要放下工作,索頓的男人要放下犁頭走出去。他們要把馬匹送回給農場主人,讓他們自己去照顧,並帶走主人家的工人。他們要到穀倉去把人帶回來。他們全都要去打破這個屬於農場主人的光輝時代,就像農場主人曾經打敗他們一樣⋯⋯

　喔,關於那信。梅森讀了那封信。那個時候我們還不知道

---

[37] A. Prentice, *Historical Sketches of Manchester*, p. 372. 最後, 有九名勞工判處絞刑, 四百五十七人判處流刑, 約四百人入獄。

是誰寫來的。但是我們知道，現在在場的每一個人都知道，老
D在裡面插了一手。他是柯貝特先生的好朋友。他經常和柯貝
特先生通信。他從來沒有因此而惹上麻煩。他非常會辦事，不
會給別人和自己帶來麻煩。不，我沒有把這件事怪罪到柯貝特
先生頭上。我的意思是老D，那個鞋匠……

然後勞工從鄉紳和農場主人那裡收集或勒索到一筆錢，並推選了卡
特擔任出納：

他們說我誠實，把錢交給我管。一度我手上有四十鎊，足足
的四十鎊。然後有人告訴我應該拿著這些錢一走了之。有一次
我真的想過要這麼做。當我們走在通往倫敦路上的時候，驛馬
車開了過來，我的腦子裡突然出現一個念頭，乾脆跳上驛馬車，
帶著這四十鎊遠離這整件事。但是我馬上想到這樣我會拋下我
的老婆，而且他們一定會罵我是土匪，然後驛馬車很快就走遠
了……

我根本不應該受審的。我進了溫徹斯特監獄以後，他們來看
過我好多次，要我說一些不利於那兩個梅森的話。他們說只要
我說出一些我知道的內幕，他們就會替我脫罪。如果我把我知
道的說出來，他們一定會被吊死，就好像巴羅曼（Borrowman）、
庫克（Cooke）和古柏被吊死那樣。我會和其他囚犯一起被提出
來看著他們吊死。他們想拿這個來嚇我們，好讓我們彼此告發。
但我不肯告密。所以那兩個梅森只判了流刑，不過他們也判了
我流刑。沒錯，是暴民強迫我參加的，可是這並不足以讓我告
密，因為你看，我可是和他們待在一起……是那些年輕人告的

密……38

　　這場勞工叛變確實是一場突發性的搗毀機器行動，看不出有什麼外在的政治動機。雖然許多禾堆和其他產業(以及一些鄉下地區的工業機器)也遭到池魚之殃，但主要受到攻擊的還是打穀機，不論未來派的人士如何宣揚，打穀機顯然是正在取代已陷於飢餓狀態的勞工。因此，雖然破壞機器本身並沒有為他們帶來實質且立即的紓困效果[39]，但是在「年輕一輩」身上，更具重要性的政治理念可能因此而獲得推展[40]。諸如梅森這樣的「學者」，很可能正是勒夫雷斯的前身。至於像老 D 這樣的激進主義鞋匠，則是在大多數的小市集城鎮都可看到他們的身影。我們的確很容易認為，雅各賓派和激進派的騷亂曾在諾福克郡的各個村落裡面留下某些痕跡。1830-31 年間，林肯郡也曾竭盡全力地威嚇那些閱讀柯貝特《政治記事周刊》(*Political Register*)的勞工[41]。然而，就算是當時真的存在政治意識活躍的現象，其沸騰程度也還不足以促成都市和鄉村工人結合在共同的組織之下，或為共同的目標攜手奮鬥，這種情形一直要到勞工叛變遭到鎮壓之後若干年，才告水到渠成[42]。

---

[38] A. Somerville, op. cit., pp. 262-4.

[39] See E. J. Hobsbawm, "The Machine-Breakers", *Past and Present*, 1, February 1952, p. 67.

[40] 有一則廣為流傳的報導指出，有位肯特郡的勞工表示：「今年我們要毀壞禾堆和打穀機，明年準備攻擊教區牧師，到第三年我們就要向政府宣戰。」參見內政部傳單(H.O. 40.25)。

[41] See J. Hughes, "Tried Beyond Endurance", *The Landworker*, November 1954.

[42] 1833 年，華笙醫生曾向「全國工人階級聯盟」(National Union of Working Classes)提出呼籲，希望他們能盡力協助在農村工人當中成立分會。*Working Man's Friend*, 3 August 1833. 另請參見 *Radical Reformer*, 19 November 1831。

　　1830 年叛變並非全無成效。它使得南方諸郡的工資獲得暫時上升，並間接給了「老腐敗」最後一擊。許多農場主人和少數鄉紳已爲自己的所作所爲感到羞愧，他們開始與暴民蹉商，或提供積極的援助。這次叛變不但逐漸削弱了鄉紳的信心，也有助於 1831-32 年改革運動的興起。柯貝特寫道:「這次事件的最重要特色，就是以往普遍來說對**工人階級**總是抱持反對態度的**中產階級**，如今在思想和感情上都**與他們趨於一致**，雖然還未在行動上攜手合作……至於在手藝人之間，即便是在倫敦這個大都會，**也有百分之九十九站在勞工這邊**。」[43] 貴族輩「顏面」盡失: 改革的必要性與迫切性已越來越明顯。而且在這次事件過後，我們可以在鄉村勞工身上看到淸楚明確的政治發展: 1830 年代遭到包圍孤立的工會運動; 阿契(Joseph Arch) *6 的父親(一個和舊時代同樣頑固的犁田工人)在 1835 年因爲拒絕簽署一項贊成穀物法的請願而遇害; 東盎格利亞和南部各郡成立了零星的憲章運動支部。

　　但是，勞工的委屈還有另一個分身，與構成都市工人階級意識的其他成分纏繞糾結。雖然——不同於法國和愛爾蘭——由鄉村委屈構成的巨浪從未奔騰成緊密連貫的全國性騷動，但它總是會重新匯聚到**土地**這個問題上。「在布來德羅(Bledlow)實施圈地以前，日子的確比較好過……我們會很高興能夠擁有四分之一英畝左右的土地，並爲它付出全額租金。」(1834 年白金漢郡勞工請願書)「……分給勞工小片土地，好讓他們能用鋤耕種……」(1837 年艾塞克斯勞工

43 *Political Register*, 4 December 1830.

*6 按: 阿契(1826-1922)，林肯郡農業勞工工會的領導人物，原始循道宗的平信徒宣道師，1872 年籌組全國農業勞工聯盟，並出任該組織的第一任全職主席。阿契同時致力於普選權運動，1885 年以自由黨國會議員身分進入下院。

請願書)「他希望每一個勞工都能擁有三到四英畝土地，租金比照農夫。他們會付這筆租金，而且會非常樂意。(大聲歡呼……)」(1845年維特郡勞工演講)當勞工或其子女遷往市鎮之後，這種渴望依然存在。而當什一稅、狩獵法和打穀機都已遭人遺忘之後，這種失去權利的感覺卻依然縈繞不散，或如同克拉凡所說的，「一般人在回顧的時候總會誇大其辭」。我們將在下面看到，柯貝特和杭特(Henry Hunt)這兩個農場主人是如何有助於新都市激進主義的形塑，不過農村記憶卻是透過無數的私人經驗而注入到都市工人階級的文化內涵[44]。在整個十九世紀，都市工人階級對土地貴族的憎恨可說溢於言表──在他祖父那代，這種憎恨多半只能埋藏於心中。他喜歡看以土地鄉紳爲主角的惡毒通俗劇；他寧願被關進濟貧委員局，也不願接受「女慈善家」(Lady Bountiful)的施捨；他覺得地主對他的財富根本不具「權利」，工廠主人儘管手段卑劣，但其財富至少是「賺」來的。都市工團主義者對托帕朵勞工遭判流刑一事，立時發出壓倒性的抗議聲浪；而他們對後來由阿契所領導的工會奮戰的支持程度，也未見減低。從史班斯的時代一直到憲章運動的土地計畫乃至之後，對於土地的渴望一而再、再而三的興起，並進一步與家庭工人對「獨立」的渴望相合流。或許這種渴望直到今天還可在我們對花圃的渴望中看到些許痕跡。土地永遠都會讓我們聯想到比其收成所得深刻許多的價值──身分、安全、權利。

早在 1790 年代，我們便可以從雅各賓派對土地貴族的懷恨心理看出這種影響。這是工匠激進主義長久以來的一項特色，其孕育者

---

[44] 霍加特(Richard Hoggart)曾在 1930 年代爲里茲地區工人階級的農村記憶做見證。See *Uses of Literacy* (1957), pp. 23-5.

是潘恩的《土地正義》和史班斯的土地國有化宣傳。在戰後一片蕭
條的那些年頭，華笙醫生和其他演說家獲得前往礦泉場參加集會的
失業人口、解甲水手和士兵的極大支持：

> ……貿易和商業已經被滅絕了，但是大地天生就是爲養活人
> 類而設計的。只要有一鋤一鏟……不管在什麼時候，土地都足
> 以讓人免於窮困。[45]

在接下來的十年間，隨著歐文主義在其平民徒眾之間所進行的形式
轉換，土地合作社的夢想也取得了莫大的力量。

就這樣，原有的政治迷思——在「那個諾曼第私生子和他的武
裝土匪」登陸之前，英國人乃處於自由狀態——加上了新的社會迷
思——在圈地運動和拿破崙戰爭以前，曾有過一個屬於村社的黃金
時代：

> 我們可以在這個時代看到古英格蘭的時光、古英格蘭的習俗、
> 古英格蘭的假日和古英格蘭的正義重新復活，每一個人都可以
> 藉由頭上的汗水來養活自己……那時，織工在他自己的織布機
> 上工作，在他自己的田間伸展四肢，而且法律承認每一個窮人
> 有豐衣足食的權利。

爲這項迷思畫出這般宏景的，是憲章運動的領袖費爾格斯・奧康納
(Feargus O'Connor)，不過柯貝特、杭特、歐斯特勒和許多激進派領

---

45 W. M. Gurney, *Trial of James Watson* (1817), I. p. 70.

袖，也發揮了推波助瀾之功。在這幅景象當中，古英格蘭的野蠻刑法、窮困貧乏和黑牢監獄，全都遭到遺忘，單是「家長制社群的失落」這項迷思本身，就足以構成一股力量，而且這股力量或許和歐文與社會主義者的烏托邦美景同樣有力。把它稱之爲「迷思」並不表示它是全然錯誤的，相反的，它是一種記憶的蒙太奇，一個把每一項損失和每一次受虐都計算在內的「平均值」。奧康納在一本小冊子裡寫道：「老知更鳥」年輕的時候曾經告訴磨坊主人，「在扭曲先生(Mr. Twist)、搶奪先生(Mr. Grab)和吝嗇鬼先生(Mr. Screw)住宅後面的那些新街，原本全都是些開放空地，八、九、十、十一和十二歲的孩子常在那兒嬉戲、玩板球、踢射球、打石彈和青蛙跳等等……」然後「富人開始高喊『他來了』、『他們來了』，把窮人嚇得六神無主」。「『他們』是誰？知更鳥。」

> 嘖！當然是拿破崙和法國人嘛。那個時候，富人把窮人嚇跑，並偷了所有的土地。這很平常，然後，史密斯先生……所有留下來的人，都被送到監獄和兵營，這也很平常。而所有魔鬼塵(Devil's Dust)裡面的人都會在公地上有一頭牛、一頭驢或一匹馬，他們在上面打板球、賽跑、摔角……
>
> 他們在這頭修築兵營，在那頭興建教堂……到了最後，幾乎所有的人都必須把牛賣了，以便支付折磨律師(Lawyer Grind)和壓榨律師(Lawyer Squeeze)的費用……如今，其中一個的兒子是市長，另一個是銀行經理。哎，天哪！如今許多誠實的人都在古老的公地上遭到吊死或流放。[46]

---

[46] F. O'Connor, *The Employer and the Employed* (1844), pp. 15, 41-2, 56.

然而發動最有計畫的全國性騷亂以要求歸還土地的，卻不是鄉村勞工而是都市工人，這真是歷史的弔詭。這些工人有些是鄉村勞工的兒孫輩，他們的聰明才智因為城鎮的政治生活而更加敏銳，同時也脫離了鄉紳的監控陰影。有些——土地計畫的支持者——則是出身鄉村的織工和工匠：「父親、祖父和我的所有親戚，全都是在土地上工作，它既然沒有殺死他們，為什麼會殺死我？」[47] 面對成長中市鎮的景氣蕭條和失業現象，權利失落的記憶遂伴隨著新興的剝奪之痛重新浮現。

我們已經離開「平均值」這個話題太遠了。不過這正是我們的意圖。因為我們無法為幸福算出一個「平均值」。我們已經看到珍・奧斯汀 (Jane Austen) 小說世界的另一面，對於生活在這另一面的人來說，這個時期給他們的**感受**可說有天壤之別。柯貝特寫道：「在農場主人成為**上流紳士**之際，他們的勞工卻淪為**奴隸**。」如果說這段過程最終真的有什麼收穫，我們也必須牢記，這些收穫都是屬於另一群人的。當我們把一位蘇福克的農場勞工和他在棉紡織工廠工作的孫女拿來做比較時，我們所比較的不是兩個生活水準，而是兩種生活方式。

不過，對於這些平均值，我們或許可以指出兩個相關的地方。第一是，我們可以用同樣的數字來說明貧窮程度的相對減緩和絕對增加。農業這行對勞力需求的伸縮性很小，如果說某個農場在 1790 年需要十名勞工，那麼到 1830 年可能還是需要十名勞工，或者八名勞工加上改良過的犁頭和打穀機。我們或許可以證明長期受雇的勞

---

[47] *The Labourer* (1847), p. 46.

工或運貨馬車夫的實質工資在這段期間確有增加，但由於村落人口數的成長——打零工和失業者——使得窮人的數目還是呈現絕對上升的趨勢。雖然這種情形在農業最爲明顯，不過當討論到英國整體局勢的時候，我們還是必須把這項前提牢記在心。爲了便於說明，我們假設 1790 年時，總人口(一千零五十萬人)中有百分之四十的生活水準低於某一「貧窮線」，到了 1841 年時，這個比例已降到總人口(一千八百一十萬)的百分之三十，但貧民的絕對數目卻由四百萬左右增加到五百多萬。人們「感受到」更大的貧困，而貧民的人數也的確變多了。

這並非在玩弄數字遊戲。這種現象眞的有可能發生過。但是由於沒有任何類似的平均值估計可以告訴我們「一般平均」的人際關係，爲了對這些關係做出判斷，我們只好被迫在彼此衝突的證據當中尋找出路。想要評斷這個時期，必然會把對「一般」英國上流紳士的某些印象考慮進去。我們不需要接受柯貝特的謾罵，說他們是上帝所創生物中「最殘忍、最無情、最粗魯傲慢」的一群。不過我們也不必拾回一些近來重新浮現的奇怪觀念，說「英國鄉紳的確可能是這個世上所有社會所曾經孕育過的最傑出階級」[48]。我們可以用一名諾福克勞工的意見來代表我們的看法。他在一封致「阿希爾(Ashill)上流紳士」的匿名信說道，「這次，你們已經爲我們套上我們所知的最沉重負擔和最難掙脫的頸箍」：

　　我們實在受不了了，你們一再欺騙我們，說這全都是國會那

---

[48] R. J. White, *Waterloo to Peterloo* (1957), pp. 40-1.

些官老爺的錯，但是……他們根本管不到這個行政教區的規矩。

你們想做什麼就做什麼，你們奪走貧民使用公地的權利，上帝讓草生長，你們卻用犁把草掘起，以致窮人無法飼養牛豬馬驢；你們把瓦礫石塊鋪在路上好讓草兒長不出來……你們五六個人把整個教區的所有土地全都抓到你們手中，你們想發財，還想餓死其他所有的窮人……

「我們數了一下，我們的人數是你們的六十倍，如果由你們來統治，你們一個人要統治幾個?」[49]

不過在鄉村社會裡面最受厭惡的，還是消耗什一稅的教士階級。1830 年，一名艾塞克斯的教區牧師接到一封恐嚇信，裡面放了兩根火柴：「你那邪惡的靈魂準備受死吧。你和你們那幫人是這個教區最大的一群乞丐……」懷特島清水村(Freshwater)的居民給了他們的教區牧師一個更明白的警告：輕度縱火和一封同時交到他手上的信函。「在過去二十年間，爲了維持你那天殺的驕傲，我們一直處在挨餓狀態，

我們也不願意這麼做，誰教你要這麼鐵石心腸……關於這場火，你千萬別把它當成一種冒犯，因爲要不是你罪有應得，我們也不會這麼做。至於你，我的老朋友，你當時剛好不在，我怕如果你眞的被燒死了，農夫們不曉得會多麼高興看到你這個老教區牧師終於被燒死了……

---

49 Enclosure in Rev, Edwards to Sidmouth, 22 May 1816, H.O. 42.150.

作者以一貫的冷諷語氣作出結尾:「這不過是場小火, 等我們下一次燒掉你的穀倉的時候, 你可別被我們的不客氣給嚇壞了……」[50]

[50] Enclosures in Rev. W. M. Hurlock, 14 December 1830, and the Very Rev. Dean Wood, 29 November 1830, in H.O. 52.7.

第八章

工匠及其他

Artisans and Others

　　如果說平均值在農業上是很難捉摸的，那麼它在都市工業工人身上也好不到哪去。1830 年時，典型的工業工人並不是在工廠工作，而是(如同工匠或「技工」〔mechanic〕)在小作坊或自家中工作，要不就是(如同勞工)在街上、建築工地和碼頭從事多少屬於臨時性的受雇。當柯貝特在 1816 年針對一般人民出版他的《政治記事週刊》時，他所陳述的對象並不是工人階級，而是「職工和勞工」。我們在下面將會看到「工匠」(artisan)一辭可說包羅萬象，從生意興隆、自行雇用幫工且獨立於任何老闆的手藝師傅，到做牛做馬也賺不了幾文錢的貧窮勞工。由於這個原因，我們很難正確估計出不同行業的工匠數目和地位。1831 年戶口普查中的職業統計表，並未對雇主、自雇者和受雇勞工做出區別[1]。營建業是僅次於農業勞工和家僕(1831 年，列入記錄的大不列顛女性家僕，便有六十七萬零四百九十一人)的第三大職業團體，這個行業在 1831 年時有大約三十五萬到四十萬的男性和男童從業者。除了依然盛行家庭代工的紡織業外，最大的一個工匠行業可說是製鞋業，1831 年時估計有十三萬三千名男性工人；接下來是裁縫業，約有七萬四千人。(這些數字包括雇主、鄉下補鞋匠或鄉下裁縫、家庭代工、小店主和貨真價實的都市工匠。)在倫敦這個全世界最大的工匠中心，根據喬治博士所做的權威估計，她告訴我們在十九世紀早期各行各業的職工大概有十萬人左右，克拉凡提醒我們：

---

[1] 梅休日後將這些職業報告形容為「粗糙、未經消化，而且在本質上是不科學的」，這種文件「對我們而言，其不適當的程度簡直足以讓全國蒙羞，因為它把商人階級和工人階級亂七八糟的混在一起，它對職業所做的分類，即使是最愚不可及的生手也會覺得汗顏。」

　　……典型的倫敦技術工人既不是釀酒工和造船工，也不是絲
織工，而是一名營建業成員，或一位鞋匠、裁縫、家具精木工、
印刷工、鐘錶匠、珠寶匠、麵包師——這只是其中的幾個重要
行業，1831 年時，每一個這樣的行業約有二千五百多名成年成
員。[2]

　　十九世紀初，熟練工匠的工資往往不是由勞力市場的「供需」
所決定，而是由社會聲望或「常規慣例」(custom)等觀念來決定。會
影響到工資調整的常規可說包羅萬象，從傳統賦予農村手藝人的社
會地位，到都市中心各種錯綜複雜的調節機制。工業仍然廣布於整
個鄉間。補鍋匠、磨刀匠或小販，帶著他們的貨品或技藝從一個農
場兜售到另一個農場、從一個市集兜售到另一個市集。規模較大的
村落，一般都會有石匠、葺屋匠、木匠、車匠、鞋匠，以及鐵匠鋪；
小市集城鎮則會有馬鞍匠和馬具工、製革匠、裁縫、鞋匠、織工，
很可能還會有諸如製造馬鐙或蕾絲枕頭這樣的地方特有產業，以及
與驛站旅店、農產品或煤的運輸、磨粉、烘焙等有關的各種生意。
許多這樣的鄉村手藝人都受過比較好的教育，也相當多才多藝，因
此總覺得自己比那些他們在城裡面碰到的都市工人——織工、織襪
工或礦工——來得「出色」。他們為自己帶來客戶並讓客戶跟著他們，
這無疑會影響到小市鎮行業的工資規定和工資等級——這些手藝行
業日後漸漸演變成大型的都市工業：營建業、馬車製造業，甚至工

2 關於這些數據，參見 *Parliamentary Papers*, 1833, XXXVII; Clapham, op. cit., esp.
pp. 72-4, and Ch. V; R. M. Martin, *Taxation of the British Empire* (1833), pp.
139, 256。

程學。

　　對許多鄉村工業而言，主宰價格的因素是常規慣例而非很少人了解的成本，尤其是以在地材料——木材或石材——爲原料的工業。以鐵匠來說，簡單的粗工可能收個一鎊，如果希望工細一點，那麼價格也就高一些。史特（George Sturt）在他那本經典名著《車匠鋪》（*The Wheelwright's Shop*）裡，曾經描寫當他在 1884 年接管這間家族行號的時候，習慣價格在法楠城（Farnham）還相當盛行。「我最頭痛的就是弄清楚習慣物價，

> 　　我懷疑這個地區有哪個工匠——我確信沒有任何車匠——眞的知道他產品的成本是多少，或他的贏利有多少，或是他承包的某個工作到底是賺還是賠。

大部分的利潤都是來自「做零工」或修理。至於二輪馬車和四輪馬車，「我唯一可以賺錢的機會，就是降低成品的品質，但是這對工人的脾性而言根本是不可能的」。工人是根據每項工作所需要的技巧做事：「他們可能會（而且是理所當然地）過於尊敬好手藝和好材料」；說到材料，「三不五時還會有個討厭的工匠拒絕使用我提供給他的材料」。工匠「滿腦子裝的，都是些好的車匠活應該如何如何之類的學問」[3]。

　　以慣例爲依歸的工藝傳統，往往會伴隨著「公道」價格及「合理」工資這類殘餘觀念。社會與道德判準——維持生計、自尊自重、對於某些手藝標準的自豪、根據技藝等級來決定不同報酬的收費習

---

[3] G. Sturt, *The Wheelwright's Shop* (1923), Chs, X, XXXVII.

慣——在早期工會中所引發的顯著爭論，並不下於嚴格的「經濟學」論點。史特的車匠店延續了許多古老的做法，可說是城市製車業的鄉下表親。這個行業在十九世紀早期，有一種貨真價實的階級制度，這行的工資等級幾乎和經濟理由扯不上任何關聯。1818 年出版的《英國行業全書》(*Book of English Trades*) 寫道：車身師傅，每週二到三鎊；修整工約「兩個金基尼」(guinea，一個金基尼約二十一先令)；車架師傅一到二鎊；鍛鑄工三十先令左右。此外馬車的漆匠也有他們自己的階級序列：專門替大人物和顯貴的馬車漆繪紋飾的大師傅每週三到四鎊，負責漆車身的師傅約兩鎊、職工二十到三十先令。這種工資等級支持、或許也反映了社會名望的等級：

> 車身師傅是單子上的第一名，接著是車架師傅，然後依次是修整工、鍛鑄工、彈簧工、車輪工、漆匠、金屬版工、支架工等等。車身製造師傅是其中最有錢的，堪稱是這行的貴族，其他工人對他們可是又尊敬又嫉妒。他們知道自己的地位崇高，同時也以不同的態度對待不同階級的工人：對車架師傅應降尊紆貴地與他們交好；對修整工不可太過輕蔑；漆匠領班應予尊重，但一般漆工點個頭就可以。[4]

這些規矩得到「馬車製造業慈善協會」(Benevolent Society of Coachmakers)的具體支持，而該協會的總幹事和其他二十名會員，

---

4 W. B. Adams, *English Pleasure Carriages* (1837), cited in E. Hobsbawm, "Custom, Wages and Work-load in Nineteenth Century Industry", in *Essays in Labour History*, ed. A. Briggs and J. Saville, p. 116.

居然可以在 1819 年逃過違反結社法案的判決。在這個階段應該注意的是，「貴族」一辭的早期用法指的是熟練工匠[5]。人們有時會認為「勞工貴族」這種現象和 1850 到 1860 年代的技術行業工會運動存在著某種巧合關聯，或甚至把它看成是帝國主義的後果。然而事實上，在 1800 到 1850 年間，我們可同時看到新舊兩種勞工菁英的身影。舊菁英是由工匠師傅所構成，他們認為自己和雇主、小店主或專業人士一樣「優秀」[6]。（《英國行業全書》將藥劑師、律師和配鏡師這類專業人士與木匠、製革匠、裁縫和陶匠並列。）在某些產業裡面，技藝專精工人所享有的特權地位甚至可以在工坊或工廠的生產體系之下獲得保留，這主要是透過習慣的力量，或受到結社和學徒精神的影響，要不就是這項技藝仍具有高度的技巧性和專業性——例如貴重玻璃、貴重木材和貴重金屬這些行業裡面比較精細和「別致」的做工。新菁英則是以其新技術崛起於鋼鐵、工程和製造各業。這點在工程業上表現得十分明顯，但即使是棉紡織工業，我們也必須牢記下面這句警語：「我們並不全是棉紡紗工人。」監工、負責調節和修理機器的技術人員、印花布的繪圖師，以及其他各種輔助性的專技人員，都可以賺取到極高的工資，而這些人在 1841 年的戶口普查當中，都被列為以棉紡織製造業為首的一千二百二十五個子部門的從業人員。

如果說在倫敦的奢侈行業以及在大型製造工業內部的管理部門或介於技能與技術邊緣的部門當中，存在著一個特別優渥的貴族階

---

5 另一種早期的用法見於 First Report of the Constabulary Commissioners (1839), p. 134，從它出現的背景脈絡，可看出這個辭彙在當時使用得相當普遍。

6 有關十八世紀的「貴族」，參見 M. D. George, op. cit., Ch. IV。

級，那麼幾乎在每一個專技行業內部，也都可以看到地位稍次一等的貴族工匠或特權工人。透過拉吉(Thomas Large)那雙好奇幽默的眼睛，我們可以清楚看出當時的情形。拉吉是一名來斯特的織襪工，曾在 1812 年加入代表團前往倫敦，企圖遊說國會通過一條管制製襪業工作環境的法案[7]。這些織襪工人當時尚未成立常態性的工會組織，只有一個特別為促成這項議案通過而組成的委員會。他們一到倫敦，立刻與倫敦的工會分子進行接觸，儘管有結社法案的威嚇，這些人還是輕輕鬆鬆地在他們的會館裡展開會談：

> 〔拉吉寫信給他的密德蘭老友表示〕我們會談的房間，正是木匠委員會的所在地……我們曾經有過一次機會和他們談論到這個主題，他們以為我們有一筆常設基金，可以在任何時候供應任何需求，如果情形真是如此，他們打算借我們兩到三千鎊（屬於他們那行的基金總共有兩萬鎊）。沒想到當他們得知我們這行根本沒有為維護自身權益而設立任何定期基金的時候，他們非但不肯借錢給我們，還機械性地把鼻子往上一翹，彼此交換一個意味深長的眼神。天啊，願上帝保佑我們！真是笨蛋！不管他們做什麼都絕對有資格！有資格十倍！我們一直認為織襪工是一群可憐蟲！他們的精神就像他們的荷包一樣空洞。我們如果再不團結，我們這行會變成什麼樣子？也許會像你們現在一樣窮。看看別的行業！他們全都有結社（史匹塔菲的織工例外，你看他們的境況有多慘）。看看裁縫、鞋匠、裝禎匠、金箔工、印刷工、泥水匠、外套師傅、製帽匠、製革匠、石匠、錫

---

[7] 參見下文，頁 761-6。

匠，這些行業的收入沒有一個低於每週三十先令，甚至可高達五個金基尼。這些全都是拜結社之賜，要不然，他們那些行也和你這行一樣糟糕……[8]

我們還可以在拉吉的名單上加上一些別的。排字工人和印刷工人儘管面對的是早已結成陣營的倫敦雇主，可是在他們不畏艱難地完成結社組織之後，已躋身於每週三十先令的特權之列。不過有些熟練工人就沒那麼幸運。活字鑄造工的結社遭到瓦解，1818 年時，他們的工資據說平均每週只有十八先令，而且自 1790 年以後就不曾增加過。配鏡師和菸斗匠也一樣。《蛇髮女怪》指出，1819 年時，如果以全年的收入加以平均，倫敦「技工」的平均工資大約是二十五先令一週[9]。當結社法案在 1824 年宣布廢止，而倫敦各行各業的同業工會也都公開現身之後，我們可以以最常在 1825 年《行業報》（*Trades Newspaper*）專欄裡出現的那些行業為例，來說明這些所謂的「次級貴族」（lesser aristocracy）。除了拉吉列出的行業之外，我們可以再加上箍桶匠、造船匠、鋸木匠、船縫填塞工、繚絲匠、扳機鑄造工、毛皮商、鞣皮匠、製繩匠、鑄銅匠、染絲工、鐘錶匠、剝皮工等等。這是一張洋洋灑灑的清單，在倫敦和其他大型城市，這些人正是那段期間的工匠文化與政治運動的核心。這些行業所享有的特權程度當然不盡相同。1825 年時，有些行業的俱樂部會員不到一

---

8 *Records of the Borough of Nottingham 1800-1835* (1952), VIII，拉吉致框架織襪工委員會，1812 年 4 月 24 日。

9 See *Gorgon*, 17 October, 21 and 28 November 1818, 6 February to 20 March 1819.

百人，有些則超過五百人，雖然後者爲數不多。他們的情況懸殊甚
大,從室內裝潢師這種擁有無上特權的團體(他們可藉由收學徒索取
「巨額的報酬」)，到即將降格爲家庭代工的鞋匠[10]。

　　在外郡也可以看到類似的特權工匠或熟練工人團體，而且這些
重要團體不僅出現在與倫敦類似的行業當中，也出現在倫敦罕見的
行業裡面。雪菲爾的刀剪業和伯明罕的雜貨業是其中最著名的代表。
一直到十九世紀相當後期，伯明罕都擁有無數的小作坊，爲它贏得
「小雇主的大都會」這個美名。鮑爾頓的蘇活工廠(Soho works)在這
個經濟成長的故事中佔據了相當大的篇幅[*1]。不過在十八世紀將盡
的時候，這個城市裡的大半人口都受雇於很小的鋪子，有的是勞工，
有的是半獨立的手藝人。列舉伯明罕的產物等於是在列舉一長串複
雜的技藝：鞋釦、刀剪、刺馬釘、蠟燭台、玩具、槍枝、鈕扣、鞭
柄、咖啡壺、墨水瓶架、門鈴、馬車配件、蒸汽機、鼻煙盒、鉛管、
珠寶、油燈、廚房用具等等。騷塞在 1807 年寫道：「我所遇到的每
一個人，身上都有鯨油和金剛砂的臭味。」[11]

　　在伯明罕所在的「黑鄉」，十九世紀最初三十年的專業化發展，
是把較簡單的加工程序——諸如製釘和製鏈——交給鄰近的代工村

---

[10] *Trades Newspaper*, 1825-6, *passim*.

[*1] 按：鮑爾頓(1728-1809)，英國著名的製造業者和工程師。1762 年在伯明罕
　　附近成立蘇活工廠，專門生產小型金屬製品。1768 年結識瓦特，並開始資助
　　與鼓勵瓦特的蒸汽機改良計畫。鮑爾頓後來將蒸汽動力應用於鑄幣業，不但
　　爲他帶來鉅額財富，更讓他於 1785 年躋身皇家學會會員。

[11] J. A. Langford, *A Century of Birmingham Life*, I, p. 272; C. Gill, *History of
　　Birmingham*, I, pp. 95-8; Southey, *Letters from England*, Letter XXXVI.

落，而將比較需要高度技巧的操作留給伯明罕這個大都會[12]。在這類工匠行業中，存在於小雇主和熟練職工之間的距離，不管在心理上或經濟上，都比職工和一般都市勞工之間的距離來得小。有資格進入這類行業的人，可能只限於已在這行工作者的第二代，或出得起高昂學徒費用的人。這種嚴格的入行限制，多半會得到法人組織規範的支持（例如一直要到 1814 年才告取消的雪菲爾刀剪公司規範）、雇主的鼓勵，以及（以互助會之名做爲掩護的）工會的維護。韋布夫婦認爲：在十九世紀剛開始的時候，這類工匠之間的關係，「還是屬於一個按照行業縱切的工業社會，而非依據你是雇主或工人來加以橫分的社會。」[13] 同樣，在每個特定行業的所有工人當中，只有擁有特權的那些人有辦法限制他人入行，或提高自己的待遇。因此，最近有一項關於倫敦挑夫的研究顯示，包括畢林門魚市場（Billingsgate）挑夫在內的部分工人，其歷史的錯綜複雜非常引人入勝。我們很容易就把這些人當成臨時工看待，可是事實上，他們卻受到市府官員的特別照顧，一直到十九世紀中葉，他們在一大群不需特殊技藝的勞工當中，依然保有其特權地位[14]。比較常見的身分地位鴻溝，主要是出現在熟練工人或滿師工人和他的幫手之間，比方說鐵匠和他的打鐵工，泥水匠和他的苦力，以及印花布的繪圖師和他的助手等等。

工匠與勞工之間的差別——不管是身分地位、組織結構，或經濟報酬——始終相當巨大，以梅休筆下 1840 年代晚期到 1850 年代

---

[12] See S. Timmins (Ed.), *Birmingham and the Midland Hardware District* (1866), pp. 110 et *passim*; H. D. Fong, *Triumph of Factory System in England* (Tientsin, 1930), pp. 165-9.

[13] S. and B. Webb, *The History of Trade Unionism* (1950 edn.), pp. 45-6.

[14] W. M. Stern, *The Porters of London* (1960).

的倫敦爲例，其嚴重程度就算沒有超過、至少也絕不亞於拿破崙戰爭期間。梅休指出：「當我們從屬於熟練工匠的倫敦西區走到屬於無技術工人的倫敦東區，我們所感受到的道德與思想差異，就好像我們是來到一個新世界，置身於一群新人種當中：

> 工匠簡直就是一群慷慨激昂的政治人物。他們受過充分教育而且喜好思想，這些足以讓他們意識到他們在這個國家所具有的重要性……無技術勞工是另一個不同階級的人們。到目前爲止，他們還是和僕役一樣沒有政治意識。除了暴力式的民主意見之外，他們似乎什麼政治意見都沒有；如果説他們眞有……那也是偏向「保持現狀」，而非追求勞動人民的提升。[15]

以南部諸郡爲例，工匠的互助會規模最大[16]，工會組織也最爲持續穩定，教育和宗教運動在他們之間相當發達，而歐文主義也植根最深。同樣也是在工匠的圈子裡，盛行著走江湖找工作的「遊方」傳統，他們這種足跡廣布的遊方生涯，曾被某位歷史學家形容成「工匠版的大旅行」[17]。我們在下面將會看到，他們的自負和他們對獨立的渴求，如何影響了戰後的政治激進主義。一旦工匠的技藝以及工

---

[15] H. Mayhew, *London Labour and the London Poor* (1884), III, p. 243. 在此應該提一下梅休筆下一位清道夫的說法以茲平衡，他說：「我也不關心政治，但我是憲章派。」

[16] 有關互助會的社會組成，參見 P. H. J. H. Gosden, *The Friendly Societies in England* (Manchester, 1961), pp. 71 ff。

[17] E. J. Hobsbawm, "The Tramping Artisan", in *Econ. Hist. Review*, Series 2, III (1950-1), p. 313. 按：大旅行（Grand Tour）原指十八世紀末、十九世紀初，英國貴族青年前往歐陸學習遊歷的旅程。

會提供給他的保護遭到剝奪，他將淪爲梅休筆下倫敦最可憐的一群。旺茲沃思暨克拉珀姆聯合濟貧院(Wandsworth and Clapham Union)＊² 的院長曾告訴梅休：「窮機工和一般流氓可是完全不同的階級。」他們的集會所和「會館」，並不同於遊方工匠的類似組織或「行商」(traveller)的兄弟會；他們只有在山窮水盡的時候才會投靠濟貧院，「有時甚至會熬到連襯衫背心都典當一空，才肯提出申請……」「這個可憐的機工坐在臨時救濟所內，看起來就像失了魂魄一樣，他很害怕……一旦脫離了本行，他就會像隻出了籠子的鳥兒，不知道該飛往何處，該如何覓食。」[18]

倫敦的工匠很少會淪落到這般田地——在走進濟貧院的大門之前，有許多中途救濟站可提供協助。他的一生會隨著行業的不同而發展出完全不同的故事。如果我們從倫敦放眼北方和密德蘭的各工業中心，我們會看到另外一些重要的技術勞工或工廠作業員——某些煤田裡的礦工、棉紡紗工、熟練營建工，以及鐵工業和金屬工業的技術工人。這些人都屬於艾希頓教授口中「可以分享經濟進步利益」的一群。柯貝特曾在 1832 年(於桑得蘭地區)對德倫郡的礦工做出如下描述：

　　你在這裡看不到任何漂亮的東西，但每一樣東西似乎都很值錢，而且最了不起的是：工人的日子過得很好……礦工每週可賺二十四先令，租房子不用花錢，燃料不用花錢，看病不用花

＊2 按：旺茲沃思和克拉珀姆爲倫敦南郊的兩個自治區，在濟貧法實行期間，兩地組成聯合敎區，共同成立濟貧院。

18 Mayhew, op. cit., I. p. 351.

錢。他們的工作沉重得可怕，這點無話可說；他們或許也沒有
享受到他們理應擁有的一切；不過無論如何，他們總算是過得
不錯。他們的房子好，家具也好……他們的生活應該已達到勞
動人民可以合理指望的良好程度。[19]

在許多地區，礦工幾乎是一個「世襲的種姓」(hereditary caste)，他
們以較高的收入著稱：

> 煤礦弟兄得金銀
> 工廠弟兄只黃銅……

艾希頓教授認為，他們在 1840 年代的實質工資，可能高於戰爭期間
之外的任何時期。不過他們的工作環境很可能是變差了[20]。

　　許多這樣的群體在 1790 到 1840 年間，其實質工資皆有所增加。
不過這種進步並不如某些時候暗示的那麼順利、那麼持續。不管在
哪個行業，該行工會運動的成敗都會對它造成立即而明顯的影響；
而失業和季節性的縮短工時也應該納入評估，不可一味接受「樂觀
的」工資序列。如果我們考慮的只是技藝精熟且長期受雇的「上流
勞工」，那麼有關生活水準的論戰早就可以以樂觀結論做收。

---

[19] *Rural Rides*, II, p. 294. 為了平衡這種說法，我們有必要舉一個發生在東北部
煤田上的激烈插曲——賀本(Hepburn)工會在 1830 至 1832 年間的興起和
毀滅，參見 R. Fynes, *The Miners of Northumbeland and Durham*, Chs. IV-VII
and *The Skilled Labourer*, Chs, II and III。

[20] See T. S. Ashton, "The Coal-Miners of the Eighteenth Century", *Econ. Journal*
(Supplement), I, 1928, pp. 325, 331, 334.

　　然而事實上，這整個問題所表現出來的錯綜複雜簡直難以釐清。假如有學生在他的教科書上讀到下面這段信心滿滿的敘述：

　　1831 年的生活費比 1790 年提高了百分之十一，但是在這段期間，都市工資的增加幅度看起來不亞於百分之四十三。[21]

他應該可以立刻嗅出其中的問題。不僅是這裡的生活費指數本身備受爭議——艾希頓教授曾親口說明，他那段陳述所根據的指數，是從一位「糖尿病患者」的飲食中計算出來的[22]——我們也不難想像，這裡的都市工資指數主要是根據全職熟練工人的工資計算出來的。許多進一步的問題就是從這裡衍生出來。我們憑什麼假設，在一個人口成長飛快的時期，受雇的熟練工人與失業的臨時工人之間的比例，會朝有利於前者的方向移動？為什麼社會歷史學家所碰到的證據會一再提醒他們，對絕大多數的民眾而言，這是一段異常痛苦的時期？如果 1820 到 1850 年間的生活水準真的有過顯著的提升，英格蘭的無技術工人又怎麼會在經過 1850 到 1880 這**三十多**年毫無問題的進步之後，依然得生活在布斯(William Booth)和容曲(Benjamin S. Rowntree)*3 所揭露的那種極端困乏當中？

---

[21] T. S. Ashton, *The Industrial Revolution, 1760-1830* (1948), p. 158.

[22] T. S. Ashton, *Capitalism and the Historians*, p. 146.

*3 布斯(1829-1912)，又譯卜維廉，是著名的「救世軍」創立人，以對抗貧困和罪惡為職志。容曲(1871-1954)，英國社會學家及慈善家，以其對貧窮和福利的研究聞名，著有《貧窮》(*Poverty: A Study of Town Life*)、《貧窮與進步》(*Poverty and Progress*)和《貧窮與福利國家》(*Poverty and the Welfare State*)等書。

　　我們必須把十九世紀前半葉視爲一個長期未充分就業的時期，在這段期間，以技藝爲訴求的行業就好比是四面受敵的海上孤島，飽受技術創新所帶來的挑戰，以及無技藝和未成年勞工大量湧現的威脅。熟練工人的工資往往暗含了某些強制性的支出：機器的租金、動力能源的花費、因作品有瑕疵或無法按時交貨所償付的罰金，以及其他各種強制苛扣。轉包制度在採礦、鑄鐵和陶瓷業中十分盛行，在營建業裡也是相當普遍的現象，因此所謂的「工頭」或「領班」通常得雇用一些沒多少技藝的幫工；而紡紗工和煤礦工則習慣雇用童工，讓他們在工廠裡做些補綴工作，或充當煤坑的小工。曼徹斯特的棉紡紗工人於 1818 年宣稱，在他們爲數二鎊三先令四便士的工資中，必須扣除以下的花銷：

第一補綴工	每週	9 先令 2 便士
第二、第三補綴工	每週	12 先令 5 便士
蠟燭(冬夏兩季平均)	每週	1 先令 6 便士
患病及其他無法避免的開支		1 先令 6 便士
	總計	1 鎊 5 先令 0 便士

因此他們的淨所得只有十八先令四便士[23]。類似的情形在各行各業都可看到，也就是說，從工人那方得知的工資金額與從雇主那方問到的工資金額，其間有著明顯的落差。此外，以貨品支付的「實物工資」讓整個情況變得更加複雜；而海員和岸邊工人還得承受某種

---

[23] *Black Dwarf*, 9 September 1818. 從俱樂部(也許還包括工會)把生病費用納爲「必備」開銷一事，多少暗示了某種生活水準的改善。

變相勒索，勒索他們的往往是酒吧老闆。例如——在 1843 年的一項
保護法案通過之前——泰晤士河上的卸煤工人，唯有經過酒吧老闆
介紹才有可能受雇，而酒吧老闆通常只肯介紹那些願意在他店裡花
掉一半工資的工人[24]。

在跟技藝有關的問題上，工匠一方面會藉此向雇主施壓，一方
面也會小心維持自己和無技術工人之間的不同地位。企圖同時吸納
同一行業裡面的熟練工人和無技術工人的工會，在 1830 年前還很罕
見；即使是營建師傅在他們的歐文主義狂熱時期接受了擁抱勞工的
建議，兩者之間的差別還是涇渭分明：

> 這些會所將依序接納建築師、石匠、泥瓦匠、木匠、石瓦匠、
> 泥水匠、鉛管匠、玻璃匠、漆匠；此外也將接受採石工人、製
> 磚工人和幫工，只要他們已學習到較好的習慣和較多的知識，
> 能夠為自己盡力。在其他分部的協助下，這些人將會以最大的
> 熱誠致力於在最短時間改善其家人的心智、道德和一般處境。[25]

但是我們也必須牢記：在這個技術發明一日千里但工會力量卻
薄弱有限的時期，許多技藝行業都有普遍的**不安全感**。發明一事，
會同時加強舊技藝的貶值和新技術的增值。這種消長的過程各個行
業不盡一致。遲至 1818 年，《英國行業全書》(一本以倫敦技藝行業
為主的手冊)還不曾列入工程師、蒸汽機製造者或鍋爐製造者這些行
業；車床工人大體仍被看成是木工的一支；至於工程師的各項技藝

---

[24] See. G. W. Hilton, *The Truck System* (Cambridge, 1960), pp. 81-7 et *passim*.

[25] *Pioneer*, September 1833, cited in R. Postgate, *The Builder's History* (1923), p. 93.

則被囊括在「機械師」名下──一種多才多藝、精通數行的師傅，他「擁有相當的聰明才智和豐富的機械知識，並具備細木匠、鑄銅鑄鐵匠、打鐵匠和車床工人的各種本事」。然而不過短短十年，新出版的《操作機工和英國機械師》(*The Operative Mechanic and British Machinist*)，卻用了不下於九百頁的篇幅來說明這種一度屬於工廠技師(millwright)的技藝，如今出現了多麼五花八門的樣貌。這種新技術的分離獨立，可以從下面這些早期協會或工會──它們在日後創造了工程師這行──的成立看出一二：在十八世紀末依然組織健全的工廠技師俱樂部，到了十九世紀已陸續旁生出鑄鐵業互助會(1809)、鉗工和車床工慈善互助會(倫敦，1818)、機工互助聯盟(布拉福，1822)、蒸汽機製作者協會(利物浦，1824)，以及機工互助工會(曼徹斯特，1826)。

但是我們不應根據這些協會所取得的一連串進展，就假定新技術已確立了它們的地位。相反的，儘管工廠技師是工人中的貴族(至少在倫敦是如此)，受到其自身組織(這個組織的勢力非常強大，是促使政府通過結社法案的推手之一[26])和學徒制限制的保護，而且一直到十九世紀初都還維持每週兩個金基尼的工資，然而自從伊莉沙白熟練技工法規(Elizabethan Statute of Artificers)中的學徒條款在1814年遭到廢止之後，工廠技師就得面對嚴酷的競爭環境。先前擔任過倫敦通訊協會助理幹事，而當時身為倫敦主要工程雇主之一的

---

[26] 根據樞密院文件 (P.C. A.158)，「關於工廠技師職工的幾點紀實」，這些工廠技師的工資已經從 1775 年的日薪二先令六便士至三先令，提高到 1799 年的四先令六便士。這些職工爲小師傅工作，而小師傅則受雇於「釀酒商、磨坊主人和各種製造業者」。如果發生罷工，小師傅承接的工作就會宣告停擺。但是鬧罷工的職工卻可以直接和釀酒商等簽訂契約，切斷他師傅的生計。

蓋樂威，在 1824 年作證時表示：廢除這項條款之後，「不管你是在這行做過一年、二年、三年，或是根本沒有接觸過，都有資格受雇上工，這等於是要把所有的結社都置於死地。」舊日的工廠技師「整個被新工人給淹沒了，如今少了他們我們也沒差」；而論件計時的獎賞 (piece-rate) 和其他種種鼓勵措施，更讓工會會員陷入異常狼狽的窘境。以往，工廠技師「總是對冠有工程師這種名號的人極盡嘲弄鄙夷之能事」，認為那是一個低下、暴發的行業，沒想到如今無立足之地的卻是他們。每週十八先令就可雇到一個不曾受過學徒訓練的工程師；而車床自動原理的引進，更讓這行湧入了大量年輕和無技術的勞工。

因此，即使在最以引進新技術著稱的工業當中，也看不出工人的身分地位和工資報酬曾隨著技術的創新而有所改善。反之，它告訴我們的是，該行工人的生活水準曾在十八世紀末葉出現過一個高峰期，然後隨著無技術勞力的大量湧入，和洗牌後的新層級制度與新結社形式的確立，而於 1820 年代迅速下滑。工作高度分化，有好些年 (從早期工會名目的分歧多樣可見一斑) 大家都不敢肯定究竟哪一行可以拔得領先地位[27]。熟練工程師在機器製造這行的崛起速度，因為他所具有的經驗相當罕有而加快許多。早期工程作坊裡的勞工流動情形十分頻繁，1824 年時雇有八十到九十名勞工的蓋樂威表示，在先前的十二個年頭，進出他作坊的工人大概有一千到一千五百人，也就是平均每年的勞工流動率已超過百分之百。外國雇主的

---

[27] 參見蓋樂威的證詞：「我們的生意包括六到八種不同的部分，我們把和木頭有關的工人稱為木型匠，包括好的家具精木匠、細木匠、水車木匠及其他與木製品有關的雇工；生鐵和黃銅鑄造匠；鐵匠、鍋爐工和鍛工；……鉗工和銼工；以及黃銅、生鐵和木頭車床工——每一種都各有專長。」

仲介商在英國各地四處獵人，希望能把熟練工人引誘到法國、俄國、德國和美國[28]。倫敦雇主自然是首當其衝的受害者。蓋樂威說：外國的仲介商「只消在上下工時間往我門口一站，弄到最能幹工人的名字，然後就會有很多人被雇走」。於是，頂尖工人的工資開始穩穩上升，到了 1830 和 1840 年代，他們已躋身特權菁英之列。英國首屈一指的紡織機械廠「希伯特和普拉特公司」(Hibbert and Platt's，奧爾丹)，1845 年時雇用了近二千名工人，其中好手的工資在三十先令以上。一位信仰循道宗的工人抱怨說：工程師們出手大方，賭馬賽狗樣樣來，甚至還訓練賽犬，「每天吃上兩三次」新鮮肉類。不過當時的大環境和 1820 年代已經有了一百八十度的大轉變。1824 年時，蓋樂威不得不用賄賂的手段讓他最好的工人留下來，可是如今擁有工程師技藝的人數已經增加了好幾倍，因此「希伯特和普拉特公司」可以精挑細選，只用那些條件最棒的工人。這位循道宗教友回憶道：「我看到很多新上工的人第一天就被解雇，有些人的試用期甚至更短。」工程師已不再能憑藉「物以稀為貴」來保障自己的身價。他被迫轉回到工會運動這條路，因此，在 1851 年的工程師停工風潮中，「希伯特和普拉特公司」成為風暴中心一事，可說深具意義[29]。

---

[28] 為了維護英國工業的優勢，許多熟練工人依法是不可以離開英國的。

[29] See *The Book of English Trades* (1818), pp. 237-41; J. Nicholson, *The Operative Mechanic and British Machinist* (1829); J. B. Jefferys, *The Story of the Engineers* (1945), pp. 9-18, 35 ff.; *First Report from Select Committee on Artizans and Machinery* (1824), pp. 23-7; Clapham, op. cit., I, pp. 151-7, 550; Thomas Wood, *Autobiography* (Leeds, 1956), p. 12 *et passim*. See also W. H. Chaloner, *The Hungry Forties: A Re-Examination* (Historical Association, 1957)，作者在這本書中非常不智地暗示：希伯特和普拉特公司熟練工人所獲得的優渥境遇，比手搖織布機織工的悲慘境遇更足以代表「四○」年代的實況。

　　我們必須把舊手藝滅絕與新技巧興起之間的這種重疊牢記在心。隨著十九世紀的齒輪不斷往前推進，昔日的家庭工藝也一個接一個地被紡織工業所取代──「剪絨工」或「修絨工」、印花布繪圖師、梳毛工、麻紗剪裁師。可是在既辛苦又廉價的家庭代工方面（有時是由兒童擔任），卻出現了相反的發展，技術發明使這類工作轉化成一種排他性的手藝。在毛紡織工業這行，梳理羊毛這項工作用的是以皮帶做底的梳毛機，工人必須把數以千計的細小金屬「齒」裝掛到皮帶上頭。1820 到 1830 年代，這種工作通常是交給童工，酬勞是每一千五百個到一千六百個金屬齒付費半便士。據說在西來丁的某個紡織村落，「幾乎每個小茅屋裡都有幾個連路都還走不好的小童工在做這項工作，為了讓這種千篇一律的無聊工作沒那麼乏味，他們假裝自己是在替村裡的每一個居民把牙齒插進梳毛機裡，每插進一個金屬齒，他們就會喊出它所代表的村人名字。」[30] 然而不到五十年的時間，在這種安裝技術上所取得的連續創新，已經足已讓梳毛機安裝工和張布機工人的小型技藝行會確立它的特權地位，進升到毛紡織工業的「貴族」之林。

　　不過在我們對某個特定行業進行歷史追蹤，並發現這種新技術興起和舊技藝沒落的同時，我們可能會忘記一個事實，那就是舊技藝和新技術幾乎總是由不同的兩群人所壟斷。製造業者在十九世紀上半葉所推動的每一項新發明，都有助讓他們拋棄成年的男性工匠，並以女工和童工加以取代。即使取代舊技藝的新發明需要工人具備同樣甚或更高的操作技巧，我們也很少看到同一群工人從舊技藝的陣地轉換到新技術的領域，或從家庭生產轉換到工廠生產。舊技藝

---

30 Frank Peel, "Old Cleckheaton", *Cleckheaton Guardian*, January-April 1884.

工人的不安全感以及他們對機器和發明的敵意，並不純然是偏見和（如同權威學者所暗示的）對於「政治經濟學」所知不多的結果。修絨工或梳毛工知道得非常清楚：新機器或許可以爲他的兒子或別人的兒子提供一份技術性的職業，但是對他而言卻是一點忙也幫不上。這種「向前挺進」的好處，似乎總是落在別人頭上。

等我們談到搗毀機器運動的時候，上述情形可以看得更明白。不過即使如此，我們還是只觸及到問題的皮毛，因爲這些特定的不安全感，只是這個時期所有技藝行業所感受到的**普遍**不安全感的一個面向而已。敎人驚訝的是，耗費了當今一整代經濟歷史學家心力的生活水準論戰，竟然還是無法讓我們看清臨時雇工、工業蕭條和失業問題的整體面貌。如同霍布斯邦博士——他是近來唯一一個試圖爲這個問題提出評斷的作者——所指出的：克拉凡爵士甚至不曾在他的《近代英國經濟史》裡討論工業革命期間的失業情形。誠然，「堅實」的經濟資料幾乎是無法取得。雖然有一些零星的報告提供我們在某些不同年份或不同時期接受賑濟的貧民人數[31]，但是這些數字都不太可靠，而且儘管有其他資料可資補充——路過的流浪漢、

---

31 根據《濟貧法委員會第十屆年度報告》（*10th Annual Report of the Poor Law Commissioners*, 1884, p. 285），1803 年有一百零四萬七千一百一十六位貧民接受救助，1813 年有一百四十二萬六千零六十五人，1815 年有一百三十一萬九千八百五十一人；接著是一段沒有數字「回報」的時期，直到 1839 年。隨著新濟貧法的全面施行，自 1840 到 1848 年間，每一季都會回報一次接受救助的貧民人數，從這些數字中我們可以看出，在不曾鬧過饑荒的 1840 年代，卻出現了極其劇烈的升幅，從 1840 年的一百一十一萬九千五百二十九人，陡升到 1848 年的一百八十七萬六千五百四十一人，其中只有 1844 到 1846 年間有過小幅回跌。

互助會的記錄、不景氣時期某些特定工業或市鎮的已知失業情況
——它們還是會遭到誤判。首先是因為，教區救助和遭人憎恨的濟
貧院(1834年後)可說是走頭無路的最後下策。其次是由於，正常就
業——在同一個地方工作數年，有固定的工時和標準的工資——這
個觀念本身，就是一個時代錯置的觀念，是把二十世紀的經驗硬套
在十九世紀的現實之上。我們已經看到，農業的困難所在就是長期
處於半失業狀態。這同樣也是大多數工業所碰到的問題，以及普遍
的都市經驗。技藝熟練和受過學徒訓練的工人，能夠擁有自己的生
產工具且畢生從事同一個行業的，終究是少數。而如同眾所周知的，
在工業化的最初階段，成長中的市鎮吸引了各式各樣的無根勞工和
流動工人——這種經驗依然可在今日的非洲和亞洲看到。即使是定
居的工人，更換工作的情形也十分頻繁。一位約克郡的憲章運動分
子在他的回憶錄中，曾提到他童年和青少年時期，也就是1820年代
晚期到1840年代這段期間的失業周期和臨時工的生活實況，這類非
關統計學的棘手問題，是根據技藝行業的付費標準計算出來的工資
序列所無法提供給我們的。

　　湯姆·布朗的求學生涯對我一點也不具吸引力，因為我這一
輩子從沒上過一天學。我從很小的時候就必須開始工作，夏天
凌晨四、五點就被拉下床鋪，牽頭驢子走到一哩半以外的地方，
然後開始幫許多頭乳牛擠奶，傍晚還得去擠一次，完工的時候
大概都八點了。在這中間，我會去一家做梳毛機的作坊，裝他
個一千五百根金屬齒，好賺上半便士。從1842到1848年，我
每星期的工資平均不到九先令。那時戶外的勞力工作不太好找，
工資也非常低。我曾經做過毛織工、梳毛工、鐵路工和採石工，

因此我敢説我對工人階級的情形多少知道一些。[32]

有一些證據顯示，這個問題在 1820 年代、1830 年代、乃至 1840 年代，都有日漸惡化的趨勢。也就是說，雖然工資是朝有利於生活花費的方向緩慢發展，但是長期未充分就業工人的比例卻是朝不利於長期就業工人的方向傾斜。梅休曾在他那本研究倫敦窮人的鉅著中，花了一整節的篇幅探討臨時工的問題，他知道這正是問題的癥結所在：

> 幾乎所有的行業都是……**人浮於事**，單是這點，就很容易讓數量龐大的勞工處於臨時受雇而非長期受雇的情況。在一般的行業裡面，估計約有三分之一的工人是終年全職受雇，三分之一是部分受雇，三分之一是終年失業。[33]

梅休是十九世紀中葉最偉大的社會調查學者。觀察敏銳、言詞反諷、立場超然，卻又充滿同情之心，他那雙眼睛看得出所有統計數字無法估量的棘手特質。在一個強調調查實情的時代，他致力於尋找被舉證者遺忘的事實。他刻意以不合當時主流圈胃口的方式寫作，並且得出他自己那種驚世駭俗的政治經濟「法則」——「待遇過低導致工作超時」，以及「工作超時導致待遇過低」。他知道，當

---

[32] B. Wilson, *The Struggles of an Old Chartist* (Halifax, 1887), p. 13.

[33] Mayhew, op. cit., II, p. 338. 在以下幾頁，我大量引用梅休的作品，包括他在《紀事早報》以及《倫敦勞工與倫敦貧民》(*London Labour and the London Poor*, II, pp. 335-82, III, pp. 231ff) 當中針對裁縫和製靴及製鞋工的描述。

東風吹進泰晤士河的時候，爲數二萬名的碼頭工人就會立刻失業。他也對木材業的季節性波動或製帽業和糕餅業的季節性波動，知之甚詳。他不怕麻煩地找出淸道夫或垃圾車夫一年究竟有多少個鐘點和多少個月份是處於眞正的就業狀態。他參加受調行業的工人聚會，並記下他們的個人經歷。如果(像艾希頓敎授所暗示的)這場生活水準論戰眞的得依靠「猜測」來決定究竟是哪一群人增加最快——是那些「可以分享經濟進步利益的人」還是「那些被拒於門外的人」——那麼梅休的猜測就相當値得我們注意。

梅休的猜測如下：

　　估計工人階級的人數在四到五百萬之間，我認爲我們可以有把握的斷言——在考慮過有多少人的工作是取決於特定的時間、季節、流行和機運，以及幾乎所有的廉價行業都有嚴重的工作超時和工作馬虎……有多少數目的婦女和兒童是因爲各個手工行業的老闆想要降低工人的收入而被徵召進來的，以及機器取代人力的情況——在這些事情都納入考量之後，我相信我們可以有把握的做出結論……當時的工作量只足以讓半數的勞工長期受僱，因此只有一百五十萬人是完全和經常在職，另有一百五十萬人只有半數的時間有工可作，剩下的一百五十萬人則是完全失業，只能**偶爾**替代其他的工人打上一天工。[34]

---

34 Mayhew, op. cit., II, pp. 364-5. 比較《技工雜誌》(*Mechanics Magazine*, 6 September 1823)中的說法：「顯然，我們之所以會有一半的人口沒有工作，正是因爲其中的另一半人口做了他們應做工作的兩倍。」

這充其量也只是一項猜測，一項緊扣住倫敦經驗之複雜性的統計學表示。不過它所根據的卻是一些不太一樣的發現，特別是「一般說來……每一行的上流工人只佔全體的十分之一左右」[35]。這些人的工資是由常規慣例和工會力量進行管制，其他人的工資則是「由競爭所決定」。到了 1840 年代，倫敦同一個行業裡的「高尚」部門與「低賤」部門可說是涇渭分明，而其中最具代表性的，包括家具精木匠、木匠和細木匠[*4]這組，靴匠和鞋匠這組，裁縫和所有的服飾工人這組，以及營建工業。高尚部門指的是專製奢侈品和高價品的分支，低賤部門則涵蓋各式各樣的「廉價和低劣」作品——成衣、華而不實或平凡無奇的家具、虛有其表的針線盒和廉價的鏡子、修建教堂的轉包工程(由「小工頭」承包的)，以及承包自軍隊和政府的工作。

在 1812 年被拉吉視為有組織且高所得的若干行業，於接下來的三十年間，該行工匠的地位和生活水準都出現了嚴重惡化。行業沒落的過程相當多樣，有時是在遭到巨大衝擊之後瞬間消失，有的則遲至 1830 年代才開始下滑。在潘贊斯(Penzance)接受過製繩匠學徒訓練的洛維特，當他於 1821 年抵達倫敦的時候，由於找不到本行的工作，只好設法當一名木匠或家具精木匠，那個時候，「高尚」與「低賤」部門之間的分野還不很明顯。他沒受過該行學徒訓練的這個事實對他十分不利，他曾在一家不體面的鋪子裡有過不好的經驗，還曾沿街叫賣自己的作品，只是這次的經驗更糟糕，所幸他最後終於

---

35 根據梅休在其他地方所引述的證據，他認為以家具精木工和裁縫而言，五分之一或六分之一可能是更適合的數字，但這似乎太過誇大。

*4 按：cabinet-maker 特指製作高品質家具的木工；carpenter 指的是製作和修理木頭製品的匠人；joiner 則是專製門窗的細木工。

在一家大型的家具精木作坊謀得一職。當其他工人發現他並沒有受過學徒訓練，他們——

> 説了句「setting Mother Shorney at me」，這是那行的黑話，意思是説他們要拿走你的工具，砸爛你的作品，然後一直這樣騷擾你，直到把你逐出作坊爲止……我一弄清他們的意圖……就認爲最好能召開一次作坊會議，把我的情形告訴他們。要召集這樣的會議首先必須買一大堆飲酒(通常是一加侖的麥酒)，然後敲一下你的鏈子並緊緊握住，這麼做會發出像鐘一般的聲響,這便是召集作坊裡面的所有工人聚集到你的工作枱的信號。接著指定一位主席，然後主席就會叫你説明你的目的。

洛維特解釋了自己的困難處境，工人們對這樣的解釋也感到滿意，「但是他們對我提出的要求，比如説必須個別請他們喝酒，要表現出願意做任何特殊工作的態度，再加上罰金和欠作坊的款子，這些零零總總加起來，每個禮拜總要花掉我一個金基尼收入中的七、八先令。」[36] 不過等到十年或二十年後，像他這樣的人根本不可能在任何一個有名望的或上流的作坊中找到工作：勢力強大的家具精木匠協會(Cabinet-Makers Society，洛維特曾擔任過該會的主席)，已經在這個以高品質見稱的行業分支，爲其會員奠下不可動搖的地位，同時也向那些吵著要加入該行的半技術勞工和沒受過學徒訓練的工

人關起大門。就在這段時間,許多低賤職業如雨後春筍般冒了出來[37]:中間商成立了有「屠宰場」(slaughter-houses)之稱的大型家具批發店,而伯斯納綠地和史匹塔菲的窮「閣樓老闆」(garret-master),則雇用自家人和所謂的「學徒」來製作一些椅子和次等家具,然後削價賣給批發店。即使連比較不幸的工人,也會購買或積攢一些木頭,做成工具箱或紙牌桌,然後到街上叫賣或在倫敦東區的廉價商店裡寄售。

每個行業的演變過程都不太一樣,不過我們倒是可以描繪出一個大致的輪廓。雖然一般都認為,生活水準在戰爭期間那段物價高漲的時期呈現下降走勢(就勞工、織工和完全無組織的工人而言,的確如此),但是戰爭同時也刺激了許多產業的發展,並導致了更高的就業率(除了緊急命令發布期間)。以倫敦為例,兵工廠、造船場和碼頭都很繁忙,政府方面也簽下大量有關軍服和軍備製作的發包合同。伯明罕的繁榮程度也不遑多讓,一直到遭受大陸政策的封鎖為止。及至戰爭後期,學徒制的規定不管在實際上還是法律上都出現了普遍的鬆動現象,並終於在 1814 年將伊莉沙白熟練技工法規當中的學徒條款正式廢除。基於自身利益的考量,工匠對這項威脅自然是反應激烈。我們必須記住:在那個時期幾乎沒有什麼學校訓練,也沒有所謂的技工專校或技術學院,每個行業的全套手藝或所謂的「祕技」,都是由職工透過作坊中的實際操作和示範傳授給他的學徒。工匠把這套「祕技」視為他們的**財產**,並且堅稱他們有權「以祕密和獨佔的方式使用和享有他們的……技術和手藝」。因此,不僅

---

[37] Mayhew, III, p. 231. 梅休表示有六百至七百個上流工人,及四千至五千個非上流工人。

廢除學徒條款一事遭到抵制，工匠甚至在倫敦組成一個「初期行業會議」，並在全國完成了六萬人的簽名請願，要求**強化**學徒制的相關法令[38]。我們可以說這項威脅的結果之一，反倒是讓各行業俱樂部的力量得到實質上的加強，以致有許多倫敦的工匠能在戰後以更堅強的地位嶄露頭角。

不過就在這個時候，不同的行業也開始朝著分歧的方向發展。無須技能的這股狂潮已經衝擊到各行業的大門，並以不同的方式和不同的力道破門而入。在某些行業，高尚與低賤職業之間的分野從十八世紀的時候就已存在[39]。高尚職業之所以能在這種長期的威脅之下依然保持其地位於不墜，可以從幾個理由加以說明。十八世紀的許多行業都是以製造奢侈品爲主，它所要求的高超技巧，遠非工資低而工作重的勞工所能勝任。再者，在充分就業的情況下，小規模的低賤職業確實能提供比「上流工人」更好的條件。《蛇髮女怪》曾在 1818 年指出，配鏡師和活字鑄造工這兩個行業興起了——

　　一個規模不大的小商人階級，稱爲「閣樓老闆」，他們不但以低於大行號的價格出售他們的產品，而且他們的買賣內容也比較廣泛，此外他們付給雇工的薪水，也比大行號來得高。我們相信這種情形在各行各業皆是如此……[40]

---

[38] See T. K. Derry, "Repeal of the Apprenticeship Clauses of the Statute of Apprentices", *Econ. Hist. Review*, III, 1931-2, p. 67. 並參見下文，頁 736。

[39] 喬治博士注意到在鐘錶和製鞋這兩個行業當中，有所謂的「閣樓老闆」和「房間老闆」，參見 *London Life in the 18th Century*, pp. 172-5, 197-8。See also E. W. Gilboy, *Wages in Eighteenth Century England* (Cambridge, Mass., 1934).

[40] *Gorgon*, 21 November 1818.

　　這種分野可以從「燧石」(Flint)裁縫與「糞便」(Dung)裁縫，以及組織嚴密、個性好戰的女鞋鞋匠和男靴男鞋工人之間的關係略見一二。不過無論如何，這兩組鞋匠都率先嘗到「非法」工人大量湧入的全面後果。由於北安普敦郡和斯塔福郡的大型靴鞋代工業成長快速，倫敦製鞋工人的地位可說一落千丈[41]。史班斯派的社會主義者達文波(Allen Davenport)，曾爲倫敦鞋匠的歷史留下若干記載：

> 　　我在 1810 年開始爲班橋先生工作，那也是我第一次參加作坊會議，因爲我以前工作過的所有作坊，都沒有舉行過任何會議……也許是他們認爲那根本不重要……我受到女鞋工人第五部成員的親切歡迎，然後在荷本區的約克盾徽酒吧舉行會議；然後很快我成爲其中的一名代表……從我成爲會員到 1813 年爲止，女鞋工人在成員人數上有很大的斬獲，經費也有相當的增加。我們一度在倫敦擁有十四個分部，除了倫敦的工會，我們也定期和王國境內每一個稍具重要性的都市和城鎮的同行通信。但是大約就在這個時候，我們的同業開始控告某位雇主，因爲他雇用了一名非法工人，又拒絕將他解雇。這個案子是由兩位聰明的作坊同事負責……並得到高等法院法庭一名律師的協助……我們獲得勝訴，但是這場官司卻花了我們一百鎊，而且這些錢簡直就像是丢到水裡，因爲幾乎是緊接著，規定雇主

---

[41] See Clapham, op. cit., I, pp. 167-70; M. D. George, op. cit., pp. 195-201; A. Fox, *History of the National Union of Boot and Shoe Operatives* (Oxford, 1958), pp. 12, 20-3. 有關 1803 年時，製靴和製鞋職工的規條，參見 Aspinall, op. cit., pp. 80-2.

不得非法雇用未受過學徒訓練之工人的伊莉沙白法規，就遭到廢止，我們這行等於是門戶洞開。

1813 年春天，工會以罷工行動支持詳細的價目表：「工人的每一次要求都如願以償，我們心滿意足地回到自己的工作崗位，

　　但是一些比較暴亂的成員，還在爲我們上次罷工的勝利陶醉不已，沒過幾個星期就瘋狂地建議展開另一場罷工……這種傲慢自大的舉動爲我們這行帶來了危機，先前沒組成協會也互不相識的雇主們，開始緊張起來，他們把大家聚在一起，組成了一個協會，而且組織非常完善。罷工遭到抵制，工人被打得落花流水，數以百計的男人、女人和小孩，在接下來的那個冬天陷於最嚴重的匱乏當中。我認爲這次要命的罷工正是工人勢力垮台的起點，也是製鞋業老闆專制獨裁的開始。[42]

鞋匠奮鬥過程的艱苦，可以從他們當中的許多人在戰後那段期間所表現出來的極端激進主義看出一斑。女鞋工人在 1820 到 1825 那幾個景氣的年頭，尚能維持住他們的地位，但是 1826 年的經濟衰退，立刻讓他們的弱點暴露無遺。這些有組織的工人遭到幾十個「低賤」小工坊的圍剿，那些由「勢利小人」或「見風轉舵者」做出來的鞋子，一雙只要八便士到一先令。1826 年秋天，他們的幾名會員因爲在一場長達七週以上的罷工行動中發起暴動和攻擊而遭到審判。據

---

[42] Davenport's *Life*, reprinted in *National Co-operative Leader*, 1851. 在此對哈里遜先生(Mr. Royden Harrison)提醒我留心這項資料一事，謹表謝意。

說有一名工會分子告訴一個「工賊」(scab)：他「應該爲他的低價受
雇付出剜心去肝的代價」[43]。但是製靴和製鞋工人終究是維持了某種
全國性的組織，而在 1832 到 1834 年那場偉大的工會風潮中，北安
普敦郡和斯塔福郡的家庭代工也加入了這場追求「平等化」的奮
鬥[44]。一直要到工會運動在 1834 年遭到摧毀，工匠的優勢地位才徹
底結束。

裁縫的工匠特權甚至維持得更久。我們可以把他們的工會視爲
半合法的工匠職業工會的楷模之一[45]。普雷斯於 1818 年針對裁縫工
作所發表的記載，是截至目前爲止最詳盡的一份資料。透過有效的
結社，倫敦裁縫成功地在整個戰爭期間強迫雇主提高他們的工資，
儘管其幅度可能還是稍遜於生活費的飆漲。普雷斯所列舉的平均薪
資如下：1795 年，二十五先令；1801 年，二十七先令；1807 年，三
十先令；1810 年，三十三先令；1813 年，三十六先令。隨著工資的
逐次提高，雇主的抗拒也越趨強硬：「這段期間的每一次調漲，如果
不是靠著強迫手段，根本連一先令也拿不到。」許多貴族級的「燧石」
裁縫「會館」，都保存有會員的名錄，而雇主們也的確是把這些會館
當做職業介紹所[46]。「沒有任何一個工人可以自行謀職」——雇主必
須向工會求才。工作是按輪值表分派，工會也會處分「不像工人」

---

43 *Trades Newspaper*, 10 September, 10 December 1826.

44 參見下文頁 608-9 有關南威治(Nantwich)工會組織的介紹。

45 普雷斯認爲裁縫工人所展現出來的團結，「絕對是最完善的」。當然，他幾乎
是不可能有什麼機會得以發現他們的祕密。

46 比較報紙上諸如這類的廣告：「欲尋求有能力在建築工地擔任監工之人，可到
下列會館提出申請……」(木匠職工在《行業報》上所登的廣告，1825 年 7 月
17 日。)

的工人。裁縫必須繳交兩筆會費，較大的一筆錢留做福利金，較小的一筆則充當工會運作的款項。除非是在充分就業的情況下，否則每天的工作時數一律是十二小時。工會訂有替失業會員徵募捐款的辦法，也有權在罷工籌劃期間徵集特別捐，對於這些款項的用途，即使工會沒有說明，會員也不會有疑問。工會的實際領導階層有非常周密的掩護，不致受到結社法案的起訴。每一個會館有一位代理人——

> ……藉由默許的方式選出，往往大多數的會員都不知道選出的是誰。這些代理人組成一個委員會，然後再以類似的方法選出一個非常小的委員會，在某些非常特殊的情況下，所有的權力都會匯集到它身上……

普雷斯寫道，「沒有任何法律可以消滅它，只有當工人對它失去信心時才有可能制止它。」事實上，「縫針騎士」(Knights of the Needle) 看起來的確是無比強大，至少在 1826 年經濟衰退之前是如此。他們的組織可說「僅次於軍事制度」。但是在普雷斯的字裡行間，已經隱約有一點衰微的先兆。

> 他們分成兩個階級，稱為燧石和糞便。燧石有三十個以上的會館，糞便有大約九或十個；燧石按日計酬，糞便則按日或按件計酬。以往這兩者之間有著深仇大恨，糞便的工資普遍都很低廉，不過近幾年來，兩者的工資差距已經沒那麼懸殊……而且在最近的幾場罷工中，這兩者通常也是目標一致。

這可以視爲一次偉大的嘗試，企圖將某些組織性協會裡的低賤職業與具有身分意識的「燧石」拉攏在一起。普雷斯估計，1824年「糞便」與「燧石」的比例大約是一比三，但是「糞便」的「工作時數多很多，而且他們的家人也會幫他們」。到了1830年代早期，廉價服飾與成衣行業的潮流已經不可能抵擋得住。1834年，「縫針騎士」終於在一場巨大的衝突之後遭到降格，當時據說有二萬人打著「平等化」的標語進行罷工[47]。

韋德(John Wade)在談論1833年的倫敦裁縫時，還能說他們「享有比這個大都會的大多數工人稍爲好一點的報酬」。事實上，他是引用他們做爲範例，藉以說明工匠已經靠著他們的結社力量，「強化了自身的利益，並影響到公眾和其他工人的利益」[48]。但是，當梅休在1849年爲《紀事早報》(Morning Chronicle)展開調查的時候，他卻以裁縫做爲「廉價和劣等」工業的最壞範例。梅休估計，在倫敦總數二萬三千五百一十七名裁縫當中，約有二千七百四十八位獨立的裁縫師傅。剩下的包括三千名從事高尚職業的「上流工匠」(1821年時約有五到六千人)，以及一萬八千名低賤職業的工人，這些人的生計完全仰賴大掮客的「廉價成衣」(slop)買賣。

雖然倫敦堪稱工匠的雅典，但不該因此就把它的情況視爲例外。值得注意的是，這裡有一種與工資序列(根據高尚職業中有組織工人

---

47 Gorgon, 26 September, 3 and 10 October 1818; First Report...Artizans and Machinery (1824), pp. 45-6; Cole and Filson, op. cit., pp. 106-7; [T. Carter], Memoris of a Working Man (1845), pp. 122-4. 有關1834年罷工，參見G. D. H. Cole., Attempts at General Union (1953)。有關有組織的製帽工和低賤的「軟木」(corks)之間的敵對，參見J. D. Burn, op. cit., pp. 41-2, 49-50。

48 J. Wade, History of the Middle and Working Classes (5th edn., 1835), p. 293.

的工資收入編列而成)相反的剝削模式。這種模式同時表現出打破常規限制的形式和工會防護的形式。一般說來,「工匠」行業經歷過兩個至關緊要的衝突時期。首先是 1812 到 1814 年,當時學徒制的規定遭到廢止。一些諸如鞋匠和裁縫之類的行業,由於已建立了組織堅強的工會或行業俱樂部,因此在學徒制取消之後,依然可以在某種程度上藉由罷工和其他形式的直接行動來捍衛他們的地位,雖然**雇主們**也在這段期間組成了較大規模的協會。不過在 1815 到 1830 年間,那些封閉的「上流」作坊卻爲彼此間的整合付出極高代價。因爲將「非法工人」排除於這個行業裡的較佳部分,只會徒然使無組織的「低賤」職業的人數更加膨脹。第二個緊要時期是 1833 到 1835 年間,當時正處於工會運動的最高點,這場運動的目的是爲了追求條件的「平等化」,企圖縮短高尙職業的工作時間並壓制「低賤」行業的擴張。這些企圖(尤其是倫敦裁縫的企圖)不僅在雇主與政府的攜手合作下全面挫敗,甚至導致了(至少是暫時性的)「上流」工人的地位惡化。經濟史家應該接受當時激進派和工會主義者的意見,將托帕朵殉道者和 1834 年的大規模停工視爲攸關各級勞工的重要事件[49]。

　　但是這種工匠與大雇主之間的衝突,只是比較一般性的剝削模式的一部分。隨著下面一些勢力的消長和發展,行業裡的低賤部分也跟著日漸成長:小雇主(雇用少數幾個職工和學徒)被大「製造廠」和中間人(雇用家庭代工或利用轉包)所取代;意義深遠的學徒制度全面崩潰(除了幾個高尙職業的孤島),連帶湧進大量的無技術工人

---

[49] 有關第二個時期的最好論述(雖然仍不夠完善),參見 G. D. H. Cole, *Attempts at General Union*。

和童工女工；工作時數不斷延長，甚至連週日也得上工；以及工資、計件酬勞和批發價格的全面壓低。惡化的形式和程度直接受到工業物質條件的影響：原料的成本、工具、所涉及的技巧、是否利於工會組織，以及市場的性質。於是我們看到，由於小型木製品的匠人和鞋匠可以廉價取得他們自己的原料並擁有他們自己的工具，因此失業工匠可以自行開業成爲獨立的「閣樓老闆」或「房間老闆」(Chamber master)，讓全家人(或許還包括其他的青少年)一週七天不停的工作，然後把成品拿到街上兜售，收入盡歸自己。至於需要較大成本開銷的木匠，只能流落到所謂的「鞭抽工廠」(strapping-shop)，這些工廠在工頭的嚴密監視下，眾人以目不暇給的速度粗製濫造，誰的進度落後了，馬上就會被炒魷魚。裁縫工人很少買得起工作所需的布料，只好完全仰賴那些以低微價格發包工作的中間人。女裝裁縫這行可說是出了名的「廉價」，該行的工人大半是從鄉下或小鎮移來的女工，在一些與大商號訂有契約的作坊裡工作。營建工人一方面買不起自己的磚瓦，二方面也不可能扛著教堂的某一部分沿街叫賣，只得任憑轉包商擺布；而即令是那些技藝高超的「上流」工人，在冬天也免不了暫時解雇的命運。這兩個階級的營建工人都經常會爲了想逃離自身的困境而冒險從事投機性的營建工程，如同克拉凡所說的，「用希望租來的土地，用貸款買來的材料，用蓋了一半的房子在出售或出租之前籌到的抵押借款，以及可能破產的高風險」[50]。另一方面，馬車製造匠、造船匠和工程師等，由於既不需要擁有自己的工具，也不需要購買自己的材料，因此他們的景況稍好，此外，他們的工作性質和他們的罕見專長，也有助於他們維持或擴

---

50 Clapham, op. cit., I, p. 174.

大自身工會的防衛力量。

　　類似的工匠地位崩落，也發生在較古老的外郡中心。而且這裡的情形更見複雜紛歧。一方面，斯塔福郡和北安普敦郡的製靴和製鞋工業，早在很久以前就已失去其工匠性格，並且在倫敦鞋匠還努力想壓制該行的低賤職業的時候，就已經採用了家庭代工做為其運作基礎。可是另一方面，雪菲爾刀剪業的極度專業化——加上該行工人（他們曾經是最堅定的雅各賓分子）異常堅強的政治和工會傳統——卻又在這個半獨立的衰微世界裡維繫住熟練工人的特殊地位。他為某個（某幾個）商人工作，在「公共機房」（public wheel）租用他自己的發動機，並且堅守嚴格的價目表。儘管雪菲爾刀剪業法案（1814）廢止了這個行業僅限於自由人從事的規定，使得「任何不具自由人身分的人都有權在法人行業裡工作，並且打破了收受學徒的人數和期數限制」，然而工會的力量——有時還輔之以「搗搬」（rattening）*5 或其他的威脅手段——還是強大到足以遏止無技術工人的入侵浪潮，雖然「小雇主」、「非法」工人或個體戶職工不斷企圖以低廉的價格與合法行號競爭51。至於在伯明罕的產業界，則是什麼樣的情形都有，從大型工廠，到不計其數的高尚和低賤的小作坊及個體戶職工，乃至製釘村落裡那些衣衫襤褸的墮落代工。1819 年來自渥維安普敦（Wolverhampton）的一段記載，說明了「閣樓老闆」在不景氣時期的景況：

---

*5 按：搗搬指的是工人在勞資糾紛期間，將工場的機械用具等搬走或搗壞。

51 T. A. Ward (ed. A. B. Bell), *Peeps in to the Past* (1909), pp. 216 ff; S. Pollard *A History of Labour in Sheffield* (Liverpool, 1959), Ch. 2; Clapham. op. cit., I, p. 174.

事情的次序⋯⋯整個反了。如今，這個挨餓職工的最後一條路竟然是自己做老闆。他的雇主無法為他找到任何可賺錢的差事，不得不將他解雇。這個不幸的可憐人於是賣了他的床，買了個鐵砧，採購了一點鐵，在製造了幾件東西之後，拿到街上兜售⋯⋯能賣多少錢就賣多少錢⋯⋯以前他當僕人一個禮拜還可賺個十先令，現在他當老闆，一週能賺個七先令就謝天謝地了。[52]

科芬垂的緞帶編織業，則呈現另一種半代工、半工匠的衰微情勢。「第一手織工」(first-hand weaver)依然維持窮工匠的身分，擁有屬於自己的價值不菲的織布機，有時還雇用一個「職工的職工」；不過在同一時間，城裡的其他織工多半是以差不多的工資受雇於工坊或工廠；而位於北方的編織村落，則有許多待雇的半就業織工，以低廉的價格接一些臨時性的代工工作[53]。

從某個角度來看，我們可以說道地的代工工業已經完全失去其工匠地位，也完全不存在所謂的「高尚」部分：

唯有當原料屬於貿易雇主，而且當這些原料重新回到雇主手上的時候，已完成了所有需要代工的作業，資本主義式的代工制度才算全面確立——羊毛送出去紡，紗線送出去織，襯衫送

---

52 *New Monthly Magazine*, 1 July 1819, cit. S. Maccoby, op. cit., p. 335. See also T. S. Ashton, "The Domestic System in the Early Lancashire Tool Trade", *Econ Journal* (Supplement), 1926-9, I, pp. 131 ff.

53 J. Prest, *The Industrial Revolution in Coventry* (O. U. P. 1960), Chs. III and IV. 該文的敍述簡潔流暢。

　　出去「接縫、襯墊、鑲邊」，鐵釘棒回來的時候已經是一根根鐵釘，

　　四肢回來的時候已經是洋娃娃，皮革回來的時候已經是靴子。[54]

根據克拉凡的說法，這正是喬治四世治下(1820-30)工業組織的「主流形式」；如果我們在這類道地的代工工人(手搖織布機織工、製釘工、大多數的梳毛工、鏈條工、某些製靴工和製鞋工、框架織襪工、麻紗剪裁工、手套工、部分陶工、蕾絲枕頭工人等等)之外另加上倫敦和都市工匠行業當中的「低賤」部分，那麼其主流地位大概一直可維持到 1840 年。

　　我們將在下一章專門探討織工，以做為代工工人的範例。不過在此有幾個同時與代工和工匠有關的共通點需要先行說明。首先，我們不能把織工或「廉價成衣」工人的惡劣處境解釋成「被機械作業所取代的古老技藝的沒落」；我們甚至不能接受那種帶有輕蔑意味的說法，認為「收入最低而且手法和傳統還停留在十八世紀的工人，不是工廠雇工而是家庭工人」[55]。因為這些說法會讓我們誤以為，可以將這些情形與純正的工業革命的改進驅力區隔開來——它們屬於一種「較古老」的前工業制度，而新資本主義制度的具體特徵，則是蒸汽、工廠技工和餐餐有肉可吃的工程師。在 1780 到 1830 年間，我們看到代工工業的從業人數出現驚人倍增，**而扮演加倍器的，往往正是蒸汽和工廠。**因為雇用這些代工工人的，正是那些紡出紗線的紡織廠和製出鐵釘棒的鑄造廠。基於意識形態我們可能會讚揚一方而貶抑另一方，然而事實卻讓我們必須承認，這兩種工人是一

---

[54] Clapham, op. cit., I, p. 179.

[55] F. A. Hayek and T. S. Ashton in *Capitalism and the Historians*, pp. 27-8, 36.

個單一過程中的互補角色。這個過程先是讓手工工人(印染工人、織工、麻紗裁剪工、梳毛工)的人數倍增，爾後又以新機器斷絕他們的生路。其次，代工工人的衰微經過，絕少是像「被機械作業所取代」這麼簡單明瞭。促使它走向崩潰的，是類似於我們在低賤職業中看到的剝削手法，而且這個過程通常都發生在機器競爭之前。此外，認為家庭工人的「手法和傳統」還停留在十八世紀，也非事實。在十八世紀所有大規模的家庭工人當中，只有史匹塔菲絲織工人的景況與十九世紀半受雇的無產階級代工相類似，而且原因在於絲織業的「工業革命」早於棉、毛紡織業。事實上我們可以說：大規模的廉價代工就如同工廠生產和蒸汽一樣，都是這項革命的內在因素。至於屬於低賤職業的「廉價成衣」工人的「手法和傳統」，在那些擁有充裕廉價勞力的地方，自然是長久以來的地方特色。儘管如此，它們眼看就要為十八世紀末倫敦工匠的境況帶來一次嚴重的逆轉。

我們可以有把握的說，在 1815 到 1840 年間，工匠**確實感受到**他的身分地位和生活水準正備受威脅，而且有日趨惡化的傾向。技術發明和過量的廉價勞力，在在削弱了他的身價。他沒有任何政治權利，政府又──所幸是斷斷續續的──運用權勢想要摧毀他的工會組織。正如梅休明白指出的：待遇過低(在低賤行業)不僅會導致工作超時，最終也將造成工作**減少**。這種遭遇正是促使工匠以及更激烈的代工工人走向政治激進化的主要原因。理想與現實的雙重委屈，合力激發了他的憤怒──特權沒了、經濟惡化了、身為手藝匠人的驕傲不再、可望成為雇主的願景也徹底破滅(哈代和普雷斯那代的工匠，還有成為雇主的希望)。「上流」工人雖然是比較幸運的一群，卻沒有因此而成為最不激進的一群──許多倫敦和外郡的工人階級領袖，例如洛維特，都是來自這個階層。他們之所以能保有他

們的地位，完全是因為工會的姿態越來越強硬；而他們的生活也讓他們得以一再學習到競爭的壞處和集體行動的好處。他們經常目睹比較不幸的鄰人或作坊中的同事因一次意外事故或好酒貪杯而陷於苦難的深淵，這些深淵中的人們是最需要、卻也最沒時間進行政治反思的一群。

如果說農業勞工夢想土地，那麼工匠便是渴望「獨立」。這種渴望影響了早期工人階級激進主義的大半歷史。可是在 1820 到 1830 年代的倫敦，成為小雇主的夢想（這種夢想在 1790 年代的倫敦和 1830 年代的伯明罕都還相當強烈）在對照過「房間」或「閣樓」老闆的經驗之後，已經不再能稱之為「美」夢。因為對這類老闆而言，「獨立」意味的是整整一個星期為批發商或廉價成衣店做牛做馬。這有助於解釋，為什麼會在 1820 年代晚期突然興起一股支持歐文主義的熱潮——工會的傳統和對獨立的渴望，在「將自己的謀生方式交由社會掌控」的構想之下相互結合：一種**集體的**獨立[56]。當大多數歐文派的冒險失敗之後，倫敦的工匠仍然在為他的獨立奮戰不懈：一旦皮革、木頭和布匹等原料告罄，他就加入街頭小販的行列，沿街叫賣一些靴帶、橘子和堅果之類的東西。進入「鞭抽作坊」工作的，主要是些農村工人。倫敦出生的工匠很少能受得了這種步調，更何況他根本不想變成普羅勞工。

我們或許尚未釐清工資指數，但是已經提議了一種解讀和批評這類現存指數的方式。尤其重要的是，我們永遠都必須弄清楚這些數字是得自「上流」工人或「非上流」工人，以及在任何一段既定

---

[56] 參見下文頁 1096-1133 有關歐文主義者的討論。

時期，不同行業之間的分野究竟有多大。有某些經驗確實是大多數
的行業和工業的共同經歷。在戰後那段蕭條時期，很少有人不受苦；
可是在 1820 到 1825 年間，大多數人的情況都有所好轉——事實上，
在這類比較接近全面就業的時期，低賤行業可以實際擴大其營業而
不引人注意，因爲他們不致威脅到「上流」工人的地位。結社法案
廢除之後的那十二個月，是一段特別快樂的日子，欣欣向榮的經濟
加上充滿幹勁的工會運動，讓許多工人團體顯得意氣飛揚。1825 年
夏天，《行業報》刊登了一篇來自陶廠界的報導，文中以當時激進派
或工人階級新聞界罕見的語氣，承認他們的繁榮興盛：「我們很難指
出有哪個時期……工人階級，除了織工以外，曾享受過比現在更舒
適的生活。」在這之前的八個月，陶廠界才剛被一股貨真價實的罷工
浪潮所席捲：

　　在斯塔福郡，木匠率先發起罷工，然後由每個行業輪流進行。
　　煤礦工人知道，如果陶工想要讓罷工持續下去絕少不了他們，
　　於是就在後者剛取得進展的同時，也看不到任何人舉起十字鎬，
　　或把桶子放進煤坑……陶工接著展開第二度罷工，並以下面這
　　段提問做爲他們的策略：爲什麼一般工人每天賺六先令，可是
　　按件計酬的高級職工，每個禮拜實際可拿到三鎊。即使連裁縫
　　都堅持除非他們知道原因何在，否則他們絕對不會動手打板、
　　車縫、接合或墊領。至於性格強悍的理髮師，則堅持得加薪百
　　分之五十……[57]

---

[57] *Trades Newspaper*, 24 July 1825. See also W. H. Warburton, *History of T. U. Organisation in the North Staffordshire Potteries* (1931), pp. 28-32.

這次罷工的成果大多在 1826 年化為烏有，三年之後失而復得，1830
年代早期又再度喪失。在這種大環境的演變當中，個別行業也各有
其特殊的經歷。一般而言，在需要大量資金、技巧和機械的行業，
工匠固然失去了某些獨立性，但是也輕而易舉地通過了幾個階段的
考驗而成為一名有技術的、甚至是有特權的普羅勞工：工廠技師蛻
變成工程師或金屬機工，造船師的技藝則被劃分到幾個不同的造船
行業。至於那些工作可以外包出去、或容易招徠到年少和無技術勞
工的行業，工匠尚能維持住某種程度的獨立，但其付出的代價，卻
是日益增強的不安全感和身分地位的嚴重低落。

在我們重新回到戰後政治發展這個問題時，與我們最有關的自
然是工匠的展望。因此對於那些地位較低的工人，我們的處理恐怕
會稍嫌浮光掠影。事實上，我們對於十九世紀前期的無技術工人所
知有限，因為他們既沒有工會組織，也幾乎沒有可代他們表達委屈
的領導人，而且除非是發生了衛生或住宅方面的問題，否則也很少
會有國會委員會肯費心調查他們[58]。由於地位滑落的工匠很少具有
足夠的體力和能耐可以從事繁重的半技術或無技術勞動，因此這類
職業群體要不就維持原有的規模，要不就只能靠鄉村或愛爾蘭移民
來擴大其兵員。有些這樣的工人靠著不甚穩定的工作賺取到不錯的
工資——比方說碼頭工和濬河、修路工。接著他們就會慢慢變成「游
民」或臨時工；而那些完全失業的都市移民，可能會像年輕的洛維
特剛到倫敦的時候一樣，落魄到「一連好幾個星期每天吃一小塊麵
包，就近喝著從幫浦裡汲出來的水」。他和一位康瓦耳同鄉：

---

58 參見頁 612-33 有關愛爾蘭勞工的討論。

> ……通常五點鐘起來，到不同的作坊、工地四處打聽工作，一直到九點，然後買一小塊麵包兩個人分著吃，接著又一直走到下午四、五點，我們公家吃完另一個麵包就早早上床，腳很痠，肚很餓。[59]

但是很少有工人擁有像他們這種只剩下最後幾文錢卻還拚命撙節的紀律。如同所有社會調查者所熟知的，習慣性的工作不穩定往往會打消人們事先規劃的念頭，並產生下面這種常見的循環現象：有工作的時候就揮霍無度，沒工作的時候就三餐不繼。與一般勞工(馬夫、清道夫、岸邊工人、無技術的營建工人、運貨馬車夫等等)明顯有別的，是那些已經把「橫禍」當成一種生活方式的人：街頭小販、乞丐和詐騙者、游民、臨時或職業性的罪犯，以及軍隊。街頭小販有些是有錢的商人；有些是管不了的拐騙偷兒；再有一些，比如沿街叫賣蔬果的、靠插科打諢推銷雜貨的，和走江湖賣唱的，則爲查德維克(Edwin Chadwick)和凱伊博士(Dr. Kay)的警世論文集提供了不少詼諧辛辣的反證。人類爲了活下去所能想出的種種謀生方法，簡直超乎我們的想像：收集狗糞或販賣蘩縷，以一兩文錢的價格代人寫信(如果是寫情書，「最好得備上金線滾邊的信紙、時髦的信封和一本字典」)。可以確定的是，到了 1840 年代，超過半數的街頭小販都是一貧如洗。在深入研究過統計資料之後，我們可以大膽的說，一般罪犯(不包括娼妓)的生活水準在這段時期已提高到政府必須成立一支有效警力(1830 年代晚期)以茲因應的程度，因爲在大批發商店、市場、運河駁船、碼頭和鐵路上遭竊的機會已急速攀升。很可

---

[59] Lovett, op. cit., I, pp. 25-6.

能有相當多的零工是用這種方法來貼補收入。根據真正的職業罪犯或所謂的「行商」的自白看來，他們的生活水準似乎相當令人滿意：我們可以把他們歸爲「樂觀派」。至於未婚母親的生活水準，除了像蘭開郡這類女性就業機會繁多的地區之外，大致是呈現下降趨勢：她不僅冒犯了韋伯福斯，也冒犯了馬爾薩斯和政治經濟學的法則。

在這樣的一個時代，一名住在製造業市鎮並擁有六個年齡介於五到十五歲的小孩的寡婦，可說是相當幸運的；而瞎眼乞丐則有幸成爲游民這行的「貴族」，每個視力良好、身強力壯的流浪者都想盡可能地巴著他，以便分享他的進賬。一位瞎眼的鞋帶小販告訴梅休：「瞎子在任何地方都可找到願意爲他帶路的人，因爲他們知道自己一定可以得到回報。」他就這樣從他的故鄉諾森伯蘭出發，一站接一站的往南走去，很快他就學會了乞討的伎倆，「我對這種生活簡直是越來越滿意，不懂怎麼會有人想要追求別的。」最後他終於來到倫敦，「當我行經這些街道的時候……我不知道究竟是我贏得了這些街道還是這些街道贏得了我。」[60]

其他的樂觀派還包括高度專業化的「詐騙者」，這些人的喬裝本事可不下於千變萬化的雜耍演員，他們可以根據每個行業的不同情況，把自己假扮成那行的可憐人──「落魄匠師或沒落士紳的勾當」、「窮機工的詭計」、「關柵水手的伎倆」：

> 我……假扮成一名淺灘隊的隊員，套上水手穿的毛襯衫和衞生褲，或是破爛長褲。我們一群有四個人。我們的生活只能算是相當不錯：一天總共可賺個十六先令或一鎊。我們通常把每

---

[60] Mayhew, I. p. 452.

個和我們一道的人──挑煤工等等──稱爲海戰船長。我們總是説:「現在，高貴的海戰船長，打開你左舷的彈櫃補我們一槍吧，納爾遜的牛頭犬。」……我們這一隊人在倫敦太過出名，以致錢給得不多，於是我就脱離了這支陸上海軍。船隻失事在大街上已經司空見慣，你瞧，路人已經漠不關心了……[61]

這些騙子在研究過市場之後，很快就換上另一副苦難面貌，好爲已欲振乏力的人類同情心提供新的刺激。他們的日子比眞正受苦受難的人好上許多，那些人不是太過驕傲就是太沒經驗，無法把他們的苦難賣出最好的價格。到了 1840 年代，大多數的詐騙手法都已被眾人識破，如今的中產階級除非具有狄更斯或梅休般的學識和人道精神，否則就會把每一隻伸出的手掌都視之爲怠惰或欺騙的證據。在倫敦或其他大城的市中心，他這種想法很可能是對的，因爲他所行經的，是一個超現實主義的世界：伸出的手掌可能是屬於某位窩贓者；暴風雪中的半裸乞丐可能是正在耍弄「冷顫伎倆」（「一種在酷寒季節挺管用的伎倆……不過已經無法像以前一樣，一天可騙到兩個先令」）；一個在貧民區裡爲一袋打翻的茶葉和一把弄丟的零錢哭泣不已的孩子，很可能是從他的母親那兒學到這身詐騙功夫。失去雙臂的煤礦工人可說是眾人羨妒的對象，

有個只有一隻巨腿的人，坐在人行道上，巨細靡遺地述説著

---

61 Ibid., I, p. 461. 有關戰後那幾年，名副其實的解甲水手淪爲倫敦乞丐最大宗一事，參見 *Fourth Report of the Society for the Suppression of Mendicity* (1822), p. 6。

他是如何在煤礦場上被一輛載煤車輾過。他過得很好——好的不得了。[62]

　　大多數受苦最深的人都不在這兒。他們和他們的家人留在史匹塔菲的閣樓上；安可茲(Ancoats)和里茲南部的地窖中；以及代工工人的村子裡。我們可以十分肯定地說，窮人的生活水準下降了。在新濟貧法於 1834 年通過之前的三十年間，政府不斷設法想壓低濟貧稅，削減院外賑濟，並帶頭發展新形態的濟貧院[63]。這種濟貧院還不是查德維克的「巴士底」，而是一種比較早期的模型，如同克雷布(Crabbe)*6 在《自治市鎮》(*The Borough*, 1810)中所描寫的：

> 我不愛你的計畫；——你以一個編號
>
> 將你的窮人，你可憐的少數人擺在
>
> 那兒，一棟房子，他們往後一輩子的住所，
>
> 他們痛恨看到的這座窮人宮殿：
>
> 那龐大的建築，那高聳的圍牆，
>
> 那荒涼的步道，那傲慢的威嚇大廳！
>
> 那口刺耳的大鐘，敲著每一個恐怖的時辰，
>
> 那一道道的門和鎖，以及一切的權力符號：
>
> 它是一所監獄，有著好聽的名字，

---

[62] Ibid., I, p. 465.

[63] See J. D. Marshall, "The Nottinghamshire Reformers and their Contribution to the New Poor Law", *Econ. Hist. Review*, 2nd Series, XIII, 3 April 1961.

*6 按：克雷布(1754-1832)，英國詩人，擅以冷酷寫實的手法描繪農村生活，拜倫譽之為「大自然最冷酷、但也最精采的描繪者」。

　　裡面的住民無不感到害怕和羞恥。

　　1834 年法案以及該法案隨後由查德維克和凱伊這類人的付諸
實行，可能是英國歷史上罔顧人類的真實需求、硬以意識形態的教
條強加在人類之上的最持久企圖。如果沒有先就下面這項事件的後
果進行檢視，那麼任何有關 1834 年之後的生活水準討論都是不具意
義的，那就是：左右為難的濟貧委員局如何設法將查德維克那些荒
唐的指示通知付諸實行，通知的內容是要求前者在經濟蕭條的工業
中心廢止或嚴格限制院外救濟行為。此外，如果沒有對助理委員會
成員秉著傳道般的熱誠企圖將馬爾薩斯式的邊沁主義這種純理論見
解移植到經驗主義的北方一事進行追蹤，我們也不可能就 1834 年之
後的生活水準問題展開討論。打從一開始，強調紀律和控制的學說
就比「降低物質標準」的學說來得重要[64]，就算是最具創意的政府，
也很難創造出一種機構，這種機構所模仿出來的情況會比閣樓老闆、
多塞特苦力，以及框架織襪工和製釘工情況**更糟**。因此，有計畫地
讓他們處於挨餓狀態的這種不切實際的政策，遂代之以從心理上進
行威懾的政策：「勞動、紀律和控制」。一位助理委員會的會員表示：
「我們的目的是打算讓濟貧院盡可能的如同監獄一般。」另一位會員
則指出：「我們的目標……是在那兒建立一套極其嚴格和教人憎惡的
紀律，好讓貧民因為恐懼而不敢進來。」凱伊博士心滿意足地記下他
在諾福克郡的成果；減少濟貧院飲食的辦法效果不彰，比不上必須
「無時無刻、規規矩矩地遵奉例行常規」、參加宗教儀式、進食時不

---

[64] 在官方最初的盤算中，濟貧院內的貧民在 1834 年後所遭受的待遇，應該要比
　　院外情況最糟的勞工「更差一點」。

准出聲、「嚴格服從」、兩性完全隔離、家人完全隔離（甚至同性別的
家人也不得住在一起）、勞動，和全面幽禁。他以一種仿冒的儀式性
英文──這種英文終有一天會變得和手枷、腳枷這類刑具一般古怪
──寫道：

> 允許貧民於居住於濟貧院圍牆以内之期間保留其財物──箱
> 盒、瓷器、衣物等──的習慣，始終不絕……我故而指示將此
> 等物品劃歸爲不同之濟貧委員所有……並暫存於儲藏室。於考
> 斯福聯合敎區濟貧院執行此一改變之際，普朗先生發現數量頗
> 多之麵包私藏於此等箱盒子之中（顯示其飲食何等豐富），另有
> 自濟貧院倉庫偷取之肥皂等物件……執行這項改變之隔日清
> 晨，十二名身強力壯之女性貧民離開濟貧院，表示她們寧可到
> 院外工作。

凱伊博士繼續以標準的查德維克式口號說道：不論是尚有家人的寡
婦或老弱病殘，都不得倖免於這類濟貧院的屈辱，以免讓浪費、欺
騙的行爲得以持續，或讓還處於尚有能力和體力之年齡的勞工失去
其勤勞……節儉……謹愼……孝敬……和力求獨立的原動力。

這是凱伊博士和普朗先生多麼了不得的一項勝利！他們一舉就
讓十二名身強力壯的女性變得節儉、謹愼（也許還從悲觀者轉變成樂
觀者也說不定）。然而，儘管有他們的種種努力，但是，根據 1838 年
花了三個月的時間從英國和威爾斯（不包括整個蘭開郡和西來丁，以
及其他地區）實施新「巴士底」制的四百三十三個聯合敎區回收得來
的不完整資料顯示，該年濟貧院的院民總計爲七萬八千五百三十六
人，可是到了 1843 年，這個數目已增加到十九萬七千一百七十九人。

關於貧窮情況究竟嚴重到什麼程度的最有力見證，就是這些貧民依
然居住在濟貧院的這個事實[65]。

65 凱伊博士的證據收錄於 G. Cornewall Lewis, *Remarks on the Third Report of the
Irish Poor Inquiry Commissioners* (1837), pp. 34-50。1838 年濟貧院貧民人數的
報告，收錄於 *The Fifth Report of the Poor Law Commissioners* (1839), pp. 11,
181。我們可以從查德維克與曼斯菲德濟貧委員們的通訊中，見識到查氏那些
指示函的「荒唐」之處，參見 *Third Annual Report P. L. C* (1837), pp. 117-
19; *Tenth Annual Report* (1844), p. 272。在大量有關濟貧法的文獻當中，特
別推薦 C. Driver, *Tory Radical* (1946)，該書作者在第二十五和二十六章，以
清晰的筆調說明了這項法案在北部地區遭遇抵制的情形。

第九章

織 工

The Weavers

　　十九世紀的織工歷史總是糾纏著對往日美好時光的緬懷。這樣的記憶尤以蘭開郡和約克郡最爲強烈，但也普遍見於英國的大部分地方以及紡織業的大半分支。他們總是這樣回憶 1780 年代的密德蘭織襪工人：

　　　　假日到來時，織襪工人會在他那溫暖舒適的花園裡享用豌豆和蠶豆，以及一桶冒著泡沫的香醇麥酒。

他有「一套平常穿的衣服和一套週日服，還有很多空閒的時間」[1]。說起格洛斯特郡的織工：

　　　　他們的簡單小屋似乎洋溢著幸福和滿足……很少有織工向教區申請賑濟……安詳與滿足掛滿了織工的眉梢。[2]

至於傳說中的貝爾發斯特(Belfast)亞麻織工聚居區：

　　　　……是個一度以整潔秩序聞名的地區。他還記得他們用石灰刷白的房子，他們的小小花園，以及他們與家人上市場或上教堂做禮拜時的體面儀容。如今，這些房子已成了一團骯髒悲慘

---

1 W. Gardiner, *Music and Friends* (1838), I, p.43. See also M. D. George, *England in Transition* (Penguin edn. 1953), p. 63.

2 T. Exell, *Brief History of the Weavers of Gloucestershire*, cited in E. A. L. Moir, "The Gentlemen Clothiers", in (ed.) H. P. R. Finberg, *Gloucestershire Studies* (Leicester, 1957), p. 247.

的⋯⋯3

喬治博士在她那本通暢明瞭而且充滿說服力的《轉變中的英國》
(England in Transition)書中，曾經指出這種「黃金時代」大致是一種
迷思。而她的這項論點也贏得了勝利。

這場勝利或許贏得太過輕鬆。畢竟，就算我們有辦法爲「黃金
時代」立起九根木瓶子，要撞到這些瓶子也不是什麼難事*1。十八
世紀史匹塔菲絲織工人的景況當然是不值得羨慕。而西南地區和諾
威治的紡毛紗、梳毛紗織造工業*2的資本主義組織，也確實早就引
發了各式各樣的敵對情形，爲日後蘭開郡和約克郡的發展預做了示
範。此外，嘉斯凱爾的確在他那本影響深遠的《英國製造業人口》
(Manufacturing Population of England, 1833)一書中，將織工社群的境
況理想化；而恩格斯也眞的追隨嘉斯凱爾，用魔法變出如下這幅美
景：1844年那代工廠作業員的祖父輩，當時正「恭敬而誠實地過著
一種正直平和的生活」。

然而，儘管十八世紀的苦難衝突是不爭的事實，十九世紀的理
想化也確有其事，但是這段公案並未就此結束。記憶仍在。而如此

---

3 貝爾發斯特國會議員譚能(Emmerson Tennant)於下議院的發言，1835年7月
  28日。有關史匹塔菲絲織工人，參見塞爾華在第五章的敍述，頁190。

*1 按：這裡是借用九瓶戲(ninepins)的比喻，遊戲的玩法是，將球對準九根立
  好的木瓶滾去，打倒者爲贏，有點類似今日保齡球的玩法。

*2 按：以羊毛製成的織物可大別爲三種，一是紡毛紗織物(woolens)，外觀有明
  顯絨毛，較厚重，且經緯密度較小；二是梳毛紗織物(worsted)，由長度平齊
  的上等羊毛纖維織成；三是半梳毛紗織物(unfinished worsted)，由前兩種紗
  線混紡而成。

豐富的證據也不容我們輕描淡寫地一筆帶過。在這個國家的大多數
地方，經證實的確普遍存在著藉由小規模農耕或一小塊菜圃，紡紗，
以及收割等工作來補貼收入的做法。於今也有一些建築上的證據可
以證明，許多十八世紀末本寧山區的織工村落確實相當堅固。今日
最常見的錯誤，並不是來自嘉斯凱爾或恩格斯，而是來自那些樂觀
主義者，他們用諸如下面這種教人安心的句子，把導致艱難和痛苦
的本質——亦即從高貴工匠到貧窮代工這種身分的轉變——含混矇
過：

> 把工業革命之前的那段時期當成某種黃金時代的看法，是一
> 種迷思。工廠時代初期的許多邪惡作為，並不會比更早的那段
> 時期來得糟糕。十八世紀家庭紡織工人遭到布商「剝削」的殘
> 忍程度，和 1840 年代工廠工人被製造業者「剝削」的情形不相
> 上下。[4]

我們可以把十八世紀的織工—雇主關係區分為四種。一是直接
受雇於顧客的織工，即織工馬南(Silas Marner)[*3]這樣的人物，以獨
立自主的身分居住在某個小村莊或小市鎮，非常近似於裁縫師傅，
靠顧客的訂單維生。他們的數目正在減少，我們在此不需多加討論。
二是屬於自營身分(self-employed)的織工，他們具有高級工匠的身
分，可自行挑選不同的雇主，按件計酬。三是為單一雇主工作的織

---

[4] Introduction by W. O. Henderson and W. H. Chaloner to F. Engels, *Condition of the Working Class in England in 1844* (1958), p. xiv.
[*3] 按：織工馬南，英國作家艾略特同名小說中的主人翁。

工職工（journeyman weaver），他們有的是在織布商老闆的作坊裡工作，更常是在自己的家裡用自己的織布機替雇主工作。四是兼職的農夫或小佃農織工，只花一部分時間在織布機上。

後三類織工彼此之間其實是有所重疊的，不過這樣的區分比較有助於我們的討論。比方說，十八世紀中葉，曼徹斯特的窄邊布料（small-ware）和方格布業大半是由織工工匠（第二類）主導，擁有高度的組織。隨著棉織工業在十八世紀後半期的擴張，有越來越多小農（第四類）在高工資的吸引之下，變成兼職織工。與此同時，西來丁的毛織工業主要仍是以小型的「加工織布商」為基礎，這些織布商通常只在自家的作坊裡雇用幾名職工和學徒（第三類）。我們可以把1780 到 1830 年間的經驗簡化如下：這三類織工在這段時間逐漸併融成同一類，他們全都從原有的地位大幅貶落成普羅階級的家庭代工──在自家中工作，織布機有的是自己的有的是租來的，按照某家工廠代理商或某些捐客的特定規格織造。他失去第二和第三類織工可以指望的地位和安全，也無法享有第四類織工的外快：他所置身的處境，就倫敦工匠的標準看來，可說「低賤」至極。

這種地位淪喪的記憶對北英格蘭的織工可說再真切也不過，因此在該地持續的時間也最長。十八世紀結束之前，西英格蘭地區的織工已經淪為家庭代工，受雇於大規模的紳士布商，這些布商「自行購買羊毛，花錢請人紡紗、織布、軋光、染色、修剪、整理等等」，在這些過程中，他可能雇用到多達一千名的工人。一名約克郡的見證人曾在 1806 年時比較過這兩種制度。在英格蘭西部，

　　沒有我們約克郡所謂的家庭工業制度；我所謂的家庭工業制度，指的是住在村莊或偏遠地區的小織布商，以他們自己的資

金舒舒服服地經營生意……據我了解，英格蘭西部的情形正好
相反，那裡的製造業者就和我們約克郡隨便哪家工廠裡的普通
工人一樣，只除了他是在自己的獨棟房舍裡工作之外。在西部，
毛線是由別的地方外送到他們手上進行織造；在約克郡，它是
那名匠人自己的財產。[5]

不過在十八世紀約克郡的家庭工業裡，毛線並不是織工的財產而是
小織布商老闆的財產。大多數的織工都是職工，為固定的某位織布
商工作，而且(不論它在日後如何被理想化)是處於一種依附的地位。
我們可以從一首「大約寫於 1730 年，描寫織布商舉止的詩作中」，
看到一幅「充滿牧歌情調」的織布商生活圖[6]。詩中的織工們——我
們無法確知湯姆、威爾、傑克、喬和瑪麗究竟是職工、學徒，還是
「主人」的兒女——在「自早上五時至晚上八時／持續不斷地勞動
手足」之後，圍坐在同一個餐桌上用餐，

　　　　主人說——「小伙子，請努力工作，
　　　　「布料要在下一次開市前準備好。

---

5 Cited by E. A. L. Moir, op. cit., p. 226.有關英格蘭西部的工業，參見 D. M.
　Hunter, *The West of England Woollen Industry* (1910) and J. de L. Mann, "Cloth-
　iers and Weavers in Wiltshire during the Eighteenth Century", in (ed). L. S.
　Presnell, *Studies in the Industrial Revolution* (1960).

6 收藏於里茲資料圖書館的手稿，刊印於 *Publications of the Thoresby Society*, XLI.
　Part 3, No. 95, 1947, pp. 275-9。相關摘錄參見 H. Heaton, *Yorkshire Woolen and
　Worsted Industries* (1920), pp. 344-7。希頓教授的著作是迄今為止，有關十八
　世紀約克郡家庭工業的標準權威。

「湯姆明天去一下紡工那兒,

「威爾你去找幾個打麻器過來;

「傑克,明天你得起個大早,

「到漿紗房裡把漿上一上,

「然後拿出你的布卷,先把彎皺的部分整好,

「接著再把它放裝進織布機裡。

「喬──去給我的馬餵一點麥子

「我明天計畫去趟丘陵地;

「對了,別忘了要擦擦我的靴子和鞋子,

「因爲明天天一亮我就要起床!

「瑪麗──這裡有些羊毛──拿去染一染

「可以用來補床單!」

……

女主人:「你這是在分配工作給我,

「我想我得先補好你的襯衣,

「普瑞西,誰該坐在縫紉機前面?

「絕對不可把蛋糕放在線軸架上!

「我們來烤麵包,把麵粉搖一搖,攪拌一下,

「把牛奶和麥子送去學校,

「好讓年輕人做麵糰,

「去找發粉……

「碗要用滾水燙一下,牛奶要撇去乳酪,

「晚上要再去穀倉拿一點麥子!」

這幅圖畫會令我們聯想起柯貝特筆下那位南方小農場主人和他

的勞工之間那種充滿古老情懷的家長制關係，這些十八世紀的勞工分享著其農場主人的膳食和財富。這幅圖畫的確是某個時期的眞實景象，在那個時期的哈里法克斯和里茲地區，布料製作過程中的每一個環節，幾乎都是在同一個家庭單位裡完成。到了十八世紀末，情況開始有點轉變。雇主不再直接上丘陵地買羊毛(如今他可能會直接從紡紗廠買回紡好的紗線)，最後的修整工作也會交給專門的作坊。此外，他的成品也無法在市場上「自由」販售，雖然哈里法克斯遲至 1799 年還興建了最後一座大自耕農的布業會館(Cloth Hall)，里茲也在 1790 年代設立了一所新的私人布業會館，舉凡無照商人、未受過學徒訓練的「鞋匠和補鍋匠」，以及自營身分的織工，都可以在此販售他們的布料。然而小織布商終究是越來越依賴商人、代理商或紡織廠。如果成功了，他可能會變成一個小資本家，可以雇用十五到二十個織工，這些織工多半是在自己的家中工作。如果失敗了，他可能就會失去他的獨立地位，因爲把紗線根據捆客指定的式樣織成布料這項收入，根本賺不到什麼利潤。生意差的時候，他可能還會欠商人錢。他就這樣一步步淪落到只是個手搖織布機的織工；而隨著競爭的日漸激烈，女主人也必須放棄家務投入生產。

這些過程進行得相當遲緩，最初他們也不覺得特別痛苦。1807年時，數以百計的小自耕農織布商還特地騎馬前往約克投票給韋伯福斯。由於紡織工業的分支部門非常精細複雜，因此有些小雇主得以再苟延殘喘個五十年，有的則另外成立了小型的修剪和整布作坊。此外，紗線產量的激增自然會連帶使得織工的需求量大幅提高，這種豐富的工作機會在某種程度上掩飾了織布商在 1780 到 1820 年間所失去的獨立和地位。如果說有些主人的身分淪落到相當於他的職工，那麼湯姆、威爾、傑克和喬這些人的地位看起來似乎是在上升

之中。由於工廠和製造廠正在遍尋織工，因此職工可以不必像以往那麼依賴織布商老闆。這會兒輪到他們來挑選雇主。對毛織和棉織工業而言，這可說是織工職工的「黃金時代」。

這首詩中所描寫的十八世紀早期關係，只有在家長制這個意義上稱得上是「充滿牧歌情調」。從負面的角度來看，職工所擁有的自主程度恐怕比農場長工強不到哪去。如果一名教區學徒不幸碰到的是個壞雇主，他就得好幾年過著奴隸般的生活。可是從正面的角度來看，職工認爲自己比較像是「織布商」而不只是織工；他的工作比較多樣，大部分時間當然是花在織布機上，不過還是有些與織布無關的工作；他的希望是取得貸款以便購買羊毛，好讓自己成爲獨立自主的小老闆。如果他可以在自己的家裡而不是在雇主的工坊中工作，他就不必接受工作紀律的支配，除了他自己規定的之外。小雇主和他手下工人之間的關係是建立在私人基礎上，有時還十分親密；他們遵守同樣的習俗，並效忠同一套社群價值：

> 「小製造業者」……不必向任何人脫帽致敬，也不承認鄉紳或教區牧師有權質詢或干預他們……他們的粗率和直言無諱有時會冒犯到他人……就算小製造業者……爬升到有能力雇用幾個鄰人的地位，他也不會因此就不再勞動他的雙手，而會和他所雇用的每個人一樣努力工作，或許還更努力。他也不會在言談和衣著上表現出什麼優越性。[7]

---

[7] Frank Peel, "Old Cleckheaton", *Cleckheaton Guardian*, Jan-April 1884. 法蘭克‧皮爾是一位以精確著稱的地方史家，他的研究範疇是 1830 年代西來丁的一區，該區擁有壽命最長的織布商老闆。

這種織布商老闆可說是工業革命版的小農或小**富農**(kulak)，約克郡之所以享有直率、獨立的名聲，很可能是因爲他們的關係。

棉織工業的故事就不太一樣了。這行的生產單位一般都比較大，而且從十八世紀後期就可發現類似於諾威治和英格蘭西部的那種「關係」。早在 1750 年代，曼徹斯特的窄邊布料和方格布織工已經擁有組織堅強的行業社團。他們爲了維持自己的地位，已經開始對沒受過學徒訓練的勞工展開抵制，阻止他們大量湧入。「不合法的」工人開始「快速增加，才剛在大門看到一個，另一個馬上又出現了」。織工們抱怨說：這些工人夏天的時候「專心從事戶外工作，好比按日計酬的散工之類」，秋天一到——

> 就又回到織布機前，爲了讓冬天不致挨餓，不管是多麼差的條件和多麼卑賤的工作，他們都不計較；而他們所屈服的那些條件，很快就會變成一體適用的「規矩」……[8]

奧爾丹的方格布織工曾試圖在 1759 年爲學徒資格限定取得強制性的法律保障，可是巡迴裁判法官(Assize Judge)卻做出不利他們的判決，這項判決將國家既有的法律置之不理，轉而支持當時尚未明確陳述的亞當·斯密學說。一旦學徒制度獲得強制執行，「那麼激勵貿易發展的自由(曼徹斯特當前繁榮的基礎)〔將會遭到〕摧毀」：

> 在貿易還處於嬰兒階段的時候，伊莉沙白女王法案的用意可

---

8 See A. P. Wadsworth and J. de L. Mann, *The Cotton Trade and Industrial Lanca-shire* (Manchester, 1931), p. 348.

能是爲了公眾的幸福打算；然而如今，我們看到它已經發展得
非常完善，因此最有利的做法或許是廢除那些法律，因爲它們
往往會對那些最初需要依照規矩取得的知識造成妨礙和限制
……

至於結社，「如果做屬下的想要命令他們的上司，如果腳指望當頭
……那麼制定法律的目的何在？」「每一位身爲大眾之友者所不容推
卸的責任，就是要設法在它們剛形成的時候就予以全力壓制。」[9]

這項了不起的判決，甚至比伊莉沙白熟練技工法規的眞正廢除
早了半個世紀以上。雖然織工們的組織絕對沒有因爲這樣就被撲滅，
可是當織布業因爲早期棉紡工廠的棉紗產量激增而在蘭開郡東南地
區以驚人的速度進行擴張的時候，織工們卻得不到任何的法律庇蔭。
拉德克利夫(William Radcliffe)曾爲本寧山區這些年間的發展留下
了廣爲人知的報導：

> ……舊有的織布機作坊已不敷使用，於是每一個雜物間，乃
> 至舊穀倉、馬車房和各式各樣的附屬建築都已整修完畢，密密
> 實實的牆壁上開了一扇又一扇的窗戶，這些房舍全都被改裝成
> 織布機作坊。當這類可資改裝的房舍也都告罄之後，附設織布
> 機作坊的新式織工小屋，開始從四面八方冒出……[10]

將成千上萬的移民吸引過來的，是織布機，而非棉紡工廠。打從 1770

---

9 Ibid., pp. 366-7.

10 W. Radcliffe, *Origin of Power Loom Weaving* (Stockport, 1828), p. 65.

年代開始, 大型的高地聚落——密德頓、奧爾丹、摩特蘭(Mottram)、羅奇德爾——便開始出現。博爾頓的居民由 1773 年的五千三百三十九人, 突然躍升到 1789 年的一萬一千七百三十九人。英法戰爭開打之初,

> 雖然從事這行的人數非常之多, 可是想取得工人階級的住宅還真得費番功夫。去年夏天在城郊建了許多房子, 可是這會兒全都住滿了。[11]

小農紛紛改當織工, 農業雇工和移民工匠也爭相進入這行。拉德克利夫把 1788 到 1803 這十五年形容成織工社群「這個偉大行業的黃金時代」。

> 他們的住家和小園圃一派清潔整齊的模樣, 家中的所有成員全都衣著光鮮。男人的口袋裡總少不了一隻手錶, 女人的打扮則是各有自己的品味。每個安息日教堂總是擠滿人群。家家戶戶都擺設有一座立鐘, 鐘殼若不是典雅的桃心木就是流行的式樣。價值不菲的茶葉盛裝在斯塔福郡的茶具裡⋯⋯來自伯明罕、波特利斯(Potteries)和雪菲爾的器皿分別做為日常和裝飾之用⋯⋯許多的小屋人家擁有自己的母牛⋯⋯[12]

---

[11] J. Aikin, *A Description of the Country...round Manchester* (1795), p. 262. 注意「工人階級」的早期用法。

[12] Radcliffe, op. cit., p. 167.

這裡面混雜有眞實的經驗和虛構的神話，就像嘉斯凱爾說十八世紀末的織工家庭每週可賺四鎊，以及班福對他的密德頓「早年」生涯的描述。我們從一位奧爾丹日記作者那裡得知，這波繁榮浪潮並沒有擴及到粗斜紋布織工——這個行業的最粗劣分支[13]。事實上，眞正達到拉德克利夫標準的織工可能只是少數，但是有很多人渴望達到這項標準。在這段爲期十五或二十年的昌盛時期，有一種獨樹一格的文化模式從織工社群中冒現出來；一種工作與休閒相間的節奏；一種在某些村落裡面比十九世紀最初幾十年來得溫和、人性的衞理教義(班福的主日學不但教他讀，也教他寫)，以及查經班班長和在地宣道師；一種積極活躍的政治激進主義以及對獨立價值的深深依附。

然而，拜產量激增的機器棉紗所賜的這波繁榮景象，卻也掩蓋了更根本的地位淪喪。同樣是在這個「黃金時代」，織工工匠與織工職工逐漸消融成一般的「手搖織布機織工」。除了少數的專業領域，老工匠(他們的學徒制度圍牆已完全崩潰)的地位已經跟新移民沒什麼兩樣；而大量的農業織工也放棄了他們佃租的小塊土地，全心投入織布機的生產。由於織工們如今已完全依附於紡紗廠或那些將棉紗帶進高地的「外包商」(putters-out)，他們只好一次又一次的被迫

---

13 See S. J. Chapman, *The Lancashire Cotton Industry* (Manchester, 1904), p. 40.有許多跡象顯示，在 1797 年前後，工資有普遍降低的情形。以博爾頓爲基地的棉織工協會(Association of Cotton Weavers)聲稱，在 1797 到 1799 年間，他們的工資下降了三分之一；參見 *Rev. R. Bancroft*, 29 April 1799, P.C. A.155; A. Weaver, *Address to the Inhabitants of Bolton* (Bolton, 1799); Radcliffe, op. cit., pp. 72-7.不過在 1802 年的布拉克本，工資已臻於每週四十五至五十先令的高峰，參見 *Blackburn Mail*, 26 May 1802。

降低工資。

　　削減工資的做法長久以來一直獲得鼓勵，支持這種做法的力量不只來自雇主的貪婪，還包括一種廣泛流行的理論，亦即貧窮乃刺激勤勞的必要之惡。《毛織品研究報告》(*Memoirs of Wool*)的作者在撰寫下面這段文字的時候，心裡想的恐怕就是英格蘭西部的這項產業：

> 　　這是眾所周知的事實……某種程度的匱乏有助於增進勤勞，一個只要工作三天便可維持一週生計的製造者，剩下那四天必定會酗酒閒蕩……製造業諸郡裡的貧民，通常只要賺到的錢夠他這個禮拜吃喝玩樂，他絕不會多工作一分鐘……我們可以斷言，減低羊毛製造業的工資將可為國家帶來莫大的幸福和好處，而且對貧民也沒有實質上的傷害。藉由這種方法，我們可以用最低廉的成本推展我們的貿易，保住我們的租金，並進而改革我們的人民。[14]

這種理論幾乎是普遍存在於雇主、治安法官和神職人員之間，以及棉紡織工業地區[15]。織工的富裕榮景令某些雇主和治安法官深感驚惶。一名治安法官在1818年寫道：「若干年前」，織工享有「非常優渥的待遇，一星期只要工作三至四天，就可維持相當奢侈的生活水準」。他們「把大半的時間和金錢都花在麥酒館裡，還可在家中的茶几上享用每天兩次的蘭姆酒以及最精細的小麥麵包和奶油」[16]。

---

[14] J. Smith, *Memoirs of Wool* (1747), II, p. 308.

[15] See Wadsworth and Mann, op. cit., pp. 387 ff.

[16] Aspinall, op. cit., p. 271.

　　拿破崙戰爭期間，迫使工資降低的主角有時是大雇主，有時是最粗心大意的雇主，有時則是替「委託屋」工作的小老闆或自營織工。當市場呈現蕭條，製造業者就乘機把工作外包給急需就業而且不計工資的織工，並強迫他們「一次製造出絕非他們當下所需的大量成品」[17]。等到市場需求回升之後，他們就把這些貨品以低廉的價格釋出到市場上。如此一來，緊接在每一次小衰退之後的，都是一段市場上充斥著廉價貨品的時期，他們也因此得以將工資維持在衰退時期的水準。某些雇主的做法更是寡廉鮮恥，不但對有缺陷的成品科以罰金，而且提供給織工不足磅數的棉紗。然而就在工資越壓越低之際，織工的數量卻在十九世紀前三十年間不斷攀升，因為對北方的失業人口而言，織布是僅次於一般苦力的最大工作來源。粗斜紋布的織造工作十分沉重、單調，但也很容易學會。農業勞工、解甲士兵以及愛爾蘭移民，全都加速了這行的勞力膨脹。

　　第一次嚴重的工資普遍調降，發生在十八世紀末到十九世紀初，戰爭的最後一兩年情況稍有改善，接著是 1815 年的再次滑落，以及此後的一路下滑。打從 1790 年開始，織工們的首要要求就是制定法定的最低工資——這項要求得到部分雇主的支持，目的是想藉此強迫那些寡廉鮮恥的對手接受公平的競爭條件。當下院在 1808 年 5 月駁回這項要求之後，織工們立刻展開罷工行動，一連好幾天，為數一萬至一萬五千名的織工聚集在曼徹斯特的聖喬治場舉行示威。治安法官以流血行動驅散了示威者，我們可以從政府對志願軍上校韓森先生(Colonel Joseph Hanson of the Volunteers)的起訴和囚禁過

---

17 1807 年由織工發起的要求制定最低工資法案的請願書，據說有十三萬名棉織工連署，參見 J. L. and B. Hammond, *The Skilled Lobourer*, p. 74。

程中，充分看出官方的報復心態。韓森是一名傑出的製造業者，曾經支持最低工資法案。他被起訴的罪名是，在示威的織工群眾之間騎馬奔繞，並口出「蓄意煽動的話語」：

> 只要堅持你們的目標，你們必將成功。不管是那丁(Nadin)還是他的黨羽，都無法在今天將你們趕出這個廣場。先生們，你們無法靠你們的勞動維持生計……我的父親是一名織工，我自己也受過織造這行的教育，我是織工的真正朋友。

織工們最後以一座銀盃向韓森上校致敬，這座銀盃是由三萬九千六百人共同出資購買的。曼徹斯特歷史學家普林提斯對此事的評論是：「這場愚蠢起訴所引發的負面效應，長久以來一直銘刻在人們的心頭。它點燃了雇工對雇主的痛恨之情，這種情感具體表露在 1812、1817、1819 和 1826 年……」[18]

　　普林提斯挑選出來的日期，分別代表兩次動力織布機搗毀事件(1812、1826)、毛毯織工大遊行(Blanketeers, 1817)以及彼得盧事件(1819)。由於尋求法律保障的機會渺茫，織工轉而採取更直接的政治激進主義[19]。但是，在 1800 年後的若干年間，由於循道宗與「教會和國王」派的暴行採取了聯合立場，有效地把大多數織工留在政治「保王派」這邊。據說在拿破崙戰爭初期，有兩萬名織工投身志願軍行列，而且曾經有一度，如果有人膽敢批評國王或食祿者，絕逃不了被打倒在地的下場。1834 年，一位博爾頓的見證人在手搖織

---

18 Howell's *State Trials*, Vol. XXXI, pp. 1-98; Prentice, op. cit., p. 33.
19 織工於 1812 年轉向搗毀機器運動一事，參見下文，頁 768。

工特別委員會上宣稱：「我親眼看過兩三個人因爲想要改革舊日的傳統而陷於嚴重的危險當中。」一直要到戰爭結束之後，眞正的激進主義浪潮才告興起，並很快在 1818 年掀動了織工與雇主間的第二場重大對抗。這一年有曼徹斯特棉紡工人的大罷工，以及敎人印象深刻的第一次總工會籌組運動（「慈善大力士」〔Philanthropic Hercules〕）。織工們也再度展開罷工，他們四處搜括梭子，並把它們鎖在小敎堂或工坊裡面，進行罷工的地點不僅限於曼徹斯特，還擴及許多織造市鎮——博爾頓、百瑞、本萊（Burnley）。這場罷工最後在雇主的讓步下結束，可惜這次讓步爲時甚短，並有好幾名織工領袖遭到起訴、下獄[20]。這是蘭開郡織工最後一次有效的總罷工運動。此後，大多數部門的工資皆面臨持續不斷的打壓——非固定織工的薪資從每週九先令一路降到六先令、四先令六便士，甚至更低——這種局勢一直持續到 1830 年代。

把織工境遇的每下愈況完全歸咎於動力織布機，顯然是過於簡化的說法[21]。織工的地位早在 1813 年就已經搖搖欲墜，而在那個時候，聯合王國所有動力織布機的數目大約只有二千四百架，因此動力和手搖織布機之間的競爭大體還停留在心理作用這個層次。動力織布機的數量在 1820 年暴增到一萬四千架，儘管如此，當時它的效能還十分緩慢笨重，而且尚未採用雅卡爾原理（Jacquard princi-

---

20 Hammonds, op. cit., pp. 109-21. 哈蒙德夫婦所引用的內政部有關 1818 年罷工的相關文件，目前全收錄於 Aspinall, op. cit., pp. 246-310。

21 類似的經過也可在十八世紀史匹塔菲的絲織工業上看到，但該地的情形與動力織布機無關。參見 M. D. George, *London Life in the 18th Century*, p. 187。

ple)＊⁴，無法織出複雜的圖樣。我們可以說，正是由於手搖織布機的
勞力過於低廉和充足，才**延緩了**織造業的機械發明和資本應用。織
工地位的下降情形與低賤工匠行業的工人非常類似。織工如今每天
都得工作到深夜，可是賺取的收入卻異常微薄；而在每位工人超時
工作的同時，也增加了另一名工人失業的機率。即使是新「政治經
濟學」的信徒也會爲這種現象驚駭不已。一位秉懷人道精神的雇主
高喊著：「斯密博士曾經預想過這種局面嗎?」因爲被他奉之爲高尙
可敬的做法，最後竟成爲致他於死地的元兇：

> 不可能在他的書中爲一項他根本不相信有可能存在的抱怨找
> 到補救辦法，那就是竟然會有十萬名織工在不具市場需求（據說
> 是如此）的情況下做了十五萬人份的工作，而且這樣的工作所得
> 只夠他們吃個半飽，其餘的部分得仰仗濟貧稅救濟。他怎麼可
> 能相信，一門製造業之所以有利潤，是因爲該行業的某位雇主
> 壓榨窮人血汗錢的能力勝過另一位雇主?²²

「十萬名織工做了十五萬人份的工作」——這正是所謂低賤行
業的本質，正如梅休在日後的倫敦所觀察到的情形：一群過剩的貧
窮勞工，半就業，無力保護自己，只能以降低工資彼此競爭。織工
的工作環境，特別是位於高地的小村落，給了工會運動另一道額外

＊⁴ 按：雅卡爾（Joseph Marie Jacquard, 1752-1834），法國人，提花織布機的發
明者，這種織布機可以在不需拉線工的協助下織出複雜的花紋，節省了大量
勞力。

22 Hammonds, op. cit., p. 123. 也請參考曼徹斯特織工於 1823 年所發表的那篇
教人印象深刻的聲明，收錄於 Hammonds, *Town Labourer*, pp. 298-301。

的障礙。一名薩爾福(Salford)的織工曾向 1834 年的特別委員會解釋這種情況：

> 手搖織布機織工的奇特處境，使他們不可能對自己的勞力擁有任何一丁點的掌控……即使是同一位雇主雇用的織工，都很可能是零星散布在一塊極廣大的地區，在這種情況下，只要雇主願意，他有用不完的機會可以藉由輪流削減工資來壓榨手下織工的收入。他可以對某些工人說，有其他織工願意以低廉許多的價格爲他工作，因此他們要不就是降低工資，要不就是沒工可做，接著再把這套說辭照搬到其他工人身上……織工想要發現這套說辭的眞象或拆穿雇主的欺瞞，不但困難而且耗時。他們害怕在進行查證期間，會有其他織工捷足先登，搶了他們的工作……這種恐懼在所有織工心中點燃了妒忌與憎恨之火，使他們無法一心一德。所有這些因素加在一起，降低工資的做法當然可以奏效……

約克郡的紡毛紗和梳毛紗織工的式微過程，也是依循相同的步驟，只是往往比棉織業的變遷時程落後個十五年或十五年以上。根據 1806 年提呈到毛織業委員會的證據顯示，家庭作業系統依然是毛織業的主導力量。不過「小製造者」(little maker)的人數正在遞減：「許多以前是雇主的房子如今已變成工人的房子」；與此同時，製造商則將若干架手搖織布機連同整套表面加工程序，一併安置在一棟非動力的「工廠」(factory)當中。（一名證人表示：「工廠指的是一棟雇用了大約二百名工人的建築物。」）這些工廠激起了小雇主和職工的強烈憎惡——尤其是里茲的高特(Benjamin Gott)工廠——因爲

它們搶走最好的顧客，而且在表面加工程序——從事這項工作的布料整飾工和修剪工都已高度組織化——的作業上，還雇用了「不合法」工人。一名證人宣稱：財富「全跑進一小團人那兒」。職工們抱怨說，工廠在生意興隆的時候把許多工作外包給家庭代工，等到景氣蕭條的時候又絲毫不感愧疚地解雇他們，不像那些小織布商老闆，還在努力替他自己的職工尋找就業機會。更嚴重的是，即使在使用蒸汽動力之前，手搖織布機「工廠」就已經冒犯了根深柢固的道德偏見。修剪工和織工之間有一個工會存在——稱之爲織布商共同體（Clothier's Community）或「協會」（the Institution）——這個工會的最主要宗旨，就是要與小織布商攜手合作，訴請對工廠施加限制並強制推行學徒制度[23]。

不管是「小製造者」或職工，都不曾從下院得到任何滿意的回應；他們的請願只是徒然讓下院注意到他們的結社行爲以及古老的家長制法規——後者旋即遭到廢除。在里茲和史班谷地的布業地區，由於小織布商的堅持到底，使得他們的式微時間往後推遲了五十年。1820年代之前，外包制度發展得最爲完備地區，主要是布拉福和哈里法克斯的梳毛紗織造業地區，以及哈得茲菲南部的高級時尚（fancy）毛織業地區；而且，正如同棉織業的情形，這兩個地區的毛織工人也是削減工資的受害者，以及囤積減價貨品的「屠宰場主」的受害者。

正如修絨工是紡毛紗織造業的菁英工人一般，精梳工人也是梳毛紗織造業這行的菁英。由於他們掌控了整個製造過程中的一個重要瓶頸，因此只要有辦法限制他人進入，他們的身分地位就可獲得

---

23 見下文，頁 749-51。

保障。他們在這一點上做得相當成功，這得歸功於他們卓越的工會組織，該組織至少可回溯到 1740 年代。在十九世紀初期，儘管有結社法案存在，他們依然擁有高效率的全國性組織、氣勢恢弘的法令規章、一應俱全的地下工會，以及不服從和不守時的名聲：

> 他們往往都是星期一早上來一下，點燃梳毛鍋的爐火之後就逕行離開，一直要到星期三甚至星期四才會回來……作坊裡面永遠會空出一張長椅子，可以讓遊方的人進來歇歇腳……[24]

1825 年 2 月，布拉福的精梳工人以無比盛大的場面慶祝他們的守護神布萊茲主教(Bishop Blaize)的節慶[25]。到了 6 月，彷彿是為了強調他們已過渡到新工業主義，布拉福發動了有史以來最激烈的一場罷工，總計有兩萬名精梳工和織工參與其事，整個運動在持續了二十三週之後，以罷工者的全面潰敗收場[26]。結社法案已經在一年前宣告廢止。這場罷工最初是以提高工資和推行工資合理化做為訴求，可是後來卻轉變成承認工會合法性的抗爭。雇主們不但不受脅迫，甚至還將家長拒絕簽署與工會脫離關係之文件的童工，悉數從紡紗廠中開除。這場抗爭在全英國都被視為重要大事，支持罷工的捐款多達兩萬英鎊。失敗以後，精梳工的地位在一夕之間從享有特權的

---

24 *Book of English Trades* (1818), p. 441.

25 見下文，頁 606-7。

26 有關罷工的敘述，參見 J. Burnley, *History of Wool and Woolcombing* (1889), pp. 166 ff; J. James, *History of the Worsted Manufacture* (1857), pp. 400 ff; *Trades Newspaper*, June-September 1826; W. Scruton, "The Great Strike of 1825", *Bradford Antiquary* (1888), I, pp. 67-73.

工匠變成毫無抵抗力的代工。由於學徒制的規定早已崩潰，因此在
1825 年之前的許多年間，就已經有數千人在高工資的吸引下進入這
行。以往雖然也有精梳工受雇於大型工坊的情形，但習慣上多半是
三、四人合夥成立一家獨立作坊。如今這行補充了數百名新兵，不
過他們那種不成熟的手藝，只能在自己的家中練習。雖然精梳機在
1825 年已經存在，可是由於它的精細程度還頗有疑問，再加上精梳
工的勞力相當低廉，接下來的二十年他們還不必擔心機器的威脅。
因此在這段期間，精梳工仍然可以以他們的獨立地位和「民主」政
治著稱。根據工會的估計，1825 年時，布拉福的受雇精梳工大概有
七千到八千之譜；二十年後，這個地區依然有一萬名左右的手工精
梳工人。1820 年代，他們當中有許多是來自農業地區：

> 他們來自肯達(Kendal)、約克郡北部、來斯特、得文郡、甚至
> 翡翠島(Emerald Isle，按：愛爾蘭別稱)，如果你在酒吧(精梳工
> 屬於好酒貪杯的一群)坐上一個鐘頭，包準可以聽到各式各樣的
> 南腔北調，簡直就像座完美的巴別塔……他對農村生活充滿依
> 戀，每當曬乾草和收割的季節來臨，他往往會丟下手中的羊毛
> 梳子，抓起他的鐮刀……趕回家鄉幫助收割……他也是位養鳥
> 迷，他的精梳作坊經常會被改造成完美的鳥舍……有些精梳工
> 的口才一流，背誦的本事更是神乎其技……有些人則特別擅長
> 模仿表演，最後甚至還組成了演出團體……

——以上是取自布拉福地方的一則記載[27]。另一則來自克雷克希頓

---

[27] W. Scruton, *Bradford Fifty Years Ago* (Bradford, 1897), pp. 95-6.

(Cleckheaton)的記載就陰鬱多了：

> 或許從來不曾有過比老精梳工更苦命的階級。工作全都是在
> 他們自己的家裡進行，而且還佔去了小屋中的最佳位置。整個
> 家庭，有時高達六到八名男男女女，全圍著一個「梳毛鍋」工
> 作，鍋子是用木炭加熱，冒出來的濃煙不但氣味嗆鼻，而且有
> 害健康。當我告訴你們這樣的作坊也就是他們夜晚的臥房時，
> 你就不會奇怪爲什麼精梳工看上去總是一副形容枯槁的模樣。
> 他們當中有許多人活不到他們應得壽命的一半……

他們的妻子「往往也得杵在那兒，和他們的丈夫一樣從清晨六點工
作到晚上十點」。

> 這些精梳工的另一項特點，就是他們幾乎清一色是政治狂熱
> 分子……他們是憲章運動最熱誠的擁護者；《北方之星》（Nor-
> thern Star）是他們的唯一讀物。[28]

當精梳工被人從「高尚」世界打入「低賤」深淵的時候，其所
承受的力道之猛，恐怕沒有其他團體能望其項背。不管是紡毛紗或

---

[28] Frank Peel, op. cit. 有關 1840 年代精梳工人的苦況，參見 J. Burnley, op. cit.,
pp. 175-85；他們在 1840 年代晚期因布拉福引進改良過的精梳機器而於瞬
間滅絕的經過，參見 E. Sigsworth in C. Fay, *Round About Industrial Britain,
1830-1850* (1952), pp. 123-8；他們在 1856 年於哈里法克斯消失一事，參見
E. Baines, *Yorkshire Past and Present*, II. p. 415。按：《北方之星》是約克郡的
激進派周報，由憲章運動的領袖費爾格斯·奧康納創辦於 1838 年。

梳毛紗織工，都不曾擁有過如同十八世紀精梳工的那種特權地位；
而且他們最初對於工資下降所採取的抵制行動，也不像精梳工那麼
頑強。遲至 1830 年，布拉福手搖織布機織工的最大雇主，還曾這麼
寫道：

> 在我們與之打交道的各色人等當中，織工是最守秩序和最穩
> 定的一群，據我所知，他們從來不曾強迫我們提高工資，總是
> 以無比的耐性和自制，承受所有的窮困和苦難。[29]

兩年之後，柯貝特行經哈里法克斯地區，並做了如下的報導：

> 這真是一件可悲之事，眼看著數千名工人的工資由以往的每
> 週二十至三十先令下降到現在的五先令、四先令甚至更少……
> 更教人傷心的是，儘管這些工人已淪落到這般田地，他們竟然
> 還能保有早年獨立生涯所培養出來的直率和勇猛性格。[30]

哈得茲菲的「高級時尚」毛織業，自 1825 年起，就不曾中斷過
蕭條低迷的走勢。1826 年薩多渥斯(Saddleworth)地區德爾福
(Delph)鎮的貧民名單上，計有三千五百個從事該行的家庭。此外，
當地還有一種擴大版的「工業斯品漢姆蘭」制度(在蘭開郡的某些棉
織業地區已經實施)，那就是織工即使有工作也可以領取濟貧稅的救

---

29 Cited in W. Cudworth, *Condition of Industrial Classes of Bradford District* (Brad-
   ford, 1887).

30 *Political Register*, 20 June 1832.

濟，這自然會使得他們的工資進一步下滑。(在薩多渥斯地區，織工每個禮拜做兩天的修路工作，就可獲得每天十二磅燕麥的賑濟。)哈得茲菲的一個雇主委員會在 1829 年時證實：在所有家庭成員均分家庭總工資的情況下，為數二萬九千名的人口總數當中，有超過一萬三千人平均每人每天只能靠二便士維生。然而這是一場奇怪的「經濟蕭條」，因為這段期間的毛織品產量，實際上是超過先前的任何一個時期。因此我們可以將該地織工的悲慘遭遇，直接歸咎於「降低工資這項惡劣制度」[31]。

同樣的，這次的式微過程也是發生在動力織布機成為重要的競爭對手之前。動力機器進入梳毛紗織造業這行的時間，是在 1820 年代晚期；進入「高級時尚」毛織業的時間，是在 1830 年代晚期(而且是局部性的)；而一直要到 1851 年，才開始有效地運用於地毯織造工作。就算動力競爭的情形真的存在，動力織布機的速度也增加得相當緩慢，大概只是手搖織布機產量的三到四倍[32]。不過，當時無

---

[31] W. B. Crump and G. Ghorbal, *History of the Huddersfield Woolen Industry* (Huddersfield, 1935), pp. 120-1.

[32] 這是一個非常困難的技術性爭論。1834 年時，在「手搖織布機織工陳情事件特別委員會」上，許多證人對於動力織布機和手搖織布機在素棉布上的生產比究竟為三比一或五比一，無法取得共識。如果把布料通過織布機這個動作也考慮在內的話，上等織布機(dandyloom)可說是一種用機械力運作的手搖織布機，織工必須與用手投擲的梭子的動力加速度採取節奏一致的動作。據說這種織布機的速度可與動力織布機匹敵，但是對織工的健康有很大的傷害。在梳毛紗織造業方面，根據詹姆斯(J. James)估計，1835 年在西來丁計有二萬七千六百六十八架動力織布機，而 1838 年在布拉福約有一萬四千架手搖織布機；到了 1841 年，西來丁動力織布機的數字已增加到一萬一千四百五十八架。根據《里茲時報》(*Leeds Times*, 28 March, 11 April 1835)估算，一名梳毛紗動力織布機的織工(通常是一名女孩或婦女照管兩架織布機)的產量，

疑出現了一種連鎖性的反應，那就是被迫退出平紋棉布或粗斜紋棉布織造工作的織工，紛紛轉而投身到絲織業、梳毛紗織造業，以及「高級時尚」毛織業或地毯織造業[33]。事實上，有十年、十五年、甚或二十年之久的時間，動力織布機在紡織業的諸多部門當中，始終只是手搖織布機的輔助角色。有一名證人(有點不合邏輯的)向特別委員會報告說：「哈里法克斯——

> 有兩位規模非常龐大的製造業者，他們是兩兄弟(阿克洛伊〔Akroyd〕兩兄弟)；一位是用動力織布機織布，另一位則是以手搖織布機織布……由於他們必須在市場上與對方的產品競爭，因此他們付給工人的工資也必須越接近越好……以便賺取利潤。[34]

在此，動力織布機似乎是降低手搖織布機織工工資的一種手段，**反之亦然**。從另一個角度來看，製造業者十分滿意於這樣的安排：他可以把固定的生意基礎建立在動力織布機上，並在生意興隆的時候，將多出來的工作外包給手搖織布機的工人，這些工人必須自行承擔諸如租金、織布機之類的固定費用。1839 年負責調查西來丁地區的

平均是手搖織布機織工的兩倍半到三倍。但是在往後的十五年，一架六個甲胄的織布機，其梭子的運動速度已經增加了一倍以上 (H. Forbes, *Rise, Progress, and Present State of the Worsted Manufactures*, 1852, p. 318)。1851 年獲得專利的克羅斯雷動力織毯機 (Crossley Carpet Power Loom)，其速度約是手搖織布機的十二到十四倍 ("Reminiscences of Fifty Years by a Workman", *Halifax Courier*, July 1888)。

[33] See S.C. *on Handloom Weavers' Petitions* (1835), p. 148 (2066).

[34] Ibid., 1835, p. 60 (465-6).

助理調查員報告說:「在需求減緩的情況下,

　　同時使用動力以及手搖織布機的製造業者, 當然會盡可能地
延長其固定資本的使用時間。因此, 手搖織布機織工的工作機
會將優先遭到免除。

　　從 1820 年代(棉織業的時間更早)到 1840 年代以降的大多數織
工處境, 往往不是被認爲是「無法形容的」, 就是認爲已「眾所周知」。
然而, 他們應該是要被形容的, 我們也應該對他們知道得更多。有
幾個傑出的織工團體, 拜他們特殊的技藝所賜, 而得以將他們的工
匠身分一直維持到 1830 年代。里茲的毛織織工比大多數同業的景況
都來得好些; 而諾威治的梳毛紗織工, 則擁有異常強烈的雅各賓和
工會傳統, 可以成功地在 1830 年代藉由合併使用罷工糾察、威脅雇
主和「非法」工人、地方政治運作以及破壞機器等手段, 來維持住
他們的工資水平——不過這些做法也給予西來丁一個取代諾威治的
機會[35]。然而絕大多數的織工都是生活在飢餓的邊緣, 或是根本就墜
入了挨餓的深淵。從移民問題特別委員會(1827)在蘭開郡某些地區
蒐集到的證據看來, 當時的慘況簡直就像是愛爾蘭馬鈴薯大饑荒的
預告:

　　赫爾頓太太和我在造訪貧民時, 被一個幾乎處於挨餓狀態的

---

[35] 有關諾威治織工委員會在抵制「削價競爭這種骯髒事物」的活動中所展現的
力量, 可參見(從雇主的立場著眼)*First Report of the Constabulary Commissioners* (1839), pp. 135-46。並請參閱 J. H. Clapham, "The Transference of the Worsted Industry from Norfolk to the West Riding", *Econ. Journal*, XX.

居民請到家裡面。我們看到火爐旁有一位年紀很老的男人，顯然已奄奄一息，火爐另一邊坐著一個大約十八歲的年輕男子，腿上坐了個孩子，孩子的母親剛死，已經下葬。我們打算離開的時候，這個女人說道：「先生，你還沒有看完呢。」我們走上樓去，在幾塊破布下面我們看到另一名年輕男子，那個鰥夫；當我們幫他掀開那些他無力移動的破布之後，我們看到另一個垂死的男人，他果然在那天撒手西歸。我一點也不懷疑這家人當時的確是處於飢餓狀態……

這項證據係出自西豪夫頓(West Houghton)，在那個地區為數五千人的居民當中，有半數「根本沒有被褥，衣服缺乏的程度也相差無幾」。有六個人被描述為處於真正的挨餓狀態。

誠然，我們所引用的這些年間的低廉工資(由十先令到四先令)，可能只是同一個家庭好幾份工資當中的一份，因為有不少妻子、女兒和少年人同時在用第二架或第三架織布機工作。但是這些工資也包括一些看不見的支出和扣除額。布拉福的「梳毛紗」織工曾在 1835 年宣稱：平均十先令的工資，必須扣除掉四便士的上漿費、三便士的織布機費用、九個半便士的纏捲緯紗費、三個半便士的照明費，此外還得加上四便士的織布機磨損費。如果把房租(一先令九便士)和燃料用水(一先令六便士)的費用也加進去，那麼該扣除的總數就高達五先令三便士，當然啦，如果妻子或兒子也在家中的另一架織布機前工作，那麼這些經常性的開銷就可以分攤到兩份工資上面[36]。有些織工的織布機是租來的，有些則是屬於他自己的，不過他必須

---

[36] *Leeds Times*, 7 March 1835.

向雇主租用織花的齒輪裝置或心子。由於有很多織工長期積欠「外包商」債務，只能以工作所得分期償還，在這種情況下，不管工資多低他都無權拒絕。

隨著他們的情況日漸惡化，他們也必須花越來越多的時間在一些無償的工作上——取貨和送貨，以及一大堆零零總總的程序。一位觀察家在 1844 年寫道：「我記得以往，

> 製造業者會在地方上租一些屋子，然後把經紗和緯紗用馬匹或貨車運去，一方面給織工行個方便，雇主也可順便問候一下雇工；但是如今的情形整個反了過來，勞工不但得長途跋涉地尋找工作，而且多半都會失望而返。[37]

取自普德賽 (Pudsey) 的一項報導，把這類相關的無償工作描寫得極爲生動：

> 當生意不錯的時候，往往可以看到許多織布和紡紗的工人從一個地方趕到另一個地方去張羅工作……成功張羅到工作的工人，多半是因爲他們答應要幫忙整理羊毛，這裡的整理指的是：把裝成一大捆的羊毛解開，然後把比較大塊的纖維團扯出來打散、拿掉比較粗糙的部分，然後排成薄薄的一層層纖維，接著送到廠裡並幫忙洗清、染色……這些工作全都是**白工**，頂多是有時候可以拿到一些麥酒、乾酪和麵包做爲補貼……當頭道粗

---

[37] R. Howard, Surgeon, *History of the Typhus of Heptonstall-Slack* (Hebden Bridge, 1844).

紗的第一段粗節被弄掉之後，分配的前後順序往往會變成一個大問題，最後經常是用抽籤來決定……經網織好之後，要先做一道上漿手續，根據規矩，織工必須自己出錢買漿……等經網上完漿後，接下來是所有過程中最要緊的一個環節，那就是把它放到戶外風乾……選好地點，挿好網柱或支架，如果地上有霜，就用鶴嘴鋤在地上挖幾個洞，好讓網柱可以立穩……有時還可以看見一對夫婦在雪深及膝的氣候下外出曬網……

接下來就是織布了。織工就著蠟燭或油燈一直織到晚上，「織布機的一端還得站個男孩、女孩或織工妻子，隨時注意有沒有哪根綿紗線斷了，織工本人則負責注意另一端，因為如果有根線斷了，而另一道梭子又把緯紗穿了過去，很可能會讓另外幾十根線也跟著斷掉。」織完之後，還有六、七樁零碎工作要做，最後由一名搬運工把成品運往里茲：

> 我們可以説這些零碎細活都是做白工……而織工在交件之後很久還拿不到報酬的情形，也挺稀鬆平常……由此看來，手搖織布機織工之所以會被稱爲「貧窮傢伙」，也就沒什麼好奇怪了。[38]

有些這樣的做法在棉織業中並不流行，在梳毛紗織造業中則早已發展成專業化的製作程序。這似乎是暗示小規模的紡毛紗織造業即將過時。不過在梳毛紗織造業和高級時尚毛織業地區，也有同樣

---

[38] J. Lawson, *Letters to the Young on Progress in Pudsey* (Stanningley, 1887), pp. 26-30.

浪費時間的散工形式。在零星分布的高地小村落裡，有所謂的「人類馱馬」(human packhorse)，也就是受雇馱送沉重的成品在荒地上行走五至十哩的苦力。在布拉福、凱雷(Keighley)、哈里法克斯、哈得茲菲、托德摩登(Todmorden)、羅奇德爾、博爾頓、馬克茲菲這類中心市鎮周圍的紡織地區，可以找到數量最龐大的落魄代工。1834年的特別委員會報告說：「我們並沒有誇大這一大群有價值工人所遭受的苦難，是因為他們的苦難長久以來一直備受強烈而嚴重的漠視，才會在今天顯得這麼不可思議和不可置信。」1835年，費爾登(John Fielden)在同一個委員會上作證時指出，有非常大量的織工得不到足夠的食物，即使是最普通和最廉價的那種；他們的衣著破爛，無臉讓孩子去上主日學；沒有家具，有些人根本是睡在稻草上；「經常一天工作十六個小時」；廉價酒精敗壞了他們的道德，營養不良和健康不佳則虛弱了他們的身體。他們在「黃金時代」賺得的財物，已經從家中消失殆盡。一名博爾頓的證人表示：

> 打從我有記憶開始，幾乎我所認識的每一位織工，家中都少不了一個五斗櫃、一座立鐘、幾把椅子、床架、燭台，乃至圖畫和奢侈品；可是現在，我發現這些東西都不見了；他們要不是進了機工的家，就是進了較高階級人士的家。

同樣是這名證人，一位製造業者，他幾乎「記不得這麼多年來除了那次之外，手下的織工還有誰買過任何一件新外套」。一床價值二先令六便士的粗床罩，剛買來的時候，經常是拿來當做毯子：「我看到許多人家總共只有兩、三張三腳凳，我也看過有的家庭沒凳子也沒椅子，只有一只用來放衣服和坐人的茶葉箱子。」

　　窮織工和他家人的飲食基本上是千篇一律：燕麥粥、燕麥餅、馬鈴薯、洋蔥粥、牛奶、糖蜜或家釀麥酒，至於茶、咖啡和培根，則是偶一食之的奢侈品。歐斯特勒宣稱：「他們當中有很多人常年不知肉味……有的時候，他們的小孩會跑到哈得茲菲城裡乞討一片肉回來，這對他們可是非常奢侈的……」1838 年皇家調查委員會成立，助理調查員受派到英國各地進行探視，他們所做的詳細調查也證實了上述情形。最糟糕的地方可能是出現在大城市——里茲和曼徹斯特——的地窖住宅裡面，愛爾蘭的失業工人在那裡努力靠著織布機賺取幾先令。

　　我們很容易假設，鄉村織工所享有的美好事物，諸如堅固的石造小屋，嵌有豎框窗戶的織布機作坊，以及風景如畫的本寧山高地——上考德谷地、上華福岱(Wharfedale)、薩多渥斯、克利斯羅(Clitheroe)——等等，應該足以補償他們的窮困。一名在海普登司托(一個在內戰期間充滿活力的小型毛織業鎮區)鄰近村落調查斑疹傷寒的外科醫師，留給我們一份有關這類聚落如何走向死亡的恐怖畫面。這個小村雖然位於曠野，但是水源已遭到污染：原本的淙淙溪流在「屠宰場」的污染下，淪為夏季時的「害蟲溫床」。陰溝直接從一棟織工小屋的石板下通過。這些房子又冷又濕，地板比路面還低：「我們可以說，他們幾乎是只靠燕麥粥和馬鈴薯維生」，外加一點過期的牛奶和糖蜜。他們喝不起茶或咖啡，只能代之以薄荷、艾菊或牛膝草的沖泡物。即令是這樣的食物，「他們也無法充分享有……這些居民以非常快的速度走向凋零。」醫療和喪葬費用通常是由濟貧稅支付；十個人當中只有一個人曾在分娩的時候得到過醫療照顧：

　　　手搖織布機織工的妻子是怎麼分娩的？她站在地上，左右各

有一個婦人；她將兩臂繞在她們頸上，在極端的疼痛下，幾乎
快把那兩名支撐她的婦女拖倒在地，小孩就是在這種情況下誕
生……爲什麼會這樣？答案是，因爲這樣可以不必換床單……

這位仁慈的外科醫師表示：「他們爲了活下去的種種作爲，眞是教人
怵目驚心。」[39]

　　由於當代學者對哈蒙德夫婦的反對實在太過強烈，以致任何人
只要引用這類在當年可說不勝枚舉的資料，都會遭到帶有貶抑意味
的指控。然而徵引這類資料卻是必須的，少了這樣的細節，當我們
讀到「手搖織布機織工的沒落」這句話的時候，可能根本無法理解
那是怎麼樣的一場悲劇。織工社群——有些位於英格蘭西部和本寧
山區的這類社群，已經有三四百年的歷史；有些雖然晚近許多，但
無一不具有自己的文化模式和傳統——可說是徹底遭到毀滅。海普
登司托峽谷的人口學模式完全異乎尋常：在三百四十八位總人口當
中，有一半以上低於二十歲（一百四十七人低於十五歲），超過五十
五歲的只有三十人。這代表的不是一個成長中的社群，而是一個壽
命過低的社群。在 1830 年代到 1840 年代那個浩劫時期，當動力織
布機、大量湧入的愛爾蘭人，以及新濟貧法聯手完成了由削減工資
所肇始的任務之後，與憲章派織工的叛亂希望同時存在的，是一些
更教人毛骨悚然的故事：兒童喪葬會社（每一個主日學的學生每週
捐出一便士，以做爲自己和同學的喪葬之需）；以及由一本倡導殺嬰
的小冊子（「馬可士」〔Marcus〕著）所掀起的傳閱和討論風潮。但是，
這並非故事的全部。在這些最後的苦難發生之前，古老的織工社群

---

[39] R. Howard, op. cit., *passim*.

曾營造出一種生活方式，其成員對這種生活的喜好之情，遠甚於物質水準較高的工廠市鎮。一位海普登司托地區的織工之子——他在1820年代還是個孩子——回憶道：織工們「過得不錯」。「空氣還沒受到工廠煙塵的汙染，

> 沒有人會在凌晨四五點敲鐘叫醒他們……他們可以隨自己的高興想做就做，想走就走……如果某個還在工作的夜晚，正好碰上主日學的周年紀念，所有的青年男女都會滿心熱誠地加入讚美詩的吟唱聲中，此時，織梭的節奏就這樣和著音樂的旋律……

有些織工可以從他的花園裡採擷到水果、蔬菜和花卉。「我的工作是站在織布機旁。當織布機停下不轉的時候，父親會教我讀書、寫字和算數。」一名凱雷鎮的工廠童工在十八歲時離開工廠，成為手搖織布機的織工，他告訴薩德勒的委員會(1832)說，他對手搖織布機的喜愛「遠甚於」工廠：「我可以比較放鬆；可以四處張望，也可以出去透透氣。」布拉福的織工習慣在中午的時候聚在一起用餐：

> ……並和其他織工和精梳工聊聊當時的新聞和八卦。這樣的聚會有時會花上一個小時談論養豬、養雞和捉鳥，也不時會針對究竟是嬰兒洗禮還是成人洗禮比較具有正當性以及正確的洗禮儀式應該如何，展開激烈的辯論。有好幾次我都看到眾人準備為這個論題大打出手。[40]

---

40 J. Greenwood, "Reminiscences", *Todmorden Advertiser*, 10 September 1909; J. Hartley, "Memorabilia", *Todmorden and District News*, 1903; W. Scruton, op. cit., p. 92.

　　一種由社會保守主義、在地驕傲，以及文化成就融合而成的獨特風格，構成了約克郡或蘭開郡織工社群的生活方式。在某種意義上，這些社群當然是「落後的」——他們倔強地堅持固有的方言傳統和地區習俗，完全忽視醫學常識，而且極端迷信。然而當我們越貼近觀察他們的生活方式，就越可以看出經濟進步和「保守落伍」這類簡單的觀念，是如何不足以說明事實。此外，那些自修成功的北方織工和多才多藝的善辯工人，當然具有某種潛移默化的影響力。每一個織造業地區都有它的織工詩人、生物學家、數學家、音樂家、地質學家和植物學家：《瑪麗‧巴頓》書中的那位老織工，當然是取材自眞實人生。直到今天，還有一些北方的博物館和自然歷史學會保有由織工所建立的鱗翅類昆蟲記錄和收藏；同時也有許多文獻記載了織工們如何在偏僻遙遠的村落裡，用粉筆在大石板上自修幾何學，而且是多麼熱切地想要討論微分學[41]。如果手上進行的工作是用強韌的紗線織些沒有花樣的素面布時，他們甚至會拿本書放在織布機上，一邊工作一邊看書。

　　織工也有他們的詩歌，有些是傳統的，有些則比較世故複雜。蘭開郡的民謠〈格林費特的約翰〉(Jone o' Grinfilt)[*5]，曾經在戰爭

---

[41] 參考 J. F. C. Harrison, *Learning and Living* (1961), p. 45；有關史匹塔菲織工，參見 M. D. George, op. cit., p. 188。類似的傳統在英格蘭西部、諾威治和特別是蘇格蘭織工當中，也很強烈。在史匹塔菲，絲織工人資助數學、歷史學、花藝、昆蟲學、吟誦和音樂等社團，參見 G. I. Stigler, *Five Lectures on Economic Problems* (1949), p. 26。

[*5] 按：這首歌謠的作者爲約瑟夫‧李斯(Joseph Lees, 1748-1824)，歌謠的內容是以約翰和她的妻子「南」(Nan)的對話構成，講述約翰要離開格林費特趕赴戰場與法國人作戰之種種。

打開時的愛國時期流行過一段時間(與雅各賓的反抗歌謠對抗),後
來又繼續從憲章運動時代流行到克里米亞戰爭期間。其中最動人的
部分是在戰爭結束時傳唱的〈格林費特的小約翰〉:

　　我是個眾所周知的窮棉織工,

　　我的家裡沒有任何食物,我必須趕快工作,

　　你剛剛給了我六便士,我必須趕快工作,

　　我的木鞋開了口,而我連雙襪子都沒有;

　　　　你一定認為那很苦,被丟進這世界,

　　　　冷靜地做你所能做的

　　教區牧師不斷告訴我們,

　　只要我能閉嘴,我就能看到比較好的日子;

　　我緊閉雙唇直到不能呼吸,

　　我心想,這是要我憋到死,

　　　　我知道他過得很好,我們痛罵這個制度,

　　　　但他從沒把我們的訴怨放在心頭。

　　我們熬過六個禮拜,每一天都希望是最後一天,

　　我們拖延過、掙扎過,可現在,我們什麼也不在乎;

　　我們靠著蕁麻過日,只要蕁麻是好的,

　　至於滑鐵盧麥片粥,那會是我們最好的食物嗎?

　　　　我老實告訴你,我能戳破那些騙子的謊言,

　　　　他們的日子不會比我好……

巡警破門而入，在一陣扭打之後拿走他們的家具。

> 我躺在地板上對著我的瑪格麗特說，
> 我確定，我們不可能比現在更卑賤……

他把織好的布料送去給他的雇主，可是雇主卻告訴他，上回那批布料付給他的酬勞太多，扣掉這次這批，他還倒欠雇主。他垂頭喪氣地離開批發行，回去見他妻子。

> 我的瑪格麗特喊道，如果她有衣服穿，
> 她一定要去倫敦求見大人物，
> 而且如果在她求見之後情況依然沒有轉變，
> 她說她就要開始拚死抵抗，
> 她不想對抗國王，但她希望人間有公道，
> 她說如果她覺得受到傷害，她就可以大聲說出來。[42]

另一種織工詩人是自修成功型。其中最有名的例子就是羅三謬 (Samuel Law)，他是托德摩登鎮的一名織工，1772 年發表了一首模仿湯姆森 (Thomson)《四季》(Seasons) 的詩作。這首詩不具什麼文學價值，但是詩中透露出詩人懂得魏吉爾、奧維德和荷馬原著的真義，也懂得生物學和天文學：

> 是的，漫長的白晝，與每一夜的幽暗，

---

[42] J. Harland, *Ballads and Songs of Lancashire* (1865), pp. 223-7.

> 我在唧唧復唧唧的織布機聲中默想……
>
> 與此同時，我織著花紋經網，
>
> 手指比結冰的土地還冷；
>
> 而往往，整個人的一身
>
> 流串著淒涼的恐懼和疾病。[43]

後來的織工詩人往往只表現出動人的感傷，刻意想要追求完全不同的文學形式(尤其是「自然詩」)，而捕捉不到織工的真實經驗。一名先是在 1820 到 1850 年間當過手搖織布機織工、爾後轉到一家動力織布機工廠工作的工人，在他的詩文中表達了對這項轉變的哀嘆：

> 那個時候，我在一個小房間工作，可以俯視盧丹登教堂的庭院。我常在吃飯時間到野外和森林走走，聆聽夏日鳥兒的歡唱，或凝望盧丹河的淙淙流水……有的時候，會有幾個遭人遺棄、爲愛受苦的少女把我從幻想中驚醒，她……正在將心中的悲傷傾訴給不知感謝的風。於是我走回家中寫下心中所感……但是這一切已成爲過去，我如今必須在隆隆的機器聲中不停地工作。

自修多年的成果，竟只是這種腐朽的陳腔濫調，實在是有點可悲。然而這種才華與學識本身，卻帶給他無比的滿足；做爲一名 1820 年代晚期的年輕人，他對於大自然的觀察似乎比爲愛受苦的少女徹底許多：

---

43 A *Domestic Winter-piece* ⋯ By Samuel Law, of Barewise, near Todmorden Lancashire Weaver (Leeds, 1772).

　　我收集昆蟲，與好幾名村中年輕人一夥。我們成立了一座收藏館……我相信我和我的一位同伴……收集了二十二大盒昆蟲；一百二十種不同的英國鳥蛋；外加數量龐大的(陸地和淡水)貝殼、化石、礦物、古代和現代的硬幣……[44]

　　班福可說在十八世紀的社群民間傳統(這種傳統一直繼續到下一個世紀)與十九世紀早期那種比較自覺式的智識才華之間，扮演了橋梁的角色。而在這兩個階段中間，正好有兩項經驗發生了深刻的轉變，那就是循道宗和政治激進主義[45]。不過，在說明這種智識的潛化作用之時，我們也不應忘記，許多小織布商在淪為織工的同時[46]，也一併帶來了他們的教育成果和小圖書館。

　　織工社群價值觀的最充分展現，是在憲章運動期間。在英格蘭北部和密德蘭地區，有相當高比例的在地憲章領袖是代工工人，這些人所具有的經驗多是在 1810 到 1830 年間磨練出來的。哈里法克斯的拉希頓(Benjamin Rushton)是其中之一，拉氏生於 1785 年，1832 年時已是一位「資深」的改革者。艾席頓(William Ashton)是另外一位，他是巴恩斯來(Barnsley)的亞麻織工，生於 1806 年，1830 年以罷工騷動的共謀罪名遭到流放，1838 年在織工同志連署下從澳洲被釋放回英國，返國後他繼續在憲章運動當中扮演領導角色，因而再度下獄。另一位是皮林(Richard Pilling)，他原本是一名手搖織

---

44 W. Heaton, *The Old Soldier* (1857), pp. xxiii, xix.

45 有關循道宗和織工的關係，參見第十一章。有關戰後的政治激進主義，參見頁 660-7。

46 費爾登在 1835 年的特別委員會上宣稱：「我認為在我住的地方附近，至少有四分之三的製造商已陷於窮困境地。」

布機織工，後來改用動力織布機，擁有蘭開郡活塞暴動之「父」的
稱號。再一位是史凱文頓(John Skevington)，原始循道宗的在地宣
道師、織襪工，以及洛夫柏羅的憲章運動領袖。此外還有里茲的毛
呢織工賴德(William Rider)以及布拉福的精梳工懷特(George
White)[47]。

這些人的生涯已超出本章的敍述範圍。1816 到 1820 年的蘭開
郡激進主義，在相當大的程度上是一場織工運動，而這些日後的領
袖就是在這樣的社群當中**形成**的。他們對早期工人階級運動的貢獻
可說無與倫比。他們就像城市工匠一樣，有一種強烈的失落感，「黃
金時代」的記憶始終縈繞在他們心頭，連帶也造成他們對獨立價值
的高度重視。基於這些原因，他們在 1816 年成爲柯貝特的當然聽眾。
除了教人咬牙切齒的盜用紗線問題，幾乎所有的證人都曾提到織工
的誠實與自立更生——「和英王陛下所有臣民當中的任何團體一般
忠實、道德和值得信任……」[48]。不過他們具有比城市工匠更深刻的
社會平等主義。正如在比較美好的年代，他們的生活方式是由社群
共享一樣，他們的苦難也是整個社群的苦難。如今，他們的地位已
低落到在他們之下根本不存在任何無技術或臨時勞工的程度，因此，
他們自然無須再去豎立用來防堵後者的經濟和社會壁壘。這使得他
們的抗議特別能激起道德共鳴，不論用的是歐文派或聖經派的修辭；
他們的訴求直接指向人類的基本權利以及友愛互助這類根本觀念，

47 有關拉希頓，參見頁 567-70。有關艾席頓，巴恩斯來的檔案館中收有各種不
同的資料。有關皮林，參見 *Charist Trials* (1843)。有關史凱文頓，參見 J. F.
C. Harrison, "Chartism in Leicester", in A. Briggs, *Chartist Studies* (1959), pp.
130-1。有關懷特和賴德，參見 Harrison, "Chartism in Leeds", ibid., pp. 70 ff。
48 Radcliffe, op. cit., p. 107.

而非局部的利益。他們要求的是整體社群的改進；冀望能一舉完成
社會重新改造的烏托邦觀念──歐文式的社群、全體響應的總罷工、
憲章派的土地計畫──如同燎原之火般在他們的心頭燃燒。夢想饒
或有不同的形式，但是基調卻是一致的──一個屬於獨立小生產者
的社會，在不受雇主和中間人左右的情況下交換彼此的產品。遲至
1848 年，一名巴恩斯來的亞麻織工(曾經和艾席頓一同遭到流放)還
在憲章派的全國會議上宣稱：在贏得人民憲章之後，「他們將把所有
的土地劃分成一塊一塊的小農場，讓每一個人都有機會可以靠自己
的汗水維持生計。」[49]

　　說到這裡，我們應該更嚴格地探討 1830 年代織工的真實處境以
及可能的補救方法。習慣上，人們都認為他們處於「絕望的」苦境，
他們從事的是一個「病態」或「過時」的行業，正在打一場「注定
失敗的戰爭」，而且面臨了「不可避免的式微命運」。另一方面，我
們可以說，一直到 1820 年代晚期，動力織布機始終被當成這個問題
的**擋箭牌**，好讓人們看不到其他的式微原因[50]。事實上，在 1830 年

---

49 *Halifax Guardian*, 8 April 1848.

50 根據伍德(G. H. Wood)所提供的數字(*History of Wages in the Cotton Trade*,
　 1910, p. 112)，棉織工的平均工資從 1797 年的十八先令九便士和 1802 年的
　 二十一先令，降至 1809 年的十四先令，1817 年的八先令九便士，1828 年的
　 七先令三便士和 1832 年的六先令。這些數字可能低估了工資下降的幅度：
　 1830 年代，在許多地區都可發現每週工資四先令六便士的實例。梳毛紗織造
　 業和紡毛紗織造業相關部門的工資下降情形也非常雷同，只是下降的時間較
　 晚，下降的幅度也沒那麼大。對統計學有興趣的人可以參考特別委員會和助
　 理調查團的報導；有用的相關圖表參看 *S.C. on Hand-loom Weaver's Petitions*,
　 1834, pp. 432-3, 446 及 J. Fielden, *National Regeneration* (1834), pp. 27-30。

之前，我們很難證明動力織布機與手搖織布機之間有**直接**競爭的事例，雖然前者在棉織業中的數目倍增，但是人們經常忘記，這段時間的棉布消耗量同樣也出現大幅攀升[51]。1835 年前的梳毛紗織造業和 1840 年代以前的其他毛織部門，也是同樣的情形[52]。因此，手搖織布機織工的式微可分成兩個階段。第一個階段是以 1830 或 1835 年爲上限，在這個階段，雖然動力織布機構成相當大的心理威脅（並因此造成工資低降的發酵作用），但它只是一個作用有限的附屬因素，要到第二階段，動力織布機才眞正取代後者成爲生產主力。然而工資的嚴重削減（就說是從二十先令削減到八先令吧），卻是發生在第一階段。

這兩個階段都是不可以避免的嗎？根據大多數歷史學家的判斷，答案似乎是肯定的，雖然有些人指出，當時的織工應該可以得到更多的協助和引導。可是在那個時代的多數人看來──包括織工和他們的代表──這兩個階段卻都是可以避免的。在式微的第一階

---

[51] 據估算，英格蘭棉業動力織布機的數量爲：1820 年，一萬二千一百五十架；1829 年，五萬五千架；1833 年，八萬五千架。所消耗掉的紗線重量爲：1820 年，八百七十億九千六百萬磅；1829 年，一千四百九十五億七千萬磅。聯合王國棉業手搖織布機織工的數量統計爲：1801 年，十六萬四千人；1810 年，二十萬人；1820 年，二十四萬人；1830 年，二十四萬人；1833 年，二十一萬三千人；1840 年，十二萬三千人。參見 N. J. Smelser, *Social Change in the Industrial Revolution* (1959), pp. 137, 148-9, 207。

[52] 梳毛紗織造業在哈里法克斯教區具有支配性地位，其羊毛消耗量由 1830 年的三百六十萬七千磅，增加到 1850 年的一千四百四十二萬三千磅。同一時期，梳毛紗織造業所使用的動力織布機，由數百架激增至四千架。在布拉福的梳毛紗織造業中，動力織布機與手搖織布機的數量比仍維持在三千架對一萬四千架左右。

段，我們可以找到成打的促成因素，包括戰後十年的通貨緊縮所造成的整體影響，但是最基本的原因應該是：第一，習俗慣例與工會這兩個保護力量同時崩解；第二，織工全面暴露於最惡劣的工資削減形態之下；第三，這個行業充斥了過多的失業工人，在他們眼中，這行已變成「失敗者的最後避難所」。一位博爾頓的製造業者明白指出其中的動因：

> ……我發現，博爾頓的平紋細布製造業打從最初成立的時候，這行的織工就一直受到任意減價的支配，而且是從很高的價格開始。一般人可能會認為，勞力的報償應可找到它的適當水平；但是這行從一開始，任何一位製造業者都有權樹立削減工資的榜樣；我清楚知道，當製造業者得不到他們認為應該有的貨品價格時，他們立刻就會削減紡織工人的工資。

但是就在他說這段話的時候，1834 年的博爾頓——一個很好的年份——「沒有任何一個織工失業，也沒有任何人有失業的危險」[53]。

習俗慣例與工會主義的崩潰，是政府干預下的直接結果。除非我們接受當時的主流意識形態與反革命論調，否則它就不是「不可避免的」。織工和他們的支持者反對這種與他們的分析和政策完全相反的意識形態，他們要求制定最低工資，並由製造業者和織工合組的商會強制推行。他們的這種主張等於是直接否定「供需」理論。當被問到是不是應該讓工資自行找到它們的「水平」，一名曼徹斯特的絲織工人回答說：在「所謂的資本與勞力」之間，不存在任何相

---

53 *S.C. on Hand-Loom Weavers' Petitions*, 1834, p. 381 (4901), p. 408 (5217).

似之處。

> 在我看來，資本只不過是勞力產品的累積……勞力永遠是由
> 那些沒有其他東西可以維持或變賣的人帶到市場上去的，因此
> 必須立刻賣出……如果我仿效資本家，因爲價錢不好而拒絕出
> 售我這個禮拜可以展現的勞力，難道我能把它裝瓶嗎？還是可
> 以用鹽把它醃起來？……單憑勞力和資本是兩種截然不同的性
> 質(也就是，勞力永遠是由窮人出賣、由富人購買，而且勞力永
> 遠不可能貯存，它必須立刻售出，要不就會立時消失)，就足以
> 讓我相信，勞力和資本絕不可能公平地隸屬於同樣的法律
> ……54

歐斯特勒證實，織工們清楚地知道:「**資本和財產皆受到良好的保護，
而他們的勞力卻得碰運氣。**」當歐斯特勒在特別委員會上受到一位支
持「政治經濟學」人士的詰問時，他以生動而戲劇化的口吻提出了
一種另類的社會責任觀:

> 〔歐斯特勒〕: 勞動時間應予縮短，而且……政府應當成立一
> 個由雇主和工人所組成的商會……以解決如何管制工資的問
> 題。
> 問: 你想終止勞力的自由嗎?
> 答: 我想終止的是謀殺的自由，以及將勞工役使到超出其體
> 力極限的自由; 我想終結掉所有會妨礙到可憐的工人以公平合

---

54 Ibid., 1835, p. 188 (2686).

理的工作賺取一份好生活的種種；我是要終止這個沒錯，因爲它會摧毀人類的生命。

問：它會收到你預期的效果嗎？

答：我確信自由勞力在眼前所造成的效果是貧窮、痛苦和死亡……

問：假如你把價格提得很高，可是……東西卻外銷不出去？

答：我們可以在國內使用這些貨物。

問：你不會用這麼多，你會嗎？

答：會用三倍，甚至更多，因爲工人的待遇會變得比較好，他們會消耗這些貨物。資本家不使用這些貨品，這是一大錯誤……如果工資提高，勞工將可以給自己買衣服穿……給自己買食物吃……畢竟農業和製造業產品的主要消費者是勞工而非資本家，因爲，不論一個大資本家如何富有，他一次也只能穿一件外套，至少，他很少一次穿兩件外套；但是，如果可以讓一千名勞工買得起一千件外套，這是他們現在做不到的，將會使貿易量大大的提升……

對於委託屋或所謂的「屠宰場」，歐斯特勒贊成直接立法干預：

你不可能爲這些「屠宰場」定出一條不會妨礙到自由權的法律；就像你立法阻止人們偷竊，這妨礙到個人的自由權；你立法阻止工人謀殺，是妨礙到工人的自由權……我應該這麼說，這些屠宰場的工人不會這麼做……

資本家「似乎認爲他們是人類當中的特權階級，我永遠也想不透他

們怎麼會這麼認為」[55]。

　　讓織工一身破爛地織著衣服，還要強迫他們接受正統經濟學的錯誤教導，「這才是一大錯誤」。當蘭開郡的織工唱著他們的傷心「悲歌」之時，動力織布機的競爭尚未開始，而他們的人數也還在增加：

> 你們這些士紳和商人，隨心所欲地自由騎乘，
> 瞧不起這些可憐人；它足以讓你疼；
> 瞧不起這些可憐人，當你們上下騁，
> 我想上面的神會讓你們的傲氣冷。
>
> 合唱——你們這些英國暴君，你們這等人很快就會被追剿，
> 　　　你們將為你們的暴行討饒。
>
> 你們拉下我們的工資，說羞於啓齒；
> 你們去到市場，說銷售停滯；
> 當我們問你們這種苦況何時會止，
> 你們立刻答稱：「當戰爭終止。」

織工的子女一身襤褸，而「你們的子女卻穿得像耍戲猴兒般花花綠綠」：

> 你們禮拜天上教堂，我確信那不過是出於驕傲，
> 當人道都可拋，怎麼會有宗教；
> 如果天堂有一個地方，就像交易所那樣，

---

[55] S.C. on Hand-Loom Weavers' Petitions, 1834, pp. 283-8.

我們的可憐靈魂千萬得把它遠遠防，免得像走失的羔羊。

你們的桌上溢滿精饌，
上好的麥酒和強烈的白蘭地，讓你們臉紅心喘；
你們呼朋引伴——這是你們的全部享玩——
你們一塊商談，教我們臉白心顫。

你們說拿破崙是禍首罪魁，
我們最好祈求他早日西歸；
如今拿破崙已兵敗嚥氣無法復回，
我們自己的暴君卻把我們往懸崖裡推。[56]

雇主這種明目張膽、不加遮掩的剝削手段，更加深了他們的憤怒和
痛苦：在他們眼中，不管是徵召軍隊鎮壓彼得盧，或是讓他們的雇
主可以在製造業地區蓋起一棟棟美麗華廈，都不是「理所當然」或
「不可避免的」。

　　認爲工資管制乃「不可能任務」的歷史學家，從不曾給過我們
一個可以符合這項答案的實例。費爾登的建議——定期由每個地區
的勞資商會負責審核最低工資——並不比「十小時法案」(10 Hour
Bill)更「不可能」：這條法案也曾面臨同樣強烈的反對聲浪，並在三
十年的密集辯論之後宣告通過。站在費爾登那邊的不僅有織工，還
包括許多小雇主，他們希望能藉此約束那些沒有良心的同業和「屠
宰場」。這裡的困難所在，並非如史邁塞教授(Professor Smelser)所
云，是「主導當日的價值體系」，而是少數雇主的強烈反對和國會的

---

56 J. Harland, op. cit., pp. 259-61.

一貫態度(史邁塞教授稱讚國會成功「處理」並「疏導」了織工們的
「無理騷亂症」)[57]。1834 年，下院成立了一個特別委員會，由一名
派斯萊(Paisley)地區的好心製造商馬克斯威(John Maxwell)擔任主
席。馬氏與費爾登(他是委員會的成員之一)設法找到許多同情織工
的證人。委員會雖然對於織工的困苦深表關切，不過在 1834 年並未
做出具體建議，到了 1835 年，在取得進一步的證據之後，它提出一
份態度明確的報告，贊成費爾登的最低工資法案：「這項方案的作用
在於，可以撤回那些只肯支付低劣工資之雇主目前所擁有的工資支
配權。」試行這項方案是有必要的，「它至少可以表示國會同情他們
的苦難，願意傾聽他們求救的心聲」：

> 針對國會不能也不應干預此等情事的看法，本委員會斷然反
> 對。反之，由於此事牽涉到相當數量之英國臣民的舒適與幸福，
> 本委員會認爲，國會應該刻不容緩地展開調查，並在可能的情
> 況下，制定矯正的辦法。
>
> 據此，本委員會建議，由費爾登先生所提關於此一情事的議
> 案，應立刻排入議程……[58]

依照這些建議，馬克斯威果眞於 1835 年 7 月 28 日提出一項議

---

57 See N. J. Smelser, op. cit., p. 247. 爲了對史邁塞教授公平起見，在此應該加上
一句：雖然這本書在整體議論上相當沉滯無趣，但是有關於技術變遷對棉紡
織工人家庭關係所造成的影響這點，倒是提供了頗具價值的見解。

58 *S.C. on Hand-Loom Weavers' Petitions*, 1835, p. xv. 我之所以引用報告中的這
段文字，是爲了糾正史邁塞 (op. cit., pp. 263-4) 和克拉凡 (op. cit., I, p. 552)
的錯誤敍述。

案。反對派的強大聲浪，充分展現在湯姆森（Pouolett Thomson）的演
說當中：

> 這個國家的政府可以強制規定工資的價格嗎？工人的勞力可
> 以不保持在自由狀態嗎？

這種做法將是「暴政之舉」。鮑林博士（Dr. Bowring）和《里茲使信報》
的貝恩斯（Edward Baines）奉勸織工，如果想「拯救自己」，最好是教
導子女轉做他行。費爾登的說法根本沒列在英國國會議事錄（Han-
sard）上，因為「沒聽到」。這項議案以四十一票對一百二十九票遭到
否決。1836 年，馬克斯威再度提案，但二讀會一再延期，最後不了
了之。1837 年 5 月，馬克斯威又在一項休會動議上重提此案，但以
三十九票對八十二票失敗。儘管面對的是一個支持自由放任的立法
機關，來自帕斯萊和托德摩登（這兩地的居民有許多已瀕於飢餓邊
緣）的製造業者依然持續抗爭。在費爾登的推動下，1837 年 12 月 21
日，下院提出一項新的議案，結果還是以十一票對七十三票遭到否
決。但是費爾登並未就此退讓，他並公開宣布：他將全面杯葛任何
一項財稅法案，直到下院採取行動為止。這次他的話「聽到了」。下
院指派了一個皇家調查委員會，該委員會牢牢掌控在一位正統「政
治經濟學」的**大老**西尼爾（Nassau Senior）手上，另一個「處理與疏導」
的階段就此展開。助理調查員在 1838 年前往受害地區進行巡視，西
尼爾在行前警告他們，他們「得和許多備受歡迎的理論對抗，也可
能為讓很多含糊無理但長久以來深受珍視的期望落空」。這些奉派深
入探詢織工境況的調查員，也許是既人道又聰明，然而他們也是不
折不扣的自由放任理論家。他們的報告——以及調查團的最後報告

——在 1839 和 1840 年相繼出爐。負責西來丁地區的助理調查員，在他那份枯燥的報告中指出，這項工作根本是白費力氣，頂多是為未來的社會歷史學家留下一些資料罷了：

> 我所努力做出的一般結論是：立法機關的職責在於取消所有不利於資金累積的障礙，以增加對勞力的需求；但是在供應面上，它不應插手。

然而這也是他的最初假設。他在報告中指出，「就算擁有俄國沙皇般的權力，

> 也無法提高這種處境下的工人的工資……因此，唯一要做的，就是讓手搖織布機織工明白他們的真正處境，警告他們盡快逃離這一行，而且要以最謹慎的態度不讓他們的子女接近這行，就像他們會小心謹慎地不去觸犯最嚴重的刑罰一般。[59]

這種種的「處理和疏導」至少有兩項效果：一是將織工轉化成憲章運動最堅定的「肢體部隊」(physical force)；二是單單在棉織業一行，1840 年的織工就比 1830 年少了十萬名。我們一點也不懷疑，就算費爾登的議案能獲通過，恐怕也只能收到部分成效，而且在動力織布機的競爭力與日俱增的 1830 年代，這項議案的紓困效果可能

---

[59] *Journals of House of Commons and Hansard*, *passim*; *Reports of Hand-Loom Weavers' Commissioners*, 1840, Part III, p. 590; A. Briggs, *Chartist Studies*, pp. 8-9.

相當有限，甚至可能會把這個半失業的腫瘤推擠到其他行業。然而在此我們有必要字斟句酌，因為1830年代的「輕微紓困」，代表的可能就是生與死之間的差別。歐斯特勒在1834年告訴特別委員會說：「我認為我們已經耽擱太久，我相信我們在這個問題上的耽擱，已經把數百名英國工人送進墳墓。」蘭開郡在這十年當中失去了十萬名織工，其中只有少數是轉行他就，大多數則是撒手西歸，除了一部分壽終正寢者外，其他都是英年「早逝」[60]。(有些可能是由他們進入工廠工作的子女奉養。)這些自認為無法提供他們任何解救辦法的立法機關，卻在1834年以濟貧法修正法案(Poor Law Amendment Bill)對他們展開直接而強力的攻擊。院外救濟——許多社群的救急辦法，有時甚至達到「斯品漢姆蘭」的規模——從1830年代晚期開始，至少在理論上已經為「巴士底」所取代。這項舉措的影響可說是貨真價實的大災難。如果史邁塞教授願意研究織工的「主流價值體系」，他將會發現，**所有的**貧民賑濟都是他們厭惡的，而馬爾薩斯式的濟貧院，更是一項觸犯他們獨立與婚姻價值的絕對禁忌。新濟貧法不但無法提供織工和他的家庭以紓困，還會把他們一直到**拘禁**在這行直到老死，事實上，它甚至還把其他人(例如某些貧苦的愛爾蘭人)攆進這行。一名博爾頓的平紋細布織工告訴1834年的特別委員會說：「我根本沒辦法耐著性子細細思量眼前的情況，

---

60 參見織工瓦雷(W. Varley)的日記，收錄於 W. Bennett, *History of Burnley* (Burnley, 1948, III, pp. 378-89)。譬如他在1827年2月的日記中寫道：「疾病和病痛層出不窮，而且極其猖獗，窮人們正承受著飢餓、寒冷和艱苦工作的交相迫害……天花和痲疹奪走了家中兩三個小孩的性命。」

我已經走到一個地步了；我這會兒就快滿六十歲了，我估計八年之內自己也會淪為貧民。我就算使盡全部氣力，也不可能多賺到一先令；當我還健壯的時候，就已經得耗費全力才有辦法維持生活……我是以一個身在這種處境下的工人身分有感而發；在我看來，目前的濟貧法修正法案簡直就是一種威逼貧民的制度，而我很快便得生活在它的可怕作業之下。我不應受遭受這樣的對待。我是一個老實人，規規矩矩的遵守我們國家的風俗制度，也很愛國。「英格蘭，不管你的種種罪惡，我依然愛你」，這是我的肺腑之言……[61]

對抗濟貧法對抗得最猛烈、漫長和熾熱的地區，是諸如愛西頓（Ashton，憲章派的教區牧師史蒂文斯〔Joseph Rayner Stevens〕在此發表叛亂言論）、托德摩登（費爾登在此公然反抗這條法律）、哈得茲菲和布拉福這樣的織造業地區。

然而，當織工已進入到式微的第二階段——動力織布機已展開競爭——之後，還有什麼方法可以挽回嗎？克拉凡寫道：「除了由政府提供織工年金、禁止動力織布機或禁止手搖織布機的織造訓練之外，其他法令皆無濟於事。」[62] 這些都不是織工自己提出的要求，雖然他們也抗議：

……無限制地使用（或者應該說濫用）改良過或正在不斷改進中的機器……

---

61 Loc. cit., 1834, pp. 456-60.

62 Clapham, op. cit., I, p. 552.

……忽視愛爾蘭窮人的就業和維生權益，迫使他們得爲了一片麵包而擠進英格蘭的勞工市場。

……每一次的機器改良，都讓機器變得更適合**兒童**、**少年**和**婦女**，從而排除了那些理應從事勞動的工人——成年男子。[63]

我們可以從這些正式決議當中，看出織工對於機器的反應，並不像習慣上以爲的那樣一概仇視，而是有差別對待的。除非是動力織布機的引進時機正巧逢上嚴重失業的絕望時期（例如 1812 年的西豪夫頓和 1826 年的布拉福），否則很少會有人直接破壞這些機器。從 1820 年代晚期開始，織工陸續提出了三項前後一貫的建議。

首先，他們提議徵收動力織布機稅，好讓競爭的條件趨於平等，並將部分稅收充做織工救助金。我們不要忘記，手搖織布機織工不但得繳交濟貧稅，還得負擔沉重的間接稅：

織布機取代了他們的勞力；他們的麵包要稅，他們的麥酒要稅，他們的糖、茶、肥皂以及他們所使用和消費的每一種東西都要稅。可是動力織布機卻不要繳稅——

這是一名里茲毛織織工在 1835 年的一封信函當中所寫的一段話[64]。在我們討論財政細節的時候，常常會忘記戰後那種瘋狂的稅收剝削基礎，以及它所導致的再分配效應——從窮人流向富人。其他需要

---

63 *Report and Resolutions of a Meeting of Deputies from the Hand-Loom Worsted Welresiding in and near Bradford, Leeds, Halifax, & c.* (1835).

64 *Leeds Times*, 25 April 1835.

抽稅的物品還包括磚頭、啤酒花、醋、窗戶、紙張、狗、獸脂、柳橙(窮孩子的侈奢品)等等。1832 年時,總數約五千萬鎊的稅收(大多是抽取自一般消費品上的間接稅),有超過二千八百萬鎊用於償付國債,一千三百萬鎊是用於軍隊開支,花在內政和警政上分別只有三十五萬六千鎊和二十一萬七千鎊。在 1834 年的特別委員會上,有一位證人提供了一名工人每年必須繳付的賦稅清單:

> 一、麥酒稅,四鎊十一先令三便士。二、糖稅,十七先令四便士。三、茶或咖啡,一鎊四先令。四、肥皂,十三先令。五、住宅,十二先令。六、食物,三鎊。七、衣著,十先令。一名勞工每年所繳的賦稅總數爲十一鎊七先令七便士。如果以一名勞工每天的平均收入爲一先令六便士,並算他每年工作三百天(絕大多數的工人是這樣),則他的年收入爲二十二鎊十先令。這等於是表示,至少有百分之百、或他收入的半數被拿去繳了稅……不論他做什麼,吃、喝、睡覺,政府都會想出名目向他抽稅。[65]

這份摘要所包括的項目,很少是手搖織布機織工消費得起的,包括最常缺乏的麵包在內:

> 麵包被抽了稅的織工,全都看得到
> 稅收對你做了些什麼,

---

[65] S.C. on Hand-Loom Weavers' Petitions, 1834, pp. 293 ff. 證人馬丁是《賦稅與大英帝國》(Taxation of the British Empire, 1833)一書的作者。

> 而你的子女，被惡劣地領著，
>
> 爲可恥的麵包歌頌讚美詩，
>
> 一直到每一條街上的石子
>
> 都碰觸過他們赤裸的小腳。

——這是艾利奧特〈穀物法韻詩〉中的一節[66]。

　　無怪乎柯貝特對公債持有人的攻擊會立刻獲得歡迎，而費爾格斯‧奧康納也是以同樣的論調贏得北方那些「衣衫襤褸、灰頭土臉」人士的首次掌聲：

> 你們以爲你們什麼也没有付，錯了，什麼都是你們付的。是你們付了六百或八百萬的稅收養活了軍隊。爲了什麼？爲了讓稅負居高不下……[67]

那麼，對動力織布機抽稅當然不會比對窗子、橘子或磚頭抽稅更「不可能」吧。

　　另外兩項提議是關於限制動力織布機工廠的工作時數，以及雇用成年男性擔任動力織布機織工。第一項提議具有相當強大的影響力，促使許多手搖織布機織工起而響應十小時工作制的騷動。不過它也飽受抨擊，打從 1830 年代一直到現在，男性工人總逃不了如下的指控：「只會躲在女人的裙子後面」或利用兒童的苦難來做爲其縮短工時的託詞。然而事實上，不管是工廠的作業員或織工都曾公開

---

66 E. Elliott, *The Splendid Village & c.* (1834), I, p. 72.

67 *Halifax Guardian*, 8 October 1836.

提出這項目標。這種畢其功於一役的做法──亦即縮短工廠工時可同時減輕兒童的勞動、使成年作業員享有較短的工作時數、並將更多的工作廣泛分配給手搖織布機織工和失業者──可說是他們那種另類政治經濟學的內在本質。關於這裡的第二項提議，雖然走錠精紡機(mule-spinning)一般都是保留給男性作業員，但是負責操作動力織布機的，卻往往是婦人和少年。在此，我們有必要進一步探討手搖織布機織工之所以反對工廠制度的理由。

「理由」這個辭彙不甚貼切，因爲這是兩種文化模式或生活方式之間的衝突。前面已經提過，早在動力織布機出現之前，毛織織工就已經對手搖織布機工廠不具好感。第一個令他們深惡痛絕的就是紀律，他們憎恨工廠的鈴聲或汽笛，以及不管你是身體不好或家裡有事都得一律準時的規矩。職工查爾德(William Child)是參與1806年「協會」活動的受害者，他拒絕進入一家手搖織布機工廠，因爲他反對「必須在幾點幾分準時上工，以及那兒的不良行爲……」

　　一名溫順的工人，當他在家中工作的時候，可以什麼時候有空就什麼時候做，可是在工廠，你就必須準時前往，五點半搖鈴，六點再搖一次，然後給十分鐘的緩衝時間，第十一分鐘一到，大門立刻關上，不管男女小孩都不得進入，在八點重新開門之前，你得決定要站在門口還是先回家。[68]

在「黃金時代」，雇主常常抱怨織工信守所謂的「聖星期一」，有時還把星期二也當成假日，然後到星期五和星期六晚上才來補工。

---

68 *Committee on the Woollen Trade* (1806), p. 111 *et passim*.

根據傳統，織布機在一個星期的最初幾天多半是踩著「時間多——得很、時間多——得很」的從容步調。不過到了週末，就會變成「晚了一天、晚了一天」的急急搶搶。有一位小農織工曾在 1780 年代留下一本日記，記錄他在潮濕日子織布，晴朗日子做散工——駕車、掘溝排水、割草刈禾、攪拌牛奶製作奶油——的生活，十九世紀還能過得像他那樣多姿多彩的織工，已經是鳳毛麟角了[69]。然而直到最壞的時代來臨之前，大多數的織工總是還能享受到一點別的——家禽、一點果園菜圃、假日、甚至可以帶著獵狗外出一整天：

> 所以，你們這些棉布織工全都來吧，你們必須飛快爬起，
> 因為你們必須在工廠由凌晨工作到正午；
> 你們絕不能每天在你們的果園菜圃中走上兩三個鐘頭，
> 因為你們必須聽他們的指揮，不斷穿動著你們的梭子。[70]

「聽他們的指揮」是最教人痛恨的屈辱。因為他打從心底認為，他才是真正的布料**製造者**(他的父母還記得那段在家中紡織棉花和羊毛的日子)。工廠一度被視為是窮孩子的收容院；即使是在這種偏見消除之後，進工廠還是意味著，從一個自動自發(不論多窮)的工人，淪落成一名奴僕或「傭工」。

其次，他們憎恨工廠制度對家庭關係的影響。在此之前，織造一直是整個家庭的工作，即使是在紡紗已脫離家庭之後。年幼的孩子捲線軸，較大的孩子仔細注意錯誤，收拾布料，或幫忙在寬軸織

[69] T. W. Hanson, "Diary of a Grandfather". *Trans Halifax Antiq. Soc.* 1916.
[70] J. Harland, op. cit., p. 253.

布機上來回移動梭子；青少年在第二或第三個織布機上幹活；妻子也會趁料理家事的空檔踩踩織布機。整個家庭生活在一起，不管他們的三餐多麼簡陋，他們至少可以想坐下就坐下。整個家庭和社群的生活模式都是圍繞織布機作坊發展；工作無礙於他們的交談或歌唱。只肯提供工作給孩童的紡紗工廠，和多半只雇用家庭主婦或青少年的動力織布機小屋，都遭到他們的強力抗拒，一直到貧窮逼著他們必須投降爲止。他們認爲這些地方都是「不道德的」，是性放縱、髒話、殘忍、暴力和外來習俗的淵藪[71]。證人們在特別委員會面前舉出了各式各樣的反對意見：

> ……沒有工人喜歡在動力織布機上工作，他們不喜歡它，那裡的嘈雜和噪音幾乎會把工人逼瘋，此外，他還得服從紀律，手搖織布機織工永遠也不會在那些紀律面前低頭。
> ……所有在動力織布機工廠工作的人都是出於被迫，因爲他們除此之外再也沒有別的謀生方式；他們大多是些家庭不美滿而事業又不順遂的可憐蟲……只好把自己當成是一小群前來工廠殖民的殖民者……

有一位來自曼徹斯特的證人，他的兒子在一次工廠意外中喪生，他表示：

---

[71] 參見 1823 年曼徹斯特織工的聲明：「工廠生活之惡簡直不可勝數。在那兒，無知和不受拘束的青年男女混雜在一起，缺乏父母的管敎……他們的健康因爲拘閉在人爲形成的燠熱中而備受傷害……他們的心智暴露在腐化中，生命和肢體暴露在機器之下……它啃噬青春，四十歲的人已一副六十歲的體格……」(Hammonds, *The Town Labourer*, p. 300)

> 　我有七個男孩子，但就算我有七十七個，我也不該把任何一個送進棉織工廠……我反對的最大理由之一，就是他們的道德十分敗壞……他們每天從早上六點到晚上八點一直待在工廠裡，所以他們根本沒有機會學習……也看不到什麼好榜樣……

「我個人堅決認爲，如果他們要發明機器來取代人工，那麼他們就得想辦法弄出鐵男孩來照顧這些機器。」[72]

　　最後，我們可以把這所有的反對意見，從整體而非個別的角度，看成是這個社群的「價值體系」。這的確可以成爲歷史社會學研究的寶貴資料，因爲我們在 1830 年代的英格蘭所擁有的，是一個「多元化的社會」，工廠、織造和農業等社群，以各自的不同傳統、標準和期望，彼此衝撞侵犯。1815 到 1840 年的歷史，有一部分是前二者在共同的政治騷動(激進主義、1832 年改革、歐文主義、十小時工作制騷動、憲章運動)中走向結合的故事；而憲章運動最後階段的歷史，則有一部分是它們因爲無法相處而終於宣告仳離的故事。在諸如曼徹斯特或里茲這樣的大城市，手搖織布機織工與工匠有許多共通的傳統，他們與工匠通婚，而且很早就把孩子送進工廠，因此在這類地方，上述差異表現得最不明顯。至於高地上的織工村落，社群的排他性顯然高出許多，他們瞧不起「鎮上的人」──全都是些「糟糕的無聊貨」[73]。多年來，在薩多渥斯、克利斯羅和上考德谷地這樣的地區，居住在山傍小村中的織工，始終和位於谷底的工廠保持距

---

72 *S.C. on Hand-Loom Weavers' Petitions*, 1834, p. 428 (5473), p. 440 (5618); p. 189 (2643-6).

73 Edwin Waugh, *Lancashire Sketches* (1869), p. 128.

離，並訓練自己的孩子來繼承他們的織布工作。

　　到了 1830 年代，我們確實可以說這是一行「注定滅亡」的職業，而且部分是導因於它自己的社會保守主義。但是皇家調查委員會所提的「逃離這行」的建議，即使是在織工已經認命的那些地方，往往也是不切實際。小孩可以在工廠找到工作，成長中的女兒也可以改用動力織布機：

> 如果你走進一家織布作坊，一個有著三或四架織布機的場所，
> 它們全都閒在那兒，成爲房間的累贅；
> 而如果你問這是爲了什麼，老婦會坦白告訴你，
> 我的女兒們已經放棄它們，改用蒸汽織布了。[74]

但這不一定都能辦到。在許多工廠裡面，紡紗工或現有勞工的子女擁有優先錄用的權利。即使眞的成功了，織工也會因爲自己必須依靠妻子兒女過活而更加羞愧，因爲傳統上應該是由他來扮演這個被依靠的角色。

　　我們必須記住：在早期的工廠制度下，成年勞工和少年勞工的人數並不平衡。1830 年代早期，棉織廠的各級勞工中，有三分之一到一半的年齡在二十一歲以下。在梳毛紗織造業中，少年勞工的比例更是高出許多。單以成年勞工而言，其中又有半數以上是婦女。根據 1834 年工廠視察員的報告，烏爾博士(Dr. Ure)估計，聯合王國所有紡織工廠中的成年勞工總計爲十九萬一千六百七十一人，其中婦女佔了十萬二千八百一十二人，只有八萬八千九百五十九名是男

[74] J. Harland, op. cit., p. 253.

性[75]。男性就業的模式相當清楚：

> 在蘭開郡的棉織廠中，男性就業人口當中**人數最多**的一個年
> 齡層（以五年爲單位），是從十一歲到十六歲，他們的平均工資
> 爲每週四先令十又四分之二便士；人數居次的年齡層是從十六
> 歲到二十一歲，他們的平均工資爲每週十先令二又二分之一便
> 士——在這種情況下，製造業者當然會盡可能少雇用拿這等工
> 資的工人……在接下來的另一個年齡層，是從二十一歲到二十
> 六歲，平均每週的工資爲十七先令二又二之一便士。在這個年
> 齡層級當中，盡一切可能中止男性受雇的動機更加強烈。接下
> 來的另外兩個年齡層，其平均工資更高，分別增加到二十先令
> 四又二分之一便士和二十二先令八又二分之一便士。能夠讓雇
> 主願意付出這般工資的，若不是那些需要極大體力或極佳技巧
> 的工作，就是擁有特殊才藝或祕技的工人……以及擔任機要職
> 務的人士。[76]

關於這種就業模式，有兩個明顯而且重要的地方是我們必須指
出的。首先，是我們在談論「低賤」行業時已經提過的，我們不能
在心中預先把工資分成「好的」工廠工資與「過時」產業的壞工資。
對一個以「盡一切可能」中止雇用成年男性爲基礎的制度，我們必

---

[75] A. Ure, *The Philosophy of Manufactures* (1835), p. 481; J. James, *History of the Worsted Manufacture*, pp. 619-20; James, *Continuation of the History of Bradford* (1866), p. 227. 這些報告通常都低估了少年勞工的力量。

[76] Ure, op. cit., p. 474.

須把工廠技術作業員的工資，和一到十六歲或二十歲就遭到工廠強制免職的非技術工人的工資，視爲一體的兩面。當然，在羊毛紡織業這行，遭到工廠免職的少年工人，有些會在他們十幾歲時被迫退回手搖織布機。第二點是，成年的男性手搖織布機織工，即使痛苦萬分地克服了他對工廠的成見，其受雇於工廠的機會也不見得會高於農業工人。他很難適應工廠的作業。他既沒有「堅強的體力」，也不具備任何的工廠技術。堪稱最友善雇主之一的費爾登，回憶起 1835 年時：

> 每個禮拜都有數十名手搖織布機織工向我申請工作，他們全都是因爲情況已糟到極點才不得不到求助於這樣的工作，然而我和我的合夥人還是不得不拒絕許多這樣的申請者……這讓我們痛苦萬分。[77]

1830 年代早期，蘭開郡各個工匠行業都享有挺不錯的工資——鐵模匠、工程師、鞋匠、裁縫和熟練建築工人，其工資大約介於每週十五到二十五先令(工程師甚至超過)。他們之所以能取得這樣的工資，完全是憑藉結社的力量，結社的目的之一，就是要將被工廠開除的年輕人和手搖織布機織工**排除在外**。要等到那名織工成功轉進到某個**工匠**行業(或讓他的子女接受工匠學徒訓練)，社會保守主義才不會再橫加阻攔。當時對於無技術勞力的確存有一種不難理解的偏見：它被視爲是身分的終極喪失——

---

77 J. Fielden, *The Curse of the Factory System* (1836), p. 68.

> 但是我將拋棄這個行業，這個我們辛苦耕耘的工作，
>
> 然後靠著敲石鋪路維生⋯⋯

這是「格林費特的約翰」在他苦到最高點時所發出的哀嚎。

然而，就算是想做無技術勞工也是困難重重。那位向下院解釋勞力價值理論要素的曼徹斯特絲織工人，曾經想要找一份挑夫工作但失敗了(挑夫的工資爲每週十四到十五先令)。織工的體格原本就不太勝任得了粗重的無技術苦力(泥水匠的幫工和「鏟工」的工資爲十或十二先令)，更何況他還得和比較強壯而且願意少拿工資的愛爾蘭人競爭[78]。織工當然是可以在大城市裡找到各式各樣待遇低劣的零工，可是已邁入中年的鄉下織工卻離不開他的故鄉和家人：

> 這種改變讓某些年老的手搖織布機織工深感擔心⋯⋯我們看
> 到一名老年的普德賽織工，含著眼淚地⋯⋯說著他的織布機有
> 多好多好。你看，它的每根刺針就像織布機應該有的那般牢固，
> 它的來回旋轉也是標準織布機的樣子，散了的零件很容易重新
> 裝回去，而且可以無限制使用，多大量的緯線都沒問題。當它
> 剛從英國最好的製造匠那兒運來時，左鄰右舍全都跑來端詳，
> 對她又讚美又垂涎的。然而如今，這架織布機和另一架⋯⋯已
> 經好一段時間悶不作聲，上面蓋滿了灰塵和蜘蛛網⋯⋯[79]

---

[78] 此處所引用的工資，全都出自曼徹斯特商會(Manchester Chamber of Commerce)在 1832 年所列的平均數字，參見 *First Annual Report P. L. C.*, 1836, p. 331，及 *British Almanac*, 1834, pp. 31-61。

[79] J. Lawson, *Progress in Pudsey*, pp. 89-90.

　　手搖織布機織工的故事，觸及到工業革命時代一般生活水準問題的若干要點。在它的最初階段，似乎呈現出「樂觀」面的證據：紡紗廠的不斷倍增吸引了數以千計的廠外代工，並提高了他們的生活水準。但是就在他們生活水準不斷提高的同時，他們的身分地位和防衛能力卻日漸低降；在 1800 到 1840 年間，他們的記錄幾乎是無可救藥的「悲觀」。如果我們想要爲這些年的生活水準做出定讞，不是用「未來派」的眼光，而是以親身經歷過那些世代之人的眞實感受，那麼我們必須說，織工這個群體不僅沒有「分享經濟進步的好處」，反而還因此面臨了無情的式微。既然紡織業是工業革命的主角，再加上以「織」爲業的成年工人比靠「紡」維生的成年工人多得多，因此織工經驗所具有的代表性應該不下於其他社群。傳統上的習慣說法，或許是爲了戲劇性的效果，多半把注意力集中在造成產量激增的事物之上(走錠精紡機、工廠和蒸汽)，然而我們現在要關注的，卻是數量激增的**人們**。

　　當然，即使是「樂觀派」也不會否認織工的苦況，在每一份相關的記載中，都可看到某些語帶保留的文句，例如「有一些人數不多但特別不快樂的群體，諸如手搖織布機織工」、「普遍日漸富裕的社會當中的一小群人」或「一群因採用新技術而無法充分就業的孤立人們」[80]。但是，如克拉凡所熟知的，在 1840 年代晚期之前，織工絕不可能被形容成「小」群體。織工當時是，或許幾百年以來一直都是，英國產業工人當中最大的一個群體，可以比擬成英國主要產

---

[80] Clapham, *Economic History*. I, p. 565; F. A. Hayek in *Capitalism and the Historians*, p. 28; R. M. Hartwell, "The Rising Standard of Living in England, 1800-1850", *Econ. Hist. Review*, 2nd Series, XIII, April 1961.

業的「犁田工人」。介於 1820 到 1840 年之間的任何時刻，他們始終高居職業排行榜上的第三大類別，僅次於農業勞工和家僕，並遠遠凌駕於任何一個工業群體。「雖然沒有針對它們〔按：聯合王國的織布機總數〕做過普查，但是其數量絕不會少於五十萬架，可能還多上許多。」[81] 根據推估，聯合王國境內用於織造棉、毛、絲、亞麻以及諸如緞帶這類特殊產品的織布機總數（不包括編襪用的針織機），有時可高達七十四萬之多。其中有不少家庭可能擁有二到四架織布機。根據特別委員會在 1834 到 1835 年所做的估算，聯合王國境內約有八十到八十五萬人完全依靠織布機維生（也就是織工及其家人），這應該是我們所能找到的最接近數字。

立法機構無力回天，只能聽任「自然的」經濟力量加害這個社會上的某一部分人們，這種辯詞完全是建立在一種過時的自由意識形態的迷思之上。動力織布機同時為政府及雇主提供了如山鐵證。但是，我們同樣可以把織工的故事看成是存在於工業革命時期的高度不正常現象。在織工的歷史中，我們看到一種鎮壓和剝削體系的操作範式，這套範式的對象是一群不具工會防禦力的工人。政府不僅積極干預他們的政治組織和工會，還硬將資本自由的負面教條強加在織工頭上，其不妥協的程度，和它對愛爾蘭饑荒受害者的做法如出一轍。

這個教條的幽靈直到今天還隨處可見。艾希頓教授對於財政因素阻礙了動力織布機投資一事，深感惋惜：

有些說法認為，工業革命的「邪惡」是由於它進展得太快，

---

[81] Clapham, op. cit., I, p. 179.

然而家庭紡織工人的情形正好提供了反證。如果在織造方面也能出現一個像阿克賴特那樣的人物，如果利率能一直保持在低水平，如果沒有移民和濟貧法津貼，那麼轉換到工廠體制的速度就會快上許多，人們受的苦難也能減輕一些。然而眞實的情況卻是，數量龐大的手搖織布機織工，又讓這場對抗蒸汽動力的必敗戰爭，無謂地延長了一代人的時間。[82]

但是，如我們看到的，對於動力織布機的雇主而言，這不但不是一場「戰爭」，還是一大利多，他們可因此擁有一批廉價的附屬勞工，景氣好的時候可以充當救援部隊，平時則可用來壓低照料動力織布機的婦人和女孩的工資(1832 年在曼徹斯特是八到十二先令)。更何況，當時「轉換到工廠體制」的速度根本沒有受到遲滯。如果當年引進動力的腳步眞的加快了，那麼在其他條件不變的情形下，後果將更不堪設想。

有些經濟史家似乎不太願意面對下面這個明確的事實(或許是因爲潛藏在他們心中的「進步主義」作祟，認爲人類的進步就等於經濟的成長)，那就是，在鐵路時代來臨之前，工業革命的技術創新確實使得技術熟練的成年勞工遭到驅逐(除了在金屬工業之外)。這些遭到驅逐的勞工其數量之大，足可讓以廉價勞力從事純體力苦工的市場，膨脹到可以無限制供應的地步。在那個時代的礦場、碼頭、磚廠和煤氣廠的建築工地、運河和鐵路的修建工程，以及馬車貨運和人力貨運等方面，幾乎看不到任何的機械化發展。煤還是得靠工人把它們從船艙底下一步步地沿著長長的階梯馱上來。1830 年代在

---

[82] T. S. Ashton, *The Industrial Revolution*, p. 117.

伯明罕，還可以以一天一先令的代價雇用到工人，讓他們把裝滿砂石的人力獨輪車運到九哩外的地方，然後再推著空車走回來。1832年時，工程師（二十六先令到三十先令）或木匠（二十四先令）的工資，與鏟工（十先令到十五先令）或織工（姑且算它八先令吧）的工資實在是差距太大，無法單用社會保守主義這個原因來加以解釋。這種差距意味的是，技術行業才是眞正的少數特例，而無技巧的體力勞工或廠外代工工業的情況，根本不是「特別不愉快」的少數，而是這個由雇主、立法者和理論家，爲了盡可能壓低人力價格而設計出來的制度的特色所在。我們可以從織造業是在情況迅速惡化的時候才開始變得供過於求的這個事實，清楚證實這點。馬克思寫道：最「無恥」的剝削是發生在以廠外代工爲主的工業身上，「因爲在這群遭到現代工業和農業『解雇』的群眾的最後棲身之地，工作的競爭已達到極限。」[83]

　　當然，還是有些「未來派」的主張值得注意。事實上，有許多終於熬到好日子來臨的工人，都採取這種主張。一名這樣的工人評道：「這個過渡期不管有多麼痛苦，

> 　　……動力織布機的織工至少不必出錢買織布機和珍妮紡紗機；不必買綿軸、籃子或簍子；不必爲持有它們而繳付租金和賦稅；也不必購買蠟燭、煤氣和煤炭以供工坊照明和取暖之用。他們不必花錢修理也不必支付耗損費……他們也不必買梭子、清棉機、側板、梭板等設備……他們不必撐坐在踏板和坐板上……也不必用繃帶紮住手腕以增加氣力……他們不必自己去拿

---

[83] *Capital* (1938 edn.) p. 465.

粗棉紗、不必自己經網、上漿、曬網、安架、張布……尤其是，他們再也不必**做白工**地把羊毛打散、沖洗和染色。[84]

如果我們由這個角度觀看手搖織布機織工的工作，它的確是痛苦和過時的，因此任何一種改變，不論有多痛苦，都可被正當化。然而，這種看法等於是承認可以爲了未來的利益而無視於一整代人的苦難。對於那些身歷苦難的人們，這種事後的安慰未免也太過冷漠。

---

[84] J. Lawson, op. cit., p. 91.

水準與經驗

Standards and Experiences

一、食物

　　有關工業革命時期生活水準的這場論辯，其最有價值的部分，
或許是當它不再把追求的重點放在工人平均工資這個多少有點虛幻
的假設問題之上，而直接把目光集中在消費品（食物、衣著、住宅）
以及更深一層的健康和死亡率的時候。由於許多的爭論要點都相當
複雜，我們在此所要做的，只是就一個爭論不休的問題提出我們的
看法。如果我們考慮的是可供估算的數量，那麼很明顯的是，在 1790
到 1840 年這段期間，國民生產總值的增加速度是快於人口的增加速
度。但是想要評斷這些生產究竟是如何分配，卻是一件異常困難之
事。就算我們把一些其他的考慮（這些增加的生產當中，有多少是因
為不利的貿易條件才得以出口？又有多少是花在資本的投資而非個
人的消費之上？）暫時放到一邊，想要弄清楚究竟有哪些人分享到多
少好處，也還是不太容易。

　　關於工業革命時期人民飲食的討論，主要的焦點包括穀物、肉
類、馬鈴薯、啤酒、糖和茶。在整個十九世紀的前四十年，平均每
人的小麥消耗量均未達到十八世紀的水準。專門研究馬鈴薯的歷史
學家薩拉曼（Mr. Salaman），曾經翔實可信地記載了這場「麵包戰
爭」，不管是地主、農場主人、教區牧師、製造業者或政府本身，都
希望藉由這場戰爭迫使勞工放棄原本的小麥而改吃馬鈴薯。1795 年
是最具關鍵性的一年。從這年開始，在有關讓窮人改吃廉價基本飲
食可帶來哪些好處的討論當中，可因應戰時需要這個答案，已退居
第二位。馬鈴薯的種植面積之所以在拿破崙戰爭時期大量擴增，並
不只是因為小麥短缺的緣故：「不足的現象的確存在，但是由於在不

同階級之間分配不均所導致的價格膨脹，才是最強有力的因素……」
1790 年的時候，絕大多數的英國人（即使北部亦然）已經從原本的吃
粗糧改成吃小麥；而白麵包也被他們珍視爲身分地位的象徵。南部
的農村勞工，即使是在瀕於飢餓之際，也不肯放棄食用麵包和乾酪
的習慣。有將近五十年的時間，經常上演著與食物有關的階級戰爭，
在南方是馬鈴薯侵犯麵包，在北方則是燕麥和馬鈴薯攜手侵犯麵包。
薩拉曼認爲馬鈴薯是維繫社會穩定的重要因素，其效用甚至超過阿
列維筆下的循道宗：

> ……馬鈴薯的使用……事實上的確讓工人靠著低得不能再低
> 的工資活了下來。馬鈴薯也許眞的讓英格蘭民眾的貧窮和惡化
> 情況，多延長了一百年之久；然而我們有別的選擇嗎？當然没
> 有，除了流血革命。英格蘭之所以能在十九世紀的最初幾十年
> 避開這樣的一場大動亂……馬鈴薯確實是居功厥偉。[1]

今日的營養專家會建議我們，食用馬鈴薯的好處甚多，不管在
什麼時候，只要生活水準上升到足以**加上**馬鈴薯這項，讓飲食內容
更多樣化，當然是好事一件。但是在當時人眼中，以馬鈴薯取代麵
包或燕麥粥，卻是意味著生活水準的降低。以馬鈴薯爲主食的愛爾
蘭移民（艾利奧特把他們稱做「吃菜莖的愛爾蘭游牧群」），就是最明

---

[1] R. N. Salaman, *The History and Social Influence of the Potato* (Cambridge, 1949),
esp. pp. 480, 495, 506, 541-2. 德拉蒙（J. C. Drummond）和《英國人的食物》
（*The Englishman's Food, 1939*）作者韋布拉漢（A. Wilbraham），也把這個時期視
爲衰落期。

顯的見證，而許多英國人也同意柯貝特的說法，認為窮人是一項陰謀的受害者，這項陰謀的目的就是要讓他們淪落到和愛爾蘭人一般低賤。在整個工業革命時期，照人民看來，麵包（和燕麥片）的價格才是生活水準的第一指數。當穀物法（Corn Law）在 1815 年獲得通過之際，國會上下兩院必須藉由軍隊的力量來抵擋民眾的滋擾。「打倒穀物法」是彼得盧起義的最醒目標幟，而且這種情形一直持續到 1840 年代的反穀物法騷動（尤其是在蘭開郡）。

和小麥一樣，肉類所牽涉到的情感因素，也遠超過其營養價值。「老英格蘭的烤牛肉」（The Roast Beef of Old England）可說是工匠的驕傲和勞工的願望。再一次，**平均每人**的消費量在 1790 到 1840 年間，大致是呈現下降走勢，不過確切的數字尚有爭議。這種看法主要是根據倫敦屠宰場所宰殺的獸類數目和重量。但是，即便這些數字可以成立，我們還是無法確定全民之中有那些部分是吃肉的，而其比例又如何。肉類當然應該是物質生活的敏感指標，因為只要實質工資有所增加，它就會是首先獲得消費的物品之一。季節性工人很少會仔細規劃他們一年五十二個禮拜天的正餐消費；相反的，他們通常是在做全工的時候隨便花錢，其餘時間就碰機會憑運氣。有人告訴梅休：

　　一名當時有活可做的製磚工的小女兒，經常會到屠夫那兒購買肉排和其他的上選美味。「先生，我父親這會兒不在乎價錢多少，可是一定要是上好的肉排，先生，拜託一定要嫩的——因為他是一個製磚工。」可是冬天一到，小女孩的說詞卻換成了：「先生，這裡是四便士的零錢，你必須給我的父親來點便宜貨。他不在乎給些什麼，便宜就行。現在是冬天，他沒工可做。先

生——因爲他是製磚工。」[2]

比起外郡勞工，倫敦客一般可指望稍微高一點的生活水準。在 1812 年不景氣最嚴重的時刻，一位觀察家的印象是，倫敦的窮人比北部和西部的窮人過得好些：

> 不論生活必需品的價格飆到多貴，首都的窮人事實上都過得相當舒服。這裡連最卑下的勞工也常常有肉吃（鮮肉），而每頓飯總少不了麵包、乾酪和某種啤酒，但是在英格蘭西部，即使是農夫也供不起他的家人這般食物。[3]

當然，當時有各種各樣廉價出售的劣等「肉類」：燻鯖魚和醃鯡魚、牛蹄筋、羊蹄、豬耳朵、牛羊肚等。蘭開郡鄉下的織工看不起城裡的食物，他們比較喜歡「多少靠靠自己的力氣和刀子」(summat at's deed ov a knife)，這句話有兩層意思，一是延續他們自己的直接養豬經濟，二是他們懷疑城裡的肉品有病。如果他們被迫在城裡吃飯，「那麼每吞下一口食物，都會痛苦地想著這頭四足動物活著的時候是個什麼樣子，是爲了什麼特殊的原因才讓牠喪生。」[4] 城鎮居民經常吃到不乾淨或劣等食物的情形，已不是什麼新鮮事；但是隨著都市工人的比例日漸增加，這種情形也益形加劇[5]。

---

2 Mayhew, op. cit., II, p. 368.

3 *Examiner*, 16 August 1812.

4 E. Waugh, *Lancashire Sketches*, pp. 128-9.

5 See J. Burnett, "History of Food Adulteration in Great Britain in the 19th Century", *Bulletin of Inst. of Historical Research*, 1959, pp. 104-7.

　　平均每人的啤酒消費量在 1800 到 1830 年間無疑是減少了，而平均每人的茶或糖的消費量則無疑是增加了；而在 1820 到 1840 年間，杜松子酒和威士忌的消費也有顯著提升。再一次，這事除了關乎飲食，同時也關乎文化。啤酒被農業勞工、卸煤工和礦工視爲是幹重活的必備之物(用來「補充汗水」)，而在北部的某些地方，啤酒根本就是「飲料」的同義詞。自家釀造淡麥酒可說是家政工作的重要項目之一，「如果一名年輕女子可以把燕麥餅烤得很香、把酒釀得很醇，大家就會認定她可以做一名好妻子。」「有些循道宗查經班的班長表示，沒有先來一『大杯』啤酒，根本無法開始講經。」[6] 啤酒消費量的減少乃直接導因於麥芽稅──一種極不受大眾歡迎、甚至被視之爲革命動因的賦稅。一位漢普郡的書記官員在 1816 年指出，一旦取消了麥芽稅，

> 勞工便會高高興興地每天去上工，以大丈夫的精力和滿足完成他的工作，並會因此而依附於他的住宅、他的家庭、尤其是他的國家，因爲國家允許他和比他優越之人分享這杯有益健康的飲料，這杯飲料在窮人眼中，可是比英國國會可能頒給他的任何東西更值得期待。[7]

烈啤酒的附加稅引起了廣泛規避。「地下酒館」(hush-shop)如雨後春筍般興起，班福曾因爲被懷疑是稅收官，而差點在一家這樣的酒館裡遭到謀殺，幸好有一名酒客認出他是貨眞價實的「在逃」激進分

---

6 J. Lawson, op. cit., pp. 8, 10.

7 *Agricultural State of the Kingdom* (1816), p. 95.

子，這才保住了性命。

這類稅收的效果無疑大大減少了家庭釀酒和家庭飲酒的數量，它同時也讓飲酒變得不再像以往那樣是正常飲食的一部分，而比較像是門牆外的活動。(1830年廢止了烈啤酒稅並通過了啤酒法，在接下來的五年當中，總計有三萬五千家啤酒館爭相冒出。)茶葉消費量的增加，有一部分是因為取代了啤酒，或許它也同時取代了牛奶。再一次，許多那個時代的人們——包括最著名的柯貝特——都認為這是生活水準惡化的證據。茶葉被看成是一種貧窮的替換品，工人之所以需要這種刺激(和烈酒消費的增加一樣)，完全是因為他們的飲食不足卻又必須超時勞動。然而到了1830年，茶葉已經變成生活必需品，因窮困而買不起茶葉的家庭，會向鄰居乞討一些泡過一次的茶葉，甚至還會把沸水倒在燒焦的麵包皮上，以假冒茶的顏色[8]。

整體而言，這是一份無甚可觀的記錄。在工業革命的五十年間，工人階級所分享到的國民生產總值，相較於有產階級或專業階級，的確是下降了。儘管這個時代充斥著國民財富增加的證據，但是「一般」工人卻還停留在幾近於勉強糊口的生活水平，這些財富有許多顯然是出自工人的勞動成果，但是卻以同樣明白可見的方式，落入了他的雇主手中。在心理上，這種感覺很像是生活水準的下降。他所分享到的那份「經濟進步的好處」，只是更多的馬鈴薯、家人身上的少數幾件棉質衣著、肥皂與蠟燭、一些茶和糖，以及《經濟史評論》(*Economic History Review*)當中的一大堆文章。

---

8 此段所提到的若干論點，參見艾希頓、哈特威(R. M. Hartwell)、霍布斯邦和泰勒等人有關生活水準的論著。

二、住宅

有關都市環境的證據，也好解釋不到哪去。十八世紀末的時候，還可看到農場勞工一家人擠在只有一個房間的骯髒小屋裡面，這些屋子既潮濕又低於地面，這樣的情形在五十年後，已比較罕見了。雖然胡亂興建的偷工減料工程以及乘機賺取暴利的例子在擴建中的工業城鎮可說層出不窮，但是這些房子本身，還是比許多鄉間移民以往所住的房子好上許多。但是，隨著新興工業市鎮的逐漸老化，有關飲水供應、衛生設備、過度擁擠以及將住宅改做工業用途之類的問題，也變得日趨惡化，根據 1840 年代針對住宅和衛生設備所進行的調查顯示，當時的惡劣情況已到達駭人的程度。誠然，農村或織工小村中的糟糕情形可能不下於普雷斯頓或里茲，但是就規模而言，大城市的問題確實最為嚴重，而且這種不良情況的蔓延還會加速傳染病的擴散。

此外，大城市的情況不管在事實上還是**感覺上**，都更容易引起人們的厭惡和不便。村裡的水井就在墓園旁邊，井水可能不夠乾淨，但至少村民不必在三更半夜跑到供應好幾條街的唯一一座給水塔前排隊等候，他們也不必為此付錢。工業市鎮的居民往往躲不開工業廢物和露天陰溝的惡臭，他們的子女得在垃圾和糞堆中玩耍。這類證據有些還牢牢鎸刻在今日英格蘭北部和密德蘭的工業景觀當中，時時提醒著我們。

這種都市環境的惡化對今日的我們所造成的打擊，就像它對許多當時人的打擊一樣，可說是工業革命最災難性的後果之一，不論是就美感、社區福祉、或是公共衛生和人口密度而言都一樣。再者，

惡化情形最明顯的，通常都是一些「高工資」地區，也就是最能證明生活水準有所改善的「樂觀」證據的大本營。根據常識，我們必須把這兩種證據擺在一起，不過事實上已經有人提出各式各樣的和緩論點。我們可以從某些例子中看到一些追求改進的工廠主人，他們會照顧雇工們的住家情況。這些例子或許可以讓我們對人性略感欣慰，但是他們的作爲充其量也只能觸及到這個大問題的末梢邊緣，就像那些敎人敬佩的慈善醫院，至多也只能讓死亡率下降一個小數點左右。此外，大多數在模範公社(新拉納克〔New Lanark〕除外*1)內部所進行的認眞實驗，都是始於 1840 年以後──或是在「工人階級公共衞生情況」(1842)以及「市鎭健康」(1844)這兩項調查報告造成輿論大譁之後，以及霍亂疫情先後於 1831 和 1848 年兩度提出警訊之後。1840 年以前的相關實驗，例如阿胥渥斯家族(the Ashworths)在特頓(Turton)所做的實驗，都是在自給自足的工廠村落中進行。

　　也有人表示，我們或許不該認眞追究誰該爲環境惡化負責，因爲它不是哪一個人的錯──至少不全是「資本家」的錯。沒有誰承認自己是「偷工減料」的惡棍。有些最糟糕的建築物是出自小散工或投機的小工匠之手，甚或是自營的營建工人。一位雪菲爾的調查員分別怪罪於地主、放高利貸的小資本家以及投機的小營建商，「這些投機分子只有幾百鎊財產」，其中有些人「根本連簽名都不會」[9]。由於來自波羅的海的木材、磚、瓦、石板都要上稅，因此價錢總是居高不下；於是艾希頓敎授遂得以爲所有的被告脫罪：「這絕不是機

---

*1 按：歐文成立的實驗公社，詳見第十六章，頁 1100-01。

9 G. C. Holland, *The Vital Statistics of Sheffield* (1843), pp. 56-8.

器或工業革命的錯，甚至不是投機的泥水匠或木匠的錯。」[10] 以上的所有說法都可能是對的。工人階級住宅的聲名狼藉，可以用一句諺語來加以說明，那就是每一隻跳蚤身上，都有「另一隻更小的跳蚤在咬它」。1820 年代，當許多蘭開郡的織工發起罷繳租金運動期間，據說有些小屋的產權人還因此淪落到需要接受濟貧稅救濟的地步。在大城市的貧民區裡，據說那些最糟糕的「羊欄」或灰泥早已剝落一地的「鴿子籠」的主人，經常都是些酒吧老闆和小店主。可是這些說法沒有一項能讓實際的情況有任何一丁點的減輕；爭辯責任該如何分攤，並不能免去這種行為──某些人掠奪了其他人的生活必需品──本身的責任。

比較值得考量的說法是，有些人強調在某些較古老的市鎮當中，許多有關鋪路、照明、下水道和消除貧民窟之類的改良工作，都可追溯到十八世紀。但是，在倫敦這個經常被人引用的例子上，我們完全弄不清楚：市中心的改良工程是否曾延伸到東區和碼頭地區，或是這些改良工程在戰爭期間還維持到什麼程度。公共衛生改革家史密斯博士(Dr. Southwood Smith)，曾在 1839 年的倫敦報告中指出：

> 雖然在較富有階級居住的地區，已經進行了大規模和有系統的街道拓寬工程……以便延伸和改進下水道的相關設施……但是在貧民居住的地區，卻沒有任何一項改善工作已交付執行。[11]

---

[10] *Capitalism and the Historians*, pp. 43-51.

[11] *Fifth Annual Report of the Poor Law Commissioners* (1839), p. 170. See also *Fourth Report* (1838), Appendix A, No. 1.

倫敦東區的生活環境已經對健康造成莫大傷害，醫生和教區牧師可說是冒著生命危險在那兒恪盡職責。此外，如同哈蒙德夫婦所指出的，最惡劣的環境都是出現在工業革命最繁榮的市鎮：「倫敦曾（在商業革命期間）遭受過的苦難，蘭開郡也在十八世紀末到十九世紀初開始嘗到。」[12] 擁有高比例熟練工匠的雪菲爾是一個古老且相對繁榮的城鎮，雖然有一些偷工減料的營建商，但是在十九世紀上半葉，其住屋條件確實已有所改善，到了 1840 年，平均每五個人就擁有一棟房子，大多數工匠都租有一棟屬於他們的家庭小屋，包括一間起居室和兩間臥室。惡化情況最駭人聽聞的——例如擁擠不堪、地窖住宅、無法形容的骯髒——地方，主要集中在紡織業地區以及充斥著愛爾蘭移民的市鎮——利物浦、曼徹斯特、里茲、普雷斯頓、博爾頓、布拉福[13]。

最後，一再有人令人生厭地表示：我們可以原諒貧民窟、惡臭的河流、對大自然的破壞以及建築的慘狀，因爲這一切都發生得太快、太偶然，是在極度的人口壓力之下發生的，既非預謀，也沒有先前的經驗可資借鏡。「苦難的原因，往往是無知而非貪慾。」[14] 事實上，無知和貪慾都是無可推卸的原因，而且找不到任何證據可以證明這兩者有哪一個比較和藹。這種說法的有效性最多也只限於，在

---

12 See M. D. George, *London Life in the Eighteenth Century*, Ch. II; *England in Transition* (Penguin edn.), p. 72; Hammond, *The Town Labourer*, Ch. III and Preface to 2nd edition; Dr. R. Willan, "Observations on Disease in London", *Medical and Physical Journal*, 1800, p. 299.

13 G. C. Holland, op. cit., p. 46 *et passim*. 有關十九世紀中葉里茲地區工人都市環境的精采論述，參見 J. F. C. Harrison, *Learning and Living* (1961), pp. 7-20.

14 R. M. Hartwell, op. cit., p. 413.

1830 或 1840 年代大多數的大型市鎮，醫師和公共衛生改革家，不管是邊沁派或憲章派，都不斷在與產業主的惰性和納稅人「廉簡政府」的煽動行為展開對抗，企圖改良環境。可是在那個時候，工人已完全被隔離在他們惡臭薰天的聚居區裡，至於中產階級，則是盡可能藉由便利的交通讓自己遠離這些工業城鎮。即使是在對比之下算是建設得相當不錯的雪菲爾，

> 除了工匠和貧困的小店主之外，其他的所有階段都深受鄉間的舒適和隱居生活所吸引。律師、製造業者、雜貨商、布商、鞋匠和裁縫，都把他們的宏偉宅邸建築在一些風景如畫的地方……

1841 年，在為數六十六人的雪菲爾律師圈中，計有四十一名住在鄉下，剩下的二十五名，有十名是才搬進城裡的新來客。在曼徹斯特，住在死巷和地窖中的貧民，

> 因為被擋在一堆堆高聳的商店、工廠、倉庫和製造廠後面，很少被他們有錢的鄰居瞧見，這些有錢人大多居住在諸如奇山（Cheetham）、布勞頓（Broughton）和柯爾頓（Chorlton）之類的空曠地區，他們對紐西蘭或堪察加半島居民的了解，恐怕要多過對他們窮鄰居的認識。

「富人根本看不見窮人，要不就是只有當窮人以流氓、乞丐或罪犯的身分出現時，才不得不注意到他們的存在。」「我們可以把『世界上的這一半人口不知道另一半人是如何生活』這句格言，改成『世

界上的這一半人口**根本不關心**另一半人是如何生活』。阿德維克(Ardwick)對安可茲的了解，還比不上它對中國的認識……」[15]

　　誠然，這種史無前例的人口成長率以及集中於工業地區的情形，不管在任何一個已知社會，勢必都會釀成重大問題，特別是在一個把追求贏利和敵視規劃當做**基本原則**的社會。我們應該把這些現象視爲工業主義的普遍問題，只是自由放任資本主義的掠奪慾望讓它們變得更爲嚴重。但是，不論這些問題的定義爲何，這些定義也不過是用來形容或解釋同一項事件的不同方式。在 1800 到 1840 年間，任何一項針對工業心臟地帶的調查，都無法忽略景觀毀滅和舒適不再的證據。這個重新建造了巴斯城的時代，畢竟是不會缺乏美感，也不會忽視公民責任。但是我們在工業革命的最初階段，卻發現這兩項價值都處於衰弱不振的狀態，就算沒這麼嚴重，這些價值至少是不曾延伸到工人階級身上。然而不管大城鎮裡的貧民情況在 1750 年以前有多麼駭人，但是在較早的幾百年間，城鎮無論如何總是會具體表現出某種公民價值和宏偉建築，會在職業、行銷和製造之間維持某種平衡，並具有一定程度的多樣性。「焦炭城鎮」(Coketowns)[*2] 或許是第一批擁有一萬名以上的居民卻還全心全意地致力於工作和「事實」(fact)的市鎮。

---

15 G. C. Holland, op. cit., p. 51; W. Cooke Taylor, *Notes of a Tour in the Manufacturing Districts of Lancashire* (1842), pp. 12-13, 160. 按：阿德維克和安可茲都是位於曼徹斯特近郊的市鎮。

*2 按：狄更斯小說《苦難時代》裡的工業城鎮的總稱，後引伸爲工業城鎮的代名詞。

三、生命

健康和壽命的問題甚至更難解釋。一直到最近，還有許多人以為英國在 1780 到 1820 年間的人口「爆炸」，主要是由於死亡率下降的關係，尤其是嬰兒死亡率。因此，大家便理所當然的進一步假設：這是因為醫藥常識、營養(馬鈴薯)、衛生(肥皂和棉質襯衫)、供水或住宅改進的緣故。但是這一整套論點如今看來卻頗有疑問。人口「爆炸」可以說是當時歐洲的共通現象，同時發生在英國、法國，以及西班牙和愛爾蘭，但是在這些地方，上面所提到的那些因素並沒有達到同樣的水準。其次，人口學家如今正在爭論一個已獲接受的證據，而且已經有人提出相當強有力的論點，可以重新強調：造成人口「爆炸」的原因主要是出生率的提高，而非死亡率的下降[16]。

就算我們接受克勞斯博士(Dr. Krause)的看法，也就是出生率在 1781 年後有所上升，1831 年後轉趨下降，以及「死亡率並沒有出現重大變化」，我們也無法進而推論出，工人階級的健康和壽命曾得到改善。一個有趣的現象是，生育率(也就是平均每一千位屆於生育年齡之婦女所擁有的零到四歲的孩童數目)在 1821 年達到最高峰，而且名列前茅的是一些工業革命的心臟地帶(蘭開郡、西來丁、柴郡、斯塔福郡)，其次是南方最貧苦的「濟貧法諸郡」。乍看之下，這好

---

[16] See especially J. T. Krause, "Changes in English Fertility and Mortality, 1781-1850", *Econ. Hist. Review,* 2nd Series, XI, No. 1, August 1958, and "Some Neglected Factors in the English Industrial Revolution", *Journal of Economic History*, XIX, 4 December, 1959.

像是驗證了馬爾薩斯的論調——該論調在當時普獲接受，然而柯貝特卻對它厭惡至極——亦即斯品漢姆蘭的賑濟制度和工廠所提供的就業機會(包括童工在內)有助於提高出生率。我們不須假設父母是有意識地決定生育較多子女，以便能有更多的人手可以賺取工資或有更多的人頭可以申請濟貧稅。生育率的提升可以用下面這些原因來解釋：傳統的社群和家庭生活模式的崩潰(斯品漢姆蘭與工廠制度都有助於打破過早結婚和「魯莽」結婚的禁忌)、農場僕人和學徒「住在雇主家中」的情形大量減少、戰爭的衝擊、人口往新市鎮的集中，甚或是適者生存的遺傳法則汰選出最具生育能力的「適者」。更何況，生育率的提高並不能做為生活水準提升的證據[17]。十九世紀早期的觀察家始終認為，最貧窮和「最無遠見」的工人，通常擁有人數最多的家庭成員；而愛爾蘭一直要等到大饑荒的慘痛經驗過後，才徹底改變了愛爾蘭農夫的婚姻模式[18]。

這類論證都相當複雜，目前最好是留給人口學家去傷腦筋。不過無論如何，我們已得出一項結論，那就是有必要重新檢視這些證據——以往對於這些證據的詮釋，都是建基在死亡率下降的前提之上。目前看來，醫學的進步在 1800 年以前對於工人平均壽命的影響可說微不足道。在十八世紀中葉的倫敦和其他較古老的「工匠」市鎮，死亡率可能確實有所下降，原因是由於杜松子酒的飲量劇減，以及早期的公共衛生改良和啟蒙教育的結果。此外，人口「爆炸」

---

17 See J. T. Krause, "Some Implications of Recent Work in Historical Demography", *Comparative Studies in Society and History*, I, 2, January 1959.

18 K. H. Connell, "The Land Legislation and Irish Social Life", *Econ. Hist. Review*, XI, 1 August 1958.

的開端也可能可以上溯到十八世紀中葉，而且是導因於傳染病的大量減少，「因為人類對它們的蔓延和防治無能為力的情況已有所改善」[19]。最初人口增加的支撐力是來自農產品的長期連續豐收，以及生活水準的改善，不過這裡的改善是屬於工業革命的最早期而非後期。當工業革命的步幅逐漸累積，以及當我們在快速成長中的大型市鎮看到典型的過度擁擠和道德敗壞的時候——因為湧進了大量的無根移民——都市人口的健康情況也開始嚴重惡化。在十九世紀最初的三、四十年，新興工業市鎮的嬰兒死亡率比農村地區高出許多——有時甚至高出一倍。里茲的薩克拉博士（Dr. Turner Thackrah）宣稱：「大型市鎮裡面擁有完善健康的人數不到百分之十。」[20] 而與勞動人口的疾病、營養不良、夭折率以及職業傷殘有關的文獻記載，也相當豐富——其中多半是來自醫療人員。這些證據有時會彼此矛盾，尤其是關於工廠童工的部分，因為要求十小時工作制的浪潮在1830 年代正好達到高峰，許多醫生經常援引相反的意見進行辯論。「樂觀派」的歷史學家往往把贊成改革者要求的醫生看法斥之為「偏見」，可是卻同意那些替雇主發言的醫療證人的看法是「客觀的」和

---

[19] T. McKeown and R. G. Brown, "Medical Evidence Related to English Population Changes in the Eighteenth Century", *Population Studies*, November 1955. See also J. H. Habakkuk, "English Population in the Eighteenth Century", *Econ. Hist. Review*, VI, 2, 1953; G. Kitson Clark, *The Making of Victorian England* (1962), Ch. III. 關於一個地區之經濟和人口統計資料的徹底檢查，參見 J. D. Chambers, *The Vale of Trent, 1670-1800* (Economic History Society, Supplement, 1957)。

[20] *The Effects of Arts, Trade and Professions... on Health and Longevity* (1832), ed. A. Meiklejohn (1957), p. 24.

具有權威性的，此刻，是我們該結束這種偏頗的時候了[21]。

　　1839 年的「戶政總長第一報告」(The First Report of the Registrar-General) 顯示，全國死亡率中有百分之二十是由於肺癆，這種疾病通常與貧窮和過度擁擠有關，在鄉下和都市地區都很流行。以里茲的一家毛織品工廠為例，1818 到 1827 年間，該廠總計死了九十二名成年和青少年工人，其中有超過五十二人是死於肺癆或肺病，其次的兩大死因分別是「衰竭」或「太老」(九人)，以及氣喘(七人)。雪菲爾總醫院(Sheffield General Infirmary)的賀藍醫師(Dr. Holland)為我們留下一份相當詳盡的有趣數字，其中涵蓋了雪菲爾戶政區在 1837 到 1842 這五年之間的死亡原因。這段時期總計有一萬一千九百四十四人死亡(包括嬰兒)，其中奪走了一百條以上人命的死亡原因依序有：

1	肺　癆	1,604
2	抽　慉	919
3	肺　炎	847
4	自然死亡	800
5	意外事故(驗屍官報告)	618
6	猩紅熱	550
7	衰　弱	519
8	牙　病	429

---

[21] 唯一支持這種解讀法的，似乎是哈特那篇有關童工醫學證據的文章，雖然那篇文章十分令人不滿，也無法給人深刻印象，參見 W. H. Hutt, "The Factory System in the Early Nineteenth Century", *Economica*, March 1926；重刊於 *Capitalism and the Historians*, pp. 166 ff。

9	腸 炎	397
10	腦 炎	351
11	衰老病	346
12	痲 疹	330
13	天 花	315
14	百日咳	287
15	原因不明的炎症	280
16	一般熱症	255
17	氣 喘	206
18	黏膜性喉炎	166
19	痲 痹	107
20	肝 病	106

這項調查分析顯然不夠充分（這張單子上既沒有腸胃炎也沒有白喉），這點不須我們多言。賀藍醫師也認爲這些報告「不足採信」：「衰老病」和許多的「氣喘」病例都應歸到肺癆項下。關於登記當中只有**一人**死於「食物匱乏」這點：

> 醫務人員的觀察一定受到相當大的限制，以致他無法下結論說：這個城市有數百人的死亡原因，可歸咎於維生必需品的不足。他們可能是因病而死，但是這些疾病卻是由貧困的生活加上辛苦的勞動所造成的。

不過，雪菲爾的數字也顯示了，五年之間只有六十四人死於分娩（這項診斷大概是不會有錯）。這個數字比起先前的一百年可說有

相當戲劇性的改善，主要得歸功於產褥熱的減少以及衛生保健和接
生技術的改進。然而，儘管各階級的生產死亡率都在下降之中，但
是那些存活下來的工人階級母親所生的子女，其存活率在工業中心
地區卻是日漸變小。要判斷嬰兒的死亡率是否過高，我們必須先記
住一點，那就是一個小孩能否存活的最緊要時期，不是在零到一歲
之間，而是在零到五歲之間。我們看到雪菲爾這段期間的一萬一千
九百四十四名死者當中，其年齡的分布如下：

一歲以下	2,983
一歲	1,511
二歲到四歲	1,544

這表示五歲以下的死亡人數為六千零三十八人，其餘的五千九百零
六人乃屬於其他的年齡群。因此，嬰兒的死亡率（一歲以下）大約是
千分之二百五十，而五歲以下的死亡率則是千分之五百零六。曼徹
斯特的數字也相當類似，凱伊博士指出，「貧民的子女當中，有超過
一半以上……在五歲之前就已走完一生」，而戶政總長的報告（1839
年）也顯示，在五歲以下的年齡群中，其死亡率約為千分之五百一十
七。但是這些數字低估了──或許是嚴重低估了──實際上的兒童
死亡率，因為各工業中心經常是擠滿成年人和移民。1851 年的人口
普查（該次普查有出生地的記錄）顯示，「幾乎在所有的大城鎮，來自
別處的移民人口都超過出生於本地的人口」，而且移民的死亡數字將
不斷沖淡兒童的實際死亡率。在 1840 年以前，我們不能把大城市的
人口成長歸因於其自然增加率高於鄉村地區。如果說傳統的觀點是
正確的，而且在較古老的工業中心、市集城鎮和村落，的確有一大

群人們的健康在某種程度上是受益於工業革命的產品(和公共衞生的啓蒙),但是對那些負責生產貨物的人們而言,情況卻非如此。我們腦中所浮現的畫面是:在「高工資」的工業中心,一代接一代的兒童有半數以上在他們還不太會說話的年齡就已夭折;而在「低工資」的鄉下,兒童們則是靠著濟貧稅活了下來,然後移往市鎮去補充成年勞力的不足[22]。

我們並沒有理由假設,工廠成年操作員的健康情形低於整體的平均水準,甚至還有些證據指出,成年棉紡工人的健康情況在 1810 到 1830 年間有所改善,而且之後的改善速度更快,因爲工作的時數受到限制、機器的安全性獲得提升,而空間和通風設備也都比以前來得舒適。但是他們的子女似乎和其他的勞工承受著同樣的苦難。1833 年爲曼徹斯特雇主所做的一份調查顯示,接受調查的已婚紡紗工人總共養育了三千一百六十六名子女(平均每對夫妻擁有四點五個子女),「這些子女當中有一千九百二十二人或百分之六十點五活了下來,另外的一千二百四十四人或百分之三十九點五,則死於夭壽」[23]。我們可以合理的推測:等到這些在調查時還是嬰孩的子女長到五歲或來不及長到五歲的時候,原本的百分之三十九點五的比例將會上升到接近百分之五十。作業員往往被視爲工業革命的受益人,因此其子女在幼童時期的高死亡率,一般的環境健康條件或許得負部分責任。也可能是因爲許多女孩子打從童年開始就得在工廠做工,

[22] G. C. Holland, op. cit., Ch. VIII; J. P. Kay, *The Moral and Physical Condition of the Working Classes Employed in the Cotton Manufacture of Manchester* (1832); *First Annual Report of the Registrar-General* (1839), *passim*; A. Redford, op. cit., p. 16.

[23] W. Cooke Taylor, op. cit., p. 261.

以致骨盆變形變窄而不容易生產[24]；也或是由於這些新生嬰兒的體質天生就比較虛弱，因爲他們的母親得工作到懷孕的最後一個星期；以及最重要的，因爲缺乏適當的幼兒照料。母親們爲了怕失去工作，總是在生產後三個禮拜或三個禮拜不到就返回工廠，在蘭開郡和西來丁的某些市鎮，一直到 1840 年代，女工們都還把嬰兒帶到工廠，利用吃飯的時間哺乳。這些少女媽媽可能打從八、九歲起便在工廠做工，她們不曾受過家事訓練，醫藥知識的缺乏更是教人吃驚；父母都是宿命迷信的受害者(敎會有時會鼓勵這樣的迷信)；父母經常用鎮靜劑，特別是鴉片酊來讓哭鬧的嬰兒安靜下來。嬰兒和初學走路的孩子多半是交給親戚、托兒所的醜老太婆，或年紀太小還不能到工廠工作的孩子看管。他們讓嬰兒吸吮骯髒的碎布娃娃，「娃娃上綁著一塊浸了牛奶和水的麵包」，至於二、三歲剛學會走路的孩子，則經常「嘴裡含著這些布娃娃，在工廠附近跑來跑去」[25]。

一名跛腳的工人寫道：「工廠勞工──

走在街上一眼就可以認得出來，他一定有幾個關節快要報銷了。要不是膝蓋內彎、腳踝腫大、兩個肩膀不一樣高，就是駝背、雞胸、或各式各樣的畸形。[26]

許多工業工作者也有同樣的情況，不論他們的工作地點是工廠裡面

---

[24] 參見里茲的史密斯醫生的證詞，收於 *Poor Man's Advocate*, 5 May 1832。雪菲爾地區的難產死亡率之所以較低，可能是因爲該地較少有女孩受雇於需要一天站立十二至十四小時的工作。

[25] W. Dodd, *The Factory System Illustrated* (1842), p. 149.

[26] Ibid., pp. 112-13.

或外面。如果說棉紡工人四十歲以後就很少受人雇用（而那些受雇用者必定是通過了一長串淘汰虛弱者的挑選過程），那麼老礦工和老刀剪匠的情形也好不到哪去。薩克拉醫生發現翻織工人和拾荒者罹患職業病的比例甚高，而賀藍醫生也曾針對雪菲爾研磨工的疾病和意外寫過一篇詳細的論文。先前我們已經談過家庭精梳工的惡劣工作環境，織工也是生活在同樣的慘況當中。曼迪普山區的玻璃工人、烘培工人，以及倫敦的許多廉價勞工行業也都一樣。裁縫因為得長時間「盤腿坐在一塊木板上」，經常會出現肩膀和胸部的畸形。

在薩克拉醫生眼中，棉紡織工廠與狀況最糟的家庭工業可說是半斤八兩。對他而言，從曼徹斯特棉紡織工廠離開的兒童：

> ……幾乎全都是一臉病容、瘦小、赤足、穿著破爛。許多看上去不超過七歲。成年男工通常在十六到二十四歲之間，沒有半個年紀大的，他們幾乎和那些童工一樣蒼白、瘦弱。女工的外表最體面……

他拿這些人與西來丁小型工廠和加工作坊裡的工人相比，在西來丁，他看到的是「粗壯的縮絨工，健碩的搓毛工，有點骯髒但兩頰紅潤笑臉盈盈的拼布工」；可是，在棉紡織作業廠：

> 我看到，或我認為我看到的，是一個退化的人種——發育不良、衰弱、頹廢。成年男女活不到老年，兒童則永遠長不成健康的成年。

他認為棉紡織業主所收集到的健康證據大有問題，因為大多數的男

性作業員都是在成年之初就遭到解雇，因此那些氣力耗盡的棉紡工人將死在其他行業任上。不管從事的是新式工廠還是古老的家庭行業，老工人「在體力和外貌上都明顯輸給老農夫一大截」[27]。

我們必須同時觀察乘數和被乘數(multipyer and the multiplied)。除了這些為數龐大的工廠跛腳孩童之外，我們也必須指出，織工和一般代工的子女當中有多少患有佝僂症的病童。(這兩者不能混為一談。工廠跛子是因為工廠的關係才成為跛子，至於佝僂症——里茲醫院的史密斯外科醫生解釋說——「乃始於嬰兒時期，通常是在兒童大到可以被送進工廠之前，就已經完全發病，而且其畸形程度也已經固定了。」[28])到了1830年，大家已理所當然地認為，「一般的」都市工業工人大多發育不全，而這種衰弱的體格並不適合從事特別保留給愛爾蘭貧民的粗重工作。於是失業的棉紡工人多半是求助無門，頂多也只能奢望有人願意雇他「跑跑腿、伺候伺候顧客，或兜售一些胸花、縫針、歌謠、蕾絲、橘子、薑餅……」[29]

只要最根本的人口學統計數字還有所爭議，那麼任何結論都只是暫時性的。沒有什麼證據讓我們可以低估倫敦在十八世紀早期杜松子酒「流行」期間的驚人死亡率。但是十八世紀下半葉某些工匠和鄉村勞工的生活和工作條件，似乎比十九世紀上半葉的工廠工人或廠外代工來得健康。如果說倫敦和伯明罕在這些年間的死亡率有所下降，或許是因為它們依然是一個高度的「工匠」城市，養育兒童的水準較高，而工作環境的不健康程度也稍輕。在北部的工業地

---

27 Thackrah, op. cit., esp. pp. 27-31, 146, 203-5.

28 *Poor Man's Advocate*, 5 May 1832.

29 W. Dodd, op. cit., p. 113.

區，中部的陶瓷中心以及大多數的煤田，嬰兒的死亡率增加，生命也變得短促而痛苦。或許正因如此，酒類消費和使用麻醉劑的情形日漸普遍，連帶提高了職業病的風險。這種極度的悲慘也可能有助於生殖率的提升。賀藍醫生發現，工資最低和最沒有組織的雪菲爾工人，可說是「最放蕩、鹵莽和不顧後果」的一群：「我們有廣泛的調查數據可以證明，工匠的環境愈糟，他們的結婚年齡也愈早。」[30]

就算我們接受全國性的死亡率，尤其是嬰兒死亡率，在十九世紀最初四十年間略呈下降的說法，我們也還是要拿我們曾經對工資和消費品提出過的同樣問題來檢視這些統計數字。我們沒有理由認爲垂死孩童或疾病的分布情形，會比衣著和肉類的分布來得平均。事實上，我們知道它們的分布的確是更不平均。有錢人或許像歐斯特勒所說的，不太可能同時穿兩件外套，但是其家人享有診療、醫藥、護理、良好飲食、寬敞空間和安靜環境的機會，卻是一般人的十倍以上。曾有人試圖找出 1842 年時、不同中心地區之不同社會群體的平均死亡年齡：

	士　紳	手藝人	勞　工
拉特蘭郡	52	41	38
楚　羅	40	33	28
德　比	49	38	21
曼徹斯特	38	20	17
伯斯納綠地	45	26	16
利物浦	35	22	15

[30] G. C. Holland, op. cit., pp. 114-15.

在里茲，這三個數字的估計值依序是四十四歲、二十七歲和十九歲，而三個群體的**總**平均數則是二十一歲。在哈里法克斯，一個死亡率低於人口集中地區的大型分散教區，一名當地的醫生估計，「鄉紳、製造業者及其家人」的平均死亡年齡是五十五歲、小店主是二十四歲、操作工人二十二歲[31]。

人口學家當然可以把這樣的數據看成是「文學的」而非統計學的證據。但是這些數據告訴我們，在為數好幾百萬的中產階級和勞工貴族當中，嬰兒的死亡率確實減少了，他們的平均壽命也的確有所增加，因此所謂的全國平均數字，其實是掩蓋了一般工人階級的惡化程度。雪菲爾的賀藍醫生早就提醒過我們：

> 我們毫不遲疑地認為，勞動階級所承受的苦難以及因此而導致的死亡比率，都比以往來得更形嚴重。事實上，在大多數製造業地區，如果單獨研究他們，而**不要把他們和所有人口合併計算**，那麼勞動階級的死亡率恐怕會高得驚人。而所謂的壽命增長，主要是因為……中產階級的人數比以前高出許多……

他接著表示，「我們可能會受到這類粗略報告的欺瞞，

> ……並進而相信，這個社會正在逐漸改善其物質和社會情況，

---

[31] *Report on the Sanitary Condition of the Labouring Classes* (1842), p. 153; G. C. Holland, op. cit., p. 128. 有關哈里法克斯，參見 Dr. Alexander, cited in W. Ranger, *Report on... Halifax* (1851), pp. 100 ff；後期的數據，參見 James Hole, *The Homes of the Working Classes* (1866), pp. 18 ff。

然而真實的情況卻是，人數最多的這個階級若不是在原地打轉，就是處於惡化當中。[32]

四、童年

我們已經談過童工的問題，但是它值得進一步研究。在某個意義上，說這個問題具有爭議性的確挺奇怪的。對於 1780 到 1840 年間童工的被剝削情況嚴重加劇一事，幾乎是每一位熟悉這方面資料的歷史學家的共同認知。這種情形在礦場可謂千真萬確，不論是無效率的小型礦坑或大規模的煤田都一樣。小礦坑由於通道狹窄，只有孩童最容易爬遠；至於大煤田，則是在煤面離豎坑較遠的地方，需要孩童來充當「獵兔犬」和操作通風口。紡織廠裡，童工和青少年工人的數量逐年增加；而廠外代工或「低賤」行業裡的童工，則是工作時間越來越長、工作量也越來越大。這還有什麼好爭議的？

但是，自從哈蒙德夫婦的時代開始，「樂觀派」就一直針對這個問題提出諸多條件限制，讓人不禁懷疑他們想透過解釋來消除童工問題。他們說：這也沒有什麼「新鮮的」；「舊」工業的情況也和新工業一樣糟糕；大多數的證據都是派系之見而且過度誇大；在 1830 年代的大聲疾呼之前，情形已在改善當中；作業員本身才是最虐待兒童的元兇；所謂的大聲疾呼都是來自「利益」團體——對製造業者懷抱敵意的地主，或想要為自己爭取到工時限制的成年工會分子——或對事實一無所知的中產階級知識分子；以及(似是而非的)這整個問題所顯露的並非困難艱苦和麻木不仁，而是雇主階級日

---

[32] G. C. Holland, op. cit., p. 124.

漸增強的人道精神。沒有幾個問題能像它這樣，藉由對詭辯伎倆和意識形態的恣意操弄而擺脫掉歷史的評斷。

童工的確不是新鮮事。早在 1780 年以前，兒童就是農業和工業經濟的一個實際部分，而且這種情形一直維持到學校拯救他們爲止。也確實有些職業——例如爬煙囪小子或走船小子——的情況可能眞的比最糟糕的早期工廠還要嚴重：一個被濟貧院送去給「彼得・格里姆斯」(Peter Grimes) *3 或待在小「日坑」(day-hole) 裡的酗酒礦工當「學徒」的孤兒，可能會遭受到比隔離更可怕的虐待33。然而我們不應把這些極端特例當成是工業革命之前的整體概況，更何況彼得・格里姆斯這個故事的重點之一，是他遭到漁村婦女的放逐，並在罪惡感的折磨之下走向死亡。

工業革命之前最普遍的兒童勞動形式，是出現在家務或家庭經濟內部。孩童才剛學會走路，就可能被差去工作，拿個東西或搬個東西什麼的。克朗普敦博士的一個兒子曾回憶說，「我才剛會走路不久」，便被派去工作：

> 我母親常在一個金屬篩子上面撢棉花。撢好之後放進一個很深的棕色大口桶裡面，桶子裡有厚厚的一層肥皂泡沫。接著母親會把我的襯衣捲起來塞在我腰間的位置，然後把我放進桶裡，要我把棉花踩到桶底……這個程序會一直持續到大口桶裡面的

---

*3 按：彼得・格里姆斯最早是英國詩人克雷布在《自治市鎮》一詩中塑造出來的人物，後來經過英國作曲家布瑞頓 (Benjamin Britten) 的改編，成爲一齣膾炙人口的同名歌劇的主角。彼得・格里姆斯是十八世紀後期的一名漁夫，曾被控謀殺其學徒。

33 See M. D. George, *London Life in the Eighteen Century*, Ch. V.

水滿到我再也沒法在裡面站穩爲止，然後她會在桶旁擺一把椅
子，我就抓住椅背……

另一個兒子回憶道，「七歲的時候被抱到一張凳子上，把準備用來紡
紗的棉花鋪在軋碎機上，一旁的哥哥則負責轉動輪子讓機器運
作。」[34] 接下來的工作是繞線軸；到了十歲或十一歲，就開始紡紗或
——如果腳搆得到踏板的話——操作織布機。童工在紡織這行根深
柢固的程度，常教其他行業的勞工嫉妒不已，因爲他們的孩子沒法
在他們那行找到工作貼補家用。早期的手搖織布機「工廠」之所以
在梳毛紗織造業這行遭到反對，就是因爲它們會讓孩童沒活可做。
1806 年時，一名證人宣稱：如果工廠制度想要興盛，

　　它必須將所有的貧窮勞工從他們的住處和家中召進工廠，在
　那裡……他們將得不到在家中可以由家人那兒得到的協助和好
　處。假設我是一個父親，有四、五、或六個孩子，其中一個十
　四歲，另一個十二歲，另一個十歲。如果我和家人在家中工作，
　我可以讓他們有活可幹：一個繞線軸，另一個用織布機，另一
　個用紡紗機；但是如果我去工廠，他們不會讓我把這些男孩帶
　去，我必須把他們留在外面的廣大世界等死……[35]

　　就當時的標準來說，這是非常困難甚至是殘忍的。在所有的家

34 G. F. French, *Life of Samuel Crompton* (1859), pp. 58-9, 72; see also B. Brierley, *Home Memories* (Manchester, 1886), p. 19.

35 *Committee of the Woollen Trade* (1806), p. 49.

庭裡面，女孩們都忙於烘焙、釀造、清理和雜務。在農業這行，總是一身破爛的孩子們，不論天氣如何都得在田裡或農場上工作。但是，當我們拿這些工作和工廠制度做比較時，我們會發現前者有幾個重要的特點。工作的變化很多(對一個兒童來說，單調是極端殘忍的酷刑)。在正常的情形下，工作是間歇性的：這些工作通常會有一整套的循環流程，而且就算是像繞線軸這種再規律不過的工作，也不需要做上一整天，除非情形特殊(例如一或兩個小孩要替兩名織工服務)。沒有任何一個幼兒必須在桶中踏上八小時的棉花，而且一星期踏六天。簡言之，我們可以說這些孩子是漸漸被帶進工作當中，父母會顧慮到他們的能力和年齡，並在工作之間點綴一些跑腿送信、採黑莓、揀柴火或玩耍。最重要的是，他的工作是在家庭經濟的範圍之內而且有父母從旁照料。十八世紀的父母對子女的態度的確是十分嚴厲，但絕稱不上虐待或缺乏關愛。

有另外兩個事實可以證明這種解釋：一是遊戲、舞蹈和運動在十八世紀始終不曾斷絕，如果孩童得受制於工廠的工作時間，這些活動幾乎不可能存在；其次是手工業工人拒絕把子女送進早期的工廠——這是工廠之所以得雇用貧苦學徒的原因之一。但是在 1780 到 1860 年間，促使童工問題加劇的原因不只限於工廠——工廠甚至不是主因。工作的專業化、經濟角色的不斷細分，以及家庭經濟的崩潰，才是導致這種發展的首要因素。其次則是由於十八世紀晚期人道主義的崩潰，以及戰爭期間的反革命氛圍，這種氛圍孕育出雇主階級的獨斷無情。

關於第二點我們回頭再談。至於第一點，十八世紀為人所知的所有罪惡，幾乎都延伸到十九世紀的最初幾十年，而且還變本加厲。正如狄更斯所知道的，想要在維多利亞時代早期的倫敦看到彼得·

格里姆斯這種人，就和在喬治時代的奧德堡(Aldeburgh)*4一般容易。1842年兒童就業考察團(Children's Employment Commissions)的報告指出，斯塔福郡、蘭開郡以及約克郡的新式濟貧委員局，還是在用以往的老辦法擺脫六七八歲的貧窮小孩，那就是把他們送去給煤礦工人當學徒。只要拿出一個金基尼給他們「買衣服」，這些男孩就得「完全聽命於煤礦承包工」，而且一毛錢工資都領不到。一名哈里法克斯的男孩經常被他的老闆打個半死，老闆甚至還用煤炭砸他，逃跑之後，他就睡在廢棄的礦坑裡，而且吃了「好長一段時間的蠟燭，那是我在礦坑裡面找到的，是礦工晚上燒剩的」[36]。這些孩童那種既害怕又認命的感覺，在這類簡短的報告中歷歷可見。一個八歲大的女童，每「天」得工作十三個小時，負責開關礦坑的調節風門：「我必須摸黑裝上風門，我好害怕……有燈光的時候我偶爾會唱唱歌，可是烏漆抹黑的時候我不會，我不敢在那時候唱。」或是像十七歲的柯紹(Patience Kershaw)，他曾分析過不同工作的優缺點：

> ……我頭上那塊禿的地方是推煤筐的時候弄的；我的腿從來沒有腫過，但是姊妹們進工廠以後腿就腫了；我的工作是在地底下推煤筐，推個一哩多然後再回頭；這些煤筐有三百多磅重……我替他們工作的那些人除了便帽之外一絲不掛……如果我推得不夠快，他們就會打我……我寧可在工廠做工也不要在煤

---

*4 按：奧德堡是彼得・格里姆斯這個故事的背景所在地，位於英格蘭東部的蘇福克郡。這裡的喬治時代指的應該是英王喬治三世的統治時期(1760-1820)，同時也是彼得・格里姆斯這個故事的背景時代。

36 *Children's Employment Commission. Mines* (1842), p. 43.

　　坑做工。[37]

　　這些都不過是十八世紀最糟糕情況的擴大版。但是專業化與經濟分工的結果，卻是讓工廠以外的孩童也分派到特定的任務，按件計酬的工作害他們得每天重複同一個動作達十到十二小時，甚至更久。我們已經提過，在克雷克希頓這個屬於梳毛機安裝工的村落裡面，「走起路來還東倒西歪的四五歲小傢伙……就得一個鐘頭接一個鐘頭、不斷重複地用手把金屬齒插到梳毛機裡面，一直要做到他們的小腦袋昏天轉地、眼睛紅疼、彎腰駝背爲止。」這類工作依然是在家中進行，有證據顯示：大多數的代工工業、農村工業（編稻草、織蕾絲）以及低賤行業，在十九世紀的最初幾十年，這種廉價童工只是有增無減[38]。工廠制度的罪過在於，它繼承了家庭工業制度的最壞特質，但是卻無法提供家庭工業制度的補償：「它把童工、貧民和自由都變得體系化，並以無止境的殘忍進行剝削……」[39] 在家中，孩童的遭遇會隨著父母或雇主的脾氣而有所不同，而且在某種程度上，大人會根據他們的能力來決定給什麼工作。可是在工廠，不管你是體格虛弱還是身體強健，都得遵循機器規定的環境、紀律、速度和工作時間。

　　我們不必一五一十地把這段工廠兒童的漫長悲史，從早年的貧民學徒工廠一直講到 1830 和 1840 年代的工廠騷動。不過，既然舒

---

37 Ibid., pp. 71, 80.

38 值得注意的是，馬克思《資本論》中所徵引的一些最嚴重的案例，正是根據 1860 年代兒童就業考察團的報告。

39 H. L. Beales, *The Industrial Revolution* (1928), p. 60.

適派的看法如今已離譜到把當時的人們和歷史學家的說法都當成是「誇大之詞」，我們就有必要對這些持保留態度的看法做一些討論。這類看法大多見於哈特教授(Professor Hutt)於 1926 年所發表的一篇論文，那是一篇教人憤怒而且幾乎是漫不經心的作品。偶爾來一匙檸檬汁可能有益人體健康，但我們卻不能永遠只靠檸檬汁過活。這篇無足輕重、幾乎沒事實根據、而且經常造成直接誤解的文章，直到今天還有人徵引，甚至被重新收錄於《資本主義和歷史學家》一書[40]。文中所提到的每一點，倡議十小時工作制的論者幾乎都曾經預先設想到而且還加以批駁過，尤其是費爾登那本立論嚴謹而且資料豐富的《工廠制度的詛咒》(*The Curse of the Factory System*)，這部作品才是對學術研究更為有用的貢獻。

把他的所有論點從頭到尾複習一次，想必會相當耗時乏味。沒錯，十八世紀末有許多極殘酷的暴行施加在貧窮學徒身上，教區學徒制度也在十九世紀日漸讓位給「自由」勞力。誠然——我們很高興知道這點——有些雇主，例如歐德諾(S. Oldknow)和葛雷格家族(the Gregs)，提供他們的學徒相當不錯的待遇。確實，有些改革者挖掘出最惡劣的事例，並在事件過後多年才加以引述。但是，若根據這些證據來否認1830年代存在過同樣的暴虐，卻絕對是大錯特錯。(改革家想要為同時代的虐待案例取得具名擔保的誓詞，往往非常困難。理由很簡單，因為工人怕因此失去工作。)羅伯‧皮爾(Robert Peel)於1802與1819年所提的兩項法案，的確暗示出人道精神的沸騰，以及部分大雇主試圖強制一些規模較小或最寡廉鮮恥的競爭對

---

[40] W. H. Hutt, "The Factory System of the Early Nineteenth Century", *Economica*, March 1926.

手接受他們的人道規範。而曼徹斯特和斯塔克港周圍地區的一般情形，到 1830 年時也確實都有了相當的改善。但是這種改善既沒有擴及到偏遠地帶或鄉下地區，也沒有超出棉紡織業的範疇。再加上十九世紀最初三十年發生了鄉下工廠的大量擴張、全套的工廠制度引入到梳毛紗製造部門，以及工廠制度在絲織業和麻織業上所取得的進展，在在使得曼徹斯特好不容易贏得的改善成果，全被布拉福、哈里法克斯、馬克茲菲和蘭開郡高地的種種暴虐給抵銷了。

沒錯，1832 年薩德勒委員會所提出的證據確實是帶有派閥色彩──而且這點經常被人引述──而類似哈蒙德夫婦、哈欽斯(Hutchins)和哈里森(Harrison)(但不包括費爾登和恩格斯)這樣的史學家，也的確可以被批評為過度利用這類證據。在歐斯特勒的協助之下，由工人組成的縮短工時委員會(Short-Time Committee)將它們收集到的證據──特別是來自西來丁地區──加以組織整理，並在薩德勒委員會上提出；委員會的主席薩德勒，是十小時法案在國會方面的主要鬥士；而且在雇主方面尚未提出任何證據之前，委員會就已經發表了它的證詞。但是我們不能就此斷定，薩德勒委員會所提出的證詞是於實不符的。事實上，任何大致讀過這份證詞的人，都會發現它有一種教人不得不信的可信度，雖然也一定會留意到證人之間的說法有點出入，而且發生在小鎮(如凱雷和杜斯伯里〔Dewsbury〕)小廠裡的最惡劣情況，並不同於棉紡織大城裡的大工廠情形。哈特教授強調，(在雇主的堅持之下)於次年成立的工廠調查團(Factory Commission)，「幾乎對薩德勒委員會所提出的所有指控，都做了有效的辯駁」，然而這項說法是沒有事實根據的；而他認為有系統虐待兒童這項指控乃「完全沒有事實根基」的說法，以及「就算這類故意虐待兒童的做法確實存在，那也是工人在違反雇主意願和雇

主不知情的情況下自行採用的」說法，也同樣是沒有事實根據的。工廠調查團所收集到的證據，大多是各有各的結論，根本沒有一致的看法。在這種證據彼此衝突的情況下，我們不懂爲什麼會有人要求我們應該毫不遲疑地接受雇主(和他們的監工)所列舉的證據，而反對雇工所提的證據[41]。

那些——像哈特教授和史邁塞教授一樣——頌揚工廠調查團(1833 年)的證詞並反對薩德勒委員會的人士，其所犯的錯誤，和他們對哈蒙德夫婦的指控如出一轍。不論正確與否，歐斯特勒和縮短工時委員會都認爲這個考察團的任命是一種拖延戰術，考察團的成員則是雇主的打手。他們的因應對策是，拒絕提供考察團員任何證據。助理考察團團員在工廠地區的行動遭到嚴密監視。工人批評他們整天和工廠主人應酬交際，花在考察上的時間簡直少得可憐。工人也注意到：在他們來訪前夕，工廠都經過特別的粉飾和清洗，年齡太小的兒童還特別藏了起來。工人們還舉行充滿敵意的示威，以強調他們的主張[42]。這些考察團員的報告被工人方面批評得一文不值，就像薩德勒委員會的報告飽受到雇主指責一般。

薩德勒委員會的一位證人宣稱：「我的一位鄰居要求我——

---

[41] *Capitalism and the Historians*, pp. 165-6. 哈特教授甚至不斷重複雇主和烏爾博士口中的**暴民**(canaille)一詞，這種情形和他毫無根據地指控多爾帝曾因攻擊一名婦女而遭定罪如出一轍。

[42] 參見 1833 年 6 月 1 日的《西來丁之聲》(*The Voice of the West Riding*)：「里茲的工人，那些勞動階級，已經光榮地盡完他們的責任。他們悍然拒絕與那些人合作，如果那些人還有一丁點最起碼的誠意，他們就該讓那些暴虐的工廠主人去幹他們自己的髒活……」Ibid, 15 and 22 June 1833 and Driver, op. cit., Ch. XIX.

建議委員會在清晨五點半的時候到里茲橋瞧瞧，那時貧苦的工廠兒童剛好會行經該橋。如此一來，他們花一個小時在那兒收集到的證據，會比花上七年調查所收集到的證據更多。我曾經看過有些孩子邊跑邊哭，手上拿著一小塊麵包，這塊麵包是他們在正午十二點鐘以前僅有的一點食物。他們之所以哭，是因爲害怕遲到。

即使我們把殘酷成性的監工的故事放到一旁，對眾多孩童來說，一天也是這麼開始的，而且要到晚上七、八點才告結束；最後幾個小時，孩子們常常是一邊站著工作一邊哭，甚至還做到睡著，小手被「接頭」的紗線磨到流血，爲了讓他們保持清醒，連爸媽都不得不賞他們幾個巴掌，至於監工則是手執皮鞭地來回巡視。在利用水力運作的鄉下工廠，夜班或十四到十六小時的日班可說是家常便飯。就算哈特教授認爲這還算不上是「有系統的虐待」，可是像費爾登和伍德這類有人性的工廠主人，對此卻是毫不質疑。

至於成年工人的態度，也沒有什麼祕密可言，他們大多是童工的父母或親戚。如史邁塞教授所指出的[43]，在某種意義上，家庭經濟的系統也延伸到了工廠。童工的收入是家庭工資的必要成分。有許多例子顯示，雖然還構不成大多數，成年的紡紗工或一般工人常常是替他們工作的孩童的親戚。如果要限制童工的工作時數，就必須一併限制成年工人的工作時數，因爲他們做的是同一個工作程序；如果只限制童工的工作時間，情況不會有任何改善，因爲工廠會要求童工上兩輪班(並因而延長成年工人的工作天數)。只有確實讓工

---

[43] N. J. Smelser, op. cit., esp. Chs. IX and X.

廠的機器停止轉動，才得以貫徹工時限制。如果說成年工人也因縮短工時而有所獲益，這並不表示他們沒有人道關懷，也無法用來證明，1830年代爲工廠童工所舉行的大規模遊行和示威，只是一種僞善。

父母們不但需要子女的收入，同時也眞心期望他們工作，這點可說是千眞萬確。儘管有少數的工廠作業員對自己的子女也非常虐待，但是有證據指出，工廠社群還是期盼工廠能遵行一定程度的人道標準。有一名杜斯伯里地區的紡紗工素以壞脾氣和用棍子毆打童工著稱，「他找遍全鎮也沒半個人願意讓孩子替他工作，只好遷往別處……」父母找虐待其子女的作業員報復的故事屢見不鮮。薩德勒委員會的一名證人，形容他小時候如何被搓毛工人責打。「一個替粗梳工工作的年輕人跑去找我母親，

> 她走進來……問我搓毛工人是用什麼打我的，但是我不敢說；一旁的工人指出那個工具……於是她抓起它……狠狠地朝那個工人的頭打下去，還賞了他一兩個黑眼圈。[44]

這種情形和父母不關心小孩的常見說法並不吻合。兩份報告中的證據都指出，導致殘忍行徑的眞正原因，是機器本身的紀律，外加監工或(小工廠)雇主的肆意驅迫。說這種普遍見於整個行業的做法一直是在「違反雇主意願和雇主不知情的情況下」進行的，根本

---

[44] 在閱讀這些故事的同時，我們應該對照一下，這些成年工廠作業員在戰爭期間對貧民學徒的虐待，這類敍述經常敎人毛骨悚然。See J. Brown, *Memoir of Robert Blincoe* (Manchester, 1832), pp. 40-1.

是不值一哂。許多父母確實與雇主串通，讓他們的子女能以低於 1819 和 1833 年明令規定的年齡去工廠工作。所幸有多爾帝(John Doherty)和縮短工時委員會致力於在作業員之間發起活動，反對這類惡行，他們鼓勵工人要人窮志不窮，並對沒受過教育的工人解釋教育的重要性。工廠運動也關係到數以千計的非工廠工人：想讓「蒸汽怪獸戴上嘴套」的織工；被青少年取代、而只能靠孩童收入過活的父母。嘉斯凱爾看出(於 1833 年)工人的不滿不單是因為工資過低，而是導源於——

　　家人的隔離、家庭的崩潰，以及所有聯繫人類心靈與良善天性的鏈鎖悉數遭到破壞——也就是他的本性與社會感情……[45]

工廠運動在其最初階段所代表的意義，與其說是中產階級人道主義的成長，毋寧說是工人對其自身人權的肯定。

　　事實上，最似是而非的議論首推：十八世紀的人們容許無限制的童工，但是 1830 年代對於新式的或說比較密集的童工的容忍度已經降低不少，可見「這個時代」的人道主義是在日漸成長當中。海耶克教授曾經談論過「這種社會良知的覺醒」，以及這種——

　　對以前不獲注意之事實的日漸覺察……經濟上的苦難同時變得更顯而易見也更不公不義，因為一般財富的增加速度已快過以往的任何一個時期。

---

[45] P. Gaskell, *The Manufacturing Population of England*, p. 7.

艾希頓教授也曾經提出類似的論點。皇家調查團(Royal Commissions)和十九世紀早期國會的許多調查委員會——

> 是維多利亞早期的榮耀之一。它們象徵了社會良知的甦醒，以及對苦難的感同身受，其強烈程度超過任何國家的任何時期。

當他在為國會調查員進行辯護的時候，他流露出異乎尋常的澎湃情感：

> ……一個有雄心毅力去收集事實、有誠懇決心敢加以披露、並有精力幹勁去承擔改革的世代，不但未被尊為藍皮書*5 的作者，反倒被詆毀成罪惡本身。46

十九世紀早期的藍皮書有諸多目的，不過「改革」在這張目的表上只是敬陪末座。國會調查是回應人民陳情的例行公事；只是做為一種「處理和疏導」不滿的手段，以及掩飾國會議員無意採取行動的拖延伎倆；或純粹是出於一種過度功利主義式的好管閒事。當愛爾蘭從一次又一次的苦難災禍淪落到看似無可避免的「大饑荒」肆虐期間，政府沒有提出任何一項重要的解救措施，有的只是平均每年五次的國會調查行動47。在手搖織布織工和框架織襪工才剛瀕

---

*5 按：藍皮書，英國國會或政府發表的報告書。

46 *Capitalism and the Historians*, pp. 18-19, 35-6.

47 E. Strauss, *Irish Nationalism and British Democracy* (1951), p. 80. 史特勞斯先生指出：「對於事實的無知，並不是十九世紀愛爾蘭之所以陷於悲苦的原因之一。」

臨飢餓之際，就立刻有人前往調查，但是卻要在長達十年的八次調查之後，才終於擬定了政策。（後者〔織工和織襪工〕曾經採取行動但前者〔愛爾蘭人〕不曾的這個事實，相當值得我們玩味。）葛拉格林先生(Mr. Gradgrind)的確曾在 1815 年後四處奔走，但是狄更斯非常明白，他不是基於「社會良知的醒覺」或「對苦難的感同身受」，而是爲了有效、廉價的中央集權政府，自由放任的政策，以及健全的「政治經濟學」。

藍皮書(至少在偉大的衞生調查時代來臨之前)並非「一個時代」的產品或「一個世代」的成果，而是改革者與議事阻撓者的交戰場所，在這裡，人道的動機往往遭到埋葬。至於上層階級，我們在 1830 年代看到的，並非新一波的「良知覺醒」，而是社會良知在經歷了拿破崙戰爭期間的沉寂之後，在不同地方和不同民族之間的一種近乎火山爆發式的猛烈宣洩。這種良知在十八世紀下半葉曾經是那麼高昂。保護爬煙囪男孩的運動(韓維曾經參與)，在沒有遭遇什麼反對的情況下，於 1788 年進入法令全書。然而在拿破崙戰爭期間，每一種虐待行爲全都死灰復燃，而戰後時期每一次企圖以新立法保護這些男孩的嘗試，也都遭到直接的反對，並在上院遭到否決——理由是，如果不能雇用這些爬煙囪的男孩，那麼所有的上院貴族都必須改裝他們的煙囪[48]。霍華爲囚犯所做的種種可敬之事，幾乎沒留下什麼持久的痕跡，因爲各種情況都在他死後恢復原狀。我們先前已經談過，階級仇恨和恐懼情緒的蔓延如何腐蝕了人道主義者的良知。皮爾的 1802 年法案確實向黑暗射出了一線曙光，但是它的照耀範圍只限於貧民學徒，而且它比較不像是一種新立法的先例，而是試圖

---

[48] See J. L. and B. Hammond, *The Town Labourer*, pp. 176-93.

讓傳統的學徒保護措施能在新的背景脈絡下獲得延續。鄉紳的良知
泯滅是更爲嚴重的——同時也是對工廠兒童更具災難性的——事
實，因爲他們是唯一有權力或說有傳統責任應該保護貧民的人。

　　最足以證實這種良知泯滅以及各階級之間那種深刻的道德疏離
的，莫過於眞正「覺醒」的那一刻。許多曾在 1830 和 1840 年代支
持人道運動的士紳和專業人士，在 1820 年代的時候似乎就居住在人
煙稠密的製造業地區，對於發生在大門外不過幾百碼的種種虐待情
事，根本視若無睹。歐斯特勒本人就居住在哈得茲菲市鎮邊緣，可
是一直要到布拉福的製造業者伍德**告訴**他有關童工的情形，他才注
意到這件事。當女孩們半裸的被人從礦坑拖出來的時候，當地的頭
臉人物著實大吃一驚：

> 在史坦蘭(Stainland)執業的初級律師何洛依德先生(Mr.
> Holroyd)和外科醫師布魯克先生(Mr. Brook)也在現場，他們坦
> 承，雖然他們居住的地方不過幾哩之遙，但是他們眞的不敢相
> 信，如此違背基督敎義的殘忍制度竟有可能存在。[49]

要不是這些虐待情事被明白揭露出來，我們不知道它們還可以持續
多久的「不爲人知」：人們怎能對眼前的悲慘不幸視若無睹，直到悲
慘本身起而反抗。在 1790 到 1830 年間的富人眼中，工廠兒童是「忙
碌」、「勤勉」和「有用的」；他們不可以進入富人的公園和果園，而
且他們的身分低賤。就算偶有內疚，他們通常也可以透過宗敎上的
顧忌來加以平息——一位可敬的國會議員在 1819 年談到爬煙囱男

---

[49] *Children's Employment Commission. Mines* (1842), p. 80.

孩時說道:「受雇做這行的通常不是窮人家的孩子,而是有錢人的孩子,只是他們的出生不合禮法。」[50] 這句話顯示出他們具有高尚的道德感,以及完全不帶階級偏見。

但是這段時期的「富人」良知,卻是有著高度的複雜性。有人認為,1830年代由薩德勒、沙夫茲巴利伯爵(Shaftesbury)[*6]、歐斯特勒和狄斯累里(Disraeli)這類「托利黨人」針對工業制度所發表的慷慨攻擊,不過是出於地主階級的利益考量,想要對製造業者以及他們的反穀物法聯盟進行報復。從「政黨政治」的角度看來,這似乎不無道理。沒錯,他們的確是流露出傳統主義者對不斷創新成長的富有中產階級的深刻憎惡和不安全感。但是只要略為瀏覽過《女預言家西比爾》(Sybil)、哈蒙德夫婦所著的沙夫茲巴利伯爵傳,或賴弗(Cecil Driver)那本精采的歐斯特勒傳記,就可以清楚看出,任何以黨派觀念自限的判斷是如何的膚淺。我們所目睹的,似乎是一場文化突變,或是——如同十八世紀憲政主義的例子——一場將空洞與傳統的修辭在個人心中鍛鑄成慎重而激昂之信仰的過程。

除了較古老的托利黨家長制論調之外,我們還看到一種來自沮喪的浪漫主義的新影響。在華滋華斯、柯立芝和騷塞等人從啟蒙運動的陣線上退卻之際,他們已重新肯定了傳統的神聖不可侵犯以及「自然人與社會人的天賦本能」。即使他們再度回歸到秩序、權威和

---

50 Cited in *The Town Labourer*, p. 190.

*6 按:這裡指的是沙夫茲巴利伯爵七世(1801-85),原名安東尼‧庫珀(Anthony Ashley Cooper),英國著名的慈善家以及工廠和礦業改革家。托利黨的下院議員。1833年首先提出一天最多工作十小時的提案,雖然遭到反對,但終於在1847年獲得通過。1842年更透過立法使煤礦工人的工作環境獲得改善。

責任的世界，他們也不曾忘卻盧梭有關兒童的敎誨。華滋華斯在《漫遊》的第三部，譴責工廠制度相較於古老的農村家庭經濟：

　　住所空空蕩蕩！或偶然

　　只有母親一人留下——無人幫忙

　　搖她那脾氣乖張的嬰兒搖籃；

　　女兒都不在身邊，在織布機前忙，

　　或辛勤於每一天的家庭職業

　　小小的成長；沒有針線活

　　的精細藝術；沒有火爐旁的忙碌；

　　一度她們滿心驕傲地在爐邊備食；

　　沒有什麼可以祝福，或讓心靈愉悅；

　　沒有什麼可以讚美、敎訓、或指導！

　　　　那位父親，如果他竟還保有

　　他舊日的職業，他走進田野或森林

　　不再有兒子在前領路或跟在隨行；

　　他們容或是遊手好閒之人——但他們在他的眼前，

　　呼吸新鮮空氣和踐踏靑草大地：

　　一直到他們短促的童年假日停止，

　　一去不返！那個與生俱來的權利如今已然失卻。

　　今人所犯的錯誤，就是假定父權主義的情感必然是疏遠和尊卑有序的。然而它也可能是熱情和緊密的。這種由華滋華斯和騷塞傳至卡萊爾及其後世的傳統派社會激進主義的趨勢，不管是在它的起源或成長過程中，似乎都包含了一種特殊的辯證法，藉由這種辯證，

它可以不斷刺激出革命的結論。傳統派和雅各賓派在起始點上可說殊無二致。塞爾華大聲叫喊道:「什麼巨型工廠! 不過是一所普通的監獄, 它把不幸的民眾關在裡面, 要他們從事無度且辛苦的勞動, 以便讓某個個人可因此擁有無盡的財富。」[51] 他的雅各賓同志庫柏, 曾親身經歷過蘭開郡工業革命的早期階段, 他聲稱:「我痛恨這種製造制度,

在這種制度之下, 你一定會讓很多人淪爲機器, 無知、墮落和殘忍, 他們每天工作十二到十四小時所創造出來的剩餘價值, 可能全都進了有錢的商業和製造業資本家的口袋, 好供應他們的豪奢花費。[52]

騷塞更是毫不留情的把這種製造制度譴責成「國家身上一個由黴菌引起的惡疽」, 這句話讓製造商的「哲學家」烏爾博士大爲震怒[53]。雖然雅各賓派和托利黨在政治上是對立的兩極, 可是他們卻不斷在情感和意見的交流上迸出火花。至於那些高唱「智識進行曲」的先知們——布魯厄姆、查德維克、烏爾——則似乎是屬於另一個世界。每當一個傳統派的托利黨人對於工廠制度的痛恨之情已非坐而批評所能滿足、非得要起而實踐的時候, 他就會發現自己的處境非常尷

---

51 *Monthly Magazine*, 1 November 1799. 感謝艾德曼博士(Dr. D. V. Erdman)所提供的資料。

52 T. Cooper, *Some Information Respecting America* (1794), pp. 77-8.

53 R. Southey, *Sir Thomas More: or, Colloquies...* (1829), I, p. 711; A. Ure, *The Philosophy of manufactures* (1835), pp. 277-8. See also Raymond Williams, *Culture and Society* (Penguin edn. 1961), pp. 39 ff.

尬，因爲想要有所行動的唯一途徑，竟是和工會主義分子或工人階級的激進派合作。中產階級自由派對這種現象只有一個看法，那就是它證明了托利黨人的僞善。當薩德勒在 1832 年的改革法案選舉中爲他的里茲席次進行奮戰(最後失敗)之際，一位小店主在他的日記中寫道：

> ……沒有什麼人支持他，除了少數幾個飽受暴政奴役的人和一些最下層的激進分子之外。眞是可悲啊，老托利黨人爲了保住他們的政權，竟得樣樣事情都聽激進派的……[54]

兩年之後，充滿馬爾薩斯和查德維克條款的新濟貧法，嚴重冒犯了每一個「自然人和社會人的天賦本能」，此事似乎給了少數托利黨激進派一個最後的選擇機會，究竟是要站在秩序價值這邊，還是倒向人道價值那方。大多數人都選擇了退縮，並以各式各樣的人道改善方案爲滿足；但是也有少數人準備與不僅是柯貝特派，甚至還包括歐文派、宗教自由派和憲章派進行結盟。史蒂文斯眞的號召眾人火燒「巴士底」，歐斯特勒則是煽動民眾發起有禮貌的——以及有時相當不禮貌的——不服從運動，甚至會以工廠兒童保護者的身分，激勵大家以搗毀工業設施的手段來對付違犯律法的工廠主人：

> 我將印一張有關**針、砂和鏽釘**的小卡片，上面會有非常正確和明白的指示，這些指示將會讓那些破壞律法的人對自己嘲笑法律和國王的瘋狂舉動後悔不已。我的這些小卡片將成爲工廠

---

[54] MS. Diary of Robert Ayrey, Leeds Reference Library. 參見下文，頁 1157。

兒童的教義問答。[55]

有將近十年之久，歐斯特勒一直游走在革命邊緣，可是他卻把他的
一份期刊取名爲《家庭‧祭壇‧王權和小屋》（*The Home, the Altar,
the Throne, and the Cottage*）。

我們不能把這種如火山爆發般的同情心歸功於那個「時代」，因
爲那也是一個囚禁史蒂文斯和詆毀歐斯特勒的「時代」。許多早期眞
正在爲工廠兒童奔走的人士，都曾遭遇到他們同階級人士的辱罵和
排斥，有時還飽受人身威脅。賴弗先生曾經指出：歐斯特勒一生當
中最關鍵的時刻，不是在他意識到童工苦況的時候，而是在他與激
進派的工會運動分子達成「費克斯比館約定」（Fixby Hall Compact）
之際*7。總之，這種覺醒並不是托利主義的整體特色，如果我們想
要仔細了解 1800 或 1830 年的托利黨良知，我們就應當從鄉紳對他
們手下勞工的態度著手。1830 年代的人道主義誠然可以在托利黨父
權主義以及自由派不奉國教分子那種溫馴的服務與「善行」（good
works）傳統當中，找到其文化根源。但是，做爲一種有效的力量，它
卻是突然出現在這裡或那裡的某些個別男女身上。歐斯特勒和布爾

---

55 C. Driver, op. cit., pp. 327–8.

*7 按：費克斯比館位於哈得茲菲教區，是不在地侯爵佟希爾(Thomas Thorn-
hill)的宅邸，歐斯特勒爲該片產業的經理人。1830 年 10 月，歐斯特勒在《里
茲信使報》上發表一篇痛斥童工超時工作的文章，引起當時初成立的哈得茲
菲縮短工時委員會的注意，該會領袖並於 1831 年 6 月率領四位代表前往費
克斯比館邀請歐斯特勒出任工廠改革運動的領袖，此即所謂費克斯比館約
定。歐斯特勒憑其一流的演說口才和領袖魅力，很快便贏得「工廠之王」的
稱譽。

(Bull)身上的托利黨成分，並不會超過費爾登和嘉斯凱爾身上的自由主義反對國教派良知。

如果陶尼的見解是對的，也就是說，有關孩童和貧窮的論述確實是檢視「某種社會哲學之眞實本質」的兩塊「試金石」[56]，那麼，在 1830 年代的這場試驗中損失最嚴重的，莫過於自由派和不奉國教派的傳統。沒錯，在這個傳統中的確有一個謙遜的微明世界，一個半持懷疑、半持異議的世界，維多利亞時代早期的智識和精神生活的最高尚部分，大多是源自這個世界。但是在 1790 到 1830 年間，反對國教派的社會良知卻發生了驚人的衰頹。甚至還出現了一些惡名昭彰的不奉國教派工廠主人和信仰循道宗的監工，他們從週一到週六不斷地驅迫孩童工作，要孩童們在星期六一直工作到晚上十一點五十五分，然後還強迫他們得出席安息日的主日學。

這個畫面有一部分是出自卓洛普夫人(Frances Trollope)的《工廠男孩阿姆斯壯》(*Michael Armstrong, The Factory Boy*, 1840)，在這本書中，「羅勃和約瑟先生，這兩位嚴肅的紳士是工廠的所有人……他們每個星期日早上都會親自出席，看看師傅和孩童是不是都有好好利用時間。」這是一種虛構和有偏見的描寫，可能比較屬於 1820 年而非 1840 年，也比較符合教區學徒制尚未存在的鄉下工廠，而非任何的大型棉紡織市鎮。不過，卓洛普夫人在〈深谷〉(Deep Dale)一文當中所描繪的德比郡情況，一直到 1830 年代，依然可在本寧山脈兩側的蘭開郡和約克郡的許多孤立山谷中看到。一位十小時工作制的宣傳人員曾在上考德河谷地做了一趟探實之旅，並在旅途中特別注意到在地教士的反應，這次實際走訪讓我們了解到每一種概論背

---

[56] R. H. Tawney, *Religion and the Rise of Capitalism* (Penguin edn.), p. 239.

後的複雜性。在瑞朋登，國教派的教區牧師拒絕提供協助，但是他卻借到一所循道宗的小禮拜堂開了一次有關十小時工作制的會議。在海伯登橋，一位年老的循道宗平信徒宣道師表示，他總是在講道的時候公開反對工廠制度，因爲「只要舌頭長在我們嘴上，我們就可以不斷地宣揚下去，但是，只要允許工廠制度像現在這樣持續下去，我們說再多也沒用！」不過由於他很不受歡迎，以致當地一位在米索羅伊(Mytholmroyd)擁有一家工廠的循道宗信徒，每次輪到由他講道的時候，就會把小禮拜堂的門給鎖上。在索爾比橋(Sowerby Bridge)，布爾牧師──他是比爾雷(Bierley)的教區牧師布爾(與歐斯特勒一起推動十小時工作制的著名夥伴)的兄弟──拒絕支持他，因爲他深信雇主的慈善已經「好得不能再好」。一群工廠作業員在路過由工廠主人薩特克里夫先生(Mr. Sutcliffe)興建的循道宗小禮拜堂時，「他們看著小禮拜堂，希望它能沉到地獄底下，最好薩特克里夫先生也一道下去。」

> 我說這未免太壞心了，薩特克里夫先生可是爲了他們好才興建這所禮拜堂的。「他該死，」另一個人說道：「我認得他，我有做過他的布樣，這座小禮拜堂有一個角落是我的，而且它全都是屬於他的工人的。」[57]

---

[57] 當時一般人相信，有很多工廠主人都曾設置特別基金以處理從工人那裡收來的罰金，並把這些基金用於慈善事業或修建小禮拜堂。老一輩的人到現在還把杜斯伯里的一家大禮拜堂喚做「斷線禮拜堂」，因爲這座禮拜堂是用斷線的罰金蓋成的。

克瑞格山谷(Cragg Dale)是考德河谷地的一個孤立支脈，稱得上是貨真價實的「深谷」。一位屬性不詳的反對國教派牧師宣稱：

> 如果説英國有哪個地方需要立法干預，那一定是這個地方，因爲他們常常一天工作十五到十六小時，有時還通宵工作。天哪！它是一種謀殺制度，而工廠主人簡直就是社會的害蟲和恥辱。人和神的律法都不足以約束他們，他們一點也不在乎霍布豪斯法案(Hobhouse's Bill)*8，他們説：「政府想制訂什麼法律就制訂吧，他們還是可以駕著六匹馬的大馬車在這個谷地裡奔馳。」

他提到一個最近剛爲他舉行過葬禮的男孩，曾有人看過這個男孩在工作的時候站到睡著，兩隻手臂滿是羊毛，還好被他們給打醒。那天他總共工作了十七小時，他的父親把他帶回家，他吃不下晚飯，隔天早上四點鐘就醒了，他問他的兄弟看不看得到工廠的燈光，因爲他怕會遲到，然後他就死了。(他的弟弟在九歲的時候就先他而死。他的父親「樸素而且勤勞」，是一名主日學老師。)當地的國教派堂區牧師全力支持限制童工的工作時數：

> 我曾目睹這個谷地的貧民遭受壓迫，我以爲我有責任反對這

---

*8 按：由激進派國會議員霍布豪斯提出的童工限制法案，該法案的最初內容包括：(1)任何工廠不得雇用九歲以下的童工；(2)九到十八歲的童工每天不得工作超過十二小時，每週不得超過六十六小時；(3)十八歲以下的童工不得擔任夜工。該法案曾獲得縮短工時委員會的大力支持，但在國會支持雇主派的壓力下，雖於1831年獲得通過，但適用範圍僅限於棉紡織工廠。

種情形……基於我的工作職責，我有義務拿這種現象和福音書
中的寬大仁慈眞理做比較……壓迫往往是以最沉重的力道落在
那些最無力承受的人們身上……由於寡婦沒有丈夫，她的子女
沒有父親……我發現她們往往遭到最慘酷的役使……

由於他的講道內容以及對雇主的人身抨擊，工廠主人竟在大街上公
然對他和他的女兒們肆行詛咒侮辱。接下來是在谷地裡面召開的一
場抗議大會，會議的公告是典型的歐斯特勒風格：

> ……你們比西印度群島的奴隸監工更暴虐、更僞善……你們
> 自吹自擂的**慷慨好施**……我將證明那是**暴虐**——你們吹噓不已
> 的**虔誠**……正是不折不扣的**褻瀆**……你們那些「**鞭打**」、「**罰錢**」、
> 「**實物工資**」、「**用餐時間清洗機器**」、「**週日勞動**」、「**低工資**」的制度
> ……全都逃不過「**公審**」的折磨……

歐斯特勒宣稱：「就在我從抗議大會回來的那個星期六晚上，

> 我看到谷地裡面有兩家工廠燈火通明。它們的囚犯，那些受
> 苦受難的窮小孩，一直得在那兒工作到十一點半，而其中一家
> 工廠的業主，我發現竟是一個以吁嘆、祈禱和哀訴著稱的宗教
> 分子……58

---

58 G. Crabtree, operative, *Brief description of a Tour through Calder Dale* (1833);
Voice of the West Riding, 20, 27 July 1833; *Account of a Public Meeting Held at
Hebden Bridge*, 24 August 1833.

我們之後會再回頭談論循道宗信眾，看他們爲何要把「當一名童工的辯護者」視爲是他們的特殊使命[59]。當比爾雷的教區牧師布爾在攻擊雇主那「種」（race）人的時候，頭一個浮現在他心頭的，無疑是不奉國敎派的工廠主人：

這種人的所有聰明才智全長在狡詐上面，所以他們可以設計一種盡可能最廉價的方法、從盡可能最年輕的工人那裡、在盡可能最短的時間當中、以盡可能最少的工資、取得盡可能最大的勞力……阿格爾（Agur）應該會這麼形容這種人：**有這樣的一代人，哦！他們的目光是多麼高傲！他們的眼皮全都是往上吊的。有這樣一代人，他們的齒如劍、牙如刀，要把窮人從世上狼吞，把貧窮從人群中虎噬。**[60]

不過在另一方面，雖然不奉國敎派的高層部分確實是沆瀣一氣、狼狽爲奸，並因而招致布爾和歐斯特勒以及縮短工時委員會的工人援引聖經加以攻擊（其中有些人正是在工廠主人所開辦的主日學裡學到他們最早的聖經經句），但是我們絕不能就此假定，英國國教會是聯合一致、孜孜不倦地在爲兒童的幸福努力。事實上，沙夫茲巴利本人便曾這麼說過——如果英國國教會有任何功勞，他絕對會爲它背書——除了布爾那個特例之外，英國國教教士做爲「一個整體……什麼也不會做」[61]。

---

[59] 有趣的是，賴弗曾說，**原始**循道宗信徒經常把他們的禮拜堂租給歐斯特勒，參見 Cecil Driver, op. cit., p. 110。

[60] *Manchester and Salford Advertiser*, 29 November 1835.

[61] E. Hodder, *Life of Shaftesbury* (1887 edn.), pp. 175, 378.

　　因此，所謂的有一種普遍的「良知覺醒」的說法，根本是一種誤導。這種說法小看了曾經驅使數十位北方專業人士致力於爲兒童奮戰的那把同情怒火；小看了反對者加諸於他們身上的猛烈攻擊，這類攻擊有好幾次差點迫使他們走上革命之路；同時也——如人道主義歷史學家常常犯的毛病——低估了諸如多爾帝這類人士以及工人自己的縮短工時委員會，在這段長達二十多年的艱苦騷動中所扮演的角色。最近，有一位作者以一種契合於核子時代的寬大胸懷，爲這個主題做了一番全面考察。他說，「已經被集中營故事訓練成鐵石心腸」的現代讀者，對於童工的苦難自然是「相對無動於衷」[62]。我們也許應該重新肯定一種較傳統看法，那就是，對幼小孩童進行如此廣泛而強烈的剝削，可說是我們歷史上最可恥的事件之一。

---

[62] R. M. Hartwell, "Interpretations of the Industrial Revolution in England", *Journal of Econ. Hist.* XIX, 2 June 1959.

第十一章

基督教的轉化力量

The Transforming Power of the Cross

一、道德機器

從**清教主義**到**反對國教**(Dissent)到**不奉國教**(Nonconformity)
的傾頹趨勢，如今已敗退到屈服投降的地步。反對國教派尚且保有
對惡魔和「巴比倫朱紅淫婦」的堅強抵拒，然而不奉國教派卻只剩
下自我謙遜和愧悔：它只求不被理會。盧瑟佛(Mark Rutherford)是
少數幾個了解到十九世紀不奉國教派的內在歷史其實是一片空白的
人士之一，他同時也以自身見證了某些殘存下來的價值觀念。他在
自傳中描寫了在他年輕時代眾人做禮拜的習慣：

> 一開始通常是一段懺悔，懺悔我們都是罪人，但是從不曾對
> 個人的罪惡進行懺悔，接下來是跟上帝之間的對話，這種對話
> 非常像我日後在下議院聽到的一段內容，也就是在國會開幕典
> 禮上，對國王的致詞提出動議和附議的那些人所發表的言詞。

這是一個喀爾文獨立派人士的例子，不過也很適合用來形容循
道宗對世俗權威的態度。這種屈服性格早已蘊藏在循道宗的源頭當
中——蘊藏在其創建者所秉持的托利主義以及他對英國國教會的矛
盾情結當中。打從一開始，衛理的信徒就一直在反對國教派與英國
國教之間游移不定，而且還盡他們最大的努力對這兩者做出最壞的
打算，他們甘心為權威當局效勞，充當他們的辯護者，可是在權威
當局眼中，他們卻只是可以取笑奚落或降尊紆貴的對象，絕非可以
信任的夥伴。法國大革命爆發之後，歷屆的循道宗年會一再宣示他
們的順從之心，以及他們誓死對抗國家敵人的赤忱，並以「提高公

眾的道德標準，以及促進社會中等階級的效忠和下等階級的服從與
勤儉」等活動來吸引注意[1]。但是循道宗的教徒很少獲准加入英國國
教會，就算獲准，也只能從後門進去；他們從未獲頒任何榮譽地位；
如果在公文中提到他們，可能會有礙於他們最適合從事的那種道德
間諜活動。

　　戰爭期間，循道宗的信徒人數出現顯著增加[2]。據阿列維的說
法，這個時期所有不奉國教的各個宗派「其革命精神的衰退也不曾
間歇」。循道宗在戰爭期間的最重大進展有二：第一，它在新興的工
業工人階級之間取得了空前的拓展；第二，在衛理死後數年，新形
態的教士官僚制度獲得了鞏固與強化，這些牧師認為他們有責任操
控信徒的順從精神，並應管制教會內部所有可能會冒犯權威的因素，
不讓它們有機會越軌成長。

　　他們在這方面成效卓著。幾個世紀以來，英國國教教會一直在
向貧民宣講服從的責任，但由於它跟貧民之間的距離實在太遙不可
及——特別是在這個不在地教士和兼職教士極為盛行的時代——因
此它的訓誡早已失去效用。鄉民的服從心理主要是根植於有權有勢
的鄉紳帶給他們的痛苦經驗，而非任何的內在信念。沒什麼證據可
以證明，國教會內部的福音運動曾經贏得更為重大的成功，漢娜‧
摩兒的半便士宗教短文很多都被扔在有錢人家的傭人房裡。但是循

---

1 Cited in Halévy, op. cit., III, p. 53. 有關循道宗在那段期間的政治態度，參見
　E. R. Taylor, *Methodism and Politics, 1791-1850*; and R. F. Wearmouth, *Metho-
　dism and the Working Class Movements of England, 1800-1850* (1937), especially
　the chapters on "The Methodist Loyalty" and "The Methodist Neutrality". See
　also *The Town Labourer*, Ch. XIII, "The Defences of the Poor"。
2 參見下文，頁 554。

道宗信徒——或說其中的大多數——本身**就是**貧民。他們的許多宗教短文，寫的就是某個獲得救贖的貧民罪人的懺悔；而他們的許多在地宣道師，都是出身卑微的人士，這些人(如其中一人所云)是在「我的珍妮紡紗機」背後找到他們的演說比喻。1790 年後的大規模擴張，主要是發生在礦業和製造業地區。在較古老的反對國教禮拜堂(Salems and Bethels)旁邊，新蓋起一座座磚造的布侖斯維克和漢諾威風格的小禮拜堂，宣示著對循道宗的效忠。1811 年，一名循道宗牧師寫信給本廷牧師(Reverend Jabez Bunting)表示：「我聽說了你們在利物浦圓形劇場的偉大事蹟：

> 一個人得要有強大的肺活量，才能在這一頭說話卻能讓那一頭的人聽見。在布拉福和凱雷，他們正在建造的禮拜堂，幾乎和雪菲爾卡佛街禮拜堂一樣宏偉。循道宗在未來幾年會變得何等輝煌?[3]

本廷的積極牧靈活動長達整整半世紀，從搗毀機器運動到憲章運動的最後幾年，他一直是正統衛理派的靈魂人物。他的父親是一名曼徹斯特裁縫，曾經是個「徹頭徹尾的激進派」，「熱切擁護第一批法國革命分子所揭櫫的理想目標」，但這絲毫無礙於他做為一名循道宗的信徒[4]。可是在 1790 年代晚期，當基拉姆派的新宗會脫離之

---

3 T. P. Bunting, *Life of Jabez Bunting, D.D.* (1887), p. 338.

4 Ibid., p. 11. 有趣的是，歐斯特勒的父親，一位里茲布商，也同時是循道宗信徒和「潘恩派信徒」。在歐斯特勒壯年時期，他對循道宗的看法簡直比柯貝特好不到哪去。

後，有一群包括本廷在內的年輕牧師竄升到枱面之上，他們最關心的首要議題，就是如何讓循道宗遠離雅各賓的魔掌。1812 年，本廷因為和循道宗信徒當中的搗毀機器派人士劃清界線而贏得殊榮；次年在里茲，他發現「他的忠實聽眾裡，有幾個老派的、擁護教會和國王的托利黨地方官，這些人在此之前或許從不曾涉足過不奉國教派的祕密集會」[5]。他和他的牧師同僚——其中有個叫格林卓(Reverend Edmund Grindrod)的，是比較惹人厭的一個——主要都是些組織者和行政家，終日忙於宗派之間的勾心鬥角，並致力於讓教會的紀律無限上綱。衛理的繼承者和衛理本人一樣，不喜歡老反對派那種無政府的自治主張，他們繼續將教會的最高權威交給既定的年會(Annual Conferecne, 由於與會的牧師乃衛理親自指定，因而顯得更具威望)和它旗下的特權委員會(Committee of Privileges, 1803)。原始循道宗的信眾遭到驅逐, 因為害怕他們的露天聚會(像曾經發生過的那樣)會演變成「騷動」, 進而被當做政治先例;「帳篷循道派」(Tent Methodists)和聖經基督徒派(Bible Christians)[*1], 或說班揚派，也遭到類似的懲戒；禁止女性宣道；大會和聯區監督的權力則獲得強化。他們鼓勵信眾彼此偵查對方的道德過失；在查經班內加強紀律管訓；1815 年後，因政治「墮落」為由而遭到開除或撤銷其「志願」的在地宣道師人數，已經不下於因宗教「墮落」為由者。我們在哈里法克斯的在地宣道師記錄簿(Halifax Local Preacher's Minute Book)裡，發現下面這條記載:「M 兄弟被控在他應出席講道班的時

---

5 J. Wray, "Methodism in Leeds", Leeds Reference Library.

*1 按: 聖經基督徒派為循道宗的一支, 1816 年由宣道家歐布萊恩(William O'Bryan)所創，尊重聖經，因不服從教會的差派而被逐出教會。

候，去參加一場政治集會。」(1816 年 12 月 16 日)我們在這本記錄簿中，同時看到一名通訊者滿心憂懼地從新堡寫了一封信給本廷：

> ……我們對下面這件事情深感痛苦煩惱：我們有兩位(來自北席爾茲)在地宣道師曾經出席非常激進的改革派聚會……我希望我們的兄弟當中沒有很多人是激進派；但是確實有少數的領導人堅決支持他們的精神和計畫……而某些虔誠無疑但遭受誤導的姊妹，也曾助長了他們的氣焰。我很高興向您報告，在經過告誡之後，我們的一些會員已脫離了他們的班級(循道宗的整套制度幾乎被他們照單全收，像是「班長」〔Class Leaders〕、「地區集會」〔District Meetings〕……之類的字眼，都是他們現在最流行的)。如果真的有人在佈道和查經聚會上訓練出面對群眾的勇氣，並學會了演說的技巧，然後開始利用藉由這種途徑所取得的強大道德武器來危害國家政府的生存，我們當然得開始擔心……

這是 1819 年，也就是彼得盧事件發生那年。循道宗特權委員會對於這一年所發生的種種事件的回應，是發行了一份「顯然是出自本廷之手」的通告，表達該會──

> 對於近來在這個國家之部分地區所見之特定騷亂集會的強烈和斷然譴責；在這些集會當中，爲數龐大的民眾被不定期地號召聚集(經常是在最驚人和最不敬的旗幟之下)……企圖藉由離經叛道的教條、大膽和騙人的政治理論，以及暴亂和煽動的雄辯……污辱所有的政府，並導致普遍的不滿、不從和無政府狀

態。[6]

衛理本人起碼是一個勇敢的老兵；他總是不辭辛勞地克盡全力；他是一個充滿熱忱之人，可以站在市場的十字架旁讓人攻擊。不過本廷的個性和他那種「嚴肅、宛如數學般的說話方式」，可就不怎麼教人欽慕。他的座右銘是：「通權達變」。他剛當上牧師時所結識的一位朋友這樣告訴自己的兒子：「在我們的家庭小組交換意見時，

> 他的談話一貫是嚴肅而富有教訓意味。如同他在講壇上佈道一樣，每一字每一句都斟酌推敲得恰到好處……有的時候，你親愛的母親那種不可控制的機智會突然打斷我們的莊嚴；但是除了他自身的品格之外，人們從不認為他是一名宣講基督福音的牧師。

本廷那種不妥協的嚴守安息日的習慣，只要是為了他的方便，隨時都可以說停就停：「只要他的牧靈工作有需要，他可以毫不猶豫地運用獸性，儘管他總是會有所自制……」不過孩童可就完全不同。每當我們想起循道宗至少曾藉由它的主日學讓孩童和成人能享有基本的教育，我們便經常會忍不住想原諒它的某些罪過。我們不時會記起班福筆下那幅 1790 年代晚期密德頓主日學的快樂景象，上這個主日學的有「煤礦工人的大兒子和他的妹妹們」，以及來自懷托（Whittle）、鮑里（Bowlee）、強堡（Jumbo）和白摩斯（White Moss）的織工和勞工的子女。但是早期循道宗信徒的**這種**散漫景象，正是本廷所無

---

6 T. P. Bunting, op. cit., pp. 527-8.

法原諒的。1808 年他在雪菲爾擔任牧師，當他看到該地的主日學竟然在教孩童**寫字**，簡直是怒不可遏。這是「對安息日的莫大傷害」。在神學上，這種教育無疑是不正當的——對孩童而言，學習閱讀聖經是一種「靈魂之善」，可是書寫卻是一種可能滋生「凡俗之利」的「俗世技巧」。戰火率先在雪菲爾點燃(他的對手是前「雅各賓分子」蒙哥馬利，蒙氏在《雪菲爾彩虹女神》上撰文為兒童的利益辯護)，本廷贏得了這場戰役；隔年(1809)，同樣的爭端在利物浦重演，結果還是本廷獲勝；由本廷率領的這個運動，到了 1840 年代，已經把那種對主日的陰謀「褻瀆」行為幾乎剗除殆盡。事實上，這個運動正是讓本廷得以在全國揚名立萬(won his spurs)的原因之一[7]。

在一個星期的其他六天裡，這對馬刺(spurs)可能有必要狠狠地刺進孩童們的肋旁(sides)[*2]。在本廷和他的同志身上，我們似乎碰觸到一種情感上的畸形，這種畸形正好與那些為他們所容忍的工廠童工身體上的畸形互補。在他早年於工業心臟地帶(曼徹斯特、利物浦、雪菲爾、哈里法克斯和里茲，1805-14)牧靈期間所留下的繁多通訊當中，他和他的同僚曾經無數次為了宗派的細微爭議、假道學的訓誡，以及對年輕婦女的淫意探詢而飽受良心譴責，但他們似乎一次也不曾為工業制度的後果感到良心不安[8]。可是這些年輕的循

---

7 Ibid., pp. 295-7, 312-4, 322-3; Bamford, *Early Days*, pp. 100-1. 為了公平起見，在此應該指出：英國國教會和不奉國教的各個宗派也禁止主日學教孩童寫字。

*2 按：這裡的馬刺乃呼應上段的「揚名立萬」(win his sprus，直譯為「贏得他的金踢馬刺」)；肋旁的比喻是取自耶穌受難的意象，參見第二章，頁 36。

8 像本廷這樣的循道宗信徒，他們真正出於人道精神加以支持的活動，只有反奴運動一項；但是隨著時序推展加上這個議題一而再再而三地備受強調，我們不禁懷疑，這種支持恐怕不純粹是基於他們殘存的社會意識，而是為了緩和支持者的批評。

道宗領袖不只犯了對童工苦況袖手旁觀的共謀之罪，他們還透過向貧民宣揚服從的積極意義而從內部削弱了他們的力量，並在循道宗教會內部培養出一些成分，這些成分極適合用來當做提升工作紀律的心靈藥方，而這帖藥方正是當時的製造業者最殷切期盼的。

早在 1787 年，老羅伯・皮爾 (Sir Robert Peel) *3 便曾寫道：「我已將我在蘭開郡的大部分工廠交由循道宗管理，他們所提供的服務非常良好。」[9] 韋伯和陶尼已經對資本主義生產模式和清教倫理之間的互動關聯做過分析，由於他們的析論是那麼的徹底而全面，以致我們在此幾乎沒什麼可補充的。循道宗可說是這種倫理在一個不斷變動的社會環境中的簡單延伸；如同一位「經濟學家」所指出的，在本廷的時代，由於循道宗對紀律和秩序這類價值的強調以及它在道德上的曖昧，使它特別適合白手起家的工廠主人和製造業者，以及領班、監工和次級管理團體。這種論點──亦即循道宗教義可爲雇主／製造業者及其隨從提供意識形態上的自我辯白──包含了這項事實的一個重要部分。約翰・衛理在一段經常被人徵引的文句裡，已預見到這個部分並爲之發出哀嘆：

　　……宗教必然會促進勤勞與節儉，而這當然只會讓財富日漸增加。但是隨著財富的增加，驕傲、憤怒以及對現世的愛好也會跟著提升……在這種情況下，循道宗這種心靈宗教，雖然它

---

*3 按：老皮爾指的是英國首相羅伯・皮爾的父親，他是蘭開郡一名富有的棉紡業者。

9 L. Tyerman, *John Wesley* (1870), III, p. 499. See also J. Sutcliffe, A *Review of Methodism* (York, 1805), p. 37.

如今已和綠色月桂樹一般繁茂，將如何繼續？因爲每個地方的循道宗教徒都將日漸勤儉，而他們的財富也將隨之越聚越多。於是，他們的驕傲、憤怒、肉慾、虛榮，以及對生平所作所爲的自豪，也會跟著水漲船高。如此一來，儘管宗教的形式依然存在，但精神卻將消逝無蹤。

許多十九世紀早期的循道宗工廠主人——事實上，連本廷本人在內——都可以證明這點[10]。可是這種說法在有個關鍵點上是站不住腳的。因爲就在這個時候，循道宗**同時**在工業布爾喬亞階級 (雖然這個領域裡還有其他不奉國教的宗派與它分享) 和廣大的無產階級這兩個領域，雙雙贏得最輝煌的勝利。許多工人階級社群 (例如礦工、織工、工廠作業員、水手、陶工和農業苦力) 對循道宗教會的忠貞擁護，根本是無容置疑的。那麼，循道宗究竟是如何靠著它們的無比活力，完成了這項雙重任務？

韋伯和陶尼都不曾注意這個問題。兩人都把全副心力放在十六和十七世紀的清教主義，以及商業資本主義的誕生；他們所論述的，主要都是中產階級的精神和社會發展，韋伯著重的是清教的「天職」(calling) 概念，陶尼則強調自由、自律、個人主義和獲利取向這類價值觀。不過他二人的論點在本質上，都認爲清教主義爲中產階級團體貢獻了精神的動能和社會的凝聚力，讓他們**以爲**自己是受到「神召」或「選召」的一群，並致力於無止盡的追求。然而這樣的一種宗教，又是如何在一個異常艱困的時期，打動了正在成形中的無產階級？這個階級的人多勢眾並沒有讓他們感受到任何的集體神召；

---

10 See W. J. Warner, op. cit., pp. 168-80.

他們的工作和社區經驗，使他們更喜歡集體主義而非個人主義的價值觀念；而他們的節儉、守紀或進取等美德，只能成就雇主的贏利而非他們的成功。它究竟憑什麼打動他們？

韋伯和陶尼確實都從顧主的觀點舉出了一些有力的理由，證明清教或擬清教的價值觀念延伸到工人階級身上的**實際好處**。陶尼仔細剖析了這種「治療貧窮的新良藥」，這種良藥可以揭露出勞工的怠惰和不知節制，並提供一種非常便利的信仰，亦即——如果說成功是選民身分的指標——貧窮本身就是精神墮落的證據[11]。韋伯則把重點放在與工人階級至爲攸關的一個問題上面：工作紀律。他寫道：「每當現代資本主義開始以提高人力的強度來增加人力的生產量，它就會遭遇到……前資本主義勞力的頑強抵抗。」

> 今日的資本主義經濟是一個無邊的和諧宇宙，個人誕生到這個宇宙當中，而且對個人而言……這個宇宙是他必須在其間生活的不可變動的事物秩序。只要個人涉入到這種市場關係系統，系統本身便會迫使他遵行資本主義的行動規則。

但是，在工業資本主義冒現之際，這些行動規則似乎是一堆既不自然又教人憎恨的限制：農民，尚未實施圈地的村落裡的鄉間勞工，甚至都市中的工匠或學徒，都不是完全以賺到的金錢來度量他們的勞力收益，他們也反抗週復一週的紀律勞動觀念。在被韋伯(不令人滿意地)形容成「傳統主義」的生活方式中，「一個人並不會『出於天性地』想要賺取越來越多的金錢，他只想過一種他已過慣的生活，

---

[11] R. H. Tawney, op. cit., pp. 227 ff.

並賺到足以維持這種生活開銷的金錢。」如果沒有其他的內在驅力，就算是計件獎賞或別的鼓勵方式，到了某一點便會失去功效。一旦錢賺夠了，農民會離開工業回返村落，工匠則會盡情地飲酒作樂。然而與此同時，在需要技巧、注意力或責任感的工作上面，以低工資進行管制的反向做法也開始失效。眞正需要的——佛洛姆（Fromm）進一步闡明韋伯的論點——是一種「內在驅力」，它將「比任何的外在驅力更爲有效地將所有的精力驅注在工作之上」。

> 人們對於外在的強制力量總是會有某種程度的抗拒，這種抗拒心理會影響到工作的成效，或讓人們無法從事需要聰明才智、進取精神和責任感的特殊工作……無疑，如果人類的最大部分精力不曾在以往被導引到工作上面，那麼資本主義就不會有今日的發展。

勞工必須被改造成「他自己的苛刻工頭」[12]。

這個論點十分符合工業革命時代的英國。在整個十八世紀，所有的教會和大多數的雇主都不停抱怨勞工懶散、行爲不檢、不事積蓄和不知節制。他們一會兒上上酒館，一會兒「賴床不起……尤其是在冬天」，還有經常在宗教短文和講道上飽受鞭伐的「聖週一」習俗[13]。事實上，民間對於「黃金時代」或「快樂英國」（Merry England）的深刻記憶，並不是導因於他們認爲 1780 年所享有的物質用品比

---

12 Weber, op. cit., esp. pp. 54, 60-7, 160-1, 178; E. Fromm, *The Fear of Freedom* (1960 edn.), p. 80.

13 See N. J. Smelser, op. cit., pp. 70-5: Wadsworth and Mann, op. cit., pp. 387 ff.

1840 年來得豐富，而是源自他們對以往那種作息模式的鄉愁，在工業制度的各種內外在紀律強加到工人頭上之前，他們所享有的那種作息模式。十八世紀的雇主最常掛在嘴邊的一句信條就是：唯有盡可能壓低工資才足以迫使窮人工作。例如亞瑟‧楊便曾在 1771 年宣稱：「除了白癡，任誰都知道必須讓低下階級一直保持貧窮，否則他們永遠也不會勤勞。」循道宗從不曾挑戰這個信條，事實上，它還以「貧窮之福」這種傳統教誨來予以強化。它這種作為，正是在提供一種內在驅力。

這種驅力的構成要素並無新鮮之處[14]。韋伯曾經提到十七世紀「外包」產業──尤其是織造業──雇主所經歷過的種種困難，並把它們歸咎於工人的工作習慣不良（醉酒、侵吞紗線等等）。英格蘭西部──奇德敏斯特（Kidderminster）──毛織工業的勞力關係，曾經在長老會牧師白克斯特（Richard Baxter）的影響下，發生顯著的轉變；許多循道宗的工作紀律要素，都可以在他的《基督徒指南》（*Christian Directory*, 1673）裡找到成熟的形式[15]。在整個十八世紀，礦場主人和北方的棉毛紡織業製造商，也不斷遭遇到類似的困難。煤礦工人通常每個月領一次工資，有人抱怨說：「他們生來就是一副狂暴、易怒、粗野的脾性，

他們的收入很多但**不穩定**，他們的職業屬於按量計酬的工作，

---

14 這種工作紀律絕不僅限於循道宗。在此我們只是把循道宗當成這種發展的主要例子來加以討論，這些發展同樣可見於工業革命時期的福音派和大多數的不奉國教派。

15 Weber, op. cit., pp. 66-7, 282; Tawney, op. cit., pp. 198. 白克斯特的著作是早期循道宗最喜愛的讀物，曾在十九世紀前幾十年間多次再版。

　　很少能事先確定會有多少收益。這種情形讓他們養成賭棍般的
浪費習性……

　　煤礦工人的另一項性格特色，就是喜歡換工作……對礦夫來
說，換工作就像換季一樣……不論人家給過他多少恩惠，他都
會因爲一次的要求被拒而把它們一筆勾銷。[16]

佃農織工也是聲名狼藉的一群，只要農場有任何急事，他們馬上就
會丟下手邊工作；大多數十八世紀的工人，都很樂意用他們的工作
來交換一個月的收割；許多早期綿紡紗工廠的成年作業員，都有「懶
散、閒蕩的習慣，很少能在一個行號裡待上稍微長一點的時間」[17]。
我們可以從韋奇伍德瓷器公司艾屈利亞(Etruria)廠的罰款單上，看
出早期企業所面臨的幾個管理問題：

　　……凡攻擊或虐待監工的工人，去職。

　　凡在上工時間攜帶麥酒或烈酒前往製造廠的工人，罰款〔若干〕

　　凡在裝有窗戶的牆上玩手球的人，罰款〔若干〕……[18]

---

16 *Report of the Society for Bettering the Condition of the Poor*, I (1798), pp. 238 ff.
　該書在提到布里基威特公爵(Duke of Bridgewater)的礦場(位於曼徹斯特附
　近)時曾經指出：該公爵的礦工比大多數人「更有道德」，而且「公爵的代理
　人大多具有虔誠的宗教信仰，並成立了好幾個主日學……」。

17 A. Redford, op. cit., pp. 19-20. 遲至 1830 年代，葛雷格(Samuel Greg)還在爲
　「製造業人口特有的不穩定和好遷徙性格」抱怨不已。

18 V. W. Bladen, "The potteries in the Industrial Revolution", *Econ. Journal* (Sup-
　plement), 1926-9, I, p. 130. See also M. McKendrick, "Josiah Wedgwood and
　Factory Disciple", *Hist. Journal*, IV, I, 1961, p. 30. 韋奇伍德的目標就是要「製
　造出不會出錯的人類機器」。

　　不論他的工人是受雇於工廠或在他自己的家中工作，工業革命時代的雇主／製造業者都對這類紀律問題深感困擾。由雇主的角度來看，有必要教導廠外代工養成「有條不紊」的習慣、一絲不苟地遵照工作指令行事、如期完成委託的工作，並對自己侵吞材料的行為感到可恥。一位當時人告訴我們，到了 1820 年代，有「爲數龐大的織工……深受循道宗教義的影響」。有些循道宗或反對國教派的工人，已經靠著白手起家當上了雇主，如同衛理所預見的，他們的節儉已經創造出財富。他們往往喜歡擁有強烈信仰的同道，認爲他們「保證品行優良」，而且具有「榮譽感」[19]。織工所承襲的「工匠」傳統，以及他們對獨立價值的重視，已爲他們做好了接受清敎信仰的準備[20]。可是工廠作業員呢？

　　烏爾博士的《製造業的哲學》(*Philosophy of Manufactures*, 1835) 一書，以及書中的邪惡主張，深深影響了恩格斯和馬克斯——我們從中看到一種純「經濟」觀點的宗敎功能，將宗敎當成工作紀律。對烏爾來說，**工廠**一詞——

　　　　和一種巨大的自動機械裝置的概念有關，這種裝置是由各種機械和智識的器官所組成，這些器官以連續和諧的運作形成一個彼此關聯的物體，它們全都受制於一個自動調節的原動力。

工廠制度的「主要困難」，並不是那麼技術面的，而是在於「如何將

19　R. Guest, *A Compendious History of the Cotton Manufacture* (1823), pp. 38, 43.
20　清敎各宗派都曾在十七世紀擁有大量的織工信徒，但是這個傳統到了十八世紀早期僅剩下微量殘餘，除了英格蘭西部以外。

這個機構的不同成員，配置成一個合作體」，特別是「如何訓練人們棄絕他們散漫的工作習慣，並向這套複雜的自動裝置的不變規律看齊」。

阿克賴特最艱鉅而輝煌的成就，便是成功地設計出一套符合工廠勤奮需求的工廠紀律法典，並且加以推行。即使在這個制度已經組織得如此完善、而其勞力也已減少到最低程度的今天，我們還是發現，想要把過了青春期的人們改造成有用的工廠工人，幾乎是不可能的任務，不論這些人原來是務農的或是從事手工業的。雖然他們掙扎著想要克服他們的倦怠或焦躁習性，可是過不了多久，他們要不是自動放棄這份工作，就是因爲注意力不集中而遭監工開除。

「事實上，想要根除工人那種時而勤勞時而怠惰的壞習性，非得具備拿破崙一般的神經和野心……阿克賴特正是這種人。」此外，工人的技巧愈高，就會變得越不聽話，「愈是任性的人……便愈不適合成爲這個機械系統的一分子，因爲在這個系統之下，隨便一個不合規矩的行爲，都可能會對整體帶來巨大傷害。」因此，製造業者應該把目標放在：不讓「**精明狡猾**的工人」從事任何需要「特殊技巧和穩健手法」的工作流程，並把它交給「連兒童都可以照應的自動機器」處理。「所以，現代製造業者的偉大目標是，藉由資金和科學的結合，將其工人的任務降低到只需要具備警戒和操作的能力——這些能力……年輕人很快就可以學得很好。」[21]

---

21 Ure, op, cit., pp. 13-21. 並請比較下面這段敘述：「事實上，每一次的機器改

對童工來說，單靠監工和機器的規矩大概就夠了，不過對那些
「過了青春期」的工人，內在驅力就變得不可或缺。因此，烏爾在
他的書中花了一節的篇幅討論「工廠制度的道德經濟」，還另闢專章
討論宗教。在烏爾眼中，未經救贖的作業員是一種可怕的動物；是
「狡詐煽動家」的犧牲者；是祕密集會結社的常客；可以對他的雇
主做出任何暴行。棉紡工人的高工資，讓他們「得以享有對他們所從
事的室內工作而言太過營養和刺激的食物，並因而導致神經疼痛」：

> 製造業的本質很容易讓大量人群聚集在一個狹窄的範圍裡
> 面；他們享有組織祕密集會的天時地利……他們將才智與活力
> 灌輸給粗鄙大眾；他們的充裕工資讓他們有本錢可以持續進行
> 抗爭……

在這種背景下，主日學逐成為一種「高尚的表現」。1805 年成立的斯
塔克港主日學委員會，於 1832 年的時候，慶幸自己能夠在這個「充
滿政治激情」的年代，讓該城鎮依然保有「彬彬有禮」的氣質：「只
要走近這個城鎮……幾乎不可能不注意到一個或多個這樣的寧靜堡
壘，它們是睿智的慈善家所興建的，用以對抗邪惡和無知的侵凌。」
烏爾認為這個例子告訴我們的，不僅是一般的政治順從，還關係到
工廠的行為本身：

進都是為了那個終極的目的和方向，那就是完全取代人類勞力或減低成本，
或是以女工和童工取代男工，或是以一般勞工取代受過訓練的工匠。」（頁
23）如果把這段話視為工廠主人的意向陳述，那麼不但有趣而且與紡織業息
息相關；但如果把它視為是資本主義的發展「法則」，馬克思和恩格斯未免也
太過抬舉烏爾的這段話了。

任何一個有經驗的人，都可以輕易從整個系統的混亂失序，從個別機器的故障，以及時間和材料的浪費中，看出工廠對道德紀律的忽視。

光是支付工資並不能確保「熱忱的服務」。忽視道德因素的重要性而其本人又「對福音的無私恩典一無所知」的雇主，

深知自己只能得到陽奉陰違的服務，於是便採用了最教人厭煩的警戒措施，然而即使如此，依然不能免於被他的工人欺騙——所有的工人，彷彿是出於天生一般，全都密謀對抗這樣的雇主。不論他如何煞費苦心，都無法贏得優良的工作倫理……

因此，每一位工廠主人的當務之急，就是**拿出與組織機械設備同樣健全的原則，來組織他的精神設備**，若不如此，他將永遠得不到精良產品所必需的穩定勞工、警惕精神，和迅速合作……事實上，再沒有比福音真理——「敬虔就是最大的收益」——更適合用來管理大規模的工廠運作。[22]

烏爾的論點到此才告完備。工廠制度需要人性的改造，工匠或廠外代工那種「陣發性勞動」（working paroxysms）的習慣必須加以規律化，直到工人可以適應機器的紀律為止[23]。但是，如何將這些紀

---

22 Ibid., III, Chs 1 and 3. 黑體部分是我加上的。

23 比較勞倫斯（D. H. Lawrence）在《彩虹》（*The Rainbow*）書中的說法：「他們認為應該改變自己去適應礦坑和那個地方，而不是改變礦坑和那個地方來適應他們。因為這比較容易。」

律的美德諄諄教誨給那些即使敬虔(除非他們變成了監工)也不大可
能獲得任何現世收益的工人？唯一的辦法，是不斷灌輸他們一項「至
高無上的觀念……亦即，人們所能指望的最大幸福，並不存在於現
世，而是存在於來生」。必須把工作視爲一種「**純粹的美德懿行**……
是受到超越物質世界的神愛所啓發，並作用在……我們的意志和情
感之上」：

> 那麼，人類將在何處找到這種改造的力量？——在基督的十
> 字架上。它是可以消除世人罪惡的犧牲；它是可以消滅罪惡之
> 愛的動力；它告訴我們世人的罪惡已深重到不以如此可怕的贖
> 罪方式無法去除的程度，並藉此抑制罪惡；它爲違抗贖罪；它
> 爲服從鼓舞；它從服從那裡贏得力量；它令服從有可能實行；
> 它令服從可以接受；它令服從成爲無法逃避的態度，因爲它強
> 迫它如此；最後，它不僅是服從的動力，更是服從的模式。[24]

因此，烏爾可說是棉業之都(Cottonpolis，即曼徹斯特)的白克斯
特。但是，針對這點，我們不妨暫時從他那個超越物質世界的高度
回返人間，簡短思考一下與神學有關的俗事。有證據顯示，在 1800
年，英國所有教會所高舉的神學內容，都有足夠的詭辯得以用來強
化製造業者的道德自尊。不論他是秉持聖品信念(hierarchic faith)，
或認爲自己是選民，還是把自己的成功視爲是恩典或虔信的證明，
他都無意拿他位於布拉福工廠旁邊的住宅，來交換巴德錫島(Bard-

---

24 Ure, op. cit., pp. 423-5.

sey Island)＊⁴上的一間修院小室。但是，由於循道宗的神學具有一種
隨意挑選的機會主義(promiscuous opportunism)，因此比其他宗教
更適合無產階級，因爲這個階級的成員──根據他們的社會經驗
──完全沒有理由認爲自己會被「揀選」。衛理似乎在他的神學當中
揚棄了淸教教義的最佳部分，並毫不遲疑地挑選了其中的最壞部分：
如果在階級上循道宗是雌雄同體，那麼在教義上它就是不具繁殖力
的騾子。先前已經提過循道宗與「老反對派」的智識和民主傳統決
裂，但是路德所宣揚的順服權威教義，可能也已經在 1789 年以後的
歷次衛理年會上，成爲討論的主題：

> 就算掌握權威的人士邪惡而不信，但無論如何，權威和權威
> 的力量卻是善的，而且係來自上帝……
> 上帝寧可讓政府存在，不論它有多邪惡，而不願讓暴民騷動，
> 不論他們的行爲多麼有理。

(不過，本廷和路德是不一樣的，他絕對不會承認暴民也可能「有
理」。)常常有人提及衛理教義中的路德派偏見²⁵。衛理所信奉的恩典

＊⁴ 按：巴錫德島位於威爾斯外海，傳說該島有一千名塞爾特聖人埋骨於此，故
　有「聖人島」的美稱。不列顛的聖人聖派屈克，便是從該島啓程航向愛爾蘭。
25 韋伯在《新教倫理與資本主義精神》一書中曾對循道宗有過簡短討論，他誇
　大了該派神學中的喀爾文特質，因此未能看出該派其實特別適合做爲無產階
　級的宗敎。也因此他過分強調了衛理信徒的「天職」觀，特別是當他企圖把
　這種「天職」觀套用到勞動工人身上時。在英格蘭，「天職」這項規條的重要
　性比不上順服和服從。

普救主義*[5]，與喀爾文派的「揀選」觀念無法相容。如果神的救恩是普及眾人的，那麼罪也一樣。任何悔罪之人都可能得到恩典的眷顧，並知道自己可以得到基督寶血的救贖。到目前為止，這是一種精神平等主義的教義：罪與恩典對窮人和富人而言是機會平等的。而做為一種「心靈」而非智性的宗教，即使是最愚笨和最沒受過教育的信徒，也可以指望恩典眷顧。在這層意義上，循道宗等於是捐棄了所有教條上和社會上的障礙，敞開大門迎接工人階級。這點提醒了我們，路德派也是一種窮人的宗教。如同孟澤(Munzer)所指出的和路德所親身體驗到的，由於精神平等主義具有一種衝破自身堤岸並往世俗航道漫流的傾向，遂使得路德派的信條帶有一種恆久的緊張感，而這種緊張感也為循道宗所複製。

但是基督的救贖只是暫時性的。衛理的教義在這點上有點搖擺。他玩弄恩典一旦降臨在悔罪者身上就應該是恆久不變的觀念，於是喀爾文主義的沮喪形式(從「選民」換成「得救者」)又由後門溜了進來。但是隨著十八世紀的緩慢推進，因信稱義(justification by faith)*[6]的教義也日漸僵化——或許是因為有非常多的證據顯示，許多信仰復興運動的「得救者」，過沒幾年或甚至過沒幾個月，就又故態復萌。於是這條教義修正為：只有在不斷悔罪且不再犯罪的情況下，罪的寬恕才得以持續。「得救」的兄弟和姊妹，只是一種有條

---

*[5] 按：普救主義指的是在日期滿足之時，所有人都將從罪的刑罰中得到釋放，並都將回到神那裡。衛理派認為基督獻祭的刑罰與死亡，是為所有人帶來救恩，而不僅限於被揀選的少數人。

*[6] 按：因信稱義乃衛理派的教義基礎。根據衛理的闡釋，稱義暗示的是饒恕與罪得赦免，此饒恕或赦免乃是從信心而來。至於信心，則是藉由悔改並甘願信靠「基督為拯救我們脫離一切罪的那一位」而領受來的。

件的臨時選民。「墮落」永遠是可能的；而且在上帝和本廷眼中，人性的脆弱讓這種可能性變得更大。此外，本廷還費盡心力地指出，在上帝眼中——

> 罪……不會改變其本質，也不會藉由對罪人的寬恕而使「極端的有罪」有所減輕。懲罰獲得免除，而承受懲罰的義務也宣告解除，但本質上它依然是應當接受懲罰，雖然恩典予以寬免。因此，儘管是已獲寬恕之罪，仍然應當且有責任持續地懺告和悔痛。雖然我們由於神聖的慈悲而免除了懲罰的結果，可是我們仍應記住，自謙的塵土是我們在上帝面前的適切身分……26

但是這種教義還有其進一步的複雜性。認為一個人可以藉由自己的意志行動來救贖**自己**，是一種膽大妄為的想法。救贖是上帝的特權，人所能做的，只是以絕對的謙卑為自己的救贖做準備。然而對勞動男女而言，一旦信服了恩典，一旦徹底成為循道宗的兄弟，「墮落」就不再是一件無足輕重的小事。它意味的可能是他們將被逐出於這塊工業荒地上他們唯一知道的群體；它同時也意味著，他們得時時為即將到來的永世厲懲擔心受怕：

> 有一個可怕的地獄
>> 和永恆的苦痛，

---

26 Jabez Bunting, *Sermon on Justification by Faith* (Leeds, 1813), p. 11. 本廷的說法提醒我們，在同年(1813)1月，當其他人的刑罰被「仁慈地減輕」為十四年流放之際，搗毀機器運動者卻在絞刑台上遭受全套的「刑罰伺候」。

罪人必須和惡魔一起住在這兒

在黑暗、火焰和桎梏當中。

那麼，如何才能保有恩典？不能依靠善行*7，因爲衛理已經把信仰提升到善行之上：「你們除了拯救靈魂之外別無他法。」善行是驕傲的陷阱，即使是最佳的善行，也混雜有罪之渣滓，雖然──透過另一種機會主義的僞裝──善行可以是恩典的一個**記號**。(這是爲工廠主人和小店主所殘留下來的一點喀爾文主義。)既然這個世界只是通往永恆的等候室，那麼財富和產業這類現世事物根本無關緊要：富人可以用爲教會服務來證明恩典(尤其是爲他們自己的工人興建禮拜堂)。窮人是幸運的，因爲他們比較不易受到「肉慾、虛榮和自豪」的引誘。他們比較容易保有恩典，但不是因爲他們的「天職」，而是因爲他們面對的墮落引誘較少。

有三種顯而易見的方法得以保有恩典。首先，是爲教會服務：出任班長、在地宣道師，或其他更卑微的工作。其次，是修養個人的靈魂：履行宗教儀式、閱讀宗教短文，以及最重要的，設法不斷重現在歸正、自覺有罪、懺悔和恩典顯現時所感受到的情緒震盪。第三，是將有條不紊的紀律表現在生活的各個層面，尤其是，不基於任何外在動機、只(如烏爾博士所云)把它視爲「純粹的美德懿行」的勞動本身(由於勞動是卑下和不愉快的，因此不應與善行混爲一談)，就是一種恩典的記號。此外，上帝在亞當被逐出伊甸園時所給

---

*7 按：重生之人受聖經的吩咐，本著愛神的動機而有的行動。衛理派認爲，我們無法藉善行而稱義，因爲稱義之先沒有善行，因爲那些善行並不是因信基督而來；稱義後的善行，乃是當然的果實。

予他的咒詛，也爲幸福就是「終身」勞苦、貧窮和悲哀，提供了無可反駁的教理支持。

於是，我們可以在循道宗不斷灌輸給工人階級的美德和中產階級功利主義的渴望之間，看到一種非比尋常的一致性[27]。烏爾博士在勸告工廠業主「拿出與組織機械設備同樣健全的原則，來組織他的精神設備」的時候，便暗示出這兩者的接合點。從這點看來，在這個邁向工業資本主義工作紀律的過渡時代，循道宗所反映的，可說是功利主義的枯寂內在。在手工業工人的「陣發性勞動」日漸規律化，再加上他不愛工作的衝動也受到控制之後，他的情緒和精神迸發卻反而益形強烈。那些卑屈的懺悔短文可說是查德維克和凱伊博士那種去人性的散文風格的另一種呈現。「智性的前進」與心靈的壓抑乃是一體的兩面。

然而衛理卻宣稱，循道宗的最大特色就在於它是一種「心靈的宗教」。它的「狂熱」與情緒激動，是它與較古老的清教宗派最明顯的差別所在[28]。我們可以從一篇典型的宗教短文，內容是描寫水手馬斯登在 1790 年代歸正的故事，看出這種宗教經歷的幾個標準階段。這類宗教短文通常都會依循慣有的敘述模式。首先，它會描繪一個有罪的年輕人：發誓、賭博、酗酒、懶散、性放蕩或耽溺「肉慾」[29]。接下來這名罪人若不是因爲某種戲劇化的經歷而警醒到死亡的存在

---

[27] 當然，韋伯和陶尼都立刻注意到清教與功利主義在教條上的類似發展。陶尼曾說：「某些功利主義人士甲冑上的鏈環，正是由十七世紀的清教神學家錘鍊出來的。」（Tawneym op, cit., p. 219）然而，將功利主義的鎖鏈牢牢繫在無產階級身上的最後一個鏈環，卻是由循道宗打造出來的。

[28] 當然，浸信會信徒例外——特別是在威爾斯。

[29] 相關事例，請參考第三章的引文（頁 67），該段引文乃取自同一篇短文。

（致命性的疾病被奇蹟式地治癒、船舶失事或妻女喪命）；就是在偶然的情況下接觸到上帝的話語——他先是會對這些話語嗤之以鼻，然後終能從中悟出救贖之道。這些經驗我們這位水手一樣也不缺。一次船舶失事讓他「經歷了差點被巨濤烈焰吞噬的驚魂恐懼……過去的罪之幽靈以可怕的形式在他面前趾高氣昂」。一場大病「讓他終日以淚洗面，對神寶座(throne of grace，按：指「上帝」)灰心喪志」，這場病「消焚了他的感官之慾」，並「彰顯出無基督眷顧之死亡是何等悲慘」。他應友人之邀參加了循道宗的查經班聚會，「他的心整個溶化了，像個孩子似的放聲哭泣……眼淚如小河般流下他的雙頰。」接下來是祈求寬恕的漫長考驗以及抗拒誘惑的痛苦掙扎，不讓自己重新走上以往的罪惡之路。只有恩典方能打開「封嚴了罪人心靈的七個封印，無知、驕傲、不信、憎恨、執拗、好色、貪婪」。他的悔罪一再於「見習期間」屈從於晦暗不明的「誘惑」[30]：

> 雖然如此，他有時還是會被誘惑的狂暴和激情所吸引，他那破碎的靈魂爲此陷於極度的苦痛當中。在遭到罪惡的突然侵襲之後，他會加倍祈禱……有的時候，他會害怕自己還没獲得寬恕就先行死去，並因此終日心神不寧，他不敢讓自己睡著，因爲害怕一覺醒來已經身在另一個永恆世界。

---

30 這個措詞經常意味著，「罪」的客觀成分是自瀆。這點可由下面三個事實推論得知：㈠悔罪者所熱中的內省本質；㈡循道宗著魔似地教導其信徒性器官是充滿罪惡的；㈢循道宗認爲小孩開始有罪惡感的年紀，大約就是青春期開始的年紀。近來對於這個主題已有日漸增多的文獻探討，參見 G. R. Taylor, *The Angel-Makers* (1958), p. 326。

當「肉慾」受到某種程度的壓制之後，「惡魔」接著在這位罪人的懺悔之路上設下了更爲巧妙的精神誘惑。其中威力最強的，是**所有**可能導致「心堅冷」（hardness of the heart）的性格特質——輕率、驕傲，以及最重要的，企圖用善行來「購買救贖」，而不願耐心等待「基督的無邊功德將這份神的禮物免費帶給他」。善行的教義，是「這個希伯來的、這個天主教的人類功德的教義*8」。因此，任何一種拒絕完全順服的性格特徵，都算是「心堅冷」：

> 上帝……在他可以白白爲我們稱義之前……必定枯萎我們的葫蘆，摧殘驕傲希望的花朵，拿走自我信賴的支柱，剝去非基督徒之義的俗豔外衣，打斷僞善自滿的誇口，並將有罪的、卑屈的、慚愧的、赧顏的、對自己感到絕望的罪人，帶到十字架下。

在卑屈（abasement）這一點上，「他的所有願景就像是一片蕪廢淒涼的荒漠」。但是「拯救的時刻已經到來」。在循道宗禮拜堂的愛筵（love-feast）上*9，悔悟者跪在教堂座席上，「然後，在靈的極度痛苦中，開始與上帝搏鬥」。雖然「惡魔如洪水般在他身上翻騰」：

> 有一些班長，隨同一些虔敬的婦女，走進禮拜堂的特別席，

---

*8 按：根據新約，功德在於基督，救恩乃是神的白白恩典，「不是靠行爲，免得有人自誇」。但中世紀的天主教神學則認爲，功德乃是得神報酬的基礎。因此此處的「天主教的」一詞是帶有鄙視意味「Popish」，而所謂的「人類」功德，係相對於上段引文中的「基督」的無邊功德。

*9 按：愛筵是基督教會的團契聚餐。

> 聯合爲他向神寶座求情：他們祈禱得越多，他的痛苦和負荷也
> 越重，到最後他幾乎已經完全耗竭；汗從他身上流下……他躺
> 在座位旁的地板上，絲毫不能動彈。這，正是拯救的一刻……
> 他感到一種言語無法形容的經驗；像是有什麼東西停在他身
> 上，像是上帝通過他的全身；他一躍而起，並且感覺到他可以
> 用信心緊抓住基督。

從此刻開始，「罪之重擔卸了下來」。「新的生命表露在新的美善道德
之上——愛、歡樂、希望、平和、爲神子女的恐懼、對耶穌的欣喜、
溫和的自信、渴望更密切的團契，以及更全面的信奉……一個新的
義之王國已種植在心田。」上帝的榮耀變成「每一個舉動的目的」。
但是救贖是有條件的；對恩典的信服，必定伴隨著如下的認知：人
類是「貧窮、盲目、墮落、不幸、悲慘和(在沒有神恩的情況下)無
助的罪人」[31]。

　　我們的罪人，「如今已從撒旦的國度被移轉到神子的王國並被轉
化回神子的形象」。我們可以在這種可怕的比喻裡面，看到一種精神
上的嚴厲考驗，在考驗的過程中，前工業時代的叛逆勞工或工匠的
性格結構，已被狂暴地重鑄成順服的工業工人的性格結構。這正是
烏爾所說的「改造力量」。它是一個現象，幾乎殘酷地穿透到人類個
性的根源之處，直接抑制了情緒和精神的活力。不過「抑制」(repres-
sion)是一個容易導致誤解的字眼；這些活力不只是遭到禁制，而是
徹底被排除於個人與社會生活的言語表情之外，並整個被事奉教會

---

31 Joshua Marsden, *Sketches of the Early Life of a Sailor* (Hull, n.d.), passim. 這是
　一本第三人稱的自傳。

所沒收。箱子般、日漸黑暗的小禮拜堂，座落在工業地區，像一個個巨大的陷阱，準備捕捉過往的人類靈魂。在教會組織內部，不斷上演著一齣齣情緒激動的戲碼，墮落者、懺悔、突擊撒旦、迷失的綿羊等等；我們猜想，虔誠的信徒，特別是姊妹們，可以從中找到宗教的最大「慰藉」。至於比較智性的信徒，教會另外為他們準備了一種心靈層面的戲碼，

> 其內容是試煉、引誘、心靈沮喪、疑惑、掙扎、沉鬱、彰顯、勝利、冷漠、恍惚、煩惱、拯救、協助、希望、禱告獲得回應、介入、慰藉、抱怨……心靈的操作、信仰的表演、在引導下穿越黑暗的神意迷宮……火的試煉、以及在行將沒頂之際所得到的救援。[32]

但我們必須特別強調的，是衛理派感情主義（emotionalism）的**間歇特質**（intermittent character）。當時人只要談起一般循道宗信徒的個性或他們的家庭生活，印象最深刻的，莫過於它那有條不紊、嚴守紀律和壓抑的傾向。一個「心靈宗教」竟然會以禁制所有的自發情感聞名，實在是非常矛盾。只有在教會本身有需要的時候，循道宗教義才會批准「心靈的操作」（workings of the heart）；循道宗的信徒撰寫讚美詩，但沒留下任何有名的世俗詩歌；在那個時代，「激情的循道宗情人」根本是一種荒謬可笑的想法。（衛理勸告說：「應避免一切的激情。」）「激情」（passion）這個字是教人不愉快的，但是我們很難不把那個時代的循道宗看成是一種精神手淫的儀式化形

---

[32] *Sketches of the Early Life of a Sailor*, pp. 104, 111.

式。舉凡會危及到社會秩序或(照烏爾博士看來)只要是不具生產力
的精力和感情，全都發洩在諸如愛筵、除夕禮拜、團契或信仰復興
運動這類不具傷害性的儀式上面。在愛筵上，唱完讚美詩並儀式性
地切開糕餅之後，宣道師便會接著以充滿情感的語調談起他的心路
歷程，以及他如何對抗罪的誘惑：

> 就在宣道師進行講述的過程中，四面八方的聽眾紛紛發出嘆
> 息、呻吟、虔敬的熱望，以及……祈禱或讚美的驚叫。

在接下來的緊張時刻，會眾中的個別成員一個接一個地站了起來，
爲他們的罪和誘惑做出最私密的懺悔，而且經常帶有性暗示。一位
觀察家注意到，「有些年輕婦女在起身發言那刻，往往會不自覺地透
露出內心的覥腆和激動。」[33]

　　騷塞寫道，循道宗信徒把宗教變成「一種興奮和激情的事物，
永遠渴望從中得到同情和刺激」[34]。這類安息日的情感高潮，讓他們
更可能在平常的日子裡把所有的精力全副投注在生產勞動之上。再
者，既然救贖從來都沒有保障，而誘惑又在四周蠢動，因此他們需
要一種源源不斷的內在刺激，讓他們能日復一日、時復一時地追求
「冷靜和勤勞的行爲」，因爲那是恩典的記號。違反工作紀律的可能
後果，不僅是「炒魷魚」，還包括地獄之火。上帝是最具警戒力的監
工。甚至在壁爐上面，也掛有「上帝注視著我」的字樣。循道宗告

---

33 Joseph Nightingale, *Portraiture of Methodism* (1807), pp. 203 ff.

34 R. Southey, *Life Wesley and Rise and Progress of Methodism* (1890 edn.), pp. 381
ff.

誠信眾，不僅要「背負」貧窮和屈辱的十字架，（在烏爾眼中）更應該把被釘死在十字架上，視為服從的最高榜樣：「我們流血的羔羊的真徒眾＊10，為了你，我們每日死於十字架上……」35 工作正是「改造過」的工業工人被釘上的十字架。

但是，如此激烈的一種針對情感脈衝的改道工程，如果不是因為人格的嚴重混亂，是不可能成功的。我們可以理解為什麼黑茲利特會把循道宗信徒形容成「一群宗教病人」36。如果說衛理是從路德那裡學到他的威權主義，那麼循道宗從十七世紀的喀爾文主義和英國清教神學那裡，則是繼承了沉悶無趣：有條不紊的生活紀律「加上嚴格避免任何自然湧現的喜悅」37。它還同時從這兩者身上，接收了近乎摩尼教式的有關人類墮落的罪惡感。此外，衛理還無端吸收了十八世紀早期的戀屍癖以及摩拉維亞兄弟會傳統中最教人不悅的性倒錯意象(perverse imagery)，並藉由他們的讚美詩和作品加以傳遞。韋伯曾經在諸如白克斯特之類的神學家的教訓中，注意到性壓抑和工作紀律之間的關聯：

＊10 按：流血的羔羊指的是神子「耶穌」。

35 我們將我們的罪擲入
　　燒毀你犧牲的火中，
　　每個卑鄙和虛榮的欲望，
　　每天都注定被釘上十字架。

　J. E. Rattenbury, *The Eucharistic Hymns of John and Charles Wesley* (1948), p. 24.

36 W. Hazlitt, "On the Causes of Methodism", *The Round Table* (1817), *Works*, IV, pp. 57 ff.

37 Weber, op. cit., p. 53.

　　清教所主張的性禁慾主義與修道生活的規定只有程度上的差
別，而沒有基本原則上的不同；再加上清教對婚姻的看法，遂
使得它的實際影響力甚至比後者更為深遠。性交之所以被允許
——即使是夫妻之間的性交——只因為它是神意的工具，藉由
「必使你的後裔極其繁多」這項立約來增加祂的光榮。除了茹
素和冷水浴之外，抗拒性誘惑的處方就和抗拒宗教懷疑與道德
卑劣感的處方一樣：「辛勤工作，盡你們的天職」。[38]

循道宗的教義裡，充滿有關性慾之罪的教誨，以及視性器官為極端
罪惡的講法。性器官——特別是男性的性器官(因為女人無法感受
「性慾」的觀念已日漸為眾人所接受)——是撒旦明白可見的肉身堡
壘，是永恆的誘惑之泉，以及數不盡的高度紊亂和不具生產意義的
衝動之源(唯有出於慎重和履行神意的繁殖，才具有生產意義)[39]。但
是循道宗對於性慾那種著了魔似的關懷，卻在它那些性倒錯的意象
中顯露無遺。先前我們已經在談論尼爾森皈依循道宗的時候(參見第
二章)，提過撒旦與陽具之間的等同關係。上帝通常是出以簡單的父
親意象，報復、權威和禁制；基督必須代人向上帝求情，犧牲的羔
羊「尚在淌血和哀求恩典／為每一個人靈」。但是把女性和——更常
見而且更矛盾的——女性的性意象與基督聯想在一起，就更令人費
解也更令人不悅。

---

[38] Ibid., pp. 158-9.

[39] 唯有充分了解這種著魔現象深入英國文化——特別是工人階級文化——的
　　程度，才能了解勞倫斯是在什麼樣的驅力迫使下才會寫出《查泰萊夫人的情
　　人》。

在此，我們看到一層又一層相互衝突的象徵。基督是「愛」的化身，大半的循道宗讚美詩都是為讚美基督而作，然而祂卻也是母性的、戀母的、性慾的，以及虐待狂和被虐待狂的混合體。我們經常可以在摩拉維亞兄弟會的傳統中，注意到傷口和性意象之間的高度同化。人類是有罪的「蟲」(worm)，必須「在羔羊的傷口裡找到居所和膳食」。但是性的意象很容易轉化成子宮的意象。那「最親愛的神聖、寶貴和千般美麗的小肋旁的小開口」，同時也是逃離罪的避難所，在此，「重生者休憩和呼吸」：

> 喔！寶貴的肋旁洞腔
> 我想在你裡面度過一生⋯⋯
> 在那兒，在一個肋洞的快樂神聖中，
> 我將度過我未來的所有日子。
> 是的，是的，我將永遠住在
> 那兒，在你肋旁裂開的地方。[40]

性意象和「回歸子宮的」意象，在此似乎合而為一。但是，在衛理兄弟和摩拉維亞兄弟會鬧反之後，存在於後者社群中的讚美詩語言以及他們長久以來支持道德律廢棄論的異端污名，已成為公開的醜聞。在約翰·衛理和查理·衛理的讚美詩中，公然的性意象已遭到刻意壓制，並由子宮和慈悲(腸)的意象所取代：

---

[40] See R. A. Knox, *Enthusiasm* (Oxford, 1950), pp. 408-17; G. R. Taylor, op. cit., pp. 166-7.

> 來吧！喔！我有罪的兄弟，來吧！
>
> 在你的罪之重擔下呻吟！
>
> 祂流血的心會給你留個地方，
>
> 祂打開的肋旁會接納你進入……

然而，這種意象乃從屬於無可抗拒的血祭意象，彷彿曾經困擾早期基督教會的地下傳統——密特拉血祭(Mithraic blood-sacrifice)*11——突然在十八世紀循道宗的讚美詩中汩汩湧現。循道宗有基督的「流血之愛」，罪人必須在這位犧牲羔羊的血中沐浴，藉由他的血，把悔悟者的罪和犧牲繫聯起來。這兒是「泉源」，「噴湧自他的肋旁／向所有人敞開」：

> 你寶血的噴泉
>
> 仍為罪人大敞；
>
> 現在，即使是現在，我的主和神，
>
> 我仍在你的肋旁沐浴自我。

在同一個血的象徵裡面，犧牲的、被虐待狂的和色情的語言，都找到了共同的鎖鏈：

---

*11 按：密特拉教是一個古代神祕宗教，供奉密特拉這位印度—伊朗的公義之神。它在許多方面與基督教類似，是早期基督教的重要對手。該教相信，在善神阿胡拉馬茲達的命令下，密特拉將初生的牛犢供為牲祭，這牛犢的身體在血祭之後突然神奇地迸發出麥子、葡萄、動物與所有其他的美善東西。

> 我們渴望汲飲你的寶血，
>> 我們渴望在你的傷口中休憩，
> 並對不朽的食物感到飢餓，
>> 渴望飽餐你的愛。

這種與基督之愛的結合，尤其是在聖體的「婚筵」上（指的是教會以「將基督的肉身奉獻給神」的方式，集體地「將她自己奉獻給神」）[41]，將「停泊在救世主胸膛」的自我禁慾的情感、浸沉於子宮中的渴望，以及受折磨的性慾，整個結合在一起：

> 那兒是我將永遠居住的地方，
>> 一刻也不離開
> 隱藏在你肋旁的裂口中，
>> 永遠在你的心中。[42]

---

[41] J. E. Rattenbury, op. cit., p. 132.

[42] Ibid., pp. 109-11, 202-4, 224-34; and J. E. Rattenbury, *The Evangelical Doctrines of Charles Wesley's Hymns* (1941), p. 184. 這個主題值得更多專家注意和重新研究。泰勒（G. R. Taylor）的《天使製造者》（*Angel-Makers*）有些新意，但他企圖為父母兩系對兒童教養方針的歷史變遷找出一個「性」方面的解釋，顯然已到了可笑的程度。我們應該注意，在當時，「肋旁」（side）這個字除了是子宮的委婉說法外，也意指女性生殖器官。在此可以舉一個例子來說明情慾意象與受虐犧牲意象的混同情形：「流血的肋旁」可以代表經期（夏娃的「詛咒」），在這段期間交媾是被禁止的，也是褻瀆的；於是性歡愉的觀念和它是絕對被禁止的觀念，就變成一種因宗教信仰而產生的精神痛苦（cruficifixion）。同理，罪人們只能在帶著無比的罪惡感和自我褻瀆感的情況下，被「收容進」基督的肋旁。

很難想像人類的生命曾出現過比這更根本的瓦解，人類所有個性的自發泉源曾遭受過比這更嚴重的污染。既然快樂可以被聯想成罪和惡，痛苦（基督的傷口）可以被聯想成善和愛，那麼每一種情感的脈衝都可以被一百八十度的扭曲，如此一來，人們自然會認為，不管是大人或小孩，唯有在他們實現痛苦、勞動或克己的工作時，才能在上帝的眼中找到關愛。承受勞苦和悲哀的人可以找到快樂，被虐待狂一種是「愛」的表現。我們無法想像人類真的能夠依照這種樣子**生活**，然而有許多循道宗的信徒確實是盡了他們最大的努力。懷特腓在計畫結婚的時候曾安慰自己：「每當我了解我的心，我就可以免除世俗之愛的愚蠢激情。」衛理本人的那種巡迴調情似乎是一種準求愛形式，它從未到達圓房的階段，還使他自己和那名婦女蒙受羞辱。當他結婚時，他似乎是把結婚一事當成對他自己的懲罰，以及特別是對他妻子的懲罰。衛理派長久以來對女性之罪和娼妓那種充滿色慾的著魔，可說眾所周知。除了維多利亞早期英格蘭循道宗牧師的虔誠日記，我們還能上哪找到諸如這般的絕望內容：

> 聖誕節。我在南大街為一對夫婦主持婚禮，然後到（百合巷的）浴場洗了個冷水澡。我跪下來結束這悲哀的一年⋯⋯把我的心靈往上帝的方向提升。[43]

這種奇怪的意象，在工業革命的那些年間，不僅保存在循道宗的讚美詩中，也藉由該會的講道和懺悔修辭留存至今。當時已經有人注意到這種怪異修辭。雷・韓特曾在一篇〈論循道宗的猥褻瀆神

---

[43] E. V. Chapman, *John Wesley & Co. (Halifax)* (Halifax, 1952), p. 70.

狂喜〉中評道：「神聖的上帝被人格化和具現爲最下流的形象。」「如果一定要用世俗情感的語言來形容上帝，爲什麼不把祂形容成父母而要形容成愛人？」[44] 但是到了十八世紀末葉，循道宗的傳統卻經歷了一場淒涼的轉變。對於愛的否定和昇華，開始轉變成對其相反價值的崇拜——死亡。在查理·衛理所寫的讚美詩中，不只一首預告了這種改變：

> 啊！死亡的可愛形貌！
>> 世界上沒有比這更美好的景象。
> 任何活生生的快樂場景，
>> 都無法與一具死屍相比。

對於死亡，循道宗的傳統看法相當矛盾。一方面，循道宗的宣道師擅長以各式各樣的技巧來激起人們對死亡和地獄之無盡痛苦的恐懼。打從牙牙學語的年紀，孩童就得爲他們最微不足道的小小過失飽受永恆懲罰的驚嚇。他們的夜晚經常被福克斯的《殉道列傳》(Foxe, *Book of Martyrs*)和其他類似讀物弄得陰風慘慘[45]。然而在整

---

[44] The Editor of the Examiner [Leigh Hunt], *An Attempt to Shew the Folly and Danger of Methodism* (1809), esp. pp. 54-64, 89-97. 這句話也促使循道宗信徒公開指責愛筵、除夕禮拜和信仰復興者的聚會都已淪爲男女性雜交的場所。在比較嚴肅的學術批評中，奈廷格(Nightingale)對這類指控打了不少折扣，雷·韓特持支持立場，騷塞則持保留態度，不做評價。See A Professor, *Confessions of a Methodist* (1810).

[45] Cf. W. E. H. Lecky, *History of England in the Eighteenth Century* (1891 edn) II, p. 585. 「這些恐怖的影像〔循道宗宣道師〕一再出現，毒化他們的想像，在每一個軟弱或抑鬱的時刻糾纏他們，混淆他們對世事的所有判斷，並使他們對死亡的恐懼加深了十倍。」

個十九世紀早期，有閱讀能力的人又幾乎快被歡慶「神聖死亡」的宗教短文給淹沒。不管是成年人或兒童，一本循道宗或福音派的雜誌如果少了死亡之床的情景，在他們眼中就是不完整的。如韓特所云，在這個情景中，死亡經常是出自急切等待著新婚之夜的新娘或新郎口中。死亡是唯一不帶罪惡便可欲求的目標，是在一生的苦難勞動之後所得到的平安報償。

近來，有許多護教者或公平的世俗主義者寫了許多循道宗的歷史，試圖體諒這個他們無法了解的運動，以致今人不免驚訝於雷基(Lecky)竟會在十九世紀末做出如下的評斷：

> 再没有比它更駭人的宗教恐怖系統，更適合用來攪亂立場不穩的知識分子，並讓敏感的生靈飽受迷惑和折磨。[46]

布蘭德翰牧師(Reverend Jabez Branderham)這號人物(無疑是模仿自本廷)，籠罩著整個工業革命時期，在《咆哮山莊》(*Wuthering Heights*)這部小說一開始，他出現在洛克伍(Lockwood)的陰森夢魘裡：「天老爺！這是個什麼講道！分成四百九十個部分……每個部分都討論一種罪！」這種囊括一切的「你不行！」，在這些年間以不同程度瀰漫了**所有的**宗教派別，唯有了解這個事實，我們才能正確評量出布萊克的重要性。布萊克在 1818 年從他那些寓意濃稠的預言書中探出頭來，進入到如同格言般清晰的《永恆福音》(*The Everlasting Gospel*)的最後一個階段。在這本書中，他再次重申各種已出現在他較早詩歌中的價值觀念，以幾近於道德律廢棄論的標準肯定情慾之

---

[46] Lecky, op. cit. III, pp. 77-8.

樂，並斷言人類的無罪清澄。幾乎是他的每一行詩句，都可視爲是這場反抗循道宗和福音主義的「精神戰」的宣言[47]。他們的「基督靈視」（Vision of Christ），正是他眼中的「最大惡魔」。尤其重要的是，布萊克攻擊那些敎人謙卑和順服的敎訓。正是這種只會說不的謙卑，「遮蓋了日月」，「顛倒了神國」，

> 用莖和棘四處搜索
> 埋葬在地下的靈魂和它所有的珍寶。

二、絕望的千禧年

循道宗的敎義是一種有用的工作紀律，這點顯然無庸置疑。比較不容易了解的是，爲什麼會有這麼多的工人願意忍受這種精神上的剝削。循道宗怎麼有辦法同時扮演剝削者和被剝削者的宗敎，而且還扮演得如此成功？

在 1790 到 1830 年這段期間[48]，也許可以舉出三個理由：直接

---

47 請比較下面這段話：「記得我們都是墮落的人類，出生就帶著原罪，生性邪惡。基督徒不承認『純眞無罪』和『良心』這類觀念。」Wilberforce, A Practical view of Christianity, p. 437.

48 這段期間涵蓋了本廷和他那個圈子的興起和主宰時期。1830 年後，在循道宗敎會內部已經可以察覺出自由化的潮流正在發揮作用，雖然本廷堅決抵抗，但是循道宗確實在 1840 年代進入一個全新且較爲和緩的時期。一方面，某些工廠主人和雇主的第二或第三代脫離了循道宗，成爲英國國敎的體面人物。另一方面，循道宗的敎義似乎體現了某些小店主、神職人員和次級經理人的眞實想法，於是溫和的激進主義便加入到「自助」的意識形態中。See E. R. Taylor, op. cit., Chs. V. VI, and W. J. Warner, op. cit. pp. 122-35.

的思想敎化、循道宗信徒的社群感，以及反革命的心理後果。

第一個理由——思想敎化——的影響力簡直無遠弗屆。福音主日學一直相當活躍，雖然很難判定它們的活動究竟有幾分可稱之爲富「敎育性的」。衛理派敎徒從他們的創始人那裡繼承了一種異常強烈的信念，堅信孩子是具有原罪的，而且衛理本人在表達這項信念時所展現出來的強迫性，可能會讓某些耶穌會敎士嚇得面色蒼白：

> 要盡早屈服他們的意志。這項工作要在他們可以自行奔跑之前，在他們可以把話説清楚之前，甚至在他們才剛會講話之前，就應開始進行。不論要付出多大的痛苦代價，如果你不想讓這個孩子遭到天譴，就得屈服他的意志。讓孩子從一歲起便懂得害怕棍子，懂得輕聲哭泣；從這個年紀開始，就讓他聽吩咐做事，只要用鞭子打他十下就成了……現在就屈服他的意志，他的靈魂才得以長存，他也會永遠感激你。[49]

衛理主辦的金斯伍學園(Kingswood School)，只准許學生從事具有嚴格工作性的「娛樂」，諸如砍柴、挖掘等等，因爲遊戲「不適合一個信仰基督敎的孩童」。(很少不說眞心話的衛理表示：「我不是殺人就是救人，我**將**只有一個選擇——或是一所基督敎的學校，或是乾脆沒有學校。」)只要瀏覽一下十九世紀前幾十年的主日學通用敎材，

---

[49] Southey, op. cit., p. 561. 我們可以從諸如班福對 1790 年代的回憶和古柏的《傳記》(*Life*，古柏在擔任循道宗的主日學敎師期間，他把**不**對學生體罰視爲是一種恩典的記號)中看出，衛理的敎誨被許多十八和十九世紀早期的追隨者加以人道化。參見本廷對正統神位一體派的辯護，收錄於 *Sermon on Great work described* (1805)。

便可以知道這些學校的眞正目的。瓦茨(Isaac Watts)的《兒童聖歌》
(*Divine Songs for Children*)或後世作者所做的道德改編，取代了衛理
那種陰慘的讚美詩。剛搖搖學步的孩子，便教他們唱道：「不管根據
天性或習慣，他們都是不幸的罪之奴隸。」洞悉一切的上帝的「銳眼」，
可以看出他們最「祕密的行動」：

> 沒有一件我們所犯的罪，
>
> > 或我們所説的邪惡話語，
>
> 在你可怕的書中，
>
> > 不爲最後審判記下一筆。

當時有一則典型的道德故事，可用來說明這種「教訓」的一般
趨勢[50]。約翰·魏斯(John Wise)的父親「非常貧窮，他有許多兒女，
雖然努力工作，還是賺不到足夠的錢養活他們。他每天都得盡其所
能的工作，卻只能以燕麥餅和水煮的燕麥粥裏腹」。不過無論如何，
約翰的父親依然是一位「祈禱敬神」的好人，不斷感謝他所得到的
恩典，譬如，「我的家人有些本可能會早死，但我們都還活著。」約
翰的母親教他朗讀瓦茨所寫的讚美詩——遵守工作紀律的太陽：

> 由東面的房間
>
> > 它開始早上的旅程，
>
> 它從不疲倦，也不停下來休息，

---

50 *The History of John Wise, a Poor Boy: intended for the Instruction of Children*
(Halifax, 1810).

　　　　只顧照亮整個世界，

　　　因而，像太陽一樣，我也將善盡
　　　　一天的責任，
　　　盡早開始我的工作，並不斷
　　　　朝我的天國前進。

約翰的父母教導他安息日的神聖意含，並諄諄訓勉他恪守責任、服
從和勤勞。接下來是邪惡貝蒂的可怕故事，他是約翰的姊妹。貝蒂
在星期天外出散步，回來時滿身濕泥，還丟了一隻鞋。她的父親指
責她，然後向家人宣念摩西的誡命：一個在安息日揀柴枝的人，應
當用石頭砸死。貝蒂的罪比這個人的罪大得多，不過這次她獲得原
諒。但是更大的罪接踵而來：有些孩子從主日學逃課，跑去踢**足球**！
在下一個星期日，這些孩子受到懲戒，大人還給他們講了一個關於
四十二名孩童的故事，這些孩童愚弄年邁的以利亞，並在仁慈天主
的吩咐下遭到撕碎。這些小孩接著頌唱瓦茨的另一首讚美詩：

　　　當兒童在他們的胡鬧中，
　　　　如此對待老以利亞；
　　　命令這位先知走開，
　　　　「走開，你這個禿頂，走！」
　　　上帝很快就終止他們邪惡的呼吸，
　　　　並派來兩隻憤怒的熊，
　　　把他們的肢體撕裂直到他們死亡，
　　　　流著血、眼淚和不斷呻吟。

到了最後，約翰和他父親的虔誠得到報償。一位深深感動於他們的自甘貧苦的陌生人，給了他們一筆遺產。

這個故事或許很可笑，但是對兒童的心理而言，卻是貨真價實的可怕暴行。近來有位作家甚至強調，清教徒把嬰孩緊緊裹在襁褓中以及其便溺訓練所可能產生的壓抑效果，這項說法的有效性或許有待質疑，但其意義卻是我們不可忽視的[51]。雖然這個時期的大多數教科書都是些有關教會之「教育啓蒙」的陳腔濫調，但即使是對由鄉村女士所設立的學校而言，主日學依然是一種可怕的變換。十八世紀提供給貧民的教育，儘管相當雜湊不足，然而無論如何，就算只是像沈斯東(Shenstone)的女教師那樣，不過教一點花草的名字，終究還是提供了某種**教育**。可是在反革命時期，這種情況卻受到福音派的支配態度所毒害，他們認爲教育的功能始於也終於對窮人家孩子的「道德拯救」[52]。主日學不但不鼓勵教孩子們書寫，甚至有許多學生念到畢業都還沒有能力閱讀，不過，想想舊約那些被認爲最具教化意味的部分，這至少還是件幸事。其他學生所學到的，大抵也不脫下面這位小女孩的談話內容，她告訴一名礦場童工考察團的團員說：「如果我是一個好女孩，死後便可進天堂——如果我壞，我就會被硫磺和大火給活活燒死。這是他們昨天在學校告訴我的，我以前不曉得會這樣。」[53]孩子早在青春期以前，便在主日學和家中(如果他的父母虔信宗教)受到最嚴重的情感恐嚇，教他們懺悔他們的罪，並了解救恩的意義，還有許多像小古柏這樣的兒童，「一天要進

---

51 G. R. Taylor, op. cit.

52 Cf. Raymond Williams, *The Long Revolution* (1961), pp. 135-6.

53 Cited in J. L. and B. Hammond, *Lord Shaftesbury* (Penguin edn.), p. 74.

入祕密地方二十次，去祈求神的寬恕……」[54]

雷基所使用的形容詞，「宗教恐怖主義」，事實上對當時的社會而言絕非誇大之辭，這個社會至少在蘭開斯特的慈善學校運動開始之前，並沒有為窮人家的孩子提供其他的教育安排——慈善學校運動以真正的教育目的和訓練兒童之工業就業能力等功利主義考量，修正了「道德拯救」的觀念[55]。但是——我們開始進入第二點理由——我們也應當注意，不可只根據主日學初級課本這樣的證據，或本廷這種人的獨斷之見，就把福音教會形容成極端的嚴酷冷峻和不具絲毫正當性。正統循道宗牧師的意圖是一回事，但發生在許多社群當中的實際情形則是另一回事。古老的「阿米尼烏斯派」循道宗，對於主日學的教導抱持比較人道的態度，而新宗會的循道宗，則比衛理正統派更注重智識教育。先前我們已提過蒙哥馬利（《雪菲爾彩虹女神》）曾領導雪菲爾的不奉國教派分子進行抗爭，希望在主日學的課程中保留書寫一項。出於志願服務的平信徒教師，很少會是教條主義者；而當時持續存在的那種緊張狀態，有時也可能導致很不一樣的結果。1798 年，一位博爾頓的牧師寫信給波特蘭公爵：「甚至連我們的主日學，

　　　有時也會成為派系的溫床。我們已發現有一、兩個人宣誓成為聯合英格蘭人的會員，他們自稱是主日學的義務教師……[56]

---

54 T. Cooper, *Life*, p. 37.

55 在我看來，今日那些正確揭露出傳播媒體的商業濫用將對人性造成傷害的作家們，如果他們忽視了早期群眾教化的程度和特質，那麼他們的言論就算不上公平。

56 Rev. Thomas Bancroft, 12 February 1798, P. C. A. 152.

在 1830 年代被烏爾博士稱頌爲「安靜堡壘」的斯塔克港主日學，曾經在 1817 到 1820 年間受困於一項復仇行動(並在某種程度上實際被取代)，當時，哈利森牧師(Reverend Joseph Harrison)和斯塔克港政治聯合會(Stockport Political Union)發起了一場激進派的主日學運動，參與這項運動的人士，必然有部分是以前正統派主日學的教師和學生[57]。

這種情形不僅要從主日學的角度進行觀察，它同時也和循道宗教會的一般影響有關。做爲一種敎理，循道宗似乎是一種毫無憐憫心的工作意識形態。不過在實際層面，這種敎理卻因其所在之社群的需要、價值觀和社會關係模式，而有不同程度的軟化、修正和人道化。教會畢竟不只是一棟建築物，也不只是牧師講道說敎的地方。它也具現爲講經班聚會、縫紉小組、募款活動，以及在地宣道師，他們會在下班以後走上幾哩路去牧師很少造訪的偏僻小村參加小型的宗敎聚會。今日一般人所描繪的循道宗團契都太過和樂融融，和樂融融到教會的所有其他特色都被遺忘[58]。但除此之外，有一點也是既眞實且重要的，那就是循道宗以及其敞開的禮拜堂大門，給了被工業革命連根拔起和遺棄的人們某種社群，以便取代當時正日趨消亡的古老社群模式。做爲一個非國敎(雖然也非民主)的敎會，工人似乎有那麼點理由可以把它當成他們自己的敎會；而在循道宗所植根的社群裡，其原本的組織越是緊密(礦、漁或織工村落)，這種感

57 參見 D. Read, *Peterloo* (Manchester, 1957), pp. 51 ff.，以及下文，頁 1010。

58 有關敎會早期的敎友情誼，邱奇在《早期循道宗信眾》(L. F. Church, *The Early Methodist People*，1948)一書當中，有極富同理心的陳迷。當然，也不應錯過魏茂斯等人的著作。

覺就越明顯。

誠然，對這些年間的許多人來說，循道宗的教友「會票」已具有一種拜物般的重要性；而對於遊方工人，它甚至是當他從一個市鎮移到另一個市鎮時，進入一個新社群的入場券。如前所云，在這個宗教社群內部，有它自己的戲碼，有它自己的身分地位和重要等級，有它自己的蜚短流長以及許許多多的相互合作。當時甚至有一點小幅度的社會流動，雖然很少有教士是來自無產階級的人家。當男男女女聚集在教會的時候，他們會覺得自己在這充滿敵意的世界裡還有一個**容身之處**。或許是由於他們的節酒、貞節或虔誠，他們得到表彰。當然還有其他的正面意義，例如促成家族和家庭的穩定，這點我們回頭還會再談。此外，清教徒的性格結構不只適用於對教會和雇主的服務。一旦完成了情感轉移，讓人們得以扮好上述角色的專心致志，同樣也可在工會和漢普敦俱樂部職員的身上看到，可以在自修到深夜並負責指導工人階級組織的工人身上看到。在分析循道宗的意識形態時，我們所呈現的是一個偏重理智的畫面，但在社會生活的脈動中，平易近人的常識、同情，以及古老社群傳統的頑固活力，都有助於軟化其冷峻的外貌。

然而，在拿破崙戰爭期間，循道宗之所以特別容易滲透到勞動人民當中，還有第三個原因。這或許是最有趣的一個原因，但是截至目前為止還很少人注意到它。要研究這個原因，最好先談一談循道宗和浸信會的信仰復興主義以及一些小型宗派所共同表現出來的歇斯底里。在工業革命最造孽的那幾個年頭，真正的麻醉藥品在製造業地區十分普遍。金斯萊（Charles Kingsley）那句「民眾的鴉片」，提醒我們有許多工人是把宗教當成一種「慰藉」，雖然由循道宗教義所激起的美夢很少是愉快的。信仰復興主義的宣道師所採用的方法，

素以其情緒狂烈著稱——充滿張力的開端，然後是對猝死和災難的生動描繪，對罪之殘暴的模稜修辭，以及戲劇性地出手拯救。參與露天集會的群眾和循道宗的早期會眾，也是以他們的「熱忱」狂烈聞名——昏厥、呻吟、吶喊、哭泣和突如其來的情緒迸洩。事實上，騷塞曾經表示：信仰復興運動與催眠術相當類似。他說：衛理「製造了一種新疾病，並用神學理論而非物質理論來擊敗它」[59]。有的時候，這些症狀會採取集體歇斯底里的極端形式，例如衛理在 1788 年3 月的《日記》中所記載的布里斯托事件，當時，「一陣猛烈的喧聲……像閃電般穿透所有會眾，

> 無法形容的恐怖和混亂。你可能會認為那是一個被暴風席捲的城市。人們以最極端的狂暴相互推擠，長椅子碎成片片，百分之九十的會眾好像陷入同樣的驚懼當中。

他在 1786 年記載道，在海灣邊禮拜堂(Chapel-en-le-Frith)，這種歇斯底里已經司空見慣：

> 他們當中的一些人，或許人數還不少，聚在一起極盡所能地高聲尖叫。其中有些人用不適當乃至不正當的語言祈禱。有些人好像死了般倒地不起，剛剛還像具屍體一樣動也不動，可是沒過一會兒，他們又爬起來驚聲大叫：榮耀，榮耀……

---

59 Southey, op. cit., pp. 382 ff.

衛理譴責這種過度的歇斯底里，說它「讓真正的工作遭到輕視」[60]。但是，在整個工業革命時期，稍稍安靜一點的歇斯底里，卻是循道宗信仰復興運動的固有本質。身陷困境的社群，礦工、丘陵農夫或織工，最初可能會抗拒露天講道和祈禱集會；接著，可能有「一些小動搖出現在骨瘦如柴的人們當中」；然後，「火燒了起來，彷彿一片空地上的金雀花著了火一樣——烈焰耀天。」[61]

這個例子乃取自 1799 到 1801 年間西來丁一個織工村落的宣傳，當時，整個社群宣稱他們——至少是暫時性的——「得救了」。很少有人注意到，戰爭期間不僅可以看到循道宗的最大規模擴張，特別是在北方的工人階級之間，而且這次擴張還伴隨著歇斯底里的捲土重來。例如，1805 到 1806 年間，每當眾人聚集在布拉福聆聽循道宗的宣道師講道，「往往，題目還沒有宣布，許多不幸者的痛苦叫聲便打斷了宣道師，以致禮拜式……立刻被最誠摯的集體祈禱所取代」[62]。一位得文郡的聖經基督徒派宣道師於 1816 年在他的日記中沾沾自喜地寫著：「在我講道時有三個人倒下，我們祈禱，然後有更多人倒下；我想其中有六個人就此長眠。」這個宗派在石南地的農夫與勞工之間所進行的傳道工作，往往伴隨著極度的痛苦、昏厥、「讚美的呼喊」，以及「悔罪者嘶吼而虔誠的叫聲」[63]。

循道宗**可能**曾經抑制了革命，但是我們可以肯定地說：它在戰

---

60 參見諾克斯 (R. A. Knox) 有關「熱情」(enthusiasm) 的討論 (R. A. Knox, op. cit., pp. 520-35)。

61 F. A. West, *Memoirs of Jonathan Saville* (Halifax 1844).

62 W. M. Stamp, *Historical Notice of Wesleyan Methodism in Bradford* (1841), p. 85.

63 F. W. Bourne, *The Bible Christians* (1905), pp. 36-42.

爭期間的迅速成長，絕對是反革命精神進程的一大要件。當時有一種觀念認爲，任何特別著重來世的宗教，都是失敗者和絕望者的千禧年主義。「烏托邦的幻象激起了一種相反的幻象。革命分子的千禧年樂觀主義，到頭來卻導致了一種逆來順受的保守態度的形成」——這是曼翰(Karl Mannheim)用來形容另一場運動的說法。他同時也給了我們一個線索，得以了解這種精神過程的本質：

> 千禧年思想一直伴隨著革命的爆發並賦予它們精神。當這種精神退潮並荒漠了這些運動的時候，這個世界所留下來的，便是赤裸的群眾狂亂和去神靈化的憤怒。[64]

既然 1790 年代的英格蘭，其革命衝力在達到「臨爆點」之前就遭到扼殺，所以當這種精神退潮之後，其反應尚不致跌落到「狂亂」之點。然而發生在這幾十年間的諸多現象，幾乎無法以任何其他方式加以解釋。隨著英國雅各賓主義的失敗、戰爭的開始，和布勞特斯被關進瘋人院，貨眞價實的千禧年思想也在 1790 年代晚期宣告結束。但是在接下來的十五年當中，有好幾個「新耶路撒冷教會」(New Jerusalemites) *[12] 的宗派日益昌盛[65]。先知一個接一個興起，例如德比郡山(Derbyshire Peak)一個孤立小村(哈克洛〔Hucklow〕)裡的神

---

[64] K. Mannheim, *Ideology and Utopia* (1960 edn.), pp. 192-6.

*[12] 按：新耶路撒冷教會即斯維登堡教會，參見第二章註 *22，頁 52。

[65] 1801 年 3 月，費茲威廉伯爵(Earl Fitzwilliam)正在調查布拉福兄弟會會員的活動，這些活動是由織工羅賓森(Zacchaus Robinson)領導，他「多年以來一直是個堅定的循道宗信徒，以及所謂的『查經班班長』」。Fitzwilliam Papers, F. 45 (a).

位一體派牧師奧德瑞(Ebenezer Aldred)：

> 他在一種與世隔絕的環境中生活，變得不切實際、古怪荒唐；
> 他堅信預言；在啓示錄中看到拿破崙；最後，甚至幻想自己是
> 一位先知，站在非陸非海之上，宣布一個大城市的毀滅……

他穿著一件白色外衣，灰髮披散在肩上，乘了一隻小船在泰晤士河
上航行，四處散發小冊子，預言毀滅即將到來[66]。激進派、神祕派和
軍國主義派，競相爭奪啓示錄的罩袍；以色列的離散部落在伯明罕
和華平區被人發現；甚至找到「證據」可以證明，「大英帝國是彌賽
亞的特殊財產，祂以海軍霸權許諾給它」[67]。

但是，「去神靈化的憤怒」的最驚人展現，卻是圍繞著以最偉大
的女先知喬安娜・邵思蔻(Joanna Southcott)爲中心的各種運動。她
的第一本充滿幻想狂思的預言小册《信心的奇異效應》(*The Strange
Effects of Faith*)，發表於 1801 年。從這位得文郡農夫之女兼家僕的
名聲迅速橫掃全國的情況看來，當時的大環境確實存在著一股期盼
狂亂的氛圍。她的感染力是來自許多因素的怪異組合。對於古老的
英國，她有一種生動而迷信的想像，尤其執迷於她所生長的英格蘭
西部。《陶頓信使報》(*Taunton Courier*)在 1811 年寫道：「對於超自
然力量的信仰，

> 普遍盛行於整個英格蘭西部地區，大部分的村落都至少有一

---

66 T. A. Ward, op. cit., pp. 188-9; Eben-Ezer, *The Little Book* (1811).
67 R. Wedgwood, *The Book of Remembrance* (1814).

位精通「地獄黑法」、可以指點迷津的能人。有一段期間，桑福鬼（Samford Ghost）曾經擁有上千名信徒……[68]

根據騷塞的說法，邵思蔻曾經「狂熱地依戀於」循道宗團契的可怖意象和宗教熱情[69]。邵思蔻的個人風格呈現一種奇異的混合——神祕主義的劣詩與精明但缺乏想像力的自傳性散文，後者記述了她的兒時回憶、不愉快的戀愛，以及這位固執的農家女與不信神的教區牧師和鄉紳之間的對抗。尤其重要的是，其中還包括這些年間的痛苦和厭戰，以及人們對千禧年的期望，在這個布勞特斯的信徒依然每天靠著對新啓示的希望而活的時代。在這個時代——

一個瘋人印行他的夢境，另一個瘋人印行他的白日幻象；一個瘋人看見天使手持一柄出鞘長劍從太陽中現身，另一個瘋人則看到天上的火龍和排出作戰陣式的一大群天使……低層階級……開始認爲那七個封印即將被開啓……[70]

邵思蔻不是聖女貞德，但是她和聖女貞德一樣對貧民具有吸引力：認爲啓示發生在農家女身上的可能性，就和發生在國王身上一般容易。她被譽爲布勞特斯的眞正繼承人，她身邊的追隨者包括幾位受過教育的男女。（如果布萊克的預言書有部分可以被視爲是當時

---

68 Cited in Alfred, 24 August 1811. 同時參見 F. W. Bourne, op. cit., pp. 64-5, 作者在書中敍述了一個被魔鬼附身的婦人，以及一個「宣稱自己是基督」的女人。

69 Southey, *Letters from England* (1808, 2nd edn.), III, p. 238.

70 Ibid., III, p. 232.

那種好預言氛圍的邊緣論著，那麼他的摯友夏普——同時也是一名版畫師和前「雅各賓派」——則是全心效忠於邵思蔻。）不過最能感受到邵思蔻的強大魅力的，卻是西部和北部——布里斯托、蘭開郡南部、西來丁、斯托克頓(Stockton-on-Tees)——的勞動群眾。

> 喔，英格蘭！喔，英格蘭！英格蘭！斧頭已揮到樹上，樹必將被砍倒；你們不知道神的懲罰何時會到來……午夜已籠向你們全體，並會突然襲擊你們。我警告你們，危險就近在咫尺，因爲實現一切的時刻已經到來。「他是誰？來自以東(Edom)、穿著波茲拉(Bozrah)來的外衣，說著義的話語，可以拯救所有信祂之人；至於我的敵人，我將在憤怒中踐踏他們；因爲復仇之日在我心中，而我的救贖之年已經到來。

邵思蔻的大半預言不過是在營造一種天啓氣氛，她對災禍的預卜非常含糊，很容易就可以套用在拿破崙治下的歐洲的各種危機動亂之上，拿破崙本人則被比喻成「耶穌之敵」(the Beast)。她的態度缺乏布勞特斯的革命特質，但是她的啓示卻是絕對可以分開綿羊和山羊的那種。主藉由邵思蔻之口表示：「地上將充滿我的慈愛，地獄將充滿我的恐怖……我的憤怒即將流洩，而我充滿愛的仁慈，將盡可能地拯救來到我跟前的人。」

> 醒來，醒來，喔！天國，穿上你美麗的外衣，喔，耶路撒冷！因爲主的日子近了……我將打破傲慢者的驕傲，我將提升溫順者的精神……

對於那些得救者，祂許諾一個虛幻的烏托邦：

> 當我救贖我的子民
>
> 脫離地獄的力量和罪，
>
> 我將重建你們的房舍，
>
> 將華廈帶到你們眼前；
>
> 因爲我貯有金礦：
>
> 起泡沫的海洋將舊地重遊到岸上
>
> 藏在那兒的百萬財寶，
>
> 和鑽石礦場將會現身……
>
> 我有俄斐的黃金，可用來
>
> 重建耶路撒冷，
>
> 那些最先獲得救贖之人，
>
> 可以說，我們擁有這些許諾……

祂甚至附和潘恩的「私生子和他的武裝土匪」的說法，並表示土地終將歸回給勞動人民：

> 但是現在我要釋放嗣子，
>
> 並逐出這所有的奴隸，
>
> 眞正的嗣子是無可質疑的；
>
> 因爲我將滅亡私生子一族，
>
> 將眞正的嗣子安置在他們的位置上
>
> 去掌有那片土地……

很可能，邵思蔻絕非騙子，而是一個單純但時而自疑的女子，是她自己的失衡和輕信的受害者。（我們對於某些「促銷」她的馬戲人物的判決，可能會苛刻一些。）她以平鋪直述的文字轉譯她口中的「上帝之聲」，但是我們卻能從中感受到一股悽惻的力量。上帝命她傳達的長篇訊息，充滿了對邵思蔻自身能力的最高推薦：

> 因為，地上有某些新事物出現。
> 自從地上建基於此以來，
> 如此不可思議的婦人從未曾降臨⋯⋯

受到最佳推薦人的這般恭維之後，她遂得以運用人們的輕信心理，來從事一種不下於地獄之火的宣道師所進行的那種精神敲詐。有一天，當她堂皇行經一棟預備出售的房子時，「她得到主的許諾去尋找，**彷彿意外般**」，一個普通的封印。此後，她的徒眾——「喬安娜信徒」或邵思蔻信徒——便可從她那兒得到一個特殊封印，一種代表許諾的箋條，持有箋條者將可「繼承生命之樹，成為神的繼承人，與耶穌基督同享繼承權」。千禧年的許諾只賜予「這些被封印者」，而嘲弄者將遭受可怕的威脅：

> 現在，如果敵人增加，我在此告訴你，
> 他們將迅速增加各種哀傷，
> 戰爭的喧攘將永不停止
> 一直到人們歸心於我
> 而離開迫害你們的憤怒。

數以千計的人們(有人估計共有十萬人)就這樣被「封印了」。事實上,一度還有人買賣這種封印,就好像中世紀後期買賣十字架紀念物一樣。這個時代的情緒失調,不僅顯露在「喬安娜信徒」的狂熱之上,也見於暴民那種不相上下的狂暴感情當中,暴民有時會在這種情感的驅使下攻擊她的次先知。邵思蔲主義幾乎說不上是一種具有革命精神的千禧年思想,它不曾激勵人們採取有效的社會行動,也很少涉及眞實世界;它那種天啓式的熱情非常接近循道宗的熱情——它將**個人**救贖的渴望燃燒到歇斯底里的程度。但它確實是一種窮人的崇拜。喬安娜的上帝咀咒英國的不義「牧羊人」(地主和統治者),因爲他們圖謀提高麵包的價格:

> 我將對他們提出嚴重的控訴,而我的裁判將是這塊土地上最偉大的,如果他們讓貧民在富足中挨餓……我在尼尼微、所多瑪和蛾摩拉所說的一切,我在泰爾和希登所說的一切,我針對加利利人所說的一切,如今都將用來指控英國的牧羊人。

舊日「巴比倫淫婦」的意象,以五花八門的混淆比附重新登場,而「全境各地的神職人員」則被指稱爲耶洗別(Jezebel)*13 的「愛人和姦夫」,他們「姦淫我的聖經,就好像一名姦夫與一名淫婦私通一般」。如同其他所有的窮人崇拜,他們的苦痛直接被比附成以色列子民的磨難:「正如法老王緊緊追捕以色列的子民一樣,撒旦也會以其

---

*13 按:耶洗別是以色列亞哈王的妻子,在啓示錄中引申爲引誘基督徒犯姦淫的女人。「你容忍讓那自稱是先知的婦人耶洗別教導我的僕人,引誘他們行姦淫,吃祭偶像之物。」

內在誘惑與外在迫害來緊緊追捕封印之民⋯⋯」往往，一整套的意義就這樣消失在敎人眼花撩亂的意象之下。在這些意象中，舊約聖經上的名詞必須與古代手槍的韻律相對抗：

> 出來！出來！讓所多瑪感受到它的劫數。羅得在哪兒？在安全的避難所！他的妻子在哪兒？她不是已化爲鹽柱？字寫在牆上──你們這些捧著神碗的淫蕩好酒者⋯⋯讓比勒碎成片片！⋯⋯聖人如今要裁判世人。全能者在此，以權力，和語言的聖靈──刀，白馬，萬王之王已拔出火石刀！喜樂，你們聖人，喜樂！⋯⋯你們是噩和亞甲！你們是耶利哥的牆，平平的倒下來！約書亞的羊角，七個與十二個，通過約旦的河⋯⋯主的塗油統治──以法蓮的權杖和律法，十合爲一，堅守在猶大的外圍──人子來到我們的以色列──枯骨如今復活⋯⋯新娘來了──新郎現在在接受婚印。律法與福音此刻合而爲一──月亮和太陽露臉。卡來布和約書亞勝利的過河──你們迦南人現在在哪兒？你們所有瘋狂的暴民在哪兒？*14
>
> 西台人走開！再不要來傷害和騷擾；
>
> 現在以色列的子民和平成功而迦南的土地喜樂。
>
> 看哪，我由以東而來，外衣浸著血：

---

*14 按：本段所引用的各項典故寓意皆出自聖經，參見：羅德，創世紀第十九章；比勒，但以理書附錄一；亞甲，撒母耳記上第十五章；示羅，約書亞記；噩(Og)，約書亞記；以法蓮，創世紀第四十一章。七個與十二個，典出約書亞記，約書亞率領以色列人過約旦河，耶和華以十二塊石頭斷絕約旦河之水，讓他們得以通過。當約書亞繼續領著以色列人來到大門緊閉的耶利哥城，耶和華又以七隻羊角讓城牆塌陷。

　　我的子民已被釋放、拯救，且在帝王的洪水中洗淨……[71]

　　這項崇拜的第一波熱潮發生於 1801 到 1804 年,到了 1814 年時又達到第二個高峰,因爲年事漸長的喬安娜在一次歇斯底里中懷孕,並應許會生下一個「示羅」,也就是神子。在西來丁,「整個地區都受到長鬍先知的騷擾」,而蘭開郡的愛西頓(Ashton),則在日後成爲北方「喬安娜信徒」的某種「首都」[72]。這位女先知在 1814 年的最後一個星期故世,雖然她對自己的「上帝之聲」已有悲劇性的醒悟,但崇拜已然根深柢固。聲稱有權繼承其先知衣缽者一個接一個出現,其中最著名的是布拉福精梳工羅艾(John Wroe)。以邵思蔻爲本源的流派經歷了一次又一次的脫軌變形, 然而直到十九世紀的最後幾

---

71 這段話的最後一部分不是喬安娜說的, 而是她「一位非常受人尊敬的紳士」信徒的「一小部分思想」。其他段落皆取自喬安娜的著作。See *Strange Effects of Faith*, 5th Book, p. 235; 6th Book, p. 275; *A Continuation of Prophecies*, (1802), pp. 15, 48-9; *A Word in Season* (1803), p. 17; *A Word to the Wise* (1803), p. 32; *Sound an Alarm in My Holy Mountain* (1804), pp. 31, 45; *A Warning to the World* (1804), p. 8; *Copies and Parts of Copies, & c.* (1804), p.49; *Letters and Communications* (1804), pp. 44-5; *Answer to Five Charges in the Leeds Mercury* (1805), pp. 20-1; *Divine and Spiritual Communications* (1809), pp. 20, 39. See also G. R. Balleine, *Past Finding Out* (1956). Chs I to VII; William Sharp, *An Answer to the World* (1806).

72 該派的信徒依規定必須蓄鬍。有關邵思蔻信徒滲入北方的情形, 參見 J. Crossley, *Remarks and Inquiries on a Sermon Preached by the Rev. J. Cockin* (Leeds, 1806); G. Turner, *A Vindication for the Honour of God* (Leeds, 1807); W. Cooke Taylor, op, cit, p. 230; F. Peel, *Nonconformity in the Spen Valley*, pp. 187-8。

年，他們依然有本事讓彌賽亞的熊熊火焰在瞬間燃起[73]。

邵思蔻崇拜無疑在循道宗的陣地造成了莫大的破壞，尤其是在布里斯托、蘭開郡和約克郡。事實上，喬安娜少數幾篇以神學論辯爲主旨的文章，全都是針對循道宗而來。她指控循道宗的信徒秉持喀爾文派的信條，因此──

> 使偉大的造物主和萬靈之父成爲一個筆墨無法形容的殘酷者
> ──而非一個其愛充滿各處，其仁慈覆蓋在其所有造物之上的
> 神。[74]

當然，與邵思蔻的信徒相較，循道宗信徒擁有許多有利的條件：穩固的組織、金錢，以及有司百官對他們的友善態度。那些因爲一時迷失而改奉邵思蔻的教友，很快就紛紛回頭。但這不表示我們可以把邵思蔻崇拜貶低成一種無足輕重的「異想天開」，與社會成長的麻木神經無關。相反的，我們應該把這些年間的「喬安娜信徒」和循道宗復興視爲兩個密切相關的現象。拿破崙戰爭期間，是這些平信徒宣道師和他們那種「虔誠的嘶吼、天國的呻吟、天使般的昏暈」的全盛時期[75]──那種教柯貝特氣憤不已的「瘋言癲語」：

> 他們的天賦、他們的召喚、他們的靈感、他們所感到的內心

---

[73] See G. R. Balleine, op. cit., Chs. VIII to XIV; W. H. G. Armytage, *Heavens Below*, pp. 274-6. 並參見下文，頁 1122-7。

[74] *Divine and Spiritual Communications* (1809), p. 33.

[75] 1793 年哈里法克斯皇家劇院節目單。

恩典，以及他們其他的胡言亂語，可說是對常識的極大和無禮的侮辱，也是國家的一大醜聞。在一個諸如這般的宗派逐日擴大的此刻，任我們再怎麼誇稱我們是一個**啓蒙的國家**，也只是徒然。[76]

隨著正統衞理派的欣欣向榮，「咆哮者」的分離群體也跟著繁盛起來——威爾斯「跳躍者」（與美國的「震教徒」同類）、原始循道宗、「帳篷循道宗」、德利米爾森林(Delemere Forest)的「魔法循道宗」(Magic Methodists，他們常常陷入恍惚或「幻象」當中)、聖經基督徒派、華靈頓(Warrington)的「貴格循道宗」(Quaker Methodist)，和馬克茲菲的「獨立循道宗」。信仰復興運動的傳教士，走遍戰時和戰後的英國大街，高喊著：「歸向上主，尋求拯救！」

令我們吃驚的不僅是這種不安定的感覺，還包括循道宗信徒皈依的**短暫性**。敎友人數的上升曲線很容易造成誤導。我們所見到的這種人數增加，毋寧更像是由信仰復興主義所掀起的悸動，或像是介於希望時期和精神極度痛苦的絕望時期的一種擺盪。1795 年後，貧民再度進入屈辱谷。但是他們並非自願進入，因此頻頻回顧；每當希望復現的時候，信仰復興主義便被擱置一旁，唯有當已然傾圮的政治彌賽亞主義的廢墟之上重新燃起熱情，信仰復興主義才會再度現身。在這個意義上，1790 到 1830 年間的循道宗信徒激增，可以視之爲一種絕望的千禧年運動。

這不是對於這個時期的傳統解讀；在此我們也只把它當成一種假設，有待進一步的研究。法國大革命前夕，循道宗宣稱它在大不

---

[76] *Political Register*, 12 June 1813.

列顛擁有六萬左右的信徒。這意味它只在少數幾個工業地區佔有立
足點。此後，循道宗的敎友數目進展如下：1795 年，九萬零三百四
十七人；1805 年，十萬零七千人；1811 年，十五萬四千人；1827
年，二十三萬七千人[77]。信仰復興運動吸引到最多新敎友的年份是：
1797-1800，1805-07，1813-18，1823-24，以及 1831-34。由於這些
年份與最大規模的政治覺醒和政治活動的時間是那麼的接近，以致
霍布斯邦博士有足夠的理由推論出：「在宗敎、社會與政治意識等運
動之間，存在著明晰可辨的平行關係。」[78] 然而，儘管政治亢奮與宗敎
亢奮之間的關係顯然是極其密切，但是這種關係的本質依然是模糊
難解，這種關係不必然能導出如下的結論：「循道宗乃隨著激進主義
的前進而前進，一旦激進主義衰弱了，循道宗也將無所進展。」[79] 相反
的，信仰復興運動很可能正是在「政治」或現世的願景轉趨失敗的
那一點上，開始接手。因此，我們幾乎可以畫出一條精神曲線，曲
線的起點是與法國大革命和《人權論》有關的強烈情緒騷動。1790
年代早期，我們看到世俗的雅各賓主義與布勞特斯的千禧年希望；

---

77 這些數字包括了新宗會和一些較小的團體，但不包括威爾斯北部的喀爾文循
道宗。1815 年時宣稱擁有超過一千名敎友的正統衛理公敎聯區，包括有：倫
敦、布里斯托、瑞魯斯(Redruth)、聖愛甫茲(St. Ives)、伯明罕、柏斯蘭、馬
克茲菲、曼徹斯特、博爾頓、利物浦、柯侖(Colne)、諾丁漢、雪菲爾、里茲、
伯斯托、布拉福、哈里法克斯、曼島(Isle of Man)、桑得蘭、韋克菲耳、杜
斯伯里、愛普沃斯、約克、胡耳(Hull)、達靈頓(Darlington)、巴納爾堡(Barnard
Castle)、新堡、席爾茲。See M. E. Edwards, "The Social and Political Influence
of Methodism in the Napoleonic Period" (London Ph. D. Thesis, 1934), p. 244.

78 *Primitive Rebels*, pp. 129-30.

79 See E. J. Hobsbawm, "Methodism and the Threat of Revolution", *History Today*
(1957), VII, p. 124.

1790 年代晚期到 1800 年代，則有循道宗的信仰復興運動和「喬安娜信徒」的狂亂，關於這兩項發展，有不只一位的當代見證人認為它們是屬於同一類別，而且是訴諸同一群聽眾[80]；在搗毀機器運動的餘波時期(1811-12)，出現了新一波的信仰復興運動，這波風潮最後被 1816-17 年那個冬天的政治復興所取代。在 1816 到 1817 那兩年，原始循道宗打進了諾丁漢郡、德比郡和來斯特郡的織襪工村落，而信仰復興運動與政治激進主義之間的關係似乎特別密切。1816 年聖靈降臨節（按：復活節後的第七個星期日）當天，據說有一萬二千人參與了在諾丁漢森林所舉行的露天聚會。可是從 1816 年秋天開始一直到 1817 年夏天，民眾的精力似乎完全投注於激進派的各項騷動，並在 1817 年 6 月的潘垂吉「起義」事件達到最高峰，起義期間至少有一名在地宣道師扮演了領導人的角色。但是在 1817-18 年發生於這幾個郡的原始循道宗大復興（「有史以來最了不起的一次」），似乎都是在潘垂吉這場災禍發生之**後**才開始點燃[81]。1819 年是戰後十年當中政治活動最蓬勃的一年，但是對信仰復興運動而言，卻是不值得注意的一年；而 1831 到 1834 年間的信仰復興狂熱，部分可解釋為在「最後的勞工叛亂」(Last Labourers' Revolt) 餘波期間，於南部和東部的農業諸郡所推行的運動[82]。

---

80 See e.g. Leigh Hunt, op. cit., p. xiv.

81 H. B. Kendall, *History of the Primitive Methodist Church* (1919), pp. 7-8, 31. 坎鐸(Kendall)所記載的一件傳奇事故，可能會讓我們注意到這場信仰復興大會扮演的角色：1817 年時，一位策劃暗殺行動的「搗毀機器分子」，在執行任務的路上被攔截下來，帶到禮拜堂去。關於潘垂吉起義，參見下文，頁 929-42。

82 類似的情形是，亞米塔吉(Armytage)教授發現：1840 年代，由工業地區移往摩門教錫安市(City of Zion)人數最多的那幾年，正好是憲章運動最不活躍的那幾年。參見下文，頁 1126。

　　上述說法只是嘗試性的。若想要有進一步的結果，我們必須對
信仰復興運動的發生月份而不只是年份，知道得更多一點，必須對
各市鎮村落的情形而不只是各郡的情形，了解得更詳盡一點。再說，
原始循道宗或聖經基督徒派與政治騷動之間的關係，也迥異於正統
衛理派。然而，在我們對所有經歷過信仰復興運動的教會進行仔細
的檢視之後，我們發現它們的進展並不是呈現穩穩上升的趨勢，而
是點綴著偶然出現的陡峭斜線（當大批民眾皈依的時候）。它的本質
更像一種脈動，一次舒張繼之以一次收縮。古柏對他自己在 1820 年
代改宗皈依的描述，可做爲當時的典型範例：「榜樣眞的具有非常驚
人的感染性。這個市鎮（根茲堡〔Gainsborough〕）和聯區有數以百計
的人們開始爲心靈的神聖祈禱……」有好幾個禮拜的時間，他覺得
自己變得高貴美麗，彷彿沉浸在一種「神聖的人間天堂」。然後，他
終究是回到了凡塵，開始在課堂上對學生發脾氣，而先前的高貴美
麗之感也隨之消失：

　　在市鎮和聯區的村落當中，有好幾十位教友與我有同樣的經
　驗。這也是這個宗派所有聯區的共同經驗。所謂的「復興」往
　往是始於某個人或某些人對神聖的強烈追求。這種行爲接著在
　其他人身上燃起渴求……有時甚至可以讓某個聯區一連幾個月
　都處於狂烈亢奮的情緒。但情緒退潮的一刻終究會到來……[83]

　　古柏告訴我們這種經驗。但是就社會進程而言，我們可以把它
看成某種擺盪，擺盪的負極是信仰復興運動，正極則是政治激進活

<hr>

[83] T. Cooper, *Life*, pp. 85-6.

動(微染有一絲革命千禧年思想)。至於連結正負兩極的觀念，永遠是「以色列子民」的觀念。在其中一極，絕望的千禧年思想可以將循道宗工人貶低成最卑賤的人類。他的牧師不斷警告他，改革者是「惡魔的子孫」，「我們……應當靜靜等待主的拯救。屆時，他將會拯救他**自己親愛的特殊子民**。」[84] 做爲這樣一個「特殊子民」，他的工具三不五時會遭破壞，工會也不准他加入，因爲懷疑他是雇主的「密探」。柯貝特進一步攻擊循道宗信徒：「在北方人裡面，就屬他們是間諜和會賺告密錢的人。」[85]

然而在另一方面，彷彿是故意要讓期望受挫，循道宗的工人乃至在地宣道師，在整個十九世紀不斷以零星出現的方式在不同的工人階級政治領域裡扮演積極分子的角色。當時只有少數幾個循道宗雅各賓派，循道宗搗毀機器者的人數稍多，許多循道宗織工參與了彼得盧示威，而信仰循道宗的工會分子及憲章運動人士也不在少數。他們很少是**創始人**(除了礦坑工會運動和稍後的農業工會運動)，這個角色往往是由歐文派和宗教自由派人士擔任，這些人和循道宗信徒可說出自完全不同的道德模式。循道宗信徒多半是熱誠的演說者和組織人，他們即使在被循道宗教會逐出之後，依然帶有他們那個社群的特有自信。

造成這種情形的原因之一，是存在於衛理教義核心部分的諸多緊張。正如對性慾的高壓禁制會不斷激起危險的反作用一樣——若

---

84 這段話是出自《循道宗宣道師與改革者的對話》(*A Dialogue between a Methodist Preacher and a Reformer*, Newcastle, 1819)這本激進宣傳小冊裡面的一位循道宗宣道師之口，不過它們確實也出現在當時循道宗的講道當中。

85 *Political Register*, 3 January 1824.

不是採取典型的清教反叛形式(勞倫斯〔D. H. Lawreuce〕的前驅)，就是藉由道德律廢棄主義——循道宗主張服從權威的教義，有時也會繁衍出截然相反的自由意志論。循道宗(以及其福音派的對應宗派)是一種具有高度政治意識的宗教。在 1789 年的前一百年間，「老反對派」的一般修辭裡有兩個主要敵人：罪和教皇。但是到了 1790 年代，憎惡的對象卻發生了一百八十度的大逆轉，教皇不再是詛咒的對象，取代他的是被抬舉的潘恩。本廷宣稱：「循道宗對民主政治的痛恨程度，就像它對罪的痛恨一樣。」然而這種經常性的反雅各賓講道，自然也讓這種主張時時處於公眾意識的最前線。在艱苦困難或在政治興奮節節亢揚的時代，所有「鬱積」在循道宗工人心中的「敵意」[86]，很可能會一古腦地突然爆炸開來，於是雅各賓或激進派的理想，便可能以信仰復興運動般的速度，延燒成「燎原之火」。

此外，我們也不應忘記，在路德派的精神平等主義與現世平等主義之間，有著嚴重的緊張拉鋸。勞動人民在舊約裡面看到的，不只是一個充滿復仇心態的獨裁上帝；他們同時也找到了自身苦難的寓意。千禧年派、「喬安娜信徒」、「跳躍者」和正統衞理派所共同秉持的，正是這種象徵主義(連同《天路歷程》)的本體。沒有任何意識形態能夠獲得其信徒的全盤吸收；在情感和經驗的非難之下，意識形態會在實際層面上以上千種方式崩解；然後工人階級社群會把他們自己的互助、睦鄰和團結等價值觀念灌注到禮拜堂裡面。再者，我們必須理解到，那些希伯來的系譜、詛咒和編年紀，相對於織工或礦工的日常經驗，簡直是一種難以置信的胡言亂語。聖經裡的文句以東抽一句西抽一段的方式出現在人們眼前，它們幾乎可以套用

---

[86] Cf. E. Fromm, *Fear of Freedom* (1960 edn.), pp. 81-3.

於任何一種背景脈絡，可以是階級鬥爭的比喻，也可以是精神朝聖的比喻。這便是 1801 年「地下世界」的實際情形。根據一項可靠的報導，蘭開郡的謀叛者是根據舊約以西結書進行宣誓：

> 你這受死傷行惡的以色列王啊，罪孽的盡頭到了，受報的日子已到。
>
> 主耶和華如此說：當除掉冠，摘下冕，景況必不再像先前；要使卑者升爲高，使高者降爲卑。
>
> 我要將這國傾覆，傾覆，而又傾覆；這國也必不再有，直等到那應得的人來到，我就賜給他⋯⋯
>
> 有刀，有拔出來的刀，已經擦亮，爲行殺戮，使他像閃電以行吞滅。[87]

我們也在新堡地區一群無給職的獨立循道宗牧師的言談中看到這類比喻——這群人是在 1819 年激進派的平信徒宣道師被逐出教會之後，自行脫會離去：

> 不公平的律法和偏袒的管理，在每一個胸膛插上尖刺，在每一個面容撒下愁苦⋯⋯我們有充分的理由可以指責這類統治者：他們的葡萄藤是所多瑪的葡萄藤，種在峨摩拉的土地之上；

---

[87] R. F. Wearmouth, *Methodism and Working-Class Movements, 1800-1850*, p. 61；以西結書，第二十一章，二十五到二十八節。有趣的是，英國的平等派人士也使用這些經句，比較下面這段引文：「你們這些在世上肆行壓迫的強權⋯⋯你們還記得這個嗎？你們的傾覆、傾覆再傾覆，馬上就要降臨⋯⋯」(Gerrard Winstanley, *Fire in the Bush*, 1650) 另一個例子參見下文，頁 729-30。

表一

	鎊	先令	便士
一個很遺憾看到某人被冠以時間的銀色斗篷，以此來證實箴言第二十七章第二十二節所闡明的所羅門眞理	0	2	6
鹽小子和驢子	0	0	2
不變的眞理	0	0	6
野兔和獵犬酒館	0	0	6
愛憐憫，行正義	0	0	4
吊死你這傢伙	0	0	2
壓碎一個湯姆的老婆	0	0	2
法院顧問	0	1	0
皇家喬治酒館	0	1	0
叫老羅伯蕭去讀耶利米書第十三章第二十二節	0	0	6
伊斯特伍織工	0	5	4
如果偵探約書亞的老婆不肯讓我們燒了報告，老霹靂木屐就要告訴別人她穿了一件價值半克朗的星期日襯腰墊	0	4	3.5
一件龜裂的夾克	0	0	2
砍了他的尾巴再把它縫起來以示懲罰	0	0	4

他們的葡萄如同膽汁，他們的藤蔓充滿苦味；他們的酒是龍的
毒汁，是小毒蛇的毒液。但是在彌賽亞的國度，和平如河水般
流動……代表上帝力量的權杖是來自天堂，它不是壓迫的棍
棒。[88]

在這種不滿的氣氛之下，即使是主日學這個「堡壘」也可能發
動反叛。一張十九世紀初年托德摩登鎮的罷工募款清單（**表一**，清單
上的所有姓名，都是捐款者自行選用的假名）[89]，爲我們提供這個時
期的「感覺」，當時，禮拜堂和酒吧在工業危機一觸即發的情況下，
攜手爲共同的目標奮鬥。

但是，在 1790 到 1830 年間，把富有反叛精神的循道宗平信徒
宣道師和其他信徒參與極端的激進派騷動一事，形容成「循道宗」
對工人階級運動的「貢獻」，是一種非常可笑的推論，其荒謬程度就
好比把極端的道德律廢棄論分子所採行的自由戀愛，視爲是「清教
徒」對性解放的「貢獻」。這兩者皆屬於**反動的**文化模式；但是，正
如清教的性叛徒（如勞倫斯）在他對於男女「正常關係」的深層關懷
上依然是一名「清教徒」一樣，循道宗的政治叛徒在從事激進或革
命活動的同時，也爲這些活動注入了一種深切的道德熱誠、一種神
義和「天職」的意味、一種長久爲組織獻身的「循道宗」本能，以
及（它最值得稱道的）一種高度的個人責任感。我們可以在那些參與

---

[88] Hugh Kelly, *The Stone Cut Out of the Mountain* (Newcastle, 1821), p. 13; H. Kelly, *An Impartial History of Independent Methodism* (Newcastle, 1824).

[89] 作者收藏的海報。建議閱讀聖經耶利米書中的這段話：「那行不義蓋房、行不公造樓、白白使用人的手工不給工價的有禍了！」

潘垂吉起義的循道宗信徒身上看到這點——他們當中有一人以叛國罪罪名在德比交付處決，他「原是這個聯區最能幹的在地宣道師」[90]。可以在班福的良善性格以及他灌輸給 1819 年示威者的自律精神上看到這點。也可以在勒夫雷斯這位多契斯特(Dorchester)勞工和「托帕朵殉道者」的身上看到這點。每當民眾的騷動轉趨熾烈，這種「異端」形式就會開始顯現。事實上，到了 1830 年代，儘管本廷的老守衛竭力想用咒詛和驅逐等手段守住自身陣營，但是所有的循道宗社群，特別是織工和織襪工，早已逐漸將他們的循道宗信仰與憲章主義合而為一。

還有其他因素影響了這個過程的發展。十九世紀早期，在受薪牧師所講述的職業化衛理教義和平信徒宣道師的志願講道之間，有著明顯的緊張狀態。基拉姆新宗會的脫離，並未就此結束許多平信徒的憎恨感，他們憎恨把正統循道宗的最高統治權交到那群恣意任命的牧師手上。柯貝特一再為文諷刺，把循道宗大會改寫成梵諦岡為選舉教宗而舉行的「祕密會議」(Conclave)。他把它形容成新的官僚體系，由「世上最匆忙和不屈不撓的人所組成」，旨在保存他們的世俗利益，並延續一個新的世襲僧侶階級，好讓他們得以靠窮人捐納的小錢過著舒適無比的生活。他認為衛理創立的金斯伍學園，是一個用來延續新菁英階級的機關[91]。柯貝特指控，「英國自由的最可

---

90 Benjamin Gregory, *Autobiographical Recollections* (1903), pp. 126-9.

91 「這個大會的成員在**國王的森林**(King's Wood，按：與金斯伍諧音)有一所學校，**他們的**子弟(而不是他們會眾的子弟)在此接受教育！……這所學校也是用會眾的錢維持的……他們的子弟就用這些錢接受教育，待時機一到，就衝出這個地方，變成**紳士**，也就是說……變成收稅員、書記員和各式各樣的官員。」*Political Register*, 27 January 1820.

恨敵人」，不是在地宣道師，而是職業牧師：

　　……國教教士雖然對自由懷抱敵意，但是他們的敵意在惡毒這點上，比起這些凶殘的宗派分子，可說是小巫見大巫……他們寫了一本又一本的書籍，一篇又一篇的宗教短文。他們宣講了一場接一場的邪惡講道。他們確實有……嘲罵西印度群島的奴隸主，但是你聽不到半句他們反對蘭開郡和愛爾蘭奴隸主的話。相反的，他們不斷告訴這裡的人們說他們應該感謝主……不是因爲他們吃得飽穿得暖，而是爲了浩蕩的神恩，他們說他們是神恩的承載者，爲此他們只向每個教友收取每週一便士。[92]

　　柯貝特的攻擊並非完全公正無私。在他還屬於托利黨的那些年，他也曾肆意攻擊循道宗人士，但是理由完全相反，因爲他發現德斯巴德上校的若干夥伴是循道宗信徒[93]。這是他的固有偏見之一。他之所以在 1820 年代早期深感憤怒，不只是因爲本廷和「祕密會議」那種盛氣凌人的托利主義，也跟循道宗教會的討錢對象有關——它的討錢對象正是參加激進派示威的那群人。然而，顯然有許多平信徒宣道師和查經班的班長和他一樣厭惡全職牧師，也不喜歡收取教堂座席金的做法和保留給富人的特權。於是，柯貝特費盡苦心地助長這種厭惡和不喜歡。他寫道：「一個一整個禮拜都在做鞋的人，絕對

---

92 Ibid. 3 January 1824.

93 Ibid., 23 July 1803：「與德斯巴德同時遭處決的六位叛徒中……有三名循道宗信徒，在他們生命的最後這一刻，有位循道宗教師在照應他們……這個宗派的成員主要是大市鎮和製造業附近地區的那些卑躬屈膝的不幸人們……」Cf. T. E. Owen, *Methodism Unmasked* (1802).

不會比那些只在星期天做鞋的人講得差，

> 有成千上萬的勞工、工匠和製造業者，他們從沒講過道，但
> 是他們可以比那些循道宗大會的成員講得更好，他們一生當中
> 的絕大部分時間都是身爲勞工和工匠,他們之所以變成宣道師，
> 是因爲他們認爲宣道比工作來得愉快。

這些「虔誠無私的」無給職在地宣道師，（依照柯貝特的描述）一直
遭到大會裡面那群「高傲寡頭」的「壓制」：

> 大會的諸位大人想到他們就皺起眉頭，把他們當成麻煩的闖
> 入者，派他們到小村落向六、七個人講道，然後把上千人的講
> 道場合保留給自己。此刻，該是全王國的循道宗信徒只聽這些
> 無私者講道的時候了；如果大會把他們趕出禮拜堂，信徒們便
> 應該在自己的家中聆聽他們的講道，或跟隨他們進入穀倉或席
> 坐樹下。

柯貝特向循道宗信徒建議的另一個「補救」辦法，就是「**不要繳錢**」，
至少是不繳錢給任何牧師，除非他是改革者[94]。

　　我們不清楚有多少循道宗教徒採納了柯貝特的建議，或是說他
之所以這樣建議是因爲大家都可以接受。不過，他確實有助於我們
了解十九世紀最初幾十年間許多分離宗派的性質，尤其是原始循道
宗和聖經基督徒派。雖然基拉姆派的分離代表了循道宗教會內部的

---

[94] Ibid., 27 January 1820, 13 January 1821.

縱向分裂，那次分裂造成了知識程度較高的會員離去，不過這段期間的分離性質，主要還是橫向的分裂，也就是平信徒宣道師及其會眾與職業牧師斷絕關係。聖經基督徒派的興起，是導因於一位熱心的平信徒歐布萊恩（William O'Bryan），發現循道宗正統教會拒絕承認他的天職。於是他開始在北得文郡自由講道，不理會查經會社的差派，最後被教會視爲「遊方乞丐」（walking baggar）而遭到開除。他同時帶走了皈依於他的幾個團體。如果我們在看過本廷的傳記之後接著閱讀原始循道宗創始人布恩（Hugh Bourne）的傳記，我們會發現那是兩個截然不同的世界。布恩是一位熱忱的工廠技師和細木工（應主的召喚在斯塔福郡的煤礦場或「山地農場」改良機器、修理木製品，或從事鐵工），他回憶說：「我們的禮拜堂就是個煤礦坑或隨便一個地方；在我們的談話中，我們把福音傳給每個人，不論是好是壞，是粗俗是文雅。」[95] 當地的衛理派正統教會，對於布恩和克勞斯（Clowes）在礦坑和陶業市鎮吸引到的皈依者，一點興趣也沒有。引發乾草頂（Mow Cop）第一次露天聚會（1807 和 1808 年）的福音狂熱，立刻遭到正統教會的否認。

位高權重的本廷，眼中只有爾虞我詐的宗派權謀，根本沒有工人的存在；反之，布恩和克勞斯本身就是工人的一分子。本廷念孜在孜的，是如何把循道宗帶到比英國國教會更爲尊榮的地位；然而原始循道宗卻依然生活在衛理派創始之初的艱困和迫害當中。我們簡直無法拿這兩個教會相提並論。原始循道宗的宣道內容就和其會眾的生活一般酷烈，如同霍布斯邦博士所云，它要求一種鮮明的對

---

95 J. T. Wilkinson, *Hugh Bourne, 1772-1852* (1952), pp. 21-32. 參見同一作者所寫的《克勞斯傳》。

比——「獲得救贖者的金光閃耀，相對於受天譴者似經火焚的焦黑」。然而，它不是**對**貧民的講道，而是**由**貧民所講的道。對原始循道宗和其他宗派而言，在地宣道師就是教會的主體，正因如此，這些宗派對日後的工會運動和政治激進主義的貢獻，都比正統教會來得更為直接[96]。

此外還有一個屬於農業地區的背景脈絡，在這個脈絡裡，**任何**派系的循道宗都必然得採取更富階級意識的形式。農業村落的小禮拜堂，不可避免會成為公然侮辱國教教區牧師和鄉紳的場所，也是勞工學習獨立和自尊的中心。在這方面，原始循道宗的影響力再次拔得頭籌，尤其是在阿契的故鄉東盎格利亞。不過，我們可以從一位發怒的鄉村教區牧師寫於 1805 年——原始循道宗成立前數年——的一本小册子，看出其中的道理所在[97]。皈依循道宗的農場勞工，全都遭到有司當局以各式各樣意圖叛亂的罪名加以羅織。他們說：「世上的穀物和其他各種果實，都是上帝所生所長，它們是為了供養富人和窮人。」他們對自己的工資比較不滿，也比較不願意「因應雇主的急切需要而超時工作」。更糟糕的是，他們不肯在星期天好好休息以便為下一週的勞動做準備，反倒不辭數哩之遙地走去聆聽某位宣道師講道。平常日子的夜晚，也不早早上床，把爐火和蠟燭浪費在頌唱讚美詩上——一位教區牧師忿恨不已地表示：「這正是我們某些最貧困的小屋在冬天深夜九點時的寫照！」許多年後，當豪沃（George Howell）在評論多契斯特勞工的案例時，也曾特別強調這類

---

[96] See E. J. Hobsbawm, *Primitive Rebels*, Ch. VIII. 原始循道宗的人數在 1811 年為二百人，1820 年增至七千八百四十二人。See H. B. Kendall, op. cit., p. 31.

[97] *A Letter to a Country Gentleman of the Subject of Methodism* (Ipswich, 1805).

看法在鄉紳界的根深柢固。「那個時候」，循道宗信仰「在許多村落都是最惹人憎惡的罪行，特別是在多塞特和西部諸郡。事實上，它是僅次於偷獵的最大惡行。」

凡此種種，都使得這個以順服和神聖勞動為信條的宗教，在其核心內部出現了日漸升高的緊張氣氛。這種反動辯證的最充分展現，要算是日後的礦工和農業勞工的工會運動發展史，以及憲章運動發展史。不過它的源頭可追溯到 1810 到 1830 年間，也就是幾位憲章運動領袖——諸如哈里法克斯的拉希頓和洛夫柏羅的史凱文頓——的養成期。拉希頓生於 1785 年，是一名手搖織布機織工和循道宗新宗會的在地宣道師，彼得盧事件期間，他在激進政治圈內十分活躍，當柯貝特高聲呼籲循道宗信徒拒繳會費之際，他很可能正羈押在監，並遭到新宗會的開除或自行退出。1830 年代早期，他再度為了手搖織布機織工的利益而積極參與濟貧法騷動。1839 年，在最早期的一次憲章運動的大型露天聚會（仿自原始循道宗）上，有好幾位在地宣道師和拉希頓同時發言。索頓是其中的一位發言者。他以一句祈禱詞揭開會議序幕：「邪惡者的邪惡終將終止。」奧康納拍了拍他的肩膀說道：「做得好，索頓，等我們得到人民憲章的時候，我會留意讓你做約克大主教。」另有一人提出動議，要求明定集會的地點「不得考慮任何其宗教儀式牴觸公民言論和行動自由的禮拜所……而應視日後的情況需要在我們各自的所在地區，以應有的方式和規矩進行集會」。拉希頓附和這項動議，並公開宣稱：「自從 1821 年起，他本人就不曾給過教區牧師一分半毫，而且除非他們善盡職責，否則別想從他手中拿到另一毛錢。」另一位在地宣道師韓森，也對教士提出公開指責：

他們宣講基督和一種厚顏、消極的服從和不抵抗。讓人民遠離那些教堂和禮拜堂（「我們一定會！」）。讓他們趨向另一群人，他們宣講的是基督和豐衣足食、基督和堅固住宅、基督和普選權。[98]

拉希頓、索頓和韓森這些人對憲章運動的貢獻，幾乎是無可估量。他們的影響力表現在露天聚會這項特色上，以及憲章運動讚美詩的熱忱當中——比方說〈貧困之子大會〉這首讚美詩便這樣寫道：

> 看看那些勇士，你們這些垂頭喪氣的人，
>> 他們支持你們的正當目標：
> 誰沒發言反對過他們？
>> 他們，就和耶穌當年一樣，
> 被壞人和邪惡的法律
>> 迫害。
> 把他們從奢華的安睡中喚醒，
>> 打斷他們的驕傲；
> 壯大你們的行列，運用你們的人數，
>> 讓憲章無遠弗屆
>> 真理與我們同在，
>> 上帝與我們同在。[99]

---

[98] B. Wilson, op. cit., p. 3; *Halifax Guardian*, 25 May 1839. 韓森因這次講話而被逐出循道宗。

[99] *National Chartist Hymn Book*.

他們的影響力表現在一邊唱著〈老一百〉、一邊行進到哈里法克斯的活塞暴動者身上。表現在震撼人心的口號當中——例如拉希頓的出生地歐文登(Ovenden)，該村的織工在一次憲章主義的示威活動上高舉著：「你們不必怕他們，記住主，祂是偉大而恐怖的，祂會爲你們的兄弟、子女、妻子與房子奮戰到底。」[100] 他們的影響力也表現在憲章運動者的小禮拜堂裡面；表現在 1840 年代的史班谷地——普里斯特利執事在那裡賑放小麥給「基督的窮人」，尼爾森在那裡的哥美塞山頂看到魔鬼撒旦，那裡也曾在十九世紀初留下了邵思蔻信徒、道德律廢棄論者和支持搗毀機器運動的循道宗信徒的蹤影。我們在谷地裡的一座小禮拜堂，找到拉希頓的講道記錄，闡釋的經句是：「你們之中永遠有窮人」。拉希頓將窮人分成三個等級：跛子和瞎子是「上帝的窮人」；遊手好閒和鹵莽無度者合應讓他們自求多福：

> 而後是第三等窮人，這些人畢生辛勤努力地工作，卻因爲其他人的不當行爲和壓迫而身陷貧困、不得翻身……他以火焰般熾烈的滔滔雄辯，公開指摘那些不肯在政治上公平對待其鄰人的人，以及那些害其鄰人得終身爲生存掙扎的人。

隨著他的雄辯憤慨越發強烈,「聽眾也開始用尖銳的嘶吼來表達他們的情感……當拉希頓對壓迫者發出最後一句譴責，聽眾立刻高喊：『啊！讓他們下地獄吧，讓他們下地獄吧!』」[101]

然而，儘管拉希頓等人爲許多地區的憲章運動注入了異常強烈

---

100 *Halifax Guardian*, 21 April 1848. 並參見 1819 年的口號，見下文，頁974。

101 F. Peel, *Spen Valley, Past and Present* (Heckmondwike, 1893), pp. 317-19.

的道德熱情，但若據此認爲他們比較偏向憲章運動內部的「道德」派（而非「肢體」派），顯然是大錯特錯。相反的，他們所奉事的戰神，是新模範軍的士兵都能了解認同的；而且有不少前平信徒宣道師，願意宣講「沒有劍的人，讓他們賣了外衣買一柄劍」這樣的聖經文句。有一位友人這樣形容拉希頓：他是「有史以來英國講壇上最穩健、無畏和誠實的一位政治人物」。他志願領導「活塞暴動者」（並因此再度繫獄）；甚至到了天命之年，還在爲瓊士（Ernst Jones）奔走演說。這位織工宣道帥一直到臨死之前都深受人們仰仗；我們一會兒看到他穿著破衣木鞋在一個織工小村的周年禮拜式上向會眾講道──會眾們都穿上他們最好的行頭，也就是木鞋和工作服，包括長圍裙和罩衫；一會兒又看到他每晚長途跋涉，盡可能前往各個憲章運動的支部，爲奮戰中的人們打氣。（有一次，一位年輕的同僚注意到拉希頓的木鞋已經磨到襪底，但是這位老人只說了一句：「是啊，但是想想以後的報償吧！」）他在 1853 年與世長辭，憲章運動人士爲他舉行了一場盛大葬禮，由於拉希頓曾經規定不讓受薪教士主持喪禮，因此憲章派請來賈美吉（Gammage）和瓊士致悼辭[102]。

　　本廷和拉希頓根本不屬於同一個世界。除非我們的想像神經完全錯亂，我們才可能相信這位憲章派的織工與這位權威派的牧師曾經隸屬於同一個「運動」。由此看來，拉希頓豈不正是本廷的上帝所詛咒的那個亞當。

---

102 *Commonwealth*, 16 November 1866; *People's Paper*, 2 July 1853; *History of Luddenden Dean Chapel* (1928), p. 5. 洛夫柏羅的史凱文頓，是原始循道宗信眾中另一位具有類似力量的正直人物，有關他的資料，參見 Harrison, "Chartism in Leicester" in A. Briggs, *Chartist Studies* (1959), pp. 70 ff。

第十二章

社 群

Community

一、休閒與人際關係

戰爭期間的循道宗復興，爲工業社會創造了新的工作紀律。就某些方面來說，它也反映了勞動人民的絕望。循道宗加功利主義，成爲工業革命最具支配性的意識形態。但是我們在循道宗身上看到的，只是這種作用過程的最清楚表達。它的許多特色，其實也可見於所有教派的福音運動，以及功利主義派和自然神派的社會學說當中。漢娜·摩兒和衛理同樣堅決主張：「認爲兒童是一種天眞無邪而非天性腐敗、性情邪惡的生物，根本是一大錯誤。」[1] 英國國教會在1790 年代和 1800 年代於許多村落廣設主日學，在這些學校裡面，我們看到他們對紀律和壓抑的強調程度，一點也不下於前章所提的斯塔克港或哈里法克斯的主日學(只不過前者具有比較濃厚的家長制味道)。關於主日學的功能，他們眾口一徑地表示，就是讓窮人的子女養成一種「勤勞、節約和虔敬的精神」。凱斯特(蘭開郡)主日學交付給教師的工作，就是去——

> ……馴服他們未經壓制的激情——抑制他們過分無禮的態度——懲戒他們教人討厭和洩氣的淫穢話語——壓抑他們頑強的反叛意志——讓他們成爲誠實、服從、謙恭、勤勞、柔順和守秩序的人……[2]

---

[1] H. More, *Strictures on the Modern System of Female Education* (1799), p. 44.

[2] R. C. Russell, *History of Elementary Schools & Adult Education in Nettleton and Caistor* (Caistor, 1960), pp. 5, 7.

　　要求紀律和秩序的壓力，分別從工廠和主日學向外延伸，進入到生活的各個層面：休閒、人際關係、言語、舉止。除了工廠、教會、學校、有司和軍隊這些紀律機構之外，還成立了不少半官方組織，以促進井然有序的道德行為。皮特的道德助手韋伯福斯，是一位同時具有循道宗氣質與國教會光環的人物，他在 1790 到 1810 年間積極推動這項目標。他在 1797 年詳盡闡述了所謂的「服從大法」，並制定出管理貧民的條款：

> ……他們低下的地位是上帝分配給他們的；他們應當忠實的善盡本分並心滿意足的忍受各種不便；眼前的景況只不過一瞬；而世人激烈爭奪的事物，是不值得爭取的……[3]

到了 1809 年，他為激進的雅各賓主義不再構成危險感到欣慰，但是，每當有道德失序的現象發生，他就會從中看到雅各賓死灰復燃的危險。他寫道：「我們對政治犯罪充滿警覺，卻對道德犯罪完全麻木。」

　　他這話顯然是過謙了，因為由他領導的抑制邪惡協會，單是在 1801-02 這兩年，便記錄了六百二十三件違反安息日規範的成功起訴[4]。他深信下層階級的道德浮躁和政治叛亂具有密不可分的關聯，而這種信念正是他那個階級的特質之一。起訴醉酒和淫蕩行為的事例日漸增加；布萊克的老對頭蘭達夫主教華生，曾在 1804 年的

---

[3] W. Wilberforce, *A Practical View of the Prevailing Religious System of Professed Christians* (1797), pp. 405-6.

[4] See L. Radzinowicz, op. cit., III, pp. 504-6, and Parts 3 and 4 passim. See also G. R. Taylor, op. cit., p. 36：「……決定性的道德轉變時期，並不是維多利亞女王登基之日，甚至根本不在十九世紀，而是在 1790 到 1800 年這段期間。」

一篇講道中表示：「從宗教和政治這兩個觀點看來」，一般線民這個角色可說是「一種高貴的安排」。貧民的娛樂受到教會和立法的雙重禁止，甚至連最無害的娛樂也被形容成罪大惡極。抑制邪惡協會把它的干涉範圍擴延到「兩毛錢酒館、薑餅市集和淫穢畫片」身上[5]。裸體享受海水浴的民眾，可能得遭受到如同殺人死囚般的迫害。鮑德勒曖昧地寫道：「說到通姦，根據猶太律法是要判處死罪，有些人認為我們也該如此……」福音派人士勸告上流階級應該改革自身的態度舉止，以便做為貧民的榜樣。至於「社會」本身，我們可以在戰後年代看到「一種日益節制的舉止行為……扼殺了歡樂與幽默」[6]。

社會紀律的推展並非毫無阻力。鮑德勒的支持者提出禁止通姦的新法案，但是在下院遭到失敗；不同於那些針對違反主日者、流氓、惡棍、在舞台上跳舞和雜耍的演員、街頭賣唱者、信仰自由主義人士和裸浴者的相關處罰，禁止通姦的立法之所以受到反對，是因為它所譴責的這項娛樂，既是窮人的也是富人的。其他企圖干涉民眾休閒活動的提案，也在下院以些微多數遭到否決，這一方面是基於**自由放任**的慣性，一方面是因為弗克斯派對於臣民自由的維護，一方面則是由於傳統上托利黨對「麵包和馬戲」總是抱持寬容態度，而且他們對循道宗的「盲目狂熱」頗不以為然。（當時有一件挺諷刺的事件，那就是陸軍大臣文德翰反對福音派與改革派的主張，極力替嗾犬逗牛遊戲辯護，此舉讓撒旦根據地裡的百姓高喊出「文德翰與自由萬歲！」。）

---

5 *Gorgon*, 24 April 1819.

6 T. Moore, *Life of Sheridan* (1825), p. 217.

　　然而，就算紀律派人士輸了幾場立法前哨戰，他們卻贏了工業革命這場戰役，而且還在戰役的過程中，把火爆脾氣的「愛爾蘭人」——這個字經常是用來形容十八世紀居住在城鎮和鄉間的英格蘭窮人——硬塞進工業資本主義那種有條不紊的生活方式當中。在鄉下，這個情形的最清楚表現，莫過於貨幣經濟戰勝了農夫那種「半自給自足」的「非經濟」的散漫節奏。在工業地區，這種勝利則表現在工廠的紀律鐘聲不斷從工作時間延伸到休閒時間，從工作日延伸到安息日，以及紀律派人士對「補鞋匠的星期一」（Cobbler's Monday）和傳統假日、市集的撻伐。

　　雖然十八世紀的市集依然具有非常重要的經濟功能——例如每年一次的「人力市場」（hirings）、牛馬市集、雜貨拍賣市集——但是我們不應忘記，這些市集在貧民的文化生活當中，同樣也具有異常重要的地位。工業革命初期，工人還是和以往一樣，一年到頭輪流過著勉強糊口和無法溫飽的日子，偶爾點綴了一些「節日」，在這些日子，他們可以盡情的喝酒吃肉，給孩子買買蘋果、緞帶之類的奢侈品，跳舞，求愛，參加宴會和各項運動。一直到十九世紀晚期，都還有一個遍及全國各地的市集網絡（其中有許多是官方想要限制或禁止無效的）存在，出現在市集上的，有成群的行商、紙牌老千、貨真價實和喬裝打扮的吉普賽人、走江湖賣唱的和沿街叫賣的小販[7]。一位諾森伯蘭的日記作家，如此這般描繪了 1750 年聖靈降臨節過後的那個星期一（Whit Monday）：

---

[7] 讀者應該還能記得哈代那些以威塞克斯（Wessex）為背景的小說。有關 1830 年代某些市集的記載，參見 *First Report of the Constabulary Commission*, pp. 30-42。

……大夥都去參去卡頓運動會——每個人都快馬加鞭，想要
贏得一副馬鞍、馬彎、馬鞭等等……許多年輕男女在這裡以遊
戲消遣自娛，他們把這稱之爲「失去他們的晚餐」……等這裡
的一切活動結束之後，他們會跑到麥酒館瘋狂地喝酒喧鬧，或
整夜與他們的情婦親吻廝混……

三個星期之後，接著登場的是利伯斯頓賽會(Lebberston Sport)——
「一種擲環套樁遊戲，贏家可獲得銅盤一只……還有一種搶鴿競賽，
鄉下姑娘以舞藝競技，勝利者可贏得一隻用各種彩色緞帶和其他精
美飾物巧心妝點的鴿子……」[8] 1783 年，一位博爾頓的治安法官抱怨
說(當時一擔燕麥的價格爲兩個金基尼)：

　　……這個鎮區一點糧食匱乏的跡象都沒有，有天晚上，我甚
至看到一大群年輕男女，帶著小提琴、花環和各種華麗的鄉村
裝飾品，在公路上大跳莫里斯舞(Morris dances)[*1]，他們的目
的只是要慶祝一個無聊的周年紀念，或者像他們這一兩年喜歡
說的，爲了慶祝在鄰近公地上一家屋頂破爛的麥酒館裡舉行的
歡會。[9]

我們很容易把舊日賽會和節慶的式微，簡單歸咎於「都市」的
價值觀取代了「鄉村」的價值觀。然而這種解釋卻是一種誤導。比

---

8 Beswick MS. Diary, cited in G. R. Taylor, op. cit., p. 16.
*1 按：莫里斯舞，一種民間舞蹈，舞者率皆化裝成羅賓漢故事中的人物。
9 B. T. Barton, *Historical Gleanings of Bolton* (Bolton, 1881), I, p. 263.

較屬於體力型的娛樂，不論是出以嗾犬逗弄動物和拳術等醜陋形式，或是比較歡樂的節慶活動，在十八世紀主要多見於倫敦和其他大城而非鄉間地區。這類活動一直延續到十九世紀，它所展現的生氣活力，會讓我們聯想起都鐸時代倫敦學徒那種難以駕馭的傳統，以及十九世紀的倫敦居民大多數是移民自鄉村的事實。倫敦最大規模的節慶首推巴多羅買市集（Bartholomew Fair）。這個市集上有巡迴表演的馬戲團、扒手、丑角和浮士德啞劇、紙牌老千、戲劇表演、野人和馬術展示等等。1825 年，《行業報》抱怨說：

> 好幾個星期以來，宗教界和新聞界便不斷公開指摘、揭露許多誤入歧途的不誠實學徒、墮落的平凡女僕，以及打得頭破血流的種種故事……10

在這之前十年，官方曾經害怕這個市集會成為「暴動的集合地點和造反的起義信號」11。

另一方面，造成鄉間工業外流並將鄉村與都市的平衡生態摧毀殆盡的工業革命，也在我們的心中打造了一種先入為主的印象，認為鄉村總是孤立和「愚蠢」的。事實上，十八世紀的英格蘭都市文化，往往比我們想像的更「鄉村」（就其習俗內涵而言），而其鄉村文化，則比我們想像的更豐富。柯貝特堅稱：「認為安土重遷會讓人變笨，根本是荒謬絕倫。」而且大多數新興工業市鎮並未取代鄉村，而只是**勝過**鄉村。十九世紀早期最普遍的工業組態，是一圈散落在

10　11 September 1825.

11　*Sherwin's Weekly Political Register*, 15 September 1817.

外的工業村落圍繞著一個商業或製造業中心。當村落變成郊區，而農田爲磚瓦覆蓋之後，出現在我們面前的就是十九世紀晚期的大型衛星都會。

但是在這個過程中，並沒有什麼狂暴到足以破壞古老傳統的地方。蘭開郡南部、波特利斯、西來丁和黑鄉等地的在地習俗、迷信和方言，既未中絕也未遭到移植，只是原本的村落小鎮工匠演變成工業工人罷了。班福曾經在他的《早年》中，爲十九世紀初期蘭開郡紡織村落的傳統活力留下見證。那兒有許多關於巫婆、惡鬼的傳說；有各種野蠻的拳擊和鬥雞比賽；有諸如「丟彩蛋比賽」（復活節）或「騎黑男孩」的習俗；有各式各樣的傳統慶典假日，諸如聖誕節、懺悔節、「塞柏林星期日」（Cymbalin Sunday）以及 8 月的「燈心草收穫節」（Rush-bearing）*² ——節慶期間，密德頓、奧爾丹和羅奇德爾的居民都會大跳莫里斯舞：

> 我的新鞋非常堅固，
> 我可大跳莫里斯舞只要我想；
> 如果戴上帽子穿上襯衣，
> 我的莫里斯舞簡直無人能比。

5 月 1 日的夜晚是所謂的「惡作劇夜」，年輕小伙子會在村中婦女的門階上留下記號：

---

*² 按：塞柏林星期日是蘭開郡百瑞鎮慶祝中四旬齋星期日（Mid-Lent Sunday）的傳統節慶，節慶當天照例要吃下數量驚人的糕點。燈心草收穫節是盛行於蘭開郡北部和東部的一種異教節慶，慶典當天，居民會圍著裝飾華麗且滿載新割燈心草的花車大跳莫里斯舞。

一束金雀花，代表這個女人是有名的潑婦；一束冬青，代表
有人正暗戀著她；一隻公羊角，表示這對夫婦有一人對婚姻不
忠；一枝樹苗，表示這個女人對愛情堅貞不渝；一個樺樹枝，
表示她是一個漂亮女孩。[12]

我們可以拿勞森(Lawson)對 1820 年代某個「落後的」織布村落
(西來丁的普德賽)的回憶，與班福這幅 1790 年代的景象做個對照
—— 1820 年代，正是新舊兩種生活方式的過渡期。房屋四散零落的
樣子，「簡直就跟把種子隨便亂撒長出來的情形一模一樣」。路上沒
有路燈，也沒有旗號；要穿過彎彎曲曲的山谷小徑才能看到聚落。
房子很矮，窗子很小，而且窗子還沒法打開：

住戶極端缺乏衛生常識。醫生進到患有熱病的病患家中，立
刻用手杖把窗上的玻璃敲下一塊，他的第一帖藥方，就是新鮮
空氣。

大多數的房子都沒有烤箱，居民是用「烤石」烘烤。石頭地板上滿
是細砂，家具簡陋而稀少：「有些房子裡面可能有一只橡木製的櫃子
或箱子——這可是傳家之寶；或是一只栓掛在牆角的小碗櫥，加上
一個陶製的鍋盤架。」生活用水十分缺乏，逢上洗衣日，水井旁邊總
是排了二、三十人。煤炭蠟燭得萬分愛惜，到了冬天，鄰居們經常
聚在一起分享彼此的火燭。烘烤和釀酒等工作都在自家進行；白麵
包和肉品是難得享用的奢侈品，「主要的食物是燕麥餅、褐麵包、麥

---

12 *Early Days*, Chs. XIII to XVI.

片粥、脫脂奶、馬鈴薯和家釀啤酒，也就是他們口中的『飲料』。」

這種簡陋的日常生活，偶爾會被「節日」（tide）或節慶擾亂，逢上這類日子，他們會買「一點牛肉」，然後湧上市集，市集上有賣薑餅、水果、玩具的，還有滑鐵盧會戰的西洋鏡、木偶戲、賭博攤子、鞦韆以及傳統的「愛情市場」——年輕男子用白蘭地薑餅和堅果做爲「信物」向女孩子求愛。幾乎沒幾個工人有閱讀報紙的能力，雖然在鐵匠鋪、理髮店和若干酒店，有人高聲讀報，不過大半的新聞依然是來自單張印刷品的叫賣小販和街頭歌手。不管是對老年人還是年輕人，迷信都是恐怖的主要來源。他們相信在震驚井、絞刑台和惡鬼巷裡，都有鬼魅作祟；而父母管教子女的常用方法之一，就是把子女「關進地窖或其他烏七抹黑的地方，讓黑惡鬼來抓他們」。「另一個嚴重害人的迷信，幾乎流傳各地，就是相信嬰兒的夭折乃是主的意旨。」衛生改革人士被當成「沒有宗教信仰的壞人」。鬥狗和鬥雞之類的遊戲相當盛行；逢上節慶，也經常可以看到「觀眾擠成一圈一圈，看著赤身露體的打鬥者一連打上好幾個小時，打到頭破血流、面目全非爲止……」。喝得不醒人事的情形更是司空見慣，尤其是在假日和「補鞋匠的星期一」——放這個假日的除了補鞋匠之外，還包括織工和除結工。當然也有很多娛樂沒那麼粗暴，例如在街上玩木球、「鴨球」（duck knop）和足球。整個村落就像一個封閉的家族社群，相隔二、三哩的居民，就是所謂的外人。有一些非常古老的傳統依然相沿不絕，例如所謂的「Riding the Steng」——喧囂的群眾扛著虐待妻子的丈夫或行爲淫蕩的婦人的稻草芻像，遊街示眾，然後在這位惡夫或淫婦的家門口放火燒了它[13]。

---

13 J. Lawson, *Progress in Pudsey, passim*.

　　由此可知，在工業革命初期，在地傳統不但沒有消失，反而還在地方驕傲和地方意識的驅使下變得更爲蓬勃。蘭開郡南部和西來丁在 1780 年以前都不是荒野無文之地；在那之前，它們已經擁有兩百年做爲家庭工業中心的悠久歷史。隨著新的工廠紀律逐漸侵蝕了手工業工人的生活方式，以及隨著法人街和加冕路這樣的時髦街名逐漸取代傳統的方言街名（例如 Yep-fowd、Frogg Hole、T'Hollins），地方的自我意識也變得日漸尖銳。一種混合了階級情感的準民族主義，開始在產業工人的文化中浮現——新機器 vs. 舊習俗、倫敦的暴政或「外國的」資金 vs. 當地的布商、愛爾蘭勞工 vs. 英格蘭本土織工。康迪（George Condy）這位十小時工作制的首席宣傳家，曾爲羅比（Roby）的《蘭開郡傳統》（*Traditions of Lancashire*, 1830）寫了一篇前言；而除了班福之外，還有許許多多的平民作家繼承了十八世紀「提姆・羅賓」（Tim Robbin）的傳統，致力讚揚在地的習俗和方言，並加以理想化。

　　這是一種有意識、有自覺的抵抗，試圖挽回正在消逝中的舊日生活方式，而且這種抵抗往往會與政治激進主義相結合[14]。在這場消逝過程中，人們失去的除了有形的公地和「遊戲場」（playground）之外[15]，還失去了可以遊樂嬉戲的休閒時間和允許遊樂嬉戲的道德標準。衛理清楚而完整地傳達了班揚和白克斯特的清教敎誨：「避輕浮事物如避地獄之火，避戲耍如避賭咒發誓。不得碰觸任何女子……」

---

14 這讓我們想起柯貝特。但霍恩（William Hone）留下的舊習俗記錄恐怕更多，他的《年代書》（*Date Book*）、《每日之書》（*Every-Day Book*）、《掌中書》（*Table Book*）和《史楚特的運動和娛樂》（*Strutt's Sports and Pastimes*）等書，全都是在 1820 年代出版。

15 See the Hammonds, *The Bleak Age*, Ch. VI.

玩紙牌、穿花裳、愛打扮、上戲院，凡此種種都是循道宗極力禁止的。宗教短文不斷抨擊「凡俗的」歌曲舞蹈[16]；不具虔誠意識的文學和藝術作品，飽受教會深刻疑懼；甚至在維多利亞女王出世以前，可怕的「維多利亞式」[*3]安息日就已經在施展其高壓手段。

　　一本典型的宗教小册，說明了循道宗企圖在製造業地區根除手工業傳統的決心[17]。在 1799 年的雪菲爾季聚會上，有人指出某些信眾仍然「遵守在**一年一度的宗教節日造訪他人**或**接受造訪**的習俗」。這樣的節日有各式各樣的名稱，在德比郡和斯塔福郡稱爲「通宵禮拜」（Wakes）、在蘭開郡稱爲「燈心草收穫節」，在英格蘭西部則稱爲「狂歡節」（Revels）。他們認爲這樣的節日最初可能是可以容許的，但如今已遭到「最惡劣的濫用」。他們把時間都花在「盡情吃喝，說髒話或無聊瞎扯，說笑打趣，通姦……」。即使是不怎麼參與上述惡行的人，「也是把時間花在一些邪惡無益的作品上」。窮人把本來可以節省下來的錢白白浪費掉，許多人還因此欠下債款。和這類慶典有所牽扯的循道宗信徒，等於是讓自己暴露在那些未皈依者的敗德行徑的包圍之下——結果經常是以墮落告終。他們應該拒絕招待可能來訪的親友（如果他們尚未皈依循道宗）；如果實在無法把這些訪客拒於門外，就只能以朗讀聖經、討論宗教和吟唱讚美詩的

---

16 辯護者不太容易解釋聖經傳道書中所說的：「跳舞有時。」但由於「聖經中沒有兩性共舞的記載」，因此他們可辯稱，當時只允許同性共舞（男女有別），而且是在週一到週五光天化日之下的某個神聖場合進行（沒有關於場合的記載）。See A. Young, *A Time to Dance* (Glasgow, n. d.); also Southey, op. cit., pp. 546-9.

*3 按：維多利亞式，指偽善而裝腔作勢的風格。

17 Rev. James Wood, *An Address to the Members of the Methodist Societies* (1799), *passim*.

方式來招待他們：

> 哦！兄弟們，我們在做些什麼！死亡正在鍋中煮。瘟疫已經
> 出匣。天譴已經降落在不事生產的教授身上。我們之中已經有
> 人在罪中沉睡⋯⋯

其他的殘餘習俗，諸如在守靈夜飲酒吃肉的習慣，也遭到同樣嚴厲
的譴責。除非是對方突然生病，否則即使是在尋常的安息日去造訪
親戚，都是不可原諒的行為[18]。

　　從這類論調的激烈程度看來，舊生活與新紀律之間的爭鬥，在
許多地方，例如在班福的密德頓，顯然是十分尖銳而且漫長。勞森
對於普德賽的記載顯示出，「禮拜堂一族」所表現出來的嚴肅態度，
讓他們成為**自外於**當地社群的另一個團體。許多生長在這類虔誠家
庭的新生代，對於父母的教養抱持強烈的反彈態度，以洛維特為例：

> 每個星期天都得到禮拜堂報到三次；除了聖經和祈禱書外，
> 嚴禁閱讀其他作品；不可外出散步，除非是前往禮拜堂⋯⋯光
> 是這些就足以讓小男孩備感痛苦。我可憐的母親⋯⋯認為人生

---

18 守靈會是親屬往來的重要場合，住在城裡的親戚會去向他們的鄉下親戚致
　唁，「出嫁的女兒也會帶著子女回娘家」。豪威特(Howitt)把「守靈」形容成
　「永無歇止的苦役中的短暫停頓」。他寫道，村裡的老人如果被問起他們住在
　城裡的兒女，就會回答說：「喔──我們在守靈的時候就可以看到他們。」就
　連以紀律嚴格著稱的威奇伍德，也被守靈這件事打敗，「就算世界和這些死者
　同歸於盡，守靈的規矩還是得遵守」。R. E. Leader, *Reminiscences of Old Shef-
　field* (Sheffield, 1876), pp. 200-2; W. Howitt, *Rural Life of England* (1838), I, p.
　59; 245-54; N. McKendrick, op. cit., p. 46.

最重要的事情，就是必須以嚴肅的面容、一本正經的服飾，和處於半睡眠狀態的人類舉止，去報償那個在天地之間創造出無數快樂、嬉戲、歡唱事物的偉大力量；對她而言，真正的宗教便包括不斷重複地聽講人類墮落的故事……[19]

對許多像洛維特這樣的戰後世代來說，循道宗信徒似乎代表著古怪、落伍。這點提醒我們，想要概論工業革命時期工人階級社群的道德風氣和舉止，是件極其困難的工作。顯然，在 1780 到 1830 年間，曾經發生過一些重大轉變。「一般的」英格蘭工人變得更有紀律，更能配合「鐘聲」所代表的生產節奏，更自制、更有條不紊，比較沒那麼粗暴，也比較沒那麼想幹嘛就幹嘛。傳統的運動被比較靜態的嗜好所取代：

擲圈圈、角力、足球、鐵窗競技和長弓射擊等體育活動，都已成過往雲煙……如今他們已經變成鴿子迷、金絲雀飼主和鬱金香種植者——

這是 1823 年一位蘭開郡作家的抱怨[20]。普雷斯很喜歡評論下面這種改變，他認為這種改變讓工人的自尊提升，並使他們的性格更為高尚。他在彼得盧事件過後一個月寫道：「你瞧，即使是蘭開郡，

不過短短幾年之前，一個路過他們市鎮的陌生人還會遭到「偵

---

19 Lovett, op. cit., I, p. 8.
20 Guest, op. cit., pp. 38-9.

查」，也就是叫囂轟趕，「外來者」有時還會被饗以石塊。「凶殘的蘭開郡人」這個稱號可說異常貼切。一直到不久之前，在該郡的任何場合聚集超過五百人都是一件非常危險之事。至少麵包店和屠夫鋪都曾遭到打劫。可是到了今天，就算聚集一萬人也不會發生任何暴動……[21]

　　我們在這裡碰最困難的評價問題。儘管許多當時的作家，從柯貝特到恩格斯，無不惋惜英國古老習俗的消逝，但是只從田園牧歌的角度去看待這種發展是相當不智的。因爲這些習俗並非都是無害或古雅的。

　　十九世紀最初幾十年間，在柯侖、普里茅斯、雪菲爾和史密斯菲市集（Smithfield Market）這些相隔甚遠的地方，都經常傳出賣妻事例。事實上，根據民間傳統，如果妻子承認不忠，丈夫是有**權**這麼做——一位在普里茅斯牲口市場賣妻的丈夫說道：「這個國家有很多人告訴他說他可以這樣做。」[22] 一個在感化院接受懲罰、而且可能

---

21 Wallas, op. cit., pp. 145-6.

22 *A True and Singular Account of Wife Selling* (Gateshead, 1822); J. Carr, *Annals and Stories of Colne* (Colne, 1876), p.83; *Leeds Mercury*, 28 August 1802; *Trades Newspaper*, 14 August 1825; *The Times*, 23 November 1822; G. C. Miller, *Blackburn*, p. 92 (for *Blackburn Mail*, 4 September 1793); Pinchbeck, op. cit., p. 83 (for Croydon, 1815); H. W. V. Temperly, "The Sale of Wives in England in 1823", *Hist. Teachers Miscellany* (Norwich, 1925), III, p. 67; and Hardy's *Mayor of Casterbridge*. 有若干例子顯示：賣妻並不一定是野蠻的風俗，也可能是一種在妻子同意下的常見離婚形式。她的情人以象徵性的金額把她「買走」，而這種在公開市場上進行的買賣，可使該行爲在民間認知中取得合法性。當時並不存在其他的離婚形式。

連濟貧教區都拒絕對她伸出援手的未婚媽媽，根本沒理由歌頌「快樂的英國」。琴酒巷(Gin Lane)、泰伯恩市集、狂飲豪醉、獸交，以及為了獎金穿上釘有鐵釘的木屐打得你死我活，這類習俗傳統的消失根本不值得惋惜。不論循道宗的工作紀律帶給人們多大的壓抑和傷害，如果沒有**某種**工作紀律，工業革命是不可能發生的，而且不論新舊生活方式的衝突形式為何，其過程必然是十分痛苦。

然而，由於贊成和反對傳統「娛樂」的陣式實在太過複雜，使得分析工作面臨頗高的難度。譬如，大家往往認為老派的托利黨鄉紳是以寬容的態度看待古老習俗，並積極保護它們免遭攻擊。在農業諸郡，上述說法顯然與事實差距不大。不過這些鄉紳同時也以手段凶狠著稱，為了保護他們的獵場，他們可是什麼都做得出來。他們的住處越是靠近製造業中心，他們對自身隱私與特權的保護就越是滴水不漏。對雪菲爾刀剪商的女兒而言，5月是不許採集堅果的季節(街上貼滿警告，威脅要對採集堅果的人提起告訴)：

〔1812年，一名小冊子的作者抱怨說〕這個國家的諸位大人已經把所有的野兔、松雞、山鷸和獵場裡的所有獵物都據為己有，更別提魚類了；沒想到這會兒，他們竟然又開始把注意力轉移到這麼普通的堅果身上。[23]

---

[23] One Who Pities the Oppressed, *The Beggar's Complaint* (Sheffield, 1812). 在特別艱困的年頭，偷獵一事在製造業地區有時甚至會釀成內戰。一份有關諾丁漢地區搗毀機器運動的報導(H.O. 42.119, 24 December 1811)總結說：「一群亡命的偷獵者，潛入密德頓勳爵位於諾丁漢瓦樂騰(Wollaton)地區的禁獵區，傷毀了一百多隻野雉。」也請參見 "The Poaching War" in E. W. Bovill's *English Country Life 1780-1830* (1962), Ch. XII。

我們還可以舉另一個例子，雖然循道宗和福音派對貧民週日娛樂的攻擊往往是基於官式的偏見，或渴望從中發現某些遇上撒且的戲劇化場面[24]，然而其中還是牽涉到一些更為複雜的課題。1830 年代在新堡地區，各個福音宗派紛紛使盡全力企圖壓制所謂的「週日人力市集」這種夏日習俗──農場主人可以在市集上找到幫忙收割的勞力，因為鄰近地區的勞工都被市集上的賭博攤子、賽馬和大量烈酒吸引而來。有些工會主義分子支持福音派人士，至於站在星期天市集這邊的，則包括憲章派、農場主人、小販、賽馬業者和酒吧老闆[25]。

循道宗的歷史學家往往把工人的態度和行為轉變歸功於衛理教義的影響，然而事實是否如此恐怕還有待質疑[26]。無可懷疑的是，福音運動和主日學的確對十九世紀工匠的清教性格結構貢獻良多，即使他最後(像洛維特)棄絕了他所接受的狹隘教養並進而變成一個主張信仰自由的人士。我們可以拿托德摩登的循道宗禮拜堂，一個蓋在鬥牛場舊址上的禮拜堂，來做為這種改變的標記。不過這類證據永遠會偏向某一邊。一旦某種舊日的迷信宣告消失，新式的歇斯底里幻想就會倍增。衛理本人延續了無知和野蠻的迷信：他以聖經占

---

24 原始循道宗的創始人布恩，在 1808 年聽說當地人習慣在 5 月的第一個星期天於瑞金(Wrekin)山頂舉行狂歡會，「我立刻聯想到應該集合一些宣道師在那兒舉辦露天聚會」。也請參考他對諾頓(Norton)「通宵禮拜」的敵視，以及 1807 年於乾草頂召開的第一屆露天聚會的緣起。J. T. Wilkinson, *Hugh Bourne*. pp. 43-7, 58-9.

25 See J. Everett, *Sunday Hirings* (Newcastle, 1837); and the periodical *Newcastle Sabbath*, 16 June 1838 et seq.

26 例子參見 J. Wesley Bready, *England Before and After Wesley* (1938); J. H. Whiteley, *Wesley's England* (1938)，以及魏茂斯博士的相關作品。有關激進主義的道德節制，參見頁 1039-46。

卜、相信魔鬼附體，並採用許多十八世紀最危險和最殘酷的醫療方法。我們在前章已經提過循道宗咆哮者和邵思蔻信徒的錯亂行爲。此外，在福音派的手藝人或工匠的偏執外表之下，可能還殘存有獵殺女巫和反啓蒙主義的較冷酷卑鄙形式、對兒童死亡率的宿命態度，以及對「無神論者」和信仰自由派人士的無限寬容。

事實上，在舊迷信與新偏見之間，我們應當以更審慎的態度來面對「福音派曾扮演思想啓蒙運動之推手」這項說法。前面已經提過，循道宗信徒往往會緊緊團結在宗派內部，將他們的教友與未改宗的「不良影響」隔離開來，並自認他們正在與麥酒館和撒旦根據地的居民進行一場激烈的內戰。當循道信徒是某個社群中的少數團體時，雙方的態度都會轉趨強硬，前者所強調的美德自許與反罪雄辯，顯現的主要不是他們的眞心信仰，而是他們的深沉敵意。此外，十九世紀早期原本就充滿了各種主張與反主張的氣氛，尤其是在手工業工人與工廠工人的價值觀有所衝突的地方，或是反對童工與維護童工這兩種價值觀出現齟齬的地方。批評工廠制度的人士指控它破壞家庭生活，並認爲工廠已淪爲性敗壞的罪惡淵藪；蘭開郡工廠女工的粗俗言語和獨立態度，令許多目睹者大爲震驚。嘉斯凱爾對比了家庭工人那種牧歌式的純眞與工廠工人的狂野雜交。前者在年輕的時候享有異教徒般的性自由，只有在懷孕的情況下，他們才必須結婚；但是在工廠裡面，某些雇主與其工廠女工的演出場面——

> 簡直讓古羅馬的農神狂歡節、印度的性愛儀式，以及最縱慾的土耳其人的閨房生活，都爲之黯然失色。[27]

---

[27] *The Manufacturing Population of England*, p. 64.

這類生動的描繪自然是令雇主和工廠工人憤恨不已。他們指出，許多鄉村地區的私生子比率比工廠市鎮要高出許多。許多工廠都制定有嚴格的禮節標準，要求工人一體遵行。如果說工廠主人裡面有一些「好色淫逸的鄂圖曼人」，其中也不乏嚴厲的家長主義者，他們會開除任何一個道德不檢的女工。

這類討論根本徒勞無益，不僅因為有關家庭生活與性行為的證據十分稀少，也因為現有的證據幾乎都不足以說明親子或男女之間的基本關係。無疑，那些親眼見過酗酒或不負責任的父母如何傷害其子女的人士，往往會成為各教會的改宗者或新教友。但是，要說壓抑式的性法規和家長制的家庭關係真能提升幸福或愛的品質，卻也沒有多少證據。對這些人而言，即使獸性都比罪大惡極的性慾來得可取。隨著性行為在十九世紀初期越發受到禁止和越發遮遮掩掩，娼妓也開始在大城鎮裡蓬勃蔓延。同時，我們也無法認定，教友身分乃至婚姻形式與家庭忠誠之間是否具有直接關聯。梅休便曾發現到：諸如蔬果小販那類習於異教思想和男女姘居的團體，他們所表現出來的兩性忠誠，並不下於明白宣示的基督教徒。

工人階級挖掘自工業革命的道德修辭，能夠真切而深刻地傳達他們的集體委屈和渴望，但是用於人際關係，卻顯得拘謹不足。不過有許多證據顯示：英雄式的家庭忠誠在這些年間鼓舞了許多人民。也有證據顯示：當時有少數的男人和婦女，主要是激進派和信仰自由派，有自覺地想要在男女之間找出一種友伴和平等的關係，這種關係是十八世紀的工人從沒聽過的。洛維特這位家具精木工就是一個例子。他的未婚妻(一位貴婦的女僕)在發現他對教義持有異端看法後，曾一度與他解除婚約；可是婚後，洛維特和她分享自修心得，「讀書給她聽，並向她解釋各種可能出現在我們面前的課題」。

　　我們在這一點上最不容易取得持平的結論。一方面，宣稱工業
革命提高了婦女的地位基本上並沒什麼意義，因爲伴隨而來的是過
長的工作時數、狹窄的住宅、過多的生育次數和驚人的兒童死亡率。
可是在另一方面，紡織業地區提供給婦女的豐富就業機會，確實讓
婦女成爲獨立的工資賺取者。老小姐或孀婦不必再依靠親戚或教區
的賑濟。甚至連未婚媽媽，也可因爲許多工廠的「道德紀律」鬆弛，
而取得前所未有的獨立地位。馬克茲菲規模最大的幾家絲織工廠，
其女工只要「走錯一步」，作風正派的雇主們就會立刻要她們「走路」，
並爲自己的處置引以爲傲。一位見證者曾經拿這種情形與曼徹斯特
那種比較鬆懈的紀律相對照，而他的觀察結果可能會讓道德人士深
感不安：

> 我發現這種情形非常普遍，也就是，如果某個地區的工廠容
> 不下私生子的母親，那麼那個地區的街頭就會充斥著娼妓；反
> 之，在那些允許這類女孩在生產之後重新回返工作崗位的地方，
> 該地的街頭就比較不會有那些令人不快的事物。[28]

　　類似這樣的矛盾現象在這個時期簡直層出不窮。戰爭期間有許
多佈道和訓誡小冊，主張限制或反駁女權的要求，因爲這類要求多
半與「雅各賓主義」脫不了干係。他們以最嚴厲赤裸的口氣，命令
婦女必須在婚姻中謹守三從四德的敎訓。巴雷(Paley)宣稱：「基督敎

---

[28] W. Dodd, *The Factory System Illustrated*, p. 194. 賀薇忒在《維多利亞工業中的
妻子和母親》(Margaret Hewitt, *Wives and Mothers in Victorian Industry*, 1958)
一書中，特別是第五章，討論了一些主要是 1840 年後的證據。

的經典」吩咐妻子在婚姻中必須恪遵服從，「其措辭的斷然和絕對，似乎已延伸到任何非犯罪的行爲，與婦女的幸福完全無法相容。」[29]但是同樣在這些年間，我們也看到一種局限於少數人的頑強傳統，主要是存在於大城市的專業人士與激進工匠之間，他們所提出的主張和要求，比法國大革命之前的任何一項主張都來得影響深遠。由華斯頓克拉夫特、布萊克和史班斯於 1790 年代所提出的這些要求，從不曾全面棄守；它們不僅在雪萊的圈子裡重新復活，也重新登上戰後期間的激進出版品。《黑矮人》(Black Dwarf) 的編者以自貶的方式爲它們發聲；卡萊爾的出版品以較爲高亢的聲調傳達它們；而安娜·惠勒 (Anna Wheeler)、威廉·湯普森 (William Thompson) 和歐文派運動則以最有力的方式予以宣揚[30]。但是，是因爲婦女在紡織業地區改變了她們的經濟地位，才使得早期的勞動婦女得以廣泛參與政治和社會騷動。在十八世紀的最後幾年，女性的互助會和女性的循道宗查經班，也給了她們參與團體活動的經驗和自信——聲稱婦女有權出任在地宣道師，是衛理派揮之不去的「異端邪說」。戰爭期間對女性勞力的需求——不只限於原本的紡紗工廠，甚至還包括手搖織布機這行——更加速了這個過程的進展[31]。最早的女性改革協會於 1818 到 1819 年在布拉克本 (Blackburn)、普雷斯頓、博爾頓、曼徹斯特和愛西頓相繼成立。如果班福的記載可信，這表示婦女的

---

29 W. Paley, *Concise Admonitions for Youth* (1809), p. 68. See also T. Gisborne, *Enquiry into the Duties of the Female Sex* (1797), esp. pp. 226-9.

30 *Black Dwarf*, 9 and 30 September, 1818. 有關卡萊爾和歐文派，參見下文，第十六章。

31 有關拿破崙戰爭期間女性織工人數的增加，參見 Pinchbeck, *Women Workers and the Industrial Revolution* (1930), pp. 164-6。

自覺已躍進了一大步。在蘭開郡與約克郡邊界薩多渥斯地區的一次
集會中,

> 我,在演講的時候,堅持出席這類集會的婦女有權、也應當
> 參與各種決議案的表決。這是一種新想法,而無數前來這個荒
> 涼山脊出席集會的婦女們,都對它甚表歡迎。男人們也沒有不
> 同意見,當決議案提出時,婦女在哄笑中舉起她們的手臂。打
> 從那個時候開始,婦女便和男人一樣可以在激進主義的集會中
> 投票……這種做法逐漸演變成慣例,婦女組成了她們自己的政
> 治聯合會,選出她們自己的主席、委員會和其他職員;而這種
> 做法很快就獲得……宗教和慈善機構的採用。[32]

(同一時間在新堡地區,一位本廷的通訊人卻正在為那些織繡改革旗
幟的「虔敬姊妹們」哀嘆。)在 1815 到 1835 這二十年間,女性工人
也首次從事獨立的工會運動。1835 年,西來丁地區的一千五百名女
性梳毛機安裝工發起了一場罷工運動,韋德在評論時指出了這起事
件的寓意:「杞人憂天者可能會認為這些婦女的獨立舉動,對既有制
度的威脅性遠超過它對『較低階級的教育功能』。」[33]

然而,即使是在這樣的進步當中,也存在著矛盾弔詭。北方勞
動婦女的激進主義,同時混雜了對逝去的舊日身分的鄉愁和對剛建
立的新得權利的肯定。在根深柢固的傳統觀念裡,女人的身分地位
是建立在她能否成功地扮演好家庭主婦這個角色,能否能妥善處理

---

[32] *Passages in the Life of a Radical* (1893 edn.), pp. 141-2.

[33] J. Wade, *History of the Middle and Working Classes* (1835), pp.570-1.

好與家庭經濟、家事規劃、烘烤釀造，以及清潔育兒有關的工作。
然而新近獲得的獨立地位——不管是來自紡紗工廠或全天候的織布
工作——雖然有助於她們提出各項新要求，卻也同時讓她們感覺到
自己失去了原有的身分和個人獨立。婦女變得越來越依靠雇主或勞
工市場，她們懷念過去那個「黃金時代」，那時，她們可以不必遠離
家門，就可靠著紡紗和飼養家禽之類的工作賺取家庭收入。年頭好
的時候，家庭經濟就像小農經濟一樣，支撐了一種以家爲中心的生
活方式，在這種生活方式裡，內在的想法與驅迫要比外在的紀律更
爲明顯。工業邁向分化與專業化的各個階段，都對家庭經濟造成衝
擊，爲夫妻與親子之間的關係製造了紛擾，並使得「工作」與「生
活」之間的區隔變得越來越鮮明。要到整整一百年後，工業分化的
好處才藉由各種節省勞力的設備和工具，重新回到職業婦女的家中。
在本節所敍述的時代，每天早上全家都得被工廠鐘聲搞得手忙腳亂，
而同時也要賺錢養家的母親，經常會覺得自己同時受到家庭和工業
這兩個世界的迫害。

　　博爾頓的女性改革者在 1819 年向柯貝特表示：「曾經有一段時
間，我們可以在您面前擺一上一張英國人待客用的餐桌來歡迎您，
上面擺滿我們辛勤烹調的食物。曾經有一段時間，我們可以用英國
婦女的玫瑰色面頰來取悅您……我們可以請您參觀我們的小屋，裡
面的乾淨與布置，可以和國王陛下的宮殿媲美。」布拉克本的女性改
革者也曾提及同樣的主題：她們的房子「被奪去所有的裝飾」，她們
的床鋪「被無情收稅人的殘酷雙手……拖走」，以致當「城裡的製造
業暴君」躺在「軟毛床上」休息的時候，她的家人卻得睡在稻草上。
她們更爲自己的子女提出懇求：「每一天，我們看著他們狼吞虎嚥地
吃著有些人甚至不屑拿來餵豬的粗食，心裡眞是如同刀割。」她們自

然會支持柯貝特，因爲他很快就在《小屋經濟》（Cottage Economy）這本書裡面說出了她們的心聲；她們自然也會支持歐斯特勒，因爲他特別強調「家」的重要性。柯貝特和歐斯特勒一點也不支持婦女選舉權的觀念，而各個女性改革協會也沒有爲她們自己提出這項要求。她們的作用只限於：爲男性工人提供精神上的支持；負責製作自由的旗幟和帽子，並在改革示威的典禮上交給他們；通過決議案和正式請願；以及大量增加集會的人數[34]。然而，即使是這種形式上的參與，也依然爲她們招來反對者的辱罵。《信使報》（Courier）把曼徹斯特的「襯裙改革者」（petticoat reformers）形容成「墮落的婦女」，「犯了最嚴重的出賣節操和出賣良心的罪惡」，「她們拋棄身分」、放下爲人妻爲人母的「神聖職務」，「去從事煽動叛亂和違反虔敬的惡行」。不論柯貝特對婦女選舉權的看法爲何，他立刻對婦女改革者伸出援手：

> 難道婦女生下來就只是爲了煮燕麥粥和打掃房間！難道婦女沒有頭腦！難道漢娜‧摩兒和撰寫宗教小冊的鄉紳已經將英國婦女的地位貶低成非洲黑人！難道英國從來不曾出現過女王……[35]

---

34 另一項傳統的創立，可以從 1819 年 11 月 17 日一位密探針對曼徹斯特政治聯合會（Manchester Political Union）的報告中看出：「這個聯合會簡直**一窮二白**，必須向婦女協會求援，要不根本無法維持運作。」（H.O. 42.198）

35 *Political Register*, 23 October, 29 December 1819; *Courier*, 15 July 1819.

二、依存儀式

「古英格蘭的消逝」這個問題一而再、再而三地規避我們的分析。如果我們能時時牢記工業革命並非一個穩定的社會脈絡，而是兩種生活方式的過渡時期，我們或許就能較清楚地掌握其中的變化路徑。此外，我們的觀察對象不應是某個「典型的」社群(密德頓或普德賽)，而是許多相互依存的不同社群。單是在蘭開郡西南部，彼此相距不過幾哩之遙的範圍內，便可看到像曼徹斯特這樣的國際性大都會，來自英國各地的移民群聚於此；正在擺脫半封建制度的煤坑村落(如布里基威特公爵的煤礦場)；標準的父權村落(如特頓)；新興的工廠市鎮(如博爾頓)；以及較古老的織工小村。有幾股輻合力量正在這所有的社群裡面沸騰發酵，共同將它們推往紀律之路以及工人階級意識的成長之途。

十九世紀早期的工人階級社群，既不是家長主義的產物，也不是循道宗的結晶，而是具有高度自覺的工人階級的努力成果。在曼徹斯特或新堡，強調自律和群體目標的工會和互助會傳統，可以上溯到十八世紀。我們可以從 1750 年代曼徹斯特窄邊布料織工殘存下來的規矩，看出當時對於程序和制度性儀禮的注重，已到了吹毛求疵的地步。委員會的成員必須按照某種秩序落坐。門絕對得鎖上。對於「經費箱」(the box)的保管有一套完善詳盡的規則。會員們時時被耳提面命：「飲酒過度、仇恨和褻瀆，乃是咬嚙所有協會命根的毒蟲惡瘤。」

如果我們認為這個協會的宗旨並不是讓一群人聚在一起飲酒

抽菸，漠不關心地東聊西扯，而是為了保護一個有數百人賴以
維生的行業的權利和殊榮……那麼……如果讓別人看到其會員
亂七八糟的坐成一團，漠不關心地東聊西扯，那不是自打嘴巴
嗎……

於是該會以「莊重和規律」為口號；它甚至希望當「士紳和官員」
看到這種井然有序的場面，會對這樣的協會採取尊敬而非處分的態
度[36]。

　這個例子具體呈現出自尊自重的工匠規範，雖然它們想藉由這
種節制行為以贏得有司百官好感的希望大致是落了空。哈代和普雷
斯在倫敦所受的教育也與此類似。不過，隨著工業革命逐步向前推
進，這種規範(有時是出於模範規則的形式)也逐漸延伸到越來越多
的工人身上。小手藝人、工匠、勞工，他們全都希望能藉由「經費
箱俱樂部」(box clubs)或互助會的方式，來取得疾病、失業或喪葬基
金的保障[37]。然而，想要有紀律地保管經費、維持會議秩序，和決定
爭議法案，除了需要新的工作紀律之外，會員的自治努力也是非常
重要的。檢視一下拿破崙戰爭期間新堡地區互助會的規則和命令，
可以發現它們的罰鍰和處分都比博爾頓棉織廠老闆的規定來得苛

---

36 Wadsworth and Mann, op. cit., pp. 345-7.

37 勞動大眾特別重視喪禮。寒酸的喪禮可說是最丟臉的社交恥辱。喪禮在民俗
　當中佔有非常重要的分量，而垂死之人心中唯一放不下的也是這件事。一個
　被叛有罪的搗毀機器運動分子寫道：「我希望羅昇(John　Rawson)、羅勃茲
　(John Roberts)和羅佩(John Roper)能為我抬棺木，至於剩下的三個人，親愛
　的老婆，你就自己挑吧！」The Surprising...History of 'General Ludd' (Notting-
　ham, n.d.) p. 239.

刻。互助總會規定，任何一個妒忌另一名會員領取疾病補助金、在安息日醉酒、毆打另一名會員、「彼此以綽號相稱」、上俱樂部時帶有酒意，以及隨便冒用上帝之名的會員，都須課以罰鍰。除了上述共同規定之外，麥芽製造人兄弟會(The Brotherhood of Maltsters)，對於不管在任何**時間**醉酒或未能出席其他會員及其妻子喪禮的會員，另課有罰金。玻璃工人互助會(1755年成立)則對不出席會議、拒絕按輪值表擔任協會職員、不聽命保持肅靜、聚眾演說、向互助會管事回嘴、在俱樂部打賭，或洩漏互助會機密(這是一般通則)等行徑，也都處以罰金。此外，

> 名聲不好、品格不佳、喜好爭吵，或不守秩序的工人，無法獲准成為會員……礦工、煤礦工、掘井工，或船夫，也不得成為會員……

不甘示弱的船夫也加上一條規矩，任何會員如果是因為「與不潔婦人共宿而染上淋病或梅毒」，則無法申請疾病救助。會員之間如果彼此恥笑或惹惱對方，也將處以罰鍰。無異議互助會(The Unanimous Society)，拒絕對任何一位領取疾病救濟金卻在麥酒館賭博或醉酒的會員提供救助。為了維持其無異議的立場，凡「討論或爭辯政治與教會事務，或政府與統治官員」的會員，都將處以罰金。「全行業互助會」(The Friendly Society of All Trades)也曾經起草一條類似的「恫嚇」，還規定「任何有機會對弟兄罰鍰而未罰鍰者」將處以罰鍰。製革匠互助會對未經管事允許便擅自要求菸酒的會員處以罰鍰。蓋房子的木匠和細木工，則加上一條有關「違反忠誠」或「政治歌曲」的禁令[38]。

　　某些這樣的規則，例如禁止政治討論和政治歌曲，我們也許不應盡信。雖然有些這樣的協會只是單純的疾病互助會，入會規定極其嚴厲，會員人數只有區區二、三十位工匠，以某個酒館為集會地點，但是其他協會多半是為了要掩護工會活動，而且不管是新堡還是雪菲爾，在禁止政治結社的雙法案通過之後，互助會很可能只是雅各賓組織的招牌幌子。(1816 年，某個「友好」互助會證實新堡地區的多數協會都訂有「忠誠、愛國及和平等規範」，但它也同時抱怨說，這些規範往往都無法禁止「熱烈的辯論和狂暴的語言」[39]。) 由於官方在拿破崙戰爭期間對協會組織深表猜疑，因此制定這類規矩的目的之一，是為了取得治安法官的認證。不過，任何一位嫻熟於今日某些工會和工人俱樂部之程序、儀式的人，都能從中找到某些現今做法的起始源頭。當我們把這些規範兜在一起，它們代表的是一種自律的成就，以及一種教人印象深刻的階級經驗的推展[40]。

---

[38] *Laws and Orders of the Friendly Society who meet at the House of Mr. Wm Forster...* (N. Shields, 1795), p.11; *Rules and Orders of the Brotherhood of Maltsters* (Newcastle, 1796), p. 6; *Articles, Laws and Rules of the Glass-makers Friendly Society* (Newcastle, 1800), pp. 5. 11, 15; *Articles...of the Friendly Society of Watermen* (Newcastle, 1804), p. 11; *Articles of the Unanimous Society* (Newcastle, 1804), p. 11; *Articles...of the Friendly Society of All Trades* (Newcastle, 1804), p. 9; *Articles...of the Society of Cordwainers* (Hexham, 1806), p. 8; *Rules of the Philanthropic Society of House-Carpenters and Joiners* (Newcastle, 1812), p. 7; *Articles...of the Miners Society* (Newcastle, 1817).

[39] *A Short Account of the Benevolent Society...at Messrs Angus Manufactory* (Newcastle, 1816).

[40] 關於當時互助會的法律地位，參見 P. H. J. Gosden, *The Friendly Societies in England* (Manchester, 1961), p.5。關於雪菲爾各互助會的社會組成，參見 G. C. Holland, op. cit., Ch. XVII。按：尼加斯酒，一種由葡萄酒、熱水、肉荳蔻和檸檬汁調製而成的含酒飲料。

　　據估，互助會的會員人數大概有：1793年，六十四萬八千人；1803年，七十萬四千三百五十人；1815年，九十三萬五千四百二十九人。雖然1793年首次通過的互助會法案(Friendly Society Act)規定，凡在治安法官處登記有案的互助會，如其職員發生舞弊情事，該會的基金將可獲得法律的保護，不過還是有為數眾多但數目不詳的俱樂部未曾辦理登記手續，有的是因為它們對官方帶有敵意，有的是出於懶惰無知，有的則是基於一種根深柢固的隱密性格──賀藍醫帥發現，這種性格即使遲至1840年代早期，依然強大到足以妨礙他在雪菲爾的調查活動。1815年以前，幾乎所有的互助會都帶有嚴格的在地和自治性格，並同時結合了下面幾種功能：疾病保險、歡樂的俱樂部之夜，以及一年一度的「遠足」或宴樂。1805年時，一位觀察家在梅特洛克(Matlock)附近看到──

　　……大約五十名婦女，跟在一個演奏著歡樂曲調的小提琴手後面。這是一個婦女福利會。她們剛在艾阿姆(Eyam)聽完一場講道，正要去聚餐。我們雪菲爾的婦女福利會可沒這麼奢侈，她們頂多是喝喝茶，也經常唱唱歌、跳跳舞、抽口煙、喝點尼加斯酒。[41]

　　互助會會員的社會地位很少高過辦事員和小手藝人，他們大多是工匠。由於會裡的每個弟兄都有存款押在會裡，此舉除可確保會員的穩定性之外，也提高了他們對會務自治的參與和關注。當中幾

41　T. A. Ward, op. cit., p. 78. See also J. H. Priestley, "Ripponden Female Society", *Trans Halifax Antiq. Soc.*, 1943.

乎沒有中產階級的成員，而儘管某些雇主對它們頗有好感，但家長
制度很難插手到它們的實際運作層面。由於不諳保險精算而導致的
失敗情形相當普遍，捲款潛逃的職員也不在少數。全國各地幾乎都
有互助會的身影，它們可說是(往往令人心碎的)經驗的學校。

正是互助會的這種隱密性格，以及它們為了逃避上層階級的嚴
密監控所披上的偽裝外衣，讓我們更能斷定當時確實有一種獨立的
工人階級文化和機制正在成長當中。在這種次文化之外，步履還有
點蹣跚的工會正在學習踏穩步伐；在這種次文化之內，未來的工會
職員正在接受訓練[42]。與疾病互助會的同類規範相比，工會的規矩章
程往往要複雜一些。這種落差有時——例如精梳工的情況——是以
祕密共濟會的程序來加以補強：

　　　陌生人，所有我們會堂的設計都是愛與團結，
　　　我們的自我保護乃建立在公平法則之上，
　　　當你們宣讀過我們的神祕權利，
　　　我們的所有祕密都將向你們揭示。[43]

1790 年代以後，在雅各賓騷動的衝擊之下，互助會的規章序言也採
取了新的回應。由哲學啓蒙運動創造出來的「社會人」(social man)
一詞，其最不可思議的後續發展之一，就是它竟然會重新出現在工

---

42 官方不斷抱怨說，互助會竟允許其會員在罷工期間領取補助金。1812 年時，
　馬克茲菲被形容成「非法集會的巢穴」，「充斥著宛如革命癌細胞的疾病和喪
　葬協會」。C. S. Davies, *History of Macclesfield* (Manchester, 1961), p. 180.

43 [E. C. Tuffnell], *The Character, Objects and Effects of Trades' Unions* (1834,
　reprinted 1934), pp. 42 ff.

業英國的俱樂部章程當中，而且還是一些在酒店或「地下酒館」聚會的匿名俱樂部。位於泰因河畔的各個「社會」和「博愛」(Philan-thropic)協會，藉由各種不同的方式來表述它們的願景，從傳單式的片語——「一個確定、持久和充滿愛意的社會」、「促進友愛和眞正的基督慈愛」、「人不是爲了自己而生」——到震聾發聵的哲學斷言：

> 人類，不管就其身體構造或心智意向，都是爲了社會而創造
> ……
>
> 我們，亦即這個協會的會員，嚴肅地考慮到：人類天生就是
> 一種社會動物……需要不斷的相互協助和支持；而且在我們的
> 性情中，原本就交織著人道與悲憫的情感，一種人飢己飢、人
> 溺己溺的情感……[44]

這種見諸於各類社群的互助會，是一種有助於凝結統一的文化影響力。雖然財政和合法性等原因延緩了它們的結盟步伐，但它們還是促成了區域性和全國性的工會聯盟。他們所採用的「社會人」說法，也有助於提升工人階級的自覺意識。它將基督教的慈愛修辭和循道宗(及摩拉維亞兄弟會)傳統中較爲靜態的「兄弟之愛」，嫁接到歐文派社會主義的社會承諾之上。許多早期歐文派的互助會和商店，皆以聖經以賽亞書第四十一章第六節的經句做爲它們的規範引

---

44 *Rules...of the Sociable Society* (Newcastle, 1812); *Articles of the Friendly Society at West Boldon* (Sunderland, 1811); *Rules of Good Intent Society* (Newcastle, 1815); *Articles of the Unanimous Society* (Newcastle, 1804); see also H. J. Maltby, "Early Bradford Friendly Societies", *Bradford Antiquary*, VII, 1933.

言：「他們各人幫助鄰舍，各人對弟兄說：壯膽吧！」到了 1830 年代，許多相當流行的互助會或工會的讚美詩和歌謠內容，都針對這個主題做了精心細緻的鋪陳。

雷蒙・威廉斯先生(Mr. Raymond Williams)曾經表示：「英國人的生活自工業革命啓動之後所出現的最重大轉折……在於他們對社會關係的本質採取了一套截然不同的想法。」完全不同於中產階級的個人主義或(其最值得稱道的)服務觀念，「『工人階級文化』的正確意義……是一種基本的集體主義概念，以及從這個概念源生出來的制度、舉止、思想習慣和追尋目標。」[45] 互助會並不是「源生自」某種概念；這種概念和這種制度之所以產生，全都是對某種共同經驗的回應。這個特點相當重要。在互助會的單細胞結構以及它那種實事求是的互助性格當中，我們可以看到它的許多特色被組織形式較爲世故複雜的工會、合作社、漢普敦俱樂部、政治聯合會(Political Union)和憲章派會堂加以承襲複製。同時，我們可以將這些互助會看成是某種互助性格的結晶，這種性格不管在「密度」和「具體度」上，原本都是以極其鬆散的方式廣泛見諸於勞動人民的人際關係，包括家庭和工作上的人際關係。十九世紀上半葉，每一種類別的見證人——教士、工廠視察員、激進政論家——都曾對最貧窮地區所展現出來的互助精神印象深刻。每當碰上緊急、失業、罷工、患病或生育，「向其鄰人伸出救援之手的」總是窮人。在普雷斯對蘭開郡人民的舉止轉變發表評論後的二十年，泰勒驚訝地發現，蘭開郡的工人正爲了——

---

45 *Culture and Society* (Penguin edn.), pp. 312-14.

　　道德尊嚴的高調、適當得體的禮節要求，以及體面、乾淨和秩序等美德，忍受著極端的痛苦不幸……這些美德根本不值得用我所目睹的苦難來換取。我正眼睜睜地看著這個國家或這個世界上有史以來最高貴和最有價值的人們，逐漸成爲禮儀的犧牲品。

「我在曼徹斯特以北地區所碰到的每一個身陷困境的工廠作業員……幾乎都對接受教區賑濟感到極度惶恐。」[46]

　　如果把這當成**唯一**有效的「工人階級」倫理，顯然是一大錯誤。工匠與機工的「貴族」願景、「自立自助」(self-help)的價值觀念，以及對於罪惡和墮落的強烈自覺，同樣也傳之甚廣。不同生活方式的衝突，不僅發生在中產階級與工人階級之間，也發生在工人階級的不同社群之間。但是到了十九世紀早期，我們可以說集體主義的價值觀已成爲許多工業社群的主導力量，對於該如何制裁工賊、雇主的「爪牙」或惡鄰，以及如何抵制特立獨行或個人主義者，都有一套明確的道德規範。他們有意識地遵奉集體主義的價值觀念，並利用政治理論、工會儀式和道德修辭來加以宣揚。事實上，用以區別十九世紀的**工人階級**和十八世紀的**暴民**的有效判準，正是這種集體的自我意識，以及與之相應的理論、制度、紀律和社群價值。

　　政治激進主義和歐文主義，同時提出並豐富了這種「基本的集體主義概念」。普雷斯把 1819 年蘭開郡群眾行爲的轉變歸因於政治意識的進步（「自從憲政和通訊兩協會在 1792 年開始活躍之後，政治

---

46 Cooke Taylor, op. cit., pp. 37-9. 庫克·泰勒是在棉紡織業不景氣的 1842 年寫下此書。

意識便於全國各地風起雲湧」），這種說法很可能是對的：

> 可是到了今天，就算聚集一萬人也不會發生任何暴動，爲什
> 麼？……因爲人民現在有了一個目標，對於這項目標的追求，
> 讓他們把自己看得更重要、把自己想得更高尚，於是，那些本
> 來可能成爲暴動領袖的人物，現在卻扮演和平的捍護者。[47]

另一位觀察家則認爲蘭開郡的改變是由於柯貝特和主日學的影響，
他同時注意到，在勞動階級的性格中，有一種「普遍和激進的轉變」：

> 窮人，當遭受痛苦和不滿時，不再發起暴動，改而舉行會議
> ——不再攻擊鄰人，改而責難牧師。[48]

這種自尊自重和政治意識的成長，是工業革命的實際收穫之一。
它驅散了某些形式的迷信和服從，也讓某些種類的壓迫變得不再可
以忍受。在結社法案廢止之後，許多工會與行業俱樂部也脫離了半
合法的地位，從他們展現出來的力量和驕傲，我們可以充分看出這
種互助性格的穩定成長[49]。在布拉福精梳工人 1825 年的罷工活動
中，我們發現在互助會勢力固若盤石的新堡地區，曾經捐款資助布
拉福罷工的行業工會，涵蓋了鐵匠、工廠技師、細木工、鞋匠、鞣

---

47 Wallas, op. cit., p. 146.

48 〔J. E. Taylor〕 *Notes and Observations Critical and Explanatory on the Papers relative to the Internal State of the Country...* (1820). J. E. Taylor 是曼徹斯特賑濟 1819 年 8 月 16 日受難者委員會的一名委員。

49 見上文，頁 331。

皮工、家具精木工、造船匠、鋸木匠、裁縫、精梳工、製帽工、製革匠、織工、陶工和礦工[50]。此外，互助會似乎也扮演了某種中介角色，將工匠行會對儀式的愛好以及強烈的身分地位觀念，導入到工會運動。事實上，這些傳統在十九世紀早期依然活力十足，尤其是在舊日的特許公司或由雇主和工匠師傅所組成的行會組織——這些公司和行會會以定期性的典禮儀式來彰顯師傅和他們的職工在「這行」的驕傲。譬如，1802 年普雷斯頓的「行會」便曾舉行過一次盛大的狂歡慶典。在為時一週的遊行和展覽過程中，舉凡貴族、鄉紳、商人、小店主和製造業者全都前來共襄盛舉[51]，這場慶典賦予職工無比榮耀的地位：

> 精梳工和棉紡織工人……由二十四名年輕美貌的婦女做為前
> 導，每位婦女手上都持有一截棉樹枝，跟在後面的是一架紡紗
> 機，由幾名男子肩負著，而後是用雪橇拖行的一架手搖織布機，
> 紡紗和織布機上，都有工人在忙著操作……

在布拉福 1825 年的大罷工前夕，精梳工才剛以華麗無比的場面慶祝了他們的布萊茲主教節：

> 前導，手持大旗
> 二十四名羊毛纖維工騎在馬上，每一匹馬都披有彩飾。

---

50 *Trades Newspaper*, 11 September 1825.

51 出席團體包括製革匠、剝皮工、手套工、皮匠、木匠、屠夫、釀酒人、裁縫、鐵匠、綢緞商和布商。See *Leeds Mercury*, 4 September 1802.

三十八名梳毛紗紡紗工和製造業者騎在馬上，穿著白色的毛織背心，每個人肩上掛著一束梳毛，以及一條毛織飾帶；馬的頸上罩著由粗毛紗織成的網套。

如此這般，一直到我們看到：

布萊茲主教

牧羊人和牧羊女。

牧羊的鄉下郎。

一百六十名羊毛分類工騎在馬上，

戴著華麗的無邊軟帽和不同顏色的梳毛。

三十名製梳工。

燒木炭工。

梳毛工旗幟。

（樂隊）

四百七十名精梳工，戴著羊毛假髮等等。

（樂隊）

四百名染工，戴著紅帽章，穿著藍圍裙，交叉披著紅藍兩色的梳毛。[52]

大罷工之後，諸如這般的典禮儀式，再也不復得見。

這種一分為二的發展，也就是從昔日那種含括整個「行業」的

---

[52] J. James, *History of Bradford* (1866), pp. 164-7; J. Burnley, *Yorkshire Stories Re-Told* (Leeds, n.d.), pp. 163-75.

組織，二分成屬於雇主的組織和屬於工人的工會，將我們帶進了工業革命的核心經驗[53]。但是互助會和工會企圖延續舊傳統的儀式與驕傲的決心，並不會輸給雇主組織。事實上，由於工匠（或如同他們依然被稱呼的**手藝人**）認為他們才是**真正的生產者**，雇主不過是依賴他們的技巧為生，因此他們對傳統的看重程度自然是有過之而無不及。隨著結社法案的廢止，他們也開始高舉旗幟公開遊行。成立於1794 年的泰晤士船縫填塞工工會（Thames Ship Caulkers Union），於1825 年在倫敦展示該會的座右銘：「手和心」、「活力、真理、和諧、快速」。這些信條所揭露的，正是中世紀行會成員的驕傲感。製繩匠工會的前導旗幟，畫的是一群蜜蜂圍繞著一個蜂窩：「勤勞之子！工會便是力量。」（當他們行經曾經給他們加過工資的雇主家門，還會特地停下來敬禮。）約翰・嘉斯特（John Gast）的泰晤士造船工儉約工會（Thames Shipwrights Provident Union）——倫敦「各行工會」的前驅——以一面藍色的絲質旗幟豔冠群芳，旗上寫著：「橡木心保護年長者。」同行的還有六匹棗紅色的駿馬拉著一條漂亮的船隻，三名穿著藍色外衣的左馬御者、一支樂隊、工會委員會、揮舞著大小旗幟的會員，以及來自雪菲爾、桑得蘭和新堡等地的同行代表。會員們打著藍色薔薇形的緞帶結，手上拿著橡樹枝。船上坐的，是住在工會設於史泰普尼（Stepney）的救濟院的老造船工[54]。1832 年在南威治，製鞋匠承襲了工匠行會對身分地位的所有驕傲，帶著他們的旗

---

53 關於 1780 到 1846 年間「中產階級意識」的形成，參見 Professor　Brigg, "Middle-Class Consciousness", *Past and Present*, April 1956。有關「行業」這個觀念在搗毀機器運動裡的重要性，參見頁 771-81。

54 *Trades Newspaper*, 14, 21, 28 August 1825. 船縫填塞工工會約有三百名會員，製繩業工會有二百名會員，造船工工會約有一千五百名會員。

幟，以及「全套祕密會社的禮服、斜襟、乾淨的圍裙⋯⋯以及獻給克里斯平國王(King Crispin，按：鞋匠國王)的王冠和王袍」。1833年，國王在眾人的護衛下騎馬穿越城鎮，隨侍者包括牽袍者，捧著「特許狀、聖經、一雙大手套，和許多美麗的男女靴鞋樣本」的文員：

> 整個遊行行列將近有五百人之多，每個人都穿著潔白整齊的圍裙。壓陣的是一個遊走四方的作坊助手，他把工具箱揹在背上，手中拄著一根枴杖。[55]

沒有任何單一解釋足以說明工人階級的行為舉止曾發生過明顯的轉變[56]。我們也不應該誇大這種改變的幅度。醉酒和喧鬧的情形依然攪得街頭不得安寧。然而，在拿破崙戰爭結束之後的二十年間，工人階級確實在熱切維護其自身權益的同時，又往往能表現得極為審慎守紀。因此，我們不能接受下面這種論調，認為工人的冷靜持重純粹是或主要是受到福音宣傳的影響。因為就算在沒受到後者影響的地方，我們也可看到同樣的發展。到了1830年，在大多數工人階級的重鎮，不僅是英國國教，甚至連循道宗的信仰復興運動，都會遭到信仰自由派、歐文派和不分宗派的基督徒的反對。在倫敦、伯明罕、蘭開郡東南、新堡、里茲和其他城市，卡萊爾或歐文的自

---

55 "Reminiscences of Thomas Dunning", ed. W. H. Chaloner, *Trans Lancs & Cheshire Antiq Soc.*, LIX, 1947. 繼這場神氣活現的實力展示之後的，是1834年南威治警官在全面攻擊工會分子時所採取的逮捕行動。

56 關於工匠文化的進一步討論，參見頁1001-50。

然神派擁護者，吸引了爲數眾多的追隨者。循道宗已經鞏固了他們的地位，但是他們越來越傾向於代表手藝人和工人當中的特權階級，並在精神上與工人階級的社群生活完全脫節。某些昔日的信仰復興重鎮，已退化成「異教信仰」的中心。在新堡的桑蓋特區，這個一度「以祈禱也以飲酒、以吟唱讚美詩也以咒詛發誓著名的」地方，到了 1840 年代，循道宗已失去該地所有的貧民徒眾。在蘭開郡的部分地區，織工社群與工廠作業員大致都跟循道宗的小禮拜堂分道揚鑣，另行投身到歐文主義和信仰自由的時代潮流：

> 如果不是因爲主日學，這個社會早就陷入萬劫不復的恐怖境地……不信基督的人數正以驚人的速度成長……卡萊爾、羅伯・泰勒和其他不信者的作品，比聖經和其他書籍的讀者都要多上許多……我曾經一連好幾個禮拜看到織工聚集在一個可以容納四百人的房間裡舉行集會，爲那些主張並斷言沒有上帝的人士鼓掌叫好……我曾經前往我做禮拜的小禮拜堂周圍的小屋拜訪，我發現有二十個人聚集在一起，閱讀不信基督的刊物……[57]

歐文派和世俗運動，就像先前的信仰復興運動一樣，如同「空地上的金雀花」般，熱烈延燒。

恩格斯在 1844 年根據他從蘭開郡得來的經驗寫道：「工人不信仰宗教，也不上教堂」，例外的只有愛爾蘭人、「幾個老人、半資產階級、工廠監工和工頭之類」。「民眾對宗教普遍抱持漠不關心的態

---

57 一名博爾頓雇主的證詞, *S. C. on Hand-Loom Weavers' Petitions* (1834), p. 419.

度，頂多也只帶有一點自然神論的痕跡……」恩格斯因爲言過其實
而削弱了這段話的可信度，但是多德(Dodd)也曾引用斯塔克港某家
工廠的數據，在該廠的十名工人當中，有高達九人不上任何教堂；
而羅伯‧泰勒也曾在 1842 年對蘭開郡工人在駁斥基督教正統學說時
所表現出來的活力和聖經知識，大感驚訝。一名這樣的工人告訴一
位循道宗宣道師：「如果我認爲上帝是我周遭所有痛苦的來源，我就
不會侍奉祂，而且會說祂不是我想像中的上帝。」類似的情況也出現
在憲章運動期間的新堡，當時有數以千計的工匠和工程師改宗爲信
仰自由人士。在一家雇用了二百人的工廠，「上禮拜堂的不超過六、
七人」。一名工人表示：「工人階級——

> 正在累積知識，他們累積得越多，他們與不同宗派間的裂罅
> 就越大。這不是因爲他們忽視聖經。我本人就很尊重聖經……
> 當我細讀聖經的時候……我發現先知們是站在壓迫者與被壓迫
> 者中間，他們公開指摘做錯事的人，不論這些人多麼有錢有勢
> ……如果宣道師重新返回這本古書的精神，我就會回去聽他們
> 宣道，但是在此之前免談……

主日學顯然是爲自己種出了始料未及的果實[58]。

　　教會勢力的削弱，絕不表示工人階級的自尊和紀律有任何腐蝕。
相反的，擁有悠久的工業和政治組織傳統的曼徹斯特和新堡，在憲

---

[58] Engels, op. cit., pp. 125-6; Cooke Taylor, op. cit., pp. 153-5; *Newcastle Chronicle, Inquiry into the Condition of the Poor* (Newcastle, 1850), pp. 32, 56. See also Dodd, op. cit., pp. 181, 186.

章運動那些年，正是以他們在大規模示威中所展現的紀律著稱。以往，每當「可怕和野蠻的煤礦工人」進入新堡，不管數目多少，都會讓市民和小店主陷入恐慌；可是如今，煤礦業主卻必須遍尋城中的貧民窟，才能找到一些「收破銅爛鐵的」(candy-men)去驅逐罷工的礦工。1838 和 1839 這兩年，數以萬計的工匠、礦工和勞工，一週接一週地以良好的秩序遊行過大街小巷，他們總是與軍隊保持幾呎之遙，以避免任何擦槍走火的可能。他們的一位領袖回憶道：「我們的人馬都訓練得很好，我們要的不是暴動，而是革命。」[59]

三、愛爾蘭人

新工人階級社群裡面有一個成分，我們至今尚未提及，那就是愛爾蘭移民。根據 1841 年的估計，大不列顛有超過四十萬的居民出生於愛爾蘭，此外還有好幾萬名出生於英國的愛爾蘭後裔。這些人絕大多數是天主教徒和工資最低的一群勞工，大半居住在倫敦和其他工業市鎮。在利物浦和曼徹斯特，約有五分之一到三分之一的工人擁有愛爾蘭血統。

我們並不打算在此詳述十九世紀上半葉愛爾蘭人民所承受的駭人悲情。但是將愛爾蘭帶入絕境的最大災難，並非馬鈴薯的嚴重歉收，而是緊接在「聯合愛爾蘭人」起事叛亂(1789 年)之後的血腥鎮壓——這場鎮壓堪稱英國有史以來最野蠻的舉動——所導致的反革

---

59 Fynes, op. cit., p. 19; Thomas Burt, *Autobiography* (1924), p. 34; T. A. Devyr, *The Odd Book of the Nineteenth Century* (New York, 1882), pp. 184-5.

命後果；以及由聯合法案(Act of Union, 1800)*4 所引發的政治、經濟和社會效應。1794 年，一個名叫傑克遜(William Jackson)的愛爾蘭教會教士在都柏林被捕，因爲他是「聯合愛爾蘭人」成員羅文(William Hamilton Rowan)與法國之間的聯絡人。在傑克遜的身上，搜出一份文件，內容是有關愛爾蘭的立場梗概，以及法國入侵時可能從愛爾蘭方面得到的支援。這份文件(錯誤的)估計愛爾蘭的人口有四百五十萬[60]，其中約有四十五萬人是英國國教徒，九十萬人屬反對國教派，其餘的三百一十五萬爲天主教徒。針對反對國教派(「全國最開明的群體」)，這份文件表示：

> 他們是立場穩健的共和黨人，致力維護自由，在法國大革命的各個階段，他們都滿心熱誠地聲援支持。人數最多的天主教徒最爲無知貧困，他們願意接受任何變革，因爲沒有任何變革可以讓他們變得更糟。愛爾蘭的所有農夫，這群歐洲最受壓迫和最不幸的人們，就是這樣的天主教徒。

英國人的反法情結可以讓所有階級聯合一致地抵抗法國侵略，但是，

---

*4 按：這裡指的是英愛聯合法案。1798 年由聯合愛爾蘭人發起的起義叛亂，迫使首相皮特以戰略安全和政治效率之名，加強大英帝國與愛爾蘭之間的關係，於是在愛爾蘭總督的運作之下，誘使愛爾蘭國會在 1800 年正式通過英愛聯合法案。根據這項法案，大不列顛和愛爾蘭於 1801 年 1 月 1 日開始，正式締結爲聯合王國，愛爾蘭得以在帝國國會當中擁有一百個代表席次，但必須負擔大不列顛帝國歲入十七分之二的經費。這項法案使得愛爾蘭的政治、經濟、社會和宗教問題從此成爲英國政壇的風暴中心之一，並讓愛爾蘭的經濟備受打擊。

60 1821 年第一次人口普查所提供的數據是六百八十萬三千人。

在愛爾蘭這個「被征服、壓迫和侮辱的國家，英國這個名字和她所代表的權力，卻是眾所痛怒的對象……」

反對國教派是基於理性和反思而與英國勢力為敵，天主教徒則是因為他們跟英國這個名字的深仇大恨……

簡言之，不管是基於反思、利害、偏見和渴望變革的心情，或是這個國家大多數人民的悲慘痛苦，以及最重要的，由將近十個世紀的暴政累積而成的對英國這個名字的仇恨，你們的入侵幾乎是必然會得到我方人民的支持。[61]

我們可以說，讓法國輸掉歐洲的並非莫斯科戰役，而是 1797 年的一場海軍兵變[*5]，這支發動兵變的海軍，正介於法國和叛亂前夕的愛爾蘭之間[62]。至於所謂的入侵，當它真正發生的時候，卻是出以完全不同的面貌，它是一場由愛爾蘭貧民領銜發動的對英格蘭和蘇格蘭的入侵。傑克遜的簡述提醒我們：愛爾蘭移民的分化程度，遠超過我們經常以為的。1798 年前後，愛爾蘭最工業化的厄斯特地區（Ulster，按：今日北愛的主體）的反對國教派，並不是愛爾蘭最效忠的一群，而是最「雅各賓」的一群，一直要到叛亂遭到壓制之後，愛爾蘭行政廳（Castle）為了維持自身的權勢，才刻意挑起「奧倫治黨人」（Orangemen）和「天主教徒」（Papists）之間的敵對。愛爾蘭移民

---

61 T. S. 11. 3510 A (2); *Trial of the Rev. Wim. Jackson* (1795), pp. 80-1.

*5 按：亦即 1797 年 4 月和 5 月發生在英國南端的史必黑和諾爾河上的海軍兵變，詳情請參見本書第五章，頁 224-5。

62 See E. H. S. Jones, *The Invasion that Failed* (Oxford, 1950).

包括康瑙特(Connaught)的季節性收割工、威克斯福(Wexford)的逃亡小農，以及厄斯特的工匠，他們之間的差異，就像康瓦耳勞工和曼徹斯特棉紡工人那般懸殊。(惡名遠播的「週六打架夜」，往往是發生在愛爾蘭人與愛爾蘭人之間，而非愛爾蘭人與英國人之間；打架的原因多半也和宗教無關——倫斯特〔Leinster〕、蒙斯特〔Munster〕和康瑙特三省移民間的敵對衝突，甚至搬上了普雷斯頓和巴特雷〔Batley〕的教會和法庭。)移民一波接著一波[63]。在 1790 到 1810 年間，移民當中還有相當數目的新教徒和厄斯特人混雜其間，他們多半是些小手藝人、工匠、織工和棉布工，其中有些人是《人權論》的信徒。隨著聯合法案的不平等經濟競爭原則所引發的效應逐漸爲人體悟，絲織工、麻織工以及棉紡織工人，便開始將他們式微中的工業撤遷到曼徹斯特、格拉斯哥、巴恩斯來、博爾頓和馬克茲菲。年輕的多爾帝便是隨著這波撤遷潮來到英國。他十九歲的時候曾在愛爾蘭密斯郡(Meath)的棉紡廠工作，於拿破崙戰爭即將結束之際來到曼徹斯特，並在短短幾年當中，成爲蘭開郡棉紡織工人的最偉大領袖。

從這個時候開始，以天主教徒和農民爲主的移民人數一天多過一天。一份林肯郡的報紙在 1811 年提到，當地的小地主「好幾年來一直刻意以公開的廣告來引誘他們」。這裡指的是季節性的流動工人，這些收割工人的「勤勞精神」備受讚譽，遠勝於林肯郡勞工的貪婪：

---

63 關於十八世紀倫敦有相當可觀的愛爾蘭聚居區一事，參見 M. D. George, *London Life in the Eighteenth Century*, pp. 113 ff。

後者藉著農場主人有求於他們而抬高工資，農忙時期，一天半個金基尼都無法讓他們滿足。

還有人進一步譴責他們嫉妒這支「愛爾蘭預備部隊」[64]。隨著遷徙路線的日漸熟悉便捷，越來越多的移民開始長期居留。馬鈴薯的連年歉收，尤其是 1821-22 年的大饑荒，更是迫使許多愛爾蘭人舉家外徙。

1828 到 1830 年間，由於為數驚人的小農的「終身租佃權」遭到取消(他們的人數由十九萬一千人銳減成一萬四千二百人)，連帶使得開往利物浦和布里斯托的小船班班爆滿。然而英國「絕非他們的麥加，事實上，那是他們最不樂意前往的地方」。比較幸運、能夠攢足旅費的人，都移民到美國和加拿大；遷往英國的，淨是些身無分文的窮光蛋。一旦平安抵達英國，並找到工作之後，他們會立刻想盡辦法把錢匯回愛爾蘭，然後努力存下一小筆經費，好把親戚家人接來英國團聚[65]。

大部分戰後移民所擁有的生活條件，依照藍皮書的說法，根本不足以供應「最起碼的生活所需」：

他們住在簡陋破爛的鴿子籠，一家好幾口睡在稻草或地板上……他們平常的食物只有馬鈴薯，而且這些馬鈴薯還得省著吃，

---

64 *Boston Gazette*, in Alfred, 21 September 1811.

65 一般遷徙，參見 Redford, op. cit., pp. 114 ff.；有關遷徙的經濟及社會原因，參見非常精采的作品: E. Strauss, *Irish Nationalism and British Democracy* (1951), esp. Chs. IX and X.

　　一天只能吃上少少的一餐……他們偶爾可以吃到一條青魚或一
點牛奶，但除了聖誕節、復活節和懺悔日，其他時間別想有肉
吃。[66]

　　身爲西歐的最廉價勞工，他們故事的這一部分是大家耳熟能詳的。
藍皮書在一頁又一頁有關衛生狀況、犯罪、住宅、手搖織布機織工
的記述中，處處充斥著對愛爾蘭人的指責，指責他們把這些窮苦與
不潔帶到英國境內：地窖般的住處，一應俱無的家具和被褥，囤棄
在門外的垃圾，過度擁擠，以及與英國勞工的削價競爭。最後這點
對於雇主的好處自是不需多言。一位曼徹斯特的絲織品製造業者宣
稱：「每當我因爲工人罷工而急需人手，我就會從愛爾蘭運來十、十
五或二十個家庭……」[67]

　　但是愛爾蘭移民的影響，還有比這個更矛盾、更有趣的。弔詭
的是，正是因爲改造英國工人性格結構的工作做得太過成功，才使
得英國工業需要另行補充一批未曾受過工作紀律磨練的輔助勞工。
如前所述，這種工作紀律要求的是：穩定而且有條不紊的專心致志、
發自內心的嚴肅持重、深謀遠慮，以及謹守契約，簡言之，就是要
將精力花費在技術性和半技術的工作上。然而，做爲工業社會基礎
的重體力職業，需要的卻是可任其恣意消耗的純粹體能——密集的
勞動與喧鬧的放鬆相互交替，一種屬於前工業時代的勞動節奏。英
國的工匠或織工都不適合這種工作，一方面是因爲他們的孱弱體能，

---

[66] *Third Report of the Commissioners for Inquiring into the Condition of the Poorer
Classes in Ireland* (1836), p. 3.

[67] *Report on the State of the Irish Poor in Great Britain* (1836) p. vii.

一方面則是由於他們的清教氣質。

因而，愛爾蘭人的勞力對工業革命來說是必要的，不僅——而且可能主要並非——因為這種勞力「廉價」(憑良心說，英國織工和農場工人的勞力已經夠廉價了)，也因為愛爾蘭農夫躲過了白克斯特和衛理的影響。他們在愛爾蘭被不敷溫飽的經濟或所謂的「共畝制」(conacre system，這個制度使他們淪為農場主人的次奴隸，藉以換取一小片馬鈴薯田的使用權)弄得十分消沉，並因此得到倦怠和無能的壞名聲。在一個好佃戶卻必須受到雙倍租金懲罰的國家，精力並不是一項資產。然而在英國，他們有能力創造出驚人的勞動成績，即使在——

> 從事最困難、最令人厭煩和最教人不愉快的粗活時，例如充當石匠、磚瓦匠和泥水匠的助手，從事港口、碼頭、運河和道路的挖掘工作，背負沉重的貨物和裝卸船貨，也顯得心甘情願、輕快敏捷、堅持不懈。

凱伊博士曾在 1835 年針對愛爾蘭勞工的價值探詢過多位蘭開郡雇主的意見，他發現所有的技術性工作都偏好雇用英國勞工，因為他們具備「在工廠做事特別需要的穩定堅持。」「英國工人比較穩定、乾淨、有技巧，而且比較忠實履行雇主與雇工間的契約。」雖然有好幾千名愛爾蘭人受雇於棉紡織工業，但「很少，如果有的話，負責比較高級的加工程序⋯⋯他們幾乎都集中在蒸汽房裡⋯⋯」幾乎沒有人能坐上「管理職位」，也很少能「擠進紡工之列」。不過在另一方面，也就是在非技術職業上，情況恰恰相反。1836 年，一位伯明罕雇主證實：

　　愛爾蘭工人隨時都願意工作……我認爲他們是極有價值的勞工，我們絕少不了他們。只要仁慈對待他們，他們什麼事都會替你做……英國工人做不了他們的活。當你催促他們的時候，他們會願意配合，不像英國工人；他們寧死也不放棄；他們會全力以赴，直到可能贏過他們的人出現在他們跟前……

「他們需要比較多的照顧；在工作時也比較喜歡說話」——人情攻勢往往比經濟鼓勵來得有效；他們的個性豪爽，也最願意爲鼓勵他們彼此超越的豪爽老闆出力。「愛爾蘭人比較粗暴也比較容易生氣，但是他們不像英國人那麼頑固、陰沉和自以爲是。」他們的慷慨衝動很容易遭人利用；他們是名副其實的「寧死……不屈」。「在他的祖國，他是以懶散隨便著稱，可是過了一道海峽，他卻成了勤勞和上進的榜樣。」碼頭搬運或修路濬河等工作，都是按件計酬或按幫計酬，「他們很容易過度操勞，短短幾年就把健康和體格都搞壞了。這種情形可說是倫敦的挑夫、運煤工和一般苦力的通則」，而其中正好有相當高比例的愛爾蘭人。一位在利物浦碼頭上看過燕麥裝船情形的觀察家形容說：

　　這些人（主要是愛爾蘭人）在起重機將成包的燕麥放下時，接過它們並放到自己肩上，揹負過街。他們在炎炎夏日之下，以整齊劃一而且不曾間斷的步調執行這項沉重任務，每個小時至少疾走五哩，船隻到倉庫的距離整整有五十碼……這項工作的計價方式是每一百袋燕麥十六便士，一個好的苦力每天大概可賺個十先令，也就是說，他一共跑了七百五十趟，其中有一半的趟數是肩上揹著整整一袋燕麥，這段路程總計有……四十三

哩……

到了 1830 年代，這一類工作幾乎由愛爾蘭人通包，因爲英國人要不是拒絕從事這種低賤、不愉快的工作，就是趕不上愛爾蘭人的步調[68]。

因此，在相當大的程度上，雇主可說是從「前工業」和「工業化」這兩個世界分別得到最好的勞力供應。受過訓練的工人在心裡並不喜歡他的工作，然而養成他們的勤勞與技巧的那種性格結構，同樣也樹起了自尊的障礙物，讓他們不願意從事骯髒和有失身分的工作。一位營建業雇主在解釋愛爾蘭人何以只能扮演勞動角色時指出：

> 他們很少能成爲好的技工；他們無法看到事務的深層內在；他們學得很快，但只學到表面皮毛；他們無法成爲優秀的工廠技師或工程師，也無法勝任任何需要思考的職務……如果把一份計畫交給愛爾蘭人，一定得派人不斷從旁照料，否則他就會出毛病，或乾脆讓事情停擺。

這是因爲「缺乏後天努力」，而非任何「先天不足」；它是一種「心性」而非「智性」上的缺點：

---

68 *Report on the State of the Irish Poor in Great Britain* (1836), pp. v, vii-ix, xxx-xxxi; Strauss, op. cit., Ch. XIV, "The Irish in Great Britain"; *First Annual Report Poor Law Commissioners* (1836), pp. 305-6; G. C. Lewis, *Remarks on the Third Report of the Irish Poor Inquiry Commissioners* (1837), pp. 24; John Wade, *History of the Middle and Working Classes*, pp. 242-3; Sir G. Head, *A Home Tour of Great Britain* (1835), pp. 190-1.

　一個只顧眼前不顧未來、走一步算一步的人，是無法專心接
受嚴格的訓練，也無法養成一個好技工所必須具備的耐心和全
力以赴。[69]

《大不列顛愛爾蘭貧民處境報告書》(*Report on the State of the Irish
Poor in Great Britain*)是 1830 年代所有的藍皮書中，最傑出的一本社
會學論著。該書的結論是：

　　愛爾蘭人的移民英國，是一群較不文明的人口在某個較文明
　社會的底層進行擴散的例子，他們是某種底土，不管在任何一
　個工業分枝都無法出人頭地，所得到的全都是最低下的體力勞
　動。

　雇主把這看成一項「好處」，一位波特利斯的陶器製造業者指出：
「因為本土人口可以完全從事比較精巧和需要技術的工作。」不過，
照許多雇主看來，愛爾蘭的移民「並非只有好處，沒有壞處」。因為
愛爾蘭人在娛樂時的表現就和他們在工作時一樣生氣勃勃而且毫無
紀律。「許多住在製造業市鎮的愛爾蘭勞工……是以下面這種方式花
用他們的工資：

　　星期六晚上，當他們領到工資之後，先會把店裡的欠債還清
　……付了房租……如果他們的債務都還完之後還有剩錢，他們
　就會跑去喝酒，直到剩下的工資全都喝完為止。到了星期一早

---

69 *Report on the State of the Irish Poor in Great Britain*, pp. ix, xxx-xxxi.

上，他們又是身無分文⋯⋯

他們維持一種「固定的生存標準，比他們在自己國家所見的好不到
哪去」，他們缺乏清教徒的種種美德：儉省、節酒、專注和深謀遠慮。
每一個週六夜晚，曼徹斯特、利物浦和其他製造市鎮的大街，全都
被上百名醉酒鬧事的愛爾蘭人給佔領了。

　　此外，在很多方面，愛爾蘭人的美德與邪惡，都正好與遵守紀
律的英國工匠相反。愛爾蘭人對於英國當局抱持一種時而暴力時而
和善的蔑視態度。不只是因爲統治者的法律和宗教與他們不同，還
因爲在他們的社群中根本不存在「以被英國法庭起訴爲恥」的道德
制裁。一位雇主表示：只要善待他們，他們是值得信賴的，「如果他
們當中有一個人被發現是小偷，其他人都會避開他。」但是如果某個
愛爾蘭人偷的是不受歡迎的雇主或農場主人，或是拒絕繳納房租，
其同胞不但會認可這種行爲，還會以集體力量來支持他。一位曼徹
斯特棉紡織工廠的雇主宣稱：「他們很少不魯莽行事。」他們彼此之
間總是打個不停，可是如果有某個愛爾蘭人受到外人攻擊，他們又
會同仇敵愾、一致對外。爲了扣押非法蒸餾器，曾引發幾場動刀動
瓦的戰爭，愛爾蘭婦女在這些爭鬥中的表現，可是巾幗不讓鬚眉。
在曼徹斯特的小愛爾蘭區，如果想要推行有關房租、債務或稅收的
合法規定，非得與壁壘森嚴的居民打上一場「小戰」。曼徹斯特的副
警官在 1836 年表示：「到雇有許多愛爾蘭人的工廠遞送拘票，是一
件極端危險的差事，這些愛爾蘭人會在警察上樓時對他們丟擲硬塊
和石頭⋯⋯」曼徹斯特的民防總監證實：

　　⋯⋯爲了在本市愛爾蘭的聚居區捕捉一名愛爾蘭人，我們不

得不出動十名、二十名，甚至更多的民防巡邏。該名犯人的所有街坊鄰居全都拿著武器跑出來，甚至還有半裸的婦女拿著碎磚石塊交給男人丟擲。犯罪的男人會極力拒捕抗鬥，以便爭取時間，讓他的朋友得以聚眾相助……[70]

這些愛爾蘭人既不愚笨也不野蠻。梅休經常提到他們的慷慨、他們的「有力演說和敏捷反應」。他們遵循一套與英國工匠截然不同的價值系統，從他們對英式禮儀的震驚程度看來，他們在這方面顯然是非常自在，甚至有點兒郎當。一位博爾頓的律師回憶道：他們經常在碼頭上裝糊塗，帶來一大群同胞為他們的「品性作保」，他們在支吾其詞當中表現出對法律程序的深刻了解，地方司法人員經常被他們的奉承手段搞得暈頭轉向。同樣的玩世不恭，也讓他們當中的許多人成為技藝超卓的乞丐。他們對自己人很慷慨，如果他們存錢，一定是為了某個特定目標——移民到加拿大或結婚。為了把妻子兒女和兄弟姊妹接到英國，他們可以「半便士半便士的攢上」好幾年，但是他們「**不**會為了讓自己或子女免於淪入收容院而存錢……」即使在街上賣東西，他們依然是最貧困的一級，多半是沿街叫賣的小販，賣些不值錢的小玩意，梅休冷冷地表示，他們那種脾氣根本不適合從事「便宜買進、昂貴賣出」的工作。他們對英國的濟貧法抱持一種興高采烈的掠奪態度。他們利用過時的社會福利法案(Settlement Laws)，花濟貧委員會的錢在英國各地搭車兜風(誰會知道曼徹斯特究竟是不是最初的派迪·麥奎爾教區)，如果停下來的

[70] *State of the Irish Poor in Great Britain*, pp. x, xvi-xvii, x; *First Report of the Constabulary Commissioners* (1839), pp. 167-9.

地點合他們的意，他們就找機會溜下濟貧委員的車子。他們可以「絲毫不覺羞恥地」接受教區的濟貧賑濟[71]。

對於正在形成中的工人階級社會，這似乎是個令人不安的因素——愛爾蘭人源源不斷地湧入英國，強化了撒旦根據地的防禦力量。在某些市鎮，愛爾蘭人被隔離在他們專屬的街巷和區域。在 1850 年的倫敦，梅休在羅絲瑪麗巷附近許多彎來岔去的胡同裡發現他們的身影，在屬於他們的這塊羊棚裡，可以看到「毛頭小夥子赤著腳在泥漿中跑來跑去，沒戴帽子的女孩們，在披肩下縮成一團，懶洋洋地靠在門柱上」。在曼徹斯特和里茲的城市地窖裡，也有類似的隔離情形。此外，宗教上也存在著隔離制度。1800 年時，信奉天主教的本土工人階級可說寥寥無幾。天主教會把愛爾蘭移民看成是英格蘭終將重回信仰之路的神聖證據；愛爾蘭人走到哪裡，他們的神父便緊緊跟在後面。這些愛爾蘭神父比歐洲任何一個地方的神父都更為貧困，也更接近農民。他們的平均收入據估計是一年六十五鎊，這等於是說他們得靠他們的會眾生活，在他們教區的教友家中吃飯，並承受他們的善意。一位窩特福(Waterford, 位於愛爾蘭東南)基督新教的主教指出：「這些神父——

> 必須隨民眾的潮流浮沉，否則就會被棄絕在海灘之上……「與
> 我同住並和我過一樣的生活；不要用你高深的學識和修養來壓
> 迫我，心懷感謝地接受我想給你的一切，只要你順從我的政治
> 信條和行為，你就能得到。」這是一名愛爾蘭農場雇工對他神父

---

[71] H. M. Richardson, *Reminiscences of Forty Years in Bolton* (Bolton, 1885), pp. 129-31; Mayhew, op, cit., I, pp. 109, 121.

所説的話。

1797 年，窩特福天主教會的主教在一篇寫給教士的命令中，做了如下的驚人表示：

不要讓你們自己成爲這個世界上富人的工具，他們想拿⋯⋯你們做爲工具以達成他們自己的暫時目標⋯⋯窮人永遠是你們的朋友——他們執著地依附於你們，即使時運不濟亦然。他們和你們以及你們的前輩，分享他們並不充裕的飲食⋯⋯如果他們⋯⋯模仿富人的行徑，他們不只對你們關上大門，還常常像捕捉野獸般捕捉你們，那麼我將無法像此刻這般，向這一群服從我精神權威的可敬教士們發表演説⋯⋯

這個教會曾經有一名神父在威克斯福騎馬走在叛亂者前面，另有一名神父(奧柯格雷)被送上英國的絞刑台，這樣的一個教會，深深地嵌印在愛爾蘭農民的國族想望中；1810 年後的三十年間，奧康內爾(Daniel O'Connell)設法利用神父(主要是透過天主教協會〔Catholic Association〕)做爲輔助性質的政治煽動者*6。即使在愛爾蘭貧民移

---

*6 奧康內爾(1775-1847)，愛爾蘭的愛國主義者，因致力於廢除天主教解禁法令而被愛爾蘭天主教徒尊稱爲「解放者」。1823 年奧康內爾創立天主教協會，做爲其政治宣傳的負責機構，在他的運籌帷幄之下，天主教解禁法令終於在 1829 年通過，他本人也因此躋身英國國會議員之位，並成爲下議院愛爾蘭議員的領導人。著名的憲章運動領袖費爾格斯·奧康納也曾經是他的追隨者。到了 1840 年代，奧康內爾因爲政治立場的鬆動與搖擺，使其影響力逐日降低，並由主張激進手段的「青年愛爾蘭」黨人取而代之。

往英國之後，神父們依然用盡一切方法——例如全心奉獻於牧靈工作(他們對其教區居民思想的了解程度，是任何英國的神職人員所無法企及的)、心理威嚇、財政協助和財政勒索、對親戚施壓，以及安慰他們的苦痛——來維持對他們教友的掌握；他們唯一信賴的一種福音形式，這種形式也曾讓基督新教在英國贏得勝利，那就是：生育率。英國本土的卸煤工人、鑿河或修路工人，或是沿街叫賣蔬果的小販，許多都是「不信基督的」，但是他們的愛爾蘭同僚卻會定期望彌撒。神父是愛爾蘭勞工唯一願意服從的權威形式。治安法官無力鎮壓博爾頓的一次週六夜暴動，可是天主教的法規可以。當梅休陪著一位天主教神父視察他的教民時：

> 所到之處的每個人都跑出來迎接他……婦女們擠到門階上，或打開地板上的活門從地窖裡爬出來，只爲了向他敬個禮……甚至當神父沿著街道行走的時候，男孩們還以最快的速度跑上來，希望能觸碰到他們的頭髮……[72]

對許多移民而言，神父的力量的確是增強了。在他們被連根拔起之後，天主教神父已成爲舊日生活方式的最後定位點。神父雖然有閱讀書寫能力，但是社會地位和他們相差不大；他們並不認同英國的雇主和有司百官；有些人會講傳統的蓋爾語(Gaelic)；經常來往於愛爾蘭與英國之間，爲他們帶來家鄉的新聞，有時甚至帶出家

---

72 Ibid., I, p. 12; E. Wakefield, *An Account of Ireland* (1812), II, p. 557; Halévy, op. cit., III, pp. 93-5; Dr. Hussey, *Pastoral Letter to the Catholic Clergy* (Waterford, 1797).

鄉的親戚；還可以托他們代爲匯款、轉交積蓄或捎帶口信。於是，隨著愛爾蘭農夫一塊進入英國的最持久文化傳統——一直延續到第三代和第四代——是一個半封建的民族教會。在最污穢的地窖裡，放在「解放者」奧康內爾畫片旁邊的，是羅馬天主教的一些戲法道具、燭台、十字架，以及「色彩鮮豔的聖徒和烈士畫片」。反之，異常豐富的愛爾蘭歌謠和民俗傳統，卻往往隨著第一代移民的死亡而一塊入土。第一代移民可能還延續了一陣子家鄉的村落風俗，到彼此的家中造訪並「盡情地跳著吉格舞和里爾舞*7」。但是到了他們子女那代，小提琴、笛子和蓋爾語都已束之高閣。

儘管愛爾蘭人在某些市鎮遭到隔離，但是他們從未被推回到少數民族聚居區(ghetto)。要將一群口操同樣語言、又在聯合法案的規定下具有英國公民身分的人民貶低成順服的少數民族，是一件相當困難的事。愛爾蘭人和英國人通婚頻繁。值得注意的不是摩擦，而是愛爾蘭人十分能融入到工人階級的各個社群。沒錯，當時確實有許多暴亂發生，尤其是在愛爾蘭和英國的非技術勞工直接進行競爭的地方，例如營建工地或碼頭。1830 和 1840 年代，鐵路修築工人之間曾經爆發多場光明正大的對陣戰，並造成多人傷亡。倫敦地區的反天主教和反愛爾蘭情緒尤其激烈；在國會針對天主教解禁法令所進行的漫長爭辯(1800-29)的每個階段，都有無禮惡毒的反天主教海報、歌謠做爲布景襯底；遲至 1850 年的天主教主教任命儀式，都還曾引發焚燒芻像的舉動和反對「天主教侵略」的呼聲。梅休發現，許多「靠插科打諢推銷雜貨者」和「街頭賣唱者」都認爲，一首反

---

*7 按：吉格舞(Jig)，一種活潑的舞曲或配樂，盛行於蘇格蘭和愛爾蘭。里爾舞
 (Reel)，源自塞爾特人的傳統舞蹈，是一種活潑的鄉村雙人社交舞。

天主教的數來寶或打油詩，和一件好的謀殺案同樣有利可圖：

> 到處都是修士、修女和笨蛋，
>
> 別用廢話塞我們的喉嚨，
>
> 高興一點，用你們的叫聲把教皇轟下台，
>
> 還有他的紅衣主教魏斯曼。

但是梅休所記下的讚美詩或連禱文中，都不曾提及愛爾蘭人。它們
大半是重提火燒史密斯菲和與民族情感有關的民俗舊事，主題則是
「老英國約翰牛對羅馬教皇牛的回答」。住在羅絲瑪麗巷的地窖居
民，實在很難消化這類與外國侵略有關的民間傳說[73]。

　　反之，基於諸多理由，英國的激進主義或憲章運動與愛爾蘭的
民族主義，卻有著共同的目標，雖然它們之間的聯盟總是存在著某
種緊張。在陸軍、海軍或北方的工廠市鎮，愛爾蘭人和英國的受害
者並肩作戰或工作，在這些地方，敵對情形絕少出以種族主義的形
式。打從「聯合愛爾蘭人」的時代，以及愛爾蘭人用他們的棍棒協
防哈代住宅的時候，他們之間一直維持一種有意識的政治聯盟。英
國改革者普遍支持天主教解禁運動；長久以來，柏戴特爵士始終是
該法令在國會裡的最重要鬥士；而柯貝特的支持言論，不僅出現在
《政治記事周刊》，也見諸他所創造的虛構故事《英格蘭基督新教改
革史》(*History of the Protestant Reformation in England*, 1823)，在這
本書中，「老腐敗」和「當權者」都可回溯到都鐸王朝對修道院和慈
善基金會的掠奪。激進派的宣傳人員不斷提醒人們記得 1798 年的野

---

[73] Mayhew, op. cit., I, pp. 243, 252-3.

蠻鎮壓，而霍恩（William Hone）、克魯克香克（George Cruikshank）和伍勒等人，則對卡斯爾雷（Castlereagh，「德立一當一三戟刑具」）*8 的酷刑鞭打展開毫不留情的追捕撻伐。羅傑・奧康納（Roger O'Connor）是憲章運動領袖費爾格斯・奧康納的父親與柏戴特的密友，並一度被認為是柏戴特的國會幕僚。1828 年，激進派和反奧康內爾派的倫敦愛爾蘭人合組「公民與政治自由協會」（Association for Civil and Political Liberty），該協會得到杭特和柯貝特的支持，並與先進的英國激進派密切合作，它同時也是全國工人階級聯合會的先驅之一，而全國工人階級聯合會又是憲章運動倫敦工人協會（Chartist London Working Men's Association, 1836）的前身[74]。

----

*8 按：霍恩（1780-1842），英國作家兼書商，以撰寫政治諷刺作品聞名，其最成功的作品為《傑克蓋的政治屋》（*The Political House that Jack Built*, 1819），該書的插畫是由克魯克香克繪製。克魯克香克（1792-1878），英國著名的插畫家與諷刺漫畫家，二十歲之前，便以政治和社會題材的諷刺漫畫建立了知名度，最知名的作品是為一些經典名著如《孤雛淚》和《魯濱遜漂流記》等所繪製的插畫。卡斯爾雷（1769-1822），英國政治家，生於北愛爾蘭的當郡（Down），承襲其父親的卡斯爾雷子爵和倫敦德立（Londonderry）侯爵的頭銜，曾因在下院倡議廢除獨立的愛爾蘭國會而被愛爾蘭愛國分子冠以「叛國者」之名。其綽號「德立一當一三戟刑具」中的「德立」和「當」，指的是他所承襲的爵地。

[74] See, e.g. Sherwin's *Political Register*, 19 and 26 July 1817; Hone's *Reformists' Register*, 19 July 1817; Cobbett's *Political Register*, 17 January 1818; *Cap of Liberty*, 8 September 1819; Cole, *Life of William Cobbett* (1924), pp. 308-9; D. Read and E. Glasgow, *Feargus O'Connor* (1961), pp. 12-4, 19. 羅傑・奧康納與這場英國運動的關係，因他自命為合法的愛爾蘭國王而變得更為複雜（這個稱號後來由費爾格斯繼承）。柯貝特反對奧康納支持英國國會的提議，因為：「不，我們不需要一個多頭王室，我們現有的這個王室，就足以滿足任何一個不是全然沒有良知的民族。」

因此，在 1790 到 1850 這段期間，愛爾蘭民族主義與英國激進主義有著明白而一貫的聯盟關係，這種關係偶爾會隨著奧康納家族的命運而變得活躍或混淆。但是，在密德蘭和北方，愛爾蘭移民的影響就沒這麼明顯。在 1798 年後的二十多年間，愛爾蘭各郡一個接一個地捲入農業騷動的洪濤，其間有各式各樣的祕密會社——打穀者(Threshers)、卡拉瓦特黨人(Caravats)、善納維斯特黨人(Shanavests)、當郡的湯米黨人(Tommy Downshires)、卡德黨人(Carders)、絲帶會(Ribbon-men)、莫莉・麥奎爾黨人(Molly Maguires)——使用不同的恐怖主義手段來捍衛佃戶權利、壓低租金和物價、抵制什一稅，或驅逐英國地主。1806 年，「打穀者」幾乎控制了整個康瑙特郡；1810 年，卡拉瓦特黨人和善納維斯黨人這兩個世仇會社活躍於提普拉里郡(Tipperary)、凱里郡(Kerry)和窩特福郡；1813 年，騷動蔓延到密斯郡、國王郡(King's Country)和利麥里克郡(Limerick)；而在 1821 到 1822 年的馬鈴薯饑荒期間，騷動則擴散到蒙斯特郡、倫斯特郡和康瑙特郡的部分地區。槍決、雙方互扣人質肆行處決、地方血仇、掠奪武器、強迫斂財——這股農民鬱積已久的仇恨浪潮，一旦在某個地方受到處決和流刑的阻擋，立刻就會從另一個地方湧出。愛爾蘭的副檢察長在 1811 年嘆道：鄉下地區正面臨著「武裝農民和繳械鄉紳的可怕後果」。一名還不到十九歲的男孩因偷竊武器而被判死刑，財政法庭庭長在宣判時表示：

> 我們能忍受那些白天的勞動者成爲夜晚的執法者嗎？——忍受那些在白天種田的人，在夜晚藉由執行法律來統治這個國家？

許多愛爾蘭移民，例如來自當尼哥郡(Donegal)的德維爾(Thomas

Devyr，他在日後成為憲章運動北方政治聯合會〔Chartist Northern
Political Union〕的幹事），早在年輕的時候就已經對半夜行經村落街
道的「半武裝部隊」的「重踏步聲」習以為常[75]。

我們不可能徵引到確實無誤的傳記資料(有哪個愛爾蘭人會在
英國的法庭上承認自己曾經是「卡德黨」或「平等派」?)，但是無可
置疑的是，確實有些移民將這些祕密組織的傳統一併帶往英國。他
們的影響力在 1800 到 1802 年間，以及搗毀機器運動的那幾年，表
現得非常明顯[76]。塗黑面孔的男人在夜間快速運動、搶劫武器、割斷
牛馬的踝關節——這些方法是許多愛爾蘭人的基本訓練。此外，所
有製造業市鎮都有愛爾蘭人居留地這一事實，也讓他們可以擁有迅
捷的溝通管道。它強化了已經失傳的共濟會本質；如果說愛爾蘭人
一言不合就會吵了起來，他們卻也二話不說就會彼此援助。

雖然有許多農民帶著他們的革命遺產一塊兒飄洋過海，可是神
父們卻沒這麼做。愛爾蘭教會並無意吸引人數漸增的英國天主教少
數群體的注意，也不打算給它更多的資格限制。1830 年代，神父們
的政治活動從未超出對奧康內爾的忠誠；而奧康內爾——他已在愛
爾蘭放棄四十先令的終身租佃權，以換取天主教解禁法令——不但
投票反對十小時法案，還因為他的自私自大、他的尊王修辭，以及
他對輝格黨忽遠忽近的態度，而讓他那些比較有判斷力的旅英同胞
感到混淆惶惑。他的例子說明了愛爾蘭民族主義與英國激進主義這

---

[75] See Halévy, op. cit., II, pp. 28-30; Wakefield, op. cit., II, pp. 763 ff.; Strauss, op.
cit., pp. 88-9; Trials of the Caravats and Shanavests in Howell, *State Trials*
(1823), XXXI, pp. 419, 423, 464; Devyr, op. cit., pp. 93, 101.

[76] 參見下文，頁 842-5。

道聯盟的最脆弱所在。在英國的諸多教會當中，天主教會並沒有製造出認同於工人階級運動的「異議派」教士。而儘管天主教勞工很喜歡結社，但他們大多數所從事的卻是工會運動力量最弱的非技術行業。因此，他們很少在英國的運動中培養出能言善道的領袖。（多爾帝是一個例外。他對工會組織的關注始終不懈，並有意識地將某些奧康內爾的組織手段應用到全國勞工保護協會〔National Association for the Protection of Labour, 1829〕）。愛爾蘭人最主要的影響力，是激起工作社群和工作場所的反叛傾向，以及激勵人們挑戰權威、訴諸「肢體」威脅，並拒絕接受憲政主義的禁制威嚇。一位天主教神父在 1836 年坦承，愛爾蘭人「比英國人更傾向於參加工會、組織和祕密會社」。另一位證人宣稱：「不管在任何場合，他們都是發言者和帶頭作亂的元兇。」恩格斯認爲「愛爾蘭人熱情活潑的脾氣」是激使較守紀、較緘默的英國人採取政治行動的觸媒：

　　……隨和、熾烈和容易激動的愛爾蘭脾氣，與穩定、理性和保守的英國性格，如果能夠互補混合，長久而言對雙方都是好事。如果不是因爲愛爾蘭人那種過分慷慨和主要由情感控制的天性，曾透過種族的融合和日常生活的接觸而干擾或軟化了英國人那種冷漠理智的性格，粗魯自大的英國資產階級將會比現在更能牢牢地控制住工人階級。[77]

---

[77] *Report on the State of the Irish Poor*, p. xxiii; Strauss, op. cit., pp. 125-30; Engels, op. cit., p. 124. See also Rachel O'Higgins, "The Irish Influence in the Chartist Movement", *Past and Present*, XX, November 1961, pp. 84-5.

我們可以質疑恩格斯的「天性」和「種族」這兩個用詞。但是我們只需換掉這些字眼，就可以發現他的判斷是正確的。在一個同時存在著精確工程學與用鏟子和鶴嘴鋤挖掘隧道的時代，雇主可以同時徵集到這兩種勞工，確實是一件幸事。但是它所付出的代價，卻是複雜世故的政治激進主義與一種比較原始而振奮人心的革命主義的合流。這種合流在憲章運動期間首度出現；而當費爾格斯‧奧康納與奧康內爾發生決裂，以及奧布萊恩(Bronterre O'Brien)*9 將土地國有化的社會主義應用於英格蘭時，它顯然意味的是更大的危險威脅。當費爾格斯的叔父亞瑟‧奧康納於 1790 年代和奧柯格雷以及賓斯同時在梅斯東被捕的時候，英國的雅各賓主義似乎一度可能和愛爾蘭的民族主義採取共同的革命策略。如果奧康納在愛爾蘭掀起的回響能夠像他在英格蘭北部那般成功，那麼憲章運動和「青年愛爾蘭」(Young Ireland)運動便可以找到一個共同的叛亂爆發點。不過，由於一方面有「道德派」憲章人士的保留，另一方面又有奧康內爾與神父們的影響，再加上「大饑荒」造成的士氣淪喪，遂使得這項合作未能奏效。不過這已超出本文的討論範圍。

四、芸芸衆生

如果說我們現在可以比較清楚地看出十九世紀早期工人階級社群的構成要素，我們還是無法為「生活水準」論戰找出明確答案。因為只要有「水準」這兩個字，我們就永遠得在事實問題之外，另行做出價值判斷。我希望我們已經說明了，價值並非「無法衡量的」，

---

*9 有關奧布萊恩的生平及主張，詳見第十六章，頁 1153 以降。

如果價值真的無法衡量,那麼歷史學家大可把它丟棄一旁不予討論,因為每個人的意見都只是意見,無所謂高下對錯。相反的,這些問題牽涉到的是人類的滿足感以及社會的變遷方向,如果歷史學想成為一門重要的人文科學,歷史學家就必須對這類問題進行深思。

事實上,不管是歷史學家或歷史社會學家,都必須關心下面這兩種形式的價值判斷。首先,他必須關心那些親身經歷過工業革命的人們**真正抱持**的價值觀念。新舊兩種生產方式,各自支撐了兩個截然不同的社群本質和生活典型,也形成了兩套彼此衝突的傳統和觀念,並影響到人們對幸福滿足的判斷,如果我們想對緊接而來的緊張關係有所認識,我們手邊的證據並不虞匱乏。

其次,他必須對伴隨工業革命而來的整個過程,做出某種價值判斷——我們自己便是這個過程的終極產物。由於我們自己也牽涉其中,遂使得判斷的難度倍增。不過,有兩個因素可以讓我們保持一定的超然性,其一是對工業制度的「浪漫派」批判,這派批判的基礎有部分是源自經驗;其二是永不妥協的抗拒記錄——手搖織布機織工、工匠或鄉村手藝人始終不屈不撓地抗拒這項經驗,並堅持另一種文化。觀察這兩項因素的轉變,等於是在觀察我們如何變成今天的我們。我們將更能清楚地了解到哪些是我們失去的,哪些是被驅逐到「地下」的,又有哪些是懸而未決的。

任何對生活品質的評估,都必須伴隨著對整體生活經驗的估量,以及對人們所關心的物質和文化上的各種滿足或缺乏的評斷。根據這個觀點,比較舊式的工業革命「浩劫」觀,依然必須予以接受。1780 到 1840 年間,即使在物質條件上可以找到一些統計數字,證明情況有些許改善,但英國人實際承受的,卻是一種悲慘化的經驗。當斯諾爵士(Sir Charles Snow)告訴我們:「只要工廠容納得下,貧民

便會全體一致地離開農地擠向工廠」，我們就必須用里維斯博士(Dr. Leavis)的話來回答他:「眞正的人類問題的眞實歷史，可比這複雜尖刻得多。」[78] 有些人是受到工業市鎮的繁華和高工資的引誘而離開鄉村，但是古老的村落經濟確實是正在他們的背後崩潰消亡。他們多半不是自願離去，而是受到外在因素的驅迫:例如圈地運動、拿破崙戰爭、濟貧法、農村工業的式微，以及統治者的反革命態度。

工業化的過程必然是痛苦的。它也必定會侵蝕到傳統的生活模式。但是它在英國的發展卻進行得特別狂暴。在那些發生全國性革命的國家，地方社群的努力往往可以得到全國性的參與，從而減緩了過程中的痛苦和狂暴，但是英國卻不然。它的意識形態純粹是雇主的意識形態。它的彌賽亞先知是烏爾博士，烏氏認爲工廠制度是「這個世上最偉大的文明使者」，「將科學和宗敎的原動力」傳布給仍然置身在「死亡陰影下的芸芸眾生」[79]。但是不只被傳布的芸芸眾生不這麼想，連那些傳布它的人也不這麼認爲。悲慘化的經驗以上百種不同的形式降臨到他們頭上:就農場勞工來說，是失去公地的權利和村落的民主遺痕;就工匠而言,是失去他身爲手藝人的地位;就織工來說，是失去生計和獨立;就兒童而言,是失去在家中的工作和玩耍;對許多其實質工資有所增加的工人團體來說，則是失去了安全和休閒而換來城市環境的惡化。1834年曾在手搖織布機織工委員會作證的馬丁，在離開歐洲十年之後重返英國，對於眼前所見之物質和精神情況的惡化，感到無比震驚:

---

[78] C. P. Snow, *The Two Cultures* (1959); F. R. Leavis, "The Significance of C. P. Snow", *Spectator*, 9 March 1962.

[79] *Philosophy of Manufactures*, pp. 18-19.

我不只在這個國家的製造業社群裡面看到這種惡化情形，也在農業社群裡面看到；他們似乎已失去了他們的生氣、他們的活力、他們的野地狩獵和他們的村落娛樂；他們已經變成了卑鄙的、不滿的、悲慘的、急躁的和掙扎的民族，沒有任何健康、歡樂或幸福。

要想從人類與「自然」或「土地」的「離異」——艾希頓教授曾正確地將這句話形容爲「陳腔濫調」——中找尋答案，顯然是走錯方向。與「自然」足夠親近的維特郡農場勞工，在「最後的勞工叛變」落幕之後，其墮落的程度遠甚於蘭開郡的工廠女工。這是對**人性**的傷害。從某個觀點來看，它可以是追求利潤的結果，當生產工具擁有者的貪婪已掙脫舊日的制裁，卻尚未受限於新社會控制手段的束縛。在這點上，我們還可以像馬克思一樣，把它視爲資產階級的暴行。然而從另一個角度來看，它也可以是工作與生活之間的一種激烈的技術分化。

爲工業革命的年代籠上最黯淡陰影的因素，既不是貧窮也不是疾病，而是工作本身。布萊克這位受過訓練的手藝人，提供我們如下的經驗：

> 然後，尤利仁的兒子丟下犁耙、手搖織布機、
>
> 鎚子、鑿刀、長尺和圓規……
>
> 他們把所有生命的技藝改變成死亡的技藝。
>
> 更漏被宣告有罪，因爲它的做工簡單
>
> 犁田工人和將水汲送到貯水池的
>
> 水車所需要的技藝，在火中破碎、焚燒

　　因爲它的做工如同牧羊人的手藝

　　於是，他們發明了錯綜複雜的輪子取代，沒有輪子的輪子，

　　它困惑了離開土地的年輕人，並日以繼夜地

　　讓芸芸眾生受縛於辛苦的勞動，他們可能得排列

　　並擦拭著銅與鐵，一個鐘頭接著一個鐘頭，費力的細工，

　　讓他們忽略了用途，他們可能花成天的智慧

　　於悲哀的沉悶工作，以換取少得可憐的麵包，

　　在無知中將一小部分視爲全體，

　　並稱它爲明證，無視於生活的所有簡單規律。

這些「芸芸眾生」有時就像是被封進墳墓般封嚴在他們的工作中。他們窮畢生的最大努力，外加互助會的資助，都無法確保他們高度重視的價值得以實現——一個「像樣的葬禮」。新的技巧不斷推陳，舊的期望依然持續，但整體說來，我們感受到一種普遍的壓力：在嚴格的紀律之下爲著完全無法了解的目的而長時間地從事著無法令其滿足的勞動。這就是勞倫斯所謂的「醜陋」之源，這種醜陋「在十九世紀出賣了人類的靈魂」[80]。在所有其他的印象相繼消褪失色之後，這個印象依然留在我們腦中；陪伴它的還有一種強烈的失落感，勞動人民再也無法在社群中感受到任何的一體感，除非是在他們爲了對抗他們的勞苦和他們的雇主而爲自己建立的社群之中。

---

80 "Nottingham and the mining Country", *Selected Essays* (Penguin edn.), pp. 119, 122.

國家圖書館出版品預行編目資料

英國工人階級的形成 ／ E. P. 湯普森(Edward
Palmer Thompson)著；賈士蘅譯，-- 初版.
-- 臺北市：麥田出版：城邦文化發行, 2001
[民 90]
　　面；　公分. --　(純智歷史名著譯叢；
4-5)

參考書目：面
含索引
譯自：The making of the English working
ISBN 957-469-529-8 (上冊：平裝) -- ISBN
957-469-530-1（下冊：平裝）

　　1. 勞工 - 英國 - 歷史 2. 社會 - 英國 -
歷史

556.941　　　　　　　　　90009697